Zwischen Burnout und spiritueller Erneuerung

Andreas v. Heyl

Zwischen Burnout und spiritueller Erneuerung

Studien zum Beruf des evangelischen Pfarrers
und der evangelischen Pfarrerin

PETER LANG

Frankfurt am Main · Berlin · Bern · Bruxelles · NewYork · Oxford · Wien

Bibliografische Information Der Deutschen Bibliothek
Die Deutsche Bibliothek verzeichnet diese Publikation in der
Deutschen Nationalbibliografie; detaillierte bibliografische
Daten sind im Internet über <http://dnb.ddb.de> abrufbar.

Gedruckt auf alterungsbeständigem,
säurefreiem Papier.

ISBN 3-631-51550-2
© Peter Lang GmbH
Europäischer Verlag der Wissenschaften
Frankfurt am Main 2003
Alle Rechte vorbehalten.

Das Werk einschließlich aller seiner Teile ist urheberrechtlich
geschützt. Jede Verwertung außerhalb der engen Grenzen des
Urheberrechtsgesetzes ist ohne Zustimmung des Verlages
unzulässig und strafbar. Das gilt insbesondere für
Vervielfältigungen, Übersetzungen, Mikroverfilmungen und die
Einspeicherung und Verarbeitung in elektronischen Systemen.

Printed in Germany 1 2 3 4 5 7

www.peterlang.de

INHALTSVERZEICHNIS

VORWORT 11

EINLEITUNG 13

AUSSENANSICHT I

1. BURNOUT - PHÄNOMENOLOGIE EINES SYNDROMS 16

1.1. KONTUREN 16
1.1.1 Begriff 16
1.1.2. Forschungsgeschichte 18
1.1.3. Definitionen und Zugangswege 23
1.1.4. Erscheinungsbild - Symptome - Verlauf 31
1.1.5. Auswirkungen 38

1.2. DIAGNOSTIK 41
1.2.1. Abgrenzungen 41
1.2.1.1. Abgrenzung gegen Überdruss 42
1.2.1.2. Abgrenzung gegen Stress 42
1.2.1.3. Abgrenzung gegen Depression 48
1.2.2. Messmethoden 50
1.2.2.1. SBS-HP 51
1.2.2.2. Überdrussskala 53
1.2.2.3. MBI 54
1.2.2.4. Vergleich der Instrumente 56

1.3. URSACHEN UND BEDINGUNGSHORIZONTE 59
1.3.1. Arbeitsimmanente Faktoren („Job design") 60
1.3.1.1. Berufsanforderungen 60
1.3.1.2. Arbeitsbelastung 62
1.3.1.3. Arbeitsbedingungen 63
1.3.1.3.1. Organisatorisch-strukturelle Rahmenbedingungen 63
1.3.1.3.2. Psychologisch-kommunikative Rahmenbedingungen 63
1.3.1.4. Organisationsdesign 65
1.3.1.5. Feedback und die Möglichkeit, zu lernen 67
1.3.1.6. Arbeitserfolg 68
1.3.1.7. Professional mystique 69
1.3.2. Individuelle Faktoren 70
1.3.2.1. Persönlichkeitsmerkmale 70
1.3.2.2. Zur Psychodynamik von Helferpersönlichkeiten 70
1.3.2.3. Verborgene Lebensskripts und Arbeitsauffassungen 76
1.3.2.4. Lebenssituation 79
1.3.2.5. Lebensalter 79

1.3.2.6.	Familienstand	80
1.3.2.7.	Ethnische Zugehörigkeit	81
1.3.2.8.	Geschlechtszugehörigkeit	81
1.3.3.	Zur psychodynamischen Struktur der helfenden Beziehung	83
1.3.4.	Gesellschaftliche Faktoren	84
1.4.	**PRÄVENTION UND THERAPIE**	**88**
1.4.1.	Coping	89
1.4.2.	Vorbeugung	91
1.4.2.1.	Betriebliche Maßnahmen	91
1.4.2.2.	Detached Concern	92
1.4.2.3.	Psychohygiene	93
1.4.2.4.	Kohärenzgefühl und Sinnempfinden	94
1.4.2.5.	Flow	97
1.4.2.6.	Social Support	100
1.4.3.	Therapie	101

INNENANSICHT I

2.	**DAS „BURNOUT-SYNDROM" ALS LEBENSKRISE**	**103**
2.1.	**UND OB ICH SCHON WANDERTE IM FINSTEREN TAL... -**	
	KRISENBEWÄLTIGUNG ALS ARBEIT DER SEELE	**103**
2.1.1.	Grenzerfahrungen und Krisen gehören zum Leben	103
2.1.1.1.	Grenz- und Kontingenzerfahrung als Element der conditio humana	103
2.1.1.2.	Grenz- und Kontingenzerfahrungen als Krisenerfahrung	105
2.1.2.	Aspekte der Krisenforschung	108
2.1.3.	Zum Profil von Lebenskrisen	115
2.1.3.1.	Verschiedene Ursachen - einheitlicher Verlauf	115
2.1.3.2.	Die Innenseite: Das Durchleiden der Krise	118
2.1.3.3.	Die Außenseite: Verlaufs-Muster von Krisen	120
2.1.4.	„Traube war ich. Getreten bin ich. Wein werde ich." -	
	Krisen als Katalysatoren menschlicher Reifung	125
2.2.	**DER WEG IN DER KRISE**	**127**
2.2.1.	„Steh auf und iß! Denn du hast einen weiten Weg vor dir" -	
	Der Burnout des Elia als Archetypos für Krisenprozesse	128
2.3.	**WEGE AUS DER KRISE**	**133**
2.3.1.	Eigene Möglichkeiten	134
2.3.2.	Aspekte einer hilfreichen Begleitung	138
2.3.2.1.	Seelsorge in der Krisennot	138
2.3.2.2.	Seelsorge in Not	139
2.3.2.3.	Not-wendige Seelsorge	140

AUSSENANSICHT II

3. DIE LAST DES AMTES UND DIE BELASTUNG DER AMTSTRÄGERINNEN - ÜBERFORDERUNG UND BURNOUT IM KIRCHLICHEN AMT — 145

3.1. BURNOUT IN MINISTRY — 149

3.2. BELASTUNG UND ÜBERFORDERUNG BEI EVANG. PFARRERN UND PFARRERINNEN IN DEUTSCHLAND — 158

- 3.2.1. Belastungspotential Erwartungshorizont — 160
- 3.2.2. Belastungspotential diffuses Berufsbild — 166
- 3.2.3. Belastungspotential Rollenvielfalt — 176
- 3.2.4. Belastungspotential Arbeitsvielfalt und Aufgabenart — 178
- 3.2.5. Belastungspotential unzureichende Ausbildung — 179
- 3.2.6. Belastungspotential Arbeitszeit — 182
- 3.2.7. Belastungspotential „Organisationsdesign" — 187
- 3.2.8. Belastungspotential Pfarramts- und Verwaltungsorganisation — 190
- 3.2.9. Belastungspotential Lohn-Leistungsverhältnis — 193
- 3.2.10. Belastungspotential Arbeitserfolg — 195
- 3.2.11. Belastungspotential innerpsychische Faktoren — 196
- 3.2.12. Belastungspotential spirituelle Dürre und Glaubenszweifel — 207
- 3.2.13. Belastungspotential Feed-back und Unterstützung — 207
- 3.2.14. Belastungspotential Lösungsversuche — 208

3.3. UMFRAGE UND INTERVIEWS — 211

- 3.3.1. Schriftliche Befragung (Umfrage mit dem MBI) — 212
- 3.3.1.1. Darstellung und Begründung der Vorgehensweise — 212
- 3.3.1.2. The Maslach Burnout-Inventory (MBI) — 215
- 3.3.1.3. MBI Scoring Key (Auswertungsschlüssel) — 216
- 3.3.1.4. Fragebogen — 217
- 3.3.1.5. Zusammenfassung der Ergebnisse — 219
- 3.3.2. Mündliche Befragung (Interviews) — 221
- 3.3.2.1. Darstellung und Begründung der Vorgehensweise — 221
- 3.3.2.2. Interviewpartner/innen der Interviewserie „Eigenwahrnehmung" — 224
- 3.3.2.3. Interviewpartner/innen der Interviewserie „Außeneinschätzung" — 225
- 3.3.3. Kurzübersicht ausgewählter Antworten — 227
- 3.3.3.1. Belastungspotential Anspruch und Realität — 227
- 3.3.3.2. Belastungspotential Neigung und Pflicht — 234
- 3.3.3.3. Belastungspotential Berufsfremde Aufgaben — 239
- 3.3.3.4. Belastungspotential Kraftaufwand für die Arbeit — 241
- 3.3.3.5. Belastungspotential Anerkennung, Feedback, Unterstützung — 245
- 3.3.3.6. Belastungspotential Vorgesetzte, KollegInnen, MitarbeiterInnen — 248
- 3.3.3.7. Belastungspotential Erwartungsdruck — 251
- 3.3.3.8. Belastungspotential Arbeitszeit — 253
- 3.3.3.9. Belastungspotential Gesundheit, Familie — 260

3.3.3.10.	Belastungspotential Ausbildung, Zurüstung	264
3.3.3.11.	Typische Problembereiche des Pfarrberufes aus der Sicht der Befragten	269
3.4.	**BURNOUT IM PFARRAMT?**	**270**
3.4.1.	Das Thema im Spiegel der Literatur	270
3.4.2.	Die Entlastungsdiskussion in den neunziger Jahren	272
3.4.3.	Ergebnisse aus dem empirischen Teil der Arbeit	274
3.4.3.1.	Aspekte aus der schriftlichen Befragung	274
3.4.3.2.	Aspekte aus der mündlichen Befragung	277

INNENANSICHT II

4.	**DIE SPIRITUELLE DIMENSION DER THEMATIK**	**283**
4.1.	Brannte nicht unser Herz in uns, als er mit uns redete auf dem Wege?	283
4.2.	Mein Gott, mein Gott, warum hast du mich verlassen?	289
4.3.	Und es erschienen ihnen Zungen zerteilt, wie von Feuer	290
4.4.	Gebt uns von eurem Öl, denn unsre Lampen verlöschen	290
4.5.	Seid nicht träge in dem, was ihr tun sollt. Seid brennend im Geist	291
4.6.	Alle eure Sorge werfet auf ihn; denn er sorgt für euch	299
4.7.	Denn von selbst bringt die Erde Frucht	301
4.8.	Denn ich esse Asche wie Brot und mische meinen Trank mit Tränen	302
4.9.	So halten wir nun dafür, dass der Mensch gerecht wird ohne des Gesetzes Werke, allein durch den Glauben	311
4.10.	Anfechtung lehrt auf das Wort merken	314
4.11.	Gedenke des Sabbattages, dass du ihn heiligst	315
4.12.	Es ist noch eine Ruhe vorhanden dem Volke Gottes	319
4.13.	Du sollst deinen Nächsten lieben wie dich selbst	322
4.14.	Mein Herze geht in Sprüngen und kann nicht traurig sein	323
4.15.	Ach Herr, gib unsern aufgeschreckten Seelen, das Heil, für das du uns geschaffen hast	325

INNENANSICHT III

5.	**SPIRITUELLES LEBEN ALS PRÄVENTION UND THERAPIE**	**329**
5.1.	Die erste uns anvertraute Seele ist unsere eigene	329
5.2.	Spirituelles Leben: Anspruch und Realität - Kurzübersicht ausgewählter Antworten	338

AUSSENANSICHT III

6.	**DIE LUST DES AMTES UND DIE ENTLASTUNG DER AMTSTRÄGERINNEN - ZUR ÜBERWINDUNG VON ÜBERFORDERUNG UND BURNOUT IM KIRCHLICHEN AMT**	345
6.1.	KRAFTPOTENTIALE	345
6.1.1.	Kraftpotential Erwartungshorizont	345
6.1.2.	Kraftpotential diffuses Berufsbild, Rollenvielfalt und Aufgabenfülle	346
6.1.3.	Kraftpotential Freiheit der zeitlichen und inhaltlichen Arbeitsgestaltung	347
6.1.4.	Kraftpotential Feed-back und Unterstützung	347
6.1.5.	Kraftpotential Pfarrkapitel und Gemeinde	348
6.1.6.	Kraftpotential Arbeitserfolg	348
6.1.7.	Kraftpotential Persönlichkeitsstruktur	349
6.1.8.	Kraftpotential spirituelle Dürre und Glaubenszweifel	350
6.1.9.	Kraftpotential Burnout und Lebenskrisen	351
6.2.	VORBEUGUNG	352
6.2.1.	Belastung reduzieren	352
6.2.2.	Individuelle Ebene	354
6.2.2.1.	Psychohygiene	355
6.2.2.2.	Kraftquellen erkennen und pflegen	357
6.2.2.3.	Distanzierte Sorge	359
6.2.2.4.	Kohärenzgefühl, Sinnempfinden und Flow	361
6.2.2.5.	Soziale Unterstützung	362
6.2.2.6.	Spirituelles Leben pflegen	363
6.2.3.	Strukturell-organisatorische Ebene	364
6.2.3.1.	Führen und Leiten	365
6.2.3.2.	Supervision, Berufsberatung und Eignungsdiagnostik	367
6.2.3.3.	Seelsorge an SeelsorgerInnen	370
6.2.3.4.	Ausbildung, Fort- und Weiterbildung	371
6.3.	UMGEHEN MIT BURNOUT	374
6.3.1.	Gezielte Burnout-Prävention	374
6.3.2.	Copingstrategien entwickeln	376
6.3.3.	Therapie	376
6.3.4.	„Respiratio" und „Recollectio"	378
6.4.	DIE ANNAHME SEINER SELBST	379
6.5.	NOCH EINMAL: GEDENKE DES SABBATTAGES, DASS DU IHN HEILIGST	382
6.6.	HELFEN, ABER RICHTIG	383

6.7.	**KURZÜBERSICHT AUSGEWÄHLTER ANTWORTEN**	389
6.7.1.	Entlastung	389
6.7.2.	Burnout-Prävention	395
6.7.3.	Quellen der Kraft und Rekreation	400
6.7.4.	Umgang mit Problemen und Belastungen	406
6.7.5.	Umgang mit Burnout	408
7.	**DIE GEISTLICHE ERNEUERUNG DES PFARRERSTANDES ALS HERAUSFORDERUNG UND CHANCE FÜR KIRCHE UND GEMEINDE**	413

LITERATURVERZEICHNIS 421

VORWORT

Ein Teil der Literatur, auf die ich mich im ersten und dritten Kapitel dieser Arbeit beziehe, ist in englischer Sprache geschrieben. Aus Gründen der Originaltreue habe ich in der Regel die entsprechenden Zitate - soweit keine „offizielle" deutsche Übersetzung vorhanden bzw. mir verfügbar ist - nicht selbst übersetzt, sondern im Original zitiert. Ich gehe davon aus, daß der eng umgrenzte Personenkreis, für den diese Arbeit von Interesse ist, die jeweiligen Passagen auch in der Fremdsprache verstehen wird.

Wo immer es möglich ist, verwende ich die „inklusive" Schreibweise. Um aber der Umständlichkeit einer fortwährenden Doppelnennung von „Pfarrern und Pfarrerinnen" oder „Ärztinnen und Ärzten" zu entgehen und zugleich den garstigen Anblick einer Bindestrich- und Schrägstrichakrobatik zu vermeiden (Oberkirchenrat/-innen?) habe ich mich zu der, inzwischen durchaus gebräuchlichen, von vielen Germanisten und auch der Duden-Redaktion freilich nicht goutierten Form entschlossen, bei der die weibliche und die männliche Schreibweise durch ein großes „I" miteinander verbunden werden: „PfarrerInnen".

Was die Namen der zitierten AutorInnen betrifft, werde ich in der Regel nur bei der ersten Nennung den Vor- und den Nachnamen nennen.

Das vorliegende Buch ist die in verschiedener Hinsicht veränderte Fassung einer Untersuchung, die im Frühjahr 2003 an der Augustana-Hochschule in Neuendettelsau als Habilitationsschrift im Fach Praktische Theologie angenommen wurde. Ursprünglich umfaßte die Studie zwei Bände. Der zweite Band dokumentiert das gesamte empirische Material, also die genaue Auswertung der anonymen schriftlichen Umfrage bei 280 PfarrerInnen und den Wortlaut der 40 Interviews, die ich unter den Perspektiven „Außeneinschätzung" und „Eigenwahrnehmung" durchgeführt habe. Eine umfassende Präsentation dieses empirischen Materials hätte den Umfang des vorliegenden Buches gesprengt. So ist hier nur die Zusammenfassung der Umfrageergebnisse und ein Überblick über Kernaussagen der Interviews aufgenommen. Die Dokumentation des empirischen Materials (= Band II der ursprünglichen Arbeit) läßt sich im Internet abrufen unter der Adresse: „http://www.augustana.de/downloads/heyl2burnout.pdf".*

Für Druckkostenzuschüsse sei herzlich gedankt dem Landeskirchenrat der Evang.-Luth. Kirche in Bayern, dem evangelischen Oberkirchenrat in Stuttgart und dem Pfarrer- und Pfarrerinnenverein in der Evang.-Luth. Kirche in Bayern e.V.

Andreas v. Heyl
Göppingen, im Sommer 2003

---

* Die PDF-Datei umfaßt zwei Megabyte. Gegen einen Unkostenbeitrag kann dieser ehemals zweite Band der Studie auch als CD-ROM bei mir direkt bezogen werden (Adressauskunft beim Verlag).

EINLEITUNG

Nach dem Schock des Totalitarismus, dessen menschenverachtende Ideologie im Holocaust, im Gulag-System und in der Entfesselung des Zweiten Weltkrieges ihr wahres Gesicht gezeigt hatte, kam es in der Nachkriegszeit des vorigen Jahrhunderts in den westlich orientierten Staaten zu einer Rückbesinnung auf die Würde, den Wert und die Bedürfnisse des Individuums. Ein Aspekt dieser auf viele Ebenen des kulturellen und gesellschaftlichen Lebens durchgreifenden „humanistischen Wende" war in den sechziger und siebziger Jahren der von großem Idealismus getragene Aufschwung der so genannten „helfenden Berufe", deren VertreterInnen ihre therapeutische, soziale und karitative Berufung vor allem in einer Verbesserung der Lebensqualität der Bevölkerung sahen. Viele der hochgesteckten Ziele waren freilich so einfach nicht zu erreichen. Das Scheitern pädagogischer und sozialtherapeutischer Experimente und das Ausbleiben von zum Teil euphorisch erwarteten gesellschaftlichen Veränderungen führte zu einer Phase der Ernüchterung.[1] Gegen Ende der siebziger Jahre stand mit einem Mal die „Krise der helfenden Berufe" in Rede, die „Helferpersönlichkeit" und die typischen, mit der „helfenden" Berufstätigkeit verbundenen Belastungen wurden zum Gegenstand zahlreicher psychologischer und soziologischer Untersuchungen.[2]

Im Zuge dieser Sensibilisierung für die Probleme des Helfens und der Helfer zog allmählich ein Phänomen immer mehr die Aufmerksamkeit auf sich, dessen Begriff sich inzwischen einer geradezu inflationären Popularität erfreut: „Burnout".[3] Unterdessen gehört das „Burnout-Syndrom" zu den am intensivsten behandelten Gegenständen der Sozial-, Arbeits- und Persönlichkeitspsychologie.

---

[1] Vgl. Cherniss 1983, 150: „The wave of change that began in the sixties has ended, and its aftermath of broken promises and unfulfilled expectations has created a climate in which burnout seems rampant." Zum Übersetzungsproblem vgl. meine Stellungnahme im **Vorwort zu dieser Arbeit.**

[2] Vgl. z. B.: - Keupp/Rerrich (Hg.) 1982, hier vor allem die „Einleitenden Thesen" von Keupp, ebd. 11-20 und den Aufsatz von Manfred Cramer: Professionelles Helfen und seine Krisen, ebd. 199-208; - Keupp u.a. 1985, hier vor allem den von Keupp herausgegebenen 1. Teil: „Helferkrisen - Helfer in der Krise", ebd., 7-66, insbesondere seine „Einführung zum Themenblock", ebd., 7-10; - Kleiber/Rommelspacher (Hg.) 1986; - Keupp Heiner, Helfer am Ende?, in: Kleiber/Rommelspacher (Hg.) 1986, 103-143. - Keupp 1987. - Vgl. auch zB.: - Rauchfleisch, Psychologische Probleme der „helfenden" Berufe, in: „Wege zum Menschen" (WzM) 35. Jg 1983, Heft 2/3, 77-82; - das Themenheft: „Grenzen des Helfens" der Zeitschrift WzM, 41. Jg 1989, Heft 4; - Enzmann/Kleiber 1989; - und natürlich die „Klassiker": Schmidbauer 1978 und Ders. 1983.

[3] Substantivisch auch geschrieben als „Burn-Out", „burn-out", oder „burnout". Dabei kann das Wort sowohl den (bereits geschehenen oder noch im Vollzug befindlichen) *Vorgang* bezeichnen, als auch die (bereits geschehene) *Tatsache*, also das Endstadium des Prozesses. In verbaler Verwendung findet sich der Begriff i.d.R. als „to burn out", adjektivisch als „burned-out" (dt.: „ausbrennen", „ausgebrannt", bzw. substantivisch: „das Ausbrennen", „das Ausgebranntsein", „der/die Ausgebrannte", „der/die Ausbrenner/in"). Ich verwende hier künftig das inzwischen eingedeutschte Substantiv „Burnout" bzw. „Burnout-

Symptomatisch für die Aktualität des Themas ist seine Repräsentanz im Internet. Ein oberflächlicher Streifzug im deutschsprachigen Web mit der Suchmaschine von „T-online" am 4.11. 1999 führt zu folgendem Ergebnis: Für den Begriff „Burnout" werden 2930 Treffer im deutschen Sprachraum notiert, der Suchbefehl „Ausgebrannt" ergibt 2567 Fundstellen und unter dem Stichwort „Burnoutsyndrom" finden sich immerhin 30 Einträge. Die Wiederholung der Suche am 16. 5. 2002 ergibt für „Burnout" 14.417 (!) Treffer, für „Ausgebrannt" 3042 und für „Burnoutsyndrom" 1348. Dies erstaunt nicht allzusehr, wenn man bedenkt, daß eine bereits 1990 von Dieter Kleiber und Dirk Enzmann zusammengestellte internationale Bibliographie von Veröffentlichungen zum Problemkreis schon 2496 Titel umfaßte.[4]

Auf dem psychologischen Markt schießen - teils seriöse, teils obskure - Seminare und Trainings zum Thema wie Pilze aus dem Boden. Auch die streng wissenschaftliche Erforschung des Problems hat inzwischen einen bemerkenswerten Umfang erreicht. Allerorts werden Umfragen durchgeführt, an den medizinischen, psychologischen und soziologischen Fakultäten steigt die Flut einschlägiger Fach-, Diplom- und inzwischen auch Doktorarbeiten.

Im kirchlichen Bereich dagegen kommt die wissenschaftliche - wie auch die poimenische - Auseinandersetzung mit der Thematik erst zögernd in Gang. Dabei steht der Begriff des „Burnout" für eine Art von beruflicher Beeinträchtigung und seelischer Qual, vor der nun gerade der Berufsstand der PfarrerInnen gewiß nicht gefeit ist. Aber selbst in der Praktischen Theologie, der man doch eine besondere Sensibilität im Hinblick auf „Kraftverlust und Kraftgewinn" in geistlichen Berufen unterstellen möchte, ist die Behandlung des Problems noch weitgehend Neuland.

Die vorliegende Arbeit versteht sich als ein Beitrag, der diesen Mangel beheben und die längst überfällige Wahrnehmung und Diskussion des Themas in Theologie und Kirche anstoßen will. Dabei leitet mich nicht nur ein wissenschaftliches, sondern auch ein seelsorgerliches Interesse - wenn man so will, sogar ein die Kirche als Ganze betreffendes. Ich meine in der Tat, daß die Frage der Überlastung bzw. der Kraftquellen von PfarrerInnen gegenwärtig nicht nur das pastoraltheologische Problem par excellence darstellt, sondern daß der Umgang damit auch Auswirkungen auf die Gestalt und die Lebendigkeit der gesamten Kirche hat. Nach wie vor befinden sich die PfarrerInnen in einer „Schlüsselposition". Wenn aber, um im Bild zu bleiben, der Schlüssel beschädigt oder gar „gebrochen" ist, läßt sich die Tür nicht öffnen - zu den Herzen der Menschen, zu neuen Aufbrüchen, zu phantasievollen und mitreißenden Lebensformen der Kirche.

In sieben Kapiteln will ich meine Überlegungen entfalten. Das *erste Kapitel* soll den Anschluß an den gegenwärtigen Stand der Burnout-Diskussion in den Hu-

---

Syndrom", orientiere mich also - entgegen der vom Duden vorgeschlagenen Form „Burn-out-Syndrom" - an der von der Mehrheit der Autoren verwendeten Schreibweise, und werde, wo nötig, jeweils kenntlich machen, ob Faktum oder Prozess gemeint sind.
4 Kleiber/Enzmann 1990.

manwissenschaften leisten und so eine theoretische Plattform schaffen, auf der die Burnout-Problematik auch im Raum der Kirche auf einem Niveau behandelt werden kann, das wissenschaftlichen Ansprüchen genügt. Dabei wird in einem gewissen Umfang auch englischsprachige Literatur rezipiert. Zur Übersetzungsfrage habe ich mich im Vorwort geäußert. Im *zweiten Kapitel* wird der krisenhafte Prozess des Burnout in einen größeren Zusammenhang gestellt und auf dem Hintergrund der Erfahrung und Bewältigung von Lebenskrisen wahrgenommen. Im *dritten Kapitel* gehe ich der Frage nach, ob bzw. inwieweit die Pfarrerschaft hierzulande von Burnout betroffen ist und wo die besonderen Belastungspotentiale sowie deren Ursachen liegen, nicht ohne zuvor einen Blick auf den englischsprachigen Raum zu werfen, wo „Burnout in Ministry" schon seit Jahrzehnten ein vielbeachtetes und intensiv diskutiertes Thema ist. Das *vierte Kapitel* dient der Wahrnehmung der spirituellen bzw. theologischen Dimension des Sachverhalts. Das *fünfte Kapitel* soll aufzeigen, inwiefern eine gelebte Spiritualität als ein entscheidender Faktor bei der Prophylaxe und der Therapie des Burnout anzusehen ist. Das *sechste Kapitel* spannt den Bogen weiter und untersucht allgemein die Bedingungen für die Prävention und Überwindung von Überforderung und Burnout im kirchlichen Amt. Das kurze *siebte Kapitel* schließlich unterstreicht noch einmal die Grundthese dieser Arbeit, daß ein lebendiger Glaube bzw. die geistliche Erneuerung der beste Schutz gegen Überlastung ist, und daß von einer geistlichen Erneuerung der Pfarrerschaft weitaus stärkere Signalwirkungen für Kirche und Gemeinde ausgehen könnten, als von allen Anstrengungen, den Leib zu „modernisieren".

Ein Standbein dieser Arbeit ist der empirische Teil, der aus einer schriftlichen Befragung und aus zwei Serien von Interviews besteht. Das hier gesammelte Material stützt und illustriert in vielerlei Hinsicht den analytischen Befund. Kernaussagen der Interviews sind jeweils im Anschluß an die Kapitel drei bis sechs eingefügt. Im Wortlaut lassen sich die Interviews im Internet abrufen.[5]

Den LeserInnen wird auffallen, daß die Gliederung des Textes zwischen den Rubriken „Außenansicht" und „Innenansicht" wechselt, was auch durch einen teilweise veränderten Schrifttyp zum Ausdruck kommt. Diese Aufteilung soll der Tatsache Rechnung tragen, daß sich mir der Zugang zur Thematik auf zwei verschiedenen Ebenen erschlossen hat: auf einem mehr kognitiv-rationalen, „objektiven", von „außen" aufs Thema schauenden, man könnte auch sagen, eher „linkshemisphärischen" Weg[6]. Hier, bei der „Außenansicht", stehen Daten und Fakten sowie deren Beurteilung im Vordergrund. Daneben ergab sich jedoch ein anderer, eher „rechtshemisphärischer", gefühlsmäßiger Zugang, der versucht, sich der Thematik gleichsam von „innen" zu nähern. Hier kommen mehr die Dinge des Herzens, des Innenlebens zur Sprache, es fließen auch ganz persönliche Erfahrungen mit ein. Eine klare Trennung beider Ebenen läßt sich freilich bei einer Arbeit wie dieser nicht durchführen.

---

5 Vgl. den Hinweis im Vorwort dieser Arbeit.
6 Vgl. Kapitel 4, Anmerkung 1.

AUSSENANSICHT I
1. „BURNOUT" - PHÄNOMENOLOGIE EINES SYNDROMS

1. 1. KONTUREN
1. 1. 1. Begriff

Für eben dieses Phänomen, daß vor allem im Bereich der sogenannten „helfenden Berufe" etliche „Professionals" - und zwar gerade die besonders Engagierten und Aufopferungswilligen - in einen schleichenden Prozess körperlicher Erschöpfung, seelischer Ermüdung und der Auszehrung ihrer Arbeitsmotivation hineingezogen werden, in dessen Verlauf sich ihr ursprünglicher Idealismus in zunehmenden Widerwillen gegen ihre Tätigkeit und vor allem auch gegen die sich ihnen anvertrauenden Klienten verkehrt, hat sich Mitte der siebziger Jahre in den USA der Begriff des „Ausbrennens", des „Burnout" eingebürgert.

Das Wort als solches ist nicht neu. Ursprünglich war es jedoch nur in bestimmten Milieus gebräuchlich und diente in der Regel nicht zur Bezeichnung des oben genannten Sachverhalts. Laut Merriam-Webster's Dictionary pflegte man schon in den dreißiger Jahren unter Profisportlern und in Künstlerkreisen von „Burnout" zu sprechen, wenn jemand einen rapiden Abfall seines Leistungsniveaus hinnehmen mußte.[7] In der Drogenszene bezeichnete die Wendung „burned out" sowohl den Zustand einer sklerotischen, perforierten Vene als auch das Nachlassen der Drogenwirkung. Auch in technischen und industriellen Zusammenhängen war die Vokabel vertraut, wo sie für das Durchbrennen von Sicherungen verwendet wurde und für den Stillstand eines Motors nach restlosem Brennstoffverbrauch, für das Ausbrennen von Raketenstufen, für die Überbelichtung von fotografischen Negativen und auch für die Erschöpfung der Bodenfruchtbarkeit. Den Zustand eines abgebrannten Hauses, bei dem nur noch die Außenmauern stehen geblieben sind, bezeichnete man ebenfalls als „burned out" und gebrauchte das Verb auch, um ganz allgemein den Abschluß einer Entwicklung oder das zum Ende kommen einer Aktivität zu bezeichnen.[8]

Die Übertragung des Begriffs von der technischen auf die psychologische Ebene ist zwar zunächst nur bedingt schlüssig: Das „Durchbrennen" einer Glühbirne, eines Zylinderkopfes oder einer Starkstromleitung geschieht ja in einem plötzlichen, explosiven Akt, wogegen man sich das Ausbrennen eines Menschen eher wie einen langsamen Schwelbrand vorstellen muß. Zu fragen bleibt auch, wo denn dieser „Brand" stattfindet - im Herzen, im Geist, in der Seele? - und

---

[7] Vgl. Paine: Overview: Burnout stress syndromes and the 1980s, in: Paine (Ed.) 1982, 11-25, 12.

[8] Z. B. „The disease had burned itself out". Vgl. Enzmann/Kleiber 1989, 18f. Der Unterschied zwischen „abgebrannt" und „ausgebrannt" liegt darin, daß beim ersten Zustand alles zerstört ist, wohingegen beim zweiten noch eine äußere Hülle, Fassade übrigbleibt.

was es genau ist, das da verbrennt: Emotionen, innere Einstellungen, Fähigkeiten, oder eher Motivationen, Ziele, Erwartungen, Ideale? Aber im englischen Sprachgebrauch ist (wie auch im deutschen) schon im Bedeutungsspektrum des Wortes „to burn" durchaus eine Verbindung zur psychologischen Ebene angelegt, die in verschiedenen Redewendungen zum Ausdruck kommt: „Brennen" kann ja auch ein starkes Wünschen bedeuten, einen Zustand voller Leidenschaft und Gefühl, daß jemand begierig oder feurig seine Absichten verfolgt („he burns to do great things") oder auch in sexueller Begierde vibriert („better to marry than to burn").[9]

Der wahrscheinlich älteste literarische Beleg der Wendung „to burn out" zur Beschreibung eines Zustandes seelischer und körperlicher Erschöpfung findet sich 1599 bei Shakespeare.[10] Graham Greene gebraucht 1961 das Wort dann wieder in dieser Bedeutung in seiner Novelle „A burn-out case", die erzählt, wie ein desillusionierter und spirituell ausgetrockneter Architekt „aussteigt" und versucht, im afrikanischen Dschungel sein Leben wieder zu gewinnen.[11]

H. B. Bradley war zwar der Erste, der die Vokabel als Terminus für besagte spezifische Gefährdung helfender Berufe verwendet hat, den eigentlichen Beginn der psychologischen Burnout-Diskussion markiert nach allgemeiner Auffassung jedoch ein Artikel des Psychoanalytikers Herbert J. Freudenberger, in dem er den Begriff „Burnout" zum ersten Mal ganz in seiner gegenwärtigen Bedeutung gebrauchte, nämlich zur Bezeichnung eines aus den Arbeitsbedingungen resultierenden Zustandes physischer und emotionaler Erschöpfung.[12] Freudenberger bezieht sich in diesem Artikel auf eine Wörterbuchdefinition, wonach „to burn-out" mit „to fail, wear out, or become exhausted by excessive demands on energy, strength, or resources" umschrieben wird.[13]

In Wörterbüchern taucht der Terminus in seiner psychologischen Bedeutung zum erstenmal 1982 und 1984 auf. Notierte Webster's New Twentieth Century Dictionary 1971 unter dem Stichwort „to burn out" noch: „to burn out; to burn till the fuel is exhausted, and the fire ceases"[14], so erklärte das von Morris her-

---

9   Diese Doppelbedeutung hat sich ja auch im (inzwischen etwas veralteten) deutschen Sprachgebrauch erhalten, wenn man von einer „Feuersbrunst" spricht oder von einem „brünstigen" Hirsch.
10 „She burnt with loue, as straw with the fire flameth, She burnt out loue, as soon as straw out burneth...", Shakespeare 1940, 15 (zit. nach Enzmann/ Kleiber 1989, 18).
11 Greene 1961.
12 Vgl. Bradley 1969, 366 wo er Überlegungen anstellt zur Verhinderung des „staff 'burn-out' Phänomen, das wir neuerdings in Intensivbehandlungsprogrammen beobachten können". - Freudenberger 1974. Laut Farber (1985, 1) übernahm Freudenberger den Begriff aus der Drogenszene der sechziger Jahre. Bei Ginsburg findet sich der Begriff allerdings auch bereits 1974, vgl. Ginsburg 1974. - Vgl. Farber: Introduction, in: Farber 1985, S. 1: („to denote a state of physical and emotional depletion resulting from conditions of work").
13 Vgl. Freudenberger 1974, 15.
14 P. 244.

ausgegebene „American Heritage Dictionary" 1982 „burnout" schon mit den Worten: „Become exhausted, esp. as a result of long term stress; physical or emotional exhaustion". Zwei Jahre später definierte Greens „Newspeak. A Dictionary of Jargon" den Begriff als: „An occupational ailment of frustrated or exhausted government employees; essentially a state of depleted mental faculties, it may well be accompanied by ulcers, high blood pressure, heart attacks etc".[15]

Für das Faktum des schleichenden Motivations- und Kräfteverlustes werden von manchen Forschern auch andere Bezeichnungen favorisiert, so bevorzugt zum Beispiel Harvey J. Fischer die Wendung „wear-out" bzw. „worn-out" (dt. „verbraucht", „abgenutzt"), Whiton S. Paine spricht bei sehr rascher und intensiver seelischer Veränderung lieber von „flame out" und Michael Lauderdale bezeichnet das Endstadium des Prozesses sehr expressiv als „melt-down".[16]

1. 1. 2. Forschungsgeschichte

Eine der Wegbereiterinnen - und nach wie vor treibende Kraft - der Burnout-Forschung ist die amerikanische Sozialpsychologin Christina Maslach.[17] Angeregt durch Zimbardos Arbeiten über „Dehumanization" und „Depersonalization" hatte sie mit ihrem Team an der University of Berkely Anfang der siebziger Jahre des vorigen Jahrhunderts begonnen, das Phänomen des rätselhaften Motivationsabfalls und der inneren Verhärtung bei Angestellten in Sozialberufen zu untersuchen. Ihre ersten Forschungsergebnisse stellte Maslach 1973 auf einer Tagung der „Amerikanischen psychologischen Vereinigung" zur Diskussion.[18] In der Folgezeit entwickelte sie eine Arbeitshypothese des „Burnout-Prozesses", die sie 1976 in einem Beitrag für die Zeitschrift „Human Behavior" veröffentlichte.[19] Die Flut der Reaktionen auf diesen Artikel war überwältigend. Ermutigt durch das positive Echo begannen Maslach und ihre KollegInnen Ayala Pines (die zuvor mit der Analyse von Stress-Phänomenen bei der israelischen Armee befaßt war), Ditsa Kafry, Susan Jackson und Eliott Aronson mit ersten größer angelegten, systematischen Studien bei Betreuern von Kindertagesstätten und dem Personal psychiatrischer Kliniken.[20] Bald folgten Studien zum Burnout-

---

[15] Morris 1982 und Green 1984, beide zit. bei Kleiber/Enzmann 1990, 10.
[16] Vgl. Fisher: A Psychological View of Burnout, in: Farber 1985, 40-45; Paine, in: Jones 1982, 11 und Lauderdale 1982.
[17] Nicht ohne Selbstbewußtsein beansprucht sie für sich (in: Jones 1982, 33): „Until recently, no research had been done on this important social problem; indeed, it was almost a taboo topic among the helping professions. The initial, pioneering work on the burnout syndrome has been carried out by myself and my colleagues ... as well as by Freudenberger."
[18] Vgl.: Maslach 1973.
[19] Maslach 1976. Vgl. Maslach 1985, 252.
[20] Vgl. Maslach & Pines 1977; dies. 1978; dies. 1980.

Syndrom bei Rechtsanwälten, Polizeibeamten, Ärzten und Krankenpflegern sowie Angestellten der Sozialfürsorge.[21]

Es dauerte jedoch noch einige Jahre, bis im Herbst 1981 Philadelphia endlich eine erste nationale Konferenz zum Thema organisiert werden konnte.[22] Damit war der Damm gebrochen. Bereits im Frühjahr 1982 traf man sich zu einer weiteren, nun disziplinübergreifenden Konferenz am Teachers College der Columbia University. Die wesentlichen Ergebnisse der Konferenz, die als ein Meilenstein der Burnout-Forschung betrachtet werden kann, hat Barry A. Farber, selbst einer der profiliertesten Burnout-Forscher, in einem Berichtband mit dem Titel „Stress and Burnout in the Human Service Professions" veröffentlicht.[23] Wie ein roter Faden zieht sich durch die einzelnen Beiträge die Erkenntnis, daß das Burnout-Syndrom vor allem als psychologische Reaktion des Individuums auf bestimmte äußere Bedingungen und mithin als ein soziales bzw. systemisches Phänomen zu erfassen ist. Seymour B. Sarason, Professorin für Psychologie an der Yale Universität und eine vehemente Befürworterin der sozialpsychologischen Perspektive hob dies in ihrem Vorwort zum Berichtband nachdrücklich hervor: Die Konferenz habe zum ersten Mal den bislang zu verzeichnenden „galactic neglect of social contexts and social history" überwunden und deutlich gemacht: „Burnout is never a characteristic of or within an individual but rather, it is a complex of psychological characteristics that reflect features of the larger society."[24] Farber selbst erklärt zur Bedeutung der Tagung und des Berichtbandes: „The purpose of this volume is to offer a comprehensive and critical perspective on the phenomena of stress and burnout in the human service professions, to gather in one volume the views of virtually all major workers in the field. This volume has its immediate roots in two-day conference on stress and burnout held at Teachers College, Columbia University, in the fall of 1982. This conference, sponsored by the Clinical Psychology Program of Teachers College and the New York State Psychological Association (NYSPA), was the first such event held on a nationwide scale and brought together the most prominent and provocative thinkers in the field. Experts on stress and burnout from the fields of clinical, community, and social psychology, social work, anthropology, medicine, nursing, and education were invited to present papers at the conference. The primary aim of the conference was to provide those in attendance with a particularly up-to-date understanding of the theories, symptoms, and treatment of stress and burnout."[25]

---

21 Vgl. Maslach & Jackson 1978; dies. 1979; dies. 1982; dies. 1982; Maslach, Jackson & Barad 1982; Maslach & Jackson 1983.
22 Vgl. den von ihrem Initiator Paine hg. Bericht: Paine 1981.
23 Farber 1985.
24 In: Farber 1985, Preface VII. Und, so fügt sie (ebd.) hinzu, die Leser dieses Buches „...will gain an understanding that they will get no place else in the literature."
25 Ebd., Preface X.

Kam die Literaturproduktion bis in die achtziger Jahre des vorigen Jahrhunderts nur schleppend in Gang,[26] so ist inzwischen ein geradezu explosives Anwachsen von Befragungen, Konferenzen, Workshops und Veröffentlichungen zum Sachverhalt zu verzeichnen. Mittlerweile hat der Begriff eine derartige Popularität erlangt, daß manche ihn schon als billiges Schlagwort diskreditieren, mit dem jedwede Form seelischen Unwohlseins innerhalb der Arbeitswelt rationalisiert werden soll. Schon 1982 bemerkte Paine: „It is almost a gestalt phenomena wherein a wide variety of professionals have synthesized self perceptions and their perceptions of others into a growing certainty that they and their peers are increasingly at risk of burning out" und konstatiert, sicher nicht ganz zu Unrecht, daß Burnout der sich damit befassenden Gruppe von Therapeuten und Forschern mittlerweile einen recht guten Lebensunterhalt garantiert.[27] So ist man sicher gut beraten, grundsätzlich bei der Beschäftigung mit dem Thema die Mahnung Paine's berücksichtigen: „A common Problem ... is the 'Medical Students Syndrome' whereby reading about a condition can enhance one's certainty about being afflicted by that condition. A very common reaction on first reading about burnout is the, perhaps inaccurate, insight that 'My God, I am burning out and that explains...'. That, in turn, can lead to a self fulfilling prophecy."[28]

Die immer noch umfangreichste Bibliographie zum Forschungsgegenstand bieten Kleiber und Enzmann mit ihrer bereits genannten Zusammenstellung aus dem Jahre 1990.[29] Wie aus dieser Auflistung hervorgeht, stieg die Zahl der Veröffentlichungen zum Thema im Zeitraum von 1978 bis 1981 von 37 auf 293 und liegt bis zum Stichdatum annähernd gleichbleibend bei etwa 200 bis 250 jährlich. Die Publikationsrate von Artikeln und Dissertationen zeigt, daß ab 1982/83 die Beschäftigung mit „Burnout" in wissenschaftlichen Kreisen zunehmend akzeptiert und gefördert wird, allerdings mit deutlichem Schwerpunkt in Amerika. Im deutschsprachigen Raum registrieren die Autoren eine wesentlich geringere Forschungsaktivität (von 1983 bis 1989 lediglich 75 Veröffentlichungen, darunter noch keine Dissertation). Wie aus der Zusammenstellung ersichtlich, bezieht sich der größte Teil der Literatur auf 'helfende und soziale Arbeit', gefolgt von 'Lehrern und Erziehern'.[30]

Den meines Wissens aktuellsten Überblick über den Stand der Diskussion bieten Wilmar B. Schaufeli, Christina Maslach und Tadeusz Marek in dem von ihnen 1993 herausgegebenen Sammelband „Professional Burnout. Recent Developments in Theory and Research".[31] Angesichts der Fülle und Qualität des dort zusammengetragenen Materials erhebt diese Studie, die u. a. auf den Ergebnissen der 1990 in Krakau durchgeführten, ersten europäischen Konferenz zum Thema

---

[26] Vgl. Paine, in Jones 1982, 1.
[27] Paine, in Jones 1982, 10. Vgl. auch Ders.: angeführt bei: Enzmann/Kleiber 1989, 18.
[28] Paine, ebd., 18.
[29] Kleiber/Enzmann 1990.
[30] Ebd., 13, 15, 17.
[31] Schaufeli et al. (Eds.) 1993. Vgl. inzwischen auch Schaufeli/Enzmann 1998.

„Professional Burnout" basiert, nicht zu Unrecht den Anspruch: „to give a complete presentation of the past, present, and future of burnout", bzw. „the most comprehensive presentation of current theories of burnout".[32]

Klassiker sind in englischer Sprache nach wie vor die Monographien von Freudenberger, Maslach und Pines, sowie die Sammelbände von John W. Jones und Cary Cherniss. Im skandinavischen Raum haben sich Barbro Bronsberg und Nina Vestlund mit ihrer Studie zum Thema einen Namen gemacht. In der deutschsprachigen Forschung gelten heute vor allem die Arbeiten von Enzmann/Kleiber, Jörg Fengler und Matthias Burisch als Standardwerke.[33]

Die in den USA entstandene und dort nach wie vor schwerpunktmäßig beheimatete Burnout-Forschung wird von Schaufeli und Maslach in zwei Phasen untergliedert:[34] Die „Pionierphase" in den siebziger Jahren, in der es zunächst um die Identifizierung des Phänomens ging und um die Konsolidierung erster diagnostischer und therapeutischer Verfahren, sowie die in den achtziger Jahren einsetzende „Empirische Phase", in der man mit einer breit angelegten systematisierten Erforschung des Konstrukts begann. In der Mitte der siebziger Jahre waren in den USA die ersten Artikel erschienen, in denen PsychologInnen unabhängig von einander ein berufliches Erschöpfungssyndrom beschrieben hatten, mit dem sie sich in ihrer Beratungs- und Supervisionspraxis konfrontiert sahen. Zur Einordnung des Phänomens bezog man sich dabei zum Teil auf zwei in der medizinischen Literatur bereits dargestellte Konzepte zum menschlichen Umgang mit emotionalem Stress, nämlich: „Detached Concern" und eben „Dehumanization in self-defense".[35]

Bald nahm zwar die Zahl der Veröffentlichungen zu, auch trat zunehmend neben die Beschreibung der Symptomatik die Reflexion von Ursachen und Prävention, dennoch blieb die wissenschaftliche Produktion dieser Anfangsphase noch weitgehend geprägt durch eine Fülle variierender, zum Teil auch divigierender und empirisch nur ungenügend abgesicherter Ansätze, wobei die einzelnen AutorInnen in der Regel nur von Befunden aus ihrem persönlichen Praxisfeld ausgingen. Die erste Reaktion der Fachwelt war denn auch eher skeptisch bis ablehnend. So wurde z.B. zunächst die Veröffentlichung der von Maslach und Jackson entwickelten Meßmethoden von verschiedenen Fachzeitschriften mit der Begründung abgelehnt „we do not publish 'pop' psychology".[36]

---

32 Schaufeli et al. (Eds.) 1993, Preface xi und S. 8.
33 Freudenberger/Richelson 1981; Maslach 1982 (a); Pines et al. 1987; Jones 1982; Cherniss 1983; Bronsberg/Vestlund 1988; Enzmann/Kleiber 1989; Enzmann 1996; Fengler 1991 bzw. 1998; Burisch 1989. Vgl. auch zB.: Keupp/Kleiber/Scholten (Hg.) 1985. An jüngeren Veröffentlichungen in deutscher Sprache sind vor allem zu nennen: Rook 1998 und Demerouti 1999.
34 Vgl. dazu Schaufeli et al. (Eds.) 1993, 2ff.
35 Vgl. Lief & Fox 1963 und Zimbardo 1970. Vgl. dazu auch das von Maslach bei der jährlichen Zusammenkunft der „American Psychological Association" in Montreal im August 1973 präsentierte Papier: „'Detached Concern' in health and social service professions" (Maslach 1973).
36 Schaufeli et al. (Eds.) 1993, 5.

Erst im Verlauf der achtziger Jahre konsolidierte sich die Burnout-Forschung durch ihre progressive, empirisch immer besser abgesicherte Systematisierung und kam durch die Übersetzung einschlägiger Veröffentlichungen nun auch in anderen Ländern in Gang. Verschiedene Längsschnittstudien erbrachten im wesentlichen drei Hauptergebnisse:
1. Burnout ist offensichtlich ein chronisches Phänomen;
2. Burnout führt zu physischen Symptomen und Veränderungen auf der Verhaltensebene;
3. Rollenkonflikte und das Fehlen sozialer Unterstützung durch Kollegen und Vorgesetzte sind die Keimzellen von Burnout.[37]

War man anfangs davon ausgegangen, daß Burnout hauptsächlich im Bereich der professionellen Arbeit „am Menschen" auftritt, so entdeckte man die Symptomatik bald auch in anderen Arbeitsfeldern. Innerhalb kurzer Zeit wurde neben den einschlägigen Arbeiten des Kreises um Maslach eine Vielzahl weiterer Untersuchungen zur Erforschung des Phänomens in den unterschiedlichsten Berufen veröffentlicht. Der Burnout von Computerfachleuten war plötzlich ebenso ein Thema wie der von Missionaren, Zahnärzten, Industriearbeitern, Nonnen oder Priestern. Einmal für die Thematik sensibilisiert, dauerte es nicht lange, bis man das Syndrom auch in außerberuflichen Lebensbereichen aufspürte, in der Familie, im Sexualleben, in Sport und Politik, bei ehrenamtlichem Engagement und kirchlichen Aktivitäten, im Kunstschaffen und in der Lebensgeschichte als ganzer.[38] In letzter Zeit konzentriert sich die Forschung vor allem auf eine weitere Verfeinerung der Diagnostik, die verstärkte Beobachtung der Verlaufsformen des Syndroms und die Erstellung transnationaler Vergleichsstudien.[39]

Interessant ist die Frage, warum man sich für das Phänomen, das es ja schon länger gab, erst ab Mitte der siebziger Jahre zu interessieren begann. Tom Cox, George Kuk und Michael Leiter sehen vor allem zwei Gründe für die relativ unvermittelt einsetzende und dann so rasch ansteigende Popularität des Burnout-Konzeptes: „First, unlike other possibly related concepts, such as depression or work stress, it does not stigmatize the person, and is thus more conductive to diagnosis and intervention than those that do. ... Second and not unrelated, the concept of burnout has provided the social and helping services with what is perceived to be a useful explanation of their own situation during a long period

---

[37] Vgl. ebd., 1993, 8.
[38] Vgl. z. B. die Literaturangaben in Schaufeli et al. (Eds.), 1993, 1-16, 12, die von Burisch zusammgestellte umfangreiche Auflistung von Arbeiten zu Burnout in über 30 Berufen (Burisch 1989, 10f.) sowie die von Pennington (1989, 25) gebotene Liste von 35 Arbeiten zu unterschiedlichsten Berufen. Ein schönes Buch zum Thema Burnout und seine Vermeidung in Liebe, Sexualität und Partnerschaft hat Ayala Pines geschrieben: Auf Dauer. Überlebens-Strategien der Liebe, Hamburg 1989.
[39] Vgl. Schaufeli/Maslach, in: Schaufeli et al. (Eds.) 1993, 195. Vgl. auch: Dies., Historical and Conceptual Development of Burnout, in: ebd., 1-16, 2ff.

when, somewhat paradoxically, their budgets were being trimmed yet public and political expectations of their role were increasing..."[40]

Weitere Gründe sind nicht zuletzt in einer bestimmten Konstellation historischer, sozialer und wirtschaftlicher Faktoren zu suchen. Ein besonderer Stellenwert kommt hierbei der nach dem Ende des Zweiten Weltkrieges rasch fortschreitenden gesellschaftlichen Individualisierung zu, in deren Folge immer mehr ursprünglich von der Familie, dem Freundeskreis und der Nachbarschaft getragene soziale Hilfeleistungen an professionelle und sich zunehmend bürokratisierende Helfersysteme delegiert wurden.[41] Aber auch die gestiegenen Ansprüche auf Selbstverwirklichung und Lebenserfüllung durch die berufliche Arbeit spielen eine nicht zu unterschätzende Rolle. Farber hebt in diesem Zusammenhang hervor: „American workers have become increasingly disconnected and alienated from their communities, and increasingly insistent upon attaining personal fulfillment and gratification from their work. The combination of these two trends has produced workers with higher expectations of fulfillment and fewer resources to cope with frustrations - a perfect recipe for burnout."[42] Hinzu kommen beispielsweise auch die öffentlichen Kostendämpfungsprogramme aufgrund deren die anfallende Arbeit von immer weniger Mitarbeitern bewältigt werden muß.[43]

1. 1. 3. Definitionen und Zugangswege

1982 beklagte Maslach nachdrücklich das Fehlen einer allgemein akzeptierten Standard-Definition von Burnout.[44] Immerhin zählten schon damals B. Perlman und A. E. Hartman in ihrer Zusammenfassung wichtiger Ergebnisse der noch jungen Burnoutforschung bereits mehr als 48 verschiedene Definitionen.[45] An der mangelnden Einheitlichkeit und Klarheit der Forschung hat sich bis heute auf

---

40 Vgl. Cox, Kuk u. Leiter, Burnout, Health, Work Stress, and organizational Healthiness, in: Schaufeli et al. 1993 (Eds.), 177-193, 178f.

41 „A recent trend in modern American society has been the breakdown of the familiy and of the sense of community. One consequence of this social desintegration has been an overincreasing reliance on impersonal institutions for the care and treatment of personal problems. Accordingly, there has been a dramatic growth in the size and scope of the human services industry." (Maslach, in: Jones 1982, 31).

42 Farber 1985, 11. Er beruft sich dabei auf Arbeiten von Sarason, Lasch, Packard und Slater. Interessant ist vor allem sein Bezug auf Laschs Untersuchung über den Narzißmus (Lasch 1979), vgl. ebd., 7ff.

43 Zu weiteren Gründen vgl. Schaufeli et al. (Eds.) 1993, 4f.

44 Maslach, in: Jones 1982, 30 ff.

45 Perlman&Hartman 1982. Sie selbst schlugen folgende „synthetic definition" vor: „Burnout is a response to chronic emotional stress with three components: (a) emotional and/or physical exhaustion, (b) lowered job productivity, and (c) overdepersonalization." Ebd., 293.

den ersten Blick nicht viel geändert. Immer noch kursiert eine Vielzahl - sich zum Teil sogar widersprechender - Begriffsbestimmungen und man tut sich schwer, sich auf eine von ihnen als Leitdefinition zu verständigen - was nicht nur Enzmann und Kleiber als Indiz für den „defizitären Theoriestatus des Burnoutkonzepts" werten.[46]

Eine wichtige Weichenstellung bedeutet zweifellos die Entscheidung, ob man Burnout mehr unter der Perspektive des Faktums, d.h. des Endzustandes wahrnimmt oder sich auf den Weg dorthin, eben den prozesshaften Charakter des Syndroms konzentriert.

Die „Zustands-Definitionen" sind bei aller Verschiedenheit letztlich durch fünf gemeinsame Elemente gekennzeichnet: „First, there is a predominance of dysphoric symptoms such as mental or emotional exhaustion, fatigue, and depression. Second, the accent is on mental and behavioral symptoms rather than on physical symptoms, although some authors mention atypical physical complaints as well. Third, burnout symptoms are work-related. Fourth, the symptoms manifest themselves in „normal" persons who did not suffer from psychopathology before. Fifth, decreased effectiveness and work performance occur because of negative attitudes and behaviors."[47]

Das kanadische Forscherteam um G. Bibeau schlägt vor, bei der Diagnostik zwischen subjektiven und objektiven Indikatoren Indikatoren für Burnout zu unterscheiden: „The principal subjective indicator is a general state of severe fatigue accompanied by (1) loss of self-esteem resulting from a feeling of professional incompetence and job dissatisfaction; (2) multiple physical symptoms of distress without an identifiable organic illness; and (3) problems in concentration, irritability, and negativism. The principal objective indicator of burnout is a significant decrease in work performance over a period of several months, which has to be observable in relation to (1) recipients (who receive services of lesser quality); (2) supervisors (who observe a decreasing effectiveness, absenteeism etc.); and (3) colleagues (who observe a general loss of interest in work-related issues). ... These subjective and objective indicators of burnout should not result from (1) sheer incompetence (i.e., the person has to have performed well in the job for a significant period), (2) major psychopathology, or (3) family-related problems. Also, severe fatigue resulting from monotonous work or a big workload is excluded because this is not necessarily accompanied by feelings of in-

---

[46] Kleiber/Enzmann 1990, 21. Vgl. ebd., 19, die von Gillespie zusammengestellten Widersprüche. Vgl. auch z. B. Burisch 1994, 8ff., der (S. 8) die Definitionsunsicherheit mit einem plakativen Zitat von Richard Bolles illustriert: „Burnout ist wie Pornographie - ich bin nicht sicher, ob ich es definieren kann, aber ich weiß, was es ist, wenn ich es sehe." (zit. im Original bei Forney et al., 1982, 436). In einem jüngeren Beitrag stellt Burisch fest, Burnout sei nicht viel mehr als ein „fuzzy set" und der Versuch, das Phänomen zu bestimmen komme dem Versuch gleich, die Grenzen einer „großen Wolke zu definieren". Burisch, in: Schaufeli et al. (Eds.) 1993, 76.

[47] Schaufeli et al. (Eds.) 1993, 15.

competence or lowered productivity."⁴⁸ Letztendlich sehen Bibeau et al. jedoch keine Notwendigkeit, eine neue psychiatrische Kategorie des „Burnout" oder der „beruflichen Erschöpfung" einzuführen, da die entsprechende Gesundheitsstörung mit den 1980 von der American Psychiatric Association definierten diagnostischen Standards ausreichend erfaßt und dargestellt werden könne.⁴⁹

Schaufeli und Maslach halten dagegen fest: „However, the description of burnout in psychiatric terms (as defined in the DSM-III) may have the negative consequence of labeling individuals as mentally ill. It has been argued that one reason for the popularity of the burnout concept is that it is a socially accepted label that carries a minimal stigma... From this perspective, the introduction of a psychiatric diagnosis of burnout would be a step backward." Andererseits konzedieren sie jedoch: „On the other hand, in most countries such a diagnosis is necessary to determine if a worker is entitled to a leave of absence, treatment, or other benefits. Thus, the benefit of a psychiatric diagnosis for burnout would be that it would provide an official recognition of a legitimate personal problem."⁵⁰ Auch Enzmann und Kleiber legen Wert darauf, daß das Syndrom nicht als Krankheit angesehen wird. Sie betonen - und sprechen dabei für die Mehrheit der Forscher: „Burnout ist kein neu entdecktes Krankheitsbild, sondern ein aus Arbeitsbedingungen, Aufgabenmerkmalen und Personmerkmalen gemeinsam erklärbares Reaktionssyndrom."⁵¹

Der Blick auf das Ringen um klare Begriffsbestimmungen innerhalb eines Forschungsprozesses läßt die Konturen eines Sachverhaltes deutlicher hervortreten. Darum sei nun ein kleines Panorama verschiedener Definitionsvorschläge entfaltet, das zugleich eine Sammlung wichtiger Veröffentlichungen zum Thema präsentiert.

Anthony Chiaramonte hat sich als einer der ersten mit dem Problem des Burnout unter (katholischen) Pfarrern befaßt.⁵² In seiner 1983 veröffentlichten Dissertation mit dem Titel „Psychological Correlates of Burnout in Clergymen" listet er bereits eine beeindruckende Reihe von in der Forschung gebräuchlichen Burnout-Definitionen auf. Demnach ist Burnout unter anderem zu verstehen als:

---

48 Bibeau et al. 1989 zit. bei Schaufeli et al. (Eds.) 1993, 15.
49 „In their opinion, such a mental state is included in the subcategory of „adjustment disorders with work (or academic) inhibition" of the DSM-III (American Psychiatric Association, 1980), which currently is the most widely employed diagnostic tool in mental health. According to DSM-III (p. 299), an adjustment disorder is characterized by 'a maladaptive reaction to an identifiable psycho-social stressor, that occurs within three months after the onset of the stressor. The maladaptive nature of the reaction is indicated by either impairment in social or occupational functioning or symptoms that are in excess of a normal and expected reaction to the stressor'." (Schaufeli et al. (Eds.) 1993, 15).
50 In: Schaufeli et al. (Eds.) 1993, 16.
51 Enzmann/Kleiber 1989, 8.
52 Chiaramonte 1983.

- A state of physical, emotional, and mental exhaustion marked by physical depletion and chronic fatigue, feelings of helplessness and hopelessness, and by the development of a negative self-concept and negative attitudes towards work, life, and other people.
- A syndrome of inappropriate attitudes towards clients and towards self, often associated with uncomfortable physical and emotional symptoms.
- A state of exhaustion, irritability, and fatigue which markedly decreases the worker's effectiveness and capability.
- To deplete one's self. To exhaust one's physical and mental resources. To wear one's self out by excessively striking to reach some unrealistic expectations imposed by one's self or by the values of society.
- Wearing yourself out doing what you have to do. An inability to mobilize interests and capabilities.
- A malaise of the spirit. A loss of will.
- To become debilitated - weakened - because of extreme demands on one's physical and/or mental energy.
- An accumulation of intense negative feelings that is so debilitating that a person withdraws from the situation in which those feelings are generated.
- A pervasive mood of anxiety giving way to depression and despair.
- A process in which a professional's attitudes and behaviour change in negative ways in response to job strain.
- An inadequate coping mechanism used consistently by an individual to reduce stress.
- A condition produced by working too hard for too long in a high pressure environment.
- A debilitating psychological condition resulting from work-related frustrations, which results in lower employee productivity and morale.
- Emotional exhaustion resulting from a buildup of stress.[53]

Die Schwierigkeit, sich auf eine einheitliche Definition zu verständigen führt Chiaramonte nicht zuletzt auch auf die Bildhaftigkeit des Begriffs zurück: „The current popularity of the term may be in part due to 'the descriptive, metaphorical, nature of the term' ... People seem to respond to it almost instinctively, applying it to all sorts of different experiences, using it to describe just about everything. Herein lies the difficulty in accepting an univocal definition."[54]

Bei aller Unterschiedlichkeit der von ihm zusammengestellten Definitionen sieht Chiaramonte auch Gemeinsamkeiten:

„All the definitions share the following elements:
- Decreased energy physically the individual as difficulty keeping up the pace.

---

[53] Ebd., 158 (Appendix A).
[54] Ebd., 16 f.

- Decreased self-esteem the individual feels a sense of personal failure related to work or vocation.
- Output exceeding input the person has poured more and more of him/herself into a job or project, and the expected payoff or reward is not forthcoming.
- Sense of helplessness, the individual is unable to perceive alternate ways of functionning hopelessnes, being trapped.
- Cynicism, negativism the individual is down on self, others, the job, institutions etc.
- Self-depletion the individual's resources to continue going seem to have come to an end."[55]

Pines et al. bestimmen Burnout als „schleichende seelische Auszehrung", bzw. „Erosion der Lebenskräfte"[56] und sehen den Zustand „characterized by physical depletion, by feelings of helplessness and hopelessness, by emotional drain, and by the development of negative self-concept and negative attitudes towards work, life, and other people. ... (It is a) sense of distress, discontent, and failure in the quest for ideals".[57]

Freudenberger und Richelson verstehen Burnout als „state of fatigue or frustration brought about by devotion to a cause, way of life, or relationship that failed to produce the expected rewards".[58]

Die Definition von Jerry Edelwich und Archie Brodsky fokussiert auf den Konflikt zwischen hohen Erwartungen und der täglichen Arbeitsrealität. Für sie ist Burnout „a progressive loss of idealism, energy, purpose, and concern as a result of conditions of work" und halten fest, daß „the seeds of burnout are contained in the assumption that the real world will be in harmony with (one's idealistic) dreams".[59] In ihrer Definition reflektiert sich übrigens die Anschauung von Dale, der konstatierte: „Burnout is the ash heap of idealism. High expectations, when confronted by harsh realities, trigger a loss of will. That's burnout."[60]

Cherniss hat ebenfalls die Motivationsänderungen im Blick, wenn er Burnout definiert als „psychological withdrawal from work in response to excessive stress or dissatisfaction".[61] Enzmann und Kleiber halten das von ihm auf der Grundlage eines psychologischen Stresskonzeptes entworfene Erklärungsmodell des Burnout neben dem von Maslach und Jackson für am fundiertesten.[62]

---

[55] Ebd., 17.
[56] Pines et al. 1987, 14; 17.
[57] Pines, Aronson, Kafry 1981, 15.
[58] Freudenberger/Richelson 1980, 13.
[59] Edelwich/Brodsky 1980, 14.16.
[60] Dale 1982, 27.
[61] Cherniss 1980, 16.
[62] Enzmann/Kleiber 1989, 64; Vgl. Cherniss 1983 und sein jüngstes Buch in deutscher Sprache, Cherniss 1999.

Farber wiederum betont vor allem den Prozesscharakter von Burnout. Die Schwierigkeit einer exakten Diagnostik resultiert für ihn aus dem multifaktoriellen Ursachengeflecht dieses Prozesses, der noch dazu bei verschiedenen Personen unterschiedlich verläuft.[63] Er stellt fest: „In general, burnout can be conceptualized as a function of the stresses engendered by individual, work-related, and societal factors".[64]

Paine bevorzugt folgende Bestimmung des Burnout: „It is perhaps best characterized at this time as a commonly employed set of maladaptive coping reactions to high and continuoing levels of perceived job stress and personal frustration." Zugleich schlägt er vor, verschiedene Ebenen oder Dimensionen des Problems zu differenzieren:

Burnout Stress Syndrome (BOSS) - the identifiable clusters of feelings and behaviors most commonly found in stressful or highly frustrating work environments.

Burnout Mental Disability (BOMD) - the often serious, clinically significant pattern of personal distresses and diminished performances which is an end state of the burnout process.

Burnout Process (BOP) - the usual sequence of different stages or phases occurring in individuals. Each stage or phase presumably has different indications of distress and possibly of developing disability, and may be a separate syndrome.

Burnout Etiology - the factors in and outside the work environment that contribute to an individual's BOSS.

Burnout Organizational Outcomes - the short and long term impact of the BOSS and BOMD on organizational functioning and performance." Dabei betont er noch einmal ausdrücklich: „...BOSS is not typically a mental disorder, but it may lead to a possible disorder (the suggested BOMD above) or to other conditions (particularly depression) which can also require intensive psychological or psychiatric intervention."[65]

Kleiber und Enzmann unterscheiden in der von ihnen zusammengestellten Literatur Definitionen, die entweder mehr die Persönlichkeit des Helfers, die organisatorischen bzw. institutionellen Bedingungen oder die gesellschaftlichen Prozesse in den Vordergrund rücken.[66]

Fengler subsumiert Burnout unter den von ihm favorisierten Oberbegriff der „beruflichen Deformation", die er wie folgt bestimmt: „Berufliche Deformation soll alle Schädigungen, Verformungen, Fehlentwicklungen, Abnutzungen, Ver-

---

[63] Farber 1985, 3. Vgl. Mattingly 1977, 131, der aufgrund seiner Beobachtungen zu dem Schluß kommt: „burn-out ... is a subtle pattern of symptoms, behaviors, and attitudes that are unique for each person".

[64] Farber 1985, 3.

[65] Paine, in Jones 1982, 7; 6f.; 7.

[66] Kleiber/Enzmann 1990, 21.Vgl. ebd, 20, ihre entsprechend geordnete Zusammenstellung von „Most important definitions of burnout" aus den frühen 80er Jahren.

schleißerscheinungen, Erstarrungen, Fehlorientierungen, Entfremdungen, Realitäts- und Wahrheitsverluste und Verkennungen im Erleben, Verhalten und Denken bezeichnen, die im Laufe der Berufstätigkeit und durch die Berufstätigkeit bedingt auftreten. ... Das Gegenbild der beruflichen Deformation mag man vorläufig mit Frische, Lebendigkeit, Präsenz, lebendigem gegenwärtigem Bezug zu Menschen, Themen und Vorgängen beschreiben."67

Im Gegensatz zu den sonst mehr defizitär orientierten Bestimmungen des Burnout vertritt Ellen Maher eine eigenwillige, durchaus bedenkenswerte, potentialorientierte Auffassung des Phänomens, nach der das „Ausbrennen" als Reinigungs- und Läuterungsprozess, ähnlich dem Fegefeuer oder den Vorgängen bei der Glas- und Stahlveredelung zu verstehen ist: „The metaphoric burnout of dedicated individuals is negative and destructive. This negativity arises from the selection of an particular set of fire images: buildings in ashes, ruined motors, used-up light bulbs, exhausted fuel supplies. These are not the only images available to us. While the choice of the metaphor of burning may have been motivated by pessimistic, negative feelings about the experience, the same metaphor can suggest more positive insights into the problem. There is another use of the metaphor of burning and fire which may be more helpful. This is the image of fire as a purgative agent - burning as a process of purification."68

Eine besonders eingängige Formel haben Edelwich und Brodsky geprägt: „Ausgebrannt ist jeder, der, wenn man ihn fragt, was er davon halten würde, in zehn Jahren dieselbe Arbeit zu machen, antwortet: 'Eher möchte ich sterben'."69

Die Definition aber, die sich inzwischen weitestgehend durchgesetzt hat und anerkannt wird - und auch mir in ihrer Klarheit und Operationalisierbarkeit am meisten einleuchtet - stammt von Maslach. In ihrem frühen Hauptwerk „Burnout - The Cost of Caring" faßte sie die Ergebnisse ihrer eigenen Studien und der von Jackson und Pines zusammen und definierte Burnout als:

*„A syndrome of emotional exhaustion, depersonalization, and reduced personal accomplishment that can occur among individuals who do 'people work' of some kind. It is a response to the chronic emotional strain of dealing extensively with other human beeings, particularly when they are troubled or having problems."*70

---

67 Fengler 1991, 32.33.
68 Maher 1989, 32f., vgl. auch ebd., 34f.
69 Edelwich/Brodsky 1984, 11.
70 Maslach 1982 (a), 3. Als Kern des Burnoutsymdroms ermittelt sie dabei (ebd.) „a pattern of emotional overload and subsequent emotional exhaustion, that can be described as a "compassion fatigue". In Schaufeli et al. (Eds.) 1993, 20, beansprucht Maslach für sich: „The operational definition, and the corresponding measure, that is most widely used in burnout research is the three-component model developed by Susan Jackson and myself." - Schaufeli, Enzmann und Girault beharren dagegen darauf (im gleichen Band!), daß es neben der von Maslach und Jackson vorgeschlagenen Definition und den von ihnen entwickelten Meßmethoden von Burnout durchaus eine ganze Reihe anderer ernstzu-

In einer späteren Veröffentlichung präzisiert sie diese Definition (in deutsch) folgendermaßen: „Das 'Ausbrennen' ist ein Syndrom aus *emotionaler Erschöpfung, Entpersönlichung und reduzierter eigener Erfüllung* im Beruf, das bei Personen auftreten kann, die bis an die Grenze ihrer Leistungsfähigkeit mit Menschen arbeiten. Emotionale Erschöpfung bezieht sich auf das Empfinden, durch den Kontakt mit anderen emotional überfordert und ausgelaugt zu sein. Entpersönlichung meint die gefühllose und gleichgültige Reaktionsweise gegenüber denen, die die Empfänger der Hilfeleistungen sind. Diese Einstellung zu anderen kann dazu verleiten, deren Schwierigkeiten als selbstverschuldet anzusehen ... . Die reduzierte persönliche Erfüllung bezieht sich auf die Neigung, das eigene Kompetenzgefühl und das Bewußtsein, bei der Arbeit mit Menschen erfolgreich vorzugehen, zu mindern. Das schließt eine negative Selbsteinschätzung ein." Gemeinsam ist allen vom Burnout Gefährdeten oder Betroffenen aber „der extensive Umgang mit anderen Menschen in Lebenssituationen, die oft emotional besetzt sind".[71] Einprägsam verdeutlicht Maslach den Sachverhalt auch durch das Zitat einer Betroffenen. Carol B., social worker, sagt:

„When I try to describe my experience to someone else, I use the analogy of a teapot. Just like a teapot, I was on the fire, with water boiling - working hard to handle problems and do good. But after several years, the water had boiled away, and yet I was still on the fire - a burned-out teapot in danger of cracking."[72]

Was nun die jeweiligen *Zugangsweisen* zum Problemfeld betrifft, so unterscheiden sie sich je nachdem, ob die jeweiligen AutorInnen eine mehr individual- bzw. sozialpsychologische oder organisationssoziologische Perspektive befürworten. So erklären beispielsweise Freudenberger, Fischer, aber auch Schmidbauer die spezifischen Probleme der Helfer-Berufe vor allem aus den Persönlichkeitsmerkmalen derer, die sie ergreifen.[73] Maslach und die ihr verbundenen ForscherInnen vertreten dagegen einen dezidiert systemischen sozialpsychologischen Ansatz. Schon in ihrer ersten Veröffentlichung zum Themenbereich hebt Maslach hervor: „It has been the underlying thesis of this paper that social psychology can provide a general orientation, theoretical models, and a methodological approach that will aid in understanding of the dynamics of the burnout syndrome. It is an approach which identifies the crux of the problem not as an psy-

---

nehmender Definitionen alternativer Meßmethoden gibt (ebd., 200ff.)
[71] Maslach, in: Wacker/Neumann (Hg.) 1985, 250f.; 252. Mit „Entpersönlichung" ist gemeint, daß man die Klienten zunehmend behandelt wie bloße Objekte.
[72] Zit. bei: Maslach 1982 (a), 2
[73] Fischer z. B. bezieht sich auf die Beobachtungen Freudenbergers und Maslachs, daß in vergleichbaren Situationen die eine Person Burnout erlebt und die andere nicht, zur Stützung seiner Auffassung: „Since burnout is not a general phenomenon specific to any particular setting, the sufficient cause must be sougth among personal psychological factors." (Vgl. Fischer, in: Farber 1985, 41.)

chological stress per se, but as a particular type of stress arising from the *social relationship* between helpers and recipients.[74]

1. 1. 4. Erscheinungsbild - Symptome - Verlauf

Burnout ist nicht die Folge einzelner traumatischer Erfahrungen, sondern das Resultat einer schleichenden Erosion der geistigen und emotionalen Kräfte, die sich aus einem ganzen Mosaik kleinerer und größerer Frustrations-, Überforderungs- und Versagenserfahrungen zusammensetzt.[75] Es handelt sich um eine krisenhafte Entwicklung, die auf alle Persönlichkeitsebenen durchschlägt. Der emotionale Bereich wird ebenso tangiert wie der intellektuelle, das Reservoir der grundlegenden Einstellungs- und Verhaltensmuster ebenso wie das Wertesystem, die Willenskraft und die Sphäre der intentionalen Regungen. Im Verlauf des Prozesses kommt es bei den Betroffenen zu einer progressiven Blockade ihres Energiepotentials, zu einer von ihnen als unerbittlich fortschreitend empfundenen Paralyse ihrer Phantasie und Kreativität, ihrer Motivation und ihres Engagements. Die Reaktion ist ein tiefes Erschrecken, das immer hektischere Selbstrettungsstrategien hervorruft, deren Vergeblichkeit zur Verzweiflung führt und schließlich zur Resignation. Am Ende der Entwicklung haben sich die zunächst nur temporären Empfindungen der Hilflosigkeit zu einem Grundgefühl des Versagens und der Hoffnungslosigkeit verdichtet, die es den Betroffenen immer schwerer und schließlich unmöglich machen, ihre Schwierigkeiten aus eigener Kraft zu überwinden. Verlauf und Endpunkt dieser Entwicklung werden markiert durch eine Vielzahl einzelner charakteristischer Merkmale.

Cherniss listet in einer Tabelle 28 dieser Anzeichen bzw. Symptome von Burnout auf, die in der Literatur am häufigsten angeführt werden:[76]

1. High resistance to going to work every day.
2. A sense of failure.
3. Anger and resentment.
4. Guilt and blame.
5. Discouragement and indifference.
6. Negativism.
7. Isolation and withdrawal.
8. Feeling tired and exhausted all day.

---

[74] Maslach, 1982 (b), 49.
[75] Vgl. Chiaramonte 1989, 23: „The burnout process is a steady progression, a gradual unfolding, a kind of step by step journey, a myriad of decisions or events that leads up to the final result."
[76] Cherniss 1983, 17. Er bezieht sich dabei auf Freudenberger 1974, Maslach 1976, eine unveröffentlichte Studie der „Berkeley Planning Associates" von 1977 und eine sehr frühe Untersuchung von Schwartz und Will aus dem Jahre 1961.

9. Frequent clock-watching.
10. Great fatigue after work.
11. Loss of positive feelings towards clients.
12. Postponing client contacts; resisting client phone calls and office visits.
13. Stereotyping clients.
14. Inability to concentrate on or listen to what client is saying.
15. Feeling immobilized.
16. Cynicism regarding clients; a blaming attitude.
17. Increasingly „going by the book."
18. Sleep disorders.
19. Avoidung discussion of work with colleagues.
20. Self-preoccupation.
21. More approving of behavior - control measures such as tranquilizers.
22. Frequent colds and flus.
23. Frequent headaches and gastrointestinal disturbances.
24. Rigidity in thinking and resistance to change.
25. Suspicion and paranoia.
26. Excessive use of drugs.
27. Marital and familiy conflict.
28. High absenteism.

Auch Chiaramonte hat eine ganze Sammlung von Symptomen des Ausbrennens zusammengestellt, die er in verschiedene Kategorien einordnet:
„Burnout has been commonly described by a symptom pattern. The most frequently used categories are physical, emotional, behavioral and spiritual.
Physical Symptoms: - feelings of exhaustion and fatigue and a sensation of being physically run down, frequent headaches, change in appetite, weight loss, sleeplessness, lower resistance to infection, loss of sexual vigor, hypochondrial complaints, shortness of breath, and gastrointestinal disturbance.
Emotional Symptoms: - apathy, feelings of helplessness and hopelessness, depression, constant worry, memory loss, anxiety, disillusionment, increased rigidity, loss of creativity, constant irritability, loss of humor or hostile humor, loss of concentration, alteration of self-image, feeling of alienation and boredom.
Behavioral Symptoms: - impulsive behavior, blunting of affect, quickness to anger, reduction in flexibility, withdrawal, distancing, increased levels of risk taking, absenteeism at work, increased smoking, alcohol and drug use, complaining, suspiciousness, and quitting the job or profession.
Spiritual Symptoms: - lack of attentiveness to prayer and meditation, absence of personal commitment, lack of commitment to the building of community, increased need to escape, conflict avoidance, moral judgmentalism, cynicism, one-track preaching/teaching, changes in moral behavior, listless performance of

clergy-role duties, loss of joy in ministry and faith, doubts in value system and beliefs."[77]

Für Fengler ist die Entstehung der „beruflichen Deformation" bedingt durch das Zusammenwirken folgender Komponenten: - Dauerbelastung (der man anstatt durch eine grundlegende Umgestaltung der Arbeits- und Lebensbedingungen durch die Entwicklung kurzatmiger „Überlebensstrategien" zu begegnen versucht); - Überidentifikation (mit der Tätigkeit, dem Beruf, der Institution, in der man arbeitet); - Wahrnehmungsselektion (von der Fülle des Lebens werden nur noch die berufsbezogenen Aspekte zur Kenntnis genommen); - Ausweitung „blinder Flecken"; - Interessenverarmung (nur noch Themen mit Bezügen zur beruflichen Tätigkeit sind wichtig); - gedankliche Dürre; - erstarrter Gestus und Ausdruck (Devotion bei Kellnern, das Pastorale beim Pfarrer, das Schneidige beim Offizier etc.); - abrufbare Gefühle.[78]

Einen ausführlichen Überblick über die mit Burnout verbundenen Symptome und Probleme bringt auch Schaufeli in einer neueren Veröffentlichung. Er unterscheidet:

1) *Psychische Symptome*
   a) *emotionale* (großer Widerstand, täglich zur Arbeit zu gehen; Gefühle des Versagens, Ärgers und Widerwillens; Schuldgefühle; Entmutigung und Gleichgültigkeit; Mißtrauen und paranoide Vorstellungen; Frustration).
   b) *kognitive* (Rigidität im Denken und Widerstand gegen Veränderungen; Projektionen; Konzentrationsstörungen).
   c) *motorische* (nervöse Ticks; Verspannungen).
2) *Physische Symptome*
   a) *psychosomatische Beschwerden* (tägliche Gefühle von Müdigkeit und Erschöpfung; große Müdigkeit nach dem Arbeiten; Schlafstörungen; sexuelle Probleme).
   b) *Erkrankungen* (häufige Erkältungen und Grippe; häufige Kopfschmerzen; Magen-Darm-Beschwerden).
   c) *Physiologische Reaktionen* (erhöhter Herzschlag; erhöhte Pulsfrequenz; erhöhter Cholesterinspiegel).
3) *Symptome auf der Verhaltensebene*
   a) *individuelle Verhaltensweisen* (exzessiver Drogengebrauch, Tabakgenuß, Alkohol- und Kaffeekonsum; erhöhte Aggressivität).
   b) *Verhalten in der Arbeit* (häufiges Fehlen am Arbeitsplatz; längere Pausen; verminderte Effizienz)

---

[77] Chiaramonte 1983, 19 f. Vgl. auch den von Pennington 1989, 36f. aufgeführten Symptomkatalog (mit reichhaltigen Literaturangaben)
[78] Vgl. Fengler 1991, 33 ff.

4) *Soziale Symptome*
   a) *im Umgang mit Klienten* (Verlust von positiven Gefühlen den Klienten gegenüber; Verschieben von Klientenkontakten; Widerstand gegen Anrufe und Besuche von Klienten; Unfähigkeit, sich auf Klienten zu konzentrieren oder ihnen zuzuhören).
   b) *im Umgang mit Kollegen* (Isolierung und Rückzug; Vermeidung von Arbeitsdiskussionen mit Kollegen).
   c) *außerhalb der Arbeit* (Ehe- und Familienprobleme; Einsamkeit).
5) *Problematische Einstellungen*
   a) *im Umgang mit Klienten* (Stereotypisierung von Klienten; Zynismus; schwarzer Humor; verminderte Empathie; Demonstration von Machtlosigkeit);
   b) *in der Arbeit / Einrichtung* (negative Arbeitseinstellung; Desillusionierung; Verlust von Idealismus).[79]

Angesichts dieser in ihrer Fülle geradezu überbordenden Symptomkataloge sollte man den Hinweis von Stephen Daniel und Martha Rogers bedenken, daß nicht die einzelnen Symptome den Burnout ausmachen, sondern: „It is the frequency and magnitude of these symptoms which are the crucial element in burnout."[80]

Nach Diane Ryerson und Nancy Marks sind es im wesentlichen sieben starke Empfindungen, die durch Burnout verursacht werden und das Lebensgefühl betroffener Personen beeinträchtigen:"

1. Emptiness
2. Exhaustion and depletion
3. Being blocked by insurmountable obstacles
4. Trapped or attacked
5. Needing escape
6. Giving up
7. Weighted down".[81]

Farber plädiert für eine differenzierte Behandlung des Konstrukts: „It may, however, be more useful to develop multiple typologies of burnout, analogous to

---

[79] Schaufeli 1992, zit. nach Gusy 1995, 25. In der noch jüngeren Zusammenfassung (Schaufeli et al. 1993, 15) charakterisieren *Maslach* und *Schaufeli* die einzelnen Symptomcluster folgendermaßen: „First, there is a predominance of dysphoric symptoms such as mental or emotioal exhaustion, fatigue, and depression. Second, the accent is in mental and behavioral symptoms rather than on physical symptoms, although some authors mention atypical physical complaints as well. Third, burnout symptoms are work-related. Fourth, the symptoms manifest themselves in 'normal' persons who did not suffer from psychopathology before. Fifth, decreased effectiveness and work performance occur because of negative attitudes and behaviors."
[80] Daniel u. Rogers 1981, 233.
[81] Ryerson u. Marks 1980.

the typologies of depression that have been proposed. Thus, just as depression can be viewed as a endogenous or exogenous, or as active, passive, or reactive, burnout may be found to have similarly variant characteristics. In this regard Gillespie (1981) characterizes burnout in protective service workers as active or passive. Active burnout is characterized by avoidant techniques and stems from organizational and social factors; passive burnout is characterized by a loss of interest and commitment and seems to stem more from internal psychological processes." [82]

Charakteristisch für Burnout ist jedenfalls das leidvolle Erleben einer tiefgehenden körperlichen, emotionalen und geistigen Erschöpfung. Merkmale der *körperlichen* Erschöpfung sind unter anderem: Energiemangel, chronische Ermüdung, Schwäche und Überdruss, Unfallträchtigkeit, erhöhte Anfälligkeit für Krankheiten, Kopfschmerzen, Übelkeit, Verspannungen der Hals- und Schultermuskulatur, Rückenschmerzen, Veränderungen der Eßgewohnheiten, des Körpergewichtes etc. Auch die paradoxe Kombination von Ermüdung und Schlaflosigkeit wird oft genannt.

Die *emotionale* Erschöpfung äußert sich vor allem in Gefühlen des Niedergeschlagenseins, des Nicht-mehr-Könnens und Nicht-mehr-Wollens, die sich immer mehr zur lähmenden Hilf- und Hoffnungslosigkeit steigern. In extremen Fällen kann diese Seelenlage zur Entstehung psychischer Krankheiten führen bis hin zur Suizidalität. Es kommt unter Umständen zu unbeherrschbarem Weinen und zum Versagen von sonst selbstverständlichen Bewältigungs- und Kontrollfunktionen. Überforderte Menschen haben das Gefühl, alle ihnen noch verbliebene emotionale Energie für die alltäglichen Verrichtungen ihres Lebens zu benötigen und auch die einfachsten Dinge nur noch mit immensem Kraftaufwand bewältigen zu können. Dieses permanente Gefordertsein über die Grenzen des persönlichen Limits hinaus mündet häufig früher oder später in einem Zusammenbruch.

Kennzeichen der *geistigen* Erschöpfung ist neben einem wachsenden Desinteresse an theoretischen Fragen und Zusammenhängen hauptsächlich der schleichende Verlust stabilisierender Grundeinstellungen, die man sich entweder in der Vergangenheit erarbeitet hat oder mit denen man aufgrund seiner charakterlicher Disposition von vornherein gesegnet war. Zunehmend entwickeln sich negative Einstellungen zum Selbst, zu den Mitmenschen, zur Arbeit und zum Leben im allgemeinen. Eine Folge ist gerade bei Angehörigen helfender Berufe die fortschreitende Ausprägung einer „dehumanisierenden" Grundeinstellung zu ihren Klienten, d.h. diese werden nicht mehr als Individuen mit ihrer je eigenen Würde, Originalität und Problematik - als „Menschen" eben - wahrgenommen, sondern nur noch als „Fälle", denen man eher negative Strebungen und eine Tendenz zur Ausnutzung der Helfer und der jeweiligen Institution zu unterstellen neigt. Pines hält in diesem Zusammenhang fest: „In der umfangreichen sozi-

---

[82] Farber 1985, 246.

alpsychologischen Literatur ist Dehumanisierung als ein Mangel an Bewußtheit der menschlichen Attribute anderer Menschen und als Verlust an Menschlichkeit in der Interaktion mit ihnen definiert. Daß andere Menschen die gleichen Gefühle, Impulse und Gedanken haben wie man selbst, wird nicht mehr wahrgenommen; derart geht alle Gemeinsamkeit menschlicher Eigenschaften verloren. Wer jedoch andere Menschen dehumanisiert ... dehumanisiert sich auf diese Weise selbst."[83] Maslach konstatiert: „Burnout involves the loss of concern for the people with whom one is working. In addition to physical exhaustion (and sometimes even illness), burnout is characterized by an emotional exhaustion in which the professsional no longer has any positive feelings, sympathy, or respect for clients and patients. A very canical and dehumanized perception of these people often develops, in which they are labeled in derogatory way and treated accordingly."[84]

Was die *Dynamik des Burnoutprozesses* betrifft, so ist man sich in der Forschung heute weitgehend einig, daß sie in bestimmten Stufen bzw. Phasen verläuft. Chiaramonte weist darauf hin, daß Spaniol and Caputo bereits 1978 drei Ebenen von Burnout identifiziert haben:

„First-degree burn (mild): Shortlived bouts of irritability, fatigue, worry, frustration. Allows a person to continue work without any notable sign of impairment. - Second-degree burn (moderate): Same as mild, but lasts for two weeks or more. Signifies that the job performance is suffering somewhat, but the person is able to accomplish the task despite disruption. - Third degree burn (severe): Physical ailments occur such as ulcers, chronic back pain and migraine headaches. The person's work is undergoing severe or even complete disruption."[85]

Für Cherniss ist Burnout letztlich nichts anderes als eine defensive Form der Stressbearbeitung.[86] Im Grunde handele es sich dabei um einen „transactional process", der in drei Stufen verläuft: Auf die Wahrnehmung eines Ungleichgewichtes zwischen Ressourcen und Anforderungen (Stress) [87] folgt die emotionale Reaktion des Individuums (charakterisiert durch Empfindungen von Angst, Anspannung, Müdigkeit und Erschöpfung), die wiederum eine Anzahl von Ver-

---

[83] Pines et al. 1987, 29.
[84] In: Jones 1982, 32.
[85] Chiaramonte 1983, 23f.
[86] Vgl. Cherniss 1983, 18: „Specifically, burnout can now be defined as a process in which a previously committed professional disengages from his or her work in response to stress and strain experienced in the job". Vgl. auch ebd., 21: „burnout is an adaptation to stress" und 24: „It is a coping strategy used when direct-action coping efforts futile".
[87] Wobei die Anforderungen äußerlicher oder innerer Natur sein können, vgl. Cherniss 1983, 22. „One of the most important demands confronting human service staff is the demand for *competence.*" (ebd.)

änderungen in Einstellung und Verhalten bewirkt (wie emotionale Loslösung, Rückzug, Zynismus, Härte).[88]

Burisch vergleicht sechs Ansätze aus der Burnoutforschung hinsichtlich ihrer Verlaufstheorie, nämlich die von:

Freudenberger: 1. Empfindendes Stadium - 2. Empfindungsloses Stadium
Lauderdale: 1. Verwirrung - 2. Frustration - 3. Verzweiflung
Edelwich: 1. Idealistische Begeisterung - 2. Stillstand - 3. Frustration - 4. Apathie - 5. Intervention
Maslach: 1a. Emotionale Erschöpfung - 1b. Physische Erschöpfung - 2. Dehumanisierung - 3. Terminales Stadium
Cherniss: 1. Berufsstress - 2. Stillstand - 3. Defensive Bewältigungsversuche.[89]

Er selbst unterteilt den Prozess des Ausbrennens in sieben Stufen: - Warnsymptome der Anfangsphase; - Reduziertes Engagement (für die Klienten; allgemein für andere Menschen; für die Arbeit; eigene Ansprüche steigen); - Emotionale Reaktionen und Schuldzuweisung (Depression oder Aggression); - Abbau; - Verflachung; - Psychosomatische Reaktionen; - Verzweiflung.[90]

Fengler unterscheidet insgesamt zehn Stadien der Burnout-Entwicklung:

1. Freundlichkeit und Idealismus
2. Überforderung
3. Geringer werdende Freundlichkcit
4. Schuldgefühle darüber
5. Vermehrte Anstrengung
6. Erfolglosigkeit
7. Hilflosigkeit
8. Hoffnungslosigkeit ('Ein Faß ohne Boden')
9. Erschöpfung, Abneigung gegen Klienten, Apathie, Aufbäumen, Wut
10. Burnout: Selbstbeschuldigung, Flucht, Zynismus, Sarkasmus, psychosomatische Reaktionen, Fehlzeiten, große Geldausgaben, Unfälle, Dienst nach Vorschrift, Selbstmord, Liebschaften, Scheidung, plötzliche raptusartige Kündigung, sozialer Abstieg, Aus-dem-Tritt-Kommen usw.[91]

Die verschiedenen Phasen bedeuten freilich keine zwangsläufige zeitliche oder kausale Abfolge. Der Prozess kann zwischen einzelnen Stufen hin und her pendeln, manchmal existieren die Symptome einzelner Stadien auch gleichzeitig nebeneinander. Auch die Dauer des Prozesses und des Endstadiums ist von Person zu Person verschieden: Manche Menschen brennen innerhalb eines halben Jahres

---

[88] Cherniss 1983, 17 f.
[89] Vgl. Burisch 1989, 19. Er bezieht sich dabei auf: Freudenberger/Richelson 1980; Lauderdale 1982; Edelwich/Brodsky 1980; Pines/Maslach 1978 und Cherniss 1980 (a).
[90] Burisch 1989, 11 ff. Vgl. ebd. seine ausführliche Auflistung einzelner Komponenten.
[91] Fengler 1998, 109.

aus, bei anderen dauert es Jahrzehnte, bei manchen reichen wenige gezielte Maßnahmen, um den Zustand erheblich zu verbessern oder zu beseitigen, andere benötigen Jahre intensiver Therapie. Trotz der ausgeprägten Symptomatik und der mit ihr verbundenen Einschränkung der Lebensenergie kann man Burnout, wie oben bereits angesprochen, nicht einfach als seelische Krankheit kategorisieren (und damit möglicherweise die Betroffenen stigmatisieren). Dazu ist der situative Aspekt der Symptomatik und ihre Abhängigkeit von äußeren Faktoren zu ausgeprägt: Im Gegensatz zu psychischen Erkrankungen bilden sich die Beschwerden bei einer positiven Veränderung der Arbeitsbedingungen rasch zurück.

1. 1. 5. Auswirkungen

Zunächst einmal ist festzuhalten, daß Burnout, wenn auch keine „Krankheit", dennoch sehr wohl „ansteckend" ist.[92] Die bereits ausgebrannte oder gerade im Ausbrennen begriffene Person bringt mit ihrem Verhalten und ihren Äußerungen bei den Menschen ihrer Umgebung eben jene latent auch vorhandenen Anteile zum „Schwingen", die ihr eigenes Ausbrennen begünstigt haben. Ausführlich wird in der Forschung dokumentiert, wie rasch und nachhaltig ausgebrannte Angestellte andere mit ihrem Pessimismus und ihrer Hilflosigkeit, aber auch mit ihrer untergründigen oder manifesten Aggressivität infizieren können.[93] Ein ausgebranntes Mitglied kann - ob bewußt, oder ohne es zu wollen - die Kreativität, Dynamik und Schaffensfreude eines ganzen Teams nicht nur bremsen, sondern eindeutig negativ beeinflussen. Besonders fatal ist es, wenn es sich dabei um jemand in leitender Funktion handelt oder gar um eine Person, die mit supervisorischen Aufgaben betraut ist. Je höher die Position oder der Grad an Einflußmöglichkeiten des Mitarbeiters, desto mehr potenziert sich die schädigende Auswirkung seines Burnout. Nichts fördert Ausbrennen mehr, als beispielsweise „ausgebrannte Sozialarbeiter, die nun Supervisoren anderer Sozialarbeiter werden".[94] Noch schlimmer: Wer ausbrennt, bemüht sich nicht selten aktiv darum, in der Hierarchie nach oben zu kommen und eine Position zu erlangen, in der er keinem direktem Kontakt mit Klienten mehr ausgesetzt ist.

Die Auswirkungen sind in jeder Hinsicht schädlich. Nicht nur, daß die Betroffenen in ihren inneren und äußeren Lebensmöglichkeiten immer mehr eigeengt werden und sich in einen Strudel von Verzweiflung und Aussichtslosigkeit hineingerissen fühlen, ihre energieabsorbierende Ausstrahlung dehnt sich bald von der beruflichen Ebene auch auf den Bereich der familiären und freundschaftlichen Beziehungen aus. „People helpers not only 'bring home the bacon', they al-

---

[92] Vgl. Cherniss (1983, 158): „Once burnout develops in an organization, it is highly contagious".
[93] Vgl. Paine, in: Jones 1982,21.
[94] Pines et al. 1987, 34.

so bring home their burnout."⁹⁵ Vor allem Ehegatten und Kinder werden in die Dynamik des Syndroms mit hineingezogen. Die Abläufe sind mitunter ähnlich gravierend und destruktiv wie beim Alkoholismus und bei bestimmten psychischen Erkrankungen.

Möglicherweise kommt es auch zu jener Erscheinung, die Lauderdale so bildstark als „Chrysalis-Phänomen" bezeichnet hat: Während der Arbeitszeit sind die Betroffenen starr und wie verpuppt, erst nach Feierabend blühen sie auf und fangen wieder an zu leben, dann kriecht der Schmetterling aus dem Kokon, entfaltet seine Flügel und fühlt sich frei.

Oft verstehen es die Betreffenden, ihre innere Problematik am Arbeitsplatz für lange Zeit einigermaßen verborgen zu halten, jedenfalls so, daß sie keine arbeitsrechtlichen Konsequenzen zu befürchten haben. Man arrangiert sich „irgendwie" mit dem ungeliebten „Job",⁹⁶ macht „Dienst nach Vorschrift" oder vollzieht sogar klammheimlich die „Innere Kündigung".⁹⁷

So leuchtet es ein, daß das Ausbrennen auch unter wirtschaftlichem Aspekt als Katastrophe zu bewerten ist.⁹⁸ Burnout verursacht in jeder Hinsicht Kosten und Verluste. Albert Einsiedel und Heather Tully untergliedern die Auswirkungen auf die jeweilige Organisation in folgende Stufen: 1. Deteriorating quality of services; 2. Turnover; 3. Absenteeism; 4. Accidents; 5. Sick leave overutilization.⁹⁹ Wer seinen Beruf aufgibt, hat seine Ausbildung umsonst gemacht und Jahre seines Lebens vergeblich investiert. Wer äußerlich bleibt, aber innerlich aussteigt, schädigt nicht nur den Arbeitgeber, indem er seine Leistung reduziert, seine Aufgaben widerwillig ausführt und sein Potential verweigert. Zu leiden haben vor allem die Klienten und Patienten, die insgesamt länger auf eine reduzierte und schlechtere Behandlung warten müssen und sich möglicherweise gravierenden Fehldiagnosen und -behandlungen sowie demütigenden Verhaltensweisen ausgesetzt sehen. Im Verlauf des Burnoutprozesses verlieren die „social worker" eben jene Qualitäten, die wesentlich für jede auf den Menschen bezogene Tätigkeit

---

95 Pennington 1989, 51, vgl. Maslach: Cost of Caring 81.
96 Vgl. Cherniss 1983,25: „When a worker burns out, what was once a „calling" becomes merely a job."
97 Zu den Auswirkungen und Folgen dieses in der Literatur ausführlich behandelten Tatbestandes vgl. allem Höhn 1983 und 1989 sowie Löhnert 1990 und Faller 1991; im Blick auf den Pfarrberuf auch z. B. Eschmann 1997.
98 Pines konstatiert (in: Farber 1985, 155-174, 156.): „Our work on burnout ... has involved over 5,000 subjects and more than 100 workshops across the United States and abroad. This research has documented that burnout is significantly correlated with reduced satisfaction from work, life, and oneself, and that it is also correlated with poor physical health and with an increase in sleep disorders, headaches, loss of appetite, nervousness, backaches, and stomachaches. Burnout was also found to be related to hopelessness (and sucidal potential), alcoholism, tardiness, and intention to leave the job. Thus, it is clear that burnout is extremely costly for the individual, the organization in which that individual is working, and society at large."
99 Vgl. Einsiedel, in: Jones 1982, 89 ff.

sind: Zugewandtheit, Einfühlungsvermögen, Authentizität, Selbstvertrauen, Sinn für Humor und Freundlichkeit. Insofern müßte gerade im Sinne der gegenwärtig im klinischen und sozialtherapeutischen Bereich so vehement propagierten „Qualitätssicherung" das Burnoutsyndrom mit seinen Implikationen im Brennpunkt der Aufmerksamkeit eines verantwortlichen und effizienten „Qualitätsmanagements" stehen.

Freilich hat, ganz vom Ende her betrachtet, der Burnout-Prozess auch wieder manche positive Wirkungen. So weist Freudenberger zum Beispiel darauf hin, daß Burnout immerhin die Aufmerksamkeit auf schlecht zu adaptierende soziale Systeme lenkt und somit einen ersten Schritt zu ihrer Verbesserung darstellt.[100] Zeigt in einem Unternehmen eine zunehmende Zahl von Beschäftigten Burnoutsymptome, so ist dies ein deutliches Signal für längst überfällige Reformen.

Wie jede bewältigte Lebenskrise, erweitert auch der durchgestandene Burnout-Prozess das seelische Potential des Individuums und stärkt seine Widerstandskraft für künftige Beeinträchtigungen. Eindrücklich haben Aronson, Pines und Kafry diesen Aspekt benannt: „Obgleich Ausbrennen ein traumatisches und deprimierendes Erlebnis ist, kann es den Beginn vertieften Verstehens und vermehrter Bewußtheit des eigenen Lebens bedeuten. Den Kampf um dieses Wachstum könnte man einer Kriegslist vergleichen, welche die Schwungkraft des Gegners nutzt, um ihn zu besiegen. So kann es auch mit dem Ausbrennen und dem Überdruss sein: Wenn Menschen über angemessene Methoden zur Stressbewältigung verfügen, macht das Erlebnis sie oft stärker, weiser und einsichtsvoller als sie waren und vielleicht geblieben wären. ... Es kann den Weg zu klareren Einsichten in das Selbst weisen, das Einfühlungsvermögen anderen Menschen gegenüber verfeinern und wichtige Lebensveränderungen, Wachstum und Entwicklung einleiten. Menschen, die das Ausbrennen erlebt und überwunden haben, finden fast ausnahmslos zu allgemein besseren, weniger einengenden und anregenderen Lebensbedingungen."[101]

Auf eine Auswirkung ganz anderer Art weist schließlich noch Farber hin: „The ubiquity of the word „burnout" has perhaps led to a climate where workers expect that they and their colleagues will burn out; perhaps there is even some sense of shame in not conforming to this new norm."[102]

---

[100] Freudenberger, in: Farber 1985, 25.
[101] Aronson et. al. 1983, 27; 21. Auch Hart (1984, 22) weist darauf hin, daß ein Mensch, „who has weathered and mastered burnout ... is wiser, stronger, more insightful, trustworthy, and God-dependent than any other."
[102] In: Farber 1985, 247.

1.2. DIAGNOSTIK

1.2.1. Abgrenzungen

Eine grundlegende Erfordernis jeder verantwortlich durchzuführenden Diagnostik von Gesundheitsbeeinträchtigungen ist ihre Eingrenzung bzw. ihre Abgrenzung gegenüber anderen, sich zwar ähnlich präsentierenden, im Kern aber von ihnen zu unterscheidenden Erscheinungen. In der Burnoutforschung ist diese Aufgabe angesichts diverser ähnlich gelagerter Symptomatiken zweifellos eine besondere Herausforderung. Maslach unterstreicht: „The diversity of burnout causes, symptoms, definitions, and consequences has contributed much to the confusion about the specifity of burnout. For instance, at various times burnout has been equated with tedium, (job) stress, (job) dissatisfaction, (reactive or professional) depression, alienation, low morale, anxiety, (job) strain, tension, feeling „worn out", experiencing „flame out", tension, conflict, pressure, „nerves", boredom, (chronic or emotional) fatigue, poor mental health, crisis, helplessness, vital exhaustion, and hopelessness."[103]

Im Zuge der Konsolidierung des Burnout-Konzeptes wurde immer deutlicher, daß vor allem eine Abgrenzung gegenüber drei relativ eng verwandten Konzepten nötig ist: *Überdruss*, *Stress* und *Depression*. Dabei war zu berücksichtigen, daß diese Konzepte sich ähnlichen Definitionsunsicherheiten ausgesetzt sehen. „Burnout can only be distinguished in a relative way from other related concepts. There are no sharp boundaries, and trying to establish such divisions could be very artificial."[104]

Grundsätzlich kann man sagen, daß - obwohl sich die jeweiligen Symptome ähnlich, ja zum Teil sogar identisch darstellen - weder Überdruss noch Stress noch Depression mit Burnout gleichzusetzen sind und auch nicht als seine zentralen Ursachen angesehen werden können. Umgekehrt sollte auch der kausale Zusammenhang zwischen Burnout und Überdruss, Stress sowie Depression nicht überschätzt werden. Die wechselseitige Einwirkung der Dynamiken vollzieht sich mehr in der Form gegenseitiger Verstärkung als der Verursachung. Ohne Frage trägt Überdruss zu Burnout bei und ist zugleich eines seiner Kennzeichen. Ganz offensichtlich ist die Symptomatik einer depressiven Person stellenweise identisch mit der eines ausgebrannten Menschen und auf dem Grund des Ausbrennens lauert oft die Depression. Und wenn man Burnout und Stress auch nicht gleichsetzen kann, so besteht ein Zusammenhang mit der Burnoutentwicklung doch eindeutig darin, daß bestimmte Formen von Stress nicht adäquat bewältigt werden können.

Wichtige Unterscheidungskriterien zwischen dem Burnoutsyndrom und den drei

---

[103] Maslach Christina, Schaufeli W.B., Historical and Conceptual Development of Burnout, in: Schaufeli u.a. (Eds.) 1993, 9.
[104] Maslach, ebd.

anderen sich ähnlich präsentierenden Symptomkonstellationen sind vor allem: Die Berufsbezogenheit, die zeitliche Komponente und der Aspekt der emotionalen Belastung.

1. 2. 1. 1 Abgrenzung gegen Überdruss

Überdruss ist eine seelische Reaktion, die sich aufgrund von Über- oder Unterforderung in allen Lebensphasen, Existenzbereichen und Beziehungsebenen einer Person ausprägen kann. Ein Burnoutsyndrom entwickelt sich dagegen nur in der Phase der Erwerbstätigkeit und in beruflichen Zusammenhängen.

Pines et al. halten bezüglich der Unterscheidung zwischen Überdruss und Ausbrennen fest: „Überdruss und Ausbrennen sind in ihren Symptomen zwar ähnlich, ihrem Ursprung nach aber verschieden. Beides sind gehäufte Reaktionen auf Erschöpfung. Überdruss kann aus jeder *chronischen Belastung* (geistiger, körperlicher oder emotionaler Art) entstehen; das Ausbrennen ist das Resultat andauernder oder wiederholter *emotionaler Belastung* im Zusammenhang mit langfristigem, intensivem Einsatz für andere *Menschen*. ... Den Terminus „Ausbrennen" (burnout) verwenden wir in diesem Buch durchwegs für Situationen, in denen ein Mensch mit anderen Menschen zu tun hat. Es sollte klar sein, daß das Syndrom des Ausbrennens fast immer Überdruss mit umfaßt."[105]

1. 2. 1. 2. Abgrenzung gegen Stress

Auf den ersten Blick mag die Vermutung nahe liegen, Ausbrennen sei schlicht eine Reaktion auf zu viel Stress am Arbeitsplatz. An den Arbeitsbedingungen und den Berufsanforderungen allein kann es jedoch nicht liegen. Immer wieder wählen Menschen Berufe mit extremer Stressbelastung und arbeiten darin viele Jahre ohne auszubrennen, man denke zum Beispiel an Manager in großen Betrieben, Feuerwehrleute, Fluglotsen, Herzchirurgen oder Broker an der Börse. Untersuchungen haben ergeben, daß ausgerechnet Schwestern auf Intensivstationen oft sogar *weniger* von Burnout betroffen sind, als diejenigen auf Normalstationen.[106] „Selbst einer der an 'objektiven' Stressoren reichsten Berufe, der des Bergmanns, entließ seine Angehörigen, jedenfalls so lange es sich um eine hochgeachtete Tätigkeit handelte, zwar mit Silikose, aber ohne Burnout."[107]

Andererseits ist es unübersehbar, daß zwischen Burnout und Stress enge Verbindungen bestehen. Was aber ist eigentlich „Stress"? Angesichts der Bedeutung des Phänomens in der Burnout-Diskussion, soll auf diese Frage nun etwas ausführlicher eingegangen werden.

Der Begriff stammt ursprünglich aus dem technischen Sprachgebrauch, wo er die physikalische Einwirkung von Kräften auf Objekte bezeichnet. Wird er eindimensional auf organische und psychologische Zusammenhänge übertragen, entsteht leicht die Vorstellung, als sei Stress eine von außen auf den Körper oder

---

[105] Pines et al. 1987, 25
[106] Vgl. z. B. Keane, Ducette & Adler 1985.
[107] Burisch 1989, 26.

die Psyche einwirkende Bedingung, die dort Anspannung auslöst, zu Anstrengungen führt und möglicherweise sogar einen Zusammenbruch bewirkt. Diese auch heute noch manchmal anzutreffende Auffassung wurde bereits in den fünfziger Jahren des vorigen Jahrhunderts durch den kanadischen Arzt Hans Selye in entscheidender Hinsicht korrigiert. Selye, der als Begründer der modernen Stressforschung gilt, fand heraus, daß es sich bei Stress in Wahrheit um eine vom jeweiligen konkreten Anlaß unabhängige, *allgemeine* „Anpassungsreaktion" oder „physiologische Aktivierung" handelt, mit der jeder Organismus den wie auch immer gearteten Gefährdungen seiner Integrität begegnet.[108] Schon im 19. Jahrhundert hatte der französische Physiologe Claude Bernard die Erkenntnis formuliert, „daß die internen Verhältnisse (das „milieu intérieur") in einem lebenden Organismus trotz Veränderungen der äußeren Umweltverhältnisse einigermaßen konstant bleiben müssen".[109] Diese Beobachtung sah Selye bei seinen eigenen Versuchen bestätigt und erkannte in der stets über die drei typischen Phasen oder Stadien „Alarmzustand - Widerstand - Erschöpfung" verlaufenden Anpassungsreaktion die Methode, mit der jedes Lebewesen versucht, seine Homöostasis zu erhalten. Diese physiologische Aktivierung (bzw. eben der „Stress") ist mehr als nur der Aufbau einer inneren Spannung, sie schließt den Übergang zur Bewältigungsreaktion mit ein. Als „Stress" ist also weder allein der Stimulus anzusehen, noch die von ihm hervorgerufene Spannung und auch nicht die dadurch ausgelöste Aktivität, sondern die Gesamtheit dieser drei Momente in ihrem Zusammenspiel - eine Differenzierung auf die Seyle größten Wert legt: „Stress ist nicht nervöse Anspannung. Stressreaktionen treten auch bei niederen Tieren auf, welche gar kein Nervensystem haben. Eine Alarmreaktion kann durch mechanische Schädigung eines Gliedes herbeigeführt werden, dessen Nerven vorher entfernt wurden. In der Tat, Stress kann in Zellkulturen erzeugt werden, die außerhalb eines Körpers gewachsen sind. ... Stress ist keine Ausschüttung von Hormonen des Nebennierenmarks während eines Notzustandes. Im akuten Stress, der den ganzen Körper ergreift, ist häufig eine Adrenalinausschüttung zu beobachten, aber sie spielt keine auffällige Rolle bei allgemeinen Entzündungskrankheiten ... obwohl auch diese ganz beträchtlichen Stress erzeugen können. ... Stress ist nicht irgend etwas, das eine Alarmreaktion hervorruft. Es ist der Stressor, der das tut, nicht der Stress selbst. ... Stress ist der gemeinsame Nenner aller Anpassungsreaktionen des Körpers. ... Stress ist der Zustand,

---

[108] Ausführlicher hat sich vor Selye bereits Cannon mit den biologischen Reaktionen des Organismus auf gefährliche oder einschränkende Situationen befaßt. Er gilt als Entdecker der sog. „Notfallreaktion": Bei Bedrohung reagiert der Organismus mit einem Syndrom von hormonal gesteuerten Prozessen, welche die überlebensnotwendige Handlungsbereitschaft herstellen oder verstärken, um Flucht oder Abwehr zu ermöglichen. Vgl. Cannon 1936.

[109] Selye 1988, 66.

der sich als ein spezifisches Syndrom kundtut, das aus allen unspezifisch hervorgerufenen Veränderungen innerhalb eines biologischen Systems besteht."[110]

Ein entscheidendes Kennzeichen der physiologischen Aktivierung bzw. der Anpassungsreaktion aber ist nun, daß sie eben ein *eigenständiges*, vom jeweiligen Auslöser *unabhängiges* Phänomen darstellt. Mehrfach betont Selye: „Stress ist die *unspezifische* Reaktion des Körpers auf jede Anforderung, die an ihn gestellt wird." Das heißt, unterschiedliche Reize führen - was die innere Aktivierung betrifft - zu ein und demselben Resultat.[111] „Objektive Versuche haben gezeigt, daß jeder Anreiz, jedes Ereignis (Drogen, Körperverletzungen, soziale Probleme) unspezifischen Stress verursachen, der zu den spezifischen Wirkungen noch hinzukommt, die jede Belastung im Einzelnen charakterisieren."[112]

Dem gestressten Organismus stehen dann in der Regel zwei verschiedene Bewältigungsmuster zur Verfügung: Der Angreifer bzw. die Störung wird entweder assimiliert oder eliminiert. „Die biochemische Analyse des Stress-Syndroms zeigte, daß die Aufrechterhaltung der Homöostase hauptsächlich von zwei Reaktionsformen abhängt: der syntoxischen... und der katatoxischen... Die syntoxischen Stoffe wirken als Beruhigungsmittel auf das Gewebe ein, indem sie einen Zustand der passiven Duldung hervorrufen, der eine Art Symbiose, d.h., ein friedliches Nebeneinanderleben mit dem Aggressor, gestattet. Die katatoxischen Agenzien lösen chemische Veränderungen aus - hauptsächlich durch die Erzeugung zersetzender Enzyme (Fermente) - , die den Krankheitserreger (das Pathogen) aktiv angreifen, und zwar gewöhnlich indem sie seinen Abbau im Körper beschleunigen."[113]

Es waren vor allem Richard Lazarus, R. Launier und Susan Folkman, die in den siebziger Jahren das Stresskonzept Selyes weiterentwickelt haben. Sie ergänzten dessen physiologischen Ansatz um den Umweltaspekt. Die von ihnen begründete psychologische Stressforschung vertritt ein transaktionales systemisches Stresskonzept. Danach entsteht Stress im Verlauf spezifischer Transaktionen zwischen Person und Umwelt. Die „drei wesentlichen stressrelevanten Beziehungen", die in diesen Transaktionen zum Tragen kommen sind: „Schädigung/Verlust, Bedrohung und Herausforderung". Lazarus und Launier erklären dazu: „Diese Beziehungen sind weder der Person noch der Umwelt als unabhängige Variablenklassen zuzuordnen, sondern sie beschreiben ein Kräftegleichgewicht, bei dem die Anforderungen der Umwelt die Fähigkeiten der Person beanspruchen oder übersteigen. ... Kennzeichnend für eine Anforderung ist, daß sie, falls ihr

---

[110] Selye 1991, 79f.; 81.

[111] Ebd., 58, vgl. 67.

[112] Selye 1991, 81 und 1988, 178.

[113] Selye 1988, 81f. Selye sieht die Wirkung dieser biologischen Grundmechanismen auch in größeren Zusammenhängen: „Streß ist gewöhnlich das Ergebnis eines Kampfes um die Selbsterhaltung (Homöostasis) von Teilen innerhalb eines Ganzen. Das gilt von den einzelnen Zellen im Menschen, vom Menschen in der Gesellschaft und von den einzelnen Arten der belebten Welt überhaupt." 324.

nicht begegnet oder sie nicht irgendwie neutralisiert werden kann, zu schädlichen Konsequenzen für die Person führt. ... Daher stellen Schädigung/Verlust, Bedrohung und Herausforderung *Beziehungskonzepte* dar, die über die in ihnen eingeschlossenen unabhängigen Klassen der Person- und Umweltvariablen hinausgehen. ... Bedrohung kann nicht ausschließlich entweder in Bezug auf die Person oder die Umwelt beschrieben, sondern muß anhand beider definiert werden. ... Beide Seiten der Gleichung sind für die bewertete Beziehung notwendig, was bedeutet, daß Bedrohung von dem 'Gleichgewicht der Kräfte zwischen den Anforderungen und den Fähigkeiten' abhängt."[114]

Die bedrohte, herausgeforderte oder geschädigte Person ist so lange physiologisch und psychologisch aktiviert, d.h. das *interne Milieu* ist solange gestört, bis diese Störung durch eine erfolgreiche Bewältigung kompensiert wird. Die Bewältigung aber „besteht sowohl aus verhaltensorientierten als auch intrapsychischen Anstrengungen", deren Ziel es ist, die umweltbedingten oder internen Anforderungen oder ggf. auch den zwischen ihnen bestehenden Konflikt zu meistern, zu tolerieren, zu reduzieren bzw. zu minimieren oder zu beseitigen.[115]

Ursprünglich unterschieden Lazarus und Launier bei den Bewältigungsformen zwei Hauptkategorien: *Direkte Aktion* und *Palliation (Linderung, Dämpfung, Selbstberuhigung)*. Inzwischen sprechen sie lieber von zwei Hauptfunktionen, nämlich der *Änderung der gestörten Transaktion (instrumentell)* und der *Regulierung der Emotion (Palliation)*.[116] Neben Problemlösung und Emotionsregulation verweisen sie auch noch auf zusätzliche „*Bewältigungsfunktionen*", nämlich: „die Erhaltung der eigenen Möglichkeiten, das Tolerieren oder Ertragen von affektivem Disstress und das Bewahren einer positiven Lebensmoral."[117] So streben z. B. Tiere danach, unter Stress *ihre Möglichkeiten zu erhalten,* also zu vermeiden, eingeschlossen zu werden oder in eine Lage zu geraten, in der sie nicht zu einer anderen Verhaltensweise überwechseln können, wenn der gewählte Bewältigungsversuch nicht zum Erfolg führt.

Oft kann man den Stressoren nicht entfliehen, sondern muß sie ertragen. Für das Tolerieren oder Ertragen von affektivem Disstress hat Rosenzweig bereits 1944 den wichtigen Begriff der „*Frustrationstoleranz*" geprägt.[118] Es ist zweifellos auch ein Aspekt erfolgreichen Bewältigungsverhaltens, daß man „vermeidet, sich von beeinträchtigenden oder bedrohenden Lebensbedingungen entmutigen zu lassen, oder, um es anders auszudrücken, daß man trotz eines Verlustes, einer Niederlage oder einer unabwendbaren Bedrohung eine *positive Lebensmoral aufrechterhält*".[119]

---

[114] Lazarus & Launier 1981, 214. Bedrohung verstehen sie dabei als „antizipatorischen Streß" ebd., 244
[115] Vgl. ebd.
[116] Vgl. ihr Schema zur Klassifikation von Bewältigungsprozessen, ebd. 246.
[117] Ebd., 250.
[118] Rosenzweig 1944.
[119] Lazarus & Launier 1981, 251.

Die urspünglichen Stresstheorien gingen im wesentlichen von einem starren Stimulus-Reaktions-Ansatz aus, bei dem situationsunabhängige Persönlichkeitseigenschaften wie z. B. Werte, Überzeugungen, Bewältigungsstile etc. unberücksichtigt blieben. Zugleich basierten sie auf einem linearem Ursache-Wirkungs-Modell, „das generell von der Umwelt oder Situation ausgeht und über die Person (Vermittlung) zur Reaktion führt".[120] Zu Recht verweist die Lazarusgruppe darauf, daß hierbei nicht nur das für die moderne Persönlichkeitspsychologie grundlegende „Prinzip der multiplen Verursachung und Überdetermination" außer Acht gelassen wird, nach dem als Auslöser für jede Aktion oder Reaktion ein ganzes Bündel von Ereignissen und deren ihrer Bewertung ursächlich ist, sondern zugleich die Erkenntnis, daß die „Verursachung auch in umgekehrter Richtung verläuft, oft von der Person als einem aktiv Handelnden in der Person-Umwelt-Transaktion ausgeht und in Veränderungen dieser Umwelt resultiert ... Diese Umkehrung der Verursachung wird besonders dann offenkundig, wenn man psychologischen Stress und Bewältigung langfristig untersucht, wie im Falle einer behindernden Erkrankung oder bei einem Trauerfall."[121] Von daher kann die „fortlaufende Dynamik solcher Person-Umwelt-Beziehungen bei Stress, Emotion und Bewältigung ... nicht angemessen im Rahmen traditioneller linearer S-O-R-Verursachungsmodelle oder im Rahmen des statistischen Interaktionskonzeptes erfaßt werden."[122]

Demgegenüber ist in der Tat die von Lazarus et al. vorgeschlagene Stressdefinition, wesentlich komplexer und differenzierter. Danach ist „mit dem Begriff Stress jedes Ereignis gemeint ist, in dem äußere oder innere Anforderung (oder beide) die *Anpassungsfähigkeit* eines Individuums, eines sozialen Systems oder eines organischen Systems *beanspruchen oder übersteigen.*"[123]
Ein weiterer wichtiger vom Team um Lazarus eingeführter Terminus betrifft die Art der Bewertung von Ereignissen im Verlauf des Stresserlebens. Hier sei zu unterscheiden zwischen „primären" und „sekundären" Bewertungen („primary and secondary appraisal"). Die primäre Bewertung bezieht sich auf das Ereignis selbst, während die sekundäre Bewertung sich auf die *Bewältigungsfähigkeiten* und *-möglichkeiten* bezieht („coping resources and options").[124] Die Autoren erläutern dazu: „Der Begriff 'sekundär' meint nicht, daß sie notwendigerweise der primären Bewertung zeitlich folgt oder weniger wichtig ist. Vielleicht wäre es daher zu Beginn besser gewesen, wenn wir verschiedene Begriffe verwendet hätten wie 'Bewertung der Bewältigungsfähigkeiten' und 'Bewertung des Wohlbefindens'... ."[125] „Der entscheidende Punkt ist ..., daß sekundäre Bewertung sowohl für die Gestaltung der Bewältigungsmaßnahmen der unter psychologi-

---

[120] Vgl. ebd., 216 ff.
[121] Ebd., 217 f.
[122] Ebd., 218.
[123] Ebd., 226.
[124] Vgl. ebd., 233 u. 238.
[125] Ebd., 238.

schem Stress stehenden Person bedeutsam ist als auch für die Ausformung der primären Bewertungsprozesse selbst."

Was nun die primäre Bewertung betrifft, so erscheint es sinnvoll und zweckmäßig, „drei grundlegende Kategorien der primären Bewertung ('primary appraisal') des *Wohlbefindens* voneinander abzuheben: Eine Person kann ein gegebenes Ereignis entweder als (1) irrelevant, (2) günstig/positiv oder (3) stressend betrachten."[126]

Das bisherige statische Verständnis der Bewältigungsmechanismen und -vorgänge hat sich jedenfalls nach der Auffassung von Lazarus und Launier als unzulänglich erwiesen. Demgegenüber plädieren sie entsprechend ihrem systemischen Ansatz für eine prozessorientierte Sicht:

- „Erstens wurde bisher der Akzent typischerweise auf den strukturellen Faktor des Bewältigungsstils oder der Bewältigungsdisposition gelegt und nicht auf Bewältigungs*prozesse* ('coping processes'), wie sie im Lebensstress tatsächlich auftreten, weil ein Großteil der Forschung zu Bewältigung von Persönlichkeitspsychologen getragen wurde, die an Beständigkeit und Stabilität interessiert waren ...
- Zweitens ist die Beschreibung und Messung von Bewältigungsprozessen keineswegs eine einfache Aufgabe. Die Bewältigung einer bestimmten Lebenskrise beinhaltet gewöhnlich eine komplexe Verbindung vieler spezifischer verhaltensmäßiger, intrapsychischer, präventiver und restitutiver Prozesse. Da die wichtigen Ursachen für psychologischen Stress im Leben häufig längere Zeit wirksam sind und sich im Lauf der Zeit ändern, beinhaltet Bewältigung in bezug auf die Zeit und eine Vielzahl von Anpassungssituationen ebenfalls Sequenzen (oder Phasen) und Umstrukturierungen vieler Tätigkeiten und Gedanken. Überdies formt und begrenzt jede dieser Phasen und Situationen irgendwie das, was von der Person getan werden kann und getan wird ...
- Drittens wird die Beschreibungsaufgabe noch durch das Fehlen einer brauchbaren Theorie und einer angemessenen Taxonomie der Bewältigung erschwert. ... Was diese Beschreibungsaufgabe kompliziert, ist die Unklarheit darüber, welche Vorgänge als Bewältigung klassifiziert werden sollten und welche nicht ...
- Viertens glauben wir, daß die meisten Untersuchungen zur Bewältigung in bezug auf den Aktivitätsbereich, den Bewältigung unter natürlichen Bedingungen umfaßt, zu eng ausgerichtet waren... Abwehrprozesse (haben) in übertriebenem Maß Beachtung auf Kosten anderer Bewältigungsmodi gefunden ... Relativ geringe Beachtung wurde auch sozialen und institutionellen Maßnahmen zuteil, die Bewältigung erleichtern oder erschweren...
- Fünftens hat die weitgehende Beschäftigung mit den Abwehrmechanismen dazu geführt, daß das Scheitern der Bewältigung sowie pathologische Erscheinungen zu Lasten von Effektivität und Entwicklung überbetont werden ... Tat-

---

[126] Ebd., 233.

sächlich aber können Menschen sowohl häufig an stressenden Lebensereignissen wachsen als auch dekompensieren und zusammenbrechen."[127]

Heute lassen sich in der Stressforschung mindestens vier Richtungen unterscheiden:

1) Die biologisch-physiologische Tradition, repräsentiert vor allem durch die Arbeiten von Selye und Cannon.
2) Die persönlichkeitstheoretische Tradition, die sich an der Leitfrage orientiert, ob und inwieweit Persönlichkeitsmerkmale die Wirkung äußerer Reize auf das Belastungserleben mit beeinflussen. Sie wird vor allem vertreten vom Kreis um Lazarus.
3) Der kognitiv-transaktionale Ansatz, nach dem Stress vor allem als ein Prozess verstanden wird, der sich aus kognitiven, emotionalen und aktionalen Komponenten zusammensetzt. Nach dieser Konzeption entscheidet die kognitive Einschätzung (appraisal) darüber, ob und welche Belastungsreaktionen auftreten. Vertreter sind z. B. McGrath und auch wieder Lazarus.[128]
4) Der Life-Stress-Ansatz, der Konzepte und Entwicklungen aus der Sozialepidemiologie, der Gemeindepsychologie, der Krisenforschung, der Lebensereignis-Forschung und der Stresstheorie unter dem einheitlichen Begriff des „life-stress" zusammenfaßt, und so ein integriertes Modell des Zusammenhanges von Belastungen, Belastungserfahrungen und ihren Folgen im gesellschaftlichen und interpersonellen Kontext konstruiert.[129]

Von vielen Burnoutforschern, allen voran Cherniss und Jones, wird Burnout als klassische Fehlanpassung im Sinne der Stresstheorie verstanden. Aber diese Sichtweise ist für eine sachgemäße Erfassung der jeweiligen Problemkonstellation zu unspezifisch. Es wird genauer zu fragen sein: Worin bestehen den die stressauslösenden Bedingungen? Im „Job setting", im „Organizational design", in der speziellen Natur der Helfer-Klienten-Beziehung oder sind es doch vornehmlich innerpsychische Konstellationen, die eine Person ihre beruflichen Aufgaben nicht mehr bewältigen lassen? Diesen Fragen werde ich mich im nächsten Punkt näher zuwenden. Zuvor soll jedoch auch noch der Unterschied zwischen Burnout und Depression angesprochen werden.

1. 2. 1. 3. Abgrenzung gegen Depression
Paine konstatiert zwar - und spricht damit für viele Forscher - : „The psychiatric diagnosis of Dysthymic Disorder (or Depressive Neurosis) comes closest to the way burnout is described in the literature"[130], dennoch lassen sich die depressi-

---

[127] Ebd., 242-245.
[128] McGrath 1970; Lazarus/Folkman 1984; Lazarus, in Filipp (Hg.) 1981, Lazarus 1999..
[129] Zur Thematik insgesamt vgl. auch den informativen Überblick von Laux: Psychologische Streßkonzeptionen, in: Thomae (Hg.) 1983, 453-535.
[130] Paine, in Jones 1982, 5.

ven Anteile des Burnoutsyndroms weder in ihrer Intensität noch in ihrer Globalität mit dem Erscheinungsbild „klassischer" Depressionen vergleichen. Eine sich manfestierende „depressive Verstimmung" ist Bestandteil und Ausdruck eines umfassenderen Krankheitsgeschehens, das einerseits in einer fehlgeschlagenen Integration tiefenpsychologischer Dynamiken wurzelt und andererseits mit einer ungenügenden Regulation des hormonellen und elektrochemischen neuronalen Gleichgewichtes zusammenhängt. Die Entstehung eines Burnoutsyndroms resultiert dagegen aus konkreten Belastungen der jeweiligen Arbeitssituation.

Ätiologie und Symptomatik von Burnout sind arbeitsbezogen und situationsspezifisch, wogegen die Ursachen der Depression oft im Dunkeln bleiben, ihre Symptomatik sich aber schleichend (oder manchmal auch explosiv) auf *alle* Lebensbereiche und alle Persönlichkeitsebenen des Betreffenden ausdehnt. Depression ist ein psychiatrisches, Burnout dagegen ein sozialpsychologisches Konzept. Das heißt, die Depressionsbehandlung fokussiert in Anamnese und Therapie auf die jeweilige Person, ihr organismisches Gleichgewicht und ihre individuelle Lebensgeschichte als Quelle der Symptome und Ansatzpunkt der Veränderung. Anders bei Burnout: „In burnout the search for the antecedents of symptoms and modes of coping is located in the environment."[131] Burnout bleibt auch in seiner schwersten Ausprägung wesenhaft arbeitsbezogen. Das heißt, die Person, die unter dem Burnoutsyndrom leidet, wird in dem Maße aufleben, in dem ihre Arbeitssituation verändert wird oder sie sich aus ihr herausziehen kann. Eine längere Auszeit, ob Urlaubsreise oder Sabbatjahr, ggf. auch ein Arbeitsplatzwechsel innerhalb der Firma oder, wenn nötig u.U. schließlich sogar der Berufswechsel, lassen die Symptomatik schnell abklingen. An einer Depression Erkrankte werden dagegen ihre Depression auch in den Urlaub oder an den neuen Arbeitsplatz mitnehmen.

Ein wichtiger Unterschied zwischen Depresison und Burnout besteht auch darin, daß, anders als beim Burnout, die depressiven Erlebnis- und Verhaltensweisen nicht generalisiert werden können. Das heißt, die Gründe für die Entstehung einer depressiven Verstimmung sind - im Gegensatz zu den Burnoutauslösern - nicht eindeutig kausal zu verifizieren und zu beseitigen.

Zu berücksichtigen ist auch, daß man bei einer Gleichsetzung von Burnout und Depression diejenigen, die ausbrennen, als psychisch krank einstuft - ein sicher für manche Betriebsleitung bequemes, aber nicht realitätsgerechtes Vorgehen. Daß Burnout im Endstadium aber auch zum Auslöser und Wirkgrund einer Depression werden kann, ist nachvollziehbar.[132]

---

[131] Pines et al. 1987, 34.
[132] Vgl. Paine, in Jones 1982, 5f.

1. 2. 2. Messmethoden

Grundsätzlich ist zu unterscheiden zwischen Instrumenten zur Burnout-Diagnostik, die auf Selbstexploration basieren (Fragebogen, Interviews, Selbsteinschätzungen) und solchen, die sich auf mehr oder weniger „objektive" Daten stützen (Beobachtungen, Leistungsmessungen, Tests, Fremdeinschätzung etc.).

Basierte der Umgang mit dem Burnoutsyndrom in der Frühphase der Forschung noch auf einzelnen, nur wenig systematisierten klinischen Befunden, so wurden bald exaktere Meßmethoden und -instrumente entwickelt.[133] Mittlerweile haben sich davon im wesentlichen drei umfangreichere Sets durchgesetzt, die Burnout jeweils über die Selbsteinschätzung der Probanden messen:

1. Die „Staff Burnout Scale for Health Professionals" (SBS-HP) von Jones (1980).[134]

2. Das „Tedium Measure" (TM) bzw. die „Überdruss-Skala" von Pines, Aronson et Kafry (1983).[135]

3. Der „Maslach-Burnout-Inventory" (MBI) von Maslach & Jackson (1986).[136]

---

[133] Erste zusammenfassende Überblicke über den Stand der Methodik in der Burnout-Forschung finden sich bei Perlman&Hartman 1982, Jones 1982 und - im deutschsprachigen Raum - bei Enzmann/Kleiber 1989, 107ff. Eine der aktuellsten Bestandsaufnahmen bieten gegenwärtig Schaufeli, Enzmann und Girault (1993).

[134] Der SBS-HP ist im Original abgedruckt im „Appendix A" von Jones' Aufsatz: Diagnosing and Treating Staff Burnout Among Health Professionals, in Jones (Hg.) 1982, 107-126, 123 f. - Eine ausführliche Diskussion der Validität und psychometrischen Qualitäten von SBS-HP, Überdrussskala und MBI findet sich bei Enzmann/Kleiber (1989) im Kapitel 4: „Burnout: empirische Analyse des Konstrukts" (107 ff.)

[135] In deutscher Sprache gedruckt im Forschungsbericht von Ditsa Kafry, im „Anhang II", in: Pines et al. 1987, 235 f.

[136] Christina Maslach / Susan E. Jackson, Maslach Burnout Inventory, Manual, Second Edition, Palo Alto 1981 (Consulting Psychologists Press, Inc.), Appendix S. 30ff. - Zur kritischen Würdigung des MBI vgl. Enzmann, Schaufeli & Girault, The validity of the Maslach Burnout Inventory in three national samples, in: Bennet et al. (Eds.) 1995, 131-150 und: Demerouti 1996. - Eine Kurzcharakteristik und Bewertung weiterer Instrumente zur Burnout-Erhebung, zB. des „Perceptual Job Burnout Inventory" (PJBI) von Ford et al 1983", oder der „Emener-Luck Burnout Scale" (ELBOS) von Emener et al. bieten Schaufeli, Enzmann und Girault 1993, a.a.O., 204f. Vgl. auch die ausführliche Auflistung von in der Forschung einmalig verwendeten Untersuchungsinstrumenten, „über deren weitere Anwendung in der Literatur nicht wieder berichtet worden ist" bei Enzmann/Kleiber 1989, 107.

Wie in anderen psychologisch sensiblen Bereichen ist auch beim Burnout-Syndrom die Gewinnung vom „echtem" empirischen Material, also von Daten, die der objektiven Realität entsprechen, nicht unproblematisch. Es kann durchaus sein, daß gerade hochgradig ausgebrannte Personen die Fragebögen entweder gar nicht oder geschönt ausfüllen, aus Angst, „entdeckt" und damit stigmatisiert oder gar beruflichen Sanktionen ausgesetzt zu werden.[137]

1. 2. 2. 1. SBS-HP

Die 1980 von Jones entwickelte „Staff Burnout Scale for Health Professionals" ist ein aus 20 Haupt-Items bestehender eindimensionaler Fragebogen, der sich an der Burnout-Definition von Maslach und Pines orientiert. Weitere zehn eingestreute Items messen die Seriosität und Authentitzität der Antworten („Lügenskala" = Items 3,4,7,9,12,15,19,20,23,24). Entsprechend der Grundannahme von Jones, daß es sich bei Burnout um „eine entgegenwirkende Arbeitsstressreaktion mit psychologischen, psychophysiologischen und Verhaltenskomponenten" handelt[138], soll der Test die Eigenart und Intensität der Ausprägung des Burnout-Syndroms im psychologischen (affektiv und kognitiv) und psychophysiologischen Bereich sowie auf der Verhaltensebene abklären. Das Hauptinteresse liegt dabei auf der akuten Stressreaktion bzw. der aktuellen emotionalen Situation des Probanden.[139]

Aus den auf einer sechsstufigen Likertskala einzuordnenen Antworten wird ein Gesamtwert errechnet. Das Spektrum reicht von 20 bis 140 Punkten (= „kein" bis „ernstes" Burnout). Die 20 Haupt-Items eruieren vier Faktoren:

- allgemeine Arbeitsunzufriedenheit (Items 13,17,22,25,26,27, 29);
- psychische und interpersonelle Spannung (Items 6,8,10,16, 18,21,28);
- körperliches Kranksein und Distress (Items 1,2,5);
- unfachmännische Beziehungen zu Patienten (Items 11,14,30).

Dabei sind die Maße für Arbeitsunzufriedenheit am höchsten mit Burnout korreliert. Die Items lauten im einzelnen:

---

[137] Zur Problematik der empirischen Burnoutforschung vgl.: Schaufeli et.al. 1993, 7f.
[138] Jones 1980 (b), 1.
[139] Vgl. Jones 1980 (a) und 1980 (b) sowie Jones (Hg.) 1982.

SBS - HP

For each statement check the one answer which best reflects how much you agree or disagree withe each statement. Answer according to how you currently feel in each case.

*1: Agree very much / 2: Agree pretty much / 3: Agree a little /
4: Disagree a little / 5: Disagree pretty much / 6: Disagree very much*

1. I feel fatigued during the workday
2. Lately, I have missed work due to either colds, the flu, fever or other illnesses.
3. Once in a while I lose my temper and get angry on the job.
4. All my work habits are good and desirable ones.
5. I experience headaches while on the job.
6. After work I often feel like relaxing with a drink of alcohol.
7. I never gossip about other people at work.
8. I feel the pressure of work have contributed to marital and family difficulties in my life.
9. I am never late for an appointment.
10. I often have the desire to take medication (e.g. tranquilizers) to calm down while at work.
11. I have lost interest in my patients and I have a tendency to treat these people in a detached, almost mechanical fashion.
12. At work I occasionally think of things that I would not want other people to know about.
13. I often feel discouraged at work and often I think about quitting.
14. I frequently get angry at and irritated with my patients.
15. I am sometimes irritable at work.
16. I have trouble getting along with my fellow employees.
17. I am very concerned with my own comfort and welfare at work.
18. I try to avoid my supervisor(s).
19. I truly like all my fellow employees.
20. I always do what is expected of me at work, no matter how inconvenient it might be to do so.
21. I am having some work performance problems lately due to uncooperative patients.
22. All the rules and regulations at work keep me from optimally performing my job duties.
23. Sometimes at work I put off until tomorrow what I ought to do today.
24. I do not always tell the truth to my supervisor or co-workers.
25. I find my work environment depressing.
26. I feel uncreative and understimulated at work.
27. I often think about finding a new job.
28. Worrying about my job has been interfering with my sleep.
29. I feel there is little room for advancement at my place of employment.
30. I avoid patient interaction when I go to work.

1. 2. 2. 2. Überdrußskala („Tedium Measure)
Pines et al. führten ihre Untersuchungen zum Thema „Überdruss" während der Jahre 1976 bis 1980 im wesentlichen an der Universität von Berkeley durch. Dabei wurden von ihnen 3916 Personen erfaßt: „Studenten und Angehörige bestimmter (gehobener) Berufsgruppen aus den Vereinigten Staaten, Kanada, Japan und Israel."[140] Erhebungsinstrument war die von ihnen eigens entwickelte „Überdrussskala". Die AutorInnen setzen Burnout mit „Überdruss" („tedium") gleich, den sie als „das Erleben körperlicher, emotionaler und geistiger Erschöpfung" definieren.[141] Charakteristisch für diesen Zustand sind negative Einstellungen zum Selbst, zur Umgebung, zur Arbeit und ganz allgemein zum Leben. Alle drei Aspekte sollen mit der Überdrussskala erfaßt werden, die sich aus 21 Items zusammensetzt, wobei die Häufigkeit der entsprechenden Gefühlszustände auf einer 7-stufigen Likertskala (1 = niemals, 7 = immer) eingeschätzt werden soll. Abgefragt werden folgende Bestandteile der einzelnen Aspekte:

1. *Körperliche Erschöpfung:* müde sein, körperlich erschöpft sein, sich erledigt fühlen, sich abgearbeitet fühlen, sich ausgelaugt fühlen, sich schwach fühlen, sich tatkräftig fühlen.

2. *Emotionale Erschöpfung:* sich niedergeschlagen fühlen, emotional erschöpft sein, sich ausgebrannt fühlen, sich gefangen fühlen, bekümmert sein, sich hoffnungslos fühlen, Angst haben.

3. *Geistige Erschöpfung:* glücklich sein, unglücklich sein, einen guten Tag haben, sich wertlos fühlen, sich optimistisch fühlen, über andere Menschen verärgert oder enttäuscht sein, sich zurückgewiesen fühlen.[142]

Die Items lauten im einzelnen:

---

[140] Pines et al. 1987, 235. Vgl. (ebd., 237 ff.) die Charakterisierung und die Überdrusswerte der 30 Versuchsgruppen.
[141] Sie halten fest (1987, 235): „'Ausbrennen' ist nach Definiton und Symptomen mit Überdruss identisch, vom Ausbrennen spricht man jedoch nur bei Menschen, die in emotional anspruchsvollen Situationen mit anderen Menschen arbeiten."
[142] Ebd., 235.

> ### Überdrußskala
> Bitte beantworten Sie nach der folgenden Skala, ob Sie:
> 1: niemals / 2: ein- oder zweimal / 3: selten /
> 4: manchmal / 5: oft / 6: meistens / 7: immer
>
> 1. müde sind,
> 2. sich niedergeschlagen fühlen,
> 3. einen guten Tag haben,
> 4. körperlich erschöpft sind,
> 5. emotional erschöpft sind,
> 6. glücklich sind,
> 7. „erledigt" sind,
> 8. „ausgebrannt" sind,
> 9. unglücklich sind,
> 10. sich abgearbeitet fühlen,
> 11. sich gefangen fühlen,
> 12. sich wertlos fühlen,
> 13. überdrüssig sind,
> 14. bekümmert sind,
> 15. über andere verärgert oder enttäuscht sind,
> 16. sich schwach und hilflos fühlen,
> 17. sich hoffnungslos fühlen,
> 18. sich zurückgewiesen fühlen,
> 19. sich optimistisch fühlen,
> 20. sich tatkräftig fühlen,
> 21. Angst haben.

1.2.2.3. MBI (Maslach-Burnout-Inventory)

Der „MBI" wurde von Christina Maslach und ihrer Kollegin Susan Jackson in einem Zeitraum von mehr als acht Jahren entwickelt.[143] Selbstbewußt bezeichnen ihn die Autorinnen als „the most widely used index of burnout in both research studies and organizational programs".[144] Wie oben bereits ausgeführt, verstehen Maslach und Jackson Burnout als ein Syndrom, das sich aus drei Komponenten zusammengesetzt, nämlich: *emotionale Erschöpfung, (reduzierte) persönliche Leistungsfähigkeit und Depersonalisierung.* Entsprechend mißt das Instrument mit drei Skalen über 22 Items die Häufigkeit dieser drei Aspekte, nämlich:

---

[143] Vgl. ihre Ausführungen zur „Construction of the MBI", in: Maslach/Jackson 1981, 6-8. Vgl, ebd. S. 30 die Aufzählung der diversen Berufsgruppen, an denen der MBI in der Entstehungsphase getestet wurde. Vgl. ebd. (8 ff.) auch die Angaben zu „Reliability" and „Validity" des MBI.

[144] Maslach/Jackson 1981, 2.

- „Emotional Exhaustion" mit den Items: 1,2,3,6,8,13,14,16,20;
- „Depersonalization" mit den Items: 5,10,11,15,22 und
- „Personal Accomplishment" mit den Items: 4,7,9,12,17,18,19,21.

Die Items lauten im einzelnen:

Maslach Burnout-Inventory

0: Never / 1: A few times a year or less / 2: Once a month or less / 3: A few times a month / 4: Once a week / 5: A few times a week / 6: Every day

1. I feel emotionally drained from my work.
2. I feel used up at the end of the workday.
3. I feel fatigued when I get up in the morning and have to face another day on the job.
4. I can easily understand how my recipients feel about things.
5. I feel I treat some recipients as if they were impersonal objects.
6. Working with people all day is really a strain for me.
7. I deal very effectively with the problems of my recipients.
8. I feel burned out from my work.
9. I feel I'm positively influencing other people's lives through my work.
10. I've become more callous towards people since I took this job.
11. I worry that this job is hardening me emotionally.
12. I feel very energetic.
13. I feel frustrated by my job.
14. I feel I'm working too hard on my job.
15. I don't really care what happens to some recipients.
16. Working with people directly puts too much stress on me.
17. I can easily create a relaxed atmosphere with my recipients.
18. I feel exhilarated after working closely with my recipients.
19. I have accomplished many worthwile things in this job.
20. I feel like I'm at the end of my rope.
21. In my work, I deal with emotional problems very calmly.
22. I feel recipients blame me for some of their problems.

In seiner ursprünglichen Fassung bestand der MBI aus einer weiteren optionalen Subskala, die über drei zusätzliche Items den Faktor „Involviertheit" messen sollte, nämlich:

„23. Ich fühle mich meinen Klienten in vieler Hinsicht ähnlich.
24. Von den Problemen meiner Klienten bin ich persönlich berührt.

25. Ich fühle mich unbehaglich bei dem Gedanken daran, wie ich einige meiner Klienten behandelt habe."[145]

Wegen verschiedener Probleme verzichteten Maslach und Jackson in der Endversion des MBI auf diese Subsakala - so mißt z. B. Item 25 nicht Faktor IV (Involviertheit), sondern Faktor III (Depersonalisierung), auch wird der Faktor insgesamt durch zu wenig Items definiert. Enzmann und Kleiber raten nach den Ergebnissen ihrer Tests mit dem MBI ebenfalls von der Verwendung der Subskala ab, weil sie den Anforderungen an eine eigenständige Skala nicht entspricht.[146]

Ursprünglich war im MBI außerdem eine zweidimensionale Faktorenmessung vorgesehen. Es sollte neben der „Häufigkeit" auch die „Intensität" abgefragt werden. Auch diese Unterteilung fehlt in der neueren Fassung. Enzmann und Kleiber haben mehrfach auf die Schwierigkeiten einer „Intensitätsmessung" hingewiesen. So hat sich ihre Reliabilität zumindest für die Subskala „persönliche Leistungsfähigkeit" als nicht hinreichend erwiesen. Die Items 4,5,7,15, 17,19 und 21 erfragen vor allem kognitive Einschätzungen von objektiven Sachverhalten und lassen sich auf der Intensitätsskala nicht sinnvoll beantworten. Auch muß beispielsweise die Unabhängigkeit der Selbsteinschätzung von Häufigkeit und Intensität bezweifelt werden, da die Intensität vermutlich unterschwellig auch in Bezug auf die Häufigkeit eingeschätzt wird. Auch Maslach und Jackson selbst gehen davon aus, daß wahrscheinlich „die Häufigkeit der Gefühle entscheidender für Copingreaktionen ist, als ihre Intensität. Dem entspricht der Befund der Stressforschung, daß tägliche kleine Ärgernisse (daily hassles) für das Stresserleben eine größere Rolle spielen, als schwerwiegendere, jedoch selten oder einmalig auftretende Ereignisse." Die Autorinnen begründen ihren Verzicht auf die Intensitätsskala in der neueren Fassung des MBI damit, „daß das Häufigkeitsformat anderen üblichen Selbsteinschätzungsskalen eher entspricht und daß die sieben Antwortstufen sämtlich verbal verankert sind (im Gegensatz zur Intensitätsskala), so daß die Bedeutung für die einzelen Werte sicherer ist".[147]

1. 2. 2. 4. Vergleich der Instrumente

Die SBS-HP erscheint für eine exakte Messung von Burnoutwerten im Vergleich zu den beiden anderen Instrumenten am wenigsten geeignet. Die Items der ersten drei Faktoren sind für die Erfassung von Burnout in den „Human Services" im Grunde zu unspezifisch, da sie allgemeine Stressreaktionen abfragen, wie sie bei beliebigen Berufsgruppen auftreten können. Lediglich die drei Fragen zum letzten Faktor konzentrieren sich auf die Zielgruppe der therapeutischen und helfenden Berufe.

---

[145] Vgl. Maslach/Jackson 1981, 7. Die Autorinnen nennen in der mir vorliegenden „second edition" des Manuals die Items allerdings nicht mehr. Den Wortlaut entnehme ich darum Enzmann/Kleiber 1989, 205.
[146] Vgl. Enzmann/Kleiber 1989, 127 und 139.
[147] Vgl. ebd., 1989, 125 ff, Zitate 137 und 140.

1983 haben Stout und Williams bei einer Stichprobe 78 Beschäftigten im Gesundheitswesen sowohl die Überdrussskala als auch den MBI vorgelegt.[148] Dabei ergaben sich im Vergleich beider Instrumente divergierende Korrelationen mit Arbeitszufriedenheit und Gesundheitsproblemen, die zeigen, daß die Fragebögen das Burnoutphänomen nicht in identischer Weise messen. Insgesamt erscheint den Autoren die Überdrussskala als ein geeigneteres Instrument zur Erfassung von Burnout in Organisationen, da der Gesamtwert sowohl mit den drei Subskalen des MBI als auch mit Gesundheitsproblemen und Arbeitszufriedenheit signifikant korreliert. Ihre höhere Retest-Reliabilität zeige zudem eine höhere Stabilität über die Zeit an. Auch sei die Überdrussskala schlicht einfacher auszuwerten. Der MBI eignet sich dagegen nach Auffassung der Autoren eher für einen anspruchsvolleren Gebrauch, besonders wenn man Muster oder Entwicklungsstadien des Burnout identifizieren will.[149]

Spricht ihre hohe Reliabilität auch für die Überdrussskala, so sind deren Items - ähnlich wie beim SBS-HP - letztlich jedoch auch für eine Erfassung von Burnout in „helfenden Berufen" zu unspezifisch, weil sie eher globale Gefühle abfragen und sich zu wenig auf therapeutische und beratende Tätigkeiten beziehen. Hinzu kommt, daß die „Dimensionen der Überdrussskala nicht - wie von Aronson et al. behauptet - aus emotionaler, geistiger und körperlicher Erschöpfung bestehen, sondern als Demoralisierung, Erschöpfung und Antriebsverlust bezeichnet werden können, wobei Demoralisierung den dominierenden Faktor darstellt".[150] Außerdem erfaßt der MBI mit den Kategorien „persönliche Leistungsfähigkeit" und „Depersonalisierung" Aspekte des Burnout, die die Überdrußskala nicht berücksichtigt.

Zusammenfassend kommen Enzmann und Kleiber in ihrer Gesamteinschätzung der drei Instrumente darum zu dem Ergebnis, „daß der MBI das qualitativ wohl beste Instrument zum Erfassen von Burnout sein dürfte, auch wenn die SBS-HP und die Überdrussskala eine raschere und einfachere Diagnose ermöglichen ... Für den MBI spricht zum einen, daß mit ihm verschiedene Muster und Entwicklungsstadien erfaßbar werden, zum anderen sind die Dimensionen selbst entwickelt und theoretisch besser abgesichert: Emotionale Erschöpfung ist nach Ansicht der meisten Autoren ein allgemeines Kennzeichen des Burnout Depersonalisierung scheint wesentlich zur Abgrenzung von mit Burnout verwandten Konstrukten zu sein, kann als Bewältigungsstrategie verstanden werden und erfaßt auch die von Aronson et. al. beobachteten Dehumanisierungstendenzen von Ausgebrannten, und das Gefühl reduzierter persönlicher Leistungsfähigkeit ist (da auf die Arbeit und Interaktion mit Klienten bezogen) in verschiedenen Burnoutmodellen ... zentral."[151]

---

[148] Vgl. Stout & Williams 1983.
[149] Vgl. Enzmann/Kleiber 113f.
[150] Ebd., 149.
[151] Ebd., 114, vgl. auch 150. Nach Rooks Einschätzung (1998, 131ff.) erscheint gerade die Kategorie der „emotionalen Erschöpfung" besonders fragwürdig. Auf jeden Fall sei es

Kritisch ist gegenüber dem MBI einzuwenden, daß er sich auf negativ empfundene, diffuse, gespannte und reizbare Erschöpfungszustände konzentriert und die Tatsache nicht berücksichtigt, daß es auch positiv und angenehm erlebte Erschöpfungszustände gibt. Zudem müssen innere oder emotionale Erschöpfungszustände bei der Arbeit ihre Ursache nicht zwingend im beruflichen Setting haben. Es könnte sich auch beispielsweise um „unerledigte Geschäfte" aus dem Privatleben handeln. Auch wird, wie Rook zu Recht anmerkt, im MBI - wie in der Burnout-Forschung ganz allgemein - eine theoretische und empirische Differenzierung zwischen einzelnen Arbeits- und Lebensphasen vernachlässigt.[152] Zweifellos sind relativ kurze Fragebögen auch nur bedingt ausreichend, um das ganze Ausmaß und die Bandbreite einer psychischen Befindlichkeit zu erfassen. Für eine realitätsgerechte Einschätzung des Burnoutgrades wäre es notwendig, die verschiedenen großen, mittleren und kleinen Handlungsebenen und Interpretationszusammenhänge wahrzunehmen, die sich eine Person aufgebaut hat bzw. in die sie eingebettet ist.

Etliche Kritiker stoßen sich auch an der unpräzisen Formulierung einzelner Items. Wenn es zum Beispiel heißt: „An Ende eines Arbeitstages fühle ich mich...", dann sei zu fragen, was da denn als „Arbeitstag" verstanden wird - ist dies doch eine Bestimmung, die schon innerhalb einer Berufsgruppe, erst recht aber bei unterschiedlichen Berufen erheblich differieren kann. Auch Sätze wie „Ich befürchte, daß die Arbeit mich emotional verhärtet" sind in ihrer Vagheit kaum zu übertreffen. Vor allem die Depersonalisierung-Items werden als unscharf empfunden, was letztlich mit der Unklarheit zusammenhängt, ob Depersonalisierung als Einstellungs- oder als Verhaltensmuster gefaßt wird. Grundsätzlich stellt sich auch die Frage, ob sich Emotionen überhaupt erschöpfen können. Rook weist noch auf einen anderen Aspekt hin: „In der Burnoutliteratur finden sich vor allem folgende Gefühlswörter: (fehlendes) Mitgefühl (oft eher Mitleid), (mangelndes) Selbstwertgefühl, (fehlende) Zufriedenheit, (geringe) Entspanntheit, (mangelnde) Hoffnung, Niedergeschlagenheit, Leere, Müdigkeit, Anspannung, Nervosität, Unruhe, Stress, Verachtung, Ärger, Angst. Insgesamt betrachtet ist wenig von aktuellen, diskreten Gefühlen (Emotionen) die Rede, eher von stabilen inneren Zuständen oder Stimmungen. Das Auftreten und die entsprechenden Bewältigungsformen von Ekel und Abscheu, Wut und Zorn, Feindseligkeit, Haß, Erschrecken, Eifersucht, und Neid werden nur sehr wenig er-

---

geboten, die „emotionale Erschöpfung" zunächst abzugrenzen von einer „zeitlich begrenzten schwierigen Phase", die noch nichts mit Burnout zu tun hat. Wenn beispielsweise eine Ärztin sich in ihrem Befinden beeinträchtigt fühlt und das als innere Erschöpfung benennt, so kann das auf die überbeanspruchende Arbeit zurückzuführen sein, aber eben auch mit ganz anderen Faktoren zusammenhängen, z. B. mit einer - nur zweitweiligen Überarbeitung; - drohender Arbeitslosigkeit; - einer depressiven Erkrankung; - einer Vielzahl kurz aufeinanderfolgender freudiger und herausfordernder Erlebnisse; - dauerndem Schlafmangel; - monotoner und langweiliger Arbeit; - einer sich ankündigenden Erkältung; - schwelenden Konflikten im Privat- oder Arbeitsbereich.

[152] Rook 1998, 199.

wähnt (geschweige denn gezielt empirisch erforscht), ebenso wenig wie das Auftreten von Lustgefühlen und Genußerleben, erotisch-sexuellen Gefühlen, Neugier, Begeisterung, Freude, Mitfreude, Dankbarkeit, Stolz, Glück, Liebe, Hoffnung, oder von Schuld- und Schamgefühlen, Einsamkeitsgefühlen, Empörung, Wehmut, Kummer oder Trauer."[153] Eindeutig überwiegen in der Burnout-Literatur Beschreibungen depressiver Reaktionsweisen (z. B. Schuldgefühle, reduzierte Selbstachtung, Schwächegefühle, Hilflosigkeits- und Ohnmachtsgefühle, Pessimismus, Fatalismus, Apathie). Aggressive Empfindungen werden eher vernachlässigt (z. B. Schuldzuweisungen an andere oder an das System, Vorwürfe an andere, Verleugnung der Eigenbeteiligung, Ungeduld, Launenhaftigkeit, Reizbarkeit, Mißtrauen, Intoleranz, Nörgeleien, Kompromißunfähigkeit). Auch die eher nicht-bewußten Inhalte, Kräfte und Funktionen werden tendenziell ebenso vernachlässigt wie unbewußte Erlebnismuster und automatisierte Verhaltensweisen.

Trotz einer Vielzahl nach wie vor kritischer Äußerungen zum MBI[154] teile ich die Einschätzung Enzmann und Kleibers hinsichtlich der Qualität und Operationalisierbarkeit des MBI. Das Instrument ist handhabbar, läßt sich gut und rasch auswerten und schneidet letztlich im Vergleich zu den beiden anderen genannten Instrumenten doch am besten ab. Immerhin hat sich der MBI seit seiner Entwicklung auch bei Tausenden von Befragungen bewährt.

1. 3. URSACHEN UND BEDINGUNGSHORIZONTE

Die Annahme, daß Burnout lediglich eine direkte und unausweichliche Folge zu großer Arbeitsbelastung sei, hat sich nicht bestätigt. Zum einen gibt es genügend Personen, die über lange Zeit hinweg in extrem belastenden Berufen zufrieden und ohne auffallende psychophysische Beeinträchtigungen ihrer Arbeit nachgehen. Andererseits kann diese Annahme auch nicht die Tatsache erklären, warum am gleichen Arbeitsplatz die einen ausbrennen und andere nicht.

Aber auch der umgekehrte Schluß, daß die Burnout-Betroffenen einfach über zu wenig Widerstandskräfte verfügen, trifft nur zum Teil den Sachverhalt. Denen, die vorschnell in dieser Richtung argumentieren, sei eine Mahnung Maslachs ins Stammbuch geschrieben, die schon 1985 betonte: „Obwohl die Persönlichkeitsstruktur beim 'Ausbrennen' durchaus eine gewisse Rolle spielt, bestätigt ein Großteil der Forschungsergebnisse die Vermutung, daß man das Phänomen des 'Ausbrennens' am besten verstehen (und modifizieren) kann vor dem Hintergrund situationsabhängiger Variablen berufsbezogener, interpersonaler Belastungen. Das Phänomen ist so weit verbreitet, die von ihm Betroffenen sind so zahlreich und ihre jeweiligen Lebensumstände so unterschiedlich, daß es nicht

---

[153] Rook 1998, 156.
[154] Vgl. z.B auch: Schaufeli, Enzmann und Girault, Measurement of Burnout, in: Schaufeli, Maslach, Marek (Eds.) 1993, 199-212 und Demerouti 1996.

sinnvoll ist, 'problematische Persönlichkeiten' als Ursache für das verantwortlich zu machen, was natürlich ein unpopuläres Ergebnis ist. Wir sollten eher versuchen, die kritischen Komponenten 'problematischer Situationen' herauszufinden und zu analysieren, unter denen viele 'unproblematische' Leute arbeiten (müssen)."[155]

Tatsache ist, daß die Ursachen des Burnoutsyndroms im Ineinandergreifen einer Vielzahl von komplexen inneren und äußeren Bedingungen zu suchen sind. Dabei lassen sich *arbeitsimmanente, individuelle, in der psychodynamischen Struktur der Helfer-Klienten-Beziehung begründete* und *gesellschaftliche* Faktoren unterscheiden.

1. 3. 1. Arbeitsimmanente Faktoren („Job design")

1. 3. 1. 1. Berufsanforderungen
Wenn die Art der Tätigkeit auch nicht von vornherein als Burnout-Auslöser anzusehen ist, so bildet sie doch bei bestimmten Berufsgruppen ein Belastungpotential, das sich im Zusammenspiel mit anderen Faktoren schnell zu einer Überforderungskonstellation verdichten kann. In höherem Maße burnoutgefährdet sind natürlich zunächst einmal Personen, die beruflich intensiv mit problembelasteten Menschen zu tun haben, also z. B. SozialarbeiterInnen, ÄrztInnen, PolizeibeamtInnen - und eben auch PfarrerInnen. „Diese Berufsgruppen sind durch ihre Arbeit oft zu Stellungnahmen in Fragen des Lebens und der Moral - wie Partnerschaft, Tod, Schwangerschaftsabbruch usw. - gezwungen. Täglich bringen sie sich selbst und ihre Gefühle ein und sind ihr eigenes Arbeitsinstrumentarium. Es wird ihnen rein gefühlsmäßig unerhört viel abverlangt. Immer wieder empfinden sie Machtlosigkeit, Erschöpfung, Blöße. Zudem erfahren sie nur selten, ob ihre Arbeit zu positiven Ergebnissen geführt hat. Daher können sie den Wert ihrer Arbeit oft schwer abschätzen. Anerkennung ist selten."[156]

Zu den anstrengendsten und belastendsten dieser beruflichen Tätigkeiten gehören die Aufgaben im medizinischen Bereich. Dabei ist - wider Erwarten - die Ärzteschaft nicht einmal die am schwersten betroffene Gruppe, wenn auch die Daten über Alkoholismus, Drogenabhängigkeit, Affektstörungen und Suizidalität von ÄrztInnen die psychische Verwundbarkeit dieses Berufsstandes zur Genüge dokumentieren. Aufgrund und mittels ihrer Konzentration auf körperliche Befunde gelingt es ÄrztInnen jedoch oft, eine Abschirmhaltung gegenüber emotionalen Belastungen aufzubauen. Der weitaus größere Druck lastet auf dem Pflegepersonal. „Schwestern und Pfleger müssen bei den Kranken bleiben, ihnen

---

[155] Maslach 1985, 258. Dies hatte sie auch schon 1978 betont (zit. bei Farber, in: Farber 1985, 5.): „The search for causes (of burnout) is better directed away from identifiying the bad people and toward uncovering the characteristics of the bad situations where many good people function."
[156] Bronsberg/Vestlund 1988, 12.

zuhören, und sie werden unmittelbar gefühlsmäßig ergriffen, weil sie anders als der Arzt weniger gewohnt bzw. fähig sind, sich aus der unmittelbaren persönlichen Beziehung zu lösen und das emotional wirksame Bild der Menschen hinter der Vorstellung von Röntgenbildern, elektrophysiologischen Kurven, blutchemischen Daten verschwinden zu lassen."[157]

Natürlich erhebt sich hier die Frage, ob dann nicht die Gruppe der KlinikseelsorgerInnen, deren Hauptaufgabe ja gerade im Zuhören und in der Achtsamkeit für die emotionale Befindlichkeit des Gegenübers besteht, noch einmal intensiver belastet ist.[158] Sie ist es zweifellos - während der Ausübung ihrer Tätigkeit. Da aber KlinikpfarrerInnen, wie PfarrerInnen in anderen Arbeitsfeldern auch, weitgehend eigenverantwortlich arbeiten, können sie Dauer, Intensität und Häufigkeit ihrer Zuwendung zu den PatientInnen selbst bestimmen und darum ihr Engagement verringern, wenn sie spüren, daß es ihnen zu viel wird. Diese Möglichkeiten haben Schwestern und Pfleger nicht. Im Gegenteil, aufgrund der katastrophalen Stellensituation im Gesundheitswesen müssen sie oft sogar „für zwei" arbeiten.

Aber auch andere Berufsgruppen sind größten psychischen (und physischen) Belastungen ausgesetzt, zum Beispiel die der Rettungssanitäter und Feuerwehrleute. Bei der Wahrnehmung ihrer Aufgaben müssen sie immer wieder extreme körperlichen Anstrengungen, eine akute Gefährdung des eigenen Lebens und traumatische psychische Belastungen hinnehmen. Man denke nur an die Rettungstrupps bei der Zugkatastrophe von Eschede, beim Brand des Montblanctunnels oder an die Feuerwehrmannschaften, die versucht haben, aus den brennenden Türmen des World-Trade-Centers noch Menschen zu retten. Oft werden diese Helfer monatelang von den Schreckensbildern und Sinneseindrücken verfolgt, die sich ihnen bei ihren Einsätzen eingeprägt haben. Ähnliches gilt für Polizisten im Streifendienst und für Soldaten in Kampfeinsätzen.[159]

Es sind jedoch nicht nur solche Extrembedingungen, die Burnout auslösen können, sondern auch das Fehlen von körperlicher Bewegung, Abwechslung und geistiger Herausforderung, beispielsweise bei Arbeitsplätzen mit überwiegender Fließbandarbeit, wo man tagaus tagein viele tausendmal ein und denselben

---

[157] Enzmann/Kleiber 1989, 14.

[158] Zur Arbeitssituation von KlinikseelsorgerInnen vgl. die Studie von Schwarz 1988, zu den Erwartungen der PatientInnen an die Klinikseelsorge vgl. Busche 1978.

[159] Das Ergebnis von Demeroutis interessanter Studie (1999), die drei Berufsgruppen (Dienstleistung, Produktion und Fluglotsen) hinsichtlich ihrer Burnoutgefährdung und -realität vergleicht, stützt die These, daß "Burnout kein dienstleistungsspezifisches Phänomen ist, sondern auch in anderen Berufszweigen vorkommt und zwar mit dem gleichen oder einem sehr vergleichbaren Erscheinungsbild." (ebd., 139) Paine (in: Jones 1982, 20) ist übrigens der Ansicht, daß Burnout in manchen Berufen regelrecht unvermeidbar ist: „However, in some settings such as Hospice Programs, Air Traffic Control Centers, Burn Units in hospitals, and Social Services Agencies dealing with sexually abused children the BOMD is probably inevitable..."

Handgriff auszuführen hat und häufig nicht einmal weiß, in welchem Zusammenhang die eigene Tätigkeit mit dem Endprodukt steht.

1.3.1.2. Arbeitsbelastung

Ein Faktor, aber nur einer von vielen, der bei der Burnoutgenese eine Rolle spielt, ist das Maß an Arbeitsbelastung, dem sich eine Person ausgesetzt sieht. Die subjektive Arbeitsbelastung ergibt sich aus dem Ausmaß der innerhalb einer bestimmten Zeit zu bewältigenden Arbeit und der persönlichen Leistungsfähigkeit. Arbeitsmenge und Arbeitszeit werden zwar bei Arbeitern und Angestellten größtenteils durch den Arbeitgeber vorgegeben, dennoch haben die Beschäftigten auch einen gewissen Einfluß darauf, der um so höher ist, je mehr sie eigenverantwortlich tätig sind. Hohe Disziplin wird im Blick auf die leib-seelische Gesundheit vor allem von freiberuflich Tätigen verlangt - und oft nicht eingehalten. Sind schon z. B. selbständige Handwerksmeister, Steuerberater oder Fuhrunternehmer in der Gefahr, sich durch ein zu hohes Maß an Arbeitsleistung zu überfordern, so ist diese Gefahr in den helfenden und heilenden Berufen noch einmal größer, dient hier der Einsatz ja nicht nur dem eigenen Geldbeutel, sondern auch noch einer guten Sache. Eindrücklich schildert Fengler den Arbeitstag eines ausbrennenden Psychologen:

6.00	Aufstehen, Frühstück
7.30	Sohn in den Kindergarten bringen
8.00	Fahrt in die Praxis (40 km)
9.00-13.00	Klienten
13.00-13.30	30 km Autofahrt zur Supervision eines Teams in einer anderen Stadt
13.30-16.30	Supervision
16.30-17.00	Rückfahrt in die eigene Praxis
17.00-18.30	Therapie mit einer Klientin
18.30-19.00	Fahrt in einen anderen Stadtteil
19.00-21.00	Doppelstunde Gruppenpsychotherapie mit einer Kollegin
21.00-23.00	Gegenseitige Supervision zur Gruppentherapie
23.00-24.00	Rückfahrt nach Hause
24.00	Einschlafen
6.00	Aufstehen, Frühstück, Kindergarten

„Die Mahlzeiten nimmt der Kollege im Auto und im Stehen ein. Die anderen Arbeitstage verlaufen ähnlich. Am Wochenende leitet er oft noch Selbsterfahrungsgruppen. Ich spreche vorsichtig das Stichwort Psychohygiene an und erkundige mich, ob ihm aus dem offensichtlichen Leidensdruck ein Änderungswunsch erwächst. Da antwortet er: 'Wieso ändern? Das geht doch allen niedergelassenen Therapeuten so. Sonst hätte ich diesen Beruf eben nicht wählen dürfen.'" [160]

---

[160] Fengler 1991, 104.

1. 3. 1. 3. Arbeitsbedingungen
1. 3. 1. 3. 1. Organisatorisch-strukturelle Rahmenbedingungen
Die Summe der Arbeitsbedingungen bestimmt neben den Berufsanforderungen das „Berufsdesign" („job design"[161]). Hier lassen sich eine organisatorisch-strukturelle und eine psychologisch-kommunikative Ebene unterscheiden. Eine nicht zu unterschätzende Voraussetzung für die Motivation und Arbeitszufriedenheit der Beschäftigten ist die Qualität der „äußeren" Rahmenbedingungen, unter denen sie ihre Tätigkeit verrichten müssen. Sie setzt sich aus einer Vielzahl von Komponenten zusammen, die hier gar nicht alle aufgezählt werden können und sollen. Die Länge der Arbeitszeit gehört ebenso dazu wie zum Beispiel die Frage einer angemessenen Bezahlung und vernünftiger Urlaubsregelung. Die Häufigkeit von Pausen spielt eine Rolle, die Beschaffenheit der Pausenräume, der Kantine und des darin angebotenen Essens. Genügt die Außen- und Innenarchitektur des Betriebsgebäudes nur funktionalen Anforderungen oder auch ästhetischen? Ist für genügend Sonneneinstrahlung und Frischluftzufuhr gesorgt? Sind die einzelnen Arbeitsplätze und die Arbeitsmittel nach ergonomischen Kriterien gestaltet? Gibt es ausreichende Schutzmaßnahmen beim Umgang mit gefährlichen Stoffen oder Krankheiten? Diese und viele andere Fragen sind vom Arbeitgeber zu berücksichtigen, wenn er Wert legt auf ein zufriedenes und engagiertes Personal. Grundsätzlich gilt: Je angenehmer die Arbeitsumgebung, je kulanter die Arbeitszeit- und Urlaubsregelungen und je angemessener das Lohn-Leistungs-Verhältnis, desto wohler fühlen sich die MitarbeiterInnen.

1. 3. 1. 3. 2. Psychologisch-kommunikative Rahmenbedingungen
Wichtiger noch als die organisatorisch-strukturellen Arbeitsbedingungen sind die psychologisch-kommunikativen. Wenn sie „stimmen" nehmen die Beschäftigten auch Abstriche beim äußeren Komfort in Kauf, wie dies viele Beispiele von „Hinterhofwerkstätten" oder „Garagenstudios" eindrücklich belegen. Von zentraler Bedeutung für das leib-seelische Wohlbefinden am Arbeitsplatz ist das „Betriebsklima". Ob es als „gut" oder „schlecht" empfunden wird, hängt von verschiedenen psychologischen Faktoren ab. Besonders wichtig ist die Motivationsfähigkeit, Gerechtigkeit und Integrität der Unternehmensführung und, oft von ihr abhängig, das Maß an Kollegialität unter den MitarbeiterInnen. Autoritäre, autokratische Vorgesetzte, die ihre Beschäftigten behandeln wie Untergebene, positive Ergebnisse nicht zu würdigen verstehen, schon bei kleinen Fehlern überreagieren und insgesamt eine Atmosphäre der Kontrolle und des Mißtrauens verbreiten, aber auch unpersönliche, undurchsichtige und bürokratische Führungsstrukturen beeinträchtigen die Arbeitszufriedenheit ebenso wie eine Belegschaft, die auf die Einhaltung bestimmter Hackordnungen fixiert ist und unterschwellig - oder zum Beispiel via Mobbing ganz offen - vor allem Macht- und Konkurrenzkämpfe ausagiert. Je mehr die MitarbeiterInnen in Unternehmensentscheidungen mit einbezogen werden und bei der Gestaltung ihrer Arbeitsabläufe

---
[161] Vgl. Cherniss 1983, 90ff.

mitentscheiden dürfen, desto mehr können sie sich mit ihrer Arbeit identifizieren. Identifikation mit dem, was man tut, ist aber eine wesentliche Voraussetzung dafür, daß man es gerne tut. Verschiedene Untersuchungen bestätigen diese Erkenntnis. So führten Caplan, Cobb et al. zum Beispiel 1982 eine Studie über die Auswirkungen von Stress bei verschiedenen Berufen durch. Dabei ergab sich, daß die Arbeitszufriedenheit vor allem von fünf Bedingungen negativ beeinflußt wird, nämlich:

- Unterforderung von Fähigkeiten und Fertigkeiten,
- einfache und repetitive Tätigkeit,
- geringe Partizipation bei Entscheidungsprozessen bezüglich der eigenen Arbeit,
- Unsicherheit des Arbeitsplatzes sowie
- geringe soziale Unterstützung durch Vorgesetzte und KollegInnen.[162]

Caplan und Cobb entwickeln in dieser Studie unter anderem das Modell der *Person-Umwelt-Übereinstimmung (P-U-Fit)*. „Eine Grundannahme des Modells ist, daß eine Nichtübereinstimmung (Misfit) zwischen den von einer Person *erwünschten* Merkmalen der Arbeit (ihren Bedürfnissen, Ansprüchen, Soll-Zuständen) und den von ihr *wahrgenommenen* Merkmalen (Ist-Zuständen) psychische Stressfolgen verursacht. Eine Zusatzannahme besagt, daß Maße des P-U-Fit mehr zur Aufklärung der Auswirkungen beitragen können als die Maße der Soll- und Ist-Zustände für sich genommen."[163]

Edelwich und Brodsky nennen elf elementare Frustrationsquellen, die letztendlich zu Burnout führen können und darum vermieden werden sollten: Zu geringe finanzielle Vergütung; zu lange Arbeitszeit; keine Aufstiegsmöglichkeiten; zuviel Schreibtischarbeit; ungenügende Ausbildung für die Tätigkeit; keine Anerkennung durch die Klienten; keine Anerkennung durch die Vorgesetzten; keine Unterstützung bei wichtigen Entscheidungen; Einflußlosigkeit; das System entspricht nicht den Bedürfnissen der Klienten; schlechte Institutionspolitik.[164]

Eine andere wichtige Voraussetzung für die positive Identifikation mit der eigenen Tätigkeit und dem Unternehmen ist der *Sinn*, den die MitarbeiterInnen in ihren Aufgaben sehen. Cherniss und Krantz stellen fest: Burnout „is caused not by the presence of job stressors but rather by the absence of job motivators. ... Long hours, hard work, and the other stresses often cited as causes of burnout only lead to burnout when there is an absence of meaning in work. The burnout process thus begins not with stress but with the loss of commitment and moral purpose in the work."[165] Immer wieder weist Cherniss, der in Amerika zu den führenden Vertretern der Arbeitspsychologie zählt, auf die Bedeutung von

---

[162] Caplan, Cobb et al. 1982, 23.
[163] Ebd., 14.
[164] Edelwich&Brdosky 1984, 18f.
[165] zitiert, in: Farber Barry A., Stress and Burnout in the Human Service Professions, New York 1985, 242.

„Sinn" in der Berufstätigkeit hin: „For many individuals who work in the human services the main problem is not overload, conflict, or ambiguity, but boredom. Their work lives lack challenge, variety, and meaning."[166]

Eine weitere Bedingung für Arbeitszufriedenheit und ein gutes Betriebsklima ist die „*task identity*", d. h. die MitarbeiterInnen müssen verstehen und akzeptieren können, wie ihr Aufgabenbereich in den Gesamtzielen des Betriebes verankert ist.[167]

1. 3. 1. 4. „Organisationsdesign"

Vor allem Cherniss betont auch die Relevanz des von ihm so genannten „organizational design" der arbeitgebenden Institution für die Burnoutanfälligkeit bzw. -resistenz der Beschäftigten. Neben dem Gefühl der Sinnhaftigkeit des eigenen Tuns und der „task identity" sind die bestimmenden Elemente dieses „Organisationsdesings" die *normative Struktur* („normative structure") sowie die von ihr geprägten *Rollen- und Machtstrukturen* des Unternehmens („role structure" und „power structure").[168]

Die *normative Struktur* (man könnte auch sagen das „Leitbild") eines Unternehmens baut sich auf aus der Gesamtheit seiner leitenden Grundvorstellungen und Werthaltungen („the goals, norms, and ideologies"). Sie hat Auswirkungen auf: „(1) the strength, clarity, and degree of staff identification with a guiding philosophy of treatment; (2) the strength and pervasiveness of the bureaucratic mentality; (3) the emphasis on learning, experimentation, and the production of knowledge as program goals; and (4) the degree of concern for staff and the work setting's impact of them."[169]

Zur *Rollenstruktur* führt Cherniss aus: „One of the most important ways in which the work setting influences job stress and burnout is through the role structure...Role structure is referred to here as the way tasks and duties are allocated among specified roles in a setting."[170] Einzelne Charakteristika des Rollensets korrespondieren in besonderer Weise mit Stress und Burnout, nämlich: Rollenüberfrachtung bzw. -überforderung („role overload"), Rollenkonflikte, Rollenambivalenz und das Ausmaß an Herausforderung, Variabilität und Autonomie, das die jeweilige Rolle gestattet.

Rollenüberfrachtung liegt vor, wenn die Anforderungen die Zeit und die Kräfte des Rollenträgers übersteigen - eine Erfahrung, die gerade in helfenden Berufen weit verbreitet ist.

---

[166] Cherniss 1983, 92.
[167] Ebd., 93: „In the human services, task identity refers to the worker's understanding of how his or her role contributes to the total rehabilitation effort."
[168] Vgl. Cherniss 1983, 79 und 102.Vgl. auch das ganze Kapitel 5 ebd., 79ff. Zum folgenden vgl. ebd. 83 ff.
[169] Ebd., 109 vgl. auch sein Schaubild auf S. 110. Cherniss bezieht sich bei seinen Ausführungen u.a. auf grundsätzliche Überlegungen zur Rollenstruktur von Kahn et al. 1964.
[170] Ebd., 79.

Noch intensiver mit Burnout korreliert ist das Erleben von *Rollenkonflikten*, die Cherniss als eine Hauptquelle für Burnout betrachtet. Hier ist nicht das Ausmaß der Anforderungen das Problem, sondern ihre Unvereinbarkeit, wobei die sich widerstreitenden Erwartungen sowohl von außen wie von innen kommen können (*„inter-sender role conflict"* oder *„intra-sender role conflict"*).

Eine Vielzahl verschiedenster Instanzen richtet gerade bei den helfenden Berufen Erwartungen an die ArbeitnehmerInnen: Klienten, aber auch deren Angehörige, die Öffentlichkeit, die KollegInnen, der Supervisor und der Träger der Einrichtung. Dinslage hat einen Katalog von 28 solcher Rollenerwartungen zusammengestellt, der ein eindrückliches Beispiel für Rollenüberfrachtung wie auch für Rollenkonflikte darstellt: „Helfer, Mutter, Vater, Freund, Kumpel, Vorbild, Mann/Frau, Erlöser, Bündnispartner, Fachmann, Verwahrer, Reparateur, Erzieher, Interessent, Mithelfer, Mitstreiter, Hilfesuchender, Lernender, Verwalter, Kontrolleur, Krisenmanager, Imagepfleger, Klientenwerber, Kostenverwalter, Buchhalter, Zahlmeister, Ökonom, Dokumentar/Berichter".[171] Ein „inter-sender role conflict" besteht auch, wenn eine Person zwei oder mehreren Gruppen angehört, die verschiedene Verhaltensweisen verlangen. Ein „intra-sender role conflict" kann entstehen, wenn der Arbeitnehmer eine Aufgabe zugleich rasch und gründlich erledigen will.

Eine andere Art innerer Zerreißprobe entsteht durch den *„person-role-conflict"*. Er ist gegeben, wenn die Rolle ein bestimmtes Verhalten verlangt, das den Einstellungen, Möglichkeiten und Wertmaßstäben der Person widerspricht. Eng verwandt damit ist schließlich der *„professional-bureaucratic role conflict"*, der darin wurzelt, daß einzelne Vorgesetzte oder „die Verwaltung" von den Angestellten die Akzeptanz von Entscheidungen erwarten, die diese als unprofessionell empfinden, etwa die Verweigerung einer medizinisch gebotenen Rehabilitationsmaßnahme aus formalen Gründen, oder zum Beispiel die Untersagung einer vom Pfarrer aus seelsorgerlichen Gründen befürworteten kirchlichen Trauung aufgrund kirchenrechtlicher Formalia. Rollenkonflikte betrachtet Cherniss als eine Hauptquelle von Burnout.

Von ähnlichem Gewicht ist auch die *Rollenunklarheit (role ambiguity)*. Sie entsteht, wenn der Rollenträger nicht über die notwendigen Informationen zur adäquaten Ausfüllung seiner Rolle verfügt, vielleicht weil ihm das nötige Wissen über die Situation des Klienten fehlt oder weil Vorgesetzte unklare oder mehrdeutige Arbeitsanweisungen geben.[172] Bereits 1964 haben Kahn et al. in einer grundlegenden Studie sechs Quellen von Rollenunklarheit in Organisationen beschrieben, die Stresserfahrungen bewirken können:

1) information concerning the scope and responsibilities of a job;
2) information about co-workers' expectations;
3) information required to perform the job adequately;

---

[171] Dinslage 1983, angeführt bei Fengler 1991, 97.
[172] Ebd., 46 (vgl. auch die 6 dort aufgeführten Beispiele).

4) information about opportunities for advancement;
5) information about supervisor's evaluations;
6) information about what is happening in the organization.

Cherniss resümiert: „... Roles that are highly ambiguous on several of these dimensions will contribute to high levels of stress, strain, and burnout in those who occupy them."[173]

Der dritte Aspekt schließlich des Organisationsdesigns, der Auswirkungen auf die Burnoutanfälligkeit hat, ist die *Machtstruktur*. Sie zeigt sich in der Hierarchie der Entscheidungsbildung innerhalb eines Unternehmens sowie im Maß ihrer Zentralisierung und Formalisierung. Alle drei Faktoren minimieren die Möglichkeit der Beteiligung von MitarbeiterInnen an Entscheidungen und damit ihr Verantwortungsgefühl für ihren Tätigkeitsbereich und das gesamte Unternehmen. Lapidar hält Cherniss fest: „Previous research and theory suggest that hierarchical decision-making may increase job stress and burnout in human service settings."[174]

1. 3. 1. 5. Feedback und die Möglichkeit, zu lernen

Daß eine adäquate Grundausbildung, eine spezielle Schulung für die konkreten beruflichen Aufgaben, ausreichende Einarbeitungszeiten und ein gut ausgebautes System innerbetrieblicher Fortbildung grundlegende Voraussetzungen für die Arbeitszufriedenheit sind, liegt auf der Hand. Von kaum zu überschätzendem Einfluß auf die Motivation der MitarbeiterInnen ist darüber hinaus die Frage, inwieweit man für seine Arbeitsleistung ein „Feedback" erhält. Hat schon im privaten Bereich nahezu jeder Mensch ein Interesse daran, zu erfahren, wie er „ankommt", wie das, was er denkt, sagt und tut bewertet wird, so gilt dies erst recht für die berufliche Tätigkeit. Feedback ist hier nicht nur direkt mit dem Sinnempfinden korreliert, es hilft den MitarbeiterInnen auch, ihren Platz innerhalb der Organisation zu finden und ihre Fertigkeiten weiter auszubilden und zu optimieren. Natürlich ist auch die Entlohnung eine gewisse Form des Feedacks. Für viele Menschen ist jedoch die persönliche verbale Anerkennung letztlich wichtiger als Geld. Oft geht es gar nicht um große Gesten, sondern um ein Mosaik kleiner Freundlichkeiten und Anerkennungen aus dem sich ein „Klima der Wertschätzung" aufbaut. Aber auch negative Rückmeldungen müssen nicht grundsätzlich motivationshemmend sein. Wenn sie in freundlicher und wertschätzender Weise gegeben werden, können auch sie durchaus herausfordernd und mobilisierend wirken. Über längere Zeit fehlendes Feedback aber wirkt sich stets blockierend aus. Gleichgültigkeit der Führung gegenüber der Belegschaft ist der sicherste Weg zu deren Arbeitsunzufriedenheit und innerer Emigration. Nur verletzende und herabwürdigende Rückmeldungen sind noch destruktiver.

---

[173] Kahn et al. 1964, zitiert bei Cherniss 1983, 90.
[174] Ebd., 97.

Feedback wird in der beruflichen Tätigkeit aber nicht nur von Vorgesetzten und Kollegen erteilt, sondern auch - und das gilt in besonderem Maße für die therapeutischen und lehrenden Berufe - von den Adressaten dieser Tätigkeit. Dabei bemühen sich diese Adressaten im Falle ihrer Unzufriedenheit in der Regel nicht, ihre negativen Rückmeldungen in wertschätzender und freundlicher Weise zu geben. Niemand kann gnadenloseres Feedback erteilen als Schüler und verärgerte oder gleichgültige Klienten. Die Beispiele sind Legion, in denen eine Klasse ihren Lehrer oder drogensüchtige Schützlinge ihre Sozialarbeiterin in den Burnout getrieben haben. Umso wichtiger ist in diesem Fall der Rückhalt bei KollegInnen und Vorgesetzten.

1. 3. 1. 6. Arbeitserfolg

Schon eine 1978 von Cherniss und Egnatios bei Beschäftigten kommunaler Gesundheitsprogramme durchgeführte Studie ergab, „that experiencing a sense of accomplishment in their work was the single most important contributor to their job satisfaction... If they felt that they were effective, all other annoyances and dissatisfactions tended to seem relatively unimportant." Grundsätzlich ist die „Effizienz" des eigenen Tuns ein bedeutsamer Motivator für jegliche - berufliche und außerberufliche - Aktivität. In den Sozialberufen hat der „Erfolg" aber noch einmal einen höheren Stellenwert, weil hier die Tätigkeit direkt mit dem Wohlergehen von Personen gekoppelt ist und Fehler sich besonders fatal auswirken. Cherniss betont: „Thus, empirical research suggests that achieving a sense of efficacy is perhaps the strongest job-related goal human service providers bring to their work."[175] Auf einen weiteren Aspekt weist Fengler hin: „Erfolglose Klienten führen dem Helfer stets seine eigene Erfolglosigkeit vor Augen."[176]

Nun wird aber das gerade bei Menschen, die einen lehrenden, therapeutischen oder beratenden Beruf gewählt haben, so stark ausgeprägte Interesse an Erfolg und Effizienz ihrer Tätigkeit in eben ihrem Arbeitsfeld in vielerlei Hinsicht brüskiert. Da ist einmal das so häufige Fehlen von Rückmeldung seitens der Klienten. „So often the helper must work in the dark, not knowing how much his or her efforts are succeeding. Consequently, the need for a sense of efficacy is thwarted."[177] Zudem kann sich der Helfer nie ganz sicher sein, ob eine etwaige positive Veränderung beim Klienten tatsächlich auf seine Anstrengungen zurückzuführen ist oder ganz andere Gründe hat. Auch ein weiterer Gesichtspunkt gefährdet das Erfolgsstreben der HelferInnen: „The helper's lack of control over many of those systematic forces that shape - often in personally destructive ways - the world in which clients must live."[178]

Manchmal ist es pardoxerweise auch so, daß Klienten den Bemühungen derer, bei denen sie Hilfe suchen dezidiert gleichgültig gegenüberstehen oder sie sogar

---

[175] Cherniss 1983, 49 und 48. Vgl. Cherniss & Egnatios 1978.
[176] Fengler 1991, 74.
[177] Cherniss 1983, 52.
[178] Ebd., 52f.

bewußt unterlaufen. Die Aggression des Hilfesuchenden gegen den Helfer ist in der therapeutischen Arbeit ein durchaus bekanntes Phänomen, das seine Ursachen oft in Übertragungsphänomenen hat. Ohne die letztendliche Mitarbeit des Klienten ist eine erfolgreiche Behandlung aber nicht möglich. „Client motivation is a necessary resource for meeting the demands of the helping relationship." Cherniss unterscheidet in diesem Zusammenhang zwischen „psychologischem Erfolg" und von außen definiertem Erfolg: „*Psychological success* occurs when there is a challenging but attainable level of aspiration, the goal is defined by the person, the goal is central to the person's self-concept, and the person works independently to achieve the goal. ... Thus, jobs that are high in autonomy, challenge, and feedback will be more likely to contribute to psychological success, and the incidence of burnout will be lower. - Thus, achieving psychological success appears to be a strong internal 'demand'. - Therefore, any factor that blocks psychological success in work is a possible contributor to burnout."[179]

1. 3. 1. 7. „Professional mystique"

Eine weitere potentielle Quelle für Burnout ist das, was Cherniss als „Professional Mystique" bezeichnet.[180] Nicht zuletzt durch Fernsehfilme, Romane und bestimmte Artikel in der Regenbogenpresse ist in der Öffentlichkeit ein verklärtes Bild der helfenden Professionen entstanden, das mit der Wirklichkeit nur noch wenig zu tun hat. Insbesondere um die Berufe des Arztes und der Krankenschwester, aber auch des Priesters - man denke an die beliebte Fernsehsendung „Die Dornenvögel" - hat sich so ein Flair von Edelmut, Reinheit und Kompetenz gewoben. „One would expect that the professional's work consists of dramatic challenges and that the professional almost always possesses the knowledge, ability, and personal qualities necessary to meet those challenges."[181] Es sind in vielerlei Hinsicht die auf ihre HelferInnen projizierten eigenen Allmachtsphantasien der Hilfesuchenden, die hier zum Tragen kommen - und oft genug unterschwellig mit denen jener in Verbindung treten. Die Auswirkungen des „professional mystique" sind darum so fatal, weil er mindestens fünf unrealistische Erwartungen provoziert, mit denen sich die Helfer durch ihre Klienten - oder ggf. auch durch sich selbst - konfrontiert sehen: 1. Berufszulassung bedeutet per se Kompetenz und unweigerlich Erfolg. 2. Der berufliche Status garantiert persönliche Autonomie und Kontrolle. 3. Klienten sind kooperativ und dankbar. 4. Die Arbeit an sich ist interessant, bedeutsam und stimulierend. 5. Mitarbeiter unterstützen einen und sind kollegial.[182] Je ausgeprägter diese insgeheimen Phantasien sind, desto ein höheres Frustrationspotential beinhalten sie. Entpuppen sie sich als Illusion, kann die dabei freiwerdende Enttäuschung zu einer weiteren Bedingung für die Entstehung oder Intensivierung des Burnoutsyndroms werden.

---

[179] Ebd. 54; 55 und. 55f.
[180] Vgl. ebd., 153ff.
[181] Ebd., 153.
[182] Vgl. ebd., 154.

1.3.2. Individuelle Faktoren

Obwohl bei der Entstehung eines Burnoutsyndroms eine Vielzahl von arbeits-, sozial- und kommunikationspsychologischen Faktoren zusammenwirkt, hängt das „Ausbrennen" doch auch von einer ganzen Reihe individueller Bedingungen ab. Immerhin entwickeln unter vertgleichbaren Arbeitsbedingungen nicht alle Menschen ein Burnoutsyndrom, vielmehr gehen auch in einem burnoutförderlichen Milieu viele MitarbeiterInnen - und es ist wohl die Mehrheit - ihrer Beschäftigung ohne erhebliche psychische Beeinträchtigungen nach. Manche Forscher sehen die Symptomatik nach wie vor sogar hauptsächlich oder ausschließlich in innerpsychischen Faktoren begründet. So hält beispielsweise Fischer fest: „Since burnout is not a general phenomenon specific to any particular setting, the sufficient cause must be sought among personal psychological factors."[183] Wenn man diese einseitige Einschätzung auch nicht teilen will, so gibt es doch zweifellos *Persönlichkeitsmerkmale*, die einige Menschen anfälliger für das Syndrom machen als andere. Verschiedene Autoren sprechen sogar von einer charakteristischen *Psychodynamik bei Helferpersönlichkeiten*, zu der unter anderem auch bestimmte unbewußte *Lebensskripts* und unterschwellig wirksame *Arbeitsauffassungen* gehören. Aber auch die *persönliche Lebenssituation* spielt mit hinein, das *Lebensalter*, der *Familienstand*, sogar die *ethnische Zugehörigkeit* und nicht zuletzt auch das *Geschlecht*.

1.3.2.1. Persönlichkeitsmerkmale

Schon frühzeitig galt in der Burnoutforschung als Konsens, daß eben jene Eigenschaften, die einen Menschen zur Wahl einer helfenden Berufstätigkeit motivieren und qualifizieren, zugleich die Eigenschaften sind, die ihn sensibler und verletzlicher machen für die emotionale Belastung, die mit dieser Arbeit verbunden ist. So sind burnoutgefährdete Personen, in der Regel einfühlsam, sensibel, menschlich, zugewandt, idealistisch und sie arbeiten gerne mit Menschen, andererseits sind sie jedoch auch introvertierter und ängstlicher als andere, neigen zu gesteigertem Enthusiasmus und haben einen Hang zur Überidentifikation.[184] Den „klassischen" Helfern sind in der Regel drei Kennzeichen gemeinsam: „Sie haben einen Beruf, der sie emotional sehr belastet; sie haben gewisse Persönlichkeitsmerkmale, die sie einen derartigen Beruf wählen ließen; sie haben die gleiche 'klientenzentrierte' Orientierung. Diese drei Charakteristika schaffen die klassischen Ausgangsbedingungen für das Ausbrennen."[185]

1.3.2.2. Zur Psychodynamik von Helferpersönlichkeiten

Schmidbauer, der sich unter tiefenpsychologischem Aspekt intensiv mit der Psychodynamik des Helfens und der Helfer auseinandergesetzt hat, listet fünf typi-

---

[183] Fischer, in: Farber 1985, 41.
[184] Vgl. Farber 1985, 4.
[185] Pines et al. 1987, 60.

sche folgenschwere frühkindliche Prägungen bei „Helfer-Persönlichkeiten" auf: „Die in früher Kindheit erlittene, meist unbewußte und indirekte (1) Ablehnung seitens der Eltern, welche das Kind nur durch besonders starre (2) Identifizierung mit dem anspruchsvollen elterlichen Über-Ich emotional durchzustehen sich bemüht; die (3) verborgene narzißtische Bedürftigkeit, ja Unersättlichkeit; die (4) Vermeidung von Beziehungen zu Nicht-Hilfsbedürftigen auf der Grundlage von Gegenseitigkeit des Gebens und Nehmens und die (5) indirekte Äußerung von Aggression gegen Nicht-Hilfsbedürftige."[186] Diese Prägungen haben sich nicht nur verdeckt als motivierende Kräfte bei der Berufswahl ausgewirkt, sie sind auch das Reservoir, aus dem den vielfältigen Konflikten des Helfer-Alltags ihre untergründige Energie zufließt.

Schmidbauers provozierende Grundthese lautet: Helfen ist eine Form der Abwehr.[187] Der Helfer braucht die Rolle des Helfenden und Gebenden, um eigene Ängste vor Abhängigkeit und unbefriedigter kindlicher Bedürftigkeit zu bewältigen. Mit drastischen und zum Teil sicher auch überzogenen Einschätzungen skizziert Schmidbauer in seinen Büchern wiederholt das Profil des typischen „Helfers": „Die innere Situation des Menschen mit dem Helfer-Syndrom läßt sich in einem Bild beschreiben: Ein verwahrlostes, hungriges Baby hinter einer prächtigen, starken Fassade. ... Die häufigste seelische Störung beim Helfer-Syndrom ist die Depression. ... Der narzißtisch einigermaßen stabile Mensch ist in der Lage, Kränkungen zu verarbeiten, indem er sie in realistischen Dimensionen sieht: Hier und da habe ich einen Fehler gemacht, aber in vielen anderen Bereichen bin ich ganz in Ordnung. Die narzißtische Störung drückt sich darin aus, daß jeder kleine Fehler einen aus früherer Zeit stammenden Speicher schlechter Gefühle anzapft, der dann die ganze Person überschwemmt und das Selbst völlig in Frage stellt. ... Da es zu seiner (des Helfers, A.v.H.) Abwehrstruktur gehört, anderen auf Kosten der eigenen Bedürfnisse zu helfen, lehnt er die eigene Hilfsbedürftigkeit ab und akzeptiert Hilfe allenfalls in der Form einer 'Fortbildung', um seine Fähigkeit zur Hilfeleistung noch weiter auszubilden. ... Während die Angehörigen der helfenden Berufe danach trachten, ihren Klienten glaubhaft zu machen, daß die Annahme von Hilfe keine Schande ist, fällt es vielen von ihnen sehr schwer, selbst an diese Maxime zu glauben. ... Die Grundproblematik des Menschen mit dem Helfer-Syndrom ist die an einem hohen, starren Ich-Ideal orientierte soziale Fassade, deren Funktionieren von einem kritischen, bösartigen

---

[186] Schmidbauer 1978, 90. Neben anderen hat sich Fengler kritisch gegen Schmidbauers Wortschöpfung des "Helfer-Syndroms" ausgesprochen, diskreditiere diese Bezeichnung doch nicht nur pathologische Entwicklungen, sondern das Helfen ganz allgemein. Fengler weist darauf hin, daß ernstzunehmende empirische Nachweise für die Schmidbauerschen Thesen bis jetzt nicht erbracht worden sind. Auch lasse die Formulierung "Die hilflosen Helfer" die Vermutung enstehen, die Helfer seien hilflos oder machtlos. Das sind sie aber keineswegs. Fengler befürwortet stattdessen Formeln wie „verführbare, gefährdete, verstrickte, belastete Helfer". (Fengler 1991, 50 f.)

[187] Vgl.. Schmidbauer 1983, 22: „Wichtigster Inhalt des Helfer-Syndroms ist das Helfen als Abwehr anderer Beziehungsformen und Gefühle."

Über-Ich überwacht wird. Eigene Schwäche und Hilfsbedürftigkeit werden verleugnet; Gegenseitigkeit und Intimität in Beziehungen vermieden. Die orale und narzißtische Bedürftigkeit des Helfers ist groß, doch ganz oder teilweise unbewußt. Da ihre Äußerungsformen nicht entwickelt und differenziert werden konnten, funktioniert sie auf einem urtümlichen Niveau. Das äußert sich etwa in einer wenig ausgebildeten Fähigkeit, erfüllbare Wünsche zu äußern. Wünsche werden eher angesammelt und dann als Vorwürfe gegen die Umwelt („Was habe ich nicht alles für euch getan - und so wird es mir gelohnt") ausgesprochen, wenn nicht noch indirektere Wunschäußerungen überwiegen." Charakteristisch ist „die ständige, bis zur Selbstschädigung gesteigerte Tätigkeit, hinter der ein unersättliches Bedürfnis nach Anerkennung steht. Zugleich ist die Abhängigkeit von äußerer Bestätigung sehr groß. Jede kleine Kritik wird als tief kränkend empfunden. Die rastlose Tätigkeit weist auf den Einfluß des Größen-Selbst hin. Nichts scheint unmöglich. Zugleich bläht diese Phantasie aber nicht nur die eigene Mächtigkeit, sondern auch das eigene Versagen zu grandiosen Dimensionen auf. Es kommt zu einem ständigen Schwanken zwischen Allmachts- und Ohnmachtsgefühlen, zwischen unrealistischen Größenvorstellungen und ebenso unrealistischen, übersteigerten Minderwertigkeitsgefühlen - negativen Größenphantasien. ... Kennzeichnend für das Helfer-Syndrom ist, daß der Betroffene die Regulation seines Selbstgefühls weniger an gegenseitige als an einseitige Beziehungen zu anderen Menschen knüpft. Da er oft schon als Kind nicht um seiner gegenwärtigen, persönlichen Gefühle und Eigenschaften willen geliebt wurde, sondern wegen der Verhaltensweisen, mit denen er sich an idealisierte Vorstellungen seiner Bezugspersonen anpaßte, glaubt er, nur für das, was er macht, geliebt zu werden, nicht für das, was er ist."[188]

Insgesamt identifiziert Schmidbauer vier Typen einer gestörten Helfer-Identität:

1. Das 'Opfer des Berufs', bei dem die berufliche Tätigkeit das Privatleben völlig auszehrt.
2. Der 'Spalter', der sich in seinen persönlichen Beziehungen ganz anders verhält als auf der beruflichen Ebene.
3. Der 'Perfektionist', der die Leistungsorientierung auch auf die Emotions- und Beziehungsebene überträgt.
4. Der 'Pirat', der die beruflichen Möglichkeiten, Beziehungen herzustellen und zu kontrollieren für seine privaten Belange nützt.[189]

Fischer, der das Phänomen des Burnout ebenfalls aus der Perspektive der psychoanalytischen Psychotherapie betrachtet, betont auch das Moment der narzißtischen Störung. Er konstatiert: „It became increasingly clear to me that these

---

[188] Vgl. Schmidbauer 1978, 15, 18, 20, 22f., 56, 57. Vgl. auch folgende weitere Veröffentlichungen Schmidbauers zur Thematik: Ders., 1981; 1982 und vor allem 1987, wo er eindrücklich die „Destruktivität von Idealen" analysiert.
[189] Schmidbauer 1983, 49.

people, who were working beyond reasonableness, common sense, and even concern for their own well-being and health, were desperately engaged in trying to ward off something that appeared to them even more terrifying. My analytic inquiry was regularly met with a hostile attitude that had the same hallmarks as reported in the burnout literature: sullenness, irritability, cynicism and denigration. It is the experience of psychoanalysis to consider that a hostile attitude may arise as a reaction to what Kohut (1977) terms a „narcissistic trauma" - that is a significant change in functioning attributable to a marked lowering of the individual's sense of self-esteem. And, in fact, an examination of the details of the changes in behavior in certain patients supports the conjecture that the burned out person is now behaving as though his sense of self-esteem were notably reduced."[190]

Intensiv hat sich auch Alice Miller mit dem Phänomen der narzißtischen Störung auseinander gesetzt.[191] Sie hat Ihre Grundanschauungen zur Thematik vor allem in der Auseinandersetzung mit Winnicott, Mahler und Kohut entwickelt. Sie betont:

1. „Es ist ein ureigenes Bedürfnis des Kindes, als das, was es jeweils ist, und als *Zentrum der eigenen Aktivität* gesehen, betrachtet und ernstgenommen zu werden." Die Erfüllung dieses Bedürfnisses ist zur Bildung eines gesundes Selbstgefühles unerläßlich.
2. „'Das was es jeweils ist', meint: *Gefühle, Empfindungen und ihren Ausdruck,* bereits beim Säugling."
3. „In einer Atmosphäre der *Achtung und Toleranz für die Gefühle des Kindes* kann das Kind in der Trennungsphase die Symbiose mit der Mutter aufgeben und die Schritte zur Individuation und Autonomie vollziehen.
4. Damit diese Voraussetzungen des gesunden Narzißmus möglich wären, müßten die Eltern dieser Kinder ebenfalls in einem solchen Klima aufgewachsen sein,
5. Eltern, die dieses Klima als Kinder nicht bekommen haben, sind narzißtisch *bedürftig,* d.h. sie suchen ihr ganzes Leben, was ihnen ihre eigenen Eltern zur *rechten Zeit* nicht geben konnten: ein Wesen, das ganz auf sie eingeht, sie ganz versteht und ernstnimmt, das sie bewundert und ihnen folgt.
6. Dieses Suchen kann natürlich nicht voll gelingen, denn es bezieht sich auf *eine unwiderruflich vergangene Situation,* nämlich die erste Zeit der Selbstformung.

---

[190] Fischer Harvey J., A Psychoanalytic View of Burnout, in: Farber 1985, 40-45, 42.
[191] Vgl. Miller 1979. Zur psychoanalytischen Grundlegung vgl. das Standardwerk von Kohut 1976. „Nach H. Kohut besetzen wir ein Objekt narzißtisch, wenn wir es nicht als Zentrum seiner eigenen Aktivitäten erleben, sondern als Teil von uns selbst." (Miller 1979, 58). In diesem Zusammenhang vgl. auch Winnicott 1974, 182-199.

7. Aber ein Mensch mit einem ungestillten und *unbewußten* - weil abgewehrten *Bedürfnis* ist einem *Zwang* unterworfen, das Bedürfnis doch noch auf Ersatzwegen befriedigen zu wollen.
8. Am meisten eignen sich dazu die *eigenen Kinder*. ..." Das heißt, emotional unsichere Eltern (vor allem Mütter) veranlassen ihre Kinder unbewußt auf ihre narzißtischen Bedürfnisse zu reagieren. Solche Kinder werden später selbst wieder zu „Müttern" etc. (z. B. Psychoanalytikerinnen, Lehrerinnen etc. vereinfacht schlicht Helferinnen).[192]

Die „narzißtische Störung" nun, die Miller so bildstark als „'Isolierhaft' des wahren Selbst im Gefängnis des falschen" bezeichnet, ensteht in der Anpassungsphase des Säuglings.[193] Eine schwerwiegende Folge übersteigerter Anpassung ist häufig die Unfähigkeit, bestimmte starke Gefühle, wie etwa Eifersucht, Neid, Zorn, Verlassenheit, Ohnmacht, Angst in der Kindheit - und erst recht später im Erwachsenenalter - bewußt zu erleben. „Es ist eine ganze Kunst entwickelt worden, Gefühle nicht erleben zu müssen, denn ein Kind kann diese nur erleben, wenn eine Person da ist, die es mit diesen Gefühlen annimmt, versteht und begleitet. Wenn das fehlt, wenn das Kind riskieren muß, die Liebe der Mutter oder der Ersatzperson zu verlieren, kann es die natürlichsten Gefühlsreaktionen nicht 'für sich allein' insgeheim erleben; es erlebt sie nicht." Freilich besteht für diesen Menschen in seinem ganzen späteren Leben das untergründige Bedürfnis, in irgend einer Weise doch diese Empfindungen spüren und leben zu können. Und so werden von ihm immer wieder „unbewußt Situationen inszeniert, in denen diese damals nur im Ansatz vorhandenen Gefühle aufleben können, aber ohne daß der ursprüngliche Zusammenhang verständlich wird."[194]

Die generationsübergreifende Kraft einer derartigen seelischen Konstellation leuchtet ein, wenn Miller weiter ausführt: „Jeder Mensch hat wohl in sich eine mehr oder weniger vor sich selbst verborgene Kammer, in der sich die Requisiten seines Kindheitsdramas befinden. ... Die einzigen Menschen, die mit Sicherheit Zutritt zu dieser Kammer bekommen werden, sind seine Kinder. Mit den eigenen Kindern kommt neues Leben in die Kammer, das Drama erfährt seine Fortsetzung."[195] Sie verdeutlicht das Gemeinte mit einem Bild von Winnicott: „Die Mutter schaut das Baby an, das sie im Arm hält, das Baby schaut in das Antlitz der Mutter und findet sich selbst darin - vorausgesetzt, daß die Mutter wirklich das kleine einmalige, hilflose Wesen anschaut und nicht ihre *eigenen* Introjekte, auch nicht *ihre* Erwartungen, Ängste, Pläne, die sie für das Kind schmiedet, auf das Kind projiziert. Im letzteren Fall findet das Kind im Antlitz der Mutter nicht sich selbst, sondern die Not der Mutter. Es selbst bleibt ohne

---

[192] Miller 1979, 21ff. Titel des Aufsatzes: „Das Drama des begabten Kindes und die narzißtische Störung des Psychoanalytikers" (S. 15-53).
[193] Miller 1979, 11.
[194] Vgl. Miller 1979, 1, 25, 26.
[195] Ebd. 48.

Spiegel und wird in seinem ganzen späteren Leben vergeblich diesen Spiegel suchen."[196] Ein Kind hat Glück, wenn seine Mutter sich narzißtisch besetzen läßt und zu seinem Spiegel wird, sich also für die narzißtische Entwicklung des Kindes in Dienst nehmen läßt. Wenn das Kind aber Pech hat, wird die Mutter es umgekehrt selbst narzißtisch besetzen. „Das Kind entwickelt dann etwas, das die Mutter braucht und das ihm im Moment zwar das Leben (die Liebe der Mutter oder des Vaters) rettet, aber es evtl. lebenslänglich daran hindert, es selbst zu sein. In einem solchen Fall können die zum Alter des Kindes gehörenden natürlichen narzißtischen Bedürfnisse, wie ich sie oben geschildert habe, nicht als Teil der sich bildenden Persönlichkeit integriert werden, sondern werden abgespalten, teilweise verdrängt und behalten ihre archaische Form, wodurch ihre spätere Integration noch zusätzlich erschwert wird. ... Das narzißtisch besetzte Kind hat die Chancen, seine intellektuellen Funktionen ungestört zu entwickeln, nicht aber seine Gefühlswelt, und das hat schwerwiegende Konsequenzen für sein Wohlbefinden."[197]

In ihrer zweiten großen Studie konzentriert sich Miller auf die beiden klassischen Ausdrucksformen der narzißtischen Störung (wobei die eine in der Regel als Kehrseite der anderen zu sehen ist): *Grandiosität* und *Depression*.[198] Hat schon der Säugling die Liebe der Mutter mit besonderem Wohlverhalten zu erringen versucht, also durch Unterdrückung vermeintlich abgelehnter und durch Verstärkung als gewünscht angenommener Impulse, so zwingen später auch den Erwachsenen die ehedem von ihm nicht angenommenen gefühlsmäßigen Anteile des Kindes in ihm, sich die Zuneigung der Umwelt durch besondere Leistungen zu verdienen. Dabei wird der Normalbürger vom Grandiosen im Grunde beneidet, „weil er sich nicht ununterbrochen anstrengen muß, die Bewunderung zu verdienen, weil er nichts tun muß, um so oder so zu wirken, sondern in Ruhe sich erlauben kann 'durchschnittlich' zu sein". So agiert sich im Streben nach Grandiosität und Perfektion das „Drama des begabten Kindes" aus - das im Grunde eine Tragödie ist, denn bei „manifester Grandiosität lauert ständig die Depression und hinter der depressiven Verstimmung verbergen sich oft unbewußte oder zwar bewußte, aber abgespaltene Größenphantasien. Eigentlich ist die Grandiosität die Abwehr gegen die Depression und die Depression die Abwehr des tiefen Schmerzes über den Selbstverlust." [199] Eine in diesem Zusammenhang häufiger vorkommende Konstellation besteht darin, daß sich ein „Grandioser" einen depressiven Ehepartner wählt - und damit die Depression (vermeintlich) nach außen verlagert. Aber beide, der Grandiose und der Depressive, sind eingeschlossen in ein inneres Gefängnis. „Der Grandiose wie der De-

---

[196] Ebd., 59f.
[197] Ebd., 63; 67f.
[198] „Depression und Grandiosität als wesensverwandte Formen der narzißtischen Störung", in: Miller 1979, 55-103.
[199] Ebd., 71f.; 68.

pressive müssen *zwanghaft* die Erwartungen der introjizierten Mutter erfüllen; während aber der Grandiose das gelungene Kind der Mutter ist, wird sich der Depressive vielmehr als Versager erleben."[200]

Millers Ausführungen haben in der psychoanalytischen Fachwelt viel Beachtung gefunden. In der Burnout-Forschung dagegen fehlt erstaunlicherweise bis heute eine entsprechende Resonanz, jedenfalls wird die Autorin in den einschlägigen Veröffentlichungen nicht erwähnt. Das verwundert um so mehr, als gerade ihre Überlegungen ein sehr einleuchtendes Verstehensmodell für die tiefenpsychologische Dynamik der Helferpersönlichkeit und der helfenden Beziehung bieten.

Daß es Personen mit entsprechender seelischer Konstitution bzw. narzißtischer Problematik häufig auch in pastorale Berufe drängt, ist nachvollziehbar. Gerade die Tätigkeit in unmittelbarer Nähe zum „Allmächtigen" und im innersten Bereich des „Allerheiligsten" bietet vielfältige Gelegenheit zum insgeheimen Ausagieren eigener Größenphantasien.[201]

1. 3. 2. 3. Verborgene Lebenskripts und Arbeitsauffassungen

Zweifellos haben auch die mehr oder weniger unbewußten Hintergrundannahmen eines Menschen über sein Leben und die darin von ihm zu bewältigenden Aufgaben einen Einfluß auf seine Burnoutanfälligkeit oder -resistenz. Personen mit einer rigiden Über-Ich-Struktur bzw. transaktionsanalytisch ausgedrückt: einem Lebensgefühl, das geprägt wird von der geheimen Grundauffassung „Ich bin nicht o.k." sind in ihrer Innenwelt von vornherein größerem emotionalen Stresserleben ausgesetzt, dessen Intensität sich bei beruflichen Mißerfolgen oder unbefriedigenden Arbeitsbedingungen weiter erhöht.

Neben solchen globalen Hintergrundüberzeugungen, die u. U. als verborgenes „Lebenskript" die Handlungs- und Ereignisabfolgen der Existenz determinieren, gibt es auch speziellere, die auf die jeweilige Berufstätigkeit bezogen sind. In Anlehnung an Cherniss könnte man hier auch von individuellen berufsbezogenen „Mythen" oder „Verklärungen" („mystique") sprechen. Forney et al. zählen sieben solcher typischen Glaubenssätze auf, denen sie bei ihrer Befragung von 24 Berufsberatern begegnet sind: „Meine Arbeit ist mein Leben. - In meinem Beruf muß ich uneingeschränkt kompetent und in der Lage sein, jedermann zu helfen. Ich muß meine Arbeit stets in Topform und mit Begeisterung tun. - Um meine Arbeit leisten zu können und für mein eigenes Selbstgefühl ist es erforderlich, daß ich von allen gemocht und geachtet werde, mit denen ich arbeite. - Alle, mit denen ich es zu tun habe, sind von Natur aus widerborstig und schwierig; sie sollten anders sein. - Jede Form negativer Rückmeldung zeigt an, daß ich

---

[200] Ebd., 78f.

[201] Mit der Psychodynamik von Allmachtsphantasien und ihren Auswirkungen auf das individuelle und gesellschaftliche Leben hat sich, immer noch lesenswert, Horst-Eberhard Richter in seiner Studie über den „Gotteskomplex" auseinandergesetzt. Vgl. Richter 1979.

irgend etwas falsch mache. - Wegen meiner und anderer Fehler und Mißerfolge werden die Dinge nicht so laufen, wie sie müssen."[202] Eine weitere dieser insgeheimen Hintergrundannahmen ist die gerade in den Sozialberufen nicht selten anzutreffende Vorstellung, daß die Arbeit der „Selbstverwirklichung" diene. Wenn es aber in der Arbeit dann nicht so „läuft", wie es soll, ist schnell die Integrität des Selbst in Gefahr.

Überhaupt ist hier an den enormen Stellenwert zu erinnern, den die Berufsarbeit gegenwärtig im Bewußtsein der Menschen einnimmt. Ihre Bedeutung für den Gesamtlebensentwurf und das Identitätsgefühl ist inzwischen derart gestiegen, daß Arbeitslosigkeit - auch unabhängig von ihrer fraglos verheerenden finanziellen Auswirkung - als die Lebenskatastrophe schlechthin gewertet wird und viele Menschen auch den Übergang ins Rentenalter nicht verkraften. Wer dagegen „bis über beide Ohren in der Arbeit steckt" oder gar „arbeitet bis zum Umfallen", wird zwar manchmal etwas belächelt, kann sich aber zugleich der Sympathien und der Bewunderung vieler gewiß sein. Nicht von ungefähr hat in den letzten Jahren das Wort vom „Workaholic" eine gewisse Popularität erlangt, ein Begriff, der 1971 von dem Priester und Religionspsychologen Wayne E. Oates in seinem Buch „Confessions of a Workaholic" geprägt wurde."[203] Sicher hat Charles Rassieur nicht ganz unrecht, wenn er betont „The workaholics are the saints of the twentieth century."[204] Wer aber tatsächlich „in der Arbeit sein Leben" sieht, steht in Gefahr, mit dieser auch jenes zu verlieren.

Einen schlüssigen Ansatz vertreten in diesem Zusammenhang Schaarschmidt und Fischer, die sich bei ihrer Konzeption an der kognitiv-transaktionalen Stresstheorie von Lazarus und dem Salutogenese-Konzept Antonovskys orientieren. Sie gehen aus von der Existenz „relativ stabile(r) Muster des Verhaltens und Erlebens... , die den persönlichen Stil der Auseinandersetzung mit dem Beruf kennzeichnen" und die sie als „berufliche Bewältigungsmuster" bezeichnen. Von diesen Bewältigungsmustern hängt ab, wie das Individuum berufliche Belastungen verarbeitet. Gegenüber der traditionellen Belastungsforschung, die vor allem auf belastende Arbeitsfaktoren fokussiert, trägt ihr Ansatz der Tatsache Rechnung, daß „Menschen nicht einfach Opfer ihrer Belastungen sind, sondern daß sie durch ihre individuellen Verhaltens- und Erlebensweisen, durch das Einbringen der persönlichen Ressourcen die eigenen Beanspruchungsverhältnisse mitgestalten".[205] Den entscheidenden Vorteil ihrer Konzeption sehen sie im Hinblick auf Interventionsmöglichkeiten, bevor es zu psychischen und psychosomatischen Beeinträchtigungen kommt. „Die Risiken lassen sich schon im Vorfeld, eben über Auffälligkeiten und Warnsignale in den Mustern, erkennen."[206]

---

[202] Vgl. Forney et al. 1982, hier zitiert nach Burisch 1989,110.
[203] Vgl. Oates 1971.
[204] Rassieur 1984, 35.
[205] Schaarschmidt / Fischer 2000, 9. Zu Antonovsky siehe unten.
[206] Ebd., 10.

Zur Identifizierung dieser berufsspezischen Bewältigungsmuster entwickelten sie einen eigenen Fragebogen (AVEM - „Arbeitsbezogenes Verhaltens- und Erlebensmuster), der drei elementare Seiten des beruflichen Verhaltens und Erlebens mißt: Engagement, Widerstandskraft und Emotionen. Zu den abgefragten Merkmalen in den drei Sparten gehören:

Berufliches Engagement: - subjektive Bedeutsamkeit der Arbeit; - beruflicher Ehrgeiz; - Verausgabungsbereitschaft; - Perfektionsstreben; - Distanzierungsfähigkeit.

Widerstandskraft gegenüber Belastungen: - Resignationstoleranz bei Mißerfolg; - Offensive Problembewältigung; - Innere Ruhe und Ausgeglichenheit.

Berufsbegleitende Emotionen: - Erfolgserleben im Beruf; - Lebenszufriedenheit; - Erleben sozialer Unterstützung.[207]

Die Autoren identifizieren ingesamt vier typische Bewältigungsmuster: „Gesundheit"; „Schonung"; „Risiko A" und „Risiko B". Personen, die dem „Gesundheitsmuster" zuzuordnen sind, praktizieren eine gesundheitsförderliche Bewältigung ihrer beruflichen Anforderungen. Bei Dominanz des „Schonungsmusters" verstehen es die Betreffenden, ihren Berufsstress gut abzupuffern und die Arbeit nicht zu nah an sich heranzulassen. Kritisch sind unter arbeitsmedizinischen Gesichtspunkten die beiden Risikomuster zu beurteilen. Dem ersten sind vor allem stark pflicht- aber auch karriere- und konkurrenzorientierte Persönlichkeiten zuzuordnen, die sich beruflich oft bis an die Grenzen ihrer Leistungsfähigkeit fordern. Sie entsprechen in etwa den infarktgefährdeten „Typ-A"-Charakteren, wie sie Friedman und Rosenman in ihrer klassischen Studie beschrieben haben.[208] In den Bereich des zweiten Risikomusters gehören Personen, die wenig leisten, aber stark unter den formalen und seelischen Belastungen ihrer Berufstätigkeit leiden. Dies ist letztlich jener Personenkreis, der in der Burnoutliteratur als extrem burnoutgefährdet geschildert wird. Die Autoren halten fest: „Für dieses Muster sind geringe Ausprägungen in den Dimensionen des Arbeitsengagements bei zugleich eingeschränkter Distanzierungsfähigkeit ... , stark herabgesetzte Widerstandskraft und massive emotionale Beeinträchtigungen kennzeichnend."[209] Gemeinsam ist den beiden Risikomustern das Überforderungserleben, das sich jedoch in seiner Qualität stark unterscheidet. „Bei Muster A handelt es sich um Selbstüberforderung durch übersteigertes Engagement, die bei allem Belastungserleben auch noch Aspekte positiver Emotionen den Berufs- und generellen Le-

---

[207] Vgl. ebd., 15 und 15 ff. Vgl. auch den „Selbstcheck" mit dem AVEM auf S. 31 und die „Zusammenfassende Musterbeschreibung auf den S. 50 ff., insbesondere auf S. 56f. die Tabellen 4-6: „Gemeinsamkeiten der Risikomuster und darauf abgestimmte übergreifende (und spezifische) Maßnahmen der Intervention". Vgl. auch die „Schlußbetrachtung" der Autoren, in der sie in acht Punkten noch einmal den „Nutzen der Bewältigungsmuster" darlegen, auf S. 169 f.

[208] Friedman & Rosenman 1974. Vgl, auch die Differenzierung von Schaarschmidt und Fischer 2000, 23.

[209] Ebd., 53.

bensforderungen gegenüber erkennen läßt und sich in offensiver Problemauseinandersetzung niederschlägt. Für Muster B lassen sich solch positive Elemente nicht mehr finden. Hier liegen durchgehend negative Emotionen vor und die Begegnung mit den alltäglichen Anforderungen ist durch eine passive, resignativ-leidende Haltung geprägt. Die Gegenüberstellung macht zugleich deutlich, daß die Herangehensweise an die personenbezogene Intervention unterschiedlich sein muß: Während in Falle des Musters A sehr viel mehr mit der Fähigkeit und Bereitschaft gerechnet werden kann, die erforderlichen Veränderungen in der Arbeits- und Lebenssituation selbst herbeizuführen, ist bei Muster B in weitaus größerem Maße die Hilfe von außen gefordert. Hier muß es zunächst darum gehen, den Willen und die Kraft zur aktiven Selbstgestaltung in Gang zu setzen und zu stärken."[210]

1. 3. 2. 4. Lebenssituation

Auch die jeweilige persönliche Lebenssituation der Menschen hat Auswirkungen auf ihre mögliche Burnoutanfälligkeit. Hier spielt natürlich wieder eine Vielzahl verschiedener Faktoren zusammen. Die Wohnverhältnisse ebenso wie der Familienstand und das familiäre Klima, die leib-seelische Gesundheit, die Zahl bzw. Intensität von befriedigenden außerfamiliären Beziehungen, Hobbies usf. Grundsätzlich gilt: Je harmonischer und befriedigender das Privatleben und die häuslichen Verhältnisse, desto höher sind die Widerstandskräfte des Individuums gegen Stress am Arbeitsplatz. Dagegen wird jemand, der schon zu Hause viel Stress hat - wegen Eheproblemen zum Beispiel oder einer schweren Krankheit des Partners oder der Drogenabhängigkeit eines Kindes - nur über reduzierte Ressourcen zur Bewältigung von zusätzlichem beruflichen Stress verfügen.

Pines und Kafry gehen übrigens davon aus, daß „Menschen in helfenden Berufen, die an ihren Arbeitsstätten wohnen, ... im allgemeinen innerhalb von ein bis zwei Jahren ausbrennen."[211] Diese Beobachtung macht vor allem im Hinblick auf die berufliche Situation von GemeindepfarrerInnen betroffen, die in der Regel ja nach wie vor im Pfarrhaus, d.h. an ihrem Arbeitsplatz auch wohnen müssen.

1. 3. 2. 5. Lebensalter

Eine Verbindung zwischen Lebensalter und Burnoutresistenz läßt sich ebenfalls aufzeigen. Interessanterweise zeigen Untersuchungen, daß jüngere Menschen häufiger und intensiver ein Burnoutsyndrom entwickeln als Ältere - eine Tatsache, die man wegen der höheren Kraftreserven jüngerer Menschen eher nicht

---

[210] Ebd., 55. - Vgl. ebd. 59ff. die Analyse der Verteilung der einzelnen Bewältigungsmuster bei den Berufsgruppen der LehrerInnen, Krankenschwestern und -Pflegern, ExistenzgründerInnen und Mitarbeitern der Berufsfeuerwehr (im Vergleich in Berlin und Wien). Vgl. vor allem auch Teil 3 der Studie: „Die Bewältigungsmuster in zusammenfassender Betrachtung", S. 143 ff.

[211] Pines et al. 1987, 33.

erwarten würde. Maslach hält fest: „Burnout is greatest when people workers are young and is lower for older workers. - ...and for many social services agencies the critical period for burnout was between one and five years on the job."[212]

Auch Chiaramonte stieß bei seiner Untersuchung über den Burnout bei Priestern auf dieses Phänomen: „In short, this study found that when age and intensity were considered, younger clergy experienced stronger, more intense feelings of emotional exhaustion than older clergy. Priests ordained from 1972 to 1982 experienced more intense feelings of emotional exhaustion than clergy ordained before 1949."[213]

Offensichtlich besteht auch ein gewisser Zusammenhang zwischen den allgemeinen Übergangskrisen im Lebensprozess und der Burnoutdisposition. Farber erklärt hierzu: „Theorists such as Erikson (1963, 1968), Levinson (1978), and Vaillant (1977) have all proposed models of adult development that include normative-crisis periods. These periods occur between each stage of adult development and may involve significant reevaluation of one's personal or professional life. As such, these periods may dramatically affect an individual's self-esteem, marital relationship, or faith and investment in work. Though „normative", these transitional periods are nonetheless stressful, and leave an individual with less capacity to cope successfully with other daily stresses. Thus, individuals who are undergoing significant changes in their lives may be particularly vulnerable to burnout."[214]

1. 3. 2. 6. Familienstand

Auch der Familienstand ist ein Faktor im Zusammenhang mit Burnout. Allerdings läßt sich nicht sagen, daß Ehe und Elternschaft das Risiko des Ausbrennens generell verringern. Unter Umständen können sie auch als Verstärker dienen. Es kommt stark auf die Qualität der gelebten Beziehungen an. Grundsätzlich jedoch, so hat Maslach herausgefunden, und das ist ja auch nachvollziehbar, ist es für Alleinlebende schwerer, mit ernsten beruflichen Belastungen fertig zu werden. „Burnout has a consistent relationship with marital status. People workers who are single experience the most burnout, while those who are married experience the least.... Just as being unmarried is associated with a greater risk of burnout, so is being childless."[215]

Daß gute Beziehungen wie „Wurzeln und Flügel" sind, hat natürlich nicht erst Pines erkannt, die in ihrem Buch die Ursachen und Auswirkungen von Burnout in Partnerschaft und Liebe untersucht.[216] Eine gute Ehe „kann Burnout im Beruf verhindern" stellt sie dort fest und hebt einen interessanten Aspekt hervor: „Die

---

[212] Maslach 1982 (a), 59f.
[213] Chiaramonte 1983, Abstract iii f.
[214] Faber, in: Farber 1985, 4f.
[215] Maslach 1982 (a), 60.
[216] Pines 1989, 82

Untersuchungsergebnisse beim Vergleich von Burnout in Beruf und Ehe zeigen, daß Burnout insgesamt mehr zu Eheproblemen als zu Arbeitsstress in Beziehung stand. Offenbar wird die Gesamtqualität des Lebens beim Menschen mehr von der Qualität der Ehe beinflußt als von der Qualität der Arbeit." Sie erklärt dazu: „Die Ähnlichkeit zwischen Burnout in Beruf und Ehe ist auch weniger überraschend, wenn man bedenkt, daß diese beiden Bereiche den größten Raum im Leben des Einzelnen in unserer Gesellschaft abdecken und zudem die beiden Hauptwege sind, eine Bedeutung im Leben zu finden. ... In der Tat erfahren Menschen Burnout im Beruf wie Burnout in der Ehe als einen Zustand körperlicher, emotionaler und geistiger Erschöpfung, die durch eine lange Verwicklung in emotional anspruchsvolle Situationen verursacht wird. Menschen fühlen sich im Beruf aus denselben Gründen ausgebrannt wie in der Ehe: Ihre Erfahrung paßt nicht zu ihrem Ideal."[217]

1. 3. 2. 7. Ethnische Zugehörigkeit

Maslach hat sich auch mit der Frage des „ethnic background" bei der Entstehung und dem Verlauf des Burnoutsyndroms befaßt. Als Amerikanerin konzentrierte sie sich dabei naheliegenderweise vor allem auf mögliche Unterschiede zwischen Farbigen und Weißen. In der Tat, es gibt sie und sie sind beträchtlich. „In contrast, there are dramatic differences in burnout between black and white helping professionals. Compared to whites, blacks do not burn out as much. They experience much less emotional exhaustion and much less depersonalization. This is true for both the frequency and the intensity of these feelings." Interessant ist auch die Schlußfolgerung, die Maslach aus ihren Beobachtung zieht: „Why should blacks function better in the same jobs that lead whites to burn out? One possibility is that they come from communities in which there is a greater emphasis on family and friendship networks and on direct, one-on-one relationships with people. 'Rapping' with each other involves emotional expression, confrontation, personal feedback, and resolutions of conflicts; there is also more assertiveness and spontaneity."[218]

1. 3. 2. 8. Geschlechtszugehörigkeit

Ob Männer burnoutgefährdeter sind als Frauen, ist in der Forschung nach wie vor umstritten. Einige betonen, daß Überdruss und Ausbrennen bei Frauen wegen der Rollenkonflikte häufiger auftreten als bei Männern. Eine Frau, die eine berufliche Karriere wählt, ist immer noch in einer Doppelbindung. Es ist die altvertraute Falle: „Wenn sie die Karriere wählt, wird sie, vor allem von Männern, als weniger weiblich, liebenswert und begehrenswert gesehen. Wählt sie aber die Familie, erscheint sie weniger kompetent."[219]

---

[217] Ebd., 123 f.; 126
[218] Maslach 1982 (a), 59.
[219] Pines et al. 1987, 110.

Maslach stellt fest: „Overall, men and women are fairly similar in their experience of burnout. ... Women tend to experience more emotional exhaustion, and to experience it more intensely, than men. However, men are more likely to have depersonalized and callous feelings about the people they work with."[220]

Ausführlich hat sich Pines mit der Frage einer möglicherweise geringeren Burnoutresistenz bei Frauen befaßt. Sie konstatiert: „Untersuchungen von geschlechtlichen Unterschieden bei Burnout im Beruf zeigen, daß Frauen von höheren Burnout-Werten bei der Arbeit berichten als Männer. ... Der offensichtliche Grund für höhere Burnout-Werte bei Frauen ist das verhältnismäßige Fehlen von Belohnungen bei ihrer Arbeit (schlechtere Bezahlung, schlechtere Arbeitsbedingungen usw.) und das Vorherrschen von Stress im Vergleich zu Männern. Frauen hatten das Gefühl, daß sie weniger Freiheit, weniger Autonomie und weniger Einfluß bei ihrer Arbeit hatten sowie weniger Abwechslung, weniger Herausforderung und ein weniger positives Arbeitsumfeld. ... Überdies zeigen Studien, daß Frauen unter Diskriminierung und Belästigung in von Männern beherrschten Berufen leiden. Es ist daher nicht verwunderlich, daß sie von höheren Werten bei Burnout berichten. Für viele Frauen war der belastendste Aspekt im Beruf die ständigen Ansprüche der Menschen um sie herum - zu Hause und im Beruf -, wodurch sie sich aufgerieben und überfordert fühlten. Die Versuche der Frauen, all diesen Ansprüchen gerecht zu werden, führten zu Gefühlen von Überlastung, Zerrissenheit und Konflikten. ... Die Arbeit in diesen sozialen Berufen birgt für Frauen ein hohes Risiko von Burnout in Beruf und Ehe. Der Grund dafür liegt in drei grundlegenden Zügen, die den meisten dieses Berufe gemeinsam sind, Züge, die auch für die Ehe typisch sind. (1) Sie sind emotional belastend; die emotionalen Forderungen im Beruf ähneln oft den Forderungen von Elternschaft oder Ehe; (2) die Berufsausübenden haben bestimmte Persönlichkeitszüge gemeinsam, die dazu führen, daß sie einen Beruf, der mit Menschen zu tun hat, gewählt haben, und aufgrund derer sie die Ehe als wichtigste Beziehung in ihrem Leben sehen; (3) die Berufe haben einen 'klientenorientierten' Bezug, dem das Eltern-Kind-Modell zugrunde liegt. Jeder dieser Züge ist eine Hauptursache für Burnout. Wenn sie kombiniert auftreten, werden die einzelnen Wirkungen multipliziert."[221]

Fengler konstatiert in diesem Zusammenhang lapidar: Zwischen Männern und Frauen gibt es keine Unterschiede in der Häufigkeit des Ausbrennens ... aber Frauen finden eher soziale Unterstützung, wenn sie vom Ausbrennen betroffen sind."[222]

---

[220] Maslach 1982 (a), 58.
[221] Pines 1989, 141ff. - Zur Thematik vgl. auch Freudenberger/North 1993.
[222] Fengler 1991, 108.

1. 3. 3. Zur psychodynamischen Struktur der helfenden Beziehung

Es sind jedoch nicht nur typische Charaktereigenschaften der Helferpersönlichkeit, die einen Einfluß auf die Burnout-Entstehung haben, sondern auch bestimmte Muster in der psychodynamischen Struktur der helfenden Beziehung. Zunächst einmal ist Fengler zuzustimmen, der festhält: „Helfer und Klienten haben gegenseitige Rollenerwartungen aneinander und machen sich wechselseitig auch Rollenangebote." So inszenieren zum Beispiel viele Klienten „das sog. Drama-Dreieck 'Opfer-Retter-Verfolger', d.h. der Klient bietet sich selbst als Opfer an und lädt den Helfer ein, ihn entweder aus dem positiv-kritischen Eltern-Ich heraus zu retten oder ihn aus dem negativ-kritischen Eltern-Ich heraus zu verfolgen."[223] Diese Wechselbeziehung läuft häufig auf einer unterschwelligen, unausgesprochenen Ebene. In der Tat ist es oft so, daß verborgene Strebungen in der Psyche des Schützlings mit den entsprechenden Anteilen des Helfers korrespondieren und beide in eine gemeinsame „Kollusion" verstricken, d.h. eine „gemeinsame Illusion, ein uneingestandenes, voreinander vertuschtes Zusammenspielen". Die Kohäsionskräfte dieser Kollusion rühren daher, „daß beide Seiten einen gleichartigen, unbewältigten Grundkonflikt aufweisen, der in verschiedenen Rollen ausgetragen wird. Dadurch kann der Eindruck entstehen, der eine Partner sei geradezu das Gegenteil des anderen. Kollusionen sind häufig auch Ausdruck gesellschaftlich vorgegebener Konfliktmuster." Aber: „Die Helfer-Schützling-Kollusion ist dadurch vom Zusammenbruch bedroht, daß sich beide Tendenzen in einem Teufelskreis verstärken, bis der Helfer in seiner 'Stärke' ebenso überfordert ist wie der Schützling in seiner 'Schwäche'."[224]

Auf einen anderen Zusammenhang mit nicht zu unterschätzenden Auswirkungen auf die Helfer-Klienten-Beziehung weist Maslach hin: Da die Helfer andauernd und hautpsächlich mit Problemen, negativen Einstellungen und schwierigen Verhaltensweisen der Klienten zu tun haben, ist es nicht verwunderlich, daß sie allmählich die ganze Person ihres Gegenübers durch eine negativ gefärbte Brille wahrnehmen und eine pessimistische oder gar zynische Sicht der menschlichen Natur entwickeln - die im Gegenzug wiederum ihre Arbeit und ihre Einstellung zu den Klienten beeinflußt.[225]

---

[223] Fengler 1991, 78. 79.
[224] Vgl. Schmidbauer 1978,110, 111, 117. Der Begriff der „Kollusion" wurde geprägt vom Paartherapeuten Jürg Willi,, vgl. Willi 1978a u. 1978b.
[225] Maslach, in: Jones 1982, 46.

1. 3. 4. Gesellschaftliche Faktoren

Insgesamt haben sich gerade im Bereich der Erwerbstätigkeit in den letzten Jahrzehnten große Umwälzungen und Veränderungen vollzogen, die nicht ohne Auswirkungen auf die Burnoutresistenz und Stresstoleranz der Beschäftigten geblieben sind. Um nur einige zu nennen:
- der schleichende Verlust beruflicher Identitäten, verursacht durch die zunehmende Diffusität beruflicher Konturen („jeder macht alles") und die fortschreitende Ablösung der homogenen, lebenslangen Berufsbiographie durch ein Patchwork verschiedenster Tätigkeiten (und der von ihnen erforderten Fertigkeiten);
- die in nahezu allen Arbeitsbereichen überhand nehmende Innovations- und Informationsflut, die zu permanenter Fexibilität und Lernbereitschaft nötigt;
- das sich durch den wirtschaftlichen Konkurrenzdruck und die dadurch steigenden Sparzwänge in immer mehr Branchen verschlechternde Lohn-/Leistungsverhältnis. Es läßt sich auf die knappe Formel bringen: Mehr Leistung in weniger Zeit für den gleichen oder manchmal sogar für weniger Lohn (z. B. durch Stellenabbau in Krankenhäusern; Vergrößerung von Schulklassen etc.)
- die fortschreitende Tendenz zur Automatisierung und Rationalisierung von Arbeitsabläufen (Roboter ersetzen Menschen, menschliche Rhythmen werden „Maschinenlaufzeiten" angepaßt);
- die permanente Drohung plötzlicher Arbeitslosigkeit mit ihrer Auswirkung auf das Leistungs- und Kokurrenzverhalten.

Fraglos spielen in die Burnout-Problematik aber auch noch größere Zusammenhänge hinein als die der beruflichen Situation. Zu Recht hält Farber fest: „Burnout is most often viewed in the context of the relationship between the individual and his or her work environment. But the kind of systematic frustration and disenchantment that many workers, both professional and nonprofessional, report with the reference to their jobs suggests that burnout may also be a symptom of broader social concerns."[226] Eine Vermutung, die von vielen Forschern geteilt wird. Paine sieht die rasche Verbreitung von Burnout „as a direct, and indirect, result of recent changes in Western society." Solche einschneidenden Veränderungen sind für ihn beispielsweise: „The general breakdown of support groups, including the familiy; increasing social complexity; future shock; the changing expectations typified by the women's movement; and the loss of confidence in social and other institutions all contribute to burnout." Und, so folgert er: „The present 'shift to the right' will exacerbate many of these stresses as professionals attempt to continue to do their work in an environment of decreasing resources and increasing confusion due to ambiguous messages from different

---

[226] Farber, in: Farber Barry A., Stress and Burnout in the Human Service Professions, New York 1985, 7.

sources regarding continuing funding and desired program directions."²²⁷ Farber verweist auf die kultursoziologischen Arbeiten Christopher Laschs, der den Industrieländern schon Ende der siebziger Jahre attestiert hatte, eine „Kultur des Narzißmus" herausgebildet zu haben. „Our culture", konstatiert er, „according to Lasch, has been influenced by gradual changes in the structure of society: a shifting emphasis from production of commodities to consumption; the growth of large organizations and bureaucracies; the increasingly transient, unrewarding, and even combative nature of social relationships. The effects of these changes on individuals, notes Lasch, are best expressed in psychological rather than economic terms. Our present culture fosters the development of narcissistic, self-absorbed, manipulative individuals who demand immediate gratification but who live „in a state of restless, perpetually unsatisfied desire" ... The narcissist fears dependence, has difficulty in forming deep, personal attachments, experiences a sense of inner emptiness and isolation, and has a deep reservoir of repressed rage. Withdrawal, despair, anger, the ethic of self-preservation, and the „trappings" of success are thus common elements of both narcissistic and the burned out individual. Indeed, Lasch suggests that „narcissism appears realistically to represent the best way of coping with the tensions and anxieties of modern life" ... Burnout, then, in Lasch's view, might constitute a particularly explicit articulation of pervasive social patterns."²²⁸

So beindruckend Laschs Kulturanalysen auch sein mögen, seine Wortprägung vom „Zeitalter des Narzißmus" hat sich nicht durchgesetzt. Stattdessen hat sich ein anderer Begriff zur Charakterisierung gegenwärtiger Trends eingebürgert: „Postmoderne".²²⁹ Für welche Etikettierung man sich auch entscheiden mag, feststeht jedenfalls: Im Augenblick haben die zentrifugalen Tendenzen und Energien der Moderne eine Kraft erreicht, die ausreicht, das Gesicht von Kultur und Gesellschaft nachhaltig zu verändern und das Lebens- und Identitätsgefühl der Menschen entscheidend zu prägen. Auch hier seien nur einige Kennzeichen genannt. So ist unter anderem charakteristisch für die Gegenwart:

- die Erfahrung (auch das Erleiden) der bereits sprichwörtlich gewordenen „postmodernen Beliebigkeit". „Anything goes!" - dieser Ausruf des Philosophen Paul Feyerabend ist gleichsam zum Motto der ganzen Epoche geworden. Aber, wenn alles geht, dann ist auch alles „gleich-gültig" und somit ist letztlich nichts mehr absolut sicher. Damit hängt zusammen:
- ein intensiver werdendes allgemeines Lebensgefühl der Heimat- und Bodenlosigkeit. Individualisierung, Säkularisierung und die auf alle Lebensbereiche durchschlagende Pluralisierung haben den Menschen aus dem mit anderen

---

[227] Paine, in Jones 1982, 7; 11.

[228] Farber, in: Farber Barry A., Stress and Burnout in the Human Service Professions, New York 1985, 9f. Mit den Stellenangaben bezieht er sich auf Laschs Hauptwerk von 1979 (dt. Lasch 1995).

[229] Zur Postmoderne-Diskussion und der einschlägigen Literatur vgl. Heyl 1994, 132ff.

geteilten, bergenden Haus einer vertrauten Seins- und Sinngewißheit des Daseins vertrieben. Für die Freud'sche Psychoanalyse galt noch der „Ödipuskomplex" als Nährboden vielfältiger psychischer Not. Schon vor längerer Zeit hat nun Alexander Mitscherlich den Begriff des „Kaspar-Hauser-Komplexes" geprägt, um damit deutlich zu machen, daß sich die Ursache seelischer Leiden weitgehend vom Konflikt mit den ersten Bezugspersonen auf den Verlust von „Bezug" überhaupt verlagert hat, und daß viele Probleme des „modernsten" Menschen im Kern zusammenhängen mit einer zunehmenden Geschichts-, Kultur-, und Namenlosigkeit des gesellschaftlichen Bezüge;
- die schleichende „Verdunstung" integrierender Visionen und Bindungen. War die Moderne noch geprägt durch nationenübergreifende Leitvorstellungen, wie die Idee der Freiheit und der Menschenwürde, so haben diese großen „Metaerzählungen", wie Jean-Francois Lyotard, der Vordenker der philosophischen Postmoderne sie nennt, mittlerweile ihre Glaubwürdigkeit und Tragfähigkeit weitgehend eingebüßt. Dahrendorf spricht in diesem Zusammenhang vom „Zerbrechen der Ligaturen", jener tiefwurzelnden inneren Bindungen mit denen die Menschen, Nabelschnüren gleich, dem weltanschaulichen und ethischen Kosmos ihrer je eigenen Gesellschaft verbunden sind.[230] Die bislang prägenden Integrationsmuster eines gemeinsam geteilten Sinn- und Wertganzen verlieren ihre Bindungskraft, die Selbstverständlichkeiten handlungsorientierender und identitätsstützender Hintergrundüberzeugungen werden destabilisiert. Dies alles aber hat gravierende Auswirkungen auch auf die Identitätsbildung und Persönlichkeitsentwicklung der Individuen. Wenn nach der Primärsozialisation keine Version der Weltauffassung mehr über ein Monopol verfügt, dann wird die „Konstruktion der Wirklichkeit"[231] und die Ausbildung einer tragfähigen Identität zu einer vom jeweiligen Individuum im wesentlichen selbst zu leistenden Aufgabe - eine Zumutung, von der sich viele überfordert sehen, weshalb sie nur zu bereitwillig die von der „Kulturindustrie"[232] und der Reklame, aber auch z. B. von einer marktschreierischen Psychoszene und diversen Gurus aus dem „religiösen Supermarkt" bereitgestellten Realitätsdefinitionen und Identifikationsschablonen übernehmen. Eindrücklich zeigen soziologische Analysen jüngeren Datums, wie inzwischen aufgrund dieser Entwicklungen die „Privatsphäre" zum Schlüsselkontext des individuellen Lebens und der persönliche „Lebensstil" zu einer zentralen Vergesellschaftungsform wird.[233] In diesem Zusammenhang haben Berger und

---

[230] Vgl. Lyotard 1982; vgl. Dahrendorf, in Beck/Beck-Gernsheim 1994.

[231] Vgl. Berger/Luckmann 1996.

[232] Vgl. die Ausführungen Horkheimers und Adornos zum Thema der „Kulturindustrie", die angesichts der sich heute immer mehr durchsetzenden „Medienherrschaft" wieder erstaunlich aktuell klingen (Dies. 1969, 108ff.). Aufschlußreich in diesem Zusammenhang ist auch z. B. Postman (1985).

[233] Vgl. Michailow 1989; Berger/Hradil 1990; Hörning/Michailow 1990, 501-517; Hitzler 1988.

Luckmann einen Begriff neu ins Spiel gebracht, den Lévi-Strauß ursprünglich im Zuge seiner kulturanthropologischen Analysen geprägt hatte: „Bricolage"[234]: die innere Welt und die manifeste Lebensgeschichte der Menschen werden zunehmend zu einem „Bastelprojekt". Aus den verschiedensten weltanschaulichen Versatzstücken zimmert der Einzelne sich seine Identität und sein Leben zurecht, mit aller Freude, aber auch mit aller Qual, und allen Zwängen, die diese Nötigung zur Wahl und Entscheidung mit sich bringt;[235]
- die Auflösung der traditionellen Familienstruktur mit allen Früchten und „Frösten" der Freiheit;[236]
- die progressive Fragmentarisierung der inneren und äußeren Wirklichkeit. Die enorme Zunahme an Komplexität der Lebenszusammenhänge führt nicht zur Verdichtung und Konzentration, sondern zur Fragmentarisierung des inneren und äußeren Lebens. Lyotard nennt die „Zersplitterung" („éclatement") und die „Zerstreuung" („dissémination") besonders typische Kennzeichen der „Condition postmoderne";[237]
- die durch die absolute Innovationsverdichtung und Hyperinformatisierung bewirkte Schrumpfung der subjektiven Erlebenszeit;[238]
- die durch die ungebremste Schädigung der Natur und durch die Konfrontation zwischen den Industrienationen und der sogenannten „Zwei-Drittel-Welt" bedingte Zunahme globaler lebensbedrohlicher Risiken und den dadurch eingeleiteten Übergang in ein ganz neuartiges „Zeitalter der Lebensgefahr".[239] Treffend hat Ulrich Beck vor 15 Jahren in einem erfolgreichen Buch die Realität der modernen Lebensbedingungen auf den Begriff der „Risikogesellschaft" gebracht. Eindrücklich beschreibt er den gegenwärtigen Rückfall in ein „modernes Mittelalter der Gefahr", die zunehmende „Vergesellschaftung der Naturzerstörungen" und die daraus resultierende „Demokratisierung des Risikos". Er hält fest: „Die treibende Kraft in der Klassengesellschaft läßt sich in den Satz fassen: Ich habe Hunger! Die Bewegung, die mit der Risikogesellschaft in Gang gesetzt wird, kommt demgegenüber in der Aussage zum Ausdruck: Ich habe Angst! An die Stelle der Gemeinsamkeit der Not tritt die Gemeinsamkeit der Angst."[240] Nachdem seit dem 11. September 2001 die rauchenden Trümmer des World Trade-Centers wie ein düsteres Menetekel den

---

234 Vgl. Berger/Kellner 1975, 96; Lévi-Strauß 1994, 29. – Ein anderer, inzwischen bald inflationär gebrauchter Topos ist der von Keupp (1988, 146) geprägte Begriff der „Patchworkidentität".
235 Beck/Beck-Gernsheim 1990, 13.
236 Vgl. Beck/Beck-Gernsheim 1990, 13. Hierzu vgl. auch andere Arbeiten von Beck (z.B. 1990 und 1997) sowie von Beck und Beck-Gernsheim (z. B. 1994).
237 Vgl. Lyotard 1982, 75 ff.
238 Zur Wahrnehmung der Zeit vgl. Geissler 1990 und 1997 sowie Gronemeyer 1993.
239 Vgl. in diesem Zusammenhang z. B. Josuttis 1987.
240 Beck Ulrich, Risikogesellschaft. Auf dem Weg in eine andere Moderne, Frankfurt 1986, 66.

Eingang zum 21. Jahrhundert überschatten, haben seine Worte noch einmal eine ganz neue Bedeutung bekommen. Erwuchs früheren Epochen aus ihrer religiösen Bindung noch ein Potential des Urvertrauens und der Zuversicht, das aller Existenzangst entgegenstand, so wird dieser Halt in den westlichen Nationen längst unterspült vom Strom der rapide fortschreitenden Säkularisierung. Auf dem Höhepunkt des Rationalismus bewirkt die religiöse Ursehnsucht des Menschen freilich das Umschlagen des Pendels und gebiert eine neuartige, frei flottierende, atem- und bodenlose Religiosität. In anderen Teilen der Erde erleben wir demgegenüber derzeit im Wortsinn, welche Sprengkraft eine ideologisch unter Druck gesetzte traditionale Religiosität entfalten kann.

Daß diese hier nur angedeuteten globalen Entwicklungen mit ihren gravierenden Auswirkungen auf das Selbst- und Lebensgefühl der Zeitgenossen nicht ohne Rückwirkung auf die Situation der Menschen am Arbeitsplatz bleiben, liegt auf der Hand.[241]

1. 4. Prävention und Therapie

Zunächst einmal ist festzuhalten: So erschreckend und schmerzhaft das Ausbrennen vom Einzelnen auch erlebt werden mag, es bedeutet weder zwangsläufig den hoffnungslosen Absturz in eine ausweglose Situation, noch gar den endgültigen Zusammenbruch seines Selbst und der von ihm geschaffenen Welt. Wie bei jeder erschütternden Lebenserfahrung gibt es auch hier, nach Überwindung der anfänglichen Lähmung gangbare Pfade innerhalb der Krise und Wege, die aus der Krise wieder herausführen - wenn einem diese oft auch nur eine kompetente Begleitung von außen erschließen kann. Die Burnout-Forschung hat zwar in vielerlei Hinsicht noch nicht zur letzten Klarheit gefunden, eine Erkenntnis wird jedoch von allen Fachleuten geteilt: Burnout ist therapierbar, ja mehr noch: man kann sich durch Einhaltung verschiedener Verhaltensregeln wirksam davor schützen. Und selbst wenn es nicht zu verhindern ist, daß jemand alle Stufen des Burnout bis auf den bitteren Grund durchleiden muß, es wird der Tag kommen, an dem er oder sie wieder zu Kräften kommt aufrecht weitergehen kann, fortan vermutlich sogar gestärkt durch diese bittere Erfahrung. In der Tat kann, wie oben bereits gesagt, die Burnouterfahrung - wie jede schwere Lebenskrise - der

---

[241] Winkler skizziert am Ende seines Seelsorge-Buches (1997, 505 ff.) fünf vermutlich in naher Zukunft eintretende und für jegliche kirchliche Arbeit, inbesondere aber die Seelsorge relevante soziokulturelle Entwicklungen: a) die Menschen werden sich mit „wachsend komplizierten Konstellationen im Beziehungsbereich auseinanderzusetzen haben; b) die kommende Generation hat sich verstärkt auch auf „einsame Lebenslagen" einzustellen; c) die religiöse Konkurrenz wird zunehmen; d) der Fundamentalismus wird zunehmen; e) die Bedeutung einer authentischen und verständlichen Glaubensvermittlung wird für die Kirchen zunehmen.

Anstoß zu einer reiferen Lebenseinstellung und positiven Neuorientierung sein. Burnout „kann den Weg zu klareren Einsichten in das Selbst weisen, das Einfühlungsvermögen anderen Menschen gegenüber verfeinern und wichtige Lebensveränderungen, Wachstum und Entwicklung einleiten. Menschen, die das Ausbrennen erlebt und überwunden haben, finden fast ausnahmslos zu allgemein besseren, anregenderen und weniger einengenden Lebensbedingungen."[242] Der erste und wichtigste Schritt dazu aber besteht - wie so oft - in einem Wechsel der Perspektive: Es gilt, die Betroffenen herauszulösen aus ihren grüblerischen und selbstanklagenden Gedanken, die um die Fragen kreisen: „Was stimmt nicht mit mir?", „Was habe ich falsch gemacht?", „Wie konnte nur ich soweit kommen?". Die entscheidenden Fragen in Bezug auf Burnout lauten: „In welche Umstände bin ich hier hineingeraten?", „Wer und was trägt zu meiner üblen Situation bei?" und: „Was kann ich tun, um die Situation zu ändern?"

1. 4. 1. Coping

Wer sich unangenehmen oder gar bedrohlichen Bedingungen ausgesetzt sieht, wird bestrebt sein, sich so zu verhalten, daß er seine leib-seelische Integrität möglichst bewahrt. Handelt es sich dabei um mehr als reflexhafte oder routinemäßige Reaktionen, also um eine bewußte, planmäßige Auseinandersetzung mit den Schwierigkeiten, spricht man von aktivem Bewältigungsverhalten (englisch: „Coping"). Auf der Verhaltensebene lassen sich diese Bewältigungsversuche grob einteilen in: angreifen bzw. standhalten und sich verteidigen oder flüchten („fight or flight").[243] Auf der psychologischen Ebene kann man problemorientierte und emotionsorientierte Bewältigungsstrategien unterscheiden. Emotionsorientiert wäre zum Beispiel eine Umdeutung der Situation („Ich bin nicht gescheitert, sondern habe eine Chance zum Lernen erhalten") oder eine Abwertung der bedrohten Ziele („Was ich erreichen will, ist die Mühe wahrscheinlich nicht wert") bzw. der Wunsch-Energie („So wichtig ist mir die Angelegenheit auch wieder nicht"). Solche Strategien dienen dazu, als unangenehm empfundene Gefühlslagen abzuschwächen oder abzukürzen und werden vor allem dann eingesetzt, wenn problemorientiertes Coping nicht möglich ist, d.h., wenn man die Schwierigkeiten nicht durch eigenes Handeln kontrollieren oder beseitigen kann.

Die Beschreibung, Analyse und Bewertung diverser „Copingstrategien" nimmt in der Burnout- und Stressliteratur einen breiten Raum ein. In Anlehnung an Lazarus' und Launiers Unterscheidung zwischen „Direkter Aktion" und „Palliation" entfalten Pines und Kafry ein ganzes Spektrum unterschiedlicher Formen: "Direct coping is a strategy applied outwardly to the environmental source of stress, while indirect coping is a strategy applied inwardly to oneself, one's behaviors, attitudes and emotions. In addition to the direct/indirect dimension,

---

[242] Pines et al., 1987, 13.
[243] Vgl. hierzu auch Richter 1976.

coping strategies have a second dimension, namely active/inactive. Active, or approach, coping strategies involve confronting or attempting to change the source of stress of oneself, while inactive or withdrawal coping strategies involve avoidance or denial of the stress by cognitive or physical means. These two coping dimensions: direct/indirect and active/inactive interact and generate four types of coping strategies, each represented by three actions.
1. Direct-active: (1) changing the source of stress, (2) confronting the source of stress, (3) finding positive aspects in the situation.
2. Direct-inactive: (1) ignoring the source of stress, (2) avoiding the source of stress, (3) leaving the stressful situation.
3. Indirect-active: (1) talking about the source of stress, (2) changing oneself to adapt the source of stress, (3) getting involved in other activities.
4. Indirect-inactive: (1) drinking or using drugs, (2) getting ill, (3) collapsing."244

Diese Reihenfolge bedeutet nicht von vornherein eine Wertungs- oder Effizienzrangfolge. Welche Form der Bewältigung die beste ist, wird von der jeweiligen Stresssituation bestimmt. Pines und Kafry beziehen sich hier auf Beobachtungen Professor Dov Edens von der Fakultät für Management an der Universität von Tel Aviv, wonach es vor allem zwei verschiedene und voneinander unabhängige Kennzeichen von Stress-Situationen gibt: Die eine ist die „Mutability", die Veränderbarkeit der stressenden Bedingungen, die andere ist ihre „Continuousness or Intermittancy", ihre Dauer. Bei veränderbaren, andauernden Stresssituationen ist ein direkt-aktiver Bewältigungsstil am erfolgversprechendsten. Bei unveränderbaren, andauernden Stresssituationen jedoch nicht, und Betroffene, die nicht über ein breiteres Spektrum an Reaktionsweisen verfügen, werden in Bedrängnis kommen. „When the source of stress is immutable and the stress is intermittent, the person cannot use direct active coping. He can seek relief, temporary (catharsis or diversion) or permanent (change self), and thus adjust to an unalterable situation. The suggestion here is that the person needs intermittent relief from intermittent stress. He does not need the adjustment provided by indirect active responses when the stress is „off", but does when it is „on". Adjustment can aid him in getting through peak periods of stress. Immutable stress that is continuous is the most difficult situation for the individual. He cannot cope because it is immutable. The situation offers no relief, for the stress is continuous. If the person can use indirect active coping, he will generate his own relief. If, however, he cannot change himself enough to narrow the gap between the environmental demands and his own capacity, or if the temporary relief achieved through catharsis and diversion is insufficient to enable him to continue functioning in the situation, his only alternative to burnout may be to escape stress by leaving the situation." Pines et al. resümieren: „In summary, even though direct coping strategies seem more effective for combatting burnout than

---

244 Pines & Kafry, Coping with Burnout, in: Jones 1982, 139-150, 140f.

indirect coping strategies, and active strategies are more effective than inactive strategies, the best coper is undoubtedly a person who can master conditions of harm, threat and challenge in a variety of ways, and who uses each situation the best, most effective strategy for that particular situation."[245]

Im Zuge ihrer Studien stießen die Verf. vor allem bei vier Coping-Strategien auch auf signifikante geschlechtsspezifische Unterschiede. Es handelt sich um: Ignorieren des Problems; sprechen über das Problem; krank werden; zusammenbrechen. Frauen tendieren offensichtlich dazu, eher indirekte Bewältigungstrategien anzuwenden, also vor allem zu reden, krank zu werden und zusammenzubrechen, wogegen Männer öfter versuchen, Probleme zu ignorieren.[246]

1. 4. 2. Vorbeugung

Besser als alle Bewältigungsversuche ist es freilich, die Entstehung des Burnoutsyndroms zu verhindern. Wie bei den Copingstrategien gibt es auch eine Vielzahl von wirksamen Präventionsmaßnahmen. Es lassen sich arbeits- und personenbezogene Aktivitäten unterscheiden.

1. 4. 2. 1. Betriebliche Maßnahmen

Natürlich können schon auf der betrieblichen Ebene diverse vorbeugende Schritte eingeleitet werden. Sie ergeben sich im wesentlichen aus den oben im Abschnitt „Arbeitsbedingungen" angesprochenen Dingen. Darum seien hier nur einige Beispiele noch einmal besonders hervorgehoben:

- Großzügiger Umgang mit den Zeitbudget/Personal-Schlüsseln für die einzelnen Arbeitsaufgaben;
- sozialverträgliche u. familienfreundliche Arbeitszeit- und Schichtregelungen;
- Beachtung ausreichender Feed-Back-Gelegenheiten sowohl auf der KollegInnen- wie auf der Vorgesetztenseite;
- Bereitstellung kompetenter Supervision;
- Ansprechende Arbeitsgestaltung u. a. durch Anforderungsvielfalt und ausreichende Tätigkeitsspielräume und Entscheidungsbefugnisse;
- Berücksichtigung von Schwächen und Stärken der MitarbeiterInnen;
- Konsequente Durchführung von Maßnahmen der betrieblichen Gesundheitsfürsorge und -förderung;
- Integration der Thematik „Burnoutsyndrom"/"Burnoutprävention" in die betriebliche Weiterbildung.

---

[245] Ebd., 147f.
[246] Vgl. ebd., 146.

1. 4. 2. 2. „Detached Concern"

„Detached Concern", im Deutschen am besten zu übersetzen mit „Distanzierte Sorge", ist ein Begriff, den Lief und Fox bereits 1963 geprägt haben.[247] Geleitet von der in den Heilberufen seit langem verbreiteten Erkenntnis, daß eine zu starke Identifikation mit dem leidenden Patienten den Arzt bei der sachgerechten Ausübung seiner Tätigkeit eher behindern wird, hatten sie damals ein Trainingsprogramm für Medizinstudenten entwickelt, in dem eben jene Haltung der „distanzierten Sorge" eingeübt werden sollte. In der Tat handelt es sich hier um eine Grundeinstellung, die vor allem in den helfenden Berufen zu den grundlegenden „Überlebensstrategien" gezählt werden muß.[248] Gerade Helfer mit einer depressiven Charakterstruktur und dem daraus resultierenden unterschwelligen Wunsch nach Nähe neigen ja dazu, sich eher zu viel als zu wenig in ihre Klienten einzufühlen und sich mit deren Problematik zu identifizieren. Mag Einfühlung und Identifikation bis zu einem gewissen Grad auch ein stabilisierendes und vertrauensförderndes Element in einer helfenden Beziehung sein - zuviel davon ist zweifellos destruktiv. So werden nicht nur bei den KlientInnen übersteigerte Erwartungen geweckt, die HelferInnen bringen sich selbst durch ihre Fürsorglichkeit in ein Geflecht von Abhängigkeiten, das früher oder später ihre Kräfte übersteigen wird. Hinzukommt, daß die Tenden, den Klienten die Verantwortung für ihre Probleme und die Suche nach Lösungsmöglichkeiten abnehmen zu wollen, sich als extrem kontraproduktiver Faktor im therapeutischen Prozess erweisen wird, desssen Ziel doch gerade die Stärkung der Autonomie und Eigenverantwortlichkeit der Betroffenen ist.

Die Kehrseite der zuerst überschwenglich gewährten „Fürsorge" (in der sich nicht selten verschwiegene Anteile von Allmachtsphantasien ausagieren) ist dann die „Depersonalisierung", die Entwertung und Herabwürdigung des Gegenübers im Verlauf des Burnoutprozesses. Wie der Marathonläufer mit seinen Kräften haushalten muß, um ans Ziel zu kommen, muß auch der Helfer, wenn er denn wirklich „professionell" arbeiten will, haushalten mit dem emotionalen und zeitlichen Maß seiner Zuwendung. „Detached Concern" ist eine Voraussetzung dafür, daß er den langen Atem behält.

---

[247] Vgl. Maslach 1985, 250.; Lief & Fox 1963.

[248] Vgl. in diesem Zusammenhang auch die hilfreiche Studie von Elsaesser (1981). Stets ist der Therapeut in der Situation, daß ihm Klienten „zu nahe kommen" können, und er dadurch unter Streß gerät. Ein Weg zur „seelischen Ökonomie des Psychotherapeuten", den Elsaesser aufweist, ist das Herausfinden und Beachten der „persönlichen Formel", die sich aus drei Elementen zusammensetzt: „1. die eigenen Quellen kennen, 2. wissen, wieviel daraus fließt, 3. dann daraus die Quantität dessen festlegen, was man sich zutrauen kann, mit der Kenntnis, wann das Fördernde in das Vergiftende umschlägt." Jeder Therapeut, der sich in einem dieser drei Punkte vertut, wird auf die Dauer scheitern. „Die persönliche Formel kann letztlich jeder Therapeut nur für sich selbst herausfinden; sie ist nicht allgemein übertragbar. Man kann jedoch durch die Erfahrungen anderer und vor allem durch die eigene Selbsterfahrung Impulse gewinnen und lernen." (ebd., 117).

1.4.2.3. Psychohygiene

Mindestens ebenso wichtig wie die arbeitsbezogenen Maßnahmen sind die personenbezogenen. Was nun die Gesundheitsvorsorge und überhaupt die Gesundheitspolitik betrifft, mehren sich in der letzten Zeit die Stimmen, die für eine Ersetzung des traditionellen „pathogenetischen" Paradigmas durch ein „salutogenetisches" Paradigma plädieren. Der Begriff war in den siebziger Jahren des vorigen Jahrhunderts von dem 1923 in Brooklyn geborenen, später nach Israel emigrierten Medizinsoziologen Aaron Antonovsky in die gesundheitspolitische Debatte eingeführt worden.[249] Nach dem pathogenetisch orientierten Gesundheitsverständnis ist die Gesundheit der „Normalzustand", der ständig bedroht wird durch potentielle krankheitsverursachende Erreger oder andere „Wirkfaktoren". Die Leitfrage der Forschung, der Prävention und der therapeutischen Intervention lautet: „Was macht krank?" Ziel der Diagnostik ist es, die „Stressoren" bzw. schädigenden Faktoren zu identifizieren, Ziel der Therapie, sie durch physikalische, chemische, chirurgische, psychotherapeutische und andere „Maßnahmen" zu eliminieren bzw. ihren Einfluß zu minimieren. Das salutogenetische Gesundheitsverständnis geht dagegen aus von der Leitfrage: „Was macht (bzw. erhält) gesund?" Krankheit und Gesundheit werden hier nicht als Gegensätze aufgefaßt, sondern als ein Kontinuum, als zwei Zustandsformen des Lebendigseins, die sich in einem Fließgleichgewicht befinden - der Gegenpol ist der Tod. Ziel der Behandlung ist es vor allem, die Selbstheilungskräfte des Organismus zu aktivieren und zu stärken. Bei der Diagnosestellung dominiert ein systemischer Ansatz, d. h. es werden nicht die isolierten Symptome „am" Patienten analysiert, sondern die PatientInnen werden mit ihrer ganzen Biographie, ihrer gegenwärtigen Lebenssituation und der Stellung in ihren verschiedenen Beziehungssystemen wahrgenommen.[250]

In dieses ganzheitliche Gesundheitsverständnis paßt sich das schon ältere Konzept der sog. „Psychohygiene" herorragend ein. Fengler erinnert an die von Herinrich Meng und anderen geprägte Auffassung von der „Psychohygiene als Praxis und Lehre vom Gesundheitsschutz". Meng unterschied damals vor allem 3 Dimensionen: Psychohygiene 1. im Dienste des Gesunden; 2. als Faktor in der Psychotherapie und Resozialisierung und 3. als Mittel zur Sanierung von Störungen innheralb der Gesellschaft.

Den Stellenwert der Psychohygiene bei der Vermeidung von beruflicher Deformation kann man nach Fengler gar nicht hoch genug einschätzen. „Sie kann ...

---

[249] Vgl. Antonovsky 1979; 1987; 1993. Das damit bezeichnete Gesundheitsverständnis war jedoch (ohne diese Begriffsprägung) schon früher von anderen Autoren thematisiert worden, etwa 1930 von Viktor v. Weizsäcker (vgl. Ders. 1986). Auch Sigmund Freud hatte schon betont, daß Gesundheit und Krankheit nicht als Gegensätze aufgefaßt werden können, sondern als Fließgleichgewicht zu verstehen sind.

[250] Die Idee der Stärkung der Bewältigungsressourcen hat einen historischen Vorgänger in medizinischen Ansatz Sebastian Kneipps. Zum salutogenetischen Ansatz vgl. z. B. auch Udris 1990 und 1994.

als Sammlung präventiver und kurativer Maßnahmen gegen äußere und innere Belastungen und Schädigungen im Leben von Helferinnen und Helfern verstanden werden."[251] Fengler fährt fort: „Bei Störungen im Außenbereich denke ich an Gegebenheiten des Lebensumfeldes, die hinderlich, lästig, ärgerlich sind: Schlechte Beleuchtung in Arbeitsräumen, kalte Flure, lieblose Zimmer, beschädigte Möbel, labyrinthartige Behörden, irrationale Arbeitsabläufe, sinnlose Wartezeiten, verstopfte Straßen - es gibt viele solcher kleinen Störungen, denen man im Laufe eines Tages ausgesetzt ist ... Von vielleicht noch größerem Interesse sind Alltagsstörungen im Innenbereich, d.h. die kleinen Selbsttadel, Selbstverletzungen, Selbstbeleidigungen, Selbstbeschädigungen, Selbstvergiftungen, Selbstkränkungen, Selbstverstümmelungen, Selbstabnützungen, zu denen im Laufe eines Tages Gelegenheit besteht. Psychohygiene ist zunächst vermehrte Aufmerksamkeit für diese kleinen seelischen Verschmutzungen, darüber hinaus auch die fortlaufende seelische Entrümpelung des Alltags, oder, wie eine Kollegin es einmal sehr zutreffend ausgedrückt hat, ein tägliches seelisches Zähneputzen. Wohlgemerkt, jede dieser täglichen Sünden ist für sich genommen nicht neurotogen; aber als Summe stellen sie eine erhebliche Belastung dar, die bei Helferinnen und Helfern zur Entwicklung beruflicher Deformationen beitragen können."[252]

Ziel aller Psychohygienemaßnahmen ist stets ein Doppeltes: Es geht um die Verringerung einengender und kräfteverschleißender Arbeits- und Lebensbedingungen und um die Steigerung von Entfaltungsmöglichkeiten und positiven Erfahrungen.

Natürlich spielt in diesem Zusammenhang auch eine Vielzahl körperlicher Ausgleichstechniken eine wichtige Rolle, vom autogenen Training über Tai Ch'i bis hin zu Aerobic, Joggen, Gleitschirmfliegen etc. genauso wie die Pflege eines abwechslungsreichen Kulturlebens mit regelmäßigen Theater- , Konzert- und Galeriebesuchen und vieles mehr.

1. 4. 2. 4. „Kohärenzgefühl" und Sinnempfinden
Über die Bedeutung des Sinnempfindens für die Arbeitsmotivation und für die Lebenseinstellung im Ganzen wurde oben schon einiges gesagt. Auch hier gingen entscheidende Impulse aus von Antonovsky und seinen Untersuchungen zur Funktion und Bedeutung des „Kohärenzgefühls" (sense of coherence).[253] Ausgangspunkt seiner Überlegungen war das Zusammentreffen mit Überlebenden des Holocaust. „Wie kommt es", fragte er, „daß diese Menschen gesund geblieben sind, obwohl sie die Hölle durchlebt haben?" Er kam zu dem Ergebnis, daß es einer Person in dem Maße möglich ist, mit traumatischen Erlebnissen fertig zu werden, in dem sie ein „Kohärenzgefühl" bzw. einen „Kohärenzssinn" entwik-

---

[251] Vgl. Fengler 1991, 180 ff.
[252] Ebd., 181. Vgl. auch seinen 28 Punkte umfassenden Fragenkatalog zur „Alltagsgestaltung" ebd., 183-185. Zum „Umgang mit belastenden Gefühlen" vgl. Tausch 1989.
[253] Vgl, Antonovsky 1979 und 1987.

kelt hat. Darunter versteht Antonovsky ein tief in die Seele eines Individuums eingewurzeltes Grundgefühl, daß sein Leben in einen größeren Gesamtzusammenhang eingebettet ist. Diese Empfindung wird getragen von dem dreifachen Vertrauen, daß all die Herausforderungen unseres Lebens verstehbar und erklärbar sind, daß uns Ressourcen und Fähigkeiten zur Verfügung stehen, um diesen Herausforderungen zu begegnen und schließlich, daß sich all die Anstrengungen und Mühen dieses Lebens lohnen und ihren Sinn haben.[254]
Die Bedeutung des Kohärenzgefühls für die Integrität und Ausgeglichenheit der Innenwelt läßt sich kaum überschätzen. Keupp, der den Kohärenzssinn auch als die „Fähigkeit, im Leben Sinn zu entdecken oder zu stiften"[255] charakterisiert, schreibt dazu: „Wenn Menschen keine sinnhafte Ordnung in ihrem Leben finden oder entwickeln können, dann wirkt sich das in dem Phänomen der 'Demoralisierung' aus. Dieses Muster beinhaltet Einstellungen und Grundhaltungen, die durch ein geringes Selbstwertgefühl, Hilflosigkeit, Hoffnungslosigkeit, unbestimmte Zukunftsängste und allgemein gedrückter Grundstimmung geprägt sind. Für die USA liegen folgende Ergebnisse vor: Demoralisiert in dem beschriebenen Sinne wurde etwa ein Drittel der Bevölkerung eingeschätzt. Die Demoralisierungsrate von Frauen liegt um 10% höher als bei Männern. Etwa die Hälfte der Angehörigen der untersten sozialen Schicht erwies sich als demoralisiert. Etwa die Hälfte des Bevölkerungsanteils, der als demoralisiert eingeschätzt wurde, wies klinisch auffällige Symptome auf."[256]

Auch Cherniss weist in einer jüngeren Veröffentlichung erneut auf die elementare Bedeutung des Sinnempfindens für die Burnoutprophylaxe hin.[257] Er hatte in einem von Nonnen geführten Heim für Menschen mit schwersten geistigen Behinderungen beobachtet, daß diese Nonnen von Burnout verschont blieben, obwohl sie unter Bedingungen arbeiten mußten, die als extrem burnoutgenerierend einzuschätzen sind. Er fand eine Erklärung für diese erstaunliche Tatsache: „Ich entdeckte schließlich, daß das, was alle Mitarbeiter beständig in ihrem Engagement erhielt, in ihrer Zuwendung zu den Patienten und in ihrer Zufriedenheit mit

---

[254] Antonovsky (1987, 19): „Das Gefühl der Kohärenz, des inneren Zusammenhangs ist eine globale Orientierung, die ausdrückt, inwieweit jemand ein sich auf alle Lebensbereiche erstreckendes, überdauerndes und doch dynamisches Vertrauen hat, daß 1) die Reize aus der inneren und äußeren Welt im Laufe des Lebens strukturiert, vorhersagbar und erklärbar sind; daß 2) es Mittel und Wege gibt, die Aufgaben zu lösen, die durch diese Reize gestellt werden, und daß 3) diese Aufgaben Herausforderungen sind, für die es sich lohnt, sich zu engagieren und zu investieren." Natürlich wird man an Eriksons Konzeption des „Urvertrauens" erinnert, vgl. Erikson, 1976 und 1977.
[255] Keupp 1999, 145.
[256] Ebd., 146.
[257] Vgl., Cherniss 1999. Schon früh hatte er zusammen mit David Krantz die Bedeutung weltanschaulicher Bindung für die Burnoutprävention bzw. -immunisierung thematisiert Vgl. den Aufsatz mit dem bezeichnenden Titel: „The ideological community as an antidote to Burnout in the human services", in: Farber (Hg.) 1985, 198-212.

der Arbeit und dem Arbeitsplatz etwas war, was in nahezu allen anderen Arbeitszusammenhängen personenbezogener Dienstleistungen fehlt: Die gemeinsame Verpflichtung auf ein Fundament moralischer Glaubenssätze."[258] Durch ihren Glauben, man könnte auch sagen, ihre „Religio" (von „religari" - sich gebunden wissen), erneuerte, verstärkte und bestärkte diese Gemeinschaft täglich aufs neue die innere Kraft zu ihrem Engagement. Diese motivierende und mobilisierende Kraft einer religiösen Bindung zeigt sich, neben vielen anderen Beispielen, besonders deutlich auch bei den kleinen Schwestern der Mutter Teresa, die unter unglaublichen äußeren Bedingungen in den Slums indischer Städte bei der Begleitung Sterbender tätig sind - und dabei eine wundervolle Gelassenheit und Fröhlichkeit ausstrahlen. Cherniss erinnert in diesem Zusammenhang auch an das Werk Viktor Frankls, der bekanntlich die Suche nach Sinn als die den Menschen am stärksten motivierende Kraft angesehen hatte. In seinem Hauptwerk zählt Frankl drei grundlegende Quellen des Lebenssinnes auf: eine Aufgabe, der man sich verschreibt; die Liebe zu einem anderen Menschen, und der Glaube an Gott. Cherniss führt dazu weiter aus: „Die meisten Autoren, die sich mit 'profesionellem' Burnout beschäftigen, haben 'Stress', nicht aber 'Sinnverlust' oder 'Entfremdung' als Wurzel gesehen... Aber das religiös orientierte personenbezogene Dienstleistungsprogramm, das ich studiert habe, scheint darauf zu verweisen, daß Stress aus sich heraus nicht notwendig Burnout hervorruft." Frankl - fährt Cherniss fort - war überzeugt davon, daß das Leiden „in dem Augenblick aufhört, ein Leiden zu sein, in dem es eine Bedeutung erfährt, wie beispielsweise den Sinn eines Opfers. Wenn man 'Leiden' durch 'Stress' ersetzt, kann man sehen, wie Frankls Zitat sich auf das Problem des Burnout beziehen läßt. Burnout ist eine Antwort auf Stress, aber die Wurzel ist nicht Stress (oder das Leiden). Die Wurzel ist das Fehlen eines Sinns für das Leiden (oder den Stress), der Verlust eines moralisch begründeten Zwecks. Burnout war für die Nonnen kein Problem, weil der Stress, den sie bei der Arbeit erfuhren, in ihrem Augen ein sinnhaftes Opfer darstellte. Es gab ihrem Stress und ihrem Leiden einen moralischen Zweck und eine Bedeutung, die es nicht als Stress erscheinen ließ. Burnout ist deshalb keine 'Krankheit durch Überengagement' wie einige Forscher ihn genannt haben.... . Wer Burnout-Symptome erfährt, mag zu sehr in seine Arbeit eingebunden sein, aber er ist nicht 'überengagiert', mindestens nicht in dem Sinn moralischen Engagements. Denn diejenigen, die anfällig gegen Burnout sind, haben egoistische Gründe für ihr Engagement. Ihre Selbstachtung hängt ganz stark davon ab, wie gut sie selber sind. Das unterscheidet sie von dem moralischen Engagement der Nonnen: deren Engagement bezog sich auf ein System von Ideen und auf eine Bezugsgruppe, die sich diesen Ideen verschrieben hatte. Ihr Engagement basierte auf dem Glauben an etwas, das größer war als sie. Es hatte transzendierende Qualitäten."[259]   Interessant ist die Schlußfolgerung, die Cherniss aus seinen Überlegungen zieht: „Wir sollten damit anfangen, perso-

---

[258] Cherniss 1999, 201 f.
[259] Ebd., 204f.

nenbezogene Dienstleistungsprogramme und deren Orte - beispielsweise Schulen, Armutsprogramme, psychiatrische Kliniken, ja selbst einfach Krankenhäuser - als moralische Gemeinschaften und nicht einfach als „Dienstleistungsbetriebe" zu betrachten."[260]
Die tragende Kraft innerer Überzeugungen läßt sich natürlich nicht nur in religiösen Bezügen erkennen. Abertausende von Menschen, ja ganze Volksgruppen, haben für ihre politischen und ethischen Überzeugungen Verbannung, Folter und Tod auf sich genommen. Daß auch die Kraft nur eines Funkens von Hoffnung hinreichen kann, Menschen zum Ertragen der unglaublichsten Strapazen zu befähigen, zeigen Beispiele von Soldaten im Felde ebenso wie von Schiffbrüchigen und Schwerstkranken.

1. 4. 2. 5. „Flow"

Es war Mihaly Csikszentmihalyi, der 1975 einen neuen Begriff in die Debatte um seelische Gesundheit und berufliche Zufriedenheit eingeführt hat: „Flow".[261] Er erklärt dazu: „Auf allgemeinster Ebene läßt sich sagen, daß flow ein autotelischer, respektive intrinsisch lohnender Erlebniszustand ist, welcher infolgedessen seine eigene Motivation liefert."[262] Im Verlauf seiner Erforschung von Glücksgefühlen war Csikszentmihalyi aufgefallen, daß Menschen öfter auch Tätigkeiten ausführen, für die sie keine äußere Anerkennung oder Belohnung erwarten können. Er folgerte daraus, daß diese Aktivitäten durch innere Anreize motiviert sein müssen. Diese inneren Anreize bezeichnete er als „intrinsische Motive" und nannte die Tätigkeiten, die durch diese Motive ausgelöst werden „autotelische Aktivitäten" (von gr. autos = selbst und telos = Ziel).[263] Es müssen dies übrigens durchaus nicht nur spielerische oder Freizeitaktivitäten sein, wie das Beispiel von Chirurgen, Rennfahrern und anderen Berufen mit Höchstanforderungen zeigt. Was aber ist die Natur dieser Anreize? bzw. allgemeiner: Warum machen gerade bestimmte Tätigkeiten Menschen Freude? Die ersten, die sich aus psychologischer Perspektive mit diesen Fragen befaßten waren zu Beginn des vorigen Jahrhunderts Groos (1901) und später Bühler (1930). Sie führten den Begriff der „Funktionslust" ein. Callois (1958) machte dann darauf aufmerksam, daß es bei der Ausübung von intrinsisch belohnenden Tätigkeiten letztlich immer um die Befriedigung von vier zentralen Bedürfnissen geht:

- Wettbewerb (Spiele, Sport etc.);
- Kontrolle des Unvorhersehbaren (Wahrsagerei, Glücksspiel, Astrologie etc.);

---

[260] Ebd., 212. Vgl. auch die Kapitelüberschrift ebd.: „Schlußfolgerung: Verwandelt die Dienstleistungen in moralische Kommunen". Zu einer ähnlich positiven Einschätzung einer religiösen Bindung bei der Burnout-Prävention kommt Flosdorf (1998) in seiner interessanten Studie über „Burnout und Sinnfragen bei Ordensfrauen in der Caritas".
[261] Vgl. Csikszentmihalyi, 1975 bzw. 1987. Das Wort wird von ihm in der Regel klein geschrieben. Ich bevorzuge die Großschreibung.
[262] Ebd. 1987, 216.
[263] Vgl. ebd., 21 ff.

- das menschliche Verlangen, Beschränkungen durch Phantasie und Täuschung zu durchbrechen (von Callois „Mimikry" genannt; zB. Tanz, Theater, Kunst);
- „Vertigo" (Schwindel), also gefährliche oder bewußtseinsverändernde Tätigkeiten (Rasen, Skifahren, Fallschirmspringen etc.).[264]

Wie nun ist autotelische Erleben beschaffen? Es ist weder langweilig noch angstauslösend. „In der Schwebe zwischen Langeweile und Angst ist das autotelische Erleben eines des völligen Aufgehens des Handelnden in seiner Aktivität. Die Aktivität bietet laufend Herausforderungen. Es bleibt keine Zeit für Langeweile oder für Sorgen darüber, was möglicherweise eintreffen wird." Csikszentmihalyi prägte für diese Form des Erlebens dann den Begriff „Flow". „Von jetzt an werden wir diesen besonderen dynamischen Zustand - das holistische Gefühl bei völligem Aufgehen in einer Tätigkeit - als flow bezeichnen. Im flow-Zustand folgt Handlung auf Handlung, und zwar nach einer inneren Logik, welche kein bewußtes Eingreifen von Seiten des Handelnden zu erfordern scheint. Er erlebt den Prozess als einheitliches 'Fließen' von einem Augenblick zum nächsten, wobei er Meister seines Handelns ist und kaum eine Trennung zwischen sich und der Umwelt, zwischen Stimulus und Reaktion, oder zwischen Vergangenheit, Gegenwart und Zukunft verspürt."[265] Flow kann man überall empfinden - selbst (ja oft gerade) bei extremen Anstrengungen wie etwa dem Marathonlauf, aber auch an der Front, und sogar in einem KZ.

Maslow spricht in diesem Zusammenhang von „peak-experiences".[266] In diesen „Gipfelerfahrungen" gerät die Seele in einen Zustand, der so befriedigend ist, daß Menschen dafür manchmal sogar ein komfortables Leben aufgeben und für immer in die Berge gehen oder beispielsweise zu einer Grönlanddurchquerung zu Fuß aufbrechen. Aber, schränkt Csikszentmihalyi ein: „Flow scheint nur dann aufzutreten, wenn eine Aufgabe im Bereich der Leistungsfähigkeit des Ausführenden liegt. Das ist der Grund, warum man flow am häufigsten bei Aktivitäten mit klar festgelegten Handlungsregeln erlebt, wie z. B. in Ritualen, Spielen oder beim Tanz." Ein weiteres Merkmal des Flow-Erlebnisses ist „eine Zentrierung der Aufmerksamkeit auf ein beschränktes Stimulusfeld", zum Beispiel beim Klettern, wo man gezwungen ist, alle Ablenkungen zu ignorieren, weil das Überleben offensichtlich von der maximalen Konzentration abhängt.[267] Csikszentmihalyi nennt auch noch weitere Eigenschaften von „Flow", die zugleich Bedingungen für sein Auftreten sind: Neben zusammenhängenden und eindeutigen Handlungsanforderungen erfolgen ebenso klare und prompte Rückmeldungen an die Person. „In der künstlich eingegrenzten Realität einer flow-Episode weiß man genau, was 'gut' und was 'schlecht' ist. Ziele und Mittel sind logisch geordnet." Läßt der „Flow" nach, so kann man durch beinahe unendlich viele

---

[264] Vgl. ebd., 46 ff.
[265] Ebd., 58. 59.
[266] Vgl. Maslow 1979 und 1978.
[267] Csikszentmihalyi, a.a.O., 62. 64

Kombinationen zweier Grundvektoren wieder zu diesem Hochgefühl zurückkehren: „Senken der Anforderungen und Steigern der Fähigkeiten."[268]

Natürlich hat sich Csikszentmihalyi auch Gedanken über die Hintergründe des Flow-Phänomens gemacht. Seine Folgerung klingt erstaunlich: „Wenn wir das 'Ego' als jenes Konstrukt auffassen, welches wir zwischen unser Selbst und die Umwelt einzuschieben lernen ... so beginnen wir vielleicht die Ursprünge der von unseren Informanten berichteten 'Egolosigkeit' zu ahnen." Sind die Flow-Bedingungen gegeben, „so kann ein Zustand entstehen, in welchem das Ego gleichsam 'nichts zu tun' hat und nicht mehr beachtet wird." In aller Einengung und Konzentration „ja wegen ihr, stellt sich eine großartige Expansion ein, ein Sich-Öffnen für die Grundbelange der menschlichen Existenz, ein Aufblühen, das dem Beobachter aus dem Flachland unsichtbar, aber in der Seele des Kletterers wirklich und packend ist." Allen Flow-Erfahrungen gemeinsam ist „die totale körperliche und geistige Beteiligung an einer zu bewältigenden Sache, wodurch die Kompetenz des Handelnden, ja seine ganze Existenz, zutiefst bestätigt wird. Das ist es, was die Aktivität lohnend macht, trotz des Fehlens konkreter Belohnungen." - „Tiefer flow ist eine ekstatische Erfahrung, im wörtlichen Sinne von 'Ekstase', was ja 'heraustreten' bedeutet, nämlich das Heraustreten aus dem Gewöhnlichen."[269]

Flow kann süchtig machen. So daß jemand nur noch für sein Snowboard-Hobby lebt, oder gar keinen Urlaub mehr nimmt, weil er seine Erfüllung als Chirurg im Operationssaal findet. Aber: „Die zerbrechliche dialektische Spannung zwischen dem flow-Bereich und dem Rest der persönlichen Erfahrung ist unabdingbar, wenn das erste das zweite bereichern soll."[270]

Csikszentmihalyi hat schließlich - was nahelag - auch die Auswirkungen von Flow-Entzug untersucht. Er resümiert seine Beobachtungen dahingehend: „Da Erlebnisse, wie sie bei unserem Experiment der flow-Deprivation auftauchten, in verschiedenen psychopathologischen Zuständen aufzutreten scheinen, könnte ein Zusammenhang zwischen dem Fehlen von flow und schweren Lebenskrisen bestehen."[271] Insgesamt unterstreicht er noch einmal die fundamentale Bedeutung von Flow und Micro-Flow-Erlebnissen in unserem Leben, vor allem auch in unserem Alltag: Die scheinbar nutzlosen Verhaltenssplitter zwischen unseren „ernsthaften instrumentellen Aktivitäten erweisen sich in Tat und Wahrheit als sehr nützlich, vielleicht sogar als unabdingbar für unser normales Funktionieren"[272].

---

[268] Ebd., 71 und 79.
[269] Die letzten vier Zitate finden sich auf den S. 116, 119, 133 und 134.
[270] Ebd., 179.
[271] Ebd., 192.
[272] Ebd., 200. Vgl. auch ebd. 203 ff. sein Plädoyer für eine „Politik der Freude".

1. 4. 2. 6. „Social support"

Der beste Weg zur Burnoutprävention aber besteht nach einhelliger Meinung der Fachwelt im Auf- und Ausbau von Netzwerken „sozialer Unterstützung" („social support systems"). Sidney B. Cobb definierte soziale Unterstützung „als das Wissen, daß man gemocht, geliebt, geachtet und geschätzt wird und daß man zu einem Netz von Menschen gehört, die Kommunikation und gegenseitige Verantwortung teilen".[273] „Soziale Unterstützung" geht von Mitmenschen aus, die einer Person wohlwollend, freundlich, aufgeschlossen und verständnisvoll begegnen, wobei sie durchaus nicht immer einer Meinung mit ihr sein müssen.[274] Die Keim- und Kernzelle dieser „sozialen Unterstützung" ist in der Regel die Familie. Jeder Mensch ist im Normalfall aber auch in weitere unterstützende Gruppen eingebunden: Im Freundeskreis, evtl. in der Nachbarschaft, in der Religionsgemeinschaft, am Arbeitsplatz. Je höher das Maß an sozialer Unterstützung ist, das jemand erfährt, desto besser ist er gegen Burnout und andere seelische Beeinträchtigungen geschützt. Pines hält fest: „Our research on burnout has shown that social support systems at home and at the workplace buffer the individual against burnout. ...the better the relationships the less burnout occurred."[275] Social support wirkt sich nicht nur günstig auf die seelische, sondern auch auf die leibliche Gesundheit aus, hilft zum Beispiel - so Pines et al. - gegen Arthritis und Tuberkulose.[276]

Die Kehrseite freilich besteht darin, daß das Fehlen oder gar die aktive Verweigerung sozialer Unterstützung fatale Folgen für den Einzelnen hat: „In dem Ausmaß, in dem soziale Unterstützungsfunktionen unerfüllt bleiben, besteht die Gefahr des Ausbrennens. In dem Ausmaß, in dem so gut wie keine von ihnen erfüllt wird, ist Ausbrennen in einer stresshaften Situation beinahe unvermeidlich. Die Aufmerksamkeit muß vor allem jenen Bereichen gelten, in denen es an Unterstützung mangelt, jenen Unterstützungsfunktionen, die nicht hinreichend erfüllt sind."[277] Besonders gravierende Folgen hat es, wenn der Wärmestrom sozialer Unterstützung in der Familie versiegt. Wie in allen Lebensbereichen wirken familiäre Schwierigkeiten auch am Arbeitsplatz als Verstärker bereits vorhandener oder noch latenter Probleme. Jones konstatiert: „Significant results

---

[273] Pines 1989, 284. Vgl. Cobb 1976. Noch einmal Pines (in Farber 1985, 156): „Social support systems...consist of enduring interpersonal ties to a group of people who can be relied upon to provide emotional sustenance, assistance, and resources in time of need, who provide feedback and who share standards and values."

[274] Pines (in Farber 1985, 156): „Social support systems...consist of enduring interpersonal ties to a group of people who can be relied upon to provide emotional sustenance, assistance, and resources in time of need, who provide feedback and who share standards and values."

[275] Pines, On Burnout and the Buffering Effects of Social Support, in: Farber 1985, 155-174, 157.

[276] So Pines, ebd. 156.

[277] Pines&Aronson 1987, 152.

showed that persons who perceived little or no familiy support were the most burned-out."[278]

1. 4. 3. Therapie

Ist die Prävention nicht geglückt und haben die individuellen Bewältigunsstrategien nicht länger Erfolg, sieht sich ein Individuum also mit voller Wucht in den Mahlstrom einer sich entfaltenden Burnoutdynamik hineingezogen und erlebt ebenso hilflos wie erschrocken die progressive Auflösung seiner inneren Integrität, wird ihm nur noch mit therapeutischen Maßnahmen zu helfen sein. Wie bei jeder Gesundheitseinschränkung gilt aber auch hier: Unabdingbare Voraussetzung einer sinnvollen Therapie ist die differenzierte Diagnostik. Im Zusammenhang mit Burnout ist es grundsätzlich wichtig, im Auge zu behalten, daß es sich dabei im Kern nicht um eine psychische, sondern um eine soziale „Erkrankung" handelt, um eine Belastungsreaktion, die aus arbeitsorganisatorischen und sozialpsychologischen Zuammenhängen resultiert, dann allerdings von psychischen Krankheitssymptomen begleitet sein kann. Entscheidend für eine sachgerechte Therapie des Burnoutsyndroms ist also vor allem seine Abgrenzung gegenüber psychischen Erkrankungen, inbesondere aus dem depressiven Formenkreis. Die Burnoutsymptomatik kann - wie mehrfach ausgeführt - wesentlich beeinflußt werden durch eine Veränderung der Situation oder, falls dies nicht ohne weiteres möglich ist, durch Stärkung und Erweiterung der individuellen Bewältigungsmöglichkeiten. Eine verantwortungsvolle Burnouttherapie wird also vor allem auf arbeitsorganisatorische sowie verhaltens- und psychotherapeutische Interventionen abzielen, darüber hinaus ggf. auch versuchen, tiefliegende Ursachen einer übersteigerten altruistischen Einstellung in einem längeren psychoanalytischen Prozess zu bearbeiten. Eine psychiatrisch-medikamentöse Therapie ist dagegen - im Gegensatz z. B. zur Depression - allenfalls zur Behandlung bestimmter Begleiterscheinungen angebracht.

Eine Bedingung dafür, daß eine sinnvolle Therapie eingeleitet werden kann, ist sicherlich auch die Sensibilität von Vorgesetzten und KollegInnen für die beschriebenen Zusammenhänge. Vorgesetzte, die die Möglichkeit des Ausbrennens von MitarbeiterInnen weit von sich weisen, wirken hier ebenso blockierend, wie KollegInnen, die entsprechende Reaktionen Betroffener als Simulation abtun oder als Schwäche belächeln. Eine verantwortungsvolle Firmenleitung wird es dagegen als wichtiges Alarmsignal betrachten, wenn an bestimmten Arbeitsplätzen gehäuft Burnout-Reaktionen auftreten und den Betroffenen nicht nur therapeutische Hilfen ermöglichen und den therapeutischen Prozess mit flankierenden Maßnahmen fördern, sondern vor allem notwendige Veränderungen bei den Arbeitsabläufen in die Wege leiten.

---

[278] Jones John W., Diagnosing and Treating Staff Burnout Among Health Professionals, in Jones 1982, 107-126, 111.

Etliche Burnoutforscher schlagen auch die Inanspruchnahme bestimmter psychologischer Konzeptionen zur Unterstützung von Diagnostik und Therapie des Burnoutsyndroms vor. So sieht zum Beispiel Jones in der „Rational-emotiven-Therapie" (RET) einen geeigneten methodischen Ansatz für therapeutische Interventionen auch in Bezug auf Burnout. Diese und andere Formen der vor allem von Ellis, Beck und Meichenbaum entwickelten „kognitiven Therapie" gehen davon aus, daß seelisches Leiden und psychische Krankheiten im Grunde auf „falsche Vorstellungen" und „fehlerhafte Denkmuster" zurückzuführen sind. Ziel der Therapie ist nach Ellis nicht in erster Linie die Bearbeitung der Gefühle, sondern die Aufarbeitung und Veränderung der gedanklichen Bewertung eines Ereignisses. Jones nennt einige solcher evtl. bei der Burnoutentwicklung mitwirkenden „negativen Denkmuster":

„I tend to view things as awful and catastrophic when I get seriously frustrated, treated unfairly, or rejected.
My emotional misery comes from external pressures and I have little ability to control or change these feelings.
When confronted with a dangerous or fearsome situation, I tend to preoccupy myself with the frightening details of the situation and I become anxious.
I feel it is awful if I do not find good solutions to life's grim realities.
I must have love and approval from all persons I find significant in my life.
I believe that I must always prove thoroughly competent, adaequate and achieving."

Jones konstatiert: „It is hypothesized that RET and other cognitive therapies can help burned-out health professionals to listen for the presence of maladaptive self-statements and beliefs that „fuel" their burnout."[279]

Cherniss wiederum stützt sich bei seinen Überlegungen zum Teil auf Seligmans „Theorie der erlernten Hilflosigkeit", nach deren Auffassung die letztendliche Ursache aller Selbstblockaden in der festen Überzeugung besteht, daß man keine Kontrolle über wichtige Belohnungen oder Bestrafungen hat - ein Glaube, der sich aus früheren Erfahrungen von Hilflosigkeit gebildet hat. „Workers are strongly motivated to achieve a sense of efficacy and psychological success in their work, but their efforts are frustrated in a work setting characterized by unpredictability and lack of personal control. When staff chronically feel ineffective, unsuccessful, and powerless, learned helplessness is a likely outcome." [280]

---

[279] Jones John W., Diagnosing and Treating Staff Burnout Among Health Professionals, in Jones 1982, 107-126, 116. 121. - Zur „RET" vgl. Beck 1967 und 1981; Beck et al. 1996; Beck&Shaw, in: Ellis/Grieger (Hg.) 1979; Quekelberghe 1979; Meichenbaum 1979; Ellis 1974; 1979; 1982.
[280] Vgl. Cherniss 1983, 55-60, 60. Vgl, Seligman 1975, 1983.

INNENANSICHT I

2. DAS BURNOUT-SYNDROM ALS LEBENSKRISE

2.1. „UND OB ICH SCHON WANDERTE IM FINSTEREN TAL" – KRISENBEWÄLTIGUNG ALS ARBEIT DER SEELE

Das Erleben von zunehmendem Überdruss im Beruf, möglicherweise gekoppelt mit der Erfahrung gehäufter Konflikte und Situationen des Versagens, kann sich schnell zu einer existenzbedrohenden Krise steigern. Burnout - so wird es von Betroffenen berichtet - ist eben kein harmloser Erdstoß, durch dessen Erschütterung das vertraute Gehäuse eines festgefügten Sinn-, Sitten- und Identitätsgebäudes einmal oder ein paarmal kurz erzittert, sondern eine verheerende Dürre, deren Gewalt das Wasser versiegen, Blüten verdorren und den Boden des Lebens aufbrechen läßt. Wer ganz in die Wüste des Burnout getrieben wird, sieht sich auf einmal mit existentiellen Grenzen konfrontiert - den Grenzen seiner Kraft, seiner Hoffnung, seines Vertrauens, ja seiner Lebensmöglichkeiten überhaupt. Grundfragen des Daseins treten bedrängend in den Vordergrund: Wer bin ich? Wozu lebe ich? Was kann ich (noch)? Wer oder was trägt mich? Wie finde ich wieder Zugang zu Quellen der Kraft? Burnout ist eine Grenzerfahrung, wie sie härter kaum sein kann.

Um die Bedeutung und die Implikationen dieser Tatsache in ihrer ganzen Tragweite zu überblicken, will ich nun ausführlicher auf die Besonderheiten solcher Grenz- und Krisenerfahrungen eingehen. Indem so grundlegende Bedingungen menschlicher Krisennot und ihrer Überwindung in den Blick kommen, erschließen sich auch - gleichsam von der Innenseite her - noch einmal wichtige Tiefendimensionen des Burnoutsyndroms und seiner Bewältigung. Nachdem ich mich bisher dem Problemkreis mehr von der Außenseite, über Definitionen sowie eine Beschreibung der Symptomatik und ihrer Ursachen genähert habe, erscheint mir dies im Interesse einer ganzheitlichen Annäherung an die Thematik nun geboten und sinnvoll. Der Grundgedanke dabei ist: Jede Krise hat bestimmte, weitgehend identische Strukturelemente, die sich so auch in der Burnoutkrise identifizieren lassen. Zugleich verläuft die Bewältigung jeder Krise über bestimmte, typische Stufen und Schritte, die es folglich auch bei der Überwindung des Burnout zu beachten gilt. Auch hat eine Krisenintervention und -begleitung, die hilfreich sein soll, bei jeder Lebenskrise bestimmte gleichbleibende Grundregeln zu befolgen, was wiederum ebenfalls für die Situation des Ausbrennens gilt.

Daß in den folgenden Ausführungen - wie übrigens auch in den vorangegangenen -, schon im Vorgriff, wenn auch noch implizit, zugleich die Burnoutproblematik von Pfarrerinnen und Pfarrern verhandelt wird, muß nicht eigens betont werden.

2.1.1. Grenzerfahrungen und Krisen gehören zum Leben

2.1.1.1. Kontingenzerfahrung als Element der conditio humana

Niemand ist davor gefeit, mitten im Leben plötzlich an seine Grenzen zu stoßen und mit etwas konfrontiert zu werden, das er nicht steuern kann, das aber entscheidende Auswirkungen auf sein Leben und die Qualität dieses Lebens hat. Soeben noch freudig und getrost mit „beiden Beinen" im Leben, kann der Boden des Daseins auf einmal brüchig werden und Abgründe freigeben. Das können äußere Ereignisse sein, Fehler (ob selbstverschuldet oder unverschuldet), Unfälle, Katastrophen, wirtschaftliche oder politische Entwicklungen. Das können aber auch Vorgänge im Körper sein: Vielleicht entdeckt man eines Morgens den Knoten unter der Haut, der das Leben radikal verändern wird. Oder es sind Entwicklungen in der Psyche, der Seele: Vielleicht ist es das Erschrecken über das plötzlich wahrgenommene Altern oder die Gewalt einer unglücklichen Liebe. Von einem Augenblick zum andern, soeben noch mitten im Leben, wird ein Mensch manchmal an dessen Grenzen geführt - und es ist nichts Außergewöhnliches, wenn es geschieht. Erfahrungen des Scheiterns, Versagens, Verlierens gehören zum Dasein, so wie der Tod. Nur, wir akzeptieren sie nicht. Wie den Tod verdrängen wir auch die Tatsache, daß unsere Tage nicht zwangsläufig ruhig und angenehm verlaufen müssen. Wenn uns dann etwas den Weg versperrt, begehren wir auf. „Warum gerade ich?" bricht es voll Zorn aus den Gequälten heraus. Die wenigsten fragen umgekehrt - wenn es gut geht ebenso, wie wenn sie getroffen wurden - „Warum gerade ich nicht?"[1]

Niemand ist davor gefeit, daß ihm etwas widerfährt, das mit einem Mal alles, das bisher Erreichte und das für die Zukunft noch Erwünschte, in Frage stellt. Und genau dort, wo das Alte, Gewohnte, Vertraute ins Wanken geraten ist und nicht mehr trägt, Neues sich aber noch nicht ankündigt am Horizont, ist die Nahtstelle, an der Verzweiflung und Angst wie Magma aus den Brüchen des Bodens hervorquellen und die innere Landschaft in Brand stecken können. Diese Nahtstellen freilich sind unterschiedlich gezogen. So kann jemand der querschnittgelähmt wurde, seinen Humor behalten und schließlich sogar zu einem noch tieferen Zutrauen zum Leben finden, während ein anderer Suizidgedanken entwickelt, weil ihm vielleicht ein Zeh amputiert werden muß. So vermag jemand in jungen Jahren etwas leicht wegzustecken, das ihn im Alter zu Boden wirft oder umgekehrt. Es ist die innere Antwort auf die äußeren Gegebenheiten, die Art, wie die Seele umgeht mit diesen Erlebnissen, die von der Mitte des Lebens an dessen Ränder führt - oder eben erneut zur Mitte und auf noch festeren Grund.

---

[1] Vgl. Schuchardt 1996, 29.

2.1.1.2. Grenz- und Kontingenzerfahrungen als Krisenerfahrung

Normalerweise wird, wer an die Grenzen kommt bzw. sich in seinem Leben mit Entwicklungen konfrontiert sieht, die er nicht in der Hand hat, in eine Krise gestürzt. Je nachdem, wie intensiv und bedrohlich solche Erfahrungen sind, kann daraus eine leichtere, eine ernste oder möglicherweise sogar eine lebensgefährdende Krise erwachsen. Die Krise ist die Reaktion der Seele auf die Grenze. Das Durchleiden von Krisen ist die Art, wie unser Inneres mit Grenzerfahrungen umgeht, sie bearbeitet und (hoffentlich) schließlich bewältigt. Wichtig ist, in diesem Zusammenhang zu verstehen: Die Krise mit ihren gefühlsmäßigen Repräsentanzen der Angst und Verzweiflung, der Wut und der Orientierungslosigkeit ist keine Krankheit, sondern eine *gesunde* Reaktion. Das Durchleben und Durchleiden der Krise ist notwendig zur Bewältigung der Grenzerfahrung. Pathologische Züge hat es dagegen, wenn jemand durch bestimmte Erlebnisse nicht in eine Krise gerät.

Was aber ist nun das Wesen von „Krisen"? Diese Frage zu klären ist so einfach nicht. Mit Bedacht konstatiert Bühl: „Crisis is a term almost as ill defined as burnout."[2] Schon 1968 ermittelten Schulberg und Sheldon in der bis dahin verfügbaren Literatur fünf Bedeutungsvarianten des Krisenkomplexes:

- Krisen sind „externe Situationen" wie beispielsweise Arbeitslosigkeit oder Katastrophen - Situationen also, die durch vom Individuum nicht steuerbare Entwicklungen in seiner Umwelt hervorgerufen werden.
- Krisen sind die individuellen Wahrnehmungen eines Ereignisses durch eine Person. Die subjektive Definition entscheidet darüber, ob eine Krise entsteht oder nicht - genauer: Die Krise *ist* diese subjektive Interpretation.
- Eine Krise ist ein charakteristisches klinisches bzw. klinisch relevantes Syndrom von Merkmalen, darunter vor allem Erhöhung innerer Anspannung, emotionale Erregung, negative Gefühle und Desorganisation in Handlungsfunktionen.
- Krisen beziehen sich auf eine Interaktion zwischen einem subjektiven Zustand und einer objektiven Umweltsituation. (Hier klingt der „transaktionale Ansatz" von Lazarus schon an).
- Krisen sind kritische Rollenübergänge, die an verschiedenen Stellen des Lebenslaufes auftreten können. Solche Rollenübergänge können die Folge von Veränderungen im Lebensraum, aber auch von (altersbezogenen) normativen Erwartungen sein.[3]

Nach Reiter und Strotzka sind Krisen charakterisiert durch:

- vorwiegend akute Ereignisse und/oder Erlebnisse,
- die überraschend eintreten,
- in der Regel einen Verlust mit sich bringen,

---

2 Bühl 1984, zit. nach Ulich 1987, 6.
3 Vgl. Schulberg & Sheldon 1968.

- den Charakter des Bedrohlichen haben, da sie
- Ziele und Werte in Frage stellen;
- von Angst, Insuffizienzgefühlen und Hilflosigkeit begleitet sind;
- Entscheidungen und Anpassungsleistungen in relativ kurzer Zeit erzwingen, dabei die Problembewältigungskapazität aufs äußerste beanspruchen bzw. überfordern;
- deren Ausgang ungewiß ist und die
- die Chance zur Neuorientierung bieten.[4]

Heute ist man sich in der Forschung einig, daß eine Krise als ein psychisches Prozessgeschehen zu bestimmen ist, dessen Verlauf sich über eine längere Zeitspanne erstreckt, das ein starkes seelisches und körperliches Energiepotential bindet und mehr oder weniger alle Persönlichkeitsbereiche in Mitleidenschaft zieht. Von anderen Formen der Belastung unterscheiden sich Krisen vor allem durch ihre spezifische Intensität der Bedrohung, Überforderung, starken Anspannung, Ungewißheit und Hilflosigkeit.

Eine Analyse von naiv-psychologischen und theoretischen Begriffsbestimmungen ergibt, daß wir im Alltag und in der Psychologie typischerweise dann von einer Krise sprechen:

- wenn sich für jemand negative Veränderungen bedrohlich zuspitzen und dramatisieren;
- wenn die Person „als ganze" in ihrem Selbst und in ihrer Identität betroffen ist;
- wenn die Person die Veränderung als Unterbrechung und Destabilisierung erlebt;
- wenn dem Geschehen zugleich eine bestimmte Verlaufsstruktur und eine bestimmte Dynamik (zum Schlechten oder Guten) innezuwohnen scheint, die von der Person als Beschleunigung ihrer Zustandsänderungen, manchmal auch als Handlungs- und Entscheidungsdruck erlebt wird;
- wenn die erlebten Belastung trotz ihres akuten Verlaufs als zeitlich begrenzt erlebt werden;
- wenn Stimmungsschwankungen, Ambivalenzen und Unsicherheiten im Hinblick auf „Lösungen", Auswege und Selbsteinschätzung zentral sind.

Somit läßt sich eine Krise verstehen als „ein belastender, temporärer, in seinem Verlauf und seinen Folgen offener Veränderungsprozess der Person, der gekennzeichnet ist durch eine Unterbrechung der Kontinuität des Erlebens und Handelns, durch eine partielle Desintegration der Handlungsorganisation und eine Destabilisierung im emotionalen Bereich."[5]

Strukturelemente jeder Krise sind jedenfalls ihre Unverfügbarkeit und ihre Ambivalenz. Die Bedeutung und der Ausgang einer Krise ist über die längere Zeit ihrer Dauer offen: Sie kann zum Schlechteren führen oder zum Besseren. Ver-

---

[4] Vgl. Reiter & Strotzka 1977, 16.
[5] Ulich 1987, 51f.

schiedene Dimensionen des Krisengeschehens erschließen sich bereits über die Wortbedeutung: Das Wort „Krise" kommt bekanntlich von griechisch „κρίνειν": „sondern", „schneiden", „trennen". Eine Krise läßt sich in der Tat als eine Schnittstelle im Leben verstehen, an der bisher ganz Gewesenes aufbricht und auseinanderzureißen droht. Wie ein Schnitt etwas in zwei Hälften teilt, so zerschneidet die Krise den inneren Lebensentwurf und wird zu einem Scheidepunkt, an dem der weitere Weg in die eine oder andere Richtung gehen kann. Der Wortstamm läßt aber auch die Bedeutung einer „Unterbrechung" assoziieren. Krisen sind unwillkommene, schmerzhafte, belastende Unterbrechungen der alltäglichen Lebensvollzüge, der Kontinuität des Erlebens und Handelns.

Das Wort „κρίσις" hat im Griechischen auch die Bedeutung von „Kampf", „Streit", „Entscheidung". Und genau das ist ja die emotionale Situation: Die Innenwelt ist in Aufruhr geraten. Das gewohnte, vertraute Daseinsverständnis und Selbstbild liegt im Streit mit Tendenzen, die auf eine Neuorganisation und Neuinterpretation der Existenz hinzielen. Thea Bauriedl bemerkt in diesem Zusammenhang: „In einer Krisensituation befinden sich ein oder mehrere Individuen im Zustand eines unausgetragenen Konflikts, der danach drängt, ausgetragen zu werden. Eine Krise ist eine Entscheidungssituation, in der die Frage deutlich wird, ob alles beim alten bleiben soll, beziehungsweise so werden soll, wie es immer oder vor der Krise war, oder ob sich etwas verändern darf und muß."[6] Das Risiko ist hoch, der Kampf anstrengend und gefährlich. Man kann viel gewinnen. Die immer stärkere Spannung zwischen Altem und Neuem kann aber auch Abgründe aufreißen, in denen man möglicherweise verloren geht. Diese Ambivalenz wird eindrucksvoll in der chinesischen Sprache zum Ausdruck gebracht, wo das Schriftzeichen für „Gefahr" zugleich auch „Chance" bedeutet. Die Krise führt uns in das Schattenreich unserer Person, aber auch zu deren Potentialen. In der Entwicklung neuer Fähigkeiten und Stärken, eines erweiterten Selbst- und Weltbildes liegt die Chance jeder Lebenskrise.

„Κρίσις" bedeutet im Neuen Testament schließlich auch „Gericht", „Endgericht", „jüngstes Gericht".[7] In einer Lebenskrise erleiden die Betroffenen gleichsam das Fegefeuer oder gar die Höllenqualen schon jetzt. Dieses Feuer kann vernichten, aber auch läutern, festigen, härten. Elisabeth Kübler-Ross hat es einmal so ausgedrückt: „Wenn Sie - symbolisch gesprochen - wie ein Stein in eine Schleifmaschine geraten, hängt es ganz von Ihnen selbst ab, ob Sie darin total zermürbt oder zerschlagen werden oder ob Sie daraus hervorgehen als ein strahlender Diamant",[8] - wobei man einschränkend anmerken muß, daß das Gelingen eben doch nicht *nur* von einem selbst abhängt, sondern auch von einer

---

6 Bauriedl 1985, 115.
7 Vor allem bei Johannes und in den katholischen Briefen. „Damit kommt in dem Wort κρίσις die Bedeutung: Entscheidung, Scheidung wieder zur Geltung." (Friedrich Büchsel, Artikel κρίσις, in: Kittel Bd.III, 942f.
8 Kübler-Ross 1991, 22.

hilfreichen Begleitung und von Gottes Erbarmen. Die Verzweiflung und der innere Kampf, in den die Krise verstrickt, treibt unüberhörbar auch die Frage nach dem, was im Leben wirklich trägt, an die Oberfläche. In den Gefühlsturbulenzen der Krisensituationen entfalten nicht nur destruktive Impulse ihre Macht, auf dem Grund werden auch häufig diejenigen Kräfte spürbar, die ins Leben zurückführen. Klassisch hat dies einst Hölderlin formuliert:

> „Nah ist und schwer zu fassen der Gott.
> Wo aber Gefahr ist, wächst das Rettende auch."

Erst wenn die Verzweiflung zur völligen Desintegration der Persönlichkeit führt oder wenn die graue Schwester der Verzweiflung, die Depression, die Oberhand gewinnt, wenn das lebendige Feuer des Aufruhrs erlischt und sich das verflüssigte Gestein eingefahrener Gewohnheiten und Sichtweisen wie erkaltende Lava als graue, harte Kruste über die Seelenlandschaft legt, ist der Zeitpunkt gekommen, an dem therapeutisch interveniert werden muß.

2.1.2. Aspekte der Krisenforschung

Grenz- bzw. Krisenerfahrungen und ihre Bewältigung waren seit jeher ein Kernthema religiöser und philosophischer Weisheit. Im Zuge der neuzeitlichen Ausdifferenzierung der Humanwissenschaften wurden sie nun auch zum Gegenstand medizinischer, psychologischer und sozialwissenschaftlicher Forschung.

1909 veröffentlichte der Soziologe W. I. Thomas zusammen mit Znaniecki seine bedeutende Untersuchung über den „Polnischen Bauern in Europa und den USA", die von vielen als eines der frühesten Werke der Krisenforschung betrachtet wird. Thomas gebrauchte darin den Begriff der Krise für Ereignisse, die sowohl von Individuen als auch Gruppen erfahren werden können und gleichermaßen eine Bedrohung, Herausforderung und Belastung darstellen, wie auch eine Aufforderung zu Aktivitäten mit dem Ziel einer Neuorganisation des Lebens oder Gemeinwesens beinhalten. Nach seiner Auffassung sind Krisen, die er bereits als komplexe Einheiten von Belastung *und* Bewältigung verstand, vor allem als Organisationsprinzipien für persönliche und soziale Entwicklung zu sehen.[9]

Unter den frühen systematischen Untersuchungen zur Krisenproblematik nehmen die Arbeiten von Lindemann und Caplan eine herausragende Stellung ein.[10] Eine erste, vielfach als Meilenstein angesehene Studie zur Krisenpsychologie hatte Lindemann 1944 unter dem Titel „Symptomatologie und Therapie bei akuter Trauer" veröffentlicht. Darin befaßte er sich unter anderem mit der

---

[9] Vgl. Ulich 1987, 6f.
[10] Vgl. Lindemann 1944; Caplan 1963 und 1964.

Situation der überlebenden Opfer der verheerenden Brandkatastrophe des Coconut-Crove Nachtlokals in Boston 1942, bei der 491 Menschen umgekommen waren. Neu gegenüber der traditionellen, damals noch weitgehend psychoanalytisch orientierten Psychologie war bei Lindemanns Ansatz, daß er eine unmittelbar nach dem traumatisierenden Ereignis angreifende, auf das katastrophische Erleben und seine Gefühlsrepräsentanzen fokussierte Therapie favorisierte, die sich nicht mit einer langwierigen Anamnese von Biographie und Persönlichkeitsstruktur aufhalten sollte. Als „Krise" verstand Lindemann die Situation des Verlustes *einschließlich* der traumatischen Erfahrung.

Die Ausformulierung der ersten krisentheoretischen Ansätze zu einer einheitlichen Theorie war dann die Leistung von Caplan. Er sah das typische Charakteristikum von Krisen im Umschlagen oder Umkippen des inneren Kräftegleichgewichtes von Personen und der daraus resultierenden „Unordnung" bzw. Verwirrung der Psyche. Krisenanlässe sind nach seiner Anschauung vor allem Störungen im Feld der sozialen Kräfte, in dem sich das Individuum befindet. Als innerer Auslöser der Krise fungiert die Konfrontation mit Problemen, die zum gegenwärtigen Zeitpunkt für die jeweilige Person nicht zu bewältigen sind. Dadurch steigen innere Spannung und Unwohlsein und es kommt schließlich zu einer Desorganisation der Anpassung an die Umwelt. Entsprechend lautet die Krisendefinition Caplans: „Eine Krise ist eine relativ kurze Periode psychischen Ungleichgewichts in einer Person, die sich bedrohlichen Umständen gegenübersieht, welche für sie ein bedeutsames Problem bilden, dem sie zum gegebenen Zeitpunkt weder entfliehen noch mit ihren üblichen Problemlösungsmöglichkeiten begegnen kann."[11] Caplan zieht verschiedene Schlußfolgerungen:

1. Das Verhalten während der Krise ist bestimmt durch die Interdependenz und gegenseitige Einwirkung von mindestens vier Faktoren: a) der Situation, b) der Persönlichkeitsmerkmale, c) kultureller Faktoren und d) der Interaktionen mit bedeutsamen anderen Personen.
2. Das Verhalten in Krisen läßt sich in eine begrenzte Anzahl von Verhaltensmustern klassifizieren.
3. Alle Krisen ähneln einander in bestimmten fundamentalen Merkmalen.
4. Spezifische Faktoren spielen auch eine Rolle, z. B. die Art der Gefahr für die Person, Bewältigungsmöglichkeiten, Unterstützung durch andere etc.

Nach Caplans Ansicht gibt es drei potentielle Entwicklungen von Krisen: 1. Die Adaption bzw. Bewältigung der Problemkonstellation gelingt; 2. es kommt zu einer progressiven psychischen Desintegration; 3. es ändert sich wenig, d. h. der alte Gleichgewichtszustand stellt sich früher oder später wieder ein. Dabei ist zu unterscheiden zwischen „ungesunden" und „gesunden" Anpassungsreaktionen. Ungesunde Bewältigungsversuche liegen vor, wenn:

---

11 Caplan 1964, 53.

- keine Problemanalyse stattfindet, sondern Vermeidung, Verleugnung und Wunschdenken vorherrschen;
- negative Emotionen vermieden oder verleugnet werden oder wenn sie auf andere projiziert werden, wenn also die Schuld anderen zugeschoben wird;
- man seine Aktionen nicht vernünftig einteilen kann, wenn man sich somit vergeblich abmüht und dabei immer mehr erschöpft oder gar nichts unternimmt;
- man keine Hilfe bei anderen sucht oder diese Hilfe nicht akzeptiert;
- man sich bei den Problemlösungsversuchen unflexibel oder stereotyp verhält.

Spiegelbildlich sind als gesunde Problemlösungsversuche anzusehen:

- eine realistische Problemanalyse;
- freies Äußern von negativen Gefühlen;
- aktives Handeln;
- Aufteilen der Problemlösungsversuche in kleine Schritte;
- Bemühen um Aufrechterhaltung einer personalen Integrität und der alltäglichen Routinetätigkeiten, Wechsel zwischen Aktivität und Ausruhen;
- Bereitschaft sowohl zur Meisterung als auch zum Zurückstecken bei unvermeidlichen Verlusten und Problemen, Offenheit für neue Wahrnehmungen;
- grundlegendes Vertrauen in sich und andere sowie Hoffnung, auch im Zustand des Leidens und der Frustration.[12]

In späteren Arbeiten hat Caplan seine Krisentheorie in seine Stresskonzeption integriert.[13]

Rapaport formulierte dann als einer der ersten grundlegende Kriterien für eine allgemeine Krisentheorie:[14]

1. Es werden theoretische Konzepte aus der Psychoanalyse („Kräfte", „Gleichgewicht", „Abwehrmechanismen" u.ä.), aus der Ich-Psychologie sowie aus den Sozialwissenschaften verwendet, um kritische Phasen und Übergänge zwischen Entwicklungsstadien, zwischen normalen und krankhaften emotionalen Zuständen zu beschreiben.
2. Das Krisenkonzept ist auch auf Gruppen und Familien anwendbar.
3. Bei stärkerer Anlehnung an die Psychoanalyse wird Krise als ein Zustand bezeichnet, der die Folge einer Konfrontation mit „gefährlichen" Situationen ist.
4. Die durch eine „gefährliche" Situation hervorgerufenen Probleme können klassifiziert werden: a) als *Bedrohung* von Bedürfnissen oder der Persönlichkeitsintegrität mit der Folge von Angst; b) als *Verlust* oder Gefühl der Deprivation mit der Folge von Depression und c) als *Herausforderung* mit der Folge von Energiemobilisierung und zweckgerichteten Problemlösungsaktivitäten

---

12 Vgl. Ulich 1987, 36.
13 Vgl. z. B. Caplan 1981.
14 Vgl. Rapaport 1962, 200 ff..

5. Auch die Reaktionen lassen sich vorweg klassifizieren in:
   a) solche, die der Bewältigung von belastenden Faktoren (wie beispielsweise der Angst) dienen und b) Problemlösungsversuche, die sich auf die äußere Situation richten. Einige Reaktionen sind als angemessen, andere als unangemessen, also als Mißerfolg, einzuschätzen. Zu letzteren zählen z. B. magisches Denken, Verleugnung, Regression, Somatisierung und Rückzug von der Realität. Problem- und aufgabenorientierte Lösungsversuche schließen auch meist eine kognitive Umstrukturierung ein, dazu ein Aufbrechen des Gesamtproblems in einzelne Teilprobleme, die nacheinander bearbeitet werden können.
6. „Ein Zustand der Krise ist keine Krankheit."[15]
7. Der Prozess der Auseinandersetzung gliedert sich in typische „Phasen".
8. Präventive Intervention soll folgende Reaktionsmuster aufbauen helfen: a) korrekte Realitätswahrnehmung, Informationssuche, bewußtes Umgehen mit Problemen; b) Bewältigung von Gefühlen durch Bewußtmachen und Verbalisieren, um Spannungsreduktion und Beherrschung zu ermöglichen; c) Entwicklung von Fähigkeiten, bei aktuellen Problemen und belastenden Gefühlszuständen Hilfe von anderen, auch von Institutionen zu suchen und zu nutzen.

Entscheidende Impulse erhielt die Krisenforschung auch durch das Werk Eriksons, dessen entwicklungspsychologische Persönlichkeitstheorie von der grundsätzlichen Konflikthaftigkeit menschlicher Existenz und Reifung ausgeht.[16] Erikson differenzierte bekanntlich zwischen traumatischen, neurotischen und entwicklungsbezogenen Krisen - eine Unterscheidung, die von fast allen Krisentheoretikern übernommen wurde. Die entwicklungsbezogenen Krisen - von ihm auch als „normative Entwicklungskrisen" bezeichnet - sind, im Gegensatz zu den beiden anderen Krisengattungen, positiv zu bewerten, nämlich als notwendige Stadien, die der Organismus im Interesse einer gesunden Entwicklung durchlaufen muß. Erikson hält fest, daß sich solche normativen Entwicklungskrisen sich von den traumatischen und neurotischen Krisen insofern unterscheiden, „als der Wachstumsprozess neue Energien und die Gesellschaft neue spezifische Möglichkeiten (je nach den in ihr vorherrschenden Auffassungen der Lebensphasen) bereitstellt".[17] Im Verlauf der Persönlichkeitsentwicklung, die Erikson vor allem als Prozess der Identitätsbildung auffaßt, kommt es zu einem vielfältigen Wechselspiel „ontogenetischer Reifungssequenzen und kultureller Anforderungsmuster"[18], das sich als eine Abfolge krisenhafter Phasen gestaltet, in deren Verlauf es jeweils eine neue Stufe der Identität zu erreichen gilt, und

---

15 Rapaport 1962, 212.
16 Vgl. vor allem Erikson 1974, 1976, 1977.
17 Erikson 1976, 144.
18 Vgl. Brandstädter 1982, 84.

zwar in der Auseinandersetzung mit jeweils entgegengesetzten Wertorientierungen bzw. Thematiken der Selbstinterpretation.[19]

Gegen Eriksons Konzeption wurden schwerwiegende Einwände erhoben, die sich im wesentlichen auf seine individualistische, die soziale Einbindung des Individuums zu wenig berücksichtigende Sicht und seine idealtypische, schematische Auffassung der psychischen Dynamik konzentrieren. Ulich faßt entscheidende Kritikpunkte zusammen: „Obwohl Erikson selbst um die großen interkulturellen Unterschiede von Entwicklungen wußte, hatte er ein starres System sozialer, kultureller und biologischer Einflüsse postuliert, das die Lebensläufe von Personen steuern soll." Zu hinterfragen sei bei ihm vor allem: „Eine Überbetonung kognitiv-willkürlicher Elemente von Entwicklung auf Kosten von sozial-emotionalen Faktoren, eine Überbetonung von Diskontinuitäten auf Kosten anderer Entwicklungsformen, eine Überbetonung universeller Ordnungen und Abfolgen sowie von Irreversibilität auf Kosten einer Analyse intra- und interindividueller Unterschiede, eine Überbetonung illustrativer Beschreibungen auf Kosten von Bedingungsanalysen, ein harmonisierender Optimismus anstelle der genauen Analyse gesellschaftlicher Vorgaben und Zwänge, aber auch Entwicklungschancen, die ihrerseits veränderungsabhängig sind. Zusammenfassend kann man sagen: Erikson bezieht *eine* mögliche Form von Krisen und *eine* mögliche Form von Entwicklung aufeinander, womit er freilich sowohl die Krisenforschung als auch die Entwicklungspsychologie um wesentliche Anregungen bereichert hat."[20]

Neben den von Erikson geprägten entwicklungspsychologischen Krisentheorien entstand in der zweiten Hälfte des vorigen Jahrhunderts eine Vielzahl weiterer psychoanalytischer und sozialpsychologischer Krisenkonzepte.

In der Sicht psychoanalytischer Krisenkonzeptionen werden im Krisenverlauf häufig neurotische oder abgespaltene Konflikte reaktiviert, die dann zu unangemessenen Bewältigungsstrategien führen. Entsprechend wird die Auffassung vertreten, man könne Krisen nützen, um den darin sich äußernden „Grundkonflikt" zu entdecken und so strukturelle Verformungen der Persönlichkeit (und vor allem die Angst vor der, vom Leben immerfort verlangten Wandlung) therapieren. Insofern bedeute nicht die Krise, sondern das Ausweichen vor der Krise die eigentliche Gefahr. Problematisch erscheint an diesem Krisenverständnis jedoch, daß hier eine Art zweiter Realität, nämlich die „eigentliche", „zugrundeliegende" konstruiert wird, über der man leicht den Blick auf die manifeste Ebe-

---

[19] Erikson identifiziert (ebd., 150) insgesamt sieben solcher Entwicklungsstadien mit ihren zugeordneten krisenhaften Konflikten: - Säuglingsalter: Urvertrauen vs. Mißtrauen; - Kleinkindalter: Autonomie vs. Scham und Zweifel; - Spielalter: Initiative vs. Schuldgefühl; - Schulalter: Werksinn vs. Minderwertigkeitsgefühl; - Adoleszenz: Identität vs. Identitätsdiffusion; - Frühes Erwachsenenalter: Intimität vs. Isolierung; - Erwachsenenalter: Generativität vs. Selbstabsorption; - Reifes Erwachsenenalter: Integrität vs. Lebens-Ekel.

[20] Ulich 1987, 67.

ne des Lebensvollzugs verliert. Zu Recht wendet Ulich ein: „Damit reduziert sich nicht nur das gesamte Krisengeschehen auf binnenseelische Vorgänge bzw. strukturelle Relationen (zwischen Ich, Es, Über-Ich), sondern die berichteten psychischen Probleme wie z. B. Trauer erklärt man in ziemlich rechthaberischer Weise zu bloßen Oberflächenphänomenen, die gegenüber den 'eigentlichen', angeblich zugrundeliegenden Strukturproblemen sekundär seien. Wenn man dann noch die positiven Seiten einer Krise 'als Chance' einseitig betont, kommt zur Realitätsverdoppelung noch eine tendenzielle Verharmlosung aktuellen psychischen Leids hinzu."[21] Bedenkenswert ist in diesem Zusammenhang auch die Anmerkung Brandstädters, daß die Betonung der entwicklungsfördernden Funktion von Krisen leicht zu einer „bequemen Apologie je vorfindlicher krisenhafter Lebens- und Entwicklungsbedingungen mißbraucht werden kann".[22]

Der systemische Ansatz der, ebenfalls in der ersten Hälfte des vorigen Jahrhunderts in den USA enstandenen, gemeindenahen psychosozialen Gesundheitsfürsorge greift hier offensichtlich tiefer, weil er auch die gesellschaftlichen Umweltfaktoren in das Krisengeschehen mit einbezieht.[23]

Einen Ansatz eigener Art vertritt Hans Thomae mit seinem Personkonzept.[24] Zentrale Kategorien dieses Konzeptes sind die je eigenen „Daseinsthemen", die eine Person bewegen und die speziellen „Daseinstechniken", die sie zu deren Verwirklichung entwickelt hat. Diese Daseinstechniken sind zu verstehen als habituell gewordene Wahrnehmungs-, Verarbeitungs- und Handlungsmuster, die sich das Individuum im Laufe seiner Lebensjahre in der Auseinandersetzung mit bedeutsamen Ereignissen und Erfahrungen angeeignet hat, und mit deren Hilfe es seiner Umwelt und seinem eigenen Handeln Sinn verleiht sowie die Bewältigung von Anforderungen steuert. Sie aktualisieren sich expansiv, regulativ und/oder normativ und in drei Dimensionen: thematisch, d.h. an Sinn und Bedeutung orientiert, instrumentell und expressiv. Thomae unterscheidet fünf „Grundklassen" dieser Daseinstechniken: 1. effektives Verhalten oder Leistung, 2. Anpassung, 3. defensive Techniken, 4. evasive Reaktionen und 5. aggressive Techniken.[25]

Zu Krisen kommt es in dem Maße, in dem sich die angeeigneten Daseinstechniken als insuffizient für die Aufrechterhaltung der jeweils so strukturierten Welt

---

21 Ebd., 11.
22 Brandstädter 1982, 86.
23 Vor allem seitens der amerikanischen Psychologie wurde in den 60er Jahren immer vehementer die Ergänzung individualtherapeutisch-korrektiver Ansätze durch sozialsystem- und gemeindeorientierte Präventionsstrategien gefordert. Dies führte schließlich zur Entwicklung der „Gemeindepsychologie" (community psychology), die seit 1965 eine eigene Sektion der 'American Psychological Association' bildet. (Gründungskonferenz in Boston 1965).
24 Vgl. Thomae 1968 u. 1955. Meine Darstellung folgt Ulich 1987, 108 ff.
25 Vgl. Thomae 1968, 399.

und des eigenen Lebensvollzuges und -planes erweisen. Dann wird entweder eine Neuinterpretation der Welt und des eigenen Lebens oder eine Modifizierung bzw. Neuorganisation von Daseinstechniken erforderlich. „Aus der Sicht von Thomae sind Krisen in erster Linie Entscheidungskrisen, in denen es auf der Grundlage emotionaler Betroffenheit zu Veränderungen der Dominanz und Struktur von Daseinsthemen und Daseinstechniken kommen kann."[26]

Lindemann hatte bereits 1956 festgehalten, daß bestimmte außergewöhnliche Belastungssituationen von gewöhnlichem Stress zu unterscheiden sind, beispielsweise der Verlust eines Partners, Berufswechsel oder auch Heirat. Solche kritischen „Lebensereignisse" führen zu erhöhten Anforderungen und Belastungen und setzen entsprechend anstrengende Bewältigungsversuche in Gang, die entweder gelingen oder mißlingen. Zur Krise steigern sich solche Situationen allerdings nur für diejenigen Personen, „die aufgrund ihrer Persönlichkeit, aufgrund früherer Erfahrungen oder anderer Faktoren in der gegenwärtigen Situation durch die gegebene Belastung besonders verletzbar sind und deren emotionale Ressourcen über ihre üblichen Bewältigungsversuche hinaus strapaziert werden."[27]

„Mit dem Begriff „Lebensereignis" sind in der Krisenforschung eher punktuelle, externe Verursacher oder Auslöser von individuellen psychischen Belastungen gemeint, deren Hauptmerkmal darin besteht, daß sie eine qualitative Veränderung der Lebenswelt bewirken, die für die Betroffenen subjektiv bedeutsam und emotional von starkem Gewicht ist und eine Veränderungs- oder Anpassungsforderung beinhaltet. Es handelt sich dabei nicht nur um tätigkeitsbezogene Anforderungen (wie beim Stress), sondern um Bewältigungsanforderungen vor allem im emotionalen Bereich. Das Moment der Unterbrechung, des Einschnitts, der Diskontinuität unterscheidet Lebensereignisse von langfristigen Beeinträchtigungen wie z. B. chronischer Krankheit, belastenden Lebenslagen wie z. B. der Armut oder anderen Dauerbelastungen wie etwa einer schlechten Partnerbeziehung. Die Weisheit der Religionen ist sich freilich seit jeher der Brisanz solcher kritischen Lebensereignisse bewußt und begleitet die Betroffenen mit schützenden und stärkenden „Rites de Passage".[28]

Heute gibt es eine Vielzahl von Veröffentlichungen zur Kriseninterpretation und -begleitung. Längst hat sich die Krisenforschung zu einem disziplinübergreifenden Projekt entwickelt. Daß sie sich immer noch als eigenständige Forschungsrichtung behauptet und nicht in anderen Strömungen wie etwa der Life-Event-Analyse, der Stress- und Coping-Forschung oder der Social-Support-For-

---

[26] Ulich 1987, 112.

[27] Lindemann 1956.

[28] Vgl. das nach wie vor aktuelle klassische Werk von Arnold van Gennep: Übergangsriten, Frankfurt 1986. Zur psychologischen Bedeutung der christlichen Passageriten, der sog. „Kasualien" vgl. Riess: „Die Krisen des Lebens und die Kasualien der Kirche", in: Ders. 1987, 115-126.

schung aufgegangen ist, verdankt sie wohl nicht zuletzt der Tatsache, daß sie so eindeutig auf die psychische (Innen-)Seite der Auseinandersetzung mit potentiell belastenden Situationen fokussiert. Ulich hebt hervor: „Im Vergleich zu gängigen Stresskonzepten und anderen eher kognitiv-handlungstheoretischen Konzepten in der Belastungs-Bewältigungs-Forschung betont der Krisenansatz sehr viel eindeutiger die *emotionale* Komponente von Belastung. Dies ist insbesondere den Protagonisten der 60er Jahre wie z. B. Caplan zu danken. Da auch in der Belastungs-Bewältigungs-Forschung in den letzten zwanzig Jahren die emotionalen Anteile der Persönlichkeit, des Erlebens und des Verhaltens immer mehr zugunsten der (vermeintlichen) kognitiven zurückgedrängt wurden, kann das Krisenkonzept hier eine wichtige korrektive Funktion übernehmen."[29]

2. 1. 3. Zum Profil von Lebenskrisen

2. 1. 3. 1. Verschiedene Ursachen - einheitlicher Verlauf

Erika Schuchardt unterscheidet diverse Krisen auslösende Grenzerfahrungen:[30]

- Kritische Lebensereignisse (Trennung und Verlassensein; Verfolgung und Gefangensein; Sterben und Tod; allgemeine Lebensstörungen);
- Langfristige Krankheiten (Aids; Krebs; Multiple Sklerose; Psychische Störungen; Sucht);
- Behinderungen (Geistige Behinderungen; Körperbehinderungen; Verhaltensstörungen; Sinnesbehinderungen; Sprachstörungen).

Nach einer anderen Einteilung lassen sich Krisen bzw. ihre Auslöser klassifizieren als:

- Reifungs- und Entwicklungskrisen;
- Glaubenskrisen;
- Verlustkrisen (auch traumatische Krisen genannt);
- Überforderungskrisen.

Die klarste und einfachste Einteilung ist nach wie vor die auf Erikson zurückgehende Unterscheidung in Entwicklungskrisen und „akzidentielle" Krisen, also in Krisen, die als obligatorische „Reifungsschritte" in der Grundstruktur unserer menschlichen Psyche verankert sind und solche, die durch bestimmte Ereignisse ausgelöst werden.

Um die Klassifizierung solcher kritischer Lebensereignisse haben sich in den sechziger Jahren neben anderen Thomas Holmes und Richard Rahe bemüht.

---

[29] Ulich 1987, 57. Zur gegenwärtigen Lage der Krisenforschung vgl. sein Schaubild ebd. auf S. 59 „Krisenrelevante Forschungsansätze im Überblick".
[30] Schuchardt 1996, 45f. (=Schaubilder).

1967 veröffentlichten sie eine Rangabfolge von 43 (potentiell) Krisen auslösenden Belastungen bzw. Ereignissen:[31]

Ereignis	Punkte	Ereignis	Punkte
Tod des Ehepartners	100	Kinder ziehen aus	29
Scheidung	73	Konflikte mit Verwandten	29
Trennung	65	Persönlicher Erfolg	28
Haft	63	Pensionierung des Partners	26
Tod naher Angehöriger	63	Beginn einer Ausbildung	26
Körperliche Krankheit	53	Änderung v. Gewohnheiten	24
Heirat	50	Konflikte mit Vorgesetzten	23
Kündigung	47	Änderung der Arbeitszeit	20
Versöhnung in der Ehe	45	Änderung der Wohnverhältnisse	20
Pensionierung	45	Änderung in der Schule	20
Krankheit in der Familie	44	Änderung im Freizeitverhalten	19
Schwangerschaft	40	veränderte kirchliche Aktivitäte	19
Sexuelle Probleme	39	veränderte soziale Aktivitäten	18
Familienzuwachs	39	Kredit unter 25000,- ($)	17
Berufliche Veränderung	39	veränderte Schlafgewohnheiten	16
Wirtschaftliche Veränderg.	38	Änderung bei Familientreffen	15
Tod eines nahen Freundes	37	Änderung bei Eßgewohnheiten	15
Berufswechsel	36	Urlaub	13
Ehelicher Streit	36	Weihnachten	12
Kredit über 25000,- ($)	36	kleinere Gesetzesübertretungen	11
Pfändung	31		

Sie fanden heraus, daß 49 Prozent der Personen, die innerhalb von zwölf Monaten 300 Punkte erreicht hatten, körperlich oder seelisch erkrankten, aber nur 9 Prozent der Personen, die unter 200 Punkten lagen.

Freilich ist diese Aufstellung mit Vorsicht zu behandeln. Es ist, wie bereits gesagt, individuell verschieden, wie die einzelnen Situationen bewertet werden und ab wann sie als Krisenauslöser fungieren. Auch ist es oft so, daß nicht ein Ereignis allein die Krise auslöst, sondern erst das Zusammenspiel mehrerer. Durchweg aber handelt es sich bei den genannten Ereignissen um solche, die eine Veränderung beinhalten oder erfordern. Daß auch gemeinhin als positiv und angenehm bewertete Einschnitte wie zum Beispiel Heirat oder Familienzuwachs zum Auslöser von Krisen werden können, ist nicht schwer nachzuvollziehen, wenn man bedenkt, in welchem Maße dadurch soziale Strukturen verändert und familiäre Systeme aus einem bisher vertrauten Gleichgewicht gebracht werden.

---

[31] Vgl. Holmes/Rahe 1967. Hier zitiert in der Fassung von Bronsberg/Vestlund 1992, 28.

Dem Phänomen daß Glück und Unglück zunächst oft gar nicht auseinander zu halten sind, hat Dietrich Bonhoeffer eindrucksvoll sprachlichen Ausdruck verliehen:[32]

Glück und Unglück

Glück und Unglück, die rasch uns und überwältigend treffen, sind sich im Anfang, wie Hitze und Frost bei jäher Berührung, kaum unterscheidbar nah. Wie Meteore aus überirdischer Ferne geschleudert, ziehen sie leuchtend und drohend die Bahn über unseren Häuptern. Heimgesuchte stehen betroffen vor den Trümmern ihres alltäglichen, glanzlosen Daseins.

Groß und erhaben, zerstörend, bezwingend, hält Glück und Unglück, erbeten und unerbeten, festlichen Einzug bei den erschütterten Menschen, schmückt und umkleidet die Heimgesuchten mit Ernst und Weihe.

Glück ist voll Schauer, Unglück voll Süße. Ungeschieden scheint aus dem Ewigen eins und das andre zu kommen. Groß und schrecklich ist beides. Menschen, ferne und nahe, laufen herbei und schauen und gaffen halb neidisch, halb schaudernd, ins Ungeheure, wo das Überirdische, segnend zugleich und vernichtend, zum verwirrenden unentwirrbaren, irdischen Schauspiel sich stellt. Was ist Glück? Was Unglück?

Erst die Zeit teilt beide. Wenn das unfaßbar erregende, jähe Ereignis sich zu ermüdend quälender Dauer wandelt, wenn die langsam schleichende Stunde des Tages erst des Unglücks wahre Gestalt uns enthüllt, dann wenden die Meisten, überdrüssig der Eintönigkeit des altgewordenen Unglücks, enttäuscht und gelangweilt sich ab.

Das ist die Stunde der Treue, die Stunde der Mutter und der Geliebten, die Stunde des Freundes und Bruders. Treue verklärt alles Unglück und hüllt es leise in milden, überirdischen Glanz.

(Dietrich Bonhoeffer)

---

32 Entstanden anläßlich seiner Auslegung der Herrnhuter Losung zum 30.5.1944 (Gen. 39,23: Der Herr war mit Joseph, und was er tat, dazu gab der Herr Glück"); gedruckt in: Dietrich Bonhoeffer, Werke, Bd. 8, 493f.

Übereinstimmend betrachten es die meisten Krisenforscher als Tatsache, daß Krisenerleben und Krisenprozess nach einem vergleichbaren Muster ablaufen - zumindest bei den Menschen unseres Kulturkreises -, unabhängig davon, welcher Art die auslösende Grenzerfahrung war. Erika Schuchardt betont stellvertretend für viele: „Der Lernprozess Krisenverarbeitung verläuft gleichartig bei kritischen Lebensereignissen wie Trennung, Verfolgung, Sterben, ebenso bei Aids, Krebs, psychischen Strungen und bei Behinderungen; er wird dementsprechend diagnostizierbar und in Abhängigkeit von der Person der Betroffenen je spezifisch inertvenierbar."[33]

2.1.3.2. Die Innenseite: Das Durchleiden der Krise

Jede Lebenskrise beginnt mit der Erfahrung einer bedrohlichen Einengung. Das kann eine situative Einengung sein, z. B. die Kündigung mit all ihren weitreichenden Folgen, oder eine körperliche, z. B. der Herzinfarkt, nach dem man nicht mehr so leben darf und kann wie zuvor. Es kann eine seelische Einengung sein, wenn man beispielsweise realisieren muß, daß sich lang gehegte Wünsche und Zukunftsvorstellungen nicht mehr verwirklichen lassen. Gerade diese Infragestellung zentraler Lebensziele kann von den Betroffenen als Gefährdung ihrer zukünftigen (nicht selten auch ihrer bisherigen) Existenz erlebt werden. Besonders in der sensiblen Phase der Lebensmitte kann die Erfahrung der eigenen Grenzen und die Erkenntnis, daß man bestimmte Lebensziele nicht mehr erreichen wird, zum Krisenauslöser werden. Letztlich ist die vielbeschworenen Krise der Lebensmitte auch eine Auseinandersetzung mit dem eigenen Tod und insofern mit dem Sinn des bisherigen Lebens und Lebensentwurfes. Plötzlich wird einem Menschen bewußt, daß mehr als die Hälfte seiner Lebenszeit bereits verstrichen ist. Am einmal eingeschlagenen beruflichen und privaten Weg läßt sich jetzt kaum noch etwas ändern. Nicht mehr die Zukunft, die Vergangenheit erhält das Übergewicht. So beginnt eine kritische Überprüfung der bisherigen Lebenspläne und der eigenen Biographie. „Was kommt jetzt noch?" - diese Frage wird zu einer bedrängenden Herausforderung. Nicht selten ruft sie eine lähmende Empfindung existentieller Leere hervor, weil die alten Lebensziele keine tragfähige Bedeutung mehr haben. Der Verlust von ganz konkreten Wünschen, Hoffnungen und Träumen ist besonders für Menschen lebensbedrohlich, die diese Lebensziele zum einzigen Lebensinhalt gemacht haben.

Lebenskrisen sind komplexe Prozesse, in deren Verlauf für ein Individuum Ordnung, Sicherheit, Struktur und Ausrichtung seines inneren und äußeren Lebens in Gefahr geraten oder sogar verlorengehen. Mit einem Begriff Peter Bergers könnte man auch sagen, die „Plausibilitätsstruktur" der Welt löst sich auf. Was bisher unhinterfragt feststand, das gewohnte Ordnungsschema der Innenwelt, bisherige Selbstverständlichkeiten und Sicherheiten, ja ganze Sinnhorizon-

---

[33] Schuchardt 1996, 55.

te, bricht zusammen unter dem Druck der Krisenerfahrung.[34] Zugleich stellen die Betroffenen erschrocken fest, daß bisher vertraute Problemlösungsstrategien und Bewältigungsmechanismen nicht mehr greifen.

Insofern wird jede Lebenskrise auch zu einer Identitätskrise durch die das Selbstwertgefühl und das Selbstbild, ja die gesamte Integrität der Person in Frage gestellt wird. Mit den vertrauten Lebenskonstruktionen brechen auch die alten Lebenslügen zusammen. In der Krise erfahren wir uns plötzlich als diejenigen, die wir *ohne* unsere Leistungen sind. Die Summe der Irritationen führt dann häufig zu einer fortschreitenden inneren Desorganisation, zu Verwirrung und Hilflosigkeit und den daraus resultierenden Gefühlen der Scham, vielleicht auch der Schuld, zumindest jedenfalls zu einer stark gesteigerten Verletzlichkeit. All dies kann sich schließlich verdichten zu einer Grundstimmung der Hoffnungslosigkeit, der „desperatio". Ein Mensch ohne Hoffnung aber ist extrem lebensgefährdet. Hoffnung ist lebensnotwendig, sie kann Menschen auch in den übelsten Situationen am Leben erhalten, wie nicht nur die Berichte von Schiffbrüchigen oder Kriegsgefangenen belegen. Bezeichnenderweise steht denn auch am Eingang zu Dantes Inferno die Inschrift: „Laßt alle Hoffnung fahren".

Schon im Begriff klingt an, worum es geht: Das lateinische Wort für „hoffen" - „sperare" ist verwandt mit dem Wort „spirare" - „atmen". Wer die Hoffnung verliert, dem geht der Atem aus, dem wird es eng: „angustia", die Enge - die Angst. Von „sperare" und „spirare" ist es auch nicht mehr weit zum „Spiritus", dem Lebensodem und Lebensgeist. Wer in die „de-speratio" fällt, der erlebt sich zunehmend vom Lebensatem abgeschnitten und so heißt denn „exspirare" nicht nur ausatmen, sondern auch sterben.

Die erste lebensbedrohliche Angst erlebt jeder Mensch bei seiner Geburt. Auf einmal wird das Kind aus der bergenden Wärme der Fruchtblase hinausgedrängt und in den Geburtskanal gepreßt. Die Kontraktionen der Gebärmutter sind eine völlig unbekannte, fremdartige Macht. Der Säugling wird stark zusammengedrückt, erleidet wohl auch einen gewissen Sauerstoffmangel. Das Wohin des Weges liegt noch im Dunkel, zeitweise geht es weder vorwärts noch rückwärts. Der Moment, in dem der neue Mensch dann die Welt erblickt, wird nicht ohne Grund das Geburtstrauma genannt. Ein Blitzgewitter völlig fremder und gewalttätiger Eindrücke entlädt sich in den zarten Sinnesorganen. Die späteren körperlichen Reaktionen bei panischer Angst, wie Atemnot und beschleunigter Herzschlag erinnern auffällig an die Körperreaktionen des Säuglings bei der Geburt. Schwere Lebenskrisen werfen uns an die Anfänge unseres Menschseins zurück. Verlusterlebnisse wecken archaische Verlassenheitsängste. Erfahrungen des Versagens wecken die Urangst, nicht geliebt, sondern abgelehnt zu sein. Diese Ängste werden vor allem in Überforderungskrisen, wie eben der Burnoutkrise, wieder wach.

---

34 Zum Thema der „Plausibilitätsstruktur" vgl. Berger 1975. Berger/Luckmann 1995 und 1996.,

Die Energie der Ängste die im Verlauf einer Krise aufleben, wird aus drei alten Schichten oder „Reservoirs" menschheitsgeschichtlicher Erfahrung gespeist: Aus der ersten elementaren Verunsicherung bei der Geburt, aus den Vernichtungsängsten archaischer Epochen, wie sie sich in den alten Mythen erhalten haben, die vom Verschlungenwerden durch Urdrachen oder die Urflut erzählen, und aus den Ängsten unserer persönlichen Kindheit, als wir viele Dinge noch nicht verstanden und nicht bewältigen konnten, und unsere größte Sorge war, den Kontakt zu den schützenden Eltern zu verlieren. Daher gibt es in vielen Krisen einen „Überschuß" an Angst, der, gemessen an den konkreten äußeren Auslösern, als zu groß erscheint. Die Krise erfaßt unsere ganze Existenz in all ihren Dimensionen und Schichten, leiblich und seelisch bis hinab zu den längst vergessenen Menschheits- und Kindheitsängsten.

2. 1. 3. 3. Die Außenseite: Verlaufsmuster von Krisen

Der Durchgang durch eine Lebenskrise verläuft in typischen Phasen oder Stadien. Schon allein die Kenntnis dieser Gesetzmäßigkeiten ist ein wichtiger Faktor im Prozess der Bewältigung - für die Betroffenen und die Begleiter. Wenn jemand weiß, was mit ihm (oder dem Gegenüber) geschieht, ist er zumindest nicht mehr einem namenlosen Schrecken preisgegeben.

Erika Schuchardt hat 1992 eine bedeutende Studie zum Problem der Krisen und ihrer Bewältigung veröffentlicht, auf die ich nun näher eingehen will.[35] Ausgangspunkt ihrer Untersuchung war eben dieses offenkundige Kernproblem der Gegenwart, daß die Zahl der Menschen mit Lebensstörungen immer mehr zunimmt. Ziel des Projektes war die Identifizierung der psychisch-seelischen Vorgänge beim Prozess der Krisenverarbeitung sowie die Einschätzung der Bedeutung und Möglichkeiten von Glaube und Seelsorge bei diesem Prozess. Als Zugangsweg und Medium der Analyse wählte Schuchardt die Auswertung von Biographien Betroffener, um so an die Erfahrungen von Krisen und ihrer Verarbeitung „aus der Sicht unmittelbar von 'Leiden Betroffener'" heranzukommen.[36] In einer beeindruckenden Leistung hat sie insgesamt 1000 Biographien der Weltliteratur von 1900 bis zur Gegenwart gesichtet. Dabei registrierte sie auch eine Veränderung bei den Krisen, die jeweils den Anlaß zum Aufschreiben der Lebensgeschichten gaben: Bis 1970 waren es überwiegend vor allem Behinderungen, um 1980 vorrangig Krankheiten wie Krebs, Aids oder psychische Störungen, ab 1985 primär Lebensstörungen, wie Trennung, Verfolgung und Sterben. Im Rahmen der Untersuchung erschlossen sich der Verfasserin eine Reihe fundamentaler Erkenntnisse:

---

[35] Vgl. Schuchardt 1996^9. Die Studie war von ihr im Rahmen des Projekts „Frauen als Innovationsgruppen" des Deutschen Nationalkomitees des Lutherischen Weltbundes erarbeitet worden. Die Bedeutung des Werkes wird nicht zuletzt durch die Tatsache dokumentiert, daß es innerhalb von vier Jahren bereits neunmal aufgelegt wurde.

[36] Ebd., 146.

1. Krisenverarbeitung ist ein *Lernprozess*, der nach bestimmten Gesetzmäßigkeiten abläuft.
2. Dieser Lernprozess läuft über *bestimmte Stadien, die alle Betroffenen durchmachen müssen*, unabhängig von der Ursache ihrer Krise (Krankheit, Arbeitslosigkeit, Todesahnung, Partnerverlust u.a.).[37]
3. Der Verlauf der einzelnen Stadien hat die Form einer *Spirale*. Wird der Lernprozess nicht vorher abgebrochen, sondern bis zum Ende durchgehalten, werden insgesamt *acht Spiralphasen* durchgearbeitet.
4. Das In-Gang-Kommen und Fortschreiten dieses Lernprozesses wird *wesentlich unterstützt durch eine hilfreiche Prozessbegleitung von außen* (Bei fehlender oder unangemessener Begleitung in der Krise wird deren Verarbeitung aufgegeben, abgebrochen oder gar nicht erst begonnen; sie tendiert zwangsläufig zu sozialer Isolation. Begleitung hingegen bereitet den Boden zu sozialer Integration).
5. Ziel des Prozesses ist *Annahme des Leidens* und *soziale Integration*.

Die acht Spiralphasen des Verarbeitungs- bzw. Lernprozesses im Verlauf der Krisenbewältigung werden von Schuchardt folgendermaßen beschrieben:[38]

Spiralphase 1: Ungewißheit

Am Beginn des Krisenprozesses steht in der Regel ein Schock: Das tiefe Erschrecken über das, was einen getroffen hat und über die Tatsache, daß einen etwas *Unvorhergesehenes* getroffen hat. „Der Krisenauslöser, ein Unfall, eine Nachricht, ein Ereignis, schlägt wie ein Blitz ein, zerstört ein durch Normen geordnetes und an ihnen orientiertes Leben." Der Schrecken bewirkt zunächst eine Lähmung und die Tendenz zur Leugnung der Realität. Drei typische Zwischenphasen lassen sich in dieser ersten „Eingangs- oder Erkennungsphase" feststellen, „die einander sowohl ablösen wie neben- und miteinander bestehen können und von unterschiedlich langer Dauer sind": - *Unwissenheit* (noch ist der Befund nicht hundertprozentig erhärtet, vielleicht erweist sich ja alles als Irrtum); - *Unsicherheit* (noch ist die Bedeutung des Geschehens in ihrer ganzen Tragwei-

---

[37] Sie schreibt dazu (ebd., 28): „Bei der Durchsicht der Biographien war es faszinierend, festzustellen: die Stadien dieses Lernprozesses müssen, so scheint es, unabhängig von dem Auslöser der Krise - dem Beginn körperlicher, seelischer Sinnes- oder Geistesbehinderung sowie chronischer Krankheit oder Lebensgestörtheit durch Todesgewißheit - von allen Betroffenen und ihren Bezugspersonen durchlebt und bewältigt werden, wenn soziale Integration erreicht werden soll."

[38] Sie gesteht selbst zu, daß es sich hier um eine mehr idealtypische Sicht und Beschreibung handelt. - Wenn man sich hier auch an die Beschreibung der Trauer- und Sterbephasen von Spiegel (1973), Kübler-Ross (1971) und anderen erinnert sieht, so zeigt dies nur einmal mehr, daß hier allgemein gültige Gesetzmäßigkeiten benannt werden. Zur Psychodynamik von Bewältigungsprozessen bei Verlusterfahrungen vgl. auch Kast 1982 (Die Arbeit wurde von ihr 1976 unter dem Titel „Die Bedeutung der Trauer im therapeutischen Prozess" als Habilitationsschrift an der Universität Zürich eingereicht).

te nicht erfaßt); - *Unannehmbarkeit* (steht die Wahrheit fest, weigert die Seele sich, sie anzuerkennen). Am Ende dieser ersten Spiralphase steht aber in der Regel der mehr oder weniger eingestandene und ausgesprochene Wunsch nach Erlösung aus der peinigenden Ungewißheit.[39]

Spiralphase 2: Gewißheit
Charakteristisch für diese zweite Phase ist die Ambivalenz zwischen dem „Ja" des Verstandes und dem „Nein" des Gefühls. „Die Betroffenen sind bereit, die ungeteilte Wahrheit anzunehmen, aber emotional und faktisch leben sie weiterhin von der Hoffnung wider alle Hoffnung, daß sich die Anzeichen als unrichtig, irrtümlich herausstellen werden."[40] Verhalten sich die Betroffenen in diesen beiden ersten Phasen der Ungewißheit und der ambivalenten Gewißheit noch relativ rational und kontolliert, folgen nun die emotionalen und unkontrollierten Phasen der vitalen Gefühlsausbrüche:

Spiralphase 3: Aggression
Der Realisierung des Verlustes oder des Getroffenseins folgt der Aufschrei, nicht nur des Schmerzes sondern auch der Wut. „Warum gerade ich?" und „Wer hat mir das angetan?" - diese Fragen beginnen sich nun im Bewußtsein und Unterbewußtsein zu drehen wie Mühlsteine. Oft läßt sich kein konkreter Verursacher des Unglücks ausmachen und so richtet sich die Aggression gegen Ersatzobjekte. „An dieser Phase wird besonders deutlich, welchen Gefahren die Betroffenen ohne angemessene Begleitung ausgeliefert sind: entweder sie ersticken an der Aggression als passive oder aktive Selbstvernichtung, oder sie erliegen durch feindliche Äußerungen gegenüber der Umwelt dem Sog der Isolierung, oder aber sie fallen aufgrund ihrer internalisierten Kontrollen von negativen Gefühlen in apathische Resignation."[41]

Der dritten Phase des Verarbeitungsprozesses kommt eine *Schlüsselfunktion* zu. Die aufflammende Aggression hat kathartische Wirkung. Ihre Energie bricht die Erstarrung auf, man wird wieder lebendig, kommt in Kontakt mit sich, Gefühle werden wieder gespürt. Das Unterdrücken, Verleugnen oder Überspringen der Aggressionsphase kann den Stillstand der gesamten Krisenverarbeitung bedeuten, die Betroffenen bleiben dann in ihrer Erstarrung hängen oder driften ab in eine maskenhafte Pseudoidentität. Beides führt letztlich zu ihrer sozialen Isolation.[42] Kann die Aggression aber zur Geltung kommen, verstärken sich die Tendenzen zur Annahme des Leidens sowie zur Wiederaufnahme des Kontakts mit der Umgebung und damit zur sozialen Integration. Bis dahin ist es freilich noch ein weiter Weg.

---

[39] Schuchardt 1996, 29 und 29 f.
[40] Ebd., 32.
[41] Ebd., 34.
[42] Vgl. ebd., 41.

Spiralphase 4: Verhandlung
Die in der Aggressionsphase freigesetzte Energie drängt zur Aktivität. Alle möglichen und unmöglichen Auswege werden gesucht und wieder verworfen. „Abhängig von der jeweiligen wirtschaftlichen Lage und der Wertorientierung der Betroffenen lassen sich zwei Richtungen erkennen, die paradoxerweise, weil ungesteuert, oft auch parallel eingeschlagen werden: Die Nutzung des 'Ärzte-Warenhauses' und das Suchen nach 'Wunder-Wegen'."[43] Die reale Gefahr besteht in dieser Phase neben dem bereits durch das Unglück eingetretenen Schaden in einem materiellen und geistigen Ausverkauf.

Spiralphase 5: Depression
Jetzt wird auch emotional die Beeinträchtigung in ihrer ganzen Tragweite erfaßt. Es kommt zu einer fortschreitenden Wendung nach innen, die Betroffenen lösen schrittweise ihre Beziehungen und energetischen Verbindungen zur Außenwelt. Oft sinken sie in einen Abgrund der Verzweiflung und Resignation. „Es hat ja doch alles keinen Sinn mehr!" - dieser entsagende Seufzer wird nun zum cantus firmus der inneren Erlebniswelt. Aber dabei bleibt es nicht. Wenn die Verarbeitung nicht blockiert wird, kommt es schließlich zur:

Spiralphase 6: Annahme
Die Seele begehrt nicht jetzt mehr auf, aber sie gibt sich auch nicht auf. Im Gegenteil: die Gegebenheiten werden allmählich anerkannt und mühselig in einen neuen Lebensentwurf integriert. Man kämpft nicht mehr gegen die Beeinträchtigung an, versucht vielmehr, mit ihr zu leben.

Spiralphase 7: Aktivität
Die Annahme der neuen Situation setzt Kräfte frei, die bisher im Kampf gegen sie gebunden waren. Diese Kräfte werden nun von den Betroffenen eingesetzt, um das Beste aus der gegebenen Lage zu machen. „Es kann nicht ausbleiben, daß das Handeln und Denken nun die Realität selbst verändert. Bedeutsam ist nur, daß der Betroffene primär sich selbst verändert und mittels dieses Lernprozesses zum Anstoß für 'Systemveränderung' als Folge, nicht als Ziel, werden kann."[44]

Spiralphase 8: Solidarität
Dies ist die letzte Stufe im Lernprozess der Krisenverarbeitung. Nun weitet sich der Blick vom persönlichen Leben auf die gesellschaftliche Ebene. Man versucht ebenso, seine Erfahrungen für das Ganze nutzbar zu machen, wie von der Gemeinschaft Unterstützung einzufordern. Freilich „kann kein Zweifel darüber bestehen, daß diese letzte Spiralphase nur von wenigen Behinderten, aber auch nur selten von Nichtbehinderten erreicht wird".[45]

---

[43] Ebd.
[44] Ebd., 37.
[45] Ebd., 38.

Charakteristisch für das Krisenmodell Schuchardts ist, wie gezeigt wurde, vor allem das Verständnis der Krisenverarbeitung als *Lernprozess* sowie die Anschauung, daß dieser Prozess seine einzelnen Stadien in der Form einer *Spirale* durchläuft. Diese Auffassung erscheint mir sehr schlüssig. Sie deckt sich nicht nur mit der persönlichen Lebenserfahrung vieler Menschen, sondern auch mit der Erkenntnis der Psychoanalyse, daß seelische Verarbeitung in einer vielfachen Kreisbewegung der Schritte „Erinnern, Wiederholen, Durcharbeiten" vor sich geht.[46] Betroffene schildern ihr Krisenerleben so, daß sie in einem gewaltigen Strudel seelischen Aufruhrs zunächst immer weiter nach unten gezogen wurden, für eine Zeit auf dem Grund festgehalten waren und sich dann wieder nach oben getrieben fühlten. Immer wieder mußten sie die Mühlen der Angst, der Schmerzen und der Verzweiflung durchlaufen, und jedesmal war es gleich und doch auch wieder ein wenig neu und anders. Erst wenn man lange genug durch diesen Kreislauf hindurchgetrieben war, verlor der Prozess allmählich seine Energie und das Unglück seinen Schrecken. Im Symbol der Spiralform lassen sich so gleich mehrere Dimensionen des Krisengeschehens verdeutlichen. Schuchardt hält fest: „Das Bild der Spirale veranschaulicht sowohl die Unabgeschlossenheit der inneren Vorgänge als auch die Überlagerung verschiedener Windungen im Verlaufe des täglichen Lebens und Handelns mit anderen. Das Bild verweist darauf, daß es lebenslang bei diesem schwierigen Lernen bleibt, auch dann noch, wenn es den Betroffenen gelang, ihr hart eingegrenztes Leben als lebenswert zu bejahen. - Spirale wird hier also nicht simpel technisch verstanden, vielmehr als Sinnbild für ein Sich-Durchringen durch nicht erkennbare Führungen des Gewindes, die nicht auf Vernichtung, Isolierung, Preisgabe des Lebenssinns ausgehen..."[47]

Die Spirale ist - im Mikro- wie im Makrokosmos - eine Urform der Schöpfung, denken wir an die Gestalt vieler Baktierien und Viren, an den spiralförmigen Aufbau der DNS-Ketten, an die Spiralnebel im All, an typische Bewegungsformen des Wassers, der Wolken, der Winde, an die prachtvollen Gehäuse von Bewohnern der Meere. Zugleich ist die Spirale offenbar auch eine Grundfigur der seelischen Aktivität, eine Urform auch der inneren Daseinsgestaltung, Problemverarbeitung und Lebensbewältigung. Schon früh in der Menschheitsgeschichte wurde, wie die Funde von Artefakten belegen, der Lebensverlauf als eine Spirale aufgefaßt und symbolisiert. Schuchardt weist in ihrem Buch auf einige sehr eindrucksvolle kulturgeschichtliche Beispiele dafür hin.[48]

---

[46] Vgl. Freud 1975. Vgl. auch den von Spiegel 1972 hg. Sammelband, der Bezüge zwischen dieser psychischen Dynamik und dem Gottesdienstgeschehen aufzeigt..
[47] Ebd. 38.
[48] Vgl. die Abbildungen ebd. auf den Seiten 8, 16, 56, 118. Zur Metaphorik der Spiralform vgl. Purce Jill, Die Spirale - Symbol der Lebensreise, München 1988.

2. 1. 4. „Traube war ich. Getreten bin ich. Wein werde ich." - Krisen als Katalysatoren menschlicher Reifung

„Traube war ich. Getreten bin ich. Wein werde ich." - dieses geflügelte Wort von Notker Labeo (geb. um 950 - gest. 1022), dem berühmten Benediktinermönch und frühscholastischen Theologen, der viele Jahre Leiter der St. Gallener Klosterschule war, verdichtet in einem Satz, was die Weisheit der Völker seit Jahrtausenden lehrt: daß man Krisen als „Lebenschancen" ansehen kann, als förderliche, ja notwendige Bedingungen für Reifung und Wachstum des inneren Menschen. Dies fügt sich zusammen mit den Erkenntnissen der auf dem Werk Eriksons aufbauenden modernen Entwicklungspsychologie, die ja, wie oben erwähnt, die Notwendigkeit bestimmter Krisen für einen gesunden Entwicklungsverlauf betont.

Dagegen steht freilich die Alltagserfahrung, daß Krisen uns aus der Bahn werfen, unser Daseins- und Weltverständnis in Frage stellen, uns in Verzweiflung und Hoffnungslosigkeit stürzen. Daß Krisen lebensbedrohliche Einschnitte sind, die in der Tat bis zur Desintegration der Persönlichkeit oder sogar zur Selbsttötung führen können, zeigen Suizidstatistiken und psychiatrische Krankheitsgeschichten in bedrückender Deutlichkeit. Geradezu verachtungsvoll und beleidigend werden angesichts der existenzgefährdenden Gewalt einer Krise denn auch von den Betroffenen naive Tröstungsversuche empfunden, die sich unreflektiert und floskelhaft solcher Volksweisheiten bedienen, wie: „Leid reift" - „Was uns nicht umbringt, macht uns nur härter" - „Per aspera ad astra" - oder gar: „Wen Gott liebt, den züchtigt er". Daß die vorschnelle Erklärung oder gar Verklärung von Krisen und Leid durchaus auch ideologischen Absichten dienen kann, etwa im Sinne der Verhinderung eines überfälligen politischen Wandels, hat neben anderen auch Ulich betont: „Problematisch werden Krisenkonzepte und Krisentheorien vor allem dann, wenn sie als Instrument einer idealisierenden Geschichtsdeutung verwendet werden, wenn sie also Probleme und Einschnitte als 'normal' erklären und damit Leiden entschärfen oder gar im Sinne einer 'notwendigen' Durchgangsstufe ideologisch überhöhen."[49]

Dennoch bezeugen Menschen, die durch schwerste Krisen hindurchgehen mußten, daß die ihnen auferlegte seelische Qual sich im Nachhinein als überaus wertvoll für ihre innere Entwicklung, ihre sozialen Bezüge und auch ihre Gottesbeziehung herausgestellt hat. Menschen, die durch das Mahlwerk einer existentiellen Krisenerfahrung getrieben wurden, sind in der Regel „weicher" geworden, zugänglicher, aufgeschlossener und vor allem behutsamer und verständnisvoller gegenüber denen, die gerade selbst eine Krise durchleiden. Nicht nur die 1000 Biographien, die Erika Schuchardt gesammelt hat, sprechen eine beredte Sprache. Es ist ein geradezu klassisches Motiv der bedeutendsten Werke der Weltliteratur, von der Odyssee bis zu den Entwicklungsromanen der Ge-

---

[49] Ulich 1987, 70.

genwart, daß die HeldInnen durch Erfahrungen des Scheiterns, des Verlustes und des Versagens hindurch müssen, bevor sie ihr Selbst, ihren Gott, ihren Frieden und ihren Platz in der Welt und der Gemeinschaft der anderen finden. Noch klarer findet sich dieses Motiv in den religiösen Überlieferungen der Menschheit. Als ein Archetypos dieser tiefsten Lebenserfahrung wird in der jüdisch-christlichen Tradition Hiob dem Volk Gottes vor Augen gestellt. Aber auch die Beter der Psalmen geben davon ein anrührendes Zeugnis, ebenso Paul Gerhardt und andere Verfasser christlicher Choräle, die Biographien großer Frauen und Männer des Glaubens sowie lehrhafte Erzählungen aus der mönchischen Tradition. Ja dem, der sich wirklich auf die innere Reise zu Gott und zu sich selbst begeben will, wird von allen Lehrmeistern der religiösen Weisheit sogar ausdrücklich der mühselige Gang durch die krisenhafte Übung der Askese und Entsagung verordnet. So steht jenes Wort Notker Labeos nicht im luftleeren Raum. Auch Augustinus konnte schon sagen:

> „Wer zum Dienste Gottes herantritt, der wisse, daß er zur Kelter
> gekommen ist: Er wird bedrängt, niedergetreten, zerstampft, aber nicht,
> um in dieser Welt zugrunde zu gehen, sondern um hinüberzufließen
> in die Weinkammern Gottes."

Und von Johannes Tauler, dem großen Mystiker des 14. Jahrhunderts, stammt das schöne Bild vom Pferd und seinem Mist:

> „Das Pferd macht den Mist im Stalle,
> und obgleich der Mist einen Unflat und Stank an sich hat,
> so zieht dasselbe Pferd doch den Mist mit großer Mühe auf das Feld,
> und dann wächst daraus edler, schöner Weizen
> und der edle, süße Wein, der nimmer wüchse, wäre der Mist nicht da.
> Also trage deinen Mist - das sind deine eigenen Gebrechen,
> die du nicht abtun und ablegen noch überwinden kannst -
> mit Müh und mit Fleiß auf den Acker des liebreichen Willens Gottes
> in rechter Gelassenheit deiner selbst."

2. 2. Der Weg in der Krise

Daß Krisen- und Grenzerfahrungen zu bewältigen sind, bezeugen die Menschen, die sie überwunden haben. Aber was für Wege sind das, die man in Krisenzeiten gehen kann, und wie eröffnen sich Auswege, die schließlich wieder herausführen aus der „Todesschattenschlucht"?[50] Im folgenden Abschnitt soll anhand eines biblischen Beispiels der Weg eines Menschen durch seine Lebenskrise nachgezeichnet werden, um noch einmal mit einem mehr bildhaften Zugang deutlich zu machen, über welche Stationen ein typischer Krisenprozess verläuft. Anschließend will ich einige Grundsätze und Grundregeln für eine hilfreiche Krisenbegleitung skizzieren.

Zunächst einmal ist jedoch festzuhalten: Wenn ein Mensch wirklich an die Grenzen seiner Belastbarkeit geführt worden ist, sieht er in der Regel vorerst überhaupt keinen Ausweg mehr. In der Erschütterung einer lebensbedrohlichen Krise wird der gesamte Boden des Daseins brüchig, bisher vertraute Wege führen nicht weiter, Tragendes, Rettendes ist nicht zu sehen. Das gilt es zunächst einmal anzunehmen, so schwer es auch fällt - für die Betroffenen selbst, für die Partner, sowie für die Freunde, Kollegen und Helfer, die sich um sie bemühen.

Dennoch zeigt sich in vielen Fällen, daß auch im Unbegehbaren schließlich Wege zu finden sind, daß man, wenn auch in die Tiefe gestürzt, doch nicht zwangsläufig vom Rachen der Hölle und des Todes verschlungen wird, sondern ganz unten, wenn jeglicher Halt und alle Gewißheit zerbrochen sind, bewahrt und gerettet werden kann. Viele, die das erlebt haben, bringen diese Erfahrung mit dem Schöpfer in Zusammenhang und sie wird ihnen zur Quelle spiritueller Einsicht. „Gott ist in der Tiefe" - hat so einprägsam Paul Tillich gesagt und damit deutlich gemacht, daß sich die Gottesbegegnung vor allem „auf der Grenze", an den Rändern, auf dem Grund und in den Abgründen des Daseins ereignet. Und genau dies lehren ja die Mystiker aller Zeiten, daß wir Gott auf dem Grund unserer Seele und unserer Existenz begegnen. So wird zum Beispiel Tauler nicht müde, den Menschen zum „Sprung in den Abgrund" zu ermutigen, manchmal spricht er auch vom „Sprung in den eigenen Brunnen". Erst im Loslassen aller Geländer und Sicherheiten, erst, wenn wir „zu-Grunde-gehen", werden wir - so die mystische Weisheit - das Leben und die innere Freiheit finden.[51]

Von einem, dem Gott zwar nicht in der Tiefe, sondern auf einem Berg begegnet ist, der aber bis in die Tiefen seiner Existenz hinabsteigen mußte, um auf diesen Berg zu gelangen, berichtet die Bibel. Seinen Weg nachzuvollziehen, kann die Augen öffnen auch für den eigenen Weg in der Krise.

---

50 Vgl. Martin Bubers Übersetzung des 23. Psalmes.
51 Vgl. Stutz 1968, 27ff.

2.2.1. „Steh auf und iss! Denn du hast einen weiten Weg vor dir." Der Burnout des Elia als Archetypos für Krisenprozesse

Neben ihrem lehrhaften und hymnischen Zeugnis der Offenbarung des Wesens und Willens des dreieinigen Gottes läßt sich die Bibel, besonders das Alte Testament, auch als eine Sammlung archetypischer Deutegeschichten verstehen, die tradiert wurden, um uns Gegenwärtigen Urbilder und Vorbilder zur Lebensgestaltung anzubieten. Viele dieser Geschichten erzählen davon, wie Menschen in Krisen geraten sind - und sie mit Gottes Hilfe bewältigen konnten. Denken wir, um nur wenige Beispiele zu nennen, an die Geschichte des Volkes Israel im Ganzen, an den Zyklus der Jakobs- und Josephsgeschichten, an die Erzählungen aus dem Leben des Propheten Jeremia oder an den bereits erwähnten Hiob. Viele der Psalmen lesen sich regelrecht wie ein Kompendium der Arbeit der Seele in Krisennot (vgl. Kapitel 4 dieser Arbeit). Eine besonders eindrückliche und sich für unseren Zusammenhang natürlich hervorragend anbietende Überlieferung ist die Geschichte vom Weg des Propheten Elia, führt sie uns doch mitten in das Erleiden und die Bewältigung einer lebensbedrohlichen Burnout-Erfahrung hinein. Hier sind in der alten, bildhaften und symbolträchtigen Erzählweise der Vorfahren Struktur- und Prozesselemente von Lebenskrisen beschrieben, wie man sie in der modernen Psychologie gerade wieder entdeckt. Wer sein Herz dem Weg des Elia aufschließt, ihn vielleicht sogar ein Stück imaginierend mitgeht und nachvollzieht, dem kann sich ein Verständnis eigener, bisher durchlittener Lebenskrisen erschließen, das ihn mit künftigen Krisen möglicherweise gelassener und ruhiger umgehen läßt.

Krisenverarbeitung als „Reise nach innen"
Erzählt wird in 1. Könige 19 - sozusagen „hinter" oder „unter" dem manifesten Handlungsablauf - die innere Reise eines Menschen durch seine Lebenskrise.[52] Mit Bildern, die archaische Vorstellungen in den Tiefenschichten der Seele anklingen lassen, beschreibt die Erzählung die einzelnen Stufen der Krise und deren Überwindung: *Das Scheitern*, das zum Auslöser der Krise wird; *die Panik*, die zum Fluchtversuch treibt und sich schließlich zur lähmenden Todesangst steigert; *der Sturz ins Nichts*: die Wüste, die Leere und Resignation, die Depression; *das Ende*: Todeswunsch und Todesschlaf; *im Ende die Rettung*: der Engel, die Speisung, das Wiederkehren der Kraft; *der Weg in das Leben*: die vierzigtägige Pilgerschaft; *die Wendung nach innen*: der Aufenthalt in der Höhle; *die Gottesbegegnung*: der Aufstieg auf den Berg und die Erfahrung des ganz anderen Gottes; und schließlich: *der Weg zurück in den Alltag*: die Reise in die Stadt.

---

[52] Ich orientiere mich bei der folgenden Darstellung teilweise an dem meditativen Büchlein von Roland Kachler (1993).

Die Katastrophe

So, wie er uns geschildert wird, war Elia ein „Feuriger", einer, der für seinen Gott und die Sache des Herrn „gebrannt" hat mit ganzem Herzen und ganzer Seele. Sein Glaube hatte ihm Kraft gegeben, Wunder zu vollbringen, ja sogar einen verstorbenen Knaben wieder zum Leben zu erwecken. Sein Gottvertrauen machte ihn stark und selbstbewußt, so daß er furchtlos vor den König und dessen Frau treten und ihnen das Gericht ansagen konnte. Schließlich steigert sich sein Eifer zu einem orgiastischen, manischen Blutrausch, in dem er alle Baalspriester tötet. Aber dann kommt plötzlich und eigentlich äußerlich nur wenig begründet, der Umschwung. Als er erfährt, womit er hat rechnen müssen, daß ihm die Königin Isebel bittere Rache schwört, verlassen ihn seine Kraft und sein Mut. Ist es die Ernüchterung nach dem Sinnesrausch der grausigen Bluttat? Sind es Schuldgefühle angesichts des enthemmten Mordens? Ist es die Erschütterung darüber, daß sein großer Erfolg auf dem Karmel bei der Königin nicht die erwartete Wirkung hat? Unter psychiatrischem Aspekt könnte man vermuten, daß sich hier eine zyklothyme Dynamik ausagiert, daß es sich um den Umschlag von einer manischen in die depressive Phase handelt. Im Hinblick auf die Burnout-Problematik läßt sich der Vorgang jedoch auch so interpetieren, daß hier jemand, der auf einsamem Posten mit äußerstem Einsatz für eine Sache gekämpft hat, daran scheitert, daß seine Anstrengungen weder den erwarteten Erfolg noch die verdiente Würdigung erfahren. Jedenfalls bricht das wohl auch narzißtisch stark aufgeladene Selbstbild des Propheten zusammen, derart gravierend, daß er darüber zugleich sein Gottvertrauen verliert und panisch, Hals über Kopf, das Weite sucht.

Preisgegeben in der Wüste

Er flieht in die Wüste, um sich zu verbergen. Bei der Wahl des Fluchtweges spielen wohl auch andere Motive mit: Die lebensfeindliche Umgebung der Wüste ist seit jeher ein Ort, an den sich Menschen auf der Suche nach ihrem verlorenen Selbst und ihrem verlorenen Gott begeben. Vielleicht sind es auch unterschwellige Selbstbestrafungstendenzen, die ihn dazu treiben, derart extreme Bedingungen auf sich zu nehmen. Die Wüste ist ein uraltes Symbol für die Situation des Menschen, der sich selbst und der Macht der Natur schutzlos preisgegeben ist. In der Wüste kommt man an das Ende seiner Möglichkeiten und trifft dabei auf sich selbst mit all seinen elementaren Wünschen und Sehnsüchten. In der Wüste brechen die uralten Fragen der Menschheit auf: Wer bin ich? Was hält mich am Leben? Was ist wirklich wichtig im Leben? Jede Wüstenzeit, jede Lebenskrise stellt so die Sinnfrage an uns. In vielen Betroffenen steigt jetzt aber auch, einer Fata Morgana gleich, der Wunschtraum einer guten Zukunft und die Vorstellung einer als „golden" phantasierten Vergangenheit empor. Man sehnt sich zurück nach dem - nun verklärten - Zustand vor der Krise, und sei er noch so unerträglich gewesen. Das Schielen des Volkes Israel nach den Fleischtöpfen Ägyptens liefert das Urbild dazu. Angst ist in dieser Krisenphase im wesentlichen die Angst davor, vorwärts zu gehen, eigene Schritte in die unsi-

chere Freiheit zu tun. So ist die Wüste zugleich ein Sinnbild für die Gefühlsverwüstung, der sich viele Betroffene in einer Krise ausgesetzt sehen.
Wie die Wüste kein Ort ist, an dem der Mensch lange verweilen könnte, ist auch die Krise kein Zustand, den man lange ertragen kann. Wie die Wüste, so zwingt die Krise weiterzuziehen, will man nicht darin das Leben verlieren. Stillstand und Bewegungslosigkeit bedeuten in solcher Extremsituation früher oder später den sicheren Tod. In der Wüste in tiefen Schlaf zu fallen, ist so gefährlich, wie in einer Krise in seinen Depressionen zu versinken. Sich der Depression hingeben heißt, in der inneren Wüste still zu stehen und damit langsam psychisch und sozial abzusterben. Insofern bringt jede Krise unerbittlich die Forderung zur Bewegung, zum Aufbruch, zur Wandlung mit sich - und führt damit zu einer Grunddimension menschlicher Existenz: ihrer Verfaßtheit als Weg.

Die Wogen der Angst
Die emotionale Repräsentanz dieses Geschehens ist zunächst Aufruhr, Aufgewühltsein, ein Gemisch aus Aggression, Bestürzung und Schrecken. Wenn einem das Wasser bis zum Hals steht, schlagen die Wogen der Angst über einem zusammen. Diese Angst wird auch gespeist aus dem Erleben der eigenen Hilflosigkeit. Die vertrauten Bewältigungsmuster greifen nicht mehr, äußere Hilfe aber ist nicht in Sicht.

Der vorweggenommene Tod
Wenn die Seele sich zu sehr in die Enge getrieben sieht, reagiert sie mit Erstarrung. Auf den Höhepunkt getriebene Verzweiflung bewirkt eine sich ausbreitende Lähmung. Man will sich nur noch fallen lassen. Todeswünsche werden wach und übermächtig. Ohnmacht läßt ohnmächtig werden. Wie der Tod senkt sich bleierner Schlaf über den gequälten Propheten.

Der Engel, die Stärkung
Aber es kommt nicht das Ende, vielmehr geschieht ein Zeichen des Himmels. Ein Engel berührt den Daliegenden: „Wach auf! Steh auf! Iss und trink!" Elia soll für seinen Leib sorgen. Es sind die elementaren Dinge, die einem Zusammengebrochenen wohltun und ihm zurückhelfen ins Leben: Berührung, Anrede, geröstetes Brot, ein Krug kühles Wasser. Besonders berührt an dieser Geschichte auch die Geduld mit der Gott bzw. der Engel dem Verzweifelten begegnet: Er darf noch einmal einschlafen. In Extremsituationen ist der Schlaf der schonendste Heiler. Unwillkürlich wird man an den Ratschlag erinnert, den schon Aristoteles den Schwermütigen gab: Sie sollen viel schlafen, gut essen und: laufen.

Die Wüstenwanderung - Vierzig Tage und Nächte
Im Laufen verändern sich die Perspektiven, man ist in Bewegung. Von der heilsamen Wirkung des Laufens wissen alle spirituellen Traditionen der Menschheit,

angefangen von den archaischen Religionen der Indianer oder der Aborigenes, die sich entlang der berühmten „Songlines" den Kontinent ihres Volkes - den geographischen und seelischen - wandernd erschließen, über die Wallfahrtsbräuche des Volkes Israel und seiner religiösen Umwelt bis hin zu den durchgestalteten Pilgertraditionen des Islam und des christlichen Mittelalters. Wandernd, indem er aufbricht, kommt der Mensch zu sich selbst und findet womöglich auch Gott. Natürlich wird man, wie bei dem Bild von der Wüste, durch die heilige Zahl von „vierzig Tagen und vierzig Nächten" an Israels Exodus erinnert, der in seinen einzelnen Stationen ja auch ein klassischer Archetypos für die innere Reise des Individuums ist. Später wird das Motiv dann wieder in Jesu „innerer Reise" auftauchen, die ihn ebenfalls vierzig Tage und Nächte durch die Wüste führt.

Der Weg in die Tiefe
Und dann, psychologisch am symbolträchtigsten: Elias Gang in die Höhle! Das Bild der Höhle ist ambivalent. Es läßt ebenso die warme Geborgenheit im Mutterleib assoziieren, wie die äußerste Verlassenheit in der Kälte einer Grabkammer. Jede Krise hat es mit der Geburt von Neuem und dem Sterben von Altem zu tun. Der Abstieg in die Tiefe ist in vielen mythischen Traditionen eine entscheidende Station im Entwicklungs- und Reifungsweg des Helden. In einem überhöhten Sinn findet sich auch dieses Motiv wieder im Bild von der Höllenfahrt Christi. In der Krise gleicht der Abstieg meist einem Verschlungenwerden im Strudel und Chaos von Angst, Scham, Trauer, Schmerz, Hoffnungslosigkeit und Resignation. Es ist absolut schmerzlich, aber die Krise verlangt von uns wie gesagt geradezu, daß wir „in uns gehen", „uns auf den Grund gehen", ja, „zu Grunde gehen".

Die Dämonen, der Schatten
Wie die Helden der Mythen und Sagen wird der Mensch in seiner eigenen Tiefe mit unbekannten und bedrohlichen Mächten konfrontiert. Bei diesen Wesen aus dem Abgrund assoziiert man die eigenen abgespaltenen und verdrängten Aggressionen, geheime Wünsche und Ängste oder bestimmte Persönlichkeitsanteile, die wir nicht akzeptieren wollen, unsere „Schatten", wie C. G. Jung sagt. Die beherzte und standhafte Auseinandersetzung mit jenen „Ungeheuern der Tiefe" ist die wesentliche Aufgabe bei dem als Prüfung verstandenen Abstieg. Die Aufgabe und das Ziel des Lebensweges ist - zumindest in religiöser Interpretation - die Ganzwerdung und Selbstwerdung. Sie aber ist nur möglich in der Annahme des eigenen Schattens und der eigenen Sterblichkeit. Lebenskrisen lassen sich in dieser Hinsicht durchaus als Brennpunkte, „Feueröfen" (im Innern der Berge wohnt ja das Feuer) oder „Schmelztiegel" verstehen, in deren Hitze sich Umwandlungen, Erneuerungen, Läuterungen beschleunigen können oder in Gang kommen. Wer aber den Abstieg in sein Innerstes gewagt, sich dem Feuer dort ausgesetzt hat und dem Blick der dort hausenden Wesen standhielt, hat die

Lebensprüfung bestanden. Der braucht - so die mythische Vorstellung - von den Wesen der Außenwelt keines mehr zu fürchten.

Ein anderes Motiv vieler Mythen und Märchen sind auch die im Inneren der Höhlen und Berge verborgenen Kleinodien und Schätze, die psychologisch in der Weise gedeutet werden können, daß es die noch nicht gehobenen Schätze und Persönlichkeitsanteile sind, die in den Tiefen der Seele auf ihre Entdeckung warten. Höhlen sind außerdem in vielen Mythologien die Orte, an denen das uralte Wissen der Erde aufbewahrt wird, darum fanden sich früher auch die Orakelstätten oft bei oder in Höhlen.

Sterben und Auferstehen
Der Gang in die Höhle kann auch als Sterben interpretiert werden. Unwillkürlich denkt man an Jesu Wort vom Weizenkorn, das seine Frucht erst bringt, wenn es erstirbt. Viele, die eine schwere Lebenskrise durchzustehen hatten, erzählen davon, daß es für sie war wie ein Sterben. Erst als sie die Nacht des Todes in ihrer ganzen Kälte durchlitten hatten, wurden sie wieder zum Leben erweckt und fühlten sich „wie neugeboren".

Hinauf auf den Berg
Wie die Höhle, hat auch der Berg eine tiefe symbolische Bedeutung. Die Berge waren die ersten Fixpunkte, die wieder auftauchten aus dem alles verschlingenden Chaos der Sintflut. Von den Berggipfeln aus nimmt die Neuordnung und Strukturierung der wiedererstandenen Welt ihren Anfang. Das Auftauchen aus der Tiefe wird dabei in den alten Mythen entweder als Ausspeien durch den Chaosdrachen dargestellt, oder es ist die eigene Leistung des Helden, der sich durch einen kämpferischen Akt selbst aus den Fängen der Unterwelt befreit. Mit dem Aufstieg auf den Berg wird das eigene Ich wieder zur Mitte der Welt, so wie heilige Berge in den alten Überlieferungen als Weltmitte, als Weltzentrum oder Weltachse gedacht wurden. Diese eigene Mitte wieder zu finden ist ja in der Tat auch - wie es viele Betroffene im Nachhinein deuten - ein wesentlicher Sinn einer Lebenskrise. Die in der Krise wiederentdeckte Mitte ist nun freilich gefestigter, weil sie ihr Fundament in der Tiefe des Inneren hat. Das neu gewonnene Selbst ist auch nicht mehr das starre, sich an alte Lebensentwürfe klammernde Ich. Es ist durch die Erfahrungen in der Tiefe weicher, flexibler, gelassener, auch toleranter geworden. So erschließen sich tiefe Bedeutungsschichten, wenn wir unsere Krisen im Kontext unseres bisherigen Lebensweges sehen, sie also gleichsam „von oben, vom Berg herab" in unsere Lebenslinie einordnen.

Die Gotteserfahrung
Und auf dem Berg: Die Begegnung mit Gott. Erstaunlicherweise offenbart sich Gott aber völlig anders, als Elia es erwartet hat. Es ist nicht die gewaltige, gewalttätige, eifernde Gottheit, die er wohl beim Schlachten der Baalspriester vor Augen hatte, kein Gott des Zorns, der Starken, des Sieges, sondern ein Gott der

leisen Töne, lind, zärtlich, behutsam, wie jenes wundersame Wehen, das des Propheten Wangen umspielt. In unseren Lebenskrisen wird nicht nur unser Selbstbild neu organisiert und gegründet, auch die „alten Götzen", die vorgefaßten Gottesbilder zerbrechen, es kommt zu einer Neu-Interpretation des Gottesglaubens, die nun wiederum auch ein neues Welt- und Selbstverständnis eröffnen kann. Wunderbar auch, wie der wohl als strenges und forderndes Über-Ich phantasierte Gott sich nun seinem niedergeschlagenen Knecht zuwendet: Kein Tadel, keine Strafe, keine „Reiß-dich-zusammen!"-Befehle. Gott überträgt Elia vielmehr die würdige und verantwortungsvolle Aufgabe, daß er gleich für zwei Völker den König salben darf. Und er entlastet ihn, indem er ihm einen Gefährten und Gehilfen zur Seite stellt: Elisa. Bezogen auf unsere Burnout-Thematik lassen sich hier gleich mehrere wichtige Elemente einer hilfreichen Begleitung erkennen: - In Beziehung treten zu dem Zusammengebrochenen (sich ihm „zeigen", als der, der man wirklich ist); - ihn nicht noch mehr in die Enge treiben mit Forderungen oder Vorhaltungen; - ihn ernst nehmen und ihm auch wieder eine wichtige Aufgabe zutrauen; - ihm zur Entlastung und Gesellschaft jemanden zur Seite stellen.

Zurück zu den Menschen
Und schließlich: Der Weg in die Stadt. Nachdem er geläutert und gefestigt wurde, kann Elia wieder zurückkehren ins Leben zu den Menschen und den Auftrag ausführen, den Gott ihm gibt. Nun ist er im eigentlichen Sinne erst würdig und kräftig für sein Amt.

2. 3. WEGE AUS DER KRISE

Niemand kann sich davor schützen, in Grenzsituationen und Krisenprozesse zu geraten. Aber man kann in guten Zeiten Vorsorge treffen für schlechte, und zwar in der Weise, daß man den äußeren und den inwendigen Menschen kräftigt, so daß er mehr Widerstandskräfte entfalten kann, wenn die Wogen einmal hochschlagen. Zur Stärkung von Leib und Seele führen verschiedene Wege, deren Gangbarkeit natürlich individuell unterschiedlich empfunden wird. Hier können nur einige Beispiele genannt werden. Als „flankierende Maßnahme" kann dann auch die Seelsorge der Kirche[53] in Anspruch genommen werden, wobei durchaus nicht alles Seelsorge ist, was sich so nennt.

---

53 Vgl. in diesem Zusammenhang die Studie von Riess: Kirche der Seelsorge - ein vergessener Traum?, in: Ders., Sehnsucht nach Leben, 1987, 253-287.

2. 3. 1. Eigene Möglichkeiten

Einübung in eine Kultur der Selbstpflege

Gemeint ist die Entwicklung und tägliche Beachtung gewisser Grundregeln einer *psychischen* und *phyischen* Hygiene.[54] Was die *psychische Hygiene* betrifft, so ist es zweifellos hilfreich, sich immer wieder einmal zu fragen: Inwieweit folge ich dem Gebot Jesu, daß ich mich selbst lieben soll? Freue ich mich an meinem Leib, meinen Begabungen, meinen Beziehungen? Hege ich genügend Wertschätzung für mich? Fordere ich auch von anderen ein, daß sie mich respektieren und wertschätzen? Rede ich im inneren Zwiegespräch meiner Seele freundlich und warmherzig mit mir, oder eher abfällig oder gar im Kasernenhofton? Kenne und achte ich meine Bedürfnisse und Grenzen? Gönne ich mir regelmäßig etwas, das mir gut tut und mich erfreut? Habe ich gelernt und eingeübt, mich mitzuteilen über das, was mich bewegt, umtreibt, belastet, aber auch freut, beglückt und mit Stolz erfüllt? Finde ich eine mir zuträgliche und stimmige Balance zwischen meinen beruflichen und meinen privaten Bedürfnissen und Notwendigkeiten? Kenne ich meinen Schatten, rede ich mit ihm und bin ich freundlich zu ihm? Sigmund Freud wurde bekanntlich einmal gefragt, was denn nach seiner Meinung das Wesen einer gesunden Persönlichkeit ausmache. Er sagte, der Mensch sei gesund, der in der Lage ist, zu lieben, zu arbeiten, und zu genießen.[55] Wie steht es damit bei mir? Lebe ich im Einklang mit meinem inneren „Daimon", meinem Existenzgewissen, oder streite ich die Mehrheit meiner Tage wider meine innerste Natur? Habe ich ein Gespür für meinen ganz persönlichen Lebensprozess entwickelt, für meine Geschwindigkeit, meine Rhythmen? Wo liegen die Quellen, an denen ich meinen ganz persönlichen Durst stillen kann? Wie oft schöpfe ich aus ihnen Wasser des Lebens? Wie steht es mit meiner Zeiteinteilung des Tages, der Woche, des Jahres? Habe ich mir einen ausgewogenen Tagesablauf gegeben und hilfreiche Gewohnheiten entwickelt?

Hinsichtlich der *körperlichen Hygiene* können folgende Leitfragen förderlich sein: Liebe ich meinen Leib und bin ich gut zu ihm? Pflege und achte ich ihn? Gebe ich ihm, was er braucht? Genügend Bewegung, genügend Schlaf, vollwertige Nahrung, genug frische Luft und Sonne? Fordere ich ihn ab und zu bis an die Grenzen seiner Leistungsfähigkeit? Habe ich ein tägliches Gymnastikprogramm? Betreibe ich vielleicht Autogenes Training, Tai Ch'i, Ch'i-Gong, Shiatsu oder andere Körpermeditationen und Entspannungstechniken?

Sollte man dann tatsächlich in eine Krise geraten, wird es von entscheidender Bedeutung sein, daß man gerade diese alltägliche Körper- und Geistpflege nicht

---

[54] Bei den folgenden Ausführungen orientiere ich mich zum Teil an einem (unveröffentlichten) Arbeitsblatt zum Thema Krisenprophylaxe von Hartmut Stoll, dem Gründungsrektor des Hauses „Respiratio".
[55] Vgl. dazu auch das schöne Buch von Dorothee Sölle 1985.

vernachlässigt, sondern bewußt weiterführt, ja wenn möglich, sogar noch intensiviert.

Einübung in eine Kultur der Beziehungspflege
Damit ist *kommunikative Hygiene* gemeint. Wie steht es mit dem Netz meiner Beziehungen? Pflege ich es und knüpfe ich weiter daran? Kann ich auf offene und befriedigende Weise authentische Beziehungen zu unterschiedlichen Menschen eingehen und dabei das richtige Maß von Nähe und Distanz wahren? Kann ich meine Rolle in Beziehungen frei gestalten, oder lasse ich mir einen Platz zuweisen? Habe ich mich im Geflecht meiner verwandtschaftlichen Beziehungen emanzipiert? Tue ich etwas für meine Beziehungen? Gestehe ich mir Konflikte in Beziehungen zu und gehe sie aktiv an, oder vermeide ich sie, unterlasse nötige Klärungen und Aussprachen? Wenn ich in eine Krise gerate, wird das Netz meiner Beziehungen für mich möglicherweise eine überlebenswichtige Bedeutung bekommen, denn hier finde ich Menschen, von denen ich annehmen darf, daß sie sich mir in besonderer Weise zuwenden werden, wenn es mir schlecht geht, und denen ich auch einmal zur Last fallen kann. Aber nicht nur die Beziehungen zu den Menschen machen mich reich. Wie steht es mit meinem Verhältnis zur nichtmenschlichen Natur, zu den Tieren und Blumen und Bäumen, zu den Bergen, Flüssen und Seen, zum Meer und dem kosmischen Reigen der Sterne? Lerne ich auch von ihnen?

Einübung in eine Kultur der Spiritualität
Damit ist *spirituelle Hygiene* gemeint. Bete ich? Halte ich stille Zeiten am Tag? Meditiere ich die Losungen? Gehe ich mit der Bibel um? Spreche ich mit anderen über Glaubensfragen? Suche ich unter der Woche immer wieder einmal für einige Momente der Stille eine Kirche auf? Feiere ich am Sonntag den Gottesdienst? Lasse ich mich erquicken vom Singen der Liturgie und der Lieder und speisen am Tisch des Herrn? Lerne ich Psalmen und Kernsätze der Bibel auswendig (by heart), um sie immer wieder einmal vor mich hin zu murmeln? Ein geregeltes Gebets- und Andachtsleben ist oft der beste Halt in schweren Tagen. Es ist schon erstaunlich und befremdlich, wie anspruchslos viele Menschen hinsichtlich der Kultur, Pflege und Einübung ihres Glaubens sind, denen sonst das Beste gerade gut genug ist, wenn es ums Auto, um den Urlaub, oder um die Ernährung geht. Viele bleiben auf einem Stand stehen, der ihnen in ihren Kindertagen angemessen war. Sie haben dann in einer Lebenskrise oft zusätzlich die Erfahrung zu verkraften, daß ihre kindlichen religiösen Deutungsmuster zerbrechen, wodurch sich ihr Gefühl der Hoffnungs-, Heimat- und Haltlosigkeit noch verschärft. Wie aber soll Gott mit mir reden, wenn ich meine „Antennen" verrosten lasse oder sie schon längst abgebrochen habe? Gerade in der Krise kann es lebensrettend sein, wenn man sich Gott anzuvertrauen weiß.

Einübung in die ars moriendi
Die sich steigernde psychische Spannung in einer Krise speist sich letztlich auch aus der Unfähigkeit, loszulassen. Dahinter steht im Grunde unser aller Angst, das Leben zu verlieren. Die Auseinandersetzung mit der eigenen Sterblichkeit ist wahrlich nicht leicht. Aber es ist ein Geheimnis des Daseins, das in der Weisheit aller religiösen und philosophischen Traditionen vielfach beschrieben wird: Je mehr der Mensch seinen Tod akzeptiert, desto mehr wird ihm vom Leben geschenkt. Wer jeden Moment bereit ist, zu sterben, lernt, die Kostbarkeit des Augenblicks zu würdigen und zu genießen und ihm wächst eine tiefe Gelassenheit zu. „Sub specie aeternitatis", das wußten die Alten besser als wir, bekommen viele Probleme eine anderes Gewicht.

Im Verlauf einer Krise werden dann folgende Grundhaltungen von elementarer Bedeutung sein:

Sich mitteilen
Den ersten Schritt aus dem Gefängnis der Angst, der Trauer, der Lähmung kann einem niemand abnehmen, man muß ihn alleine tun: Man muß den anderen zu verstehen geben, wie es um einen steht. Auch dies ist eine Grunderkenntnis der Psychologie: Je mehr wir über unsere Innenwelt reden, desto mehr kommen wir in Kontakt mit ihr - und distanzieren uns zugleich von ihr, d.h. wir lernen, mit ihr umzugehen. Es ist zweifellos von einer tiefen psychologischen Bedeutung, daß Jesus bei seinen Heilungen die Betroffenen zunächst gefragt hat: „Was willst du, daß ich dir tun soll?" - obwohl doch auf der Hand lag, was zu tun war. Dadurch nötigte er sein Gegenüber, zu sagen, was ihm fehlt, sich auszudrücken, den Druck nach außen zu setzen. Die Äußerung des Leides und der Heilungswünsche ist der entscheidende erste Schritt zu einer Veränderung.

Sich in der Krise Hilfe suchen
Niemand muß in unserer Gesellschaft seine Krisen mit sich alleine abmachen. Es ist geradezu das A und O der Krisenbewältigung, daß wir, wenn es uns schlecht geht, den Kontakt suchen zu anderen Menschen. Und wenn wir den Eindruck haben, daß uns ausgewählte Freunde oder Kollegen nicht helfen können, tun wir gut daran, fachkundige Hilfe in Anspruch zu nehmen. Dazu gibt es hierzulande, Gott sei Dank, genügend Möglichkeiten und am Geld muß und wird es auch nicht scheitern. Wer in unwegsames Gelände geht, der braucht einfach einen Begleiter, damit er nicht abstürzt. Im Gebirge oder im Dschungel ist das für uns selbstverständlich. Warum nicht auch angesichts der Abgründe, Sümpfe und Dschungelgebiete des Inneren?

Sich in der Krise annehmen
Sehr entlastend kann in einer Krisensituation sein, wenn man sich klarmacht, oder von außen zugesprochen bekommt, daß das krisenhafte Geschehen nichts

Pathologisches ist, sondern die Form, in der die Seele mit bestimmten Ereignissen umgeht, umgehen muß. Daß der Krisenprozess nach bestimmten Gesetzmäßigkeiten ablaufen wird, daß es längere Zeit den Anschein hat, als werde es gar nicht vorangehen und daß es dann, neben zunächst noch recht kleinen Fortschritten, immer auch wieder Rückfälle geben wird. Es ist von fundamentaler Bedeutung, daß ich mich als jemanden, der nun eben in eine Krise geraten ist, die aber auch wieder vorbeigehen wird, *annehme* und besonders behutsam und zärtlich zu mir bin. In der Regel können das die von der Krise Betroffenen aber selbst nicht, darum ist so wichtig, daß es Menschen in ihrer Umgebung gibt, die es stellvertretend für sie tun.

Besonders behutsam umgehen mit Leib und Seele
Wer in einer Krise steckt, soll gut essen, viel schlafen und viel spazierengehen - die heilsame Wirkung dieser alten Weisheit kann sich nur dann entfalten, wenn man sie beherzigt. Die verschiedenen oben angesprochenen Elemente der geistigen und körperlichen Hygiene sollten in Krisenzeiten besonders aufmerksam bewahrt und berücksichtigt werden. Darauf hat auch eine kompetente Krisenbegleitung energisch ihr Augenmerk zu richten.

Das Gespräch mit dem Schöpfer intensivieren
Je mehr ein Mensch ins Leiden gerät, desto mehr bedarf er des Kontakts mit seinem Schöpfer. Es kann hilfreich sein, in der intensivsten Krisenphase ein Kloster aufzusuchen und sich in die festigende Struktur der Stundengebete fallen zu lassen. In dem Maße, wie die Meditation biblischer Worte die Aufmerksamkeit bindet, wird sie vom Kreisen um die eigene Situation abgelenkt. In besonderer Weise kann zum Beispiel auch das Jesusgebet helfen, weil es die Innenwelt und schließlich das Unterbewußtsein auf eine heilsame Grundmelodie polt.[56]

Daß es eine befreiende und kathartische Wirkung haben kann, Gott in der Klage - auch Anklage - die eigene Bedrängnis entgegenzuhalten, und zu ihm um Hilfe zu schreien in der eigenen Not, stand zumindest für die Verfasser der Bibel und ihre Zeitgenossen fest. Der (An)Klage und der Bitte um Rettung im Buch der Psalmen, im Buch Hiob, stellenweise auch in den Prophetenbüchern wurde von den Redaktoren auch darum so viel Raum gegeben, damit sich die Glaubenden daran ein Beispiel nehmen. Im Neuen Testament setzt sich diese Linie fort: Ein Urbild für das Verhalten in eigenen Notsituationen sind die Jünger auf dem schwankenden Schiff im Tosen des galiläischen Meeres, die sich schließlich empört an ihren Meister wenden. Es hat auch eine tiefe seelsorgerliche Bedeutung, daß die Geschichte vom angstvoll verzweifelten Jesus im Garten Gethesemane und dem schreienden Heiland am Kreuz von den Evangelisten nicht unterdrückt, sondern in den Bericht seines Lebens ausdrücklich mit aufge-

---

[56] Vgl. Schule des Herzensgebetes 1985 und Baumotte 1997. Zur Kraft des Betens und der Spiritualität vgl. auch Kapitel 4 dieser Arbeit.

nommen wurde. Paulus berichtet immer wieder davon, daß es vor allem die Zwiesprache mit Gott und dem Herrn Jesus Christus war, die ihn durch die vielen Krisen seines Lebens hindurchgerettet hat. „Haltet an am Gebet" (Röm. 12.12). „Betet ohne Unterlaß" (1. Thess. 5,17). „Sorgt euch um nichts, sondern in allen Dingen laßt eure Bitte in Gebet und Flehen mit Danksagung vor Gott kommen" (Phil. 4,5). „All eure Sorge werfet auf ihn, denn er sorgt für euch" (1. Petr. 5,7). Diese Mahnungen, die nur stellvertretend für eine große Zahl weiterer genannt seien, wurden der Gemeinde nicht nur gegeben, um ihre Bindung an Gott zu festigen, sondern vor allem als ganz konkrete psychologische Hilfe für Zeiten der Not. Wie ein roter Faden ziehen sich durch die nun viertausendjährige Geschichte des Volkes Gottes die Zeugnisse davon, daß „Gott mein Gebet nicht verwirft, noch seine Güte von mir wendet" (Ps. 66,20). Warum also sollte dieser Königsweg der Krisenbewältigung nicht auch für den Menschen der heutigen Zeit Heilung und Erlösung versprechen? Angesichts des in der Gegenwart grassierenden religiösen Analphabetismus wären insofern spirituelle Alphabetisierungskampagnen möglicherweise - zusätzlich zu ihrer schon heilsamen Wirkung für das normale Leben im Alltag - der notwendigste kirchliche Beitrag zur Vorbereitung auf den eventuell eintretenden Krisenfall.

2. 3. 2. Aspekte einer hilfreichen Begleitung
2. 3. 2. 1. Seelsorge in der Krisennot

Es gehört zum Selbstverständnis und zur Aufgabe der sozialen und medizinisch-therapeutischen Berufe, daß sie ihre Aktivitäten vor allem für und bei Menschen entfalten, die in Not geraten sind. Daß die verwundete Seele dabei ebenso der Behandlung bedarf wie der verletzte Leib, ist zu einer Selbstverständlichkeit geworden. Für die Abfederung des posttraumatischen Belastungssyndroms bei katastrophischen Ereignissen hat sich inzwischen die „Notfallseelsorge" als eine segensreiche Einrichtung erwiesen.[57] Für akute seelische, soziale und familiäre Krisen gibt es zumindest in in den westlich orientierten Nationen ein relativ umfassendes Netz von Krisenberatungsstellen und mittlerweile mancherorts sogar Kriseninterventionsteams, die, ähnlich wie das Notarztteam auch nach Hause kommen. Dies sind freilich nur Maßnahmen der „Ersten Hilfe". Bei längerfristigen Krisenprozessen bedarf es einer kontinuierlichen Begleitung. In schweren Fällen wird ein Sanatoriumsaufenthalt oder gar das zeitweise Aufsuchen einer psychiatrischen Einrichtung angebracht sein. Oft ist aber eine regelmäßige Betreuung vor Ort ausreichend. Hier liegt eine große Chance des niederschwelligen Begleitungs- und Beratungsangebotes der kirchlichen Seelsorge. Pfarrerinnen und Pfarrer oder speziell zugerüstete Mitglieder von Besuchsdiensten können die Betroffenen in regelmäßigen Abständen in ihrem häuslichen Umfeld

---

[57] Vgl. z. B. Ehlers 1999. Vgl. auch das hervorragende „Handbuch der Notfallseelsorge", Wien 2001.

aufsuchen und mit ihnen entlastende Gespräche führen. Zudem lassen sich - bei aller Behutsamkeit - auch die vielfältigen Aktivitäten eines kirchengemeindlichen Netzwerkes (Nachbarschaftshilfe, Gottesdienstangebot, Gesprächskreis, möglicherweise durchaus auch Gebetskreis, Heilungs- und Salbungsgottesdienste, Trauerseminare, Gymnastik u.v.m.) zur Unterstützung des Krisenverarbeitungsprozesses nutzen. Leider hat sich jedoch gezeigt, daß ausgerechnet die kirchliche Seelsorge bei Menschen in Krisennot oft in haarsträubender Weise versagt.

2. 2. 3. 2. Seelsorge in Not

Bedrückend lesen sich in diesem Zusammenhang Erika Schuchardts Ausführungen darüber, wie die vermeintlichen guten Helfer und Freunde, und vor allem auch kirchliche Vertreter von Menschen, denen eine Krisenverarbeitung auferlegt ist, wahrgenommen werden: Selten erfahren sie eine Zuwendung, die ihr Ringen und ihre Erfahrungen als vollen Ausdruck des Menschseins ernstnimmt.[58] Die Kommunikation zwischen „Gesunden" und Menschen mit Lebensstörungen ist gestört. Die Isolation macht den Leidenden zusätzlich zu schaffen. Dabei suchen die Betroffenen häufig in verstärktem Maß nach Gemeinschaft und wünschen sich, daß sie in ihrer Situation Verständnis finden. *Aber oft werden gerade die Begleitenden zu einem großen Problem für die Betroffenen.* Ein zentrales Anliegen der Studie von Schuchardt war neben der Identifizierung charakteristischer Strukturmerkmale des Krisenprozesses auch die Klärung der beiden Fragen: „Wie erleben Betroffene und ihre Bezugspersonen Kirche? Und: Welche Erfahrungen machten sie mit menschlicher Begleitung und christlichem Glauben?"[59] Die Ergebnisse sind desillusionierend. Schuchardt konstatiert: „Als Laienchristen oder Alltagsmenschen erfahren sie Kirche vor allem im sozialen Nahraum: sie treffen Nachbarn als Gemeindeglieder bzw. Mitchristen, die Gemeindehelferin oder -schwester, Diakone oder Pfarrer. Versucht man die Berichte Betroffener und ihrer Angehörigen zu diesem Thema zusammenzustellen, so fallen drei Tendenzen in den Antworten auf:

- Erste Erfahrung: Wir erleben uns als Objekte der Diakonie, aber nur selten als Subjekte und mitbeteiligte Gemeindeglieder: 'Die Kirche tut zwar etwas für uns, aber selten mit uns!'
- Zweite Erfahrung: Wir erleben Verkündigung als Mahnung zur vertröstenden Verklärung unserer Behinderung bzw. Krise, aber nur selten als Tröstung bei kritischer Klärung oder gar als Ermutigung zur befreienden Auseinandersetzung im kritischen Dialog: 'Die Kirche vertröstet uns auf ein Jenseits und fordert Verklärung des Diesseits, aber sie verhütet und verschweigt die Klage, den Schrei.'

---

58 Dazu vgl. das Kapitel 4 „Begleitende als Problem Betroffener" in Schuchardt 1979, 103 ff.
59 Ebd., 18.

- Dritte Erfahrung: Wir erleben Gemeinde und Pfarrer - seelsorgerische Begleiter - als amtlich bestellte Rollenträger, aber nur selten als persönlich betroffene Mitleidende und Partner: 'Die Kirche hört uns, aber sie kann unseren eigentlichen Fragen nicht mehr zuhören; so müssen wir den Weg zu Verarbeitung unserer Krisen allein finden.'"60

Oft genug sind die Begleitenden nicht in der Lage, sich von ihrem Helfersyndrom zu emanzipieren, jener zur Persönlichkeitsstruktur gewordenen Unfähigkeit, eigene Gefühle und Bedürfnisse zu äußern, die verbunden ist mit einer
scheinbar omnipotenten, unangreifbaren Fassade im Bereich der sozialen
Dienstleistungen. Jörg Zink, den Schuchardt in diesem Zusammenhang zitiert,
benennt eine mögliche Ursache für das Versagen der gut meinenden Menschen:
„Es ist eine Tatsache: In uns Gesunden rührt sich die Angst. Wir könnten ja, so
ahnen wir, auch wie 'sie' unsere Gesundheit verlieren, unseren aufrechten Gang,
unsere Sicherheit und Leistungskraft, unsere Freiheit und am Ende unsere
Selbstachtung. Und da rührt sich eine Urangst, die sehr tief heraufkommt: Wir
schließen die Augen, die Ohren und schließlich den Mund und gehen vorbei.
Aussparen und verdrängen, das ist alles, was dann noch gelingt. Damit aber
schiebt sich zwischen Gesunde und Behinderte ein ganzes Gebirge von Un-
menschlichkeit ein."61

Erstaunlicherweise aber halten viele Betroffene *trotz* ihrer negativen Erfahrungen mit Kirche und Seelsorge an ihrem Glauben fest. „Alle Biographien bestätigen die vorwiegend stützenden Erfahrungen Betroffener mit ihrem Glauben,
obwohl Hilfe von Seelsorge häufig ganz fehlte oder versagte." 62

2. 3. 2. 3. Not-wendige Seelsorge

Im Folgenden sollen nun einige Grundsätze für eine *gelingende Krisenintervention und -begleitung* aufgeführt werden.63 Die Leitfrage dabei ist: Wie können
wir Menschen, die eine Krise durchmachen, in einer Weise beistehen, die von
ihnen als annehmend, stützend und weiterführend erlebt wird?

Die „Goldene Regel"

„Alles nun, was ihr wollt, daß euch die Leute tun sollen, das tut ihnen auch! Das
ist das ganze Gesetz und die Propheten" (Matthäus 7,12). Ein Schlüssel zu jeder
förderlichen Begleitung ist zweifellos diese „Goldene Regel", die Jesus den Seinen gab und gibt. Wer in der Krisenintervention und -begleitung arbeiten
möchte, sollte sich vor allem anderen zunächst einmal intensiv auf der Gefühl-
sebene mit der Frage auseinandergesetzt haben: Was täte mir wohl, was wäre

---

60 Schuchardt 1979, 18 f. Auf den folgenden Seiten belegt sie die drei Erfahrungen mit einer
Reihe von Beispielen, die in der Tat sehr betroffen machen.
61 Zink, zitiert bei Schuchardt 1979, 104 f.
62 Schuchardt 1979, 148.
63 Allgemein zur Thematik vgl. auch Switzer 1975.

mir unangenehm, wenn ich in dieser bestimmten Situation wäre? Außerdem ist es von grundlegender Bedeutung, sich eigene Krisenerfahrungen und die dabei durchlebten Empfindungen ins Gedächtnis zu rufen. „Die wirklich gelungene Krisenbegleitung setzt voraus, daß der Begleitende selbst eigene Krisen verarbeitet und ihre typischen Verlaufsphasen (Spiralphasen) als solche erkennt, sie bewußt durchlebt und darin Leidensfähigkeit neu entwickelt. Daß dies gerade bei einer *seelsorgerischen* Begleitung Betroffener von besonderer Wichtigkeit ist, liegt auf der Hand. Wenn dies von den Mitarbeitern der Kriche erkannt und praktiziert würde, wäre das ein großer Gewinn für die vom Leiden Betroffenen und die Begleitenden selbst."[64]

In Kontakt gehen

Seit Beginn der Menschheit gibt es eine gesellschaftliche und individuelle Tendenz, sich von Menschen, die in Schwierigkeiten geraten sind, zurückzuziehen und fernzuhalten. Diese Isolierungstendenz korrespondiert in vielerlei Hinsicht mit den Gefühlen der Selbstablehnung und dem eigenen Hang zur Abkapselung bei den Betroffenen. Der Teufelskreis ist freilich fatal: Zu ihrem konkreten Leiden und ihrer Unfähigkeit, sich darin selbst anzunehmen, müssen die Betroffenen auch noch die äußere Isolation verkraften. Demgegenüber hat, wie kein anderer, Jesus in Wort und Tat deutlich gemacht, daß die allererste Aufgabe im Umgang mit Menschen in Krankheit, Krisen und Leid darin besteht, den Kerker der Isolation zu durchbrechen. Stellenweise ganz drastisch zeigen die Heilungsgeschichten des Neuen Testamentes, wie Jesus in Kontakt gegangen ist, hautnah, ohne Angst vor Ansteckung, ohne Rücksicht auf Ansehensverlust, ohne Scheu vor intimer Berührung. Denken wir daran, wie Jesus in Mk. 7,31ff. die Zunge des Taubstummen mit Speichel berührt, oder in Joh. 9,1ff. dem Blindgeborenen einen Brei aus Speichel und Erde auf die Augen streicht. Die Diakonie der christlichen Gemeinden hat dann im Verlauf der Geschichte Jesu Auftrag wahr- und angenommen, hinzugehen und die Menschen aufzusuchen in ihrer Not. Daß man freilich auch bei physischer und verbaler Nähe den wahren Kontakt verweigern kann, muß nicht eigens betont werden. Leider gibt es auch in dieser Hinsicht viele unrühmliche, ja abschreckende Beispiele aus dem Leben der christlichen Gemeinden und ihrer LeiterInnen. Wer hungert, braucht Brot, keine Missionspredigt, wer sich Beziehungsproblemen ausgesetzt sieht, braucht Verständnis, keine moralischen Vorhaltungen, wer unterdrückt wird, braucht keine Durchhalteparolen, sondern die Ermutigung und den Beistand zur Emanzipation. In Kontakt gehen, sich anrühren lassen von der Situation des anderen, und bei ihm aushalten, auch wenn es vorerst keine Erfolge zu sehen gibt, auch wenn es zutiefst anstrengend ist, das Weinen, Schreien und Jammern eines anderen Menschen zu ertragen, das ist das erste Gebot aller mitmenschlichen Hilfe - und dies war auch die erste fundamentale Erkenntnis der Studie Schuchardts: „Bei fehlender oder unangemessener Begleitung in der Krise wird deren Verar-

---

[64] Schuchardt 1979, 119.

beitung aufgegeben, abgebrochen oder gar nicht erst begonnen; sie tendiert zwangsläufig zur sozialen Isolation. Umgekehrt kann durch angemessene Prozessbegleitung der Lernprozess Krisenverarbeitung präventiv und intervenierend angebahnt werden und zu sozialer Intgeration führen."[65]

Wahrnehmen und Annehmen

1978 hat Dietrich Stollberg unter dem Titel „Wahrnehmen und Annehmen" ein kleines Buch zur Theorie und Praxis der Seelsorge veröffentlicht.[66] Mit diesem Titel und durch seine Ausführungen bringt er die Grundüberzeugung der „partnerzentrierten" Seelsorge, die die poimenische Theorie und Praxis in den letzten 30 Jahren entscheidend geprägt hat, auf den Punkt. Es geht in einer hilfreichen Begleitung zuallererst darum, *wahrzunehmen*. Das hier gemeinte Wahrnehmen ist eine umfassende Hinwendung zum anderen Menschen, die seine äußere und innere Situation, deren gefühlsmäßige Repräsentanz sowie seinen leibseelischen, lebensgeschichtlichen und spirituellen Bezugsrahmen („frame of reference") möglichst authentisch erfassen und verstehen will. Die Aufmerksamkeit richtet sich dabei auf mindestens elf klassische „Kanäle", auf denen sich inneres Erleben mitteilt, nämlich: - visuell (was ist zu sehen?); - auditiv (was ist zu hören?); - kinästhetisch (welche Bewegungen sind da?); proprizeptiv (was spürt der Körper?); - Verhalten (wie wird agiert?); Symptome (was teilen sie mit?); - Träume (welche Botschaft vermitteln sie?); - Biologie (Geschlecht, Körperbau, Alter, Konstitution); - Situation (was sagt das „Setting"?); Sexualität (welche erotischen Signale werden wahrgenommen?).[67] Dabei konzentrieren sich die BegleiterInnen tunlichst nicht nur auf das Gegenüber, sondern auch auf ihre eigenen Empfindungen, sind sie doch häufig wichtige Indikatoren für Aspekte, die in der Begegnung nicht zum verbalen Ausdruck gelangen.

Der zweite Grundschritt der partnerzentrierten Seelsorge ist die *Annahme*. Dahinter steht die Überzeugung, daß es den BegleiterInnen im seelsorgerlichen Setting nicht zusteht, die Innenwelt ihres Gegenübers zu bewerten. Das Wichtigste für einen Menschen, der sich in einer Krise befindet ist in der Tat das Gefühl, daß er bedingungslos angenommen wird. Daß also auch seine Gefühle der Verzweiflung und Selbstbeschuldigung etc. nicht wegdiskutiert werden. Annehmen heißt immer zunächst: Lassen, zulassen, sein dürfen. Freilich sollen die BegleiterInnen sich nicht verbiegen. Ein konstitutiver Faktor für eine gelingende seelsorgerliche Beziehung ist, daß die Begleitenden „echt" und authentisch bleiben. Reinhard und Anne-Marie Tausch haben die Grundhaltungen dieser auf die humanistische Psychologie Rogers' zurückgehenden Einstellung auf eine ein-

---

[65] Ebd., 55.
[66] Stollberg 1978.
[67] Zur Theorie der „Kanäle" vgl. vor allem die Theorie der „prozessorientierten Psychologie", inbes. die Arbeiten ihres Hauptvertreters Arnold Mindell 1989; 1990.

gängige Formel gebracht: „Einfühlendes nicht-wertendes Verstehen"; „Achten-Wärme-Sorgen" und „Echtsein - Ohne-Fassade-sein".[68]

Den Gefühlen Raum geben

Eine weitere fundamentale Aufgabe einer sinnvollen und förderlichen Begleitung ist es, dem anderen einen geschützten Raum zu eröffnen, in dem er *alle* seine Gefühle und Empfindungen äußern darf, auch die gemeinhin abgelehnten „unsozialen", destruktiven, also Neid, Hass, Wut, Rachegelüste, ja selbst Mordgedanken ebenso wie die kindlich egoistischen Bedürfnisse nach Bemutterung und gesteigerter Aufmerksamkeit. Die schützende und heilsame Wirkung der Regression in Extremsituationen wurde in der Tradition der Freudschen Psychoanalyse umfassend dargestellt.[69] Die Seelsorgebeziehung ist ein geschützter Raum in dem sich die regressiven und aggressiven Impulse der Gepeinigten ohne soziale Folgen äußern können. Es gilt der Grundsatz: Was ist, darf sein, soll sich sogar entfalten, damit es deutlicher wird, und man besser damit umgehen kann. Je intensiver das Gegenüber mit seinen Gefühlen in Kontakt kommt, desto nachhaltiger kommt der Prozess der Verarbeitung in Gang.

Aggressionen ermöglichen

Wie oben erwähnt, war Schuchardt in ihrer Studie zu der Erkenntnis gelangt, daß die dritte Phase im Verarbeitungsprozess, die „Aggressionsphase", eine Schlüsselfunktion hat. „Es besteht ein enger Zusammenhang zwischen der Fähigkeit zur Aggression und der Befähigung zur Annahme."[70] Demzufolge ist es eine zentrale Aufgabe der Krisenintervention, den Betroffenen in Kontakt mit seinen Aggressionen zu bringen, bzw. die Agressionsphase zu ermöglichen und auszulösen, um ein Lernen hin zu sozialer Integration zu ermöglichen. Begleitung, die also nach der Maxime verfährt, den anderen „nur ja nicht aufzuregen", verfehlt ihr Anliegen und ist kontraproduktiv. Freilich erfordert es ein gehöriges Maß an Distanzierungsfähigkeit (*„detached concern"*) und Stehvermögen, die geballte Wucht der Wut eines vom Schicksal Enttäuschten zu ertragen, zumal sich diese Wut, mangels eindeutig festzumachender Verursacher des Leidens oft gegen die nächsten greifbaren Personen wendet.

Glauben wecken und stärken

Nach den Schritten des Wahrnehmens und der nichtwertenden Annahme geht es - wenn es der Andere denn brauchen kann und zuläßt - darum, gemeinsam zu versuchen, in Kontakt mit der spirituellen Dimension der aktuellen Situation und darüber hinaus des Daseins zu kommen. Im Licht des Glaubens kann jede menschliche Lage eine neue Wertigkeit und Einordnung in den Lebenszusam-

---

68 Vgl. Tausch u. Tausch, 1979, 29 ff. Vgl. Rogers 1972 a + b.
69 Vgl. z. B. den „Klassiker" von Anna Freud: Das Ich und die Abwehrmechanismen.
70 Schuchardt 1979, 41, vgl. auch ebd., 55.

menhang bekommen. Über die fundamentale Bedeutung des Glaubens im Spiralprozess der Krisenverarbeitung läßt Schuchardt in ihrer Studie keinen Zweifel. Sie hält fest: „Christlicher Glaube kann eine als Katharsis erkannte Aggression ... im Lernprozess Krisenverarbeitung auffangen in der Anklage und Klage vor Gott." Dabei unterscheidet sie zwischen der „naiv-apathischen Antwort" des Glaubens auf widerfahrenes Leid, die die Krise als von Gott aufgegebenes Schicksal bejahend und unhinterfragt, also "gehorsam" hinnimmt, und der „kritisch-sympathischen Antwort", die die Betroffenen dazu befreit, ihre Aggressionen gegen ihre Situation und den Schöpfer zu artikulieren, „um sie schließlich im Dialog mit Gott gemeinsam ertragen zu lernen". Sie resümiert: „Für beide Antworten gilt: christlicher Glaube kann Aggression im Lernprozess Krisenverarbeitung auffangen. Gläubige Betroffene sehen sich infolgedessen nicht ihrem Leiden/ihrer Krise allein ausgeliefert, sondern sie haben ein Gegenüber, einen Adressaten, einen Zuhörer; sie finden sich in ihrer Gottesbeziehung gehalten." - auch und gerade in ihrer aggressiven Klage ... ." ihrer Depression (fünfte Spiralphase) - als solche, die Gott akzeptiert hat."[71]

---

71 Ebd.

AUSSENANSICHT II

3. DIE LAST DES AMTES
UND DIE BELASTUNG DER AMTSTRÄGERINNEN
ÜBERFORDERUNG UND BURNOUT IM KIRCHLICHEN AMT

Bereits 1974 schrieb Richard Riess: „Wie immer sich in Zukunft das berufliche Profil des Pfarrers gestalten mag - eine Einsicht wird wohl gültig bleiben: Daß ich als Pfarrer von meiner Person nicht absehen kann. Im Gegenteil. Die vielzitierte objektive Sache wird gerade durch meine Subjektivität hindurch vermittelt. Ich bin - gewollt oder ungewollt - ein Instrument, nicht nur mit meinem Intellekt, sondern ebenso mit meinen Einstellungen, Empfindungen und Emotionen."[1] In der Tat hat diese Einsicht nichts an Gültigkeit verloren. Kaum ein anderer Beruf, am ehesten vielleicht noch der des Psychotherapeuten, prägt sich im Laufe der Jahre so eng in die Persönlichkeit derer hinein, die ihn ausüben, wie der Beruf des Pfarrers und der Pfarrerin. Kaum ein anderer Beruf, ehestens vielleicht noch der des Filmschauspielers oder Arztes, sieht sich zugleich einer derart geballten Macht von Projektionen, Idealisierungen und Identifikationen ausgesetzt. Allen Beteuerungen des „allgemeinen Priestertums der Gläubigen" und einer „mündigen Gemeinde" zum Trotz sieht die Mehrheit, auch die Mehrheit der Kirchenmitglieder, im Pfarrer nach wie vor den Hauptrepräsentanten der Kirche und des von ihr vertretenen Anliegens. Auch wenn man es in Kirchenkreisen heute nicht mehr gerne wahrhaben will, gilt weiterhin, was Peter Krusche 1972 im Anschluß an die erste große Mitgliedschaftsbefragung festhielt: Dem Pfarrer kommt in der gegenwärtigen Form der Volkskirche eine „Schlüsselrolle" zu.[2]

„Der eigentliche Indikator für ethische Werte im Protestantismus", schreibt Manfred Josuttis, „ist und bleibt der Pfarrer/die Pfarrerin. Sie sollen in ihrer Person darstellen, was gut ist. Und was sie nicht sagen, nicht tun und nicht leben dürfen, das muß als für die Kirche böse, verboten und unerträglich bezeichnet werden."[3] Insofern müßte die seelische Gesundheit, Zufriedenheit und Ausgeglichenheit ihrer Geistlichen der Kirche ein Hauptanliegen sein, auf das sie mindestens ebenso ihr Augenmerk zu richten hätte wie auf die dogmatische Linientreue und die dienstliche Loyalität dieser ihrer wichtigsten MitarbeiterInnen, zumal immer noch weitgehend (und auch in Deutschland) jene Feststellung Hugh A. Eadies zutrifft, die er im Blick auf die schottische Pfarrerschaft in den

---

[1] Riess 1974 (b), 420.
[2] Vgl. Krusche, in: Matthes (Hg.) 1975, 161-188.
[3] Josuttis 1994, 51.

siebziger Jahren formulierte: „Der Gemeindepfarrer ist in der Lage, das Wohlbefinden vieler Menschen negativ oder positiv zu beeinflussen."[4]

Nun steht es aber um eben diese psychische Stabilität, das Wohlbefinden und die leib-seelische Gesundheit des Pfarrerstandes nicht zum besten. Für den katholischen Bereich haben in jüngerer Zeit besonders plakativ und provozierend Eugen Drewermann und Uta Ranke-Heinemann den Finger in offene Wunden gelegt und damit viel Schmerz und Wut verursacht.[5] Entsprechend Aufsehen erregende Veröffentlichungen gibt es im evangelischen Bereich bislang nicht[7], dennoch darf vermutet werden, daß auch die evangelische Pfarrerschaft keineswegs auf einer Insel der Seligen lebt. Einschlägige Äußerungen wie zum Beispiel die des Psychiaters Dr. Werner Huth, der viele Geistliche beider Konfessionen behandelt hat und als psychiatrischer Gutachter und Vertrauensarzt für die evangelisch-lutherische Kirche in Bayern tätig ist, sprechen in diesem Zusammenhang Bände.[8] Immerhin führte die 1970 veröffentlichte Studie Eadies, die sich mit den „Mortalitäts- und Morbiditätserfahrungen von Pfarrern der Kirche von Schottland in der Zeit von 1930 bis 1969" befasste, zu drei bemerkenswerten Ergebnissen: „Erstens gibt es ausreichende Gründe für die Schlußfolgerung, daß die Pfarrer eine der gesündesten Berufsgruppen in der schottischen Gesellschaft sind. Sie erfreuen sich im allgemeinen ungewöhnlich guter Gesundheit. Diese Beobachtung gilt vor allem für ihre physische Gesundheit. Sie erreichen eine beachtliche Lebensdauer - besonders bis zum 45. Lebensjahr -, eine niedrige Todesrate und außergewöhnlich geringe Behinderungs- und Todesraten aufgrund von Störungen und Krankheiten, die direkt auf Verwahrlosung, schädliche persönliche Gewohnheiten, unbefriedigende hygienische Standards oder ungünstige Arbeits- und Lebensbedingungen zurückzuführen wären. ... Vor diesem Hintergrund zeigen sich jedoch seit 1960 Anzeichen einer allgemeinen Verschlechterung des Gesundheitszustandes dieser Pfarrer. Diese

---

[4] Eadie, 1974, 400. Vgl. auch ebd.ff. seine immer noch lesenswerten Ausführungen über die Auswirkungen des Gesundheitszustandes der Pfarrer auf die Gemeindearbeit und die Gemeindeglieder bis hin zur Entstehung von „iatrogenen Krankheiten", d.h. Krankheiten die durch die Pfarrer selbst - so wie man es aus der Arzt-Patientenbeziehung auch kennt - verursacht werden..

[5] Vgl. Drewermann 1989; Ranke-Heinemann 1988.

[7] Abgesehen von einigen sich populärwissenschaftlich gebenden Streitschriften, die sich weniger mit der Situation der Geistlichen, sondern der Lage der Kirche insgesamt befassen (vgl. z.B. Kahl 1968, Deschner 1986, Jordahl 1993, Nürnberger 2000). - Allerdings wurde bereits 1974 ein ganzes Heft der Zeitschrift: „Wege zum Menschen" (1974, 385ff.) dem Thema „Berufs- und Lebensberatung von Pfarrern" gewidmet.

[8] Vgl. das Interview mit Dr. Huth im Materialband dieser Arbeit.

Verschlechterung ist besonders auffällig bei den 55- bis 64jährigen, der Altersgruppe mit einem wachsenden Anteil an Todesfällen und Behinderungen, vor allem aufgrund von Koronarerkrankungen; sie wird auch durch eine größere Anzahl von psychiatrischen Störungen unter den jüngeren Pfarrern und ein geringeres durchschnittliches Sterblichkeitsalter offenbar. Diese Entwicklung ist jedoch nicht besonders dramatisch gewesen.... . Schließlich wurden intrasubjektive, interpersonale und berufliche Stressfaktoren als signifikante Quellen der Störung und Desintegration in der Erfahrung der schottischen Pfarrer erkennbar. Symptome sind die weite Verbreitung der Herzthrombose, der Hypertonie, verschiedener psychosomatischer Störungen und psychiatrischer Beschwerden. Die Folgen des Stress sind an der Mortalität und Morbidität klar ersichtlich, es ist aber schwer, die Ursachen von Stress und Spannung zu erkennen, die zur physischen und emotionalen Desintegration führen."[9] Einen Beitrag zur weiteren Identifizierung eben jener Ursachen von Stress und Spannung will dieses dritte Kapitel der vorliegenden Arbeit leisten.

Die Situation der Pfarrer und Pfarrerinnen hat sich in den letzten Jahrzehnten dramatisch verändert, einerseits aus Gründen, die allgemein mit der kirchlichen Situation in einer sich progressiv pluralisierenden Gesellschaft zusammenhängen, andererseits auch aufgrund von erheblichen Wandlungen im Selbstbild und Rollenverständnis der PfarrerInnen. Erscheint das evangelische Pfarrhaus möglicherweise auch immer noch vielen „als Inbegriff eines bildungsbürgerlichen, besonnenen Daseins", so ist - stellt Ingeborg Roessler in ihren Überlegungen zur Pfarrerehe fest - „die ungestörte Idylle ... eine Fiktion. In sie wird hineinprojiziert, wovon wir träumen, wenn wir das Bild eines bergenden Zuhauses mit eindeutiger Sinnorientierung entwerfen."[10] Die Realität ist anders - stellenweise sehr bedrückend. Selbsttäuschung und Selbstverleugnung, Unterdrückung emotionaler Regungen und Bedürfnisse, Abspaltung aggressiver Impulse und Vermeidung von notwendigen Auseinandersetzungen prägen das dienstliche Auftreten, und von dort ausgehend oft auch das persönliche Leben vieler PfarrerInnen

---

9 Eadie 1974, 402.
10 Roessler, in Riess 1979, 170. Zur psychologischen Situation des Pfarrhauses vgl. auch das von Riess hg. Themenheft von „Wege zum Menschen" mit dem Titel: „Konfliktfeld Pfarrhaus" (30. Jg. 1978, Heft 8/9). Darin u.a. Aufsätze zur Problematik der Pfarrerehe von C. und. R. Miethner (1978), zur Problematik der Pfarrerskinder von L. Herkenrath (1978) und zu familiären Grundkonflikten in Pfarrfamilien von K. Winkler (1978). Vgl. ebd. auch die umfassende Bücher- und Zeitschriftenschau. Vgl. auch z.B. den Aufsatz von Stollberg in Greiffenhagen (Hg.) 1984 mit dem bildstarken Titel: „Das Pfarrhaus als psychotherapeutische Ambulanz und als Psychopatient. Vgl. auch Steck 2000, Kap. 3.3.2.: „Das Pfarrhaus als symbolische Lebenswelt" (S. 577-589). Die bis in die Gegenwart wirkende, traditionelle Anschauung über das Leben derer, die das Pfarrhaus bewohnen, erhellt schlaglichtartig eine Bemerkung Büchsels aus seinen „Erinnerungen eines Landgeistlichen": „Das Pfarrhaus ist das Siegel auf die Predigt ... es ist die praktisch gewordene Verkündigung des Evangeliums" (zit. nach Kehnscherper, in: Handbuch der Seelsorge 1986, 537).

und sind die Ursache einer Vielzahl seelischer Leiden bis hin zu manifesten psychischen und psychosomatischen Erkrankungen. Daß gerade bei PfarrerInnen aufgrund ihrer besonderen Arbeits- und Lebensbedingungen die Problematik des „Burnout-Syndroms" eine nicht unwesentliche Rolle spielt, ist mehr als nur eine Vermutung. „Die geistliche und seelische Situation der deutschen Pfarrer wird durch den Widerspruch belastet, daß sie einerseits unter einem Überlastungssyndrom leiden, weil immer neue und höhere Anforderungen an sie herangetragen werden, und andererseits sich die Mehrheit der Menschen in zunehmendem Maß an ihrer Arbeit desinteressiert zeigt" - mit diesen deutlichen Worten bringt Eberhard Winkler die gegenwärtige Grundproblematik des evangelischen Pfarrberufes auf den Punkt.[11]

Im Gegensatz zur diesbezüglich in Deutschland noch sehr zurückhaltenden Forschung und Literaturproduktion, ist *„Burnout in Ministry"* im angloamerikanischen Bereich schon seit Jahrzehnten ein vielbeachtetes und ausführlich behandeltes Thema.[12] Somit erscheint es mir sinnvoll, zunächst einen Blick auf die Diskussion im englischsprachigen Raum zu werfen, bevor ich mich mit der Realität und den Hintergründen der Problematik in unserer Kirche befasse.

---

[11] Winkler Eberhard, Artikel Pfarrer II. Evanglisch, in: TRE 26 (1996), 360-374, 366.

[12] Bereits in den fünfziger Jahren des vorigen Jahrhunderts war die physische und psychische Gesundheit der Pfarrer dort im Zusammenhang mit der Ausbreitung der „Mental-Health"-Bewegung bei einschlägigen Kreisen in den Blickpunkt des Interesses gerückt. Schon die vor 1965 von Menges und Dittes veröffentlichte und 1967 ergänzte Bibliographie führt über 1000 vor allem psychologische Studien über Pfarrer und andere kirchliche Mitarbeiter vorwiegend aus den USA auf. Vgl. Menges & Dittes 1965 sowie Menges 1967. Vgl. dazu den Beitrag „Church Career Development" von Becher, in: „Wege zum Menschen", 1974, 410-418, besonders Punkt 1. „Psychologische Pfarrerstudien". Außer den im Folgenden angesprochenen Studien zum Thema seien aus der Fülle der Veröffentlichungen hier wenigstens noch genannt: Oates 1958, 1961 (dieser Aufsatzband bietet eine erste umfassende Sammlung von Studien über Stress, Motive der Berufswahl, Selbst- und Rollenverständnis, Ehe- und Familienprobleme und Morbidität im Pfarrberuf) und Oates 1971; Bowers 1965; Hulme 1965; 1966, 1984; Mills 1966; vgl auch die in der Bibliographie von McDill 1969 aufgeführten Veröffentlichungen; Judd et al. 1970; Humowiecki 1977; MacDonald 1980; York 1982; Rediger 1982; Taylor 1982; Fichter 1982 und 1984; Harbaugh 1984; Whitehead 1989; Olsen 1991. Vgl. auch das Themenheft „Pastoral Care of Pastors" der Zeitschrift „Pastoral Psychology", 22.Jg. 1971, Nr. 212 und das Themenheft „Stresses in Ministry" der Zeitschrift „Chicago Studies", 18. Jg. 1979, Nr. 1.
Pennington (1989,17) merkt im Blick auf die wachsende Literaturproduktion an: „The growing body of Christian stress/burnout literature is indicative of how serious these concepts are currently being taken among those 'called of God' to serve in the vocational ministry." **Zum Übersetzungsproblem vgl. wiederum meine Stellungnahme im Vorwort zu dieser Arbeit.**

3. 1. „BURNOUT IN MINISTRY"

Was die englischsprachige Literatur zum Thema betrifft, so kann man unterscheiden zwischen eher der „Ratgeberliteratur" zuzuordnenden, populärwissenschaftlichen Veröffentlichungen, deren Autoren zum Teil aus ihrer persönlichen religiösen Überzeugung heraus argumentieren, und streng nach wissenschaftlichen Kriterien vorgehenden Analysen. Zur ersten Gattung gehört beispielsweise das 1984 erschienene Buch von Charles L. Rassieur mit dem Titel „Christian Renewal. Living beyond Burnout". Der Autor beansprucht, in seiner Schrift zu zeigen, wie der christliche Glaube helfen kann, Burnout zu bewältigen. „Although many books have been written recently on the subject of stress management, I know of no book that specifically relates the unique resources of the Christian faith to the pressing contemporary crisis of widespread stress and burnout."[13] Seine Ausführungen werden getragen von der Überzeugung: „There is a life beyond our burnout, even the burnout that comes with death!"[14] Trotz mancher mir hilfreich erscheinender Passagen wirkt Rassieurs Buch doch recht einfältig, amerikanisch pragmatisch und voller Allgemeinplätze: Das beste Heilmittel gegen Burnout ist Jesus Christus! („The principle resource to the Christian for coping with stress is Jesus Christ himself"). Wenn wir mehr auf die Probleme anderer sehen, sind unsere eigenen nicht mehr so drängend! („As you and I enlarge our capacity for loving others, we shall see more of our own problems in their proper and less stressful perspective").[15] Zum Teil wird Rassieur auch sehr gesetzlich und verstärkt damit letztlich, was er bekämpfen will: „The aim for Christian self-care that manages stress responsibly is wholeness. A theologian who has been one of my respected teachers has described Christian wholeness as including „the idea of a strong and healthy body, strong and healthy emotions, a strong and healthy reason, a strong and healthy imagination, and a strong and healthy will, as well as a strong and healthy spirit'."[16] Entsprechend holzschnittartig sind denn auch seine Lösungsvorschläge: „Here is a brief checklist of four basic perquisites if a Christian is to be ready for dealing with stress. The first requirement for Christian self-care is cultivating a vital spiritual center. ... Next on the checklist for Christian selfcare is the necessity for living by grace and not by guilt. ... The third essential aspect of self-care for the Christian is saying „yes" and „no" clearly without reluctance or guilt. ... Finally, responsible Christian self-care includes being attentive to the physical needs of your body."[17] Das Problem der ausbrennenden Pfarrer ist ja gerade, daß ihnen ihre „Stärke und Gesundheit" verloren geht, ohne daß sie es verhindern könnten.

---

[13] Rassieur 1984, 13.
[14] Ebd., 100.
[15] Ebd., 101 und 109.
[16] Ebd., 33. Rassieur zitiert: Cobb, Theology and Pastoral Care, 1977, 28.
[17] Ebd., 37 ff. Vgl auch (ebd. 82) den vom Verf. aufgelisteten christlichen Tugendkatalog, der einen gegen Burnout schützen soll.

Ihnen einfach entgegenzuhalten: „Glaube intensiver! Lebe aus der Gnade! Werde wieder stark und gesund!" ist nicht nur naiv, es erhöht auch den Druck.

Ganz anders liest sich das ebenfalls mehr populärwissenschaftliche Buch, das John A. Sanford 1982 unter dem Titel „Ministry Burnout" veröffentlicht hat.[18] Hier vertieft sich rasch der Eindruck, daß ein Kenner der Materie aus einem ernsten seelsorgerlichen Anliegen heraus das Wort ergreift und hilfreiche Einsichten aus dem Schatz seiner eigenen Lebens- und Glaubenserfahrung zur Verfügung stellt. Sanford benennt im einleitenden Kapitel neun besondere Schwierigkeiten des Pfarrberufes, die Burnout hervorrufen oder verstärken können:

- „The job of the ministering person is never finshed.
- The ministering person cannot always tell if his work is having any results.
- The work of the ministering person is repetititve.
- The ministering person is dealing constantly with peoples's expectations.
- The ministering person must work with the same people year in and year out.
- Because he works with people in need, there is a particularly great drain on the energy of the ministering person.
- The ministering person deals with many people who come to her church not for solid spiritual food but for 'strokes'.
- The ministering person must function a great deal of time on his 'persona'."
- The ministering person may become exhausted by failure."[19]

In den folgenden Kapiteln des Buches behandelt er dann ausführlich die Entstehung, die psychologischen Hintergründe und die religiöse Bedeutung der jeweiligen Schwierigkeit. Im resümierenden letzten Kapitel mit der vielversprechenden Überschrift „Finding Energy Again" verdeutlicht er zunächst noch einmal einen seiner Grundgedanken mit einem schönen Bild: Die Seele und ihr Energiepotential seien einem klaren Bergsee zu vergleichen, der, um seine Klarheit und Lebendigkeit zu erhalten, auf zwei Bedingungen angewiesen ist: Einen Abfluß zu haben und einen oder mehrere Zuflüsse. Beides sei gleich wichtig. Ohne Abfluß werde das Wasser früher oder später bitter und faulig. Ohne Zufluß verdunste der See. „In the life of a human being, the equivalent of the outgoing stream is the flow of energy that pours out of a person and into life. Most of this outflow of energy goes into work, play, or relationships. For this reason, if the flow of energy is to take place a person needs worthwhile work, creative play, and meaningful relationships. If these ingredients are not there, the stream of psychic energy will not flow, and the result will be a deadening of our energies. For that is the mystery of our energy: like the water in a lake, it cannot stand still; it must flow in order to be healthy."[20] Der Zufluß an Energie ge-

---

[18] Sanford 1982.
[19] Ebd., 5-15. Vgl., auch die Erläuterungen Sanfords zu jeder Überschrift.
[20] Ebd., 105. - Abel (1995, 75) gebraucht ein ähnliches Bild: „Ausbrennen wird erfahren als ein Erschöpfen des Charismas, als ein Austrocknen der Seelsorgealltags, als die Erfah-

schieht auf ganz unterschiedlichen, auch von Person zu Person verschiedenen Wegen, von denen er acht ihm besonders wichtig erscheinende aufzählt:

„- A change of outer activity / - Creative relationships / - Using the body creatively / - Meditation / - Dreams / - Keeping a Journal / - Paying attention to our fantasies / - Active Imagination."[21]

Was nun die wissenschaftliche Auseinandersetzung mit der Thematik angeht, so wurde noch 1983 von Anthony J. Chiaramonte beklagt: „Systematic research on clergy burnout is almost non-existent." Dies sei umso erstaunlicher, als Autoren, wie beispielsweise Oswald, bereits vor einiger Zeit darauf hingewiesen hätten, daß „seventeen percent, or one out of five, clergy are burned out", und auch die Folgen beschrieben hätten: „According to Oswald (1982) stress and burnout are having a devastating effect on clergy everywhere, crippling or killing some, deadening the spirit of others. Every denomination speaks of the same pattern of 'frustration, lack of support, overwork, cynicism, disillusionment.' Yet, surprisingly little scientific research has been done on the problem."[22]

Tatsächlich war die wissenschaftliche Diskussion zum Thema aber bereits 1981 in Gang gekommen. Eine der frühesten Untersuchungen zum Burnoutsyndrom bei (katholischen) Geistlichen stammt von Stephen P. Daniel, der immerhin für sich beansprucht, alle damals verfügbare Literatur, nämlich 132 Veröffentlichungen, zum Thema erfasst und ausgewertet zu haben. Er beginnt seine Ausführungen mit der lapidaren (und zugleich bedrückenden) Feststellung: *„The ministry is a vocation where a person must be all things to all men"*[23] und vermutet, daß bei Priestern die Gefahr des Ausbrennens vielleicht noch größer ist als bei anderen Helfern, weil sich Priester professionell mit der Sündhaftigkeit des Menschen beschäftigen und darum oft auf ein negatives Menschenbild fixiert sind. Als Ergebnis seiner Literaturschau hält Daniel fest (und umreißt damit schon den gesamten Horizont der Problemtatik, wie sie sich bis in die Gegenwart hinein darstellt): „Throughout the literature the following variables have emerged as areas of stress and difficulty for ministers: low income, lack of privacy, difficulty with expression of hostility, low self-esteem, lack of close interpersonal relationships, overwork, tension, alienation and the non-progressive attitudes of the church. Little is currently being done to bring about any changes in these areas. A review of the previous literature has shown certain characteristics of pastors who are working in the field. Data indicate pastors tend to be perfectionistic, worrisome, introversive, more socially inept, isolated, with-

---

rung, wie das Tote Meer zu sein: Zwar habe ich noch Zufluß, aber keinen Abfluß mehr. Das Wasser, das ich austeile, ist salzig und ungenießbar, trocknet andere aus, ist zum Bewässern nicht geeignet."

21 Ebd., 106- 114.
22 Chiaramonte 1983, 38 und 1.- Oswald 1982, 12. Vgl. auch ders. 1982 (b) und 1979.
23 Daniel, 1981, 1.

drawn, and have more psychosomatic and stress related illnesses than the normal adult population. Studies give evidence that over time, those in full time religious work have increases in emotional instability, difficulty with expression of hostility, emotional and interpersonal isolation, feelings of alienation, introspectiveness, and increased difficulty with intimacy. - ... Ministers as a group tend to have great difficulty with the acceptance and expression of their own anger ... Ministers evidence a social immaturity envolving a lack of intimacy, strong dependency needs, strong needs for social relationships, strong passivity in relationships, and strong control needs in relationships, Ministers show a lack of awareness of their own inner needs and process, and Ministers view man as essentially not being good and tend not to hold self-actualizing values. - ... Ministers are also faced with the same three common sources of stress: (1) a sense of failure when they feel they have lost a soul; (2) conflicts between what was a spiritual calling and having their success measured by organizational and not spiritual norm; and (3) the unrealistic expectations of themselves and their parishioners; namely that they be all things to all men at all times." [24]

Von Brooks R. Faulkner, der seine Arbeit im gleichen Jahr wie Daniel veröffentlichte, stammt die bildstarke Formel, daß Burnout die „*geheimste Sünde der Pfarrer*" sei („closest sin of Ministers", andere Übersetzungsmöglichkeit: „vertrauteste" oder „nächste").[25] Ihm fiel bei seinen Untersuchungen auf, daß sich Pfarrer, die ausgebrannt sind, besonders schwer helfen lassen, weil sie ihren Zustand einfach nicht wahrhaben wollen. Er schlug vor, daß sich vom Burnout betroffene Pfarrer doch, vergleichbar den Anonymen Alkoholikern, zu sog. „MBA"-Selbsthilfegruppen zusammenschließen sollten („Ministerial Burnouts Anonymous"). Der erste Schritt einer Burnout-Therapie bei Pfarrern besteht nach seiner Auffassung darin, sich darüber klar zu werden, daß es für ausgebrannte Pfarrer vier grundlegende Bedürfnisse gibt: „1) someone to confide in; 2) the need to confess; 3) the need to know others care; and 4) the need to know that he is ok" - das aber seien eben zugleich auch „the reasons why it is difficult for the minister to face ministerial burnout".[26]

Chiaramonte weist auf eine 1983 in den Staaten durchgeführte nationale Befragung unter katholischen Priestern zu deren Gesundheit, Arbeit und Lebensqualität hin, bei der 21 Prozent der Befragten angegeben hatten, daß sie in erheblichem Ausmaß unter emotionalem Stress in ihrer Arbeit und in ihrem Leben leiden und fast 40 Prozent, daß sie während der vergangenen 12 Monate seelische und verhaltensmäßige Probleme gehabt hatten.[27] Chiaramonte bezieht sich auch

---

[24] Ebd., 25; 34 und 36.
[25] Faulkner 1981, 11. Auch Maslach (Cost of Caring, 77) geht davon aus, „that ministers may be loath to admit they need help because they fear the loss of trust and respect among their parishioners and because they may not know where to turn."
[26] Ebd., 12.
[27] Chiaramonte 1983, 38.

auf eine 1982 vom bischöflichen Kommittee für „Leben und Dienst der Priester" durchgeführte Studie mit dem Titel „The Priest and Stress", die zur Vorlage bei der nationalen Bischofskonferenz in Auftrag gegeben wurde. Darin heben die Verfasser sechs Faktoren besonders hervor, die Quellen von Stress und möglicherweise Burnout darstellen: „1. Environment; 2. Expectations and Demands; 3. Lack of Support and Recognition; 4. Neglect of Physical Health; 5. Neglect of Emotional Health; 6. Difficulties with Spirituality."[28]

Rober W. Browning hatte in seiner Studie als Hauptursache für Burnout unter Priestern „Overwork" ermittelt. Dieser Befund wurde von Jackson bestätigt, dessen zwei Jahre später durchgeführte Untersuchung ergab, daß immerhin 10% der katholischen Priester hochgradig ausgebrannt und 54% leicht ausgebrannt sind.[29]

John G. Marsh, der seine Dissertation über „Burnout in the pastoral ministry" 1986 veröffentlicht hat, sieht ebenfalls die Arbeitsüberlastung als zentralen burnoutgenerierenden Faktor im Pfarrberuf und identifizierte als einen weiteren den teils von außen herangetragenen, teils aber auch selbst auferlegten Zwang, immer im Dienst zu sein.[30] Was die Arbeitsbelastung angeht, macht Marsh allerdings eine bedenkenswerte Einschränkung: „One of the surprising facts is that feeling overworked does not necessarily have to do with the number of hours pastors put into their job each week. Feeling overworked can continue even when the number of hours is cut back. So it is not simply the volume of the work which makes the pastor overwhelmed - it is, in fact, the intimate contact with people's problems, which is so emotionally draining, that eventually overwhelmes the pastor."[31] Nach seiner Bewertung der von ihm analysierten Daten läßt sich für Pfarrer, die stark burnoutgefährdet sind, folgendes Profil zeichnen: „Such pastors are 20 to 40 years of age and have earned a master's degree or possibly a doctoral degree. They have served their present church less than five years and served the church just prior less than five years. They have been in the pastoral ministry less than fifteen years, but have not developed the coping techniques necessary to continue in longterm pastoral ministry. ... They are working 50 or more hours per week and perceive their workload to be demanding or overwhelming... They are experiencing conflict in several areas of their lives, role conflict in particular. They perceive that their family time is inadequate and that their familiy does not strongly support their work. ... They lack the support they feel is needed from their congregation."[32]

---

[28] Vgl. Ebd., 38 f.
[29] Vgl. Browning 1981; Jackson 1983.
[30] Vgl. Marsh 1986, 34.
[31] Ebd.
[32] Marsh 1986, 104. Vgl. auch die von ihm dort noch zusätzlich aufgeführten Charakteristika.

So differenziert Marshs Analyse der Problemkonstellation auch ist, seine Vorschläge zur Reduzierung der Burnoutgefährdung lesen sich nicht sonderlich phantasievoll und innovativ. Entscheidende Maßnahmen sieht er zum Beispiel in einer Verringerung der Arbeitsstunden und Arbeitsanforderungen, in Aufbau von Unterstützungsgruppen, in der Kontrolle des Terminkalenders und im Angebot von Retraits und Workshops für PfarrerInnen. Besonders wichtig sei auch die Sensibilisierung der PfarrerInnen für die Burnoutgefahr.[33]

William H. Willimon dagegen legt Wert auf die Feststellung, daß der Pfarrberuf wahrhaftig nicht zu den anstrengendsten Tätigkeiten gehört. Vielmehr dürfe vermutet werden, daß etliche, die ihren Burnout so lautstark beklagen, in Wahrheit nie wirklich gebrannt hätten.[34] Auch sei grundsätzlich klarzustellen: „Dissipation, loss of energy, 'burnout', and flagging commitment are normal and expected aspects of the Christian life." Die Tatsache, daß manche in diesem Beruf zwar unter höchstem Einsatz arbeiten, daran aber ihr Vergnügen haben und eben gerade nicht ausbrennen, zeige zudem: „Stress alone cannot be the key to our burnout problems."[35] Vielmehr, darin sei Sanfords Vermutung zuzustimmen, resultiere Burnout wohl eher aus einem Fehlen von Sinn als von Energie.[36] Dem Sinnerleben mißt Willimon zentralen Stellenwert bei. Menschen fühlen sich nach seiner Auffassung Institutionen nur so lange verpflichtet, wie diese Sinn vermitteln und das gilt insbesondere für die Kirche. „In my opinion the „fuel" that supplies the energy to minister as clergy or lay ministers is a conviction that what we do has meaning. Energy to stay committed arises out of meaningful attachments."[37] Seiner Meinung nach rühren auch viele Probleme im Pfarrerberuf von der irrigen Vorstellung, es ginge hier um eine heilige Person und nicht um heilige Arbeit.[38] Weil mir seine Aufzählung verschiedener Burnout fördernder Faktoren, die mit dem Leben in der Kirche zusammenhängen, besonders aufschlußreich erscheint (und durchaus auch auf unsere Kirche übertragbar ist), zitiere ich ausführlicher:[39]

1. „The work is never done. ...
2. Too much of the time, the church doesn't give us a clear picture of the expectations and the tasks we are supposed to fulfill. - ...
Because of the ill defined nature of the pastoral ministry, the work demands a high level of internal control. Pastors probably have less peer supervision than any other profession. They are on their own. In conscientious persons,

---

[33] Vgl. ebd., 106f.
[34] Willimon 1989, 21: „To say that you are suffering from burnout ignores that you may never have even left the launching pad!"
[35] Ebd., 15; 22.
[36] Vgl. ebd, 25. Vgl. Sanford 1982, 4.
[37] Willimon 1989, 25 f.
[38] Vgl. Ebd., 29.
[39] Ebd., 34-50.

this encourages a heightened sense of responsibility, but it can lead to an oppressive situation if the person is not only conscientious but also perfectionistic and unrealistic.
3. Ministry tends to be repetitive....
4. Related to the above, ministers must work with the same people year after year.
5. Because the church is a heaven and refuge for people in great need, it can be a place of great difficulty for those who attempt to minister those needs. ... If the church does its job, it probably has a higher percentage of hurting, needy people than does any other institution. ... I remember being trained as a scout lifeguard. 'Don't ever jump in the water to save a drowning person', I was advised.
6. Some people join the church not out of any deep commitment to the true purpose of the church, but rather out of a desire to receive attention and affirmation from the church.
7. John Sanford notes that persons in ministry, and I assume this also aplies to laity in ministry, must function a great deal of the time in what the psychotherapist Jung called the *persona*. The persona is the mask that was worn in ancient Greek tragedy. For Jung, the persona is that psychological mask we put over our real inner feelings when we must relate to others. ... Jung felt that the brighter the persona, the darker the shadow underneath.
8. Church people may be exhausted by failure. But: Jesus preached away more people than he won.
9. The church and its ministry are not valued by the surrounding culture.
10. Many of us must serve in situations where there is institutional decline.
11. Much of the church and its ministry is a 'head trip'. ... Their seminaries had prepared them for a „head trip", but their actual work required a 'body/soul/ heart trip'. ... Generally speaking, the more cerebral the work, the more we need to nurture our bodies.
12. Poor time management wears down many in the church.
13. Ministry is often a mess.
14. The pastoral ministry requires the commitment, or at least the sympathetic support, of the pastor's spouse.
15. Pastors and laity must be in general harmony with the denominational value system, theological stance, and priorities."

Er fasst zusammen: „All of these factors suggest that burnout, wornout, dissipation of energy and commitment - whatever you choose to call what often happens to people in the church - is more a matter of distress than of stress, a lack of meaning rather than a lack of energy."[40] Einen Punkt hebt Willimon noch besonders hervor (der in erstaunlicher Übereinstimmung mit dem steht, was auch die bayerischen PfarrerInnen so sehr beklagen, s.u.): Die fehlende bzw. notwen-

---

[40] Ebd., 50.

dige Anerkennung und Würdigung dessen, was Pfarrer leisten: „I was impressed, in my conversations with those who counsel clergy, by the fact that a lack of affirmation was the most frequently mentioned reason given for clergy burnout. ... It is clear that the church could do more to affirm its clergy."[41]

Ein für die Berufsgruppe der PfarrerInnen natürlich besonders fataler Aspekt ist die „spiritual dryness" bzw. „spiritual exhaustion". Jerry W. Pennington schreibt dazu: „An early signal of an impending spiritual burnout may be a loss of the joy of the Lord, accompanied by feelings of melancholy and malaise that cannot explain. Continued spiritual exhaustion is signaled by: 1) the loss of spiritual disciplines such as Bible reading, prayer and meditation; 2) a growing sense of meaninglessness and purposelessness; 3) spiritual dryness; 4) concentration on the wrong priorities, increasing levels of bitterness, intensitivity, self-pity, and behaviors contrary to one's previously held basic values, and 5) the development of a troubled spirit coupled with an exhausted ego."[42] Frank Minirth bezeichnet diese spezielle Form des „spirituellen Burnout" auch als „Martha Complex": „This complex describes a person who has lost perspective and thus failes to realize his own limitations. Perceiving God to be powerless to help them in their present difficulty they redouble their own efforts, perhaps not even realizing that they are playing God."[43]

Daß aber gerade im Bereich der Spiritualität auch entscheidende Ressourcen für die Prävention und Bewältigung von Stress und Überforderung liegen, wird von nahezu allen Autoren betont. Besonders deutlich äußert sich in dieser Hinsicht Louis J. Cameli: „Spirituality ought to provide a significant resource for dealing with stress in ministry. ... By providing an ideal type of the personally transfomative effect of ministry on the minister, reflective or theological spirituality provides a framework for dealing with the lived experience. In its living form, spirituality means a continuous growing process which is marked by ongoing conversion or transformation. In its theological reflective form, spirituality descibes the target and the dynamics of the growing process." Cameli betont auch: „When spirituality pursues the question of stress in ministry, it does not deal with the psychological, social or structural origins of stress. Spirituality can deal with stress which arises because of a failure to integrate what one does in ministry *with* who one is as a person called to be a minister of the Gospel. At this level, spirituality can make a real contribution toward alleviating the problem of stress in ministry." Und er hebt noch einen bedenkenswerten Aspekt hervor: „The ministerial group for whom the gracious nature of ministry stands clearest may be the hospital ministers, especially those dealing with the terminal ill." [44]

---

[41] Willimon 1989, 78.
[42] Pennington 1989, 37 f.
[43] Pennington 1989, 38, vgl. Minirth 1990.
[44] Cameli 1979, 97, 100ff..

Edward B. Bratcher resümiert in seiner Fallstudie über Pfarrer (und lenkt den Blick damit auf die strukturellen Ursachen der Problematik): „Some of the problems were personal, but a majority were the result of a church as an occupational system."[45]

Robert D. Dale wiederum hebt mehr auf das charakteristische Persönlichkeitsprofil burnoutgefährdeter Geistlicher ab. Sie seien:

1) „Idealistic crusaders
2) Dynamic, charismatic, energetic leaders
3) Determined, goal-oriented ministers
4) Achievers with outstanding work records
5) Persons who want the best for others
6) Dedicated, sensitive, committed helpers
7) Folk with a keen sense of mission and purpose
8) Competent, conscientious public servants
9) People so devoted to serving others that they play God
10) Helpers wo become devoured by their work."[46]

Was die Frage des Dienstalters im Hinblick auf die Burnoutgefährdung betrifft, kommen die verschiedenen Autoren zu einer relativ übereinstimmenden Einschätzung (die sich mit den Erkenntnissen der allgemeinen Burnoutforschung deckt, vgl. oben Kapitel 1.3.2.5.): Von der Gefahr des Ausbrennens sind vor allem Pfarrer und Pfarrerinnen in den ersten Amtsjahren betroffen. Schon Daniels kam in seiner Studie zu dem Ergebnis: „The longer one is in the vocation, the less the probability of burnout".[47] Auch Chiaramonte ermittelte, daß junge Pfarrer häufiger und heftiger an Gefühlen emotionaler Erschöpfung leiden als ältere.[48] Janelle Warner und John D. Carter weisen darauf hin, daß dienstältere Pfarrer verschiedene Bewältigungstechniken zur Prävention oder Reduzierung von emotionaler Erschöpfung entwickelt haben.[49] Archibald Hart sieht zwei kritische Phasen, in denen Pfarrer am meisten von Burnout gefährdet sind: „One period is the first five years in the ministry an the other period is after 15 years in the ministry."[50]

Schließlich seien - stellvertretend für viele andere - wenigstens noch zwei englischsprachige Veröffentlichungen aus dem Bereich der kirchlichen Beratungspraxis zur Burnout-Problematik bei Geistlichen erwähnt: die 1985 in Amerika von William Hulme veröffentlichte Schrift „Managing Stress in Ministry" und Mary Anne Coates Studie über „Clergy Stress. The Hidden Conflict in Mini-

---

[45] Bratcher 1984, 21.
[46] Dale 1982, 27.
[47] Zitiert bei Marsh 1986, 40.
[48] Chiaramonte 1983, Abstract iii.
[49] Warner & Carter 1985.
[50] Aufgeführt bei Marsh 1986, 40. Vgl. Hart 1984.

stry", die 1989 in England erschien. Hulme schreibt mehr populärwissenschaftlich. Am ansprechendsten finde ich sein 9. Kapitel: „The Biblical Pattern for Healthy Communication".[51] Coate befasst sich, nach einer längeren Hinführung, unter mehr fachwissenschaftlichen Gesichtspunkten, mit: „The Strain of Caring, - of Relating to God, - of Proclaiming, - of 'Being'".[52]

3. 2. BELASTUNG UND ÜBERFORDERUNG BEI EVANGELISCHEN PFARRERN UND PFARRERINNEN IN DEUTSCHLAND[53]

Gilt schon für die „weltlichen" Berufe, was Hughes vor vielen Jahren in seinen institutionssoziologischen Analysen hervorhob, daß nämlich die „berufliche Betätigung eines Menschen einer der wichtigeren Teile seiner *sozialen Identität*, seines Selbst, ja sogar seines Schicksals innerhalb seines Lebens (ist), das er nur einmal lebt, weil es fast etwas Unwiderrufliches gibt in der Wahl eines Berufes"[54] - so trifft dies, wie oben bereits angesprochen, in weitaus höherem Maße für die „geistlichen" Berufe zu. Wer den Beruf des Pfarrers, der Pfarrerin ergreift, übernimmt nicht irgendeinen „Job" oder „Broterwerb", sondern ein „Amt" zu dem man „von Gott berufen" sein soll, eine heilige Aufgabe von tiefem Ernst und hohem Anspruch. „Der Beruf des Pfarrers ist ja nicht nur eine Arbeitsstelle, sondern eine Lebenssituation", sagt Klaus-Peter Hertzsch so treffend.[55] In der Ordnung für die Ordination evangelisch-lutherischer Pfarrer hieß es noch vor wenigen Jahren: „Zugleich ordne und bestätige ich dich zu einem Pfarrer und Seelsorger dieser Gemeinde. Ich weise dich an sie und sie an dich und mahne dich ernstlich, daß du ihr in wahrhaftiger Furcht Gottes, *ohne alles Ärgernis*, mit Fleiß und Treue vorstehen wollest, wie das einem getreuen Hirten der Herde Christi gebührt und wie du vor dem Richterstuhl unseres Herrn Jesu Christi an jenem Tage deshalb zur Antwort stehen und eines Urteils gegenwärtig sein mußt."[56] Den Beruf des Pfarrers, der Pfarrerin „hat" man nicht, man „ist" Geistliche(r), man „verkörpert" dieses Amt. PfarrerInnen stehen mit ihrem ganzen Leben ein für das, was sie beruflich sagen und tun. Zumindest wird das von ihnen erwartet. Mit ihrem ganzen Leben - das heißt, PfarrerInnen sollen nicht

---

[51] Vgl. Hulme 1985, 92-101. Vgl. auch Hulme 1966 und 1984.

[52] Vgl. Coate 1989, 88ff.

[53] Diese Arbeit konzentriert sich auf den Pfarrberuf in der evangelischen Kirche und berücksichtigt nicht die spezifische Situation in der katholischen Kirche, die sich wegen der zölibatären Lebensform der Priester in mancher Hinsicht anders darstellt und nur bedingt mit der evangelischer PfarrerInnen vergleichbar ist. Dennoch gibt es natürlich gerade hinsichtlich der Belastungsproblematik viele Parallelen.

[54] Hughes 1971, 339, hier zit. nach Fischer 1977b, 16.

[55] In: Handbuch der Seelsorge, Berlin 1986, 523

[56] Agende für evangelisch-lutherische Kirchen und Gemeinden, vierter Band, zit. von Thilo, in: Riess (Hg.) 1979, 160. (Hervorhebung von Thilo).

nur als Allererste selber glauben, ja „existentiell" errungen haben, was sie verkündigen, sie sollen es auch leben, es nicht nur in ihren dienstlichen, sondern - und das unterscheidet den Pfarreberuf von den meisten anderen Berufen - auch in ihren privaten Bezügen zur Darstellung und Geltung bringen. PfarrerInnen sind ZeugInnen des Evangeliums mit „Leib und Seele", mit allem (inzwischen schwindenden) Ansehen, mit aller Last, aber auch Erfüllung, die dieses ganzheitliche Berufsverständnis mit sich bringt. Vor allem Josuttis hat in den letzten Jahren immer wieder in vielen Variationen deutlich gemacht, daß nicht nur die berufsspezifischen Verrichtungen zur Aufgabe der PfarrerInnen gehören, sondern auch eine exemplarische Lebensführung.[57] Jedesmal wenn PfarrerInnen eine neue Stelle verliehen bekommen, werden sie „in Erinnerung an das Ordinationsgelübde verpflichtet, das Hirtenamt im Gehorsam gegen Gottes Wort als Seelsorger und Prediger des Evangeliums gewissenhaft zu führen und sich in seinem (ihrem) Leben so zu verhalten, wie es einem Diener Jesu Christi gebührt".[58] Diese Erwartung richten nicht nur die Vertreter ihrer Kirchenleitung an sie, sondern auch die meisten Mitglieder ihrer Gemeinde.[59]

Können Angehörige anderer geistlicher bzw. theologischer Berufe, wie z. B. DiakonInnen und ReligionspädagogInnen die private und berufliche Ebene noch relativ gut auseinanderhalten, so gelingt das PfarrerInnen, wenn überhaupt, nur unter erheblichen Anstrengungen. Insbesondere wenn sie im Gemeindedienst tätig sind, stehen sie im „Rampenlicht" des Gemeindelebens, in ländlichen Gebieten oft auch der politischen Öffentlichkeit. Was PfarrerInnen sagen und tun, wird in besonderer Weise beobachtet, gewichtet, gewertet. Das Pfarrhaus ist weitgehend immer noch ein „Glashaus"[60] oder eben, wie Josuttis so eindrücklich sagt, eine „Bühne": „Nicht nur Verkündigung und Seelsorge, Unterricht und Diakonie bilden die Aufgabe derer, die hier (im Pfarrhaus, A.H.) residieren. Auf einer Bühne kommt es zur Darstellung. Im Pfarrhaus soll die Kunst des guten, gelingenden Lebens vorgeführt werden. Die Arbeit von Pfarrer und Pfarrerin umfasst deshalb immer drei Dimensionen. Die heiligen Riten wollen vollzogen, die heiligen Mythen sollen erzählt, das heilige Leben soll dargestellt werden. Wer im Pfarrhaus lebt, steht unter einem beschwerlichen Druck. Die sonst übliche Trennung von Berufs- und Familienwelt ist hier weitgehend aufgehoben. Die Erwartungen von außen sind groß, und sie können gefährlich werden, wenn man sie von den eigenen Ansprüchen her unterstützt."[61]

---

[57] Vgl. seinen „Entwurf einer zeitgenössischen Pastoraltheologie" Josuttis 1982 und 1988. Vgl. auch z.B. Josuttis 1996.
[58] Zitat aus der Installationsurkunde der Evangelisch-Lutherischen Kirche in Bayern.
[59] Thilo sagt es besonders prägnant (in Riess (Hg.), 1979, 160): „Der Pastor hat eben zu sein wie Jesus Christus, und 'sacerdos repraesentat Christum' ist seit den Zeiten des Thomas von Aquin Leitbild für das pastorale Handeln geblieben."
[60] Vgl. Steck, in: Greiffenhagen (Hg.) 1984.
[61] Josuttis 1994, 78. Vgl. Josuttis 1988, 62 und. 62ff. Vgl, auch Josuttis 1996.

Die „Vorstellung", um im Bild zu bleiben, die auf dieser Bühne im Zentrum so vieler traditionell geprägter Gemeinden gegeben wird, hat allerdings, im Gegensatz zum Theaterstück, kein Ende. Die Hauptdarsteller können allenfalls hinter geschlossenen Vorhängen, in der Anonymität der nahegelegenen größeren Stadt oder im Urlaub einmal die Masken ablegen und wieder „normale Menschen" sein. Pfarrer und Pfarrerin zu sein hat somit, böse formuliert, durchaus auch Züge eines lebenslangen Schauspiels. Damit fertig zu werden, damit leben zu lernen, oder auch sich immer wieder gegen diese Zumutung zu verwahren und sich daran abzuarbeiten, kostet viele PfarrerInnen erhebliche seelische Energie, zumal die zugemutete vorbildhafte christliche Lebensführung sich im Bewußtsein vieler Gemeindeglieder, auch Vorgesetzter, vor allem auf ein bestimmtes (spieß-)bürgerliches Verständnis von Ehe, Familie und Sexualleben bezieht.[62]

Aber das sind bei weitem nicht die einzigen Faktoren, die den Beruf des Pfarrers für viele so belastend machen. Wenn die Herausgeber des 1990 erschienenen Themenheftes „Überforderung" der Zeitschrift "Diakonia" festhalten: „Die Beiträge des Forums bestätigen unsere 'Hypothese', daß die Überforderung nicht allein in dem quantitativen Zuviel ihre Ursache hat, sondern in vielen anderen Phänomenen der heutigen Entwicklung, so etwa in der Spannung zwischen dem bisherigen Berufsbild bzw. der erhaltenen Ausbildung und den heutigen Anforderungen", so ist dies keine neue Erkenntnis, es liegt schon lange auf der Hand.[63]

Neben den *hochgeschraubten Erwartungen*, denen sich die PfarrerInnen ausgesetzt sehen, dem *diffusen Berufsbild* und der *Rollenüberfrachtung* bzw. *-unklarheit* in ihrem Beruf sind es die *inhaltliche* und *zeitliche Arbeitsbelastung*, die *unzureichende Ausbildung*, spezifische Charakteristika des *Arbeitsplatzes Gemeinde und Pfarramt* und auch hier wiederum ein ganzes Spektrum *innerpsychischer* und *psychologischer Faktoren* sowie mangelnde *Unterstützung* und *Wertschätzung*, die die typische Problematik dieses Berufes ausmachen. Sie sollen im Folgenden näher betrachtet werden.

3. 2. 1. Belastungspotential Erwartungshorizont

Was die Aufgabe der Pfarrer sei, wußte Luther noch in beeindruckender Klarheit und Kürze zu sagen: „Die Aufgabe des Pfarrers ist es", schreibt er in seiner Auslegung des 82. Psalmes, „daß er das Reich Gottes mehrt, den Himmel füllt mit Heiligen, die Hölle plündert, den Teufel beraubt, dem Tode wehrt, der Sünde steuert; danach die Welt unterrichtet und tröstet einen jeglichen in seinem

---

[62] Hierzu vgl. die aufschlußreichen Texte bei Josuttis 1994.
[63] Diakonia 1990, 222. Für das Schwerpunktheft „Überforderung" von „Diakonia" wurden einzelnen VertreterInnen aller pastoralen Mitarbeitergruppen in deutschsprachigen Ländern drei Fragen gestellt: „1. Wo erlebe ich in meinem pastoralen Dienst Überforderung? 2. Wie gehe ich damit um? 3. Wo sehe ich Auswege? (Vorschläge, Forderungen...)".

Stande, erhält Frieden und Einigkeit, zieht ein junges Volk auf und pflanzt allerlei Tugend im Volk, kurz: eine neue Welt schafft er und baut nicht ein vergänglich elend Haus, sondern ein ewiges schönes Paradies, da Gott selbst gern drin wohnt."[64] Auch die Väter der „Pastoraltheologie", die ihre Blüte in der Mitte des 19. Jahrhunderts erlebte, konnten noch mit großer Selbstverständlichkeit entschiedene und eindeutige Aussagen „Über das Wesen und den Beruf des evangelisch-christlichen Geistlichen" machen.[65] Spätestens unter den Bedingungen einer ausdifferenzierten, ebenso säkularisierten wie individualisierten, postmodernen Gesellschaft, sind Anforderungsprofil und Kernkompetenzen dieses Berufes jedoch längst nicht mehr so klar und prägnant zu fassen.[66]

„Was heißt es, Pfarrer oder Pfarrerin zu werden? Was sind die grundlegenden Merkmale dieses Berufs? Welche Kenntnisse, welche Kompetenzen zeichnen ihn aus? Welche Kriterien können für die Anstellung maßgeblich sein? Was kann und darf die Kirche von ihren Amtsträgern erwarten? Zu welchen Problemen ist sie ihnen Rat und Beistand schuldig?" - das seien die „heute offenen Fragen" betonen die Mitglieder der Arbeitsgruppe „Pfarrerprofil", in ihrem Diskussionspapier zur fünften „Würzburger Konsultation", die sich vor allem mit dem Berufsbild, der Rolle und dem Amtsverständnis der PfarrerInnen befasste.[67] Die Verfasser präsentieren auch Antworten: Die „Mitte des pfarramtlichen Dienstes" sei es, dem heutigen Menschen das Evangelium als Chance zu einer alternativen Lebensmöglichkeit nahezubringen. „Aus dem so verstandenen Predigtamt leiten sich alle wesentlichen Aufgaben und Tätigkeiten des Pfarrers/der

---

64 Luther WA 31, 1.Abt., 199, 28ff., zit. nach Dietzfelbinger 1965, 38.
65 So der Buchtitel von Hüffel, 1830/31. Zur Pastoraltheologie des 18. Jh. vgl. z.B.: Planck 1823; Harms 1830 (3.Aufl 1978); Löhe 1852; Palmer, Artikel „Pastoraltheologie", in: RE^1, Bd. 11; ders.: Pastoraltheologie, 1860; Burks, hg. von Oehler 1867; Vilmar, Lehrbuch der Pastoraltheologie, hg. v. Piderit 1872.
66 **Eine Klarstellung ist mir an dieser Stelle wichtig:** Es kann im Rahmen dieser Arbeit nicht darum gehen, die bereits zur Genüge und erschöpfend dokumentierte, vielgestaltige und verwzweigte Diskussion um das Wesen, die Chancen und die Grenzen des Pfarrberufes unter den Bedingungen der neuzeitlichen bzw. postmodernen Gesellschaft ein weiteres Mal nachzuzeichnen. Die Veröffentlichungen zu dieser Thematik sind Legion. Darum mag hier der Verweis auf die einschlägigen Beiträge von Marhold, Lange, Dahm, Josuttis, Rössler, Steck und anderer, wie sie im Literaturverzeichnis dieser Arbeit aufgeführt sind, genügen. Ich beschränke mich bei den folgenden Ausführungen auf die Hervorhebung verschiedener Punkte, die mir für die hier verhandelte Thematik der Überlastung von PfarrerInnen wichtig erscheinen.
67 Vgl. Kirchenamt der EKD 1989. Zu den sog. „Würzburger Konsultationen" trafen sich seit Mitte der siebziger Jahre des vorigen Jahrhunderts auf EKD-Ebene in regelmäßigen Abständen VertreterInnen aus den Personal-, Dienstrechts-, Ausbildungs und Planungsreferaten der Gliedkirchen, um über angemessene Maßnahmen kirchenleitenden und pastoralen Handelns angesichts der gegenwärtigen Herausforderungen zu beraten. Die Arbeitsgruppe „Pfarrerprofil" war zur Vorbereitung der V. Konsultation gebildet worden.

Pfarrerin ab."68 Voraussetzung dafür, daß diese Aufgaben kompetent wahrgenommen werden können ist freilich die Erfüllung einer „Reihe von grundlegenden Anforderungsmerkmalen für diesen Beruf ..., wie sie mit den 'Begriffen der „theologischen, missionarischen und kybernetischen Kompetenz' beschrieben werden". Diese „Anforderungsmerkmale" sind zugleich „die Leitziele der kirchlichen Ausbildung".69 Als wichtigstes von allen heben die Mitglieder der Arbeitsgruppe die „Kontakt- und Kommunikationsfähigkeit (als) eine unabdingbare Voraussetzung dieses Berufs" hervor. „Wer sich damit schwertut, sollte um seiner selbst und anderer Willen nicht Pfarrer werden."70

Eingehend befasste sich die Arbeitsgruppe mit dem Problem der Belastung im Pfarrberuf. Die Mitglieder sind überzeugt, „daß eine tägliche arbeitsmäßige Belastung von durchschnittlich 10-11 Stunden - zumal bei einem fehlenden freien Wochenende - eine totale Überforderung bedeuten würde und auf die Dauer nicht ohne physische und seelische Schäden zu leisten ist",71 wie sie sich denn ja auch in der Symptomatik des sog. „Überlastungssyndroms" zeige, das bei den PfarrerInnen mittlerweile den „Charakter einer Berufskrankheit" angenommen habe. Als „strukturelle Gründe des Überlastungssyndroms" identifizieren sie vor allem drei Ursachen:

- Die subjektiv empfundene Überlastung und die objektiv feststellbare Tendenz zur Selbstüberlastung „speisen sich aus der verbreiteten Vorstellung, daß Gemeinde nur dort stattfindet, wo ein Pfarrer agiert. Dieses Stigma der 'Pastorenkirche' ist sowohl für die Gemeinde wie für den Pfarrer selbst ruinös."
- „Inmitten einer sich immer stärker differenzierenden Umwelt wird die vormals zentrale Position des Pfarramts durch Funktionenanhäufung zu wahren gesucht. Der Pfarrer wird so zum Opfer einer 'Pfarramtsideologie'."
- Alles, was die Kirche an neuen Aufgaben entdeckt, „schlägt auf den 'Pflichtenkatalog' des Pfarrers durch, ohne daß dafür anderes, Herkömmliches entfällt. Hier wären Prioritäten zu setzen."

Die Autoren fassen zusammen: „Das 'Überlastungssyndrom' wird heute im pfarramtlichen Dienst zu einer so weit verbreiteten bedrückenden Erfahrung, daß es zu einem pastoraltheologischen Problem ersten Ranges geworden ist. Hier brauchen Pfarrer und Pfarrerinnen seelsorgerliche Begleitung und wirkliche Hilfe. Hier tut sich ein weites Feld für eine qualifizierte Supervision, Berufsberatung und Fortbildung auf."72

---

68 Kirchenamt der EKD 1989, 12.
69 Ebd., 1989, 6; 26.
70 Ebd., 3.
71 Vgl. im Kontrast dazu die reale Arbeitszeitsituation der PfarrerInnen, wie sie hier in Punkt 3.2.6. beschrieben wird.
72 Ebd., 11; 12.

Angesichts dieses so dezidiert geäußerten Verständnisses für die Belastungs- und Überforderungssituation der PfarrerInnen erstaunt es umso mehr, daß im weiteren Verlauf des Arbeitspapieres dann ein in seiner Komplexität geradezu beklemmender Forderungskatalog aufgestellt wird:[73]

„Die Umbrüche in Kirche und Gesellschaft stellen hohe Anforderungen an die Reflexions-. und Reaktionsfähigkeit und das Vermögen, Spannungen auszuhalten." (21)
„Angesichts des Rückgangs der 'Selbstreproduktion' christlicher Tradition wird eigene Initiative zu einer wichtigen Berufsdisposition. Dies begründet die Notwendigkeit missionarischer Kompetenz." - „Angesichts der weltanschaulichen und auch theologischen Pluralität wird Dialogfähigkeit zu einer unabdingbaren Voraussetzung pfarramtlichen Dienstes." - „Angesichts des Traditionsabbruchs gewinnen Erziehung und Einübung im Christentum einen besonderen Stellenwert." (22) - „Die verbreitete Christentums- und Religionskritik, aber auch die Begegnung mit anderen Religionen, mit Esoterik und Synkretismus, politischen oder (populär)-wissenschaftlichen Ideologien verlangen die Fähigkeit, sich damit kundig und kompetent auseinanderzusetzen." - „In der Mediengesellschaft ist 'Werbung' in recht verstandenem Sinne als eine missionarische Aufgabe anzusehen." (23) - Gefordert wird weiter vom Pfarrer eine „Theologische Existenz". Der Beruf des Pfarrers „gründet in dem Gepacktsein von der Frage nach Wahrheit und der Botschaft des Evangeliums, im Ringen um den Glauben und im Streben nach Verbindlichkeit der eigenen Lebensgestaltung." - „Die fachliche Ausbildung muß eingebettet sein in die Bildung der Persönlichkeit". Wichtig ist auch ein „existentieller Bezug auf die kirchliche Lehre und die Ordnung der Kirche".(26) - PfarrerInnen brauchen weiterhin: „ein geklärtes Verständnis der Tradition, ein Verständnis der Lebensprobleme heutiger Menschen, soweit sie Glaubensfragen betreffen, und die Fähigkeit, beides zusammenzudenken und so aufeinander zu beziehen, daß traditionelle Aussagen zur situationsgemäßen Anrede werden." (27) Notwendig ist auch eine ausgeprägte missionarische Kompetenz. Sie umfasst „die Fähigkeit zu Kontakt und Kommunikation, zur unaufdringlichen Initiative, das Vertrautsein mit Arbeitsformen der Gruppenarbeit und mit Methoden der Gesprächsführung, Kenntnisse über psychologische und soziologische Zusammenhänge, Sensibilität für Lebenssituationen und ihrer Probleme, Kenntnisse über pathologische Zusammenhänge im Blick auf den Glauben, Erfahrungen mit Problemen der religiösen Sozialisation." (30) - „Worüber ein Pfarrer/eine Pfarrerin vor allem verfügen muß, ist Dialogfähigkeit." (31). Weiter sind erforderlich: „Argumentationsfähigkeit" (32) und drittens eine „hohes Maß an Initiative, um für die Weitergabe des christlichen Glaubens in unserer Zeit einzustehen." - Hinzu kommen (natürlich auch noch) „Fähigkeit zur Selbstorganisation, zur Zeiteinteilung, zur eigenen Fort- und Weiterbildung, zur Vorplanung für längere Zeitabschnitte; die Fähigkeit zur Kooperation, zur Ar-

---

73 Vgl. ebd., 21 ff (Die Zahlen in Klammern sind die Seitenzahlen der jeweiligen Zitate).

beit in Gremien und Gruppen, zur rechtzeitigen Terminplanung und zum Umgang mit Konflikten; die Fähigkeit zum Handeln im institutionellen Rahmen, zum Umgang mit Finanzen, Recht und Verwaltung." (33) - Außerdem müssen PfarrerInnen eine „klare Vorstellung über die Leitziele der gemeindlichen Arbeit gewinnen", nach „solchen Zielen die mittel- und längerfristigen Arbeitsvorhaben planen, die einzelnen Aktivitäten vernetzen, vor allem aber bewußte Prioritäten zu setzen lernen", und „daran gemessen die Ergebnisse der geleisteten Arbeit kontrollieren." - Zusätzlich nötig ist die Fähigkeit „die gesellschaftlichen Veränderungen und die daraus resultierenden Strukturbedingungen kirchlichen Handelns erkennen" - „Ein Pfarrer/eine Pfarrerin muß daher auch in der Lage sein, den vorgegebenen oder selbstgesetzten Orientierungsrahmen zu hinterfragen und - auch mit Hilfe von Supervision - ein kritisch-reflektiertes Verhältnis zur eigenen Berufstätigkeit zu gewinnen." (34)

Nun sieht die Arbeitsgruppe sicher nicht zu Unrecht wesentliche Belastungsfaktoren für die PfarrerInnen im „ruinösen Stigma der Pastorenkirche", wonach „Gemeinde nur da stattfindet, wo ein Pfarrer agiert" sowie in der Tendenz zur Funktionsanhäufung und in der übermäßigen Arbeitszeit. Hilfreiche Vorschläge zur Veränderung dieser Situation weiß sie jedoch nicht zu machen. Mit ihrem ebenso voluminösen wie ruinösen Forderungskatalog stützen die Verfasser zudem ungewollt eben jene von ihnen angeprangerte Tendenz der Pfarrerzentrierung.

Diese Tendenz ist in der Tat eine nicht zu leugnende Realität. Die jahrelangen intensiven Bemühungen, die Kirchenmitglieder im Sinne einer „Beteiligungskirche" und „mündigen Gemeinde" zur Mitarbeit bei den vielfältigen Aufgaben der Kirche zu motivieren, haben aufs Ganze gesehen wenig Erfolg gehabt, wie dies die drei im Abstand von zehn Jahren seit 1972 durchgeführten großen Mitgliedschaftsbefragungen eindeutig belegen.[74] Wolfgang Marhold formuliert es klar: „Der Pfarrer bzw. die Pfarrerin ist der/die ErwartungsrepräsentantIn sowohl der Kerngemeinde, als auch der volkskirchlichen Öffentlichkeit, die mit Kirche nur gelegentlich in Berührung kommt. Diese Erkenntnis ist nicht neu. Vielmehr hat sie eine Tradition, die so alt ist, wie das evangelische Pfarramt selbst. Das Priestertum aller Gläubigen, eine der wesentlichen ekklesiologischen Erkenntnisse der Reformation, konnte sich im empirischen Alltag der Kirche nicht durchsetzen - ganz im Gegenteil. Die Pastorenkirche mit all ihren theologischen Widersprüchen ist Realität. Der/die PfarrerIn ... muß mit Amt und Person herhalten für alles, was mit Kirche und Christentum in Verbindung gebracht wird. ... Der/die PfarrerIn muß für das Ganze von Kirche und Glauben einstehen, ausschließlich und vollständig, und - ob er/sie das will oder nicht - die Qualität einer Symbol- und Übertragungsfigur auf sich nehmen. Amt und Per-

---

[74] Vgl. Hild 1975; Hanselmann/Hild/Lohse 1985; Evangelische Kirche 1993. Vgl. hierzu besonders Marhold 1999 (a) und 1999 (b). Vgl. auch z.B. Krusche 1975 und Drehsen 1989.

son sind eines und dürfen nicht getrennt werden."[75] Die Kirchenumfragen haben zwar eine überraschend wohlwollende Grundstimmung und hohe Akzeptanz der Kirchenmitglieder gegenüber „ihrer" Kirche und der kirchlichen Arbeit offenbart, im Hinblick auf die Verantwortungsbereitschaft und Motivation zur Mitarbeit der Mitglieder sind die Ergebnisse jedoch mehr als ernüchternd. „Schlusslichter der Mitgliedschaftsgründe sind", sagt Rüdiger Schloz im Blick auf die jüngste Befragung, „die 'Möglichkeit zu sinnvoller Mitarbeit' sowie das Bedürfnis nach 'kirchlicher Gemeinschaft'. In der Kirche mitarbeiten zu können stellt für die Allerwenigsten einen attraktiven Mitgliedschaftsgrund dar. Folgerichtig antworten dann auch 76% aller Befragten und damit noch einmal 10% mehr als 1982 auf die Frage, ob sie unter bestimmten Voraussetzungen bereit wären, in der Kirche mitzuarbeiten, mit einem konsequenten Nein. ... Den Befragten sind an ihrer Mitgliedschaft offensichtlich andere Aspekte lieb und wert, als es die Kirche eigentlich von ihnen erwartet."[76]

Welche Aspekte dies sind, hat Karl-Wilhelm Dahm in seinen wegweisenden kirchensoziologischen Arbeiten schon vor 30 Jahren beschrieben:[77] Für die überwiegende Mehrheit der Kirchenmitglieder gelten weiterhin als wichtigste Aufgaben der Kirche: - Seelsorge; - Kasualbegleitung; - karitative Diakonie und - religiöse Erziehung. Immer noch ist die Kirche nach Ansicht ihrer Mitglieder und der Mehrheit der Nichtmitglieder, zuständig einmal für den „Funktionsbereich Lebensbewältigung", das heißt für helfende, vor allem emotionale Begleitung in Krisensituationen und an den Knotenpunkten des Lebens und zum anderen für den „Funktionsbereich Wertvermittlung", das heißt für die Tradition und Konservierung grundlegender Werte, wie der zehn Gebote und anderer Grundregeln für ein „anständiges Leben" und die Fähigkeit „ein guter Mensch zu sein". Die besondere Rolle des Pfarrers (etwa gegenüber der des Arztes oder des Lehrers) besteht darin, daß er in seiner Person die helfende und die lehrende Funktion vereinigt (Konfirmandenunterricht[78] und Krankenbesuch). Die Bedeutung der lehrenden Funktion wird freilich mit zunehmender Entkirchlichung der Gesellschaft noch weiter abnehmen. Die - auch damals schon auf Umfragen gestützte - Analyse Dahms[79] wird in ihren wesentlichen Aussagen durch die jüngsten Umfragen erneut bestätigt. Schloz fasst zusammen: „Die seelsorgerliche und liturgische Begleitung an den Zäsuren der Biographie ist nach wie vor diejenige Funktion des Pfarramts, bei welcher die Erwartung der Mitglieder und die

---

[75] Marhold 1999, 278; 281.
[76] Schloz 1997, 13.
[77] Vgl. Dahm 1972, vgl. auch Dahm in Matthes (Hg.), 1975.
[78] Der Konfirmandenunterricht und die Konfirmation ist nach der letzten Mitgliedschaftsstudie für 94% der Westdeutschen und 89% der Ostdeutschen Kirchenmitglieder eine der wichtigsten Begegnungsmöglichkeiten mit ihrem/r Gemeindepfarrer/in. (Vgl. Marhold 1999 (a), 280).
[79] Dahm bezog sich vor allem auf Harenberg, Was glauben die Deutschen? o.O. 1968.

Zuwendung der PfarrerInnen am vollkommensten und gänzlich zwanglos zur Deckung kommen."80

So bitter es sein mag, weiterhin gilt die ernüchternde Realitätsbeschreibung Langes aus dem Jahr 1976, wonach die Kirchenmitglieder dazu „tendieren ..., ihren Pfarrer trotz all seines Eifers, Menschen und Verhältnisse zu ändern, beharrlich und störrisch mißzuverstehen als den *Pfleger und Stabilisator* ihrer Form der Teilnahme an der Kirche und ihrer religiös-moralischen Einstellungen und Verhaltensweisen." D.h. der Pfarrer wird „von der volkskirchlichen Mitgliedschaft in Anspruch genommen und wahrgenommen als Darsteller und Bürge der religiös-moralischen Tradition."81

3. 2. 2. Belastungspotential diffuses Berufsbild

Nun ist zwar der Pfarrberuf nach wie vor ein Beruf, der in vielerlei Hinsicht das Interesse der Öffentlichkeit auf sich zieht, wie es nicht nur die lebhafte Resonanz auf einschlägige Fernsehsendungen, wie z.B. „Die Dornenvögel", „Oh Gott, Herr Pfarrer!" und „Pfarrerin Lenau", sondern auch eine Vielzahl schöngeistiger und wissenschaftlicher Zugänge dokumentieren.[82] Auch durfte sich der Berufsstand nach extremen Popularitätseinbrüchen am Beginn des 20. Jahrhunderts und in der Zeit zwischen den Weltkriegen[83] zumindest in der zweiten Hälfte des vorigen Jahrhunderts längst wieder eines erstaunlich hohen Ansehens in der Bevölkerung erfreuen. Dahm zitiert Umfragen zur Beliebtheit des Pfarrerberufes.[84] So wurde in den fünfziger Jahren „mehrfach ein sehr diffuses Bild mit einer relativ schlechten, im unteren Teil der Prestige-Skala plazierten Pfarrerposition ermittelt." Eine seit 1963 wiederholt durchgeführte Untersuchung des Allensbacher Instituts für Demoskopie zeigt, wie sich die Einschätzung in den sechziger Jahren deutlich veränderte. Aus 15 Berufen waren fünf zu benen-

---

[80] Schloz 1997, 17.

[81] Lange, Von der Schwierigkeit Pfarrer zu sein, in: Lange 1976, 151 und 158. Freilich redet Lange auch sehr deutlich vom „Vergnügen, Pfarrer zu sein" vgl. ebd., 163 f.

[82] Riess (1986, 83f.) belegt das lebendige Interesse am Pfarrberuf mit einer Fülle von Literaturangaben, die ein ganzes Spektrum verschiedenster Zugänge und Betrachtungsweisen zu diesem Beruf dokumentiert, nämlich autobiographische, literarische, kinematographische, kirchen- und kulturkritische, pastoralpsychologische, pastoral- und kirchensoziologische, pastoraltheologische, systematisch-theologische. Vgl. auch (ebd., 85) seine Auflistung „Ausgewählter Beispiele empirischer Arbeiten zur Thematik „Theologiestudium und Pfarrerberuf".

[83] Vgl. z.B. die 1906 von dem ehemaligen Theologen Kappstein durchgeführte Umfrage mit dem bezeichnenden Titel: „Bedürfen wir des Pfarrers noch?". Vgl. Fischer 1976, 5ff. und Fischer 1977. Zur Thematik vgl. auch Dahm 1965.

[84] In Riess 1979, 229; 231. Zur „sozialen Stellung des Pfarrers" vgl. auch den Aufsatz von Marhold in Greiffenhagen 1984.

nen, die „Sie am meisten schätzen, vor denen Sie am meisten Achtung haben". Diese Fragestellung ergab schon 1963 und 1965 für den Pfarrer die dritte Position nach dem Arzt und dem Ingenieur und führte bei einer etwas erweiterten Berufsskala 1968 und 1975 zu folgendem Bild: Der Pfarrer rangiert 1968 an fünfter Stelle nach dem Arzt, Atomphysiker, Hochschulprofessor und Diplomaten und 1975 immerhin schon an zweiter Stelle nach dem Arzt, eine erstaunliche Steigerung, die Dahm vor allem auf die „durch Atom- und Umweltprobleme ausgelöste Krise der Wissenschaftsgläubigkeit und der dadurch erneuerten Frage nach tieferen Werten" zurückführt.[85] Ganz anders stellt sich die Situation freilich dar, wenn danach gefragt wird, ob der Pfarrberuf von der Bevölkerung denn auch als erstrebenswerter Idealberuf angesehen wird. In einer ebenfalls von Allensbach 1979 für den „Stern" durchgeführten Befragung nach so genannten „Traumberufen", die für die befragten Männer selbst anziehend wirken, oder die Frauen für einen „Traum-Ehemann" als besonders erstrebenswert erachten, rangiert der Pfarrer weit hinten, bei den Männern auf Platz 18, nach dem Koch, dem Chemiker und dem Mechaniker, und bei den Frauen auf Platz 23, nach dem Vertreter und gerade noch vor dem Friseur. Dahm hält fest: „Pfarrer zu werden, ist offenbar für die große Mehrheit unserer Bevölkerung nicht attraktiv".[86] Inzwischen gehen die Akzeptanz- und Popularitätswerte des Pfarrberufes erneut spürbar zurück. Mit dem fortschreitenden Desinteresse an der traditionell verfassten Kirchlichkeit schwindet in der Öffentlichkeit auch wieder zunehmend das ohnehin nie sonderlich ausgeprägte Interesse am Pfarrberuf und seinen Problemen. Besonders schmerzlich wird in der heutigen Zeit von den PfarrerInnen erlebt, daß ihre berufliche Funktion nicht nur von der Mehrheit der kirchlich eher distanzierten Bevölkerung nicht in der Weise eingeschätzt wird, wie sie sich selbst verstehen und definieren, sondern daß sie sich auch vom noch einigermaßen aufgeschlossenen Kern der Gemeinden immer wieder unter Druck gesetzt sehen. „Das Bild vom Pfarrer/von der Pfarrerin ist heute in der Allgemeinheit entweder archaisch und unzeitgemäß oder unbestimmt. Das Bild des Pfarrers/der Pfarrein in der Gemeinde ist geprägt von unabgegrenzter *Erwartungshaltung* gegenüber einer ebenso demokratisch kritisierten wie für alles verantwortlichen Leitungsfigur."[87]

Nicht zuletzt als Reaktion auf das anwachsenden Desinteresse der Öffentlichkeit ist in den Gliedkirchen von EKD und VELKD in jüngster Zeit einer erneute, intensiv geführte Diskussion um den Pfarrberuf entbrannt. Unter verschiedensten Perspektiven wird auf Tagungen und Konsultationen in Fachzeitschriften und neueren Veröffentlichungen heftig um eine Klärung von Wesen und Aufga-

---

[85] Riess 1979, 230.
[86] Ebd., 231.
[87] Winkler 1999, 377.

ben der Pfarrerrolle gerungen.[88] Dabei treten neben besoldungs- und dienstrechtlichen Fragen immer stärker auch grundsätzliche soziologische, theologische und personalpolitische Überlegungen in den Vordergrund. [89]
Sicher ist Johanna Beyer Recht zu geben, daß die Tatsache des intensiven Nachdenkens über den Pfarrberuf als Indiz für eine Problematisierung des Berufsverständnisses, wenn nicht gar einen „grundlegenden Wandel der Struktur dieses Berufes" zu werten ist.[93] Im Augenblick jedenfalls scheint viel klarer zu sein, was der Pfarrberuf *nicht* ist, als daß man ihn hinsichtlich seines Wesens und seiner Aufgaben positiv zu definieren wüßte. Stollberg äußert sich dazu folgendermaßen: „Ich denke ferner, daß unser *Berufsbild* nicht nur einseitig, sondern evtl. sogar falsch ist. 'Mädchen für alles' kann ebensowenig unsere Aufgabe sein wie ausgedehnte Sozialarbeit oder andere vernünftige und durchaus sinnvolle Tätigkeiten für die Gesellschaft, die diese auch ohne Pfarrer leisten könnte. Es *scheint*, wir arbeiteten zu viel. Aber Arbeit ist gesund und macht Spaß. Nicht zu viel, sondern zu *vielerlei* ist ungesund. Verzettelung, nicht nein

---

[88] Zur Diskussion um das Pfarrerbild und das Selbstverständnis der PfarrerInnen vgl. DtPfrBl 96 (1996), Heft 10; DtPfrBl 97 (1997), Heft 12; DtPfrBl 98 (1998), Hefte 4 + 12; DtPfrBl 99 (1999), Hefte 1, 4 + 5. Zur speziellen Problematik von Frauen in diesem noch immer von Männern dominierten Beruf vgl. exemplarisch den konzentrierten Aufsatz von Ingrid Lukatis, „Pfarrerinnen", Lukatis 2000 (mit ausführlichem Literaturverzeichnis) und Brigitte Enzner-Probst 1995.

[89] Meilensteine in diesem Diskussionsprozeß sind in jüngerer Zeit die beiden bislang durchgeführten „Foren Pfarrerbild", denen in naher Zukunft zwei weitere folgen sollen. Vgl. die Dokumentation und Reflektion der Tagungsbeiträge, in: Deutsches Pfarrerblatt Nr. 9, September 1999, 644-668: „Forum Pfarrerbild. Dokumentation der Beiträge von Herrenalb am 28.9.1999". Vgl. dazu auch: Gärtner 2000b. Vgl. die Beiträge zum Forum II „Pfarrerbild", in: Deutsches Pfarrerblatt, Nr. 10, Oktober 2000, 527-557. Vgl. Gärtner 2001. - Der Prozess der Leitbild-Entwicklung „Pfarrerinnen und Pfarrer in der Gemeinde" war beim Forum III „Pfarrerbild" (vgl. Weber 2001 und Sunnus 2001) noch nicht, wie geplant, zum erwünschten Abschluß gekommen. Sabine Sunnus (2001, 567) resümiert: „Folglich gab es auch kein Papier zu verabschieden. 'Es ist wohl doch viel differenzierter', dachte einer der Kollegen laut und löste damit die Spannung. Die Erarbeitung eines eigenen Berufsprofils auf der breiten Basis täglicher Gemeinde-Praxis...braucht seine Zeit." und gibt dann einen zusammenfassenden Überblick über den bisher gegangenen Weg. Die gute Nachricht jedenfalls sei: „Diese Leitbild-Diskussion und der Entwurf hat in verschiedenen Kirchenleitungen Aufsehen erregt." (ebd., 568). Bei der Wilhelmshavener Zusammenkunft warnen etliche Voten vor einer Addition der Aufgaben: „Der Pfarrer kann nicht gleichzeitig auch noch Küster, Sekretärin, Hausmeister, Jurist, Finanzberater und Gärtner sein!" Auch die „Generalistenrolle" wird immer wieder problematisiert zum Beispiel mit dem Hinweis: „Konzentration auf Kernfragen ist dringend nötig!" (ebd.) Ziel ist nun, im Juni 2002 - also nach Beendgung dieser Arbeit - zum Abschluß des Leitbildentwicklungsprozesses Prozesses zu kommen. (vgl. Weber 2001, 565).

[93] Beyer 2001, 283.

sagen zu können, mangelnde Abgrenzung und fehlende Struktur machen krank."[94]

Jahrhundertelang war das Berufsbild des evangelischen Pfarrers relativ statisch und stabil. Er wurde von seiner Gemeinde verstanden und verstand sich selbst als „Hirte der Herde Christi", die er durch die rechte Verwaltung von Wort und Sakrament vor Schaden zu bewahren und auf einem guten Weg durch die Zeit zu führen hatte. Nach dem Zweiten Weltkrieg ist dieses Berufsbild in einen sich zunehmend dynamischer gestaltenden Wandlungsprozess geraten.[95] Wenn man auch in evangelikalen, teils auch in charismatischen Kreisen bis heute am traditionellen Pfarrerbild festzuhalten versucht, hat sich das pastorale Berufsverständnis bei den PfarrerInnen selbst wie bei den Gemeinden immer mehr verändert. „In der Nachkriegszeit sind die pfarramtlichen Funktionen in mehreren Schüben explosionsartig angewachsen", stellt Herbert Lindner fest. „Der erste Schub kam durch die Verkirchlichung der freien Vereinstätigkeit im Zuge des Dritten Reiches. Plötzlich waren Jugendarbeit, Frauenbund und Diakonie auf der pfarramtlichen Tagesordnung. Die nächste Ausweitung kam aus der Differenzierung der Gemeindearbeit in der Entwicklung der Bundesrepublik. Die Verlockung neuer Möglichkeiten und der Zwang zur Reform halten sich hier die Waage. Im Zweifelsfall ist es gleich, woher der Druck kommt: Es ist mehr zu tun, mehr zu überblicken, mehr zu gestalten. Als Folge dieser Differenzierung sind neue Berufe in die Kirche gekommen. Der Pfarrer als Chef eines mittleren Betriebes und Begleiter eines Stammes von 40 bis 120 ehrenamtlichen Mitarbeitern ist in der archaischen Berufsrolle des Priesters und Hirten nicht vorgesehen."[96]

Sahen nicht wenige PfarrerInnen im letzten Drittel des vorigen Jahrhunderts ihre Aufgabe vornehmlich im „Helfen" bzw. „Begleiten" im Sinne einer psychotherapeutisch orientierten Lebenshilfe und verstanden sich andere als gesellschaftspolitische Frontkämpfer und Kommunikatoren in den Themenbereichen Gerechtigkeit, Frieden und Bewahrung der Schöpfung, so tritt in der jüngsten Gegenwart mehr der Ruf nach einem geistlichen Führer oder Lehrer auf den Plan. Das Pfarrerbild orientiert sich nun stellenweise an genuin religiösen Vorstellungen von der Priesterrolle, einer Person also, deren Aufgabe im „Mittlerdienst zum Heiligen" besteht, wobei hier durchaus auch archaische Vorstellungen von der Funktion des Schamanen oder Medizinmannes, auch des Heilers mitschwingen. Andere Stimmen sehen den Pfarrer eher als Manager oder gar als Ge-

---

[94] Stollberg 2000, 504.
[95] Zu den Veränderungen im Berufsbild der PfarrerInnen vgl. u.a. auch die Ausführungen der Personaldezernentin der Württembergischen Landeskirche, Ilse Junkermann, veröffentlicht unter dem Titel: „Zur Diskussion: Berufsbild Pfarrerin und Pfarrer", in: „a und b" - Für Arbeit und Besinnung, Zeitschrift für die evangelische Landeskirche in Württemberg, 55. Jg. 2001, Nr. 13, 1. Juli 2001, 538-550.
[96] Lindner 1990 (2. Teil), 113.

schäftsführer eines sich an den Gesichtspunkten der „Kundenfreundlichkeit" und „Erfolgsmaximierung" orientierenden „Unternehmens Kirche". Inzwischen schiebt sich im Hinblick auf die Herausforderungen durch die Gentechnik, die Biotechnologie und die neuesten Entwicklungen in der Humanmedizin auch die Frage nach der ethischen Kompetenz von PfarrerInnen verstärkt in den Mittelpunkt.

So wundert es nicht, daß angesichts der vielfältigen Unklarheiten und Unsicherheiten in der Diskussion um den Pfarrberuf in letzter Zeit die berufssoziologische Perspektive und vor allem das Thema der „Professionalität" des Pfarrberufes wieder in den Vordergrund getreten sind. Von Isolde Karle, Johanna Beyer und anderen wurde in diesem Zusammenhang dezidiert an die Unterscheidung zwischen „Profession" und „Beruf" erinnert:[97] Zusammen mit dem Beruf des Mediziners, des Juristen, und später auch des Lehrers, gehört der Pfarrberuf von jeher zur Gattung der so genannten klassischen „Professionen". Typisch für die Profession ist, im Gegensatz zum Beruf, die Einheit von Arbeit und Leben. Grundsätzlich geht es bei der Profession nicht um bestimmte Fertigkeiten, sondern einen ganzheitlichen, umfassenden Aufgabenbezug, der sich über soziale Werte und die Kompetenz in existentiellen Fragen legitimiert. Unter einer Vielzahl weiterer charakteristischer Kennzeichen, die die Professionen von den „normalen" Berufen unterscheiden, hebt Beyer folgende Merkmalskombinationen besonders hervor:

- Der für die Berufsausübung konstitutive Wissensbestand wird durch eine akademische Ausbildung vermittelt, die zudem das Berufsprestige unterstützt und die Wissens-Besitzer von den Nichtwissenden, den Laien unterscheidet;
- die berufliche Ausübung ist an Zulassungsrituale gebunden;
- die Mitglieder der Profession haben ein Monopol auf das einschlägige Fachwissen. Der Bestand des Fachwissens, die Zulassungsbedingungen und die fachliche Kontrolle der Berufsausübung werden binnenprofessionell durch Standesorganisationen kontrolliert.
- „Die Funktion professioneller Leistung ist nicht objektiv legitimiert, sondern - im Blick auf die existentiellen Fragen, mit denen sie umgeht - durch soziale Werte. (Jura: Gerechtigkeit; Medizin: Gesundheit, körperliches Heilsein; Theologie: das moralisch Gute, seelisches Heil, Sinn, Transzendenz). Die Legitimation über Werte befreit die professionelle Tätigkeit von der direkten sozialen

---

[97] Vgl. Beyer, in: Deutsches Pfarrerblatt Nr. 6, Juni 2001, 283-290. - Vgl. Karle 2001. Vgl. auch die vorhergehenden Veröffentlichungen, in denen Karle die Kerngedanken ihres Buches bereits ausführt: Karle 1999; Karle 2000.(a); Karle 2000 (b). Zur Kritik und Diskussion vgl. z.B. die „Stellungnahme des Theologischen Arbeitskreises am Studienhaus (in Marburg, A.H.) zu Isolde Karles Texten zum Pfarrberuf", in: DtPfrbl 100. Jg. 2000, Nr. 9, 485f.; und insbesondere auch den Briefwechsel zwischen Dietrich Stollberg und Isolde Karle: „Über den Pfarrberuf. Ein Briefwechsel zwischen Dietrich Stollberg und Isolde Karle", in: PTh 89 Jg. 2000, Nr. 12:, 524-528.

Kontrolle. Sie gewährt eine Handlungsautonomie, die nur durch individuellen Ethos und indirekte professionsinterne und -externe Kontrollen begrenzt wird. Deshalb wird sie auch üblicherweise nicht „bezahlt", sondern erheischt ein Honorar."
- „Zu den Unterscheidungsmerkmalen zwischen Beruf und Profession gehört auf der Subjektseite, daß sich ein Professionsmitglied durch ein besonderes Verhältnis zu seiner Arbeit auszeichnet. Dieses Verhältnis wird durch eine tendenzielle Identität von Arbeit und Persönlichkeit beschrieben, von der Profession ist quasi die gesamte Existenz durchdrungen. ... Diese Identität beruht auf der Verknüpfung von persönlicher und fachlicher Qualifikation als 'Beruf(ung)svoraussetzung' und wird mit dem Verb 'sein' gefasst: 'Ich bin!' ... Die Arbeit ist der Person nicht äußerlich, sondern verschmilzt mit der Person, wird Ausdruck der Persönlichkeit. Hierin liegen auch die Fallstricke des Helfersyndroms, das 'Aufgehen' in der Arbeit und die Verführung von einer Allgegenwart auch Allmachtsphantasien abzuleiten."[98]

Diese professionstypische Kombination von Bindung an ethische Standards, ganzheitlichen Problembezug und Freiheit der Entscheidung wird nun in besonderer Weise im Gemeindepfarramt erlebt und gelebt. "Der Aufgabenbezug und die professionstypische Nichtunterscheidung von Arbeit und Persönlichkeit, Beruf und Leben strukturiert die Sozialbeziehungen im Pfarramt: Sie umfassen funktional-spezifische und diffuse Rollenbeziehungen. Während die meisten Berufsrollen nur funktional-spezifische Rollenbeziehungen generieren und private Beziehungen diffuse, existieren beide Formen der Sozialbeziehungen im Pfarramt nebeneinander und miteinander vermischt... Beim Beruf, der sich durch eine Funktionsorientierung, Detailproblemlösung, auszeichnet, wird man es also mit einer spezifischen Sozialbeziehung zu tun haben, muß der Anfragende nach beruflichen Leistungen begründen, warum er ... genau diesen Berufstätigen aufsucht. ... Bei der Profession besteht bei einer Nachfrage nach einer Leistung ein Begründungszwang für den Angefragten im Falle einer Ablehnung des Ansinnens."

Nein-Sagen ist also für Pfarrer generell ein Problem, besonders jedoch im Teildienst. Und so sieht Beyer denn auch die Zunahme des Teildienstes als einen Motor der von ihr ausgemachten gegenwärtigen Deprofessionalisierungsprozesse im Pfarrberuf, bzw. die „Spitze des Eisbergs für Deprofessionalisierungsprozesse". [99]

Im vergangenen Jahr hat ebenfalls Isolde Karle in ihrer vielbeachteten, schon im Vorfeld auch stark kritisierten Habilitationsschrift an grundlegende profession-

---

[98] Beyer, 2001, 284.
[99] Ebd., 285.

stheoretische Aspekte des Pfarrberufes erinnert. Wie bei den anderen Professionen gelte auch für die beruflichen Aktivitäten der PfarrerInnen, daß sie:[100]

- auf „face-to-face-Relationen" und direkter interpersoneller Kommunikation basieren;
- kulturell und existentiell bedeutsame, auf die Lebensbewältigung und Identitätsbildung bezogene Inhalte repräsentieren und vermitteln;
- sich auf die Bewältigung kritischer biographischer Situationen beziehen und somit befasst sind mit Grundfragen und -problemen der menschlichen Existenz (Heil-Unheil; Sünde-Vergebung; Krankheit-Gesundheit; Recht-Unrecht; Schuld-Sühne etc.);
- es überwiegend mit Menschen zu tun haben, die sich in existentiell problematischen Situationen befinden und entsprechend verletzlich sind, weshalb für den Beruf der PfarrerInnen die vertrauensvolle Beziehung zu den KlientInnen eine herausragende Bedeutung hat;
- zum Aufbau und zur Gewährleistung dieser Vertrauensbasis eine jeweils spezifische Berufsethik entwickelt haben;
- sich spezifischen, in dieser Berufsethik begründeten und ausformulierten „Verhaltenszumutungen" ausgesetzt sehen;
- „überkomplex" sind;
- sich dadurch auszeichnen, daß ihre VertreterInnen eine „Generalistenrolle" wahrnehmen.

Zu den spezifisch pastoralen „Verhaltenszumutungen" gehören bestimmte, auch im Pfarrerdienstrecht aufgelistete Verpflichtungen wie z.B. die Wahrung des Beichtgeheimnisses und der seelsorgerlichen Verschwiegenheit, die Präsenz- und Residenzpflicht, „die die Kontinuität, Verläßlichkeit und vor allem Erreichbarkeit der pastoralen Berufsperson in existentiell bedeutsamen Situationen sichern soll",[101] Geduld, Höflichkeit, diskretes Auftreten in der Öffentlichkeit, evangeliumsgemäßer Lebenswandel etc. „Das Berufsethos führt dabei über den eigentlichen Arbeitskontext hinaus und erzeugt Bindungen für die gesamte *Lebensführung*. Im kirchlichen Kontext sind insbesondere die Lebensformen im Privatheitssystem davon berührt, also der Umgang mit Sexualität und Intimität in und außerhalb der Ehe. Aber auch Nebentätigkeiten, politisches Engagement und der Umgang mit Geld und Macht betreffen die Vertrauenswürdigkeit eines Pfarrers oder einer Pfarrerin zentral."[102]

Das Regelsystem der professionellen Berufsethik hat auch die Funktion, den Standard der professionellen Leistungen unabhängig von der jeweiligen individuellen Persönlichkeitsstruktur, Motivationslage, innerpsychischen und äußeren Situation und dem subjektiven Überzeugungssystem der AmtsträgerInnen zu gewährleisten. Bei der professionellen Ethik geht es „nicht primär um die indi-

---

[100] Vgl. Karle 2001, 25 ff.; vgl, auch Karle 1999 und Karle 2000 (a).
[101] Karle 1999, 6.
[102] Karle 2000, 73.

viduelle Motivlage eines oder einer Professionellen, sondern um das *Wie des Verhaltens* und der *Handlungsausführung*. Altruismus ist nicht individuelles Motiv, aber soziale Erwartung, und es ist das Verhalten des Professionellen, nicht seine Überzeugung, das diesen Erwartungen entsprechen muß."[103] Hier wendet sich Karle vor allem gegen die Tendenz in der gegenwärtigen, ihrer Meinung nach zu einseitig pastoralpsychologisch gewichteten theologischen Ausbildung, daß „die persönliche Authentizität der Pfarrerin ... zum Kriterium pastoraler Berufstätigkeit und die Amtsführung des Pfarrers zum rein subjektiven Vorgang erhoben" wird. „Die Pastorinnen und Pastoren wurden dadurch gezwungen, die Ressourcen für ihren Beruf primär in sich selbst zu suchen, statt auf reflektiertes theologisches Wissen und berufliches Handwerkszeug zurückgreifen zu können. Identitätskrisen und Probleme des 'burnout' schon nach wenigen Berufsjahren sind heute die Folge davon."[104]

Nun stehen beim Beruf des Arztes oder des Richters in der Tat die diagnostisch-methodischen Fähigkeiten bzw. die souveräne Kenntnis der einschlägigen Gesetzestexte im Vordergrund. Daß aber gerade beim Beruf des Pfarrers und der Pfarrerin die kommunikative und spirituelle Kompetenz der Person das entscheidende Kriterium der Berufsausübung ist, steht ebenfalls seit Jahrzehnten außer Frage und ist nicht etwa eine Modeerscheinung pastoralpsychologisch orientierter Berufsausbildung. Daß die Amtsführung des Pfarrers dadurch zum rein subjektiven Vorgang erhoben werde, ist eine karikierende Vereinfachung von Frau Karle. Ebenso erliegt sie mit ihrer Auffassung einer Fehleinschätzung, daß Burnout bei PfarrerInnen hauptsächlich darauf zurückzuführen sei, daß diese Pastoren gezwungen würden, die Ressourcen für ihren Beruf in sich selbst zu suchen. In Wahrheit sind, wie nicht zuletzt die hier vorliegende Arbeit aufzeigt, strukturelle Faktoren für die Problematik des Ausbrennens mindestens ebenso ursächlich, wie individuelle.

Die in der Profession verankerten Verhaltenszumutungen sollen aber - so Karle - nicht ohne Gegenleistung hingenommen werden. Professionsangehörige haben das Anrecht und den Anspruch auf eine angemessene Entschädigung. Diese erfolgt einesteils über das Gehalt und diverse Sachleistungen (z.B. Dienstwohnung, ggf. Dienstfahrzeug etc.), anderseits aber auch über immaterielle Güter, wie z.B. die Anerkennung und Dankbarkeit der Klienten, aber auch der Vorgesetzten und der Kollegen. Karle spricht in diesem Zusammenhang, in Anlehnung an ihren professionssoziologischen Gewährsmann Rudolf Stichweh, vom „package-deal", der „stimmen" muß.[105] Daß die Motivation zum und im Pfarrberuf gegenwärtig derart im Schwinden begriffen ist, führt Karle eben darauf zurück, daß dieser „package-deal", d.h. das Aufwand/Nutzen-Verhältnis

---

[103] Ebd., 75. (Zitat Stichweh, Professionen und Disziplinen, in: Ders. Wissenschaft - Universität - Professionen, Frankfurt 1994, 278-336, 308).

[104] Karle 2000 (a), 511.

[105] Vgl. Karle 1999, 6.

nicht mehr stimmig ist. Sie schreibt - und berührt damit sicher einen wichtigen Punkt: „Im Pfarrberuf ist die Entschädigung durch die persönliche Befriedigung sicher nicht zu unterschätzen: Man erfährt so vielfältig, wie existentiell wichtig das ist, was man tut, daß diese Anerkennung für vieles entschädigt. Insofern akzeptieren die meisten Pfarrerinnen und Pfarrer auch, trotz einer sehr langen und anspruchsvollen Ausbildung, deutlich schlechter als Ärzte oder Richter bezahlt zu werden. Aber wenn die Synoden beschließen, die Dienstaltersstufen erheblich zu strecken, Theologenehepaaren zwangsweise eine langjährige Stellenteilung zuzumuten, die Eingangsgehälter für Vikarinnen und unständige Pfarrer ohne Befristung erheblich zu reduzieren, Zulagen für geschäftsführende Pfarrämter zu streichen u.v.m. - dann sind das in der Summe Maßnahmen, die über kurz oder lang die Motivation der Pfarrerinnen und Pfarrer betreffen und zu nicht unerheblichen Frustrationen führen: Der package-deal stimmt nicht mehr. Viele Pfarrerinnen und Pfarrer fühlen sich mit ihrem hohen Einsatz nicht gewürdigt, ja gedemütigt. Manche bereichern sich dann indirekt, andere sind frustriert, nehmen ihr Engagement spürbar zurück und vollziehen im schlimmsten Fall die 'innere Kündigung'."[106]

Die „Überkomplexität" des Pfarrberufes und der anderen Professionen zeigt sich nach Karles Auffassung darin, daß es die berufsspezifische Ausbildung nicht leisten kann, adäquate Verhaltensregeln' für alle im beruflichen Alltag auftauchenden Situationen zur Verfügung zu stellen. „Der Pfarrer weiß wie die Ärztin häufig zu wenig und muß doch entscheiden. Außerdem ist es unmöglich, das angeeignete Wissen einfach und direkt anzuwenden. Jede Situation und Person ist anders. Deshalb kann die Arbeit des Pfarrers und der Pfarrerin nicht völlig standardisiert werden und geht nicht in der Befolgung von Regeln auf. ... Überkomplexität bedeutet mithin, daß ein gewisses Maß an *Ungewißheit* für professionelle Berufssituationen typisch ist."[107] Hierin liegt mit begründet, daß letztlich den Angehörigen der Professionen eine mehr oder weniger ausgeprägte „Generalistenrolle" zugemutet ist. „Die Professionssoziologie zeigt ... , daß es für eine Profession geradezu typisch und notwendig ist, eine *Generalistenrolle* wahrzunehmen. Ein guter Hausarzt ist durch keinen Facharzt zu ersetzen. Seine Stärke ist es gerade, das Allgemeine zu sehen und sich nicht auf Spezifisches zu begrenzen und seinen Blick zu sehr einzuengen. Gerade so nimmt er die *Kernrolle* seiner Profession wahr. Er fühlt sich prinzipiell zuständig, wenn es um Probleme von Krankheit und Gesundheit geht. Genauso nimmt die Gemeindepfarrerin die Kernrolle des Pfarrberufes wahr. Die Pfarrerin ist in ihrer Gemeinde prinzipiell zuständig, wenn es um geistliche Fragen geht. Von ihr ist diese Zuständigkeit aufgrund ihrer Freistellung zum Amt erwartbar."[108]

---

[106] Ebd., 6.
[107] Ebd., 8.
[108] Karle 1999, 8.

Karles Thesen zum Pfarrberuf sind, wie gesagt, nicht unwidersprochen geblieben. In scharfer Form hat sich der Theologische Arbeitskreis am Studienhaus (in Marburg) gegen ihre Ausführungen verwahrt. Kritisch wird unter anderem - zu Recht - eingewendet, daß „der Ansatz von Karle die Probleme des Pfarramtes nicht in Strukturen (sieht), sondern in Personen begründet und dementsprechend Pfarrern und Pfarrerinnen die Lasten zur Lösung strukturell bedingter Probleme auf(bürdet)", sowie, daß die „funktionale Sicht auf Kirche und Evangelium die Gefahr (birgt), die Rechtfertigungslehre als Unterscheidung von Person und Werk nicht mehr auf die Amtsträger und -trägerinnen anzuwenden." Auch sei es bezeichnend, daß die Rezeption von Karles Thesen „vorwiegend auf kirchenleitender Ebene" erfolge."[109]

Auf einer tieferen Ebene greift die Kritik Dietrich Stollbergs an. Er weist Karle drauf hin, daß sie mit der „Dominanz des Klischees 'Verkündigung' bzw. 'Vermittlung existentieller Thematiken'" bei ihrer Wesensbeschreibung des Pfarrberufes an der Wirklichkeit vorbeigeht.[110] Die anthropologische Bedeutung von Religion läßt sich nicht derart auf die kognitive Ebene beschränken, daß man ihr Hauptanliegen auf eine bloße „Vermittlung von Inhalten" reduziert. In Wahrheit verhält es sich so, daß „die Religion Ausdruck eines geradezu kosmologischen Selbstverständnisses, also der umfassenden Identität, eines Volkes (Israels z.B.) oder einer Gesellschaft ist, von dem sich alle weiteren Lebensäußerungen ... ableiten und auf welche sie sich rückbeziehen." Dieses Selbstverständnis bringt sich auf vielerlei Ebenen zum Ausdruck, im Sakrament des Altars und der Taufe „und anderen sinnlich wahrnehmbaren, komplexen, symbolischen Interaktionen oder gar 'mystagogischen', 'atmosphärischen' und 'energetischen' Aspekten, wie sie in letzter Zeit im deutschsprachigen Protestantismus vor allem von Manfred Josuttis zur Sprache gebracht werden".[111] Ausgerechnet der Pastoralpsychologie vorzuwerfen, sie propagiere eine Reduktion auf die Subjektivität des Pfarrers und gehe naiv davon aus, daß individuelle Spontaneität und Authentizität genüge, um sich innerhalb des komplexen Beziehungsgefüges einer Kirchengemeinde zurecht zu finden, sei eine jedenfalls aus pastoralpsychologischen Veröffentlichungen nicht zu belegende Unterstellung. Stollberg hält Karle entgegen: „Solche Papiertiger sollte man gar nicht erst aufbauen, um sie dann als Heldin im Dschungel bekämpfen zu können. Es fällt auf, daß Sie zuerst das Ringen um Authentizität und subjektive Aufrichtigkeit - also um Übereinstimmung von Person und Rolle - abkanzeln, um dann selbst Authentizität, Vertrauenswürdigkeit und Glaubwürdigkeit ... , wechselseitige Verständigung, ja Takt und Güte zu proklamieren und für eine gründliche Einübung solcher Fähigkeiten zu plädieren. Was wollte die Pastoralpsychologie anderes als 'eine Theorie (und Praxis) des geselligen Betragens' (Schleiermacher) zu erarbeiten und den Umgang nach 'Kunstregeln für die verschiedenen Begegnungssi-

---

[109] Stellungnahme des Theologischen Arbeitskreises, in DtPfrBl, 9/2000, 486.
[110] Stollberg 2000, 524.
[111] Ebd., 525.

tuationen und Kontaktsteuerungsmöglichkeiten' einzuüben! Dabei reichen 'Kommunikationen *über* Krankheit, *über* Identität und Religion, die Frage nach Gott und den Sinn des Lebens' keinesfalls aus, um den Pfarrberuf substantiell zu bestimmen."[112]

So neu sind Karles, Beyers und anderer Thesen, zumindest was die Ausführungen über den Professionscharakter des Berufs angeht, übrigens auch wieder nicht. Immerhin konstatierte bereits 1974 Wolfgang Steck in einem Aufsatz, in dem er ausführlich auf die Schwierigkeiten, ein klares Profil für den Pfarrberuf zu definieren, einging: „In der Gegenwart wird wieder versucht, die Praxis des Pfarrers mit dem Begriff des Berufs zu erfassen. Die praktische Theologie gebraucht diesen Begriff bewußt im soziologischen Sinn. Der Pfarrberuf wird zu den „professions" - akademischen Berufen wie Arzt, Pädagoge oder Jurist - gerechnet oder wenigstens ihnen gleichgestellt, die Tätigkeit des Pfarrers mit soziologischen Kategorien wie Rolle, Muster oder Erwartung beschrieben." Eine Theorie des Pfarrers „müßte die Berufspraxis des Pfarrers strukturieren, sie durchdringen und damit transparent machen. Vor allem müßte es das Ziel einer solchen Theorie sein, die vielfältigen beruflichen Tätigkeiten und Funktionen des Pfarrers als ein Ganzes, als einen in sich geschlossenen Lebenszusammenhang zu begreifen. Eine Theorie des Pfarrers, die das Charakteristische an seinem Beruf aus dem Vergleich mit anderen „professions" zu gewinnen sucht, kann diese Aufgabe offenbar kaum lösen." Er führt weiter aus: „Die Vielfalt beruflicher Aufgaben, die Verschiedenheit der sozialen Kommunikationsweisen, die Pluralität auch der Rollen, in denen sich seine Praxis gestaltet, und der Erwartungen, die sich an ihn richten, dies alles sind keine bloßen Randphänomene, sondern es sind elementare Grundformen des neuzeitlichen Pfarrerberufs."[113]

3. 2. 3. Belastungspotential Rollenvielfalt

Dahm zählt ein „ganzes Bündel von theologischen und sozialen Rollen" auf, die dem Pfarrer zugeschrieben werden. Danach ist der Pfarrer:

- zentrale kirchliche Bezugsperson (insbesondere auch für die innerkirchliche Sozialisation bei heranwachsenden Gemeindegliedern);

---

[112] Ebd., 526. Vgl. auch ebd., 526 ff. Karles Replik. - Der eigentliche Kern der Kontroverse hängt aber wohl mit der von Karle 1996 veröffentlichten Dissertation zusammen, in der sie recht harsch und einseitig mit der pastoralpsychologisch orientierten Seelsorge ins Gericht geht, und dafür auch noch Scharfenberg, der die entsprechenden Passagen wohl zunächst nicht genau genug zur Kenntnis genommen hatte, gewann, ihr ein Geleitwort zu schreiben.

[113] Steck 1974, 9; 10; 11; 12; 15. Mit professionstheoretischen Implikationen im Hinblick auf den Pfarrberuf haben sich auch schon Marhold u.a. 1976 in ihrer Studie „Religion als Beruf" ausführlich befaßt, vgl. z.B. ebd. 50ff.

- Bürge für den Wahrheitsgehalt und die zentralen Glaubensinhalte;
- Stellvertreter. Der Pfarrer bildet in seinem Leben stellvertretend für die Gemeinde das christliche Leben ab;
- Moralisches Vorbild;
- Berater;
- Repräsentant des christlichen Wertekosmos.[114]

Dem lassen sich weitere Rollenerwartungen hinzufügen: Animateur, Pädagoge, Umweltschützer, Friedenskämpfer, „Mensch wie du und ich" etc. Krusche konstatiert angesichts dieser Rollenüberfrachtung: „Der Pfarrer steht für die Kirche in ihrer Präsenz bei den Mitgliedern - und zwar wechselweise unter dem Aspekt der Person, des Berufs-Image, des Handelns oder Redens. Das bedeutet ein solches Maß an 'Komplexität' von nicht kongruenten Rollenerwartungen, Bezugsgruppen, Normverständnissen und Systemabhängigkeiten, daß ein diffuses Berufsfeld entsteht."[115]

Ohne Frage stellt eine derartige Vielfalt an Rollenzuschreibungen eine erhebliche Zerreißprobe dar, zumal sie sich zum Teil auch noch widersprechen: Wie kann der Pfarrer zugleich Repräsentant einer heilen konservativen Wertewelt sein und Vorkämpfer für Gerechtigkeit, Frieden und Bewahrung der Schöpfung? Wie soll er „der Mensch von nebenan" sein und gleichzeitig ein moralisches Vorbild? Wie soll er vor allem damit umgehen, wenn die aus seiner Gemeinde auf ihn gerichteten Rollenerwartungen im Widerspruch zu seiner eigenen Berufsauffassung und zu seinem Selbstbild stehen?[116] Und wenn dieser Konflikt bei ihm auch noch eher auf der unbewußten Ebene abläuft, wenn er sich also bemüht, „es möglichst allen recht zu machen", weil er ja „ein möglichst guter Pfarrer" sein will, damit aber permanent quer zu seinem „Selbst" lebt? Auch in diesem Zusammenhang findet Ernst Lange deutliche Worte: „Den Pfarrer entlastet seine Berufsrolle nicht. Vermutlich erfährt jeder einigermaßen sensitive Ortspfarrer täglich, daß er eine unmögliche Rolle spielt. ... Die Berufsrolle des Pfarrers ist eine in sich unstimmige Rolle. Sie liegt im Schnittpunkt ganz unterschiedlicher, weder theoretisch noch praktisch ausgleichbarer Anforderungen. Eben darum ist sie nicht so spielbar, daß jedermann zufriedengestellt wird. Gepfiffen wird auf jeden Fall. Aber das ist nicht das eigentlich Schwierige - ans Pfeifen kann man sich gewöhnen. Viel schwieriger ist, daß der Pfarrer sich selbst nie zufriedenstellen wird. Die Schwierigkeit, Pfarrer zu sein, ist nicht zuletzt die Schwierigkeit, sich immer schuldig zu fühlen, nicht nur im religiösen Sinn, sondern weil in der Berufsrolle des Pfarrers sich die Unvereinbarkeit un-

---

[114] Vgl. Dahm, in: Riess 1979, 227 f.
[115] Krusche, in Matthes (Hg.) 1975, 181.
[116] Vgl. oben im Kapitel 1.3.1.4. die Ausführungen von Cherniss zur Problematik von „role-overload", „role-conflict" und „role-ambiguity".

terschiedlicher Zumutungen und die Einsicht, daß alle diese Zumutungen ein historisches und funktionales Recht haben, gegenseitig eskalieren."[117]

3. 2. 4. Belastungspotential Arbeitsvielfalt und Aufgabenart

Wie kaum ein anderer Beruf ist der Pfarrberuf charakterisiert durch eine Fülle verschiedenartiger, zum Teil sogar divergierender Pflichten. Folgender Aufzählung von Stollberg ließen sich problemlos weitere Funktionen hinzufügen: „Wir Pfarrer sind *vielerlei gleichzeitig*: Lehrer, Propheten (Zeitkritiker, das Über-Ich der Gesellschaft, Zukunftsvisionäre usw.), Priester, Leiter von allerlei Gruppierungen, Moderatoren, Gemeindeväter und -mütter (einschließlich der Haushaltsführung), Berater für jung und alt, Beistände in allen Lebenslagen, Brüder und Schwestern, gebildete Spezialisten im Umgang mit Schrift und Bekenntnis (Theologie) usw. Diese Überkomplexität und Mehrdeutigkeit hängt damit zusammen, daß der Pfarrberuf zu jenen 'Professionen' gehört, die prinzipiell als Generalisten arbeiten."[118]

Zusätzlich zu dem jedem „Generalistentum" anhaftenden Grundproblem, von allem etwas, aber nichts vollständig zu beherrschen, wird von vielen PfarrerInnen als besonders belastend empfunden, daß sie die verschiedenen Funktionen oft ohne zeitlichen Einschnitt, das heißt, ohne ausreichende Möglichkeit zum Umschalten und zur inneren Einstimmung auf die nächste Anforderung wahrnehmen müssen: Vom Religionsunterricht zur Beerdigung, danach zum Mitarbeitergespräch. Im weiteren Verlauf des Tages dann Konfirmandenunterricht, ein schwieriges Seelsorgegespräch und am Abend schließlich den Conférencier (oder gar Clown!) beim Gemeindeball des Altenclubs spielen. Es ist, um noch einmal das Bild von der Bühne zu bemühen, als müßte der Darsteller pausenlos von der Tragödie zum Kabarett, dann zum Drama und von dort aus über das Singspiel und die Kinderaufführung wieder zurück zur Tragödie hetzen - und seine Rolle jeweils gut spielen, weil es sonst Kritiken hagelt und sich die Zuschauer bei der Theaterleitung beschweren. Eine derartige Vieldimensionalität ist ohne Vergleich. KrankenhausärztInnen wechselt zwar zwischen Visite, Sprechstunde und Operationsaal und der LehrerInnen zwischen den einzelnen Klassenstufen und evtl. zwischen Klassenzimmer und Turnhalle, beide aber können, im Gegensatz den PfarrerInnen, doch im Verlauf ihres Arbeitstages bei der gleichen „Gattung" von Aufgaben und derselben Gruppe von „Klienten" bleiben.

Hinzukommt, daß die Pfarrerinnen und Pfarrer häufig mit schwierigen, existentiell belastenden und mit hoher seelischer Energie besetzten Situationen und Problemen aus dem bedrohlichen Umfeld von Krankheit, Sünde und Tod zu tun haben: Auf dem Friedhof, in Krankenhaus und Altersheim, bei der vielleicht

---

[117] Lange, Von der Schwierigkeit Pfarrer zu sein, in: Lange 1976, 142 f.
[118] Stollberg, in Pth 2000, 499.

trunksüchtigen Organistin oder dem seine Gattin schlagenden Vertrauensmann des Kirchenvorstandes, bei der nicht zu integrierenden vielköpfigen Aussiedlerfamilie, mit den Bettlern vor der Tür und den pubertierenden Konfirmanden mitsamt ihren desinteressierten und zum Teil arroganten Eltern.

Auch stehen sie, vor allem in der Gemeindearbeit, unter dem permanenten Druck, Texte (Sonntagspredigten, Kasualpredigten, Andachten und Ansprachen bei vielfältigen Anlässen, Arbeitsblätter für Unterricht und Erwachsenenbildung) zu produzieren, die sowohl der jeweiligen Situation der Adressaten, als auch der biblischen Botschaft und darüber hinaus auch noch der eigenen theologischen Grundüberzeugung angemessen sein sollen.

Ein weiteres, nicht zu unterschätzendes Problem liegt in der für den Pfarrberuf typischen Arbeitsstruktur begründet. Die beruflichen Aufgaben werden von PfarrerInnen im Gemeindedienst in der Regel in zeitlich und inhaltlich aufgesplitterten Arbeitseinheiten erfüllt. Arbeitsphasen und nicht beruflich beanspruchte Zeit wechseln in unregelmäßigem Rhythmus, nicht nur im Wochen-, Monats- und Jahresablauf, sondern sogar im Tageslauf. „Es bleibt kaum Zeit, eine Aufgabe 'im Stück' zu beginnen und abzuschließen, einen Gedanken zu Ende zu denken, in die Tiefe zu gehen und einen Sachverhalt gründlich auszuloten. Der Tag ist in unzählige Episoden zerrissen. Längere Zeitblöcke tauchen am ehesten bei festgelegten Zeiten auf: in der KV-Sitzung, im Unterricht, bei Pfarrkonferenzen. Die eigenbestimmte Zeit wird oft vom Halb-Stunden-Takt bestimmt. Das gilt auch für die Vorbereitungszeit." Auch müssen die PfarrerInnen häufig während der Freizeit anderer arbeiten, was die sozialen Kontakte erheblich erschweren kann. „Die Folgen dieser Arbeitsstruktur für die eigene Person sind unübersehbar", resümiert Lindner, „Problem Nr. 1 ist das 'Immer im Dienst sein', Problem Nr. 2 die Überlastung. Das führt zu erheblichen Spannungen im familiären Bereich. Es mag so lange gut gehen, solange sich die Familienmitglieder dem Arbeitsrhythmus des Pfarrers oder der Pfarrerin anpassen können und wollen. Wenn sie dies nicht oder nicht mehr tun, führen die Zeitprobleme zu ständigen Krisenerscheinungen und zu einem Kampf um die verfügbare Zeit. Ein Großteil der Partnerprobleme und Ehekrisen dürfte darauf zurückzuführen sein. Ein Beruf, der in seiner jetzigen Gestalt wenig zusammenhängende Zeit für Vorbereitung und keine Zeit für Nacharbeit enthält, ist mittelfristig in seiner Arbeitsleistung und Arbeitsqualität nicht erst bei den 'Extras', sondern bereits in seinen Grundaufgaben gefährdet."[119]

3. 2. 5. Belastungspotential unzureichende Ausbildung

„Alles, was ich im Studium lernen mußte, nützt mir vor Ort kaum etwas. Dennoch ist die Theologie mein Hobby geblieben - wenn mir einmal Zeit dazu bleibt und ich nicht zu müde bin!" - diese von Winkler berichtete, typische Aus-

---

[119] Lindner 1990 (Teil 1), 100.

sage eines Pfarrers wirft ein Schlaglicht auf die fachliche und zugleich die psychologische Problematik der Pfarrerausbildung.[120] Fachlich gesehen sind in der Tat vor allem die im Verlauf des Theologiestudiums zu erwerbenden Kenntnisse in vielerlei Hinsicht eine unzureichende Ausbildung und Zurüstung für die späteren Berufsaufgaben. „Ich vermute," - sagt Lange und spricht damit vielen PfarrerInnen aus der Seele - „achtzig Prozent der Dinge, die wir Tag für Tag machen, haben wir nicht ordentlich gelernt, und auch eine zureichende Fort- und Weiterbildung in diesen Dingen gelingt nur ganz wenigen."[121] Wie fremdartig diese Tatsache anmutet, fasst Stollberg besonders prägnant zusammen, wenn er sagt: „Man stelle sich vor, ein künftiger Solocellist befasste sich während seines Studiums vorwiegend mit Musikgeschichte und Harmonielehre, während er über die Anfangsgründe der technischen Beherrschung seines Instruments nie hinauskäme, oder ein künftiger Maler bereitete sich auf seine Kunst vorwiegend durch ein Studium der Kunstgeschichte vor! Was würde wohl aus den bedeutendsten Orchestern der Welt, wenn man sie mit Musikwissenschaftlern besetzte! Das *Verhältnis von akademischer und praktischer Ausbildung* für Theologen stimmt nicht. ...Wie Theologie und praktische Frömmigkeit, so fallen Exegese, Auslegungsgeschichte und Predigt auseinander. Dieser Grundkrankheit des Protestantismus entsprechen ein einseitiger akademischer Unterricht und das organisatorische Auseinanderfallen von wissenschaftlicher und praktischer Ausbildungsphase."[122]

In der Tat ist die Diskrepanz zwischen Studieninhalten und Berufsanforderungen in kaum einem anderen Berufszweig so groß wie in der Ausbildung zum Pfarrberuf. Am Beginn ihres Studiums werden PfarrerInnen mit viel Aufwand durch die Mühle von drei „toten" antiken Sprachen gezwungen. Nur diejenigen, die daran wirklich Freude hatten, bleiben auch nach dem Studium „dabei" und gehen in ihrer pfarramtlichen Praxis weiterhin mit dem Urtext um. Die Erfahrung zeigt, daß dies die geringere Anzahl der PfarrerInnen ist. Die Mehrheit beschränkt sich, wenn überhaupt, auf die Benutzung verschiedener Übersetzungen. Die an das Sprachstudium anschließende exegetische, historische und systematische Ausbildung bewirkt ein gewisses Verständnis für historische und dogmati-

---

[120] Winkler 1999, 373.

[121] Lange Ernst, Glaube und Anfechtung im Alltag eines Gemeindepfarrers, in: Lange 1976, 167-191, 172.

[122] Stollberg, in: Riess (Hg.) 1989, 38. Auch Peter Bukowski, Moderator des Reformierten Bundes und Direktor des Predigerseminares in Elberfeld stellt kritische Rückfragen an die theologische Ausbildung und beklagt „die im Studium angelegte Desintegration von Theologie und pastoraler Praxis." Er weist darauf hin, daß der Auszubildende in der ersten, der akademischen, Phase der dreiphasigen Ausbildung schwerpunktmäßig theologische Kompetenz erwerben soll, in der zweiten und dritten dann pastorale Handlungs- und Persönlichkeitskompetenz. Nun bereite aber das Studium viel zu wenig auf das reale kirchliche Leben in der Gemeinde vor, wo der junge Pfarrer dann mit Fragen, wie: „Was wird aus Erwin, wo er doch jetzt tot ist?" konfrontiert werde. (in: Pth, 89. Jg., 2000/12, 474-482).

sche Zusammenhänge und befähigt, wenn es gut geht, auch zu einer gewissen Eigenständigkeit in der theologischen Urteilsfindung - mit den Problemen, die in der Praxis des Pfarramtes später auftauchen, hat sie jedoch oft wenig zu tun. Wer will, kann sein mehrjähriges Theologiestudium weitgehend ohne Aneignung tiefen- und kommunikationspsychologischer, soziologischer und pädagogischer Kenntnisse und Fähigkeiten „durchziehen". In der zweiten Ausbildungsphase, der Zeit des Predigerseminares, kommen viele Vikare zum ersten Mal intensiv mit praktischen Fragen der Seelsorge, Psychologie und Pä-dagogik in Berührung. Ob ein mehrwöchiger Block Religionspädagogik oder Klinikseelsorge hinreicht, um für die auftretenden Probleme in der Praxis vor Ort wirklich gerüstet zu sein, darf jedoch stark bezweifelt werden. Die Ausbildung anderer Kompetenzen, zum Beispiel in den immer stärker in den Vordergrund tretenden Aufgabenbereichen „Führen und Leiten", „Mitarbeitermotivation", „Public relations" und „Konfliktmanagement" ist nicht verpflichtend und wird in ihrer Bedeutung erst langsam erkannt. Klein geschrieben wird im Curriculum der Pfarrerausbildung erstaunlicherweise auch der spirituelle Bereich. Es verwundert, daß im regulären Studienplan der Ausbildung zu einem Beruf, dessen Hauptarbeitsfeld doch gerade die religiöse Dimension der menschlichen Existenz ist, Themen wie „Meditation", „spirituelle Biographie", „Formen der Frömmigkeit" etc. so gut wie keine Rolle spielen. Völlig zu Recht hält Sudbrack in diesem Zusammenhang anklagend fest - und spricht dabei wahrlich nicht nur für die Theologenausbildung in der katholischen Kirche: „Die 'Glaubenserfahrung' der Gemeinde, der der Theologiestudent als Pfarrer dienen soll, scheint für die Theologie uninteressant zu sein. Die Studenten aber spüren schmerzlich diese Kluft zwischen Auftrag und Inhalt ihres Studiums."[123]

Wenn einem aber das Handwerkszeug fehlt oder man in seiner Benutzung nicht hinreichend ausgebildet wurde, muß man sich auch nicht wundern, wenn einem das Handwerk nicht gelingt. Chaotische Schulstunden, unterschwellig von beißender Aggressivität geprägte Sitzungen, frustrierende Erfahrungen eigener Hilf- und Sprachlosigkeit am Krankenbett und im Trauerhaus - viele für Pfarrer extrem belastende Situationen könnten schon im Vorfeld durch eine bessere Ausbildung vermieden werden oder leichter zu bewältigen sein.

Psychologisch gesehen spielt in diesem Zusammenhang aber auch noch ein anderer Aspekt herein, auf den Winkler hinweist: Die mangelnde Kompatibilität zwischen Ausbildung und späterer Praxis bewirkt eine permanente unterschwellige Brüskierung und Beeinträchtigung des Selbstwert- und Kompetenzgefühls. „Meine besondere Kompetenz, aus der heraus ich u.a. mein Selbstwertgefühl entwickle, ist in der alltäglichen Praxis so gut wie nicht gefragt. ... Genau dadurch entsteht ein defizitäres Erleben hinsichtlich der individuellen Kompetenz."[124]

---

[123] Sudbrack 1999, 24.
[124] Winkler 1999, 373.

3. 2. 6. Belastungspotential Arbeitszeit

In ihrer nun dreißig Jahre zurückliegenden Studie über die „Theorie und Praxis kirchlicher Organisation" haben Günter Bormann und Sigrid Bormann-Heischkeil unter anderem den wöchentlichen Zeitaufwand von Pfarrern in 13 verschiedenen Gemeindetypen ermittelt. [125] Sie errechneten eine durchschnittliche Arbeitszeit von 79 (!) Stunden im Winterhalbjahr und 66,4 Wochenstunden im Sommerhalbjahr, bzw. 11,3 und 9,5 Tagesarbeitsstunden. Diese „unglaubhaft hohe Gesamtarbeitszeit" relativiert sich jedoch etwas durch die saisonalen Unterschiede. „Die niedrigste Arbeitszeit liegt bei 53,6 Stunden im Sommer und 59,6 Stunden im Winter, d.i. 7,6 bzw. 8,5 Stunden pro Tag in Gemeinde X, in der der Pfarrer wesentliche Aufgaben delegiert hat, die höchste bei 98,1 bzw. 87,1 Stunden, d.i. 14 bzw. 12,4 Stunden täglich, in einer kleinen gewerblichen Gemeinde mit starken kirchlichen Gruppen; die ganze Arbeit liegt hier in den Händen des Pfarrers." Das Resümee dieser Analyse liest sich bedrückend: „Zusammenfassend läßt sich sagen, daß die Zeitpläne zugleich Maximal- und Minimalpläne darstellen. Maximalpläne insofern, als die tägliche Arbeitszeit von durchschnittlich 11,3 bzw. 9,5 Stunden einschließlich des Sonntags für den Pfarrer eine totale Überforderung bedeuten würde und auf die Dauer ohne physischen und seelischen Schaden nicht geleistet werden könnte; Minimalpläne insofern, als für eine sinnvolle Ausübung des Berufes und eine qualitativ gute

---

[125] Vgl. Bormann/Bormann-Heischkeil 1971, 132 ff. Die Beschreibung der Gemeindetypen findet sich ebd. 132-135. Entsprechend ihrem Ziel, den „Grad der freien beruflichen Gestaltungsmöglichkeit bzw., der Funktionalisierung des Pfarrers" zu ermitteln (vgl. ebd. 131), differenzierten sie dabei die Pflichten der Pfarrer in zeitlich von vornherein festliegende (Wortverkündigung, Amtshandlungen, Unterricht, kirchliche Gruppen, dienstliche Sitzungen) und zeitlich nicht unbedingt festliegende (Verwaltungsarbeiten und Repräsentationsaufgaben, Seelsorge, Vorbereitungsarbeiten, wissenschaftliche Arbeit). Vgl., auch (ebd. 137) Schaubild 8: Prozentuale Verteilung der einzelnen Dienste eines Pfarrers" und die Tabelle ebd. - Ebd. 103 verweisen die Verfasser darauf, daß es auch um die Arbeitsbelastung in früheren Zeiten nicht viel besser bestellt war. Aus ihrer Auswertung historischer Aufstellungen ergibt sich allein für den gottesdienstlichen Aufgabenbereich ein beeindruckender jährlicher Aufwand: So hatten württembergische Pfarrer im 16., 17. und 18. Jahrhundert jährlich im Durchschnitt an 76 Tagen mindestens zwei Gottesdienste zu halten (52 Sonntage + 24 Feiertage). Hinzu kamen jährlich 187 Wochenpredigten, Vesperlektionen und Betstunden in der Stadt bzw. auf dem Land. „Zählt man zu diesen 339 bzw. 298 Sonn-, Fest- und Wochengottesdiensten die jährlich 12 bzw. 6 Abendmahlsvorbereitungsgottesdienste und die Kasualien (in der Stadt jährlich etwa 60, auf dem Land etwa 25) hinzu, so kommt man auf etwa 410 Predigten in der Stadt bzw. etwa 330 auf dem Land. Das ergab einen wöchentlichen Durchschnitt von mehr als 6 Gottesdiensten auf dem Land und knapp 8 in der Stadt." Zu bedenken ist dabei auch, daß wegen des relativ stabilen Besucherstamms in der Regel jeweils eine neue Predigt auszuarbeiten war, wobei die Predigten in jener Zeit oft länger als eine Stunde dauerten.

Leistung mehr Zeit zur Verfügung stehen müßte. Und doch entsprechen diese Zeitpläne in ihren Durchschnittswerten der tatsächlichen Situation."[126] Dies schrieben die Verfasser vor dreißig Jahren. Daß sich an der Aktualität ihrer Aussagen nichts geändert hat, belegt eine Vielzahl aktuellerer Arbeitszeitanalysen.[127] Besonders eindrucksvoll ist eine Aufstellung, die der Ehemann einer Pfarrerin, die jeweils zur Hälfte im Gemeindedienst und im Krankenhausdienst eingesetzt ist, über die tatsächliche Arbeitszeit seiner Gattin angefertigt hat. Nach dieser Aufstellung ergibt sich für den Zeitraum vom 1.1.2000 bis 1.6.2000 folgendes Bild:

„Erhebungszeitraum 26 Kalenderwochen (Kw), abzüglich 2,5 Kw Urlaub, ergibt 23,5 Kw Dienst: in diesen 23,5 Kw wurden 1539,5 Stunden Dienst geleistet, das ergibt den Wochendurchschnitt von 65,5 Std." Der Verfasser weist darauf hin, daß laut Rahmendienstordnung für Gemeindepfarrstellen und Stellen mit allgemeinkirchlichen Aufgaben mit eingeschränktem Dienstauftrag 54 bis 55 Wochenstunden für PfarrerInnen vorgesehen sind, d.h. es wären im Krankenhaus 470 Stunden zu leisten gewesen und in der Gemeinde ebenfalls 470 Stunden. Real hat seine Frau im Krankenhaus 474 Stunden gearbeitet, = 100,85 % vom Soll und in der Gemeinde 1065,5 Stunden = 226,7 % vom Soll. Der Verfasser hält fest: „Diese Dienststunden wurden ohne Klagen erbracht. Und ich will jetzt darüber auch nicht klagen. Doch feststellen möchte ich als Nächster der Pfarrerin: So geht es nicht weiter ohne Schaden zu nehmen an Leib und Seele. Irgendwann kommt der Ausgebrannt-Effekt." [128]

In der Tat hat sich die zeitliche Belastung der PfarrerInnen in den letzten dreißig Jahren nicht verringert, sondern eher noch gesteigert. Bei den von vornherein feststehenden Aufgaben wurden keine Kürzungen vorgenommen, die nicht festliegenden Verpflichtungen haben in vielen Gemeinden eher noch zugenommen.[129] Der allgemeine Rückgang der Mitgliederzahlen zwingt zu einer Intensivierung von Gemeindeaufbaumaßnahmen und Imagepflege. Das schwindende Interesse am kirchlichen Angebot macht es aber zugleich immer schwerer, geeignete und bereitwillige MitarbeiterInnen zu finden. Mit Recht konstatiert

---

[126] Ebd., 142; 143.

[127] Vgl. z.B. Lindner 1990 und Zimmermann/Grupa 1993.

[128] Die Aufstellung und die Zitate sind einem Schreiben entnommen, das dieser Ehemann, am 3.1.2001 an den Ersten Vorsitzenden des Pfarrer- und Pfarrerinnenvereins der Evang.-Luth. Kirche in Bayern, Herrn Pfarrer Klaus Weber, gerichtet hat. Die Kopie des Schreibens, die er mir überlassen und zur Veröffentlichung freigegeben hat, befindet sich in meinem Besitz und kann eingesehen werden. - Nach der im vergangenen Jahr durchgeführten „Zufriedenheitsbefragung" der EKHN beträgt der durchschnittliche wöchentliche Arbeitszeitaufwand der PfarrerInnen immerhin 54,25 Stunden in der Woche. (Präsentation „Pfarrberuf im Wandel", 21), wobei Religionsunterricht nicht berücksichtigt ist.

[129] Zur Verteilung der Arbeitszeit auf die einzelnen Anforderungsebenen vgl. Lindner 1990 (1. Teil) und die Schaubilder in Zimmermann/Grupa 1993, insbes. S. 22f.

Lindner: „Wenn es über den Beruf von Pfarrerinnen und Pfarrern eine übereinstimmende Aussage gibt, dann wohl die, daß es sich bei ihrem Beruf, bei all seiner Wichtigkeit und Schönheit um eine Tätigkeit handelt, die von Zersplitterung und zeitlicher Überlastung bedroht ist. Diese Bedrohung geht soweit, daß sie den Kern der Tätigkeit, nämlich die spirituelle Mitte, zu gefährden droht."[130]

In Anlehnung an das oben erwähnte eindrückliche Beispiel von Fengler über den „Arbeitstag eines ausbrennenden Psychologen" sei hier zur weiteren Illustration eine durchaus repräsentative Arbeitswoche eines Pfarrers aus der eigenen Berufserfahrung des Verfassers vorgestellt:

Montag *(16,5 Stunden)*
7.00	Erledigung eines dringenden dienstlichen Schreibens
7.40	Fahrt zur Schule
8.00-9.30	zwei Stunden Religionsunterricht halten
9.50-10.15	Verbesserung der Beerdigungsansprache
10.15-10.50	Fahrt quer durch die Innenstadt zum Krematorium
11.00-11.30	Beerdigungsfeier
11.45-12.45	Teilnahme am Leichenschmaus, Kommunikation mit den Angehörigen
13.00-14.00	Termin mit Handwerkern im Gemeindehaus
14.00-15.00	Erledigung von Geschäftspost / Beschäftigung mit Sonntagspredigt
15.00-16.00	Geburtstagsbesuch
16.00-18.00	Konfirmandenunterricht
18.00-19.00	Taufgespräch
19.30-22.30	Kirchenvorstandssitzung
22.30-23.30	Vorbereitung des Religionsunterrichtes für morgen

Dienstag *(13 Stunden)*
7.00	Erstellen und Vervielfältigen von Arbeitsblättern für die Schule
8.00-10.00	Dienstbesprechung
10.00-10.20	Fahrt zur Schule
10.30-12.00	Religionsunterricht
14.00-15.30	Vorbereitung der Taufe für Samstag
15.30-17.30	Vorbereitungsteam für Kinderbibelnachmittag
17.30-18.30	Verwaltungsaufgaben / Ablage
18.30-19.30	Traugespräch
19.30-22.00	Sitzung des Diakonievereins

Mittwoch *(13,5 Stunden)*
7.00-8.30	Vorbereitung der Trauung für Samstag
8.30	Fahrt ins Dekanat
9.00-13.00	Pfarrkonferenz
14.00-15.30	Klärungsgespräch mit verfeindetem Kindergartenteam
15.30-18.00	Zwei Geburtstagsbesuche
18.00-19.30	Beerdigungsgespräch
20.00-22.00	Männerkreis

Donnerstag *(14 Stunden)*
7.00-8.30	Beschäftigung mit Sonntagspredigt
8.30-9.00	Fahrt ins Krankenhaus
9.00-11.30	Besuche im Krankenhaus
11.30-13.00	Besorgung von Materialien für Kinderbibelnachmittag

---

[130] Lindner 2000, 93.

14.00-16.00	Vorbereitung der Beerdigung für morgen
16.00-17.30	Seelsorgebesuch
18.00-19.30	Gespräch mit Chorleiterin
19.30-22.00	Jugendausschuß

Freitag *(14 Stunden)*
7.00-8.30	Erledigung dringender Verwaltungsaufgaben
8.30-9.00	Fahrt ins Dekanat
9.30-11.00	Vorbereitungsteam Pfarrkonvent
11.00-11.30	Rückfahrt nach Hause
11.30-12.30	Termin mit Orgelsachverständigen
13.00-14.00	Beerdigung
15.00-18.30	Kinderbibelnachmittag
18.30-20.00	Aufräumen und Nachbereitung Kinderbibelnachmittag
20.00-21.30	Chor

Samstag *(10 Stunden)*
8.00-11.00	Beschäftigung mit Sonntagspredigt
11.00-13.30	Trauung mit anschl. Einladung zum Empfang
14.00-15.00	Taufe
16.00-19.00	Beschäftigung mit Sonntagspredigt

Sonntag *(7 Stunden)*
7.30-8.30	Einstimmung auf Gottesdienste, Formulierung der Gebete
9.00-12.30	Halten von zwei Gottesdiensten in zwei verschiedenen Kirchen einschl. An- und Abfahrt und Gespräch mit Mesnerin und Kirchenvorsteher
19.00-21.00	Vorbereitung Religionsunterricht für Montag

Das ergibt also eine wöchentliche Arbeitszeit von 88 Stunden und somit eine durchschnittliche tägliche Arbeitszeit von 12,57 Stunden! Nimmt man Religionsunterricht, Verwaltung, delegierbare Managementtätigkeiten und den Chor heraus, ergibt sich immer noch die sehr hohe wöchentliche Arbeitszeit von 73 Stunden bzw. eine durchschnittliche tägliche Arbeitszeit von 10,42 Stunden.[131] Zeiten der Stille und Meditation, der theologischen und wissenschaftlichen Arbeit und zum Beispiel der berufsbegleitenden Supervision können in solche Arbeitswochen nicht mehr eingebaut werden. Welche Auswirkungen derartige Arbeitsbelastungen unter Umständen auf das Familienleben haben, belegt nicht zuletzt die hohe Scheidungsrate von PfarrerInnen. Wieviele Konflikte und wieviel seelische Not reichern sich aber in einem oft jahrelangen Prozess in Familien und Ehen an, bevor der endgültige Entschluß zur Trennung gefasst wird![132]

---

[131] Mo. 10-13 / 14.30-22.30 = 11 Std. - Di. 8-10 / 14.-17.30 / 18.30-22 = 9 Std. - Mi. bleibt = 14 Std. - Do. bleibt = 14 Std. - Frei. 8.30-11.30 / 13.00 -20.00 = 10 Std. - Sa. bleibt = 10 Std. - So. 7.30-12.30 = 5 Std.

[132] Die fatalen Folgen von Familienstreitigkeiten gerade im Pfarrberuf hebt Winkler (1999, 375 f.) noch einmal besonders hervor: So „geht von den Streitigkeiten mit Ehepartner und Kindern, die in den meisten Fällen ebenfalls Wiederholungscharakter tragen, auch eine *Verstärkerwirkung* hinsichtlich des deprimierenden Alltagserlebens aus. Die Folge ist oft ein isolierendes Einsamkeitsgefühl. Emigration wird zum häuslichen Problem. Und wiederum muß festgehalten werden: Ein sich wiederholendes Gefühl, unter nahen Beziehungspersonen dennoch allein und isoliert zu sein, strapaziert die Seele unabgegrenzt."

Nun läßt sich zwar einwenden, daß, aufs Jahr gesehen, nicht in jeder Dienstwoche eines Pfarrers derart viel Arbeit anfällt (zwei Beerdigungen, zwei Trauungen, zwei Sonntagsgottesdienste und ein Kinderbibelnachmittag). Dem stehen freilich in der „Hochsaison" (Konfirmationswoche / Passionszeit / Advents- und Weihnachtszeit), Arbeitswochen mit noch erheblich größerem Zeitaufwand gegenüber (man denke z. B. an die Zahl der Advents- und Weihnachtsfeiern oder an die in vielen Gemeinden üblichen wöchentlichen Passions- und Adventsandachten). Zwei bis drei Beerdigungen pro Woche sind in Gemeinden mit ca. 2500 bis 3000 Mitgliedern durchaus repräsentativ, ebenfalls mindestens eine weitere Kasualie pro Woche (Taufe, Trauung, Hausabendmahl, Krankenabendmahl, Kircheneintritt, Einweihungsfeier für öffentliche Gebäude, ökumenische Maiandachten, Berggottesdienste, Jugendgottesdienste, evtl. eingeführte „Frühschichten" bzw. Morgen- oder Abendgebete etc. etc.). Zu bedenken ist auch, daß es sich bei dieser exemplarischen Arbeitswoche um eine Sieben-Tage-Woche ohne freien Tag handelt. Will der Pfarrer, die Pfarrerin einen freien Tag nehmen, was organisatorisch im Gemeindealltag oft gar nicht möglich ist, so verringert sich die anfallende Arbeit dadurch ja nicht, sie muß dann eben auf sechs Tage verteilt werden, was in der oben beschriebenen Woche eine durchschnittliche tägliche Arbeitszeit von 14,6 Stunden bedeuten würde! Zu bedenken ist weiter, daß es sich bei dem hier angeführten Arbeitsaufwand nicht etwa um die „Kür", sondern lediglich um die wöchentlich anfallende „Pflicht" handelt. Wollen die PfarrerInnen bestimmte Projekte oder Konzepte verwirklichen, zum Beispiel innerhalb eines Zeitraumes von vielleicht zwei Jahren alle Angehörigen der Altersgruppe von 40-50 besuchen, oder verstärkt Elternarbeit mit Taufeltern machen, erhöht sich der Zeitaufwand entsprechend, da von den Pflichtaufgaben kaum eine vernachlässigt werden kann. Eine von den meisten PfarrerInnen als besondere Belastung empfundene Pflicht ist in der bayerischen Landeskirche (und verschiedenen anderen) die Erfüllung des sog. „Regelstundenmaßes" also die Verpflichtung, in der Regel sechs (noch vor fünf Jahren waren es zehn!) Stunden Religionsunterricht an öffentlichen Schulen zu halten, was vor allem in den höheren Hauptschul- aber auch Realschul- und Gymnasialklassen einen erheblichen Aufwand an (im Gemeindealltag dann oft fehlender) Vorbereitungszeit - und an seelischer Energie bedeutet. Etliche Pfarrer sehen sich durch renitente Klassen und unwillige bzw. aufsässige Schüler derart in die Enge getrieben, daß sie sich hinsichtlich ihrer Würde und ihrer Kraft ernstlich beschädigt fühlen. Nicht selten entsteht so ein Circulus vitiosus, der sich fatal auf die leibseelische Gesundheit, die Motivation und Kreativität der PfarrerInnen auswirkt.

Bezeichnend in diesem Zusammenhang ist abschließend eine Äußerung Schibilskys: „Lange Zeit haben wir uns gegen einen starren Tagesablauf und Wochenrhythmus gewehrt. Zeitliche Festlegungen bedeuteten für mich: Mein Leben ist festgelegt, meine Gestaltungsfreiheiten kanalisiert. Dagegen steht jetzt die Erfahrung: Wenn ich den Außenanforderungen keinen stabilen und nur schwer erschütterbaren Tagesablauf und Wochenrhythmus entgegenstelle, verliere ich mich: im Nachkommen all der Anforderungen, im Erledigen und Predigen. 35 Telefonanrufe etwa an einem Tag, alles unvorhergesehene und ungeplante Gesprächskontakte, und das alles neben den 'normalen' Tätigkeiten wie Besuchen, Unterricht und Schreibarbeiten, und zu Zeiten, in denen jeder andere Berufstätige nie und nimmer erreichbar wäre - das zerstört seelische Substanz. Es schafft jedenfalls keine Freiheit. Ich bezahle gern den starren Tagesablauf und Wochenrhythmus mit dem Preis, mich etwas eingeplanter zu erfahren. Aber in diesem Plan komme ich wenigstens noch selber vor."[133]

3. 2. 7. Belastungspotential „Organisationsdesign"

Karl Wilhelm Dahm hat 1989 noch einmal in einem Aufsatz mit wenigen gekonnten Strichen die kirchliche Situation des Protestantismus in der Gegenwart skizziert.[134] Demnach präsentiert sich die Volkskirche in der Form, daß sich ihre Mitgliedschaft unterteilen läßt in: 15 % Engagierte, 10 % Austrittswillige und 75 % Distanzierte, die zwar regelmäßig die Kirchensteuer bezahlen, ihre Zugehörigkeit aber nur punktuell (anläßlich Kasualien, hoher kirchlicher Feiertage und besonderer kirchlicher Aktivitäten) aktualisieren. Die Gruppe der 15 % Engagierten ist weiter zu differenzieren in 5 % evangelikal oder pietistisch Orientierte, 5 % gesellschaftskritisch-sozialethisch Orientierte („Ökumeniker") und 5 % mehr traditional Eingestellte. Bei genauerer Betrachtung ergibt sich freilich ein noch weitaus differenzierteres Profil dieser Kerngruppe: Sie splittet sich auf in eine Vielzahl zum Teil aggressiv miteinander konkurrierender Interessengemeinschaften. Charismatische Gruppen entfalten ihre Wirksamkeit neben überzeugten Anhängern der therapeutisch orientierten Seelsorgebewegung und strammen Fundamentalisten. Die einen stehen ein für das diakonische Engagement der Kirche, andere haben sich den Idealen des „konziliaren Prozesses" verschrieben, wieder andere setzen auf meditative Innerlichkeit. Evangelische Akademien, Ordensgemeinschaften, Ämter für Industrie- und Sozialarbeit, Studentengemeinden, Militär- und Polizeiseelsorge u.v.m. bilden eigene Kraftzentren. Alles in allem ist diese kleine Gruppe der engagierten Kirchenmitglieder charak-

---

[133] Schibilsky, 1980, 216. Zur psychologischen Dynamik des Zeitproblems bei PfarrerInnen vgl. auch die kleine Studie von Winkler: Der Tag des Theologen. Vom Umgang mit der Zeit, in: Riess (Hg.) 1989, 91-98.

[134] Dahm, in Riess 1989, 308-324. - **Auch hier sei noch einmal klargestellt,** daß es, wie bei den Ausführungen zum Berufsbild der PfarrerInnen, nicht darum gehen kann, die ebenfalls Bücherregale füllenden Äußerungen zur Problematik der Kirche, der Gemeinden und des Protestantismus unter den Bedingungen der neuzeitlichen Gesellschaftsentwicklung zu rekapitulieren, sondern allenfalls verschiedene, für die hier verhandelte Thematik relevante Gesichtspunkte aufzugreifen. Die Lage der Kirche in der Gegenwart wurde ausführlich behandelt in den Auswertungsbänden der drei großen Mitgliedschaftsbefragungen und den sich darauf beziehenden Veröffentlichungen. Die Problematik und Situation der „Kirche am Ort" wurde in jüngster zeit vielbachtet dargestellt und analysiert von Herbert Lindner (Lindner 1994 und 2000)

terisiert durch „*polyzentrische Vielfalt*" und „*theologischen Pluralismus*". Hinzukommt, daß die jeweiligen Grenzen nicht starr, sondern fließend und durchlässig sind. Dahm vermutet, daß „diese Entwicklung zu weiter ausgeformtem Pluralismus andauern und zur Signatur des künftigen Weges der Kirche gehören" wird.[135] Da die jeweilige Minderheit ihre Überzeugungen pointiert vertritt und sich nicht selten auch mit kämpferischem Pathos in der Öffentlichkeit darstellt, kann das schiefe Bild entstehen, daß sie die Meinung der Gesamtkirche repräsentiert.

Viel früher schon hatte Ernst Lange darauf hingewiesen, daß sich die PfarrerInnen in ihren Gemeinden heute mindestens von drei Gemeinden bzw. drei Gruppierungen mit klar unterscheidbaren Bedürfnisprofilen in Anspruch genommen sehen, nämlich dem volkskirchlichen, dem vereinskirchlichen und dem reformkirchlichen Bedürfnisprofil.[136]

Jedenfalls bietet der Teil seiner Gemeinde, mit dem der Pfarrer am engsten zu tun hat, die „Kerngemeinde" ein ganz spezifisches soziales Milieu, das oft genug regelrecht kleinbürgerliche Gesichtszüge trägt. In der ihm eigenen plakativen Diktion weiß Josuttis dieses Milieu eindrücklich zu charakterisieren: Die Kerngemeinde, sagt er, sei die „Sammelstation für solche, die zu ordentlich, zu alt, zu unsportlich sind, um in anderen Gesellungsräumen angenommen zu werden. Und meistens gibt es darunter immer auch Menschen, die in diesem geschützten Raum ein ganz unerwartetes Aktivitätspotential entfalten."[137] Die „Verkehrsformen im Milieu der Gemeinde" werden durch eine typische Psychodynamik bestimmt: „Hier ist ein Netzwerk von face-to-face-Relationen entstanden, das sich um den Pfarrer zentriert. Getauscht werden nicht monetäre Größen, sondern Streicheleinheiten. Und die Regeln, die zur Anwendung kommen, folgen deshalb den Gesetzen jener Ökonomie, die man in den Sozialwissenschaften 'bestätigenden Austausch' genannt hat. Im Milieu der Kirchengemeinde waltet deshalb das Klima freundlicher Geselligkeit. Pausenlos treffen sich nette Menschen, die für sich selbst Techniken der Imagepflege betreiben und die deshalb auch anderen gegenüber bereit sind, deren Bedürfnis nach sozialer Anerkennung zu stillen. Die Liebe, wie sie hier praktiziert wird, ist an der Oberfläche von allen triebhaften Anteilen der Sexualität und der Aggressivität gereinigt. Um so stärker grassieren diese Elemente im Untergrund, so daß es auch und gerade hier zu libidinösen Verstrickungen oder unfaßbaren Animositäten zwischen Einzelnen und ganzen Gruppen kommt."[138]

Unter der Fassade freundlicher Geselligkeit und christlicher Nächstenliebe, die das Milieu an der Oberfläche beherrscht, geht es in der Tat nicht selten ganz anders zur Sache. Eifersüchteleien, Falschheit, Machtgerangel, denunziatorische Motive, ja manchmal sogar Erpressungsmethoden trüben das Bild. Sicher hat

---

[135] Ebd., 320.
[136] Lange, Von der Schwierigkeit Pfarrer zu sein, in: Lange 1976, 152.
[137] Josuttis 1982, 74
[138] Ebd., 75.

Lindner recht, wenn er den Gemeinden und der Kirche als Ganzer einen eher „konkurrierend-kontrollierenden" als einen „kooperativ-innovativen" Stil attestiert.[139] Daß die PfarrerInnen im Laufe der Zeit im Mahlwerk dieser Dynamik ernsthafte Beschädigungen erleiden können, liegt auf der Hand: „Für Pfarrer und Pfarrerinnen erwachsen daraus Gefährdungen, zunächst hinsichtlich ihrer Persönlichkeit. Die soziale Kastration, die zur Lebenswelt der netten Menschen gehört, betrifft nicht nur den Bereich der Sexualität, wie besonders die jüngere Generation häufig beklagt. Viel gravierender ist die Unterdrückung von aggressiven Regungen, die in einem solchen sozialen Klima verlangt wird. Man darf nie seine Wut herauslassen. Man muß alle in allen Lagen verstehen. Man muß zu allen gleich freundlich sein. Man darf niemals nein sagen! Wer solche ungeschriebenen Verhaltensgesetze wirklich ernst nimmt, wird im Kern seiner personalen Existenz deformiert. ... Er wird natürlich auch in theologischer Hinsicht beschädigt. ... Weil im Milieu der Ortsgemeinde Harmonie herrschen soll, werden alle Entscheidungen, die Menschen in irgendeiner Hinsicht verletzen können, nach Möglichkeit vermieden. 'Vergeben' im Sinn von Übersehen und Vergessen, das ist im Milieu das pastorale Metier."[140]

Noch einmal potenziert begegnet den PfarrerInnen diese spezifische Grundhaltung der Kerngemeinde im Kreise ihrer MitarbeiterInnen. Es tut weh, dies so deutlich zu sagen, aber leider drängen gerade auf der Gemeindeebene oft Individuen in Mitarbeiterfunktionen, die auf anderen sozialen Ebenen mit ihrer Persönlichkeitsstruktur nicht zum Zuge kommen und nun die Plattform der Gemeindearbeit dazu nutzen, ihr Bedürfnis nach Selbstdarstellung und ihre psychischen Konflikte auszuagieren. Man sollte ja annehmen, daß eine gewisse Anzahl von MitarbeiterInnen eine wirklich ins Gewicht fallende Entlastung darstellt. Nicht selten aber ist es gerade umgekehrt so, daß die Belastung der PfarrerInnen mit der Zahl ihrer MitarbeiterInnen nicht ab- sondern zunimmt, weil der der Bereich „Mitarbeiterführung und -pflege" einen erheblichen Teil ihrer seelischen Energie und Arbeitszeit bindet.

Die Einschätzung Josuttis' und Lindners wird von Hartmut Stoll bestätigt, der die sich häufenden „Kooperationskrisen" geradezu als einen „Brennpunkt" psychischer Belastung der PfarrerInnen wertet. Er schreibt: „Neben den Erschöpfungskrisen (Burn-out-Syndrom), Beziehungskrisen und den existenziellen und spirituellen Krisen (Sinn-, Berufungs-, geistliche Erschöpfungskrisen), die uns in unserer Arbeit im Haus „Respiratio" begegnen, mehren sich in den letzten Jahren die Kooperations-Krisen. So vergeht kaum ein Kurs, in dem nicht einer oder mehrere unserer Gäste in einen sehr zugespitzten Konflikt in der Zusammenarbeit mit dem Kirchenvorstand oder Kirchengemeinderat, mit Kollegen, Kolleginnen oder Vorgesetzten verwickelt sind. Nach meiner Wahrnehmung werden solche Konflikte häufiger und nehmen auch massivere Formen an. Nicht selten hat sich für die betroffenen Gäste der Konflikt als so belastend und aus-

---

[139] Lindner 1993, 3.
[140] Josuttis 1982, 79.

weglos entwickelt, daß nur noch eine Alles-oder-Nichts-Lösung in Frage zu kommen scheint, das heißt in der Regel: Stellenverlust für den betroffenen kirchlichen Mitarbeiter und unter Umständen drohender Wartestand. Naturgemäß bekommen wir in unserer Arbeit nur eine Partei der Konfliktbeteiligten zu Gehör und zu Gesicht, also den betroffenen Pfarrer, die Pfarrerin beziehungsweise den kirchlichen Mitarbeiter, die Mitarbeiterin. Von ihnen wird uns immer wieder von massivem Druck, von Intrigen, auch übler Nachrede und Formen von Mobbing von Seiten etwa des Kirchenvorstandes oder des Kirchengemeinderates berichtet. Die Konfliktgegner erscheinen nach außen hin als sehr fordernd und machtbewußt, zum Teil als Vertreter von ganz dezidierten Vorstellungen über richtige Frömmigkeits- und Lebensstilformen, an denen sie die hauptamtlich Mitarbeitenden messen und oft verurteilen, wenn sie diesen Vorstellungen nicht zu enstprechen scheinen. Unter dem Ansturm massiver Infragestellung ihrer Arbeit und geistlichen Existenz, unter oft sehr rigide erscheinenden Forderungen und Bedingungen, geraten die betreffenden Gäste unter einen erheblichen seelischen Druck, der sich häufig auch in entsprechenden psychosomatischen Beschwerden wie Schlafstörungen, Bluthochdruckkrisen, Magen- und Herz-Kreislauf-Symptomen niederschlägt. Das macht es solchen Menschen anfangs oft sehr schwer, den notwendigen inneren Raum zu selbstreflexiver Arbeit - Wahrnehmen und Bearbeiten des eigenen Anteils am Konfliktgeschehen - zu gewinnen."[141]

3. 2. 8. Belastungspotential Pfarramts- und Verwaltungsorganisation

Der Arbeitsbereich der PfarrerInnen ist der geographische Bezirk und das Beziehungsgeflecht ihrer Kirchengemeinde, ihr eigentlicher Arbeitsplatz aber ist die Kirche, ihr Studierzimmer und vor allem das Pfarramt. Jede Gemeinde hat ein Pfarramt, dem normalerweise auch die Wohnung der PfarrerInnen angegliedert ist, bei mehreren Pfarrstellen in einer Gemeinde zumindest die der „ersten" PfarrerInnen. Aber auch für die „zweiten", „dritten" und weiteren PfarrerInnen ist das Pfarramt der Gemeinde entscheidender Bezugspunkt und dienstliche „Drehscheibe".[142] Die Aufgaben der Pfarrämter gliedern sich vor allem in drei Funktionen: Als Teil der allgemeinen Kirchenverwaltung nehmen sie 1. Verwal-

---

[141] Stoll 2000, 211f.

[142] Immerhin wenden PfarrerInnen durchschnittlich „ca. 22% ihrer Soll-Arbeitszeit für Pfarramtstätigkeiten auf. Zwischen kleinen und großen Gemeinden sind keine signifikanten Unterschiede festzustellen. Pfarramtsvorstände setzen (in großen Gemeinden, A.H.) ca. 40% ihrer Soll-Arbeitszeit im Pfarramt ein." (Zimmermann/Grupa, 11; vgl. (ebd., 12) auch die Auflistung der verschiedenen Tätigkeiten). Wie stark sich die PfarrerInnen durch Verwaltungstätigkeiten belastet und bei den von ihnen als „eigentlich" betrachteten Aufgaben behindert sehen, belegen eindrucksvoll die Äußerungen im empirischen Teil dieser Arbeit, vor allem zu Frage 4 und 6 in der Sparte „Eigenwahrnehmung" und zu Frage 4 in der Sparte „Außenwahrnehmung".

tungsaufgaben in den Gemeinden vor Ort wahr; sie fungieren 2. als Koordinations- und Informationsstelle in der Gemeinde, betreuen die laufenden Gemeindeaktivitäten und betreiben Öffentlichkeitsarbeit; und sie sind 3. als „kommunikativer Ort" für die Gemeindeglieder und für andere Personen die Kontaktstelle zur Gemeinde.[143]

Die Pfarrämter der Kirchengemeinden sind in der Regel wesentlich ältere Institutionen als die Ämter der politischen Gemeinden. Manche sind bereits seit der Reformationszeit „in Betrieb" und bergen in ihren Registraturen, Geschäfts- und Kirchenbüchern eine Fülle von personenbezogenen und ortsgeschichtlichen Daten. Manche, vor allem auf dem Land, haben aber auch noch das bauliche, verwaltungstechnische und organisatorische „Flair" einer mittelalterlichen Schreibstube. Lindner schreibt: „Das Pfarramt ist ein belasteter und ein belastender Ort. In ihm kreuzen sich viele Erwartungen. Sekretärinnen arbeiten unter Druck, oftmals in Hetze. Arbeit über die festgelegte Arbeitszeit hinaus ist eher die Regel als die Ausnahme. Das gilt auch für Pfarrerinnen und Pfarrer. Vieles empfinden sie als uneigentliches Tun. Dadurch wird kaum die Zeit und Energie aufgewendet, diesen Bereich gründlich zu durchdenken, um ihn danach verändern zu können. So bleibt er paradoxerweise so wie er ist: *ungeliebt und zeitraubend.*"[144] Um die Effizienz der Pfarrämter bzw. der in ihnen geleisteten Verwaltungstätigkeiten zu ermitteln und zu optimieren hat darum der Pfarrer- und Pfarrerinnenverein der Evangelisch-Lutherischen Kirche in Bayern vor zehn Jahren bei einer Unternehmungsberatung (Intra) eine „Organisationsanalyse des Pfarramtes" in Auftrag gegeben, die auf einer Auswahl von zehn möglichst repräsentativen Kirchengemeinden in ganz Bayern basierte. Die Studie wurde im April 1993 veröffentlicht.[145] Ihr Ergebnis war unerfreulich: Die Leistungsfähigkeit und Effizienz der Pfarrämter läßt sehr zu wünschen übrig. Das Haushalts-, Geld- und Kassenwesen ist antiquiert und überholungsbedürftig, Kollekten werden beispielsweise oft viermal gezählt. Spendenquittungen werden manuell mit großem Aufwand erstellt. Die von der Landeskirche herausgegebenen Mitgliederlisten sind unpraktisch und entsprechen nicht immer den Anforderungen. Kompetenzen und Verantwortungsbereiche sind nicht oder nur unzureichend beschrieben und geklärt. Das Ablagesystem ist antiquiert und zu aufwendig. Die Zusammenarbeit mit anderen kirchlichen Dienststellen gestaltet sich oft schwierig. Der Umfang und die Abwicklung der schriftlichen Kommunikation ist umständlich und unrationell.[146] Ein besonderes Problem liegt in der für die

---

[143] Vgl. Zimmermann/Grupa 1993, 3. Die Studie ermittelte auch die reale Verteilung der Pfarramtstätigkeiten auf alle Mitarbeitergruppen: 49% der anfallenden Arbeit werden durch Sekretärinnen geleistet, 34% durch die PfarrerInnen und 17% durch weitere haupt- und ehrenamtliche MitarbeiterInnen (vgl. Lindner 1993, 6).

[144] Lindner 1993, 4.

[145] Vgl. Zimmermann/Grupa 1993. Vgl. die Zusammenfassung von Lindner (1993).

[146] Lindner 1993, 11. Zimmermann/Grupa 1993, 2; 6. 25. Vgl. die Ergebnisse zu den einzelnen Punkten ebd. 26ff.

Pfarramtspraxis so typischen „unstrukturierten Kommunikation". Lindner konstatiert: „So muß ernsthaft die Frage gestellt werden, ob im Augenblick nicht zu viel Kommunikation, noch dazu mit den falschen Partnern, das Pfarramt wie auch die übrige Gemeinde beschäftigt, blockiert und letztlich handlungsunfähig macht. Ein anderes Leitbild ist eine ernsthafte Alternative zum bisherigen Zustand in vielen Pfarramtsbüros und Gemeinden: Gemeinde und damit das Pfarramt sind spezifische (schlanke) Organisationen mit einem klaren Zweck. Dieser Zweck ist die Kommunikation des Evangeliums. Alle Tätigkeit im Pfarramt muß sich daran messen lassen, wie schnell und wie direkt sie diesem Ziel dient."[147]

Es gibt drei wesentliche Parameter oder „Stellschrauben" für eine effiziente Büro- und Verwaltungsorganisation bei kleineren Dienstleistungsunternehmen, nämlich: der Einsatz moderner Bürotechnik sowie eine angemessene, leistungsfördernde Büroausstattung; die Inanspruchnahme externer Dienstleister und die interne Organisation der Verwaltung. Im Vergleich mit anderen privaten Dienstleistern schneiden die Pfarrämter auf allen drei Ebenen deutlich schlechter ab. An diesen drei Punkten setzen denn auch die Verbesserungs- und Veränderungsvorschläge der Analyse an.[148] Einen entscheidenden Beitrag könnten, wie Lindner anmerkt, hier auch die höheren Ebenen der kirchlichen Verwaltung leisten: „In vielen Punkten sorgt die kirchliche Hierarchie für Arbeit, gewährt oder verweigert Mittel für den Ort und kontrolliert die örtliche Tätigkeit. Eine vereinfachte Verwaltung, eine direktere Tätigkeit und dadurch eine höhere Motivation könnte durch ein verändertes Denken stattfinden: *vorgeordnete Dienststellen sind Serviceleister für eigenständig verantwortliche Einheiten am Ort*. Die hier angedeuteten Perspektiven überschreiten die Möglichkeiten der Pfarramtsanalye bei weitem, müssen aber mitbedacht werden, wenn eine durchgreifende Lösung Bestand haben soll." Nicht nur in dieser Einschätzung ist ihm zuzustimmen, sondern vor allem auch in seiner anderen resümierenden Feststellung: „Verwaltungsarbeit im engeren Sinn ist keine Tätigkeit für die Pfarrerinnen und Pfarrer. Die Hälfte der jetzt dafür aufgewendeten Zeit sollte wegfallen und gezielter Gemeindearbeit zugute kommen." [149]

---

[147] Lindner 1993, 9. Vgl. auch das aufschlußreiche Schaubild in Zimmermann/Grupa 1993, 49.
[148] Vgl. ebd., 35ff. Etliche der Vorschläge sind inzwischen umgesetzt, so verfügt beispielsweise inzwischen fast jedes Pfarramt über einen leistungsstarken PC und eine ISDN-Telefonanlage und viele nutzen EDV-Programme für die Gabenkasse, zur Terminplanung, für Angelegenheiten im Meldewesen etc.
[149] Lindner 1993, 10;14.

3. 2. 9. Belastungspotential Lohn-Leistungsverhältnis

In einem von außen so hoch idealisierten und von seinen Vertretern oft auch - zumindest anfänglich - mit so viel Idealismus ausgeübten Beruf wie dem des Pfarrers und der Pfarrerin wirkt es auf den ersten Blick fehl am Platz, über eine so profane Angelegenheit wie das „Lohn-Leistungs-Verhältnis" nachzudenken. Aber nicht nur Paulus hat gewußt, daß man „dem Ochsen, der da drischt, nicht das Maul verbinden soll". Das Gehalt und die Gewährung von geldwerten Vorteilen bzw. von sonstigen Vergünstigungen ist ein nicht zu unterschätzender Indikator für den Wert und die Würdigung dessen, was eine/r tut. Vergünstigungen bekommen Pfarrer und Pfarrerinnen keine, Geschenke, die eine bestimmte im Kirchengesetz festgelegte Höhe übersteigen, müssen sie, wie andere Beamte auch, an die Kirchenverwaltung abführen. An „geldwerten Vorteilen" ist eigentlich nur die entsprechend zu versteuernde mietfreie Dienstwohnung zu nennen, deren Vorteil aber durch die in den meisten Kirchen obligatorische „Residenzpflicht" erheblich geschmälert werden kann. Noch immer kommt es manchmal zu dem grotesken Fall, daß ein unverheirateter Pfarrer ein in einem großen Garten gelegenes mittelalterliches Pfarrhaus mit zwölf Zimmern bewohnen muß, wo er im Winter unverhältnismäßig viel Geld für die Beheizung und im Sommer übermäßig viel Mühe für die Gartenpflege aufzuwenden hat. Oder eine sechsköpfige Pfarrfamilie muß sich mit einem ungünstig geschnittenen und letztlich zu kleinen Gebäude „arrangieren". Schwerwiegender als die äußere Belastung durch bauliche Gegebenheiten wird aber in letzter Zeit zunehmend die mit der Wohnpflicht im Pfarrhaus verbundene psychologische Belastung empfunden. Wer ein Pfarrhaus bewohnt, lebt in der Tat auf einer Bühne, buchstäblich im „Blickpunkt der Öffentlichkeit". Nirgendwo sonst lassen sich der Arbeits- und der Privatbereich so schlecht trennen wie in einem Pfarrhaus, zumindest auf dem Dorf. „Arbeit im Pfarrhaus zeichnet sich durch fehlende Grenzen aus: Weder zeitlich noch räumlich sind exakte Trennungen zwischen privater und beruflicher Existenz möglich. So entsteht der Eindruck von Unkonturiertheit und Unstrukturiertheit, der einen seltsamen Zwang zur Rechtfertigung nach sich ziehen kann."[150]

In der „Zufriedenheitsbefragung" der EKHN wurde die Frage nach der Wohnsituation und der „Residenzpflicht" von den PfarrerInnen sehr klar beantwortet. Die Befragung erbrachte folgendes Ergebnis:

- Drei Viertel der PfarrerInnen leben unter den Bedingungen der „Residenzpflicht".
- Jede/r fünfte Pfarrer/in ist unzufrieden mit seiner/ihrer Wohnsituation.
- Weit weniger als die Hälfte ist sehr zufrieden mit der Wohnsituation.
- Die „Residenzpflicht" wird noch nicht mal mehr von jeder/m fünften Pfarrer/in befürwortet.

---

[150] Roessler, in: Riess (Hg.) 1979, 176.

- PfarrerInnen, die von der Residenzpflicht befreit sind, wohnen zufriedener.
- Allerdings befürworten knapp zwei Drittel aller PfarrerInnen eine „Präsenzpflicht" in der Gemeinde.[151]

Die Verfasser dieser Studie fragten auch nach der Beurteilung der Gehaltssituation. Hier ergab sich folgender Befund: „Mehr als ein Drittel ist unzufrieden mit dem Gehalt. Fast die Hälfte findet es 'okay'. Nur 15% der KollegInnen finden es eine gute Entlohnung."[152] Es scheint in der Tat so, als ob der von Karle so genannte „package-deal" - zumindest was die Gehaltssituation betrifft - von vielen PfarrerInnen als nicht mehr sonderlich stimmig betrachtet wird.

Interessant und bezeichnend ist in diesem Zusammenhang eine Rechnung, die der oben bereits zitierte Ehegatte jener bayerischen Pfarrerin aufmacht. Er hat nicht nur die Arbeitsstunden, sondern auch die dafür geleistete Bezahlung seiner Frau unter die Lupe genommen und kommt zu folgendem nachdenklich stimmenden Ergebnis:[153]

„Stundenlohn" bei Dienststunden in der Woche (in DM)

Arbeitsstunden pro Woche	65,5,	54	40
Arbeitsstd. i. Monat (4,33 Wochen)	283,8	234	173,3
Brutto			
Grundbezug	7.601,73 DM	26,79	32,49	43,86
Bruttowirksam vor Steuer,	8.224,95	28.98	35,15	47.46
einschl. Mietwert	9.305,78	32,79	39,77	53,70
Netto	**4.453,70**	**15,69**	**19,03**	**25,70**

Das heißt, bei der von ihm ermittelten durchschnittlichen Arbeitszeit seiner Gattin von 65,5 Arbeitsstunden pro Woche arbeitet sie für einen Stundenlohn von DM 15,69. Das ist unter dem Gehaltsniveau ungelernter Raumpflegerinnen. Wer seine Entlohnung auch als einen Beitrag zur Würdigung seines Engagements betrachtet, wird so nur schwerlich motiviert bleiben.

---

[151] Präsentation „Pfarrberuf im Wandel"2001, 14 und 24.
[152] Ebd.,24.
[153] Schreiben an den Vorsitzenden des Pfarrer- und Pfarrerinnenvereins in Bayern vom 3.1.2001, Seite 4.

3. 2. 10. Belastungspotential Arbeitserfolg

Eine besondere Problematik im Pfarrberuf ist sicherlich das häufige Fehlen von sichtbaren Erfolgen der Arbeit. Wie soll man den „Erfolg" einer Predigt oder eines Seelsorgegespräches messen? Wenn sich die Teilnehmer hinterher dafür bedanken, kann es bloße Höflichkeit sein, wenn sie es nicht tun, kann es vielleicht aus Unsicherheit sein, obwohl ihnen der Pfarrer viel gegeben hat. Wie soll man ermessen, ob ein Wort des Pfarrers, das in den Wind gesprochen scheint, nicht doch wie ein Samenkorn wirkt, das zunächst in die Erde fällt und dort schlummert, um erst später Früchte zu tragen? Wenn aber „überprüfbare Erfolgskontrollen fehlen", sagt Roessler, „kommt verstärkt alles darauf an, wie man ankommt. ... Bestätigung und Beliebtheit werden leicht zum wichtigsten Kriterium für den Wert der geleisteten Arbeit, Ablehnung oder Kritik an der Person stellen alles in Frage."[154] Die härteste und am wenigsten zu verkraftende Form von Ablehnung und Kritik ist Desinteresse, weil sie keine Chance zur Auseinandersetzung und Verbesserung mehr läßt. Nun läßt sich aber gerade mit dem Begriff Desinteresse die Einstellung der Mehrheit der Bevölkerung zur Kirche am treffendsten beschreiben. Daß dies nicht etwa ein Desinteresse an religiösen Fragen ist, belegt die Attraktion des gegenwärtig boomenden Esoterikmarktes. Es ist ein dezidiertes Desinteresse an der Art und Weise, wie die religiösen und „letzten" Fragen gegenwärtig im „Alltagsbetrieb" der verfassten christlichen Kirchen zum Ausdruck gebracht werden. Grundelemente der christlichen Botschaft geraten in breiten Bevölkerungskreisen immer mehr in Vergessenheit. „Die Erosion der Volkskirche", beklagt der theologische Ausschuß der Arnoldshainer Konferenz, „ist in der Tiefe ein geistlicher Vorgang. In ihm dokumentieren sich ein elementarer Schwund an Bibel- und Katechismuskenntnis, der Verlust der Fähigkeit zum Umgang mit Texten der Heiligen Schrift und des Gesangbuches und die lautlose Einstellung religiöser Praxis."[155] Besonders schmerzlich ist dabei, daß dieser Schwund und Verlust sich auch in den Reihen der eingetragenen Kirchenmitglieder immer stärker bemerkbar macht. Wie sollen die Pfarrer und Pfarrerinnen damit umgehen, daß am Sonntagsgottesdienst oft nur noch ein bis zwei Prozent der Gemeindemitglieder teilnimmt, daß immer mehr Hochzeitspaare auf die kirchliche Trauung und Elternpaare auf die Taufe verzichten? „Die behauptete Lebendigkeit der Volkskirche manifestiert sich, überspitzt formuliert, im

---

[154] Roessler, in: Riess (Hg.) 1979, 176.
[155] Sein Licht leuchten lassen 1989, 16. Ein aktuelles Schlaglicht mag dies verdeutlichen: Die „Süddeutsche Zeitung" bringt in ihrer Ausgabe am Gründonnerstag unter der Überschrift „Was war noch bitte an Ostern?" folgende AP-Meldung: „Nur rund die Hälfte der Deutschen (54 Prozent) weiß, daß Jesus an Karfreitag gekreuzigt wurde und an Ostern auferstand, wie eine Umfrage im Auftrag der Bildwoche ergab. Bei den Katholiken (67 Prozent) ist dieses Wissen weiter verbreitet als bei den Befragten evangelischer Konfession (61 Prozent). Zwölf Prozent wußten überhaupt nicht, was an Karfreitag und an Ostern geschah, in den Neuen Bundesländern waren es sogar 28 Prozent." (SZ Nr. 74, Do/Frei, 28/29.3.2002, S. 14.).

Bedürfnis nach der Beerdigung der Toten" sagt böse, aber nicht unrichtig, Josuttis.[156]

Diese Entwicklung hat nicht nur den Aspekt einer massiven narzißtischen Kränkung für alle, die ihre seelische Kraft und ihre Arbeitskraft oft bis zum letzten „ihrer Kirche" zur Verfügung stellen. Sie verursacht auch ein permanentes, im Untergrund wühlendes Gefühl des Versagens.

3. 2. 11. Belastungspotential innerpsychische Faktoren

Natürlich spielen bei der Belastungsproblematik im Pfarrberuf nicht nur von außen einwirkende Faktoren eine Rolle, sondern auch solche, die im Persönlichkeitsprofil der PfarrerInnen selbst begründet sind. Dies möglicherweise sogar noch stärker als in anderen Berufszweigen, weil es eben zum Wesen der pastoralen Tätigkeit gehört, daß sie ihre Authentizität und Wirkungskraft aus dem Potential der Persönlichkeit derer bezieht, die sie ausüben. „Die Identifizierung mit dem Beruf und die Selbstidentität des Pfarrers sind nicht voneinander zu trennen", schreibt Steck[157] und spricht damit jenen psychologischen Sachverhalt an, daß gerade bei Pfarrern und Pfarrerinnen sowohl der Beruf die Person, als auch die Person den Beruf beschädigen kann - oder eben umgekehrt, tragen und befördern kann.

Allmachtswünsche und Ohnmachtserfahrungen
Schon vor längerer Zeit hat Ingeborg Roessler die seelische Grundproblematik vieler Pfarrer auf die schlüssige Formel „Zwischen Allmachtswünschen und Ohnmachtserfahrung" gebracht. Sie weist auf eine für den Pfarrberuf typische wechselseitige Potenzierung zweier Spannungen hin: der „Anmaßung von Innen" und der „Zumutung von Außen".[158] Die „Anmaßung von Innen" äußert sich im unbewußten Streben vieler PfarrerInnen, ein idealer Mensch (bzw. ein braves Kind) sein zu wollen. Dahinter steht die von Kohut, Winnicott und dann vor allem von Miller beschriebene, und oben bereits angesprochene, narzißtische Dynamik, daß Kinder, um sich die Zuneigung ihrer Bezugspersonen zu er-

---

[156] Josuttis 1982, 52.
[157] Steck 1974, 17. - Dubied (1995, 18, vgl. auch 22) sieht denn auch in den Identitätsproblemen das „Epizentrum" der Krise des Pfarrers heute, und präzisiert: „In dieser Alternative - Zuflucht bei Gott oder Auflösung in der Welt - sehe ich die hauptsächlichste Entfremdung der Pfarrer-Identität." (ebd., 29). Nach seiner Auffassung verkörpert der Pfarrer „das Identitätsproblem eines jeden Menschen im größtmöglichen Ausmaß!" (ebd., 71), denn: „Das Identitätsproblem des Pfarrers stellt sich im Vergleich zu Menschen in einer anderen sozialen Position schärfer. Der Pfarrer muß nicht bloß jene Bilder, die sich die anderen von ihm machen und die sie auf ihn zurückprojizieren, in das eigene Bild integrieren, sondern darüber hinaus gleichzeitig jene Vorstellung verarbeiten, die Gott angeblich von ihm als Mensch *und als Pfarrer* hat." (ebd., 27).
[158] Roessler, in: Riess (Hg.) 1979, 173 f. und 176.

halten, mitunter ein „falsches Selbst" entwickeln, indem sie vermeintlich oder tatsächlich von diesen Bezugspersonen abgelehnte eigene Emotionen, vor allem aggressiver Natur, verdrängen. Für die unangenehmen und destruktiven Folgen dieser Fehlentwicklung gibt es gerade im Pfarrberuf genügend Beispiele: „Das falsche Selbst drängt auf Bestätigung. Deshalb finden wir gerade unter den besonders tüchtigen und anscheinend erfolgreichen Pfarrern, die von sich reden machen durch ihre Intitiativen und ihre Impulse, durch Ideenreichtum und Aktivität, nicht wenige, die die um sich versammelten Gruppen dazu benutzen müssen, sich selbst zu bestätigen und aufzuwerten; sie nehmen oft gar nicht wahr, daß sie durch ihre pathetische Sprache, durch Hektik und Unruhe eigentlich vermeiden, mit anderen in Beziehung und in Berührung zu kommen und wirklich Nähe herzustellen."[159]

Die „Zumutung von Außen" besteht darin, daß viele Gemeindeglieder dazu neigen, das überhöhte Ich-Ideal der Pfarrer ebenfalls unbewußt - nicht selten jedoch auch absichtlich - zu stützen oder sogar noch zu verstärken. Psychologisch gesehen werden hier natürlich eigene, unerfüllbare Größenphantasien auf die Person des Pfarrers projiziert. Daß dabei aber auch archaischere, gattungsgeschichtlich verwurzelte Motive zum Tragen kommen, spricht wiederum Josuttis an: „In sozialpsychologischer Hinsicht ist der Pfarrer Repräsentationsfigur jenes Bereichs jeder Menschengesellschaft, der als Religion bezeichnet wird. Als solcher wird er von Berufs wegen mit Wünschen und Ängsten besetzt, die zum Grundbestand kollektiver und individueller Fantasien gehören: Allmacht und Ohnmacht, Geborgenheit und Bedrohung, Liebe und Aggressivität."[160] In einer jüngeren Veröffentlichung fasst er es noch präziser: „Man kann einen Großteil der Aussagen, die in theologischen Entwürfen, kirchlichen Dokumenten und empirischen Erhebungen immer wieder auftauchen, in der These zusammenfassen: Der Pfarrer soll den idealen Menschen, den idealen Mann, die ideale Frau repräsentieren. Auch jenseits der Grenzen von Kern- und Kirchengemeinde aktiviert er Leitvorstellungen, die sich epigenetisch in der frühesten Kindheit gebildet haben. Es sind Sehnsüchte nach der guten Mutter und dem starken Vater, die er erfüllen soll und zum großen Teil auch selber erfüllen will, weil er diese von außen kommenden Erwartungen an seine Person von sich aus teilt."[161]

---

[159] Ebd., 173 und 174.
[160] Josuttis 1982, 16. Und darum, folgert er, sollte der Pfarrer „auf der einen Seite damit rechnen, daß er seinerseits von Gegenübertragungsvorgängen bestimmt ist, daß also seine eigene Auseinandersetzung mit den Eltern, mit der religiösen Sozialisation, mit den eigenen Idealbildern in seinen beruflichen Alltag hineinwirkt; und er sollte auf der anderen Seite wenigstens annäherungsweise herauszufinden versuchen, mit wem seine Partner im Augenblick des Kontakts eigentlich kommunizieren, mit ihren Eltern, mit früheren Pastoren, mit den eigenen Idealen, mit Gott oder mit ihm selber als Person in diesem Beruf." - Zum Thema „Übertragungsberuf Pfarrer" vgl. auch aus jüngster Zeit die interessante Studie von Haustein, 2001, insbesondere (ebd., 645) seine Grundregeln zum Umgang mit dem Übertragungsphänomen (s.u.).
[161] Josuttis, 1988 (a) 215

Die Vermutung, daß gerade bei Pfarrern unbewußte Allmachtsphantasien ihre Wirksamkeit entfalten könnten, liegt in der Tat nicht fern. Warum sollte die Versuchung, sein zu wollen wie Gott, oder wenigstens eines Abglanzes seiner Herrlichkeit teilhaftig zu werden, ausgerechnet an Gottes engsten MitarbeiterInnen vorübergehen? „Gerade der kirchliche Beruf eignet sich wie kein anderer zur Besetzung mit narzißtischen Größenphantasien und ist höchst anfällig für die Falle des Gotteskomplexes", schreibt Funke.[162] Freilich, darüber spricht man nicht, schon der Gedanke daran ist unschicklich. Die Demut steht dem Diener Christi an. „Daß man als Pfarrer dem Nächsten helfen und Gott dienen will, dazu kann man sich auf Befragen bekennen. Daß man durch diese Berufswahl hofft, an der Allmacht Gottes Anteil zu gewinnen, ist eine Aussage, die den Theologen ebenso diskreditieren würde wie das Eingeständnis, er hätte sich seinen Beruf gesucht, um Geld zu verdienen, um vom Wehrdienst befreit zu werden oder aus Gehorsam gegen die Eltern."[163] Faulkner hatte ja, wie oben angeführt, die Problematik des Ausbrennens als „closest sin of ministers" bezeichnet. Vielleicht ist aber in Wahrheit die „geheimste und verschwiegenste Sünde" der PfarrerInnen doch das Ensemble ihrer versteckten und verdeckten Allmachtswünsche - aus deren permanenter Enttäuschung sich dann in der Tat ein Burnout-Syndrom entwickeln kann. Und die Enttäuschung, die Ohnmachtserfahrung, ist im Pfarrberuf ja oft geradezu programmiert. Der Pfarrer, „der anders sein will und andere ändern möchte" bleibt selbst „hinter den eigenen Ansprüchen immer wieder zurück, und muß auf der anderen Seite immer auch die Erfahrung machen, daß die Gemeinde sich seinen Besserungs- und Bekehrungswünschen entzieht. Das löst bei ihm Enttäuschung, Ärger, auch Aggressionen gegen sich selbst und die Gemeinde aus, weil er sich gleichzeitig mit einer permanenten Forderung konfrontiert sieht".[164]

Über-Ich, Pflichtgefühl und Sendungsbewußtsein
„Er hat keine Zeit und gibt auch nichts ab" - so lautete das Urteil einer Kirchenvorsteherin auf die Frage, was den Beruf des Pfarrers heute so schwierig mache.[165] Dieses an sich erstaunliche Phänomen hat tiefenpsychologisch neben dem angesprochenen hohen Ich-Ideal sicher noch andere Ursachen. In der Tat ist eine weitere Quelle für Überforderung und Burnout der PfarrerInnen nicht selten deren rigide Über-Ich-Struktur[166] und jenes daraus erwachsende, gerade für diesen Berufsstand oft so charakteristische Gemisch aus Pflichtgefühl und Sendungsbewußtsein. Der Chor der „inneren Antreiber", wie er besonders ein-

---

[162] Funke, in: Diakonia, 21. Jg. Heft 4, Juli 1990, 242.
[163] Josuttis 1982, 71.
[164] Ebd., 13.
[165] Erwähnt von Daiber 1980, 13.
[166] „Im Gegensatz zu vielen säkularen Zeitgenossen verfügen Seelsorger aufgrund ihrer kirchlichen Sozialisiation und deren hoher normativer Auflading über ausgeprägte Über-Ich-Strukturen, die oft rigide leistungsorientiert sind." Funke, in: Diakonia 1990, 241.

drücklich von der transaktionsanalytischen Psychologie beschrieben wird (Sei perfekt! Streng dich an! Sei stark! Mach es allen recht! Zeige ja keine Blöße! etc.)[167], erhebt offenbar bei vielen christlich geprägten Menschen und insbesondere in Pfarrerskreisen seine Forderungen noch einmal eindringlicher als anderswo. Eadie ist bei seiner Befragung von 85 Gemeindepfarrern in Schottland aufgefallen, daß „Selbstkritik und Selbstbeschuldigung ... die erste Reaktion eines großen Teils der Pfarrer an vielen Stellen der Interviews (waren). ... Auf die Frage nach ihrer persönlichen Bewertung der Berufsausübung fand es z.B. fast die Hälfte (43,5%) dieser Gruppe unmöglich, solch eine Auswertung vorzunehmen, weil sie entweder 'ein allgemeines Gefühl der Untauglichkeit und Unzulänglichkeit' hatten oder sich für unfähig hielten, sich selber einzuschätzen. Ein Pfarrer sagte: 'Ich bin in ein allgemeines Gefühl der Unbrauchbarkeit und Unfähigkeit verbissen. Mir kommt es vor, als könnte ich meinen eigenen Idealen oder den Erwartungen anderer Menschen auf gar keine Weise gerecht werden'." Das ist ein Ausdruck der allgemeinen Selbsteinschätzung dieser Pfarrer. Viele von ihnen (29,4%) reagierten sofort mit dem Gefühl der allgemeinen Unzulänglichkeit, als sie gefragt wurden, ob sie sich für einen speziellen Aspekt ihrer Arbeit schlecht ausgerüstet fänden. Ein ähnlicher Anteil (31,7%) hält persönliche Fehler für die Haupthindernisse eines effektiven Pfarrdienstes. Die wichtigste Ursache von Spannung und Angst sind für mehr als ein Drittel (35,3%) Zweifel an ihrer persönlichen Eignung für ihr Amt zusammen mit einer tief empfundenen Furcht vor Versagen."[168] Bei vielen der von ihm befragten Pfarrer stellt Eadie auch ein besonders ausgeprägtes Bedürfnis nach Zustimmunng, Erfolg und Anerkennung fest. Für diese Personen war es ein Hauptinteresse, ihre Sache gut zu machen und den Erwartungen der Gemeindeglieder und Vorgesetzten zu entsprechen. „Besonders Seelsorger" - schreibt Dieter Funke - „neigen aufgrund ihrer spezifisch kirchlichen Ausbildung, die oft in der Kindheit grundgelegt wurde, dazu, ein starres, strenges und rigides Über-Ich auszubilden, das ständige Unterwerfung von ihnen fordert - oft unter Preisgabe ihrer vitalen Bedürfnisse". Wer aber diesen internalisierten Autoritäten „mehr gehorcht als den eigenen Impulsen, der gerät unweigerlich in den Kreislauf der Überforderung".[169] Daß gerade Pfarrer oft besonders pflichtbewußt und auch autoritätsbezogen sind, wird durch eine Fülle von Beispielen aus der Vergangenheit und Gegenwart belegt. Ein Hauptergebnis der von Bormann 1966 veröffentlichten „Studien zu Berufsbild und Berufswirklichkeit evangelischer Pfarrer in Württemberg" ist das Vorhandensein eines stark ausgeprägten Berufsethos der Pfarrer, das fest in einem „inneren seelischen Bedürfnis (vocatio)" verwurzelt ist. „Eine starke Innenlenkung, ein Dienstdenken und damit sich verbindende asketische Züge kennzeich-

---

[167] Vgl. Rautenberg / Rogoll 1980, 183ff. Vgl. auch die oben im Kapitel 1, Punkt 1.4.3. von Jones angesprochenen, bei der Burnout-Genese wirksamen „negativen Denkmuster".
[168] Eadie 1974, 406f.
[169] Funke, in Diakonia 1990, 238.

nen die Berufseinstellung vieler Pfarrer", fasst er zusammen.[170] Diese Einschätzung ist nach wie vor zutreffend. Ganz ohne Zweifel gibt es im Pfarrberuf eine „professionelle Komponente ..., sozusagen als 'Christ immer im Dienst zu stehen' (O. Dibelius), für alle Zeichen von Hilflosigkeit ansprechbar zu sein und aus einem Über-Ich-Druck heraus so etwas wie einen Helfer par excellence abgeben zu müssen. Was - theologisch gesehen - ursprunghaft als Freiheit, Öffnung und Liebe zum Menschen gemeint gewesen ist, erstarrt zu einer Verpflichtung, einem Zwang und einem Klischee vom allzeit hilfsbereiten Helfer."[171] Funke benennt die dahinterstehende tiefenpsychologische Dynamik: „Das früheste Bedürfnis des Kindes ist das nach Sicherheit, Versorgung und Gehaltenwerden." Werden diese basalen Bedürfnisse enttäuscht, wird so ein Mensch alles versuchen, um eine gefürchtete weitere Enttäuschung zu vermeiden. „Es spricht viel dafür, anzunehmen, daß Menschen, für die ein solcher Basiskonflikt zentral ist, dazu neigen, in helfenden Berufen tätig zu sein. In ihrer Bereitschaft, ständig anderen zur Verfügung zu stehen, inszenieren sie den Konflikt um Gehalten-werden-Wollen und zugleich Enttäuscht-worden-Sein. Im anderen, um den sich etwa ein Seelsorger kümmert, wird der beschädigte Teil des eigenen Selbst gefunden und sozusagen stellvertretend 'erlöst'."[172]

Aber welche Deformationen, wie viele Verkrampfungen zeitigt diese, sich über die Jahre nicht selten bis hin zur Charakterpanzerung verfestigende innere Einstellung! Oben wurde bereits auf die vier von Schmidbauer angeführten Grundtypen einer gestörten Helfer-Identität hingewiesen: - das 'Opfer des Berufs', das sein Privatleben dem Beruf vollkommen unterordnet; - den 'Spalter', der sich im Berufsleben ganz anders gibt, als er in Wahrheit ist; - den 'Perfektionisten', der es allen Recht machen will und dabei emotional auf der Strecke bleibt und - den 'Piraten', der berufliche Beziehungen und Möglichkeiten für private Zwecke ausnutzt.[173] Wer kennt nicht Pfarrer und Pfarrerinnen, die sich problemlos in diese Typologie einordnen lassen?

Frustration, Depression und Aggression
Die Kehrseite von Allmachtswünschen, Pflichtgefühl und Sendungsbewußtsein ist die energieabsorbierende Mischung aus Depressivität, Frustration und laten-

---

[170] Bormann 1966, 161.
[171] Riess 1986, 198. Riess kommt zu dieser Aussage im Rahmen seiner Studie über die Motivation junger Menschen, Theologie zu studieren. Was übrigens das „Selbstkonzept", also die eigene Einschätzung der im Rahmen dieser Studie Befragten hinsichtlich ihres Selbstverständnisses, ihrer Begabungsstruktur und ihrer Lebensperspektiven betrifft, so ergab sich „daß es die Theologiestudierenden ... mit elementaren Ambivalenzen zu tun haben". Dies zeigte sich nicht nur bei der Einschätzung von Persönlichkeitsmerkmalen („Man empfindet sich als heiter und doch zu Minderwertigkeits- und Schuldgefühlen neigend, als gesellig und doch nach innen gekehrt"), sondern auch bei den Aussagen zur eigenen Begabung und Begrenzung. (Vgl. ebd., 187; 220).
[172] Funke, in Diakonia 1990, 239. Funke bezieht sich dabei auch auf Barde 1987.
[173] Vgl. Schmidbauer 1983, 49.

ter Aggressivität, die sich bei vielen PfarrerInnen als Grundton ihrer Lebensmelodie ausmachen läßt. Wieder ist es Ernst Lange, der schon vor vielen Jahren besonders eindrücklich die Quellen, aus denen sich die Frustration und Depressivität der Pfarrer unter den Bedingungen der modernen säkularisierten Gesellschaft speist, zu benennen wußte: „Was wir aber wirklich gelernt haben - und das ist ja eigentlich nur eine einzige Sache: die Interpretation der christlichen Überlieferung -, das kommmt in unserem beruflichen Alltag immer weniger zum Zuge. ... Es gehört zu den Hauptfrustrationen des pfarramtlichen Alltags, zu wissen, zu spüren, daß die Menschen der orientierenden und motivierenden Kräfte in der Überlieferung des Glaubens womöglich tiefer und jedenfalls ganz neu bedürftig sind, und dennoch mit dem, was man gelernt hat, mit der Zentralfunktion des Berufs nicht recht zum Zuge zu kommen. Das ist so, als ob es in einem Haus brennt und man hat alles zur Verfügung, um zu löschen, aber man kann den Hauptwasserhahn nicht finden, den irgend jemand abgestellt hat. ... Diese Erfahrungen der Ineffizienz und der Inkompetenz können sich zusammenziehen, können qualitativ umschlagen in die geistliche Erfahrung der Gottverlassenheit zumindest an drei Stellen: a) Da ist der Überdruss des Sisyphus, das Gefühl, Tag für Tag etwas gänzlich Folgenloses und Spurloses zu tun. ... b) Da ist zweitens die Melancholie des Regenmachers, (der) im Grunde seines Herzens weiß und weil alle anderen es auch wissen: Er kann gar keinen Regen machen. ... c) Und da ist in diesen durch Ineffizienz und Inkompetenz gezeichneten beruflichen Tätigkeiten schließlich die Rebellion des Ich. Jeder Mensch braucht Erfolgserlebnisse, um durchzuhalten, zu lernen und zu wachsen. Was wird aus Männern und Frauen in einem Beruf mit eingebautem Mißerfolg? Viele werden, wir wissen das, krank, neurotisch."[174]

Wen aber mag es wundern, daß es für PfarrerInnen auch naheliegen wird, aufgrund ihrer beruflichen Realität nicht nur depressive Reaktionen zu zeigen, sondern auch Aggressionen zu entwickeln? Schwer wiegt nicht nur das oben angesprochene, nervenaufreibende psychologische Milieu der Kerngemeinde, schwer wiegt vor allem die Summe an kleinen Enttäuschungen und Mißerfolgen, denen sich PfarrerInnen in ihrem beruflichen Alltag fortwährend ausgesetzt sehen - vor allem gemessen an den Ansprüchen, die sie an sich selber stellen. Am Morgen Religionsunterricht vor desinteressierten, undisziplinierten und zum Teil auch frechen Schülern, am Mittag eine Beerdigung, zu der die Ansprache aus Zeitmangel nicht so gelungen ist, wie man es sich gewünscht hätte und wie es der inneren Vorstellung von einer professionellen seelsorgerlichen Trauerbegleitung auf dem Friedhof entspricht, zudem keinerlei Resonanz und Reaktion bei den Beerdigungsteilnehmern, am Nachmittag der mehr oder weniger fruchtlose Versuch, einer kichernden und quirligen Horde von pubertierenden Konfirmanden das Wesen des Glaubensbekenntnisses nahezubringen, vor dem Abendessen ein Taufgespräch, bei dem sich der aus der Kirche ausgetretene

---

[174] Lange, Glaube und Anfechtung im Alltag eines Gemeindepfarrers, in: Lange 1976, 172-176.

Vater in Vorwürfen gegen die politische Betätigung der Pfarrer ergeht und sich nur gegen großen Widerstand auch ein evangelischer Pate durchsetzen läßt, und als krönender Abschluß des Tages die Kirchenvorstandssitzung mit der Besprechung des jährlichen Haushaltsplanes, die nicht nur ewig dauert, sondern wo auch noch eine Vielzahl einfältiger Rückfragen zu beantworten sind, und der Pfarrer angegriffen wird, daß in der Gemeinde „sich in der Jugendarbeit ja schon lange nichts mehr rühre" - und das, mehr oder weniger intensiv, tagaus, tagein - wer würde da nicht im Laufe der Jahre aggressiv oder resigniert? Widerspricht es nun aber eigentlich schon vornherein den Normvorstellungen des Pfarrberufes, daß ein Pfarrer Aggressionen entwickelt, so läßt es sich erst recht nicht mit seinem Berufsethos vereinbaren, sie gegenüber denjenigen zu äußern, die sie verursachen. Michael Klessmann führt zur Agressionsvermeidung in Kirche und Pfarrerschaft und deren Auswirkungen aus: „1. In allen Untersuchungen kommt durchgängig zum Ausdruck, daß TheologInnen ein ausgeprägtes Bedürfnis nach sozial erwünschtem Verhalten haben. Sie wollen durch ihr Verhalten und durch die Qualität ihres Berufes gemocht und anerkannt werden, und sie verwenden viel Energie darauf, solche Anerkennung nicht zu gefährden. - 2. Das hat zur Folge, daß TheologInnen deutlich weniger Ärger ausdrücken als andere vergleichbare Untersuchungsgruppen und auch eine stärker ablehnende Haltung gegenüber Ärger und Aggression bei anderen zeigen. - 3. Daraus resultiert weiterhin, daß es entweder zu einer habituellen Wahrnehmungsverengung kommt, sie also Ärger gar nicht mehr wahrnehmen oder auf doch wahrgenommenen Ärger stark intropunitiv reagieren, d.h. mit Schuldgefühlen, Selbstvorwürfen und depressiven Verstimmungen."[175] So werden die Aggressionen entweder unterdrückt und binden unbemerkt weitere psychische Energie oder sie werden verschoben und zum Beispiel im familiären Bereich abreagiert - mit allen destruktiven Folgen.

Hans-Joachim Thilo warnt allerdings vor pauschalisierenden Urteilen als wäre der Pfarrberuf oder gar der christliche Glaube als solcher die Ursache für neurotische und depressive Entwicklungen. Er unterstreicht „daß die Depressivität des evangelischen Pfarrhauses weder ein Spezifikum dieses Berufes ist, noch ursächlich und auslösend mit dem christlichen Glauben zusammenhängt. Es ist vielmehr die Berufsstruktur, die depressive Anlagen verstärken kann, und die Tatsache, daß depressive Strukturen sich häufig unbewußt in Berufe hineinführen lassen, die die unbewußte masochistische Tendenz verstärken und die depressive Verstimmung auslösen können."[176] Ein Charakteristikum der gegenwärtigen pastoralen Berufsstruktur ist nun aber auch nach seiner Einschätzung die heillose Überfrachtung mit unerfüllbaren Idealisierungen. „Was eigentlich bewegt Kirchenleitungen und Gemeinde, den Pastor als Hirten mit den Anforde-

---

[175] Klessmann 1992, 105.
[176] Thilo in Riess (Hg.) 1979, 167.

rungen des Hirtenamtes im Johannes-Evangelium zu identifizieren, wenn es von Jesus ausdrücklich heißt: *Ich bin der gute Hirte?*", fragt er enttäuscht. [177]

Charakterdisposition
Ob bei den Pfarrern und Pfarrerinnen eine bestimmte charakterliche Grunddisposition im Sinne der psychoanalytischen Persönlichkeitstheorie vorherrschend ist, bleibt offen, wenn auch etliche Autoren davon ausgehen, daß sie eher zur depressiven Charakterstruktur neigen.[178] Daß allerdings sowohl die Berufswahl als auch die Berufsausübung der PfarrerInnen durch eine Vielzahl unbewußter Antriebe mitbestimmt wird, die nicht selten im Widerspruch zu ihren bewußten Motiven stehen, ist deutlich. Bereits 1965 hat die Analytikerin Margaretta Bowers aufgrund ihrer Erfahrungen bei der Analyse von 37 ordinierten und 28 nichtordinierten Patienten in kirchlichen Berufen oder Ausbildungen festgestellt, daß die Entscheidung für einen religiösen Beruf auch aus dem unbewußten Verlangen nach der Befriedigung unbewußter Bedürfnisse resultiert.[179] Eadie resümiert mit Blick auf seine Befragung: „Meines Erachtens läßt sich aus der Untersuchung und aus klinischen Beobachtungen der Schluß ziehen, daß eine 'Pfarrerpersönlichkeit' mit einem Syndrom von neurotischen Schuldgefühlen zum Pfarrdienst neigt und unter den Pfarrern der Kirche von Schottland verbreitet ist."[180]

Nach der psychoanalytischen Persönlichkeitstheorie, wie sie von Fritz Riemann besonders eindrücklich formuliert wurde, lassen sich die menschlichen Charaktere bekanntlich differenzieren in vier, nach ihrem energetischem Potential, Ich-Erleben und Weltbezug deutlich zu unterscheidende Ausprägungen:

- Die *schizoide Persönlichkeit* lebt den Impuls der Ichwerdung überwertig. Ihr Grundanliegen ist die Selbstbewahrung. Angstbesetzt sind bei ihr Nähe, Bindung und Hingabe. Die sie bewegende Grundfrage lautet: Wie kann ich mich unverletzbar machen? Die von ihr darauf gegebene Antwort: Indem ich möglichst wenig Gefühle zeige, zulasse und zuletzt habe. Ihre uneingestandene Ursehnsucht und zugleich ihr Erlösungspunkt wären Vertrauen und Liebe.

- Die *depressive Persönlichkeit* lebt den Impuls der Selbsthingabe überwertig. Sie neigt zur Überidentifikation und zu einer selbstlosen, altruistischen, überangepassten Haltung. Angstbesetzt sind bei ihr Verlassenwerden, Trennung, Ich-Werdung. Die sie bewegende Grundfrage lautet: Wie kann ich Trennung

---

[177] Vgl. ebd., 158f. Auch Günther Kehnscherper (1986, 536) spricht sich mit Nachdruck dafür aus, daß man sich im Raum der Kirche endlich von der Illusion verabschieden sollte, „aus dem Leben Jesu ein Leitbild des Seelsorgers ableiten zu wollen. Jesus hatte kein Pfarramt, und seine Mitarbeiter verließen ihren Beruf".
[178] Vgl. z.B. Huth 1994, 22.
[179] Bowers 1965.
[180] Eadie 1974, 410.

verhindern? Die von ihr gegebene Antwort: Indem ich möglichst lange abhängig bleibe oder mich abhängig mache. Ihre Gefährdung liegt darin, die Welt und die Menschen zu idealisieren und zu entschuldigen, um das Böse nicht als Trennendes zu erfahren. Ihre Ursehnsucht ist Erlösung, ihr Erlösungsweg wäre jedoch Ichstärkung.

- die *zwanghafte Persönlichkeit* lebt den Impuls nach Dauer überwertig. Sie strebt nach Sicherung und Stabilität. Angst hat sie vor Spontaneität, Vergänglichkeit und Zweifel. Charakteristisch ist eine intolerante, eigensinnige, starre, hierarchische Haltung. Ihre Grundfrage lautet: Wie kann man das vergehende Leben bezwingen? Antwort: Indem man am Gewohnten, Gelernten, Geglaubten festhält und das Neue aufhält oder dem Alten anpasst, weil es in einem sprachlosen Chaos Grundsätze geben muß. Gefühle sind ihr verdächtig, weil irrational, subjektiv, nicht verläßlich. Sie zeigt eine Tendenz zu Orthodoxie, Dogma, Formeln und Zeremonien. Ihre tiefe Sehnsucht ist Unsterblichkeit, ihr Erlösungsweg aber wäre Einübung ins Loslassen.

- die *hysterische Persönlichkeit* lebt den Impuls nach Veränderung überwertig. Sie neigt zu ständiger Erwartung von Neuem, anderen Möglichkeiten, einer besseren Zukunft. Ihre Urangst ist das Endgültige, das Festgelegtwerden, die Notwendigkeit. Typisch ist eine narzißtisch-egozentrische, suggestible, unverbindliche Haltung. Ihre Grundfrage ist: Wie kann man leben, ohne die Zukunft zu verspielen? Antwort: Indem ich mich ausnehme von der Kausalität und die Realitäten relativiere. Ihre Gefühle äußern sich oft theatralisch, pathetisch, übertrieben. Sie hat eine tiefsitzende Sehnsucht nach einem verläßlichen Gegenüber. Ihr Erlösungsweg läge im Einüben der Beständigkeit.[181]

Beispiele für jede der vier Charakterdispositionen gibt es genug - unter „normalen" Kirchenmitgliedern, unter PfarrerInnen und unter InhaberInnen kirchenleitender Funktionen. Archetypen für den schizoiden Charaktertyp wären in der Kirchengeschichte beispielsweise die Eremiten und Säulenheiligen; für den depressiven die Märtyrer und Heiligen, die sich bis zur Selbstaufgabe geopfert haben; für den zwanghaften die Orthodoxen und Inquisitoren und für den hysterischen die Schwärmer und Sektierer.

Riemann hat seine grundsätzlichen Überlegungen nicht nur allgemein auf eine Typologie „helfender Partnerschaft", insbesondere die therapeutische Form dieser Partnerschaft, übertragen[182], sondern sich in einem interessanten Aufsatz auch mit der „Persönlichkeit des Predigers aus tiefenpsychologischer Sicht" befasst.[183] Seine Charakterisierungen lassen sich von der „Persönlichkeit des Pre-

---

[181] Vgl. Riemann 1977. Vgl. auch z.B. Scharfenberg 1985, § 7, Punkt 3. „Grundstrukturen" und die schematische Darstellung ebd. 220..
[182] Vgl. Riemann 1976.
[183] Vgl. Riemann, in Riess (Hg.) 1974 (a).

digers" durchaus auf die Persönlichkeit des Pfarrers und der Pfarrerin insgesamt erweitern. Dann ergibt sich folgendes Bild:

- Die *schizoiden PfarrerInnen* haben wenig Einfühlung in andere. Weil sie die Wirkung ihrer Worte nicht gut abschätzen können, werden sie die Menschen, mit denen sie zu tun haben, möglicherweise tief irritieren. Sie fördern jedoch Kritik und Eigenständigkeit des Denkens sowie furchtlose Erkenntnis ohne Rücksicht auf Traditionen. Die neurotischen Vertreter dieses Typus können Schädigungen bei den Menschen ihrer Umgebung vor allem durch eine Überforderung mit ihren subjektiven Vorstellungen hervorrufen. Das tiefenpsychologische Motiv für die Berufswahl liegt darin, zu einer elitären Gemeinschaft zu gehören. Manchmal erwachsen aus ihren Reihen sektiererische Heilsbringer, Weltverbesserer oder gar Religionsstifter.

- Die *depressiven PfarrerInnen* sind oft die geborenen SeelsorgerInnen. Sie identifizieren sich mit dem anderen, sind im zwischenmenschlichen Bereich hochsensibel und suchen Beziehung. In der neurotischen Ausprägung können sie auf Dienst und Demut fixiert sein. Sie lassen Zweifel nicht zu und reagieren mit Angst auf Infragestellung. Tiefenpsychologisch hat die Berufswahl mit dem Wunsch nach Aufgehobensein im Schoß der „Mutter Kirche" zu tun.

- Die *zwanghaften PfarrerInnen* legen besonderen Wert auf Ordnung, Selbstbeherrschung und Gehorsam. Zentral ist bei ihnen die Machtfrage. Die Gesetzesfrömmigkeit dominiert. In der neurotischen Ausprägung neigen sie dazu, die Gläubigen wie unmündige Kinder zu behandeln und mit ihrer Über-Ich-Struktur die Menschen unter Druck zu setzen. Die Berufswahl wird durch den Wunsch nach Macht und Einfluß mitbestimmt.

- Die *hysterischen PfarrerInnen* sind eher wenig verläßlich und in ihrem Auftreten und in ihrer Ausstrahlung schillernd. Das Grundproblem der hysterischen Persönlichkeit ist das schwach ausgeprägte Selbstwertgefühl, das oft mit übertriebenem Selbstbewußtsein kompensiert wird. Die persönliche Wirkung ist den Betreffenden oft wichtiger als der Inhalt. Die Motive zur Berufswahl liegen auch im Geltungsbedürfnis.[184]

Beruf und persönliche Identität
Daß der Pfarrberuf wie kaum ein anderer Beruf an die Person dessen gebunden ist, der ihn ausübt, wurde bereits angesprochen. Daß sich mit dieser Tatsache nicht nur ein großes Potential an Gestaltungsmöglichkeiten und Chancen zur Selbstverwirklichung verknüpft, sondern auch eine ganz spezifische Gefährdung, ist nachvollziehbar. Steck macht deutlich: „Der Pfarrer kann seinen Beruf im vollen Sinn nur ausüben, wenn er bereit ist, sich selbst mit ins Spiel zu bringen. In dieser gewiß allgemein anerkannten Prämisse pastoraler Berufsführung

---

[184] Vgl. auch die Übertragung der Riemannschen Typologie auf das „Zeitverhalten" der PfarrerInnen durch Josuttis, in: Josuttis 1982, 139ff.

liegt zugleich eines ihrer größten Risiken. Denn weil für ihn Leben und Beruf so unbedingt miteinander verwoben sind, kann der Pfarrer umgekehrt sein Leben nur als sinnvoll erfahren, solange ihm sein Beruf Sinn verleiht."[185] Berufliche Schwierigkeiten und Mißerfolge können gerade im Pfarrberuf besonders schnell zu Auslösern von Identitäts- und Lebenskrisen werden. Andererseits wirken sich persönliche Probleme oft massiv beeinträchtigend auf die berufliche „Form" und Kompetenz der PfarrerInnen aus, was wiederum verstärkend auf die psychische Problematik zurückwirkt. In den Mühlen derartiger Teufelskreise haben sich schon manche PfarrerInnen derart aufgerieben, daß sie zeitweise ohne therapeutische Begleitung nicht mehr zurecht gekommen sind.

Totalidentifikation mit der Berufsrolle
Ein weiteres Phänomen ist die gerade bei kirchlichen Mitarbeitern so häufig anzutreffende Totalidentifikation mit dem Amt, dem Beruf, der Rolle, die dann zur permanenten Überforderung führt.[186] Die meisten Pfarrer und Pfarrerinnen weisen die Aussage „Ein Pfarrer, einen Pfarrerin ist immer im Dienst" zwar verbal als unerträgliche Zumutung weit von sich[187], aber sie verhalten sich oft so, als ob sie diese Zumutung eben doch in ihrem Leben verwirklichen müßten. Eadies Untersuchung in Schottland ergab: „Nur fünf der Befragten (5,8%) halten sich streng an ihre Pläne zur Entspannung, Erholung und Geselligkeit; die übrigen sind der Meinung, daß der Pfarrer 24 Stunden am Tag im Dienst ist (85 Personen wurden interviewt - also mehr als 94%!, A.H.). Wenn eine berufliche Verpflichtung entsteht, wird das Privatleben geopfert. Wenig über ein Drittel dieser Befragten (35,5%) nehmen sich regelmäßig jede Woche freie Zeit. Daher stehlen sie sich abgesehen von dem Jahresurlaub nur hier und da ein paar freie Stunden zur Entspannung und Erholung sowie für das Familienleben."[188] Oft sind sie auch nicht in der Lage, den „pastoralen Habitus" in ihren privaten Vollzügen abzulegen. „Es gibt so etwas wie Arbeitssucht", attestiert Lindner. „Sie äußert sich darin, daß ich Zeit, die ich nicht habe, auch nicht haben will: sie ist mir zu gefährlich. Deswegen flüchte ich in Arbeitsfelder und Arbeitsstrukturen, die Befriedigung suggerieren. Sie machen süchtig, weil sie in sich den Keim zu immer mehr enthalten, ohne wirklich satt zu machen."[189]

---

[185] Steck 1974, 17. Dies betont auch Marhold (in: Marhold et al. 1977, 10): „Es dürfte wenige Berufe in unserer Gesellschaft geben, die so stark wie der des Theologen von der eigenen Identifizierung mit dem Beruf leben und auf sie angewiesen sind."
[186] Vgl. Funke, in Diakonia 1990, 240.
[187] Vgl. die Aussagen zu Frage 17 in den Interviews der Kategorie „Eigenwahrnehmung" hier in dieser Arbeit.
[188] Eadie 1974, 408.
[189] Lindner 1990 (Teil 1), S. 98.

3. 2. 12. Belastungspotential Spirituelle Dürre und Glaubenszweifel

Sein persönlicher Glaube ist, bildlich gesprochen, das Fundament, auf dem das berufliche Haus des Pfarrers ruht. Glaubenskrisen, Zweifel und spirituelle Dürreperioden erschüttern darum nicht nur das persönliche Selbst- und Weltvertrauen der PfarrerInnen sondern auch das berufliche, sprich ihre berufliche Existenz. Wankt die Glaubenseinstellung oder geht sie gar streckenweise verloren, kann sich dies bei PfarrerInnen zu einer in jeder Hinsicht existenzbedrohenden Situation entwickeln. Wie soll ein Pfarrer eine Osterpredigt verfassen, wenn er an die Auferstehung der Toten nicht mehr glauben kann? Wie soll er von der Liebe Gottes sprechen, wenn er sie nicht mehr spürt? Wie sollen PfarrerInnen für eine Wahrheit gerade stehen, die sie selber nicht mehr trägt? Weil die PfarrerInnen permanent professionell mit zentralen Glaubensinhalten und mit den religiösen Empfindungen der Kirchenmitglieder umzugehen haben, ist die Gefahr besonders groß, daß es bei ihnen zu routinehaften Einstellungen und Abläufen kommt, daß sie sich innerlich immer mehr dem „entfremden" was sie beruflich zu tun und zu sagen haben. So gesellt sich dann unter Umständen zu dem „falschen Selbst" auch noch ein „falsches berufliches Selbst" hinzu. Das ist eine Spannung, die derart viel seelische Energie kostet, daß sie ohne Schaden nicht lange aufrecht erhalten werden kann.

Winkler spricht von von einer „schleichenden Aushöhlung des Symbolerlebens", die die PfarrerInnen immer mehr an der Relevanz und Stimmigkeit dessen zweifeln läßt, was sie beruflich verkünden und tun. „Als Problemanzeige", diagnostiziert er, „heißt das: Ich kann mir kaum noch leisten, von existentiellen Fragestellungen wirklich und wirksam betroffen zu sein. Sonst würde ich sehr schnell in meinem Beruf handlungs- und arbeitsunfähig." Die Folge freilich ist weiterer Energieverlust: „Das unter den Alltagsforderungen ausbleibende Nachdenken über diesen Zustand strengt als latent wirksames Unbehagen mehr an als vermutet."[190]

Ausgehend von der schlüssigen Formel, daß die Berufszufriedenheit umso mehr wächst je höher das Maß der Identifikation mit dem Berufsziel ist, läßt sich im Umkehrschluß feststellen: „Je stärker die eigene Glaubensüberzeugung als zweifelhaft empfunden wird, desto größer ist die Berufsunzufriedenheit."[191]

3. 2. 13. Belastungspotential mangelnde Wertschätzung und Unterstützung

Über die Bedeutung von positivem Feedback und wertschätzender Unterstützung wurde oben schon vieles gesagt. Daß solchen Reaktionen in einem Beruf, in dem es so wenig sichtbare Arbeitserfolge gibt, eine ganz besondere Bedeutung zukommt, ist nachvollziehbar. Allein, es mangelt wohl in nur wenigen Be-

---

[190] Winkler 1999, 374 f.
[191] Vgl. Marhold 1976, 54 ff.

rufen daran so offensichtlich wie im Pfarrberuf. Mit zur bittersten Rückmeldung, die PfarrerInnen hinnehmen müssen, gehört sicher die immer mehr schwindende Zahl von Teilnehmern an den Veranstaltungen, zu deren Vorbereitung von ihnen so viel Mühe aufgewendet wird. Wer jedoch meint, daß angesichts dieser verunsichernden Situation gerade von vorgesetzter Seite in besonderem Maße eine positive Würdigung des Arbeitseinsatzes der PfarrerInnen ausgeht, sieht sich getäuscht. Wie ein roter Faden durchzieht die Äußerungen der im Rahmen dieser Arbeit Interviewten die Klage über mangelnde Wertschätzung durch Vorgesetzte. Stellvertretend für viele andere sei hier nur die entsprechende Antwort von Peter Frör zitiert, dem man als KSA-Lehrsupervisor zugestehen darf, daß er weiß, wovon er spricht. Er antwortete auf die Frage „Welche konkreten kirchenpolitischen bzw. dienstrechtlichen Schritte würden Ihrer Meinung nach zu einer Entlastung der Pfarrerschaft beitragen?":

"Kirchenpolitische und dienstrechtliche Schritte sind ausgereizt, da sehe ich keine Möglichkeiten, Was ich entscheidend finde: In unserer Kirche, von seiten unserer Kirchenleitung fehlt eine Wertschätzung für das, was wir tun. Es ist immer so nach dem Motto: Ihr müßt dankbar sein, daß ihr das tun dürft und wir stellen die Hürden sehr hoch, daß ihr es überhaupt tun dürft und es gibt Demutsgesten noch und nöcher, die einer erfüllen muß, um hier zu arbeiten, das könnte sich keine Firma auf dieser Welt leisten, keine Firma. Hier wird sozusagen Motivation ausgenützt. Ich erwarte mir nichts von Anordnungen, daß man jetzt weniger arbeitet, oder daß man mehr Geld verdient, oder daß man das strukturell verbessert, wir haben einen so gut abgesicherten Beruf wie kaum eine andere Berufsgruppe, aber in der Wertschätzung, da fehlt es weit, weit."[192]

3. 2. 14. Belastungspotential Lösungsversuche

„Nicht viele menschliche Probleme bleiben aber auf längere Zeit unverändert; sie neigen vielmehr dazu, sich zu verschlimmern und zu eskalieren, wenn keine oder eine falsche Lösung versucht wird", schreibt Watzlawick und fährt fort: „oder ganz besonders dann, wenn *mehr* einer falschen Lösung angewendet wird."[193] Diese Erkenntnis läßt sich auch auf die hier behandelten Zusammenhänge übertragen. PfarrerInnen sind in der Zwickmühle. Sie können ihre belastende Arbeitssituation nicht einfach hinnehmen, denn von selbst werden die Dinge, nicht leichter, sondern schlimmer. Nun ist es aber in der Tat, wie in vielen systemischen Zusammenhängen auch in der beruflichen Situation der PfarrerInnen so, daß die von ihnen gewählten Problemlösungsversuche und -anstrengungen unter Umständen erst recht zu einer Problemverstärkung beitragen kön-

---

[192] Vgl. Rubrik „Außeneinschätzung", Interview mit P. Frör, Antwort auf Frage 9 im Materialband dieser Arbeit..
[193] Watzlawick et al. 1974 (b), 52.

nen. Viele Pfarrer versuchen ihrer beruflichen Belastung dadurch „Herr" zu werden, daß sie noch mehr arbeiten, sich noch intensiver vorbereiten, noch mehr Hausbesuche durchführen, Gemeindeaktivitäten anbieten etc. Ebenso meinen viele Kirchenleitungen, die Krise der Kirche sei dadurch zu beheben, daß die PfarrerInnen sich noch mehr anstrengen und ihre Kompetenzen weiter optimieren. Watzlawick aber hat eindrücklich gezeigt, daß in bestimmten Konstellationen Lösungsstrategien im Sinne von „mehr desselben" sich auswirken, als würde man Öl ins Feuer gießen.[194]

Bormann und Bormann-Heischkeil verweisen auf einen weiteren Teufelskreis: „Der Pfarrer muß ein den Grundzielen und der Theorie der Gruppe, den Erwartungen der Umwelt und den eigenen Überzeugungen gegenüber 'vertretbares Handeln' entwickeln. Hierbei läßt sich eine 'adaptive Strategie', lassen sich „Illegalitäten" nicht umgehen. Das ausgebildete Pflichtgefühl läßt diese Kompromisse nicht leicht vollziehen. Jeder Leistungs- und Erwartungsrückstand wird sofort das Pflichtgefühl wachrufen. Bei dem Berufsethos des Pfarrers braucht man gar nicht erst von außen an das Pflichtgefühl zu appellieren, vielmehr kann man erwarten, daß es als eine Art 'kategorischen Imperativs' fungiert und den korrigierenden Regelmechanismus zur rechten Zeit von selbst auslöst. ... Bei der Leistungsüberforderung muß der Pfarrer - auch gegen seine Überzeugung - nach Entlastungsmöglichkeiten suchen, um die Ausführung seiner Funktionen sicherzustellen. Da er von seiten der Kirche und ihrer Organisation keine Hilfe erhält, entwickelt er eigene Entlastungswege. Entlastung erfolgt zunächst einmal in dem Gefälle des geringsten Widerstandes durch Minderung der Qualität bei formaler Erfüllung der Funktionen. Bei der hohen Festlegung der pfarramtlichen Aufgaben ist das Arbeitsprogramm nur in der Weise zu erfüllen, daß man die Vorbereitungsarbeiten drastisch kürzt und zu einer gewissen Routine Zuflucht nimmt, d.h., einen 'Situationsstil' entwickelt. Die Routinisierung der Arbeiten stellt auch im psychologischen Sinne eine Entlastung dar. Der Situationsstil hat den Vorteil, daß der Pfarrer sich nicht so sehr zu engagieren braucht. Die Emotionen können weitgehend ausgeschaltet werden. ... Die Qualitätsminderung wird vor allem ersichtlich an der geringen (berufsbezogenen) wissenschaftlichen Arbeit, die im Pfarramt noch geleistet wird. Die ständige Unterlassung wissenschaftlicher Arbeit und der immer wiederholte Rückgriff auf Bekanntes führen nicht nur zu einer wissenschaftlichen Desorientiertheit und zu einer Verengung des Berufs- und Gesellschaftsbildes, sondern auch zu einem Verbrauch des geistig-geistlichen Reservoirs, das für die Berufsausübung so wichtig ist. ... Entlastung erfolgt ferner mit Hilfe einer Laissez-faire-laissez-aller-Haltung; die übermäßigen Leistungsanforderungen werden durch Ad-hoc-Handlungen, d.h. durch einen nur reaktiven Funktionsvollzug, beantwortet. Die-

---

194 „Es gibt viele Fälle, in denen ein Wandel erster Ordnung die erwünschte Veränderung deswegen nicht bewirken kann, weil dazu die Struktur des Systems selbst geändert werden muß, was nur durch eine Veränderung zweiter Ordnung möglich ist" (ebd., 59).

se reaktive bzw. passive Berufsausübung ist das Resultat des beruflichen 'Gesamteindrucks', daß ohnehin nicht alles getan werden kann. Durch diese 'vermittelnde Verhaltenstechnik' ist es möglich, zwischen Soll- und Ist-Situation zu lavieren und somit eine gewisse Kongruenz zwischen den tatsächlichen Anforderungen und der Leistung zu erreichen. Allerdings wird ständig eine Auswahl getroffen. Das einzig planende Moment ist diese Auswahl und die mit ihr verbundene gewollte oder ungewollte Aufstellung einer Rangskala der Funktionen, die von den wichtigen zu den weniger wichtigen verläuft. ... Bei diesen Entlastungsversuchen vollzieht man die Gewichtung der Funktionen keineswegs nach einem objektiven Maßstab, etwa nach der 'Zentralität' der Funktionen. Vielmehr folgt man häufig den Begabungen oder auch den Neigungen. ... Hier kann es dann zur Ausbildung eines ausgesprochenen 'Diensthobbys' kommen. Das bringt die Gefahr der Vereinseitigung des gesamten Leistungsvollzuges und der persönlichen Prägung des Pfarramtes mit sich."[195]

Lindner weist noch auf weitere Konsequenzen der Versuche zur Selbstentlastung hin: PfarrerInnen neigen dazu, ihre Überlastung „durch Reduktion ihrer Tätigkeiten auf befriedigende und bewältigbare Inseln zu erleichtern. Sie orientieren sich auf die ihnen gemäße Zielgruppe oder auf Menschen gleicher Wellenlänge, die sie persönlich an sich binden können. Für jeden von ihnen bleibt in einer pluralen Volkskirche eine Nische des persönlichen Erfolgs und daneben eine terra incognita nicht bearbeiteter oder nicht erschlossener Gebiete. Nichtbeachtung, Distanz, ja sogar Ablehnung zu Menschen anderen Hintergrunds kann immer wieder relativ leicht auch theologisch begründet werden. So kommt es dazu, daß mit dem gesammelten Potential einer breiten Volkskirche Mitarbeitende sich Inseln persönlicher Reichweite schaffen. Dennoch bleibt die Überlast."[196]

---

[195] Bormann&Bormann-Heischkeil 1971, 348; 348f. und 349.
[196] Lindner 2000, 94.

3. 3. Die Umfrage und die Interviews

Im bisherigen Verlauf dieses Kapitels habe ich das Problem der Belastung und Überforderung von PfarrerInnen unter verschiedenen Gesichtspunkten thematisiert, auch im Spiegel der Meinungen von Fachleuten, die sich ebenfalls mit diesen Fragen auseinandersetzen. Es war dies mehr als nur ein Theoretisieren „über" einen Sachverhalt. Ich spreche durchaus auch aus eigener Erfahrung, denn ich selbst bin Pfarrer[197] und weiß darum, wovon ich rede, - wie übrigens auch die meisten der von mir zitierten Personen ordinierte PfarrerInnen sind und über Erfahrungen aus eigener Berufspraxis verfügen. Aber das erscheint mir nicht ausreichend. Ich möchte die Thematik auf dem Boden einer möglichst aussagekräftigen empirischen Grundlage erörtern.

Nun gibt es zwar bereits einige schriftliche und mündliche Befragungen der Pfarrerschaft, aber die bisher durchgeführten Untersuchungen fokussieren nicht auf den Themenkreis Belastung-Überforderung-Burnout.[198] Darum habe ich in einer eigenen Befragung die Einschätzungen und Erfahrungsberichte verschiedener Kollegen und Kolleginnen speziell zu diesem Problemkreis eingeholt. Um zwei unterschiedliche Perspektiven zu erhalten, habe ich mich entschlossen, sowohl KollegInnen zu befragen, die im aktiven Pfarrdienst vor Ort in einer Gemeinde oder in der Klinikseelsorge arbeiten, als auch PfarrerInnen, die in übergeordneten Funktionen in der Kirchenleitung, in Supervision und Beratung und in der Ausbildung tätig sind. Die Gliederung der Interviews in eine Sparte „Eigenwahrnehmung" und eine Sparte „Außeneinschätzung" ist insofern nicht ganz exakt, als die Befragten der Sparte „Außeneinschätzung" bis auf Dr. Huth alle auch PfarrerInnen sind und somit - zumindest implizit - auch eigene Erfahrungen in ihre Aussagen einfließen lassen. Die Befragungen wurden auf zwei Ebenen durchgeführt: Durch eine anonyme schriftliche Befragung von 188 Personen mit einem standardisierten Fragebogens sowie durch jeweils eine Serie mit einmal 18 und einmal 22 Interviews auf der Grundlage von zwei jeweils festgelegten Fragenkatalogen. Im Folgenden werde ich zunächst die einzelnen

---

[197] Mit 18-jähriger Erfahrung im Gemeindedienst (Großstadtgemeinde, „klassische" Diasporagemeinde, traditionelle Landgemeinde und Kleinstadtgemeinde) und achtjähriger Erfahrung im hauptamtlichen Dienst in der Klinikseelsorge.

[198] Als schriftliche Umfrage der jüngsten Zeit sei die bereits erwähnte „Zufriedenheitsbefragung" der EKHN genannt („Pfarrberuf im Wandel" 2001); exemplarisch für eine gewisse Anzahl mündlicher Befragungen verweise ich auf die Studie von Enzner-Probst (1995) und die (material- und kenntnisreiche) Arbeit von Busch (1994 und 1996), der im Herbst 1991 55 Interviews mit PfarrerInnen an verschiedenen Einsatzorten geführt hat. Buschs Grundthese, daß über die Berufsrolle der Pfarrer bis zu seiner Studie ohne direkte Einbeziehung der Pfarrer diskutiert wurde (vgl. 1994, S. 9) ist freilich zu hinterfragen, sind doch die meisten Personen aus Kirchenleitung und Ausbildung, die bisher über diese Rolle diskutierten selbst Pfarrer und Pfarrerinnen). Gleichwohl weist er damit auf ein Manko hin, zu dessen Behebung auch meine Arbeit einen Beitrag leisten soll.

Schritte meines Vorgehens darstellen und begründen und dann ausgewählte Ergebnisse aus der empirischen Materialerhebung vorstellen.

3. 3. 1. Schriftliche Befragung (Umfrage)

3. 3. 1. 1. Darstellung und Begründung der Vorgehensweise

Meßinstrument
Grundlage für die anonyme schriftliche Befragung war der von Christina Maslach und Susan Jackson konzipierte „Maslach Burnout Inventory" (MBI).[199] Für die Autorinnen läßt sich Burnout unter den drei Aspekten „emotionale Erschöpfung", (reduzierte) „persönliche Leistungsfähigkeit" und „Depersonalisierung" wahrnehmen. Mit entsprechend drei Skalen mißt das Instrument über 22 Items diese drei Aspekte.[200] Der MBI wurde in Amerika und in Europa bei Tausenden von Befragungen von Angehörigen unterschiedlichster Berufsgruppen eingesetzt (Klinikpersonal, Lehrer, Polizisten, Anwälte, Wirtschaftsfachleute etc.). Die Verwendung eines bereits vorhandenen, derart ausgereiften und erprobten Erhebungsinstrumentes erschien mir für meine Befragung gerechtfertigt, nicht zuletzt auch darum, weil es mir mit den mir zur Verfügung stehenden Mitteln nicht möglich ist, einen Fragebogen zu konstruieren, der in Validität und Reliabilität auch nur annähernd an die Qualität des MBI herankäme.

Erhebungseinheit
Als Zielgruppe der Untersuchung habe ich die Pfarrerschaft der Evangelisch-Lutherischen Kirche in Bayern gewählt. Dies lag für mich nicht nur nahe, weil ich selbst bayerischer Pfarrer bin und von daher über einen guten Zugang zum Kreis der KollegInnen und Vorgesetzten verfüge, sondern auch, weil es sich hier um eine in ihrer Größe und geographischen Verbreitung klar umrissene und überschaubare Gruppe handelt.[201] Als Erhebungseinheit wurde jedoch aus

---

[199] Zum Wortlaut des MBI, dem Auswertungsschlüssel und dem von mir versandten Fragebogen vgl. unten Punkte 3.3.1.2.; 3.3.1.3. und 3.3.1.4.

[200] In seiner ersten Fassung umfaßte der MBI 25 Items, wobei die Items 23-25 eine Subskala „Involviertheit" bildeten. Dies führte jedoch zu verschiedenen Komplikationen (vgl. Punkt 1.2.2. dieser Arbeit). Ich habe hier den MBI in seiner kürzeren Fassung verwendet (22 Items, Verzicht auf die „Intensitätsskala"), das heißt, ich schließe mich der Auffassung von Enzmann und Kleiber an, daß die Subskala „Involviertheit" (Items 23-25) und die Intensitätsskala nicht berücksichtigt werden sollte. Vgl. Enzmann Dirk/Kleiber Dieter 1989, 139ff. In ihrer jüngsten Ausgabe des MBI verzichten Maslach und Jackson selbst auf die Intensitätsskala. Vgl. auch Maslachs Ausführungen über die Entwicklung des MBI in: Schaufeli et al. (Eds.) 1993, 24-26.

[201] Eine interessante Analyse der geographischen Verteilung und des Migrationsverhaltens der bayerischen Pfarrerschaft hat 1992 aus berufsfremder Perspektive (Fachbereich Geographie) Elisabeth Drinkmann veröffentlicht (vgl. Dies. Mobilität und Raumbewußtsein, München 1992)

Gründen der Durchführbarkeit nicht die gesamte Pfarrerschaft Bayerns gewählt, sondern nur die Pfarrerinnen und Pfarrer, die auf einer ganzen Stelle im *Gemeindedienst* arbeiten sowie alle Pfarrer und Pfarrerinnen, die in Bayern hauptamtlich bzw. mit einem Sonderauftrag in der *Klinikseelsorge* tätig sind.

Stichprobe
Bei der Auswahl der Stichprobe habe ich mich - wiederum aus Gründen der Durchführbarkeit - auf die Kolleginnen und Kollegen beschränkt, die in den beiden größten bayerischen Städten, *München* und *Nürnberg,* im Gemeindedienst arbeiten sowie auf die Kolleginnen und Kollegen, die in einem der kleinsten Dekanate Bayerns, *Windsbach,* und in einem der flächenmäßig größten Dekanate in Bayern, *Weilheim,* tätig sind. Maßgeblich für die Auswahl war jedoch nicht nur die Größe. Nürnberg ist immer noch eine „evangelische Hochburg" innerhalb Bayerns, in München stellen die Evangelischen dagegen den kleineren Teil der Bevölkerung inmitten einer katholischen Mehrheit. Das Dekanat Windsbach ist nach wie vor „evangelisches Kernland", im Dekanat Weilheim wiederum ist die Diasporasituation besonders ausgeprägt. Durch diese Auswahl ist eine gewisse repräsentative Streuung gegeben. Im Bereich der Klinikseelsorge hingegen wurden dagegen alle in Bayern tätigen Pfarrerinnen und Pfarrer erfasst (soweit mir die Adressen zugänglich waren).

„N" und Rücklaufquote
Insgesamt wurden 282 Fragebögen versandt. Der Rücklauf betrug 194 Bögen, das sind 68,7 Prozent! Auswertbar waren davon 188 Bögen (= 66,6 %). Diese für eine anonyme schriftliche Befragung außerordentlich hohe Rücklaufquote ist durchaus als Indiz für die Relevanz der Thematik bei der Pfarrerschaft in Bayern zu werten. Nach den Angaben des Faltblattes „Zahlen - Fakten - Daten" waren zum Stichdatum Juli 2001 2763 Pfarrerinnen und Pfarrer im Bereich der ELKiB tätig.[202] Die Zahl der im Rahmen dieser Studie angeschriebenen Pfarrerinnen und Pfarrer beträgt also rund 10 %, die Zahl der ausgewerteten Fragebögen beträgt knapp 7 % der Pfarrerschaft Bayerns.

Procedere
In persönlichem Kontakt mit dem zuständigen Dekan, Stadtdekan und Kreisdekan wurde zunächst das Ziel der Untersuchung erläutert sowie die Erlaubnis zur Durchführung und die Zusage von Unterstützung eingeholt. Unter Mitwirkung der Dekanatssekretariate habe ich dann die entsprechenden Adressen ermittelt. Bei den KlinikpfarrerInnen war der Ansprechpartner der Vorsitzende der Arbeitsgemeinschaft Klinikseelsorge in Bayern, Pfarrer Wolfgang Gruber, bzw. dessen Büro. Ende Januar 2001 erhielten die ausgewählten Pfarrerinnen und Pfarrer ein Schreiben mit der Erklärung und Begründung des Projekts, einer Empfehlung von Herrn Professor Richard Riess, dem Inhaber des praktisch-theologischen Lehrstuhls an der Augustana-Hochschule in Neuendettelsau, dem

---

[202] „Zahlen - Fakten - Daten", hg. vom Referat für Presse- und Öffentlichkeitsarbeit des Landeskirchenamtes in München, Stand Juli 2001.

Fragebogen, der Zusicherung von Anonymität und der Bitte, den ausgefüllten Fragebogen in einem mitversandten, frankierten Rückkuvert, ohne Absender bis spätestens 28. Februar an mich zurückzusenden. Die letzten Rückmeldungen kamen Mitte März und wurden noch berücksichtigt.

Über eine kleine Kennzeichnung im Fragebogen (Weglassen eines Kommas an jeweils einer bestimmten Stelle) konnte ich erkennen, ob es sich um eine Rücksendung aus Nürnberg, München, Weilheim, Windsbach oder von den KlinikpfarrerInnen handelt. Über diese Kennzeichnung waren die Angeschriebenen nicht informiert. Ich verantworte dies und betrachte es nicht als einen Vertrauensbruch, da die Anonymität sonst strikt gewahrt ist, zumal ich diese Angabe - wenngleich mit größerer Mühe - auch durch den Poststempel hätte ermitteln können. Ich habe einfach befürchtet, daß mit dieser Einschränkung nicht so viele Personen zur Befragung bereit gewesen wären. Lange habe ich mir überlegt, ob ich im Fragebogen noch zwei weitere verborgene Kennzeichnungen unterbringen soll, um bei der Rücksendung zu sehen, ob sie von einer Kollegin bzw. einem Kollegen stammt und welcher Altersgruppe die Antwortenden angehören. Gleich mehrere solcher „geheimen" Angaben zu ermitteln, wäre mir dann aber doch in der Tat als ein Vertrauensbruch erschienen und so habe ich schließlich - so reizvoll es gewesen wäre - darauf verzichtet. Im Hinblick auf die Bereitschaft zur Rücksendung, wollte ich aber auch diese Daten nicht offen abfragen. In der relativ kleinen Gruppe von 282 Angeschriebenen, (die sich zum großen Teil untereinander kennen) hätte jede konkrete Angabe eine Gefährdung der Anonymität bedeutet und hinsichtlich einer späteren Veröffentlichung des Ergebnisses die Schwelle für eine Beteiligung erhöht. Die hohe Rücklaufquote der Befragung zeigt, daß meine Entscheidung richtig war. Eine Differenzierung nach Geschlecht und Alter sowie eine genauere regionale und funktionsbezogene Differenzierung bleibt einer, eventuell durchzuführenden, umfassenderen Folgestudie vorbehalten.

Darstellung
Die Darstellung erfolgt über Spalten und Skalen und ist selbstevident.

O DIE ERHEBUNG WURDE IM ZEITRAUM VON FEBRUAR BIS MITTE MÄRZ 2001 DURCHGEFÜHRT.

O DIE ZURÜCKGESANDTEN FRAGEBÖGEN BEFINDEN SICH IN MEINEM BESITZ, KÖNNEN BEI MIR EINGESEHEN WERDEN UND DIENEN ALS BELEG.

O EINE AUFLISTUNG DER SKALENWERTE DER EINZELNEN FRAGEBÖGEN IST IM MATERIALBAND DIESER ARBEIT ABGEDRUCKT.

O DAS ANSCHREIBEN UND DIE EMPFEHLUNG VON PROFESSOR RIESS SIND IM MATERIALBAND DIESER ARBEIT ABGEDRUCKT.

3. 3. 1. 2. The Maslach Burnout-Inventory (MBI)[203]

1. I feel emotionally drained from my work
1. *Ich fühle mich von meiner Arbeit emotional erschöpft*
2. I feel used up at the end of the workday
2. *Ich fühle mich am Ende des Arbeitstages erledigt*
3. I feel fatigued when I get up in the morning and have to farce another day on the job
3. *Ich fühle mich bereits ermüdet, wenn ich morgens aufstehe und einen neuen Arbeitstag vor mir habe*
4. I can easily understand how my recipients feel about things
4. *Ich kann gut verstehen, wie meine Klienten die Dinge empfinden*
5. I feel I treat some recipients as if they were impersonal objects
5. *Ich fühle, manche Klienten zu behandeln als wären sie unpersönliche Objekte*
6. Working with people all day is really a strain for me
6. *Den ganzen Tag mit Menschen zu arbeiten ist wirklich eine Strapaze für mich*
7. I deal very effectively with the problems of my recipients
7. *Ich habe den Umgang mit den Problemen meiner Klienten gut im Griff*
8. I feel burned out from my work
8. *Ich fühle mich durch meine Arbeit ausgebrannt*
9. I feel I'm positively influencing other people's lives through my work
9. *Ich habe das Gefühl, durch meine Arbeit das Leben anderer Menschen positiv zu beeinflussen*
10. I've become more callous towards people since I took this job
10. *Ich bin Menschen gegenüber gleichgültiger geworden seit ich diesen Beruf ausübe*
11. I worry that this job is hardening me emotionally
11. *Ich befürchte, daß dieser Beruf mich emotional verhärtet*
12. I feel very energetic
12. *Ich fühle mich voller Tatkraft*
13. I feel frustrated by my job
13. *Ich fühle mich durch meine Arbeit frustriert*
14. I feel I'm working too hard on my job
14. *Ich habe das Gefühl, daß ich mich bei meiner Arbeit zu sehr anstrenge*
15. I don't really care what happens to some recipients
15. *Es interessiert mich nicht wirklich, was mit manchen Klienten geschieht*
16. Working with people directly puts too much stress on me
16. *Bei der Arbeit mit Menschen in direktem Kontakt zu stehen, belastet mich zu sehr*
17. I can easily create a relaxed atmosphere with my recipients
17. *Es fällt mir leicht, eine entspannte Atmosphäre mit meinen Klienten herzustellen*
18. I feel exhilarated after working closely with my recipients.
18. *Ich fühle mich angeregt, wenn ich eng mit meinen Klienten zusammengearbeitet habe*
19. I have accomplished many worthwile things in this job.
19. *Ich habe viele wertvolle Dinge in meiner Arbeit erreicht*
20. I feel like I'm at the end of my rope
20. *Ich habe das Gefühl, am Ende meiner Weisheit zu sein*
21. In my work, I deal with emotional problems very calmly
21. *Bei meiner Arbeit gehe ich mit emotionalen Problemen sehr gelassen um*
22. I feel recipients blame me for some of their problems
22. *Ich empfinde, daß mir meine Klienten für manche ihrer Probleme die Schuld geben*

---

[203] Maslach Christina & Jackson Susan E., The Maslach Burnout Inventory. Research Edition, Palo Alto 1981, Appendix, S. 30ff. Die Übersetzung stammt von mir.

3. 3. 1. 3. MBI Scoring Key (Auswertungsschlüssel)[204]

Emotional Exhaustion Subscale (EE): Die Ergebnisse der Fragen 1, 2, 3, 6, 13, 14, 16, 20 ergeben zusammengezählt den Grad an „Emotional Exhaustion".
➔ **Burnout ist hoch bei einem Ergebnis von 27 und mehr, moderat bei einem Ergebnis von 17-26 und niedrig bei einem Ergebnis von 0-16.**
Der „EE-Wert" errechnet sich, wenn man den „EE-Grad" (also die Summe dieser Fragen) durch die Anzahl der Fragen (= 9) teilt. ➔ **Burnout ist hoch bei einem EE-Wert über 3,0, moderat bei einem EE-Wert zwischen 1,88 und 2,88 und gering bei einem EE-Wert zwischen 1,0 und 1,77.**

Depersonalization Subscale (DP): Die Ergebnisse der Fragen 5, 10, 11, 15, 22 ergeben zusammengezählt den Grad an „Depersonalization". ➔ **Burnout ist hoch bei einem Ergebnis von 13 oder mehr, gemäßigt bei einem Ergebnis von 7-12 und niedrig bei einem Ergebnis von 0-6.**
Der „DP-Wert" errechnet sich, wenn man den „DP-Grad" (also die Summe dieser Fragen) durch die Anzahl der Fragen (= 5) teilt. ➔ **Burnout ist hoch bei einem DP-Wert über 2,6, moderat bei einem DP-Wert zwischen 1,4 und 2,4 und gering bei einem DP-Wert zwischen 0 und 1,2.**

Personal Accomplishment Subscale (PA): Die Ergebnisse der Fragen 4, 7, 9, 12, 17, 18, 19, 21 ergeben zusammengezählt den Grad an „Personal Accomplishment". ➔ **Burnout ist hoch bei einem Ergebnis von 0-31, gemäßigt bei einem Ergebnis von 32-38 und gering bei einem Ergebnis von 39 und mehr.**
Der „PA-Wert" errechnet sich, indem man den „PA-Grad" (also die Summe dieser Fragen) durch die Anzahl der Fragen (= 8) teilt. ➔ **Burnout ist hoch bei einem PA-Wert zwischen 0 und 3,87, moderat bei einem PA-Wert zwischen 4 und 4,75 und gering bei einem PA-Wert über 4,87.**

I. Fragen, die die „Emotionale Erschöpfung" abfragen:
Frage 1: durch Arbeit ausgelaugt / Frage 2: am Ende des Arbeitstages erledigt / Frage 3: morgens vor dem Arbeitstag müde / Frage 6: Strapaze, mit Leuten zu arbeiten / Frage 8: durch die Arbeit ausgebrannt / Frage 13: die Arbeit frustriert / Frage 14: sich zu sehr anstrengen / Frage 16: direkte Auseinandersetzung belastet / Frage 20: mit dem Latein am Ende sein

III. Fragen, die die „Depersonalisierung" abfragen:
Frage 5: Klienten als Objekte behandeln / Frage 10: gleichgültiger gegenüber den Leuten / Frage 11: Befürchtung, emotional zu verhärten / Frage 15: kein Interesse an manchen Klienten / Frage 22: Klienten machen für Probleme verantwortlich

---

204 Maslach Christina / Jackson Susan E., Maslach Burnout Inventory, Manual Second Edition, Palo Alto 1986, Appendix 3455/1 + 3455/2

II. Fragen, die die „Persönliche Leistungsfähigkeit" abfragen

Frage 4: kann mich gut in Klienten hineinversetzen / Frage 7: Klientenprobleme sehr gut im Griff / Frage 9: andere durch Arbeit positiv beeinflussen / Frage 12: voller Tatkraft sein / Frage 17: leicht entspannte Atmosphäre herstellen können / Frage 18: bin angeregt, wenn intensiv gearbeitet / Frage 19: habe wertvolle Dinge in der Arbeit erreicht / Frage 21: kann mit emotionalen Problemen ruhig umgehen

- EIN HOHER BURNOUT-GRAD WIRD DOKUMENTIERT, WENN DIE WERTE IN DEN SKALEN EE UND DP HOCH UND IN DER SKALA PA NIEDRIG SIND.
- EIN MITTLERER BURNOUT-GRAD WIRD DOKUMENTIERT, WENN DIE WERTE IN DEN DREI SUBSKALEN IM MITTLEREN BEREICH LIEGEN.
- EIN GERINGER BURNOUT-GRAD WIRD DOKUMENTIERT, WENN DIE WERTE IN DER EE-SKALA UND IN DER DP-SKALA GERING SIND UND IN DER PA-SKALA HOCH.

3. 3. 1. 4. Fragebogen für die schriftliche Befragung

Die Skala mißt die Häufigkeit:
1 = einige Male im Jahr und seltener; 2 = einmal im Monat; 3 = einige Male im Monat; 4 = einmal pro Woche; 5 = einige Male pro Woche; 6 = täglich.

<u>Bitte durchkreuzen Sie bei jedem Punkt die für Sie zutreffende Ziffer.</u> *(Unter „Klienten" sind die Personen zu verstehen, für die Sie Ihren Beruf ausüben.)*

1. Ich fühle mich von meiner Arbeit emotional erschöpft.
   1 2 3 4 5 6

2. Ich fühle mich am Ende des Arbeitstages erledigt.
   1 2 3 4 5 6

3. Ich fühle mich bereits ermüdet, wenn ich morgens aufstehe und einen neuen Arbeitstag vor mir habe.
   1 2 3 4 5 6

4. Ich kann gut verstehen, wie meine Klienten die Dinge empfinden.
   1 2 3 4 5 6

5. Ich habe das Gefühl, manche Klienten zu behandeln als wären sie unpersönliche Objekte.
   1 2 3 4 5 6

6. Den ganzen Tag mit Menschen zu arbeiten, ist wirklich eine Strapaze für mich.
   1 2 3 4 5 6

7. Ich habe den Umgang mit den Problemen meiner Klienten gut im Griff.
   1 2 3 4 5 6

8. Ich fühle mich durch meine Arbeit ausgebrannt.
   1 2 3 4 5 6

9. Ich habe das Gefühl, durch meine Arbeit das Leben anderer Menschen positiv zu beeinflussen.
   1 2 3 4 5 6

10. Ich bin Menschen gegenüber gleichgültiger geworden, seit ich diesen Beruf ausübe.
    1 2 3 4 5 6

11. Ich befürchte, daß dieser Beruf mich emotional verhärtet.
    1 2 3 4 5 6

12. Ich fühle mich voller Tatkraft.
    1 2 3 4 5 6

13. Ich fühle mich durch meine Arbeit frustriert.
    1 2 3 4 5 6

14. Ich habe das Gefühl, daß ich mich bei meiner Arbeit zu sehr anstrenge.
    1 2 3 4 5 6

15. Es interessiert mich nicht wirklich, was mit manchen Klienten geschieht.
    1 2 3 4 5 6

16. Bei der Arbeit mit Menschen in direktem Kontakt zu stehen, belastet mich zu sehr.
    1 2 3 4 5 6

17. Es fällt mir leicht, eine entspannte Atmosphäre mit meinen Klienten herzustellen.
    1 2 3 4 5 6

18. Ich fühle mich angeregt, wenn ich intensiv mit meinen Klienten zusammen gearbeitet habe.
    1 2 3 4 5 6

19. Ich habe viele wertvolle Dinge in meiner Arbeit erreicht.
    1 2 3 4 5 6

20. Ich habe das Gefühl, am Ende meiner Weisheit zu sein.
    1 2 3 4 5 6

21. Bei meiner Arbeit gehe ich mit emotionalen Problemen sehr gelassen um.
    1 2 3 4 5 6

22. Ich habe das Gefühl, daß mir meine Klienten für manche ihrer Probleme die Schuld geben.
    1 2 3 4 5 6

3. 3. 1. 5. Zusammenfassung der Ergebnisse[205]

MÜNCHEN 104 angeschrieben 62 ausgewertet (59,6%)	NÜRNBERG 85 angeschrieben 60 ausgewertet (70,5%)	KLINIK 61 angeschrieben 47 ausgewertet (77%)
EE	**EE**	**EE**
27 x EE-Wert: G = 1,0 - 1,77 25x EE-Wert: M = 1,88 - 2,88 10 x EE-Wert: H = über 3,0 G = 27 Personen (43,5%) M = 25 Personen (40,3%) H = 10 Personen (16,1%)	24 x EE-Wert: G = 1,0 - 1,77 23 x EE-Wert: M = 1,88 -2,88 13 x EE-Wert: H = über 3,0 G = 24 Personen (40%) M = 23 Personen (38,3%) H = 13 Personen (21,6%)	20 x EE-Wert: G = 1,0 - 1,77 19 x EE-Wert:M = 1,88 - 2,88 8 x EE-Wert: H = über 3,0 G = 20 Personen (42,5%) M = 19 Personen (40,4%) H = 8 Personen (17%)
DP	**DP**	**DP**
23 x DP-Wert: G = 0 - 1,2 32 x DP-Wert: M = 1,4 - 2,4 7 x DP-Wert: H = über 2,6 G = 23 Personen (37%) M = 32 Personen (51,6%) H = 7 Personen (11,2%)	24 x DP-Wert: G = 0 - 1,2 30 x DP-Wert: M = 1,4 - 2,4 6 x DP-Wert: H = über 2,6 G = 24 Personen (40%) M = 30 Personen (50%) H = 6 Personen (10%)	24 x DP-Wert: G = 0 - 1,2 18 x DP-Wert: M = 1,4 - 2,4 5 x DP-Wert: H = über 2,6 G = 23 Personen (51%) M = 18 Personen (38,2%) H = 5 Personen (10,6%)
PA	**PA**	**PA**
14 x PA-Wert: H = über 4,87 30 x PA-Wert: M = 4,0 - 4,75 18 x PA-Wert: G = 0 - 3,87 H = 14 Personen (22,5%) D.h., 14 Personen zeigen auf der PA-Skala geringen Burnout, da ein hoher PA-Wert geringen Burnout markiert M = 30 Personen (48,5%) G = 18 Personen (29%) D.h., 18 Personen zeigen auf der PA-Skala hohen Burnout, da ein geringer PA-Wert hohen Burnout markiert	21 x PA-Wert: H = über 4,87 25 x PA-Wert: M = 4,0 - 4,75 14 x PA-Wert: G = 0 - 3,87 H = 21 Personen (35%) D.h., 21 Personen zeigen auf der PA-Skala geringen Burnout, da ein hoher PA-Wert geringen Burnout markiert M = 25 Personen (41,6%) G= 14 Personen (23,3%) D.h., 14 Personen zeigen auf der PA-Skala hohen Burnout, da ein geringer PA-Wert hohen Burnout markiert	27 x PA-Wert: H = über 4,87 14 x PA-Wert: M = 4,0 - 4,75 6 x PA-Wert: G = 0 - 3,87 H = 27 Personen (57,4%) D.h., 27 Personen zeigen auf der PA-Skala geringen Burnout, da ein hoher PA-Wert geringen Burnout markiert M = 14 Personen (29,7%) G = 6 Personen (12,7%)) D.h., 6 Personen zeigen auf der PA-Skala hohen Burnout, da ein geringer PA-Wert hohen Burnout markiert

---

[205] Die Dokumentation der Ergebnisse jedes einzelnen Fragebogens findet sich im Materialband dieser Arbeit, der sich im Internet abrufen läßt (vgl. den Hinweis im Vorwort). „EE" bedeutet „Emotional Exhaustion"; „DP" bedeutet „Depersonalization"; „PA" bedeutet „Personal Accomplishment".

WEILHEIM
23 angeschrieben
14 ausgewertet (60,8%)

EE

7 x EE-Wert: G = 1,0 - 1,77
7 x EE-Wert: M = 1,88 - 2,88
0 x EE-Wert: H = über 3,0
G = 7 Personen (50%)
M = 7 Personen (50%)
H = 0 Personen

DP

9 x DP-Wert: G = 0 - 1,2
5 x DP-Wert: M = 1,4 - 2,4
0 x DP-Wert: H = über 2,6
G = 9 Personen (64,2%)
M = 5 Personen (35,7%)
H = 0 Personen

PA

3 x PA-Wert: H = über 4,87
8 x PA-Wert: M = 4,0 - 4,75
3 x PA-Wert: G = 0 - 3,87

H = 3 Personen (21,4%)
D.h., 3 Personen zeigen auf der PA-Skala geringen Burnout, da ein hoher PA-Wert geringen Burnout markiert

M = 8 Personen (57,1%)

G = 3 Personen (21,4%)
D.h., 3 Personen zeigen auf der PA-Skala hohen Burnout, da ein geringer PA-Wert hohen Burnout markiert

WINDSBACH
9 angeschrieben
6 ausgewertet (67%)

EE

2 x EE-Wert: G = 1,0 - 1,77
3 x EE-Wert: M = 1,88 - 2,88
1 x EE-Wert: H = über 3,0
G = 2 Personen (33,3%)
M = 3 Personen (50%)
H = 1 Personen (16,6%)

DP

2 x DP-Wert: G = 0 - 1,2
2 x DP-Wert: M = 1,4 - 2,4
2 x DP-Wert: H = über 2,6
G = 2 Personen (33,3%)
M = 2 Personen (33,3%)
H = 2 Personen (33,3%)

PA

2 x PA-Wert: H = über 4,87
4 x PA-Wert: M = 4,0 - 4,75
0 x PA-Wert: G = 0 - 3,87

H = 2 Personen (33,35)
D.h., 2 Personen zeigen auf der PA-Skala geringen Burnout, da ein hoher PA-Wert geringen Burnout markiert

M = 4 Personen (66,6%)

G = 0 Personen

3. 3. 2. Mündliche Befragung (Interviews)

3. 3. 2. 1. Darstellung und Begründung der Vorgehensweise

Meßinstrument
Zwei von mir erarbeitete und mehrfach im Freundes- und Bekanntenkreis diskutierte, erprobte und verfeinerte Fragenkataloge. Die Fragenkataloge in der Sparte „Eigenwahrnehmung" enthielten für Kolleginnen zwei Zusatzfragen zur Situation von Frauen im Pfarramt und für Ehepaare in Stellenteilung zwei Zusatzfragen zur Situation von Stellenteilern.

Erhebungseinheit
Beschränkung auf Pfarrerinnen und Pfarrer, die innerhalb Bayerns im Gemeindedienst, in der Klinikseelsorge und in den Bereichen *Kirchenleitung, Krisenintervention/Supervision/Beratung und Ausbildung bzw. Fort- und Weiterbildung* tätig sind.

Stichprobe „Außeneinschätzung"
Angesichts der Thematik schien es mir nicht nur geboten, sondern auch aufschlußreich und weiterführend, die Meinung von Personen zu erfragen, deren Funktion es ist, erstens als *Vorgesetzte* die Rahmenbedingungen für den Dienst von Pfarrerinnen und Pfarrern zu definieren und zu gestalten, zweitens als *Beratende und Supervidierende* Pfarrerinnen und Pfarrer in ihrem Dienst zu begleiten sowie drittens als *Lehrende bzw. Fort- und Weiterbildende* Pfarrerinnen und Pfarrer für ihren Dienst zuzurüsten.

Die Auswahl dieser Personen erfolgte einerseits nach dem Kriterium *Funktion*, andererseits aber auch nach dem Kriterium *Kompetenz*, das heißt, ich habe Personen ausgewählt, die mir für die jeweilige Gruppe als besonders repräsentativ für Auskünfte über die Situation von Pfarrern und Pfarrerinnen erscheinen. Es sind dies in der Gruppe *Kirchenleitung:* Der Landesbischof, der Personalreferent, die Ausbildungsreferentin, der Regionalbischof und die Regionalbischöfin der beiden größten bayerischen Städte und Kirchenkreise, München und Nürnberg, sowie der erst vor kurzem aus dem aktiven Dienst ausgeschiedene ehemalige Regionalbischof von München und die, ebenfalls erst in jüngerer Zeit aus dem aktiven Dienst in den Ruhestand getretenen Vorgänger des derzeitigen Personalreferenten und der derzeitigen Ausbildungsreferentin. Die „Veteranen" habe ich in die Befragung aufgenommen, weil sie über viele Jahre hinweg an entscheidender Stelle die Rahmenbedingungen für die Pfarrerschaft mitbestimmt haben.

In der Gruppe *Beratung/Supervision* erschien es mir sinnvoll und geboten, vor allem die Personen zu befragen, die als therapeutische Leiter in den beiden Institutionen tätig sind, die von den Kirchen speziell für in seelische Not geratene Pfarrer und Pfarrerinnen eingerichtet wurden. Sie sind geographisch in direkter Nachbarschaft in Unterfranken gelegen. Auf evangelischer Seite ist es das

„Haus Respiratio" auf dem Schwanberg, auf katholischer Seite das „Recollectio-Haus" in Münsterschwarzach. Daß die katholische Einrichtung in die Befragung aufgenommen wurde, erscheint mir vom inneren Zusammenhang her sinnvoll und ergibt zugleich noch einmal einen interessanten Vergleichsaspekt. Daß neben dem Leiter des „Recollectio-Hauses" auch Pater Anselm Grün in die Befragung aufgenommen wurde, liegt darin begründet, daß er nicht nur ebenfalls in den Kursen dieses Hauses tätig und den Gästen als Seelsorger und geistlicher Begleiter zugewiesen ist, sondern auch darin, daß er sich durch viele Veröffentlichungen zur seelischen Gesundheit von Geistlichen einen Namen gemacht hat. Die Einbeziehung des ehemaligen Gründungsrektors von „Haus Respiratio" erfolgte aus ähnlichen Überlegungen wie die Einbeziehung der Ruheständler aus der Kirchenleitung. Daß der Leiter des größten evangelischen Beratungszentrums in Bayern zu Wort kommen sollte, versteht sich von selbst. Darüber hinaus war mir daran gelegen, die Meinung einer KSA-Supervisorin und eines KSA-Supervisors einzuholen, da in der Seelsorgeausbildung Tätige einen besonderen Einblick in die inneren Nöte und die seelische Befindlichkeit von Seelsorgerinnen und Seelsorgern haben. Der Psychiater Dr. Werner Huth wurde ausgewählt, weil er viele Pfarrerinnen und Pfarrer (auch im katholischen Bereich) als Patienten behandelt und von der Kirchenleitung immer wieder einmal als psychiatrischer Gutachter herangezogen wird, zudem ist er ausgebildeter Meditationslehrer.

In der Gruppe *Ausbildung* wollte ich alle drei Stufen der Ausbildung zum Pfarrberuf berücksichtigen. Es wurden zwei Professoren ausgewählt, die, obgleich beide vor kurzem emeritiert, nach wie vor als Hauptvertreter der gegenwärtigen Praktischen Theologie bzw. der Pastoraltheologie gelten und zudem einen deutlich unterschiedenen Ansatz vertreten. Außerdem wurden der Leiter der „Fortbildung in den ersten Amtsjahren", der Leiter des Pastoralkollegs und die Leiterin eines großen Predigerseminares ausgewählt. Darüber hinaus erschien es mir sinnvoll, die Meinung des Vorstandes des *Pfarrer- und Pfarrerinnenvereins* einzuholen, der zugleich Sprecher der Pfarrerkommission ist.

Stichprobe „Eigenwahrnehmung"

In der Sparte „Eigenwahrnehmung" habe ich, nach den Kriterien „Anfang, Mitte und Ende des Berufslebens", jeweils zwei Pfarrer und zwei Pfarrerinnen, die im Gemeindedienst tätig sind, ausgewählt und dabei - soweit möglich - versucht, auch eine Streuung zwischen Dienst auf dem Land und Dienst in der Stadt zu berücksichtigen. Von den Pfarrerinnen und Pfarrern im Sonderdienst erschien mir die Auswahl von jeweils zwei Kolleginnen und Kollegen aus der Klinikseelsorge sinnvoll, nicht nur, weil die Klinikseelsorge neben der Gruppe der im Schuldienst tätigen Pfarrer die größte Abteilung im Sonderdienst der Kirche ist, sondern auch, weil der tägliche Dienst am Krankenbett eine ganz besondere seelische Herausforderung darstellt. Die Gruppe der im Schuldienst Tätigen habe ich bewußt ausgeklammert, weil ich der Auffassung bin, daß sie aufgrund der spezifischen Belastungen in der Schule Gegenstand einer eigenen Untersuchung sein sollte, die mehr auf die Leitthematik „Burnout bei Lehrerinnen und Lehrern" fokussiert. Den Befragten der Sparte „Eigenwahrnehmung" habe ich Anonymität zugesichert, mit der Überlegung, daß sie sich dann eventuell offener zu den teilweise durchaus persönlichen Fragen äußern.

Daß ich für die beiden Sparten „Außeneinschätzung" und „Eigenwahrnehmung" jeweils einen unterschiedlichen Fragenkatalog verwendet habe, ist darin begründet, daß ich bei den Gesprächspartnern in Kirchenleitung, Supervision und Ausbildung den Blick von außen und eine gleichsam „offizielle" Sicht der Dinge erfragen wollte, auch bin ich eher skeptisch, daß sie mir - bei Namensnennung - alle für ganz persönliche Fragen zur Verfügung gestanden hätten.

„N":
In der Sparte „Außeneinschätzung" wurden 22 Personen interviewt, in der Sparte „Eigenwahrnehmung" 18 Personen. Die Gesamtzahl der Interviews beträgt also 40.

Procedere
Die ausgewählten Personen erhielten ein Schreiben mit der Erklärung und Begründung des Projekts, dem entsprechenden Fragenkatalog und der Bitte, sich für ein Interview zur Verfügung zu stellen. Dem Schreiben war die Empfehlung von Herrn Professor Richard Riess beigelegt. Einige Tage nach der Absendung des Briefes habe ich in einem persönlichen telefonischen Kontakt die Zusage erfragt und einen Interviewtermin vereinbart. Alle angefragten Personen haben sich problemlos und bereitwillig für ein Interview zur Verfügung gestellt. Ich habe die Personen dann in ihrem Amt bzw. ihrer Wohnung aufgesucht, ihnen jeweils die Fragen des entsprechenden Fragebogens gestellt und die Antworten auf Band aufgezeichnet. Die Bänder wurden anschließend von mir wörtlich verschriftet. Das Interview mit Herrn Dr. Wunibald Müller vom Haus Recollectio war durch eine technische Panne überschattet. Durch eine fehlerhafte Kassette war, wie sich erst hinterher herausstellte, die Tonspur teilweise unbrauchbar geworden. In einem Tonstudio habe ich versucht, die unverständlichen Passagen wieder verstehbar zu machen, mit geringem Erfolg. Schließlich entschloß ich mich, Herrn Dr. Müller das Fragment zuzusenden und ihn zu bitten, es an den entsprechenden Stellen, so weit möglich, zu vervollständigen. Ich bin ihm sehr dankbar, daß er sich freundlicherweise dazu bereit erklärt hat. Dennoch sind manche Passagen des Interviews nicht rekonstruierbar und werden im Text mit Auslassungszeichen gekennzeichnet. Pfarrer Klaus Weber wollte die Fragen lieber schriftlich beantworten.

- O Die Interviews wurden im Zeitraum von März bis September 2001 durchgeführt.

- O Alle Interviews sind im Wortlaut im Materialband dieser Arbeit abgedruckt.

- O Die Bänder befinden sich in meinem Besitz, können bei mir eingesehen bzw. abgehört werden und dienen als Beleg.

- O Das Anschreiben und die Empfehlung von Professor Richard Riess sind im Materialband dieser Arbeit abgedruckt.

3. 3. 2. 2. InterviewpartnerInnen der Interviewserie „Eigenwahrnehmung" - 18 Interviews -

Beginn des Berufslebens

Pfarrer - Diaspora, Land
Pfarrer - mittlere Stadt
Pfarrerin - Diaspora, Land
Pfarrerin - Großstadt

Mitte des Berufslebens

Pfarrer - Großstadt
Pfarrer - Diaspora, Land
Pfarrerin - Großstadt
Pfarrerin - Großstadt

Ende des Berufslebens
Pfarrer - Diaspora, Land
Pfarrer - Großstadt
Pfarrerin - Großstadt
Pfarrerin - Großstadt

Ehepaare in Stellenteilung

Ehepaar - mittlere Stadt
Ehepaar - Großstadt

Klinikpfarrer und Klinikpfarrerinnen

Klinikpfarrrer Großklinikum
Klinikpfarrrer Großklinikum
Klinikpfarrrerin Großklinikum
Klinikpfarrrerin Großklinikum

3. 3. 2. 3. InterviewpartnerInnen der Interviewserie „Außeneinschätzung"
- 22 Interviews -

KIRCHENLEITUNG

Dr. **Johannes Friedrich**, seit 1999 Landesbischof der Evangelisch-Lutherischen Kirche in Bayern (ELKiB)

Dr. **Dorothea Greiner**, Oberkirchenrätin, seit 1999 Ausbildungsreferentin der ELKiB

Franz-Ludwig Peschke, Oberkirchenrat, seit 1997 Personalreferent der ELKiB

Dr. **Karl-Heinz Röhlin**, Oberkirchenrat, seit 1997 Regionalbischof des Kirchenkreises Nürnberg

Susanne Breit-Keßler, Oberkirchenrätin, seit 2001 Regionalbischöfin des Kirchenkreises München

Dr. **Martin Bogdahn**, Oberkirchenrat, von 1990 bis 2001 Regionalbischof des Kirchenkreises München

Dr. **Horst Birkhölzer**, Oberkirchenrat i.R., von 1982 bis 1999 Ausbildungsreferent der ELKiB

D. **Theodor Glaser**, Oberkirchenrat i.R., von 1980 bis 1997 Personalreferent d. ELKiB

KRISENINTERVENTION / SUPERVISION / BERATUNG

Otto Lempp, Pfarrer und **Barbara Lempp**, Pfarrerin, seit 2000 Leiter und Leiterin von Haus „Respiratio" auf dem Schwanberg

Hartmut Stoll, Pfarrer und Psychoanalytiker, ehemaliger Leiter des Evang. Beratungszentrums München, Gründungsrektor, von 1994 bis 2000 Leiter von Haus „Respiratio"

Pater Dr. Anselm Grün (OSB), Abtei Münsterschwarzach

Dr. **Wunibald Müller**, Pastoralreferent und Psychoanalytiker, Gründungsrektor und langjähriger Leiter von Haus „Recollectio" in Münsterschwarzach

Klaus Rückert, Pfarrer und Pastoralpsychologe, seit 1994 Leiter des Evang. Beratungszentrums München

Peter Frör, Pfarrer und KSA-Supervisor, seit 1986 Inhaber der 1. Pfarrstelle und Leiter der Klinischen Seelsorgeausbildung am Klinikum Großhadern in München

Christa Gaiser, Pfarrerin und KSA-Supervisorin, seit 1996 Pfarrerin in Kirchleus und Seelsorgerin am Krankenhaus in Kulmbach

Dr. Werner Huth, Psychiater und Vertrauensarzt der EKLiB in München

AUSBILDUNG

Prof. Dr. Manfred Josuttis, Ordinarius em. für Praktische Theologie

Prof. Dr. Dietrich Stollberg, Ordinarius em. für Praktische Theologie

PD Dr. Herbert Lindner, Pfarrer, seit 1995 Leiter der „Fortbildung in den ersten Amtsjahren" der ELKiB

Hans Schlumberger, Pfarrer, seit 1999 Rektor des Pastoralkollegs der ELKiB in Neuendettelsau

Sieglinde Klemm, Pfarrerin, seit 1995 Rektorin des Predigerseminars der ELKiB in Nürnberg

PFARRER- UND PFARRERINNENVEREIN

Klaus Weber, Pfarrer und langjähriger Vorstand Pfarrer- und Pfarrerinnenvereins in der ELKiB, seit 1999 zugleich Sprecher der Pfarrerkommission

3.3.3. Kurzübersicht ausgewählter Antworten[206]

3.3.3.1. BELASTUNGSPOTENTIAL ANSPRUCH UND REALITÄT
Eigenwahrnehmung: Fragen 2,3,11 / Außeneinschätzung: Fragen 3,5

EIGENWAHRNEHMUNG

Frage 2: Wenn Sie zurückblicken auf Ihre bisherige Zeit im Pfarrberuf - haben Sie von Illusionen Abschied nehmen müssen?

ANFANG DES BERUFSLEBENS:
- Von falschen Vorstellungen über die tatsächliche zeitliche Belastung.
- Von einem gewissen Machbarkeitswahn.
- Die Illusion von der Gemeinschaft der Ordinierten. Die Illusion, daß Menschen, die wirklich so intensiv mit dem Evangelium leben und davon eigentlich auch leben, anders miteinander umgehen. Aber Kollegialität ist bei Kollegen, die ich jetzt näher kennengelernt habe oft ein Fremdwort. Der Umgang der Pfarrer untereinander ist so etwas, wo ich von Illusionen jeder Art Abschied genommen habe. Das andere ist die Erfahrung mit der Kirchenleitung. Da gab es zu meiner Überraschung sehr gute und sehr fähige Oberkirchenräte, die auch zuhören und die wirklich die Anliegen ihrer Mitarbeiter aufgreifen und sie schützen und es gab auch das genaue krasse Gegenteil, da, wo ich es eigentlich nicht erwartet hätte, bin ich ins offene Messer gelaufen, das war ganz unterschiedlich. Also, Illusion in dem Fall positiv und negativ. Der Umgang der Pfarrer miteinander ist desillusionierend.

MITTE DES BERUFSLEBENS:
- Die Illusion eines kollegialen Miteinanders, die hatte ich am Anfang sehr und da bin ich ziemlich enttäuscht worden, das war ein sehr starkes Oben und Unten, es gab halt Oberpfarrer und Unterpfarrer in Anführungszeichen, und dieses Hierarchische, das hat mich sehr enttäuscht, da habe ich von einigen Illusionen Abschied nehmen müssen. Und als Pfarramtsführer, die Arbeit, die mir absolut nicht gelegen hat, dafür hatte ich auch nicht Theologie studiert, um eine Kasse zu verwalten oder einer Putzfrau zu sagen, daß sie nicht richtig geputzt hat, also Umgang mit Personal, Personalführung, Kassenführung, Verwaltung überhaupt, das hat mich ziemlich enttäuscht, mit wieviel anderem Kram man als Pfarrer beschäftigt ist, Baufragen und juristische Fragen, alles Dinge, die mich nicht sonderlich interessiert haben aber die mich sehr viel Zeit und noch mehr Nerven gekostet haben, da bin ich sehr enttäuscht gewesen.
- Oft war es die Illusion, daß man was verändern kann oder Menschen helfen kann auf einen guten Weg zu kommen.
- Von der Illusion zum Beispiel, daß ich bloß kommen muß und daß dann alle Hurra schreien und auch ein bißchen von der Illusion, daß, wenn man modern redet, die Menschen wieder besser zuhören und auch kommen. Oft bringt unser ganzes Zugehen auf die Menschen durch Familiengottesdienste, durch Gottesdienste etc. nicht wahnsinnig viel.

ENDE DES BERUFSLEBENS:
- Die Illusion, eine menschennahe Botschaft würde Menschen für die Kirche gewinnen. Daß Freizeit und Dienstzeit so stark ineinander übergehen.

---

[206] Ich habe die Antworten aus Platzgründen paraphrasiert bzw. zusammengefasst. Im vollständigen Wortlaut sind die Interviews im Materialband dieser Arbeit abgedruckt. Er läßt sich im Internet abrufen (vgl. den Hinweis im Vorwort).

- Die vielen Probleme mit Kirchenvorstehern und Mitarbeitern. Schmerzlicher Lernprozess, daß die Predigt nicht viel ändert. Fehlende Anerkennung von Vorgesetzten und Kollegen.
- Wie schwierig es ist, Gemeindeglieder mündig zu machen und die Pfarrerzentriertheit zu ändern.

KLINIKPFARRERINNEN:
- Daß man als Pfarrer weniger in Anspruch genommen wird, als erwartet, daß die Menschen etwas anderes suchen als man eigentlich anzubieten hat. Daß es ziemlich egal ist, was man tut, es interessiert eigentlich niemanden oder zu wenige. Daß man im Studium viele Dinge lernen mußte, die eigentlich dann keine Bedeutung mehr später hatten, wie die Sprachen und und und. So ein Lernen auf Halde eben. Dann Enttäuschungen im Beruf.
- Illusion, daß es in der Kirche anders zugeht, als in der freien Wirtschaft. Daß die Leute sich einfach mehr wert sind, daß sie sich gegenseitig mehr schätzen. Aber auch in der Kirche ist ein großer Konkurrenzkampf und ein Ellenbogendenken da, auch unter den Kollegen.
- Ich habe mir sicher damals in meiner Jugend so ein bißchen mehr den Aspekt von Communio in Kirche und kirchlicher Arbeit erwartet, in einem weiten Feld.

Frage 3: Was liegt Ihnen heute beruflich besonders am Herzen, was würden Sie gerne erreichen, bewirken und wie beurteilen Sie Ihre Möglichkeiten auf Ihrer jetzigen Stelle, diese Anliegen zu verwirklichen?

ANFANG DES BERUFSLEBENS:
- Meine Vorstellung von Kirche ist, daß nicht die Pfarrer diejenigen sind, die alles organisieren und managen und bestimmen und auch von der geistlichen Seite her alle Schneisen schlagen, sondern mein Traum ist, daß man gemeinsam mit den Ehrenamtlichen, mit den Gemeindegliedern Kirche lebt. Pfarrer also eher so als Begleitpersonen, die nicht alles selber machen. Also keine Pfarrerkirche.
- Mein Leitbild ist der Mystagoge. Ich will im Gottesdienst und in Gesprächen Raum schaffen für die Begegnung mit Gott, der Sehnsucht der Leute im Bereich Exerzitien, Spiritualität oder Meditation entgegenkommen, ihnen Gelegenheit geben, das auch in der Kirche zu erfahren.
- Daß unter den Pfarrern so etwas entsteht wie Arbeitsbedingungen, die die Pfarrer motivieren, und die den Gemeinden gut tun. Die Frage, wie kann man den Beruf gestalten, daß er machbar ist, daß ich klarer weiß, was meine Aufgabe ist. Es wäre hilfreich, wenn die Kirchenleitung an dem Punkt auch mal sagen würde: Stop, das muß ein Pfarrer nicht machen.
- Besonders der Gottesdienst, theologisch hochwertige und lebensnahe Predigten, eine gute und sichere Form der Liturgie.

MITTE DES BERUFSLEBENS:
- Tätigkeit in der Seelsorge, in der Sonderseelsorge vor allem. Ich habe mich da in den letzten Jahren sehr engagiert und ich denke auch qualifiziert und fortgebildet. Die Möglichkeiten auf meiner jetzigen Stelle, diese Anliegen zu verwirklichen, sehe ich aber so gut wie nicht.
- Menschen sinnvoll begleiten, ihnen eventuell einen Impuls geben können, mit ihnen zusammen ein Stück Weg gehen, wo ich auch profitiere. Ich würde gern erreichen, bewirken, daß ich Leute für Kirche interessiere, die eben den Kontakt zu ihr gerade eben noch so haben oder dabei sind, ihn zu verlieren.
- Mir liegen die ganzen Verwaltungssachen nicht so. Was ich mag, ist mehr mit Menschen und kreatives Arbeiten. Ich will einfach Menschen helfen, auf einen guten Weg zu kommen und ihren eigenen Weg zu finden und zu gehen, persönlich und im Glauben. Mit Menschen zusammen ihren Glauben zu leben, zu hinterfragen, zu feiern.

ENDE DES BERUFSLEBENS:
- Das bisher Erreichte auf eine gute Grundlage stellen. Vielleicht noch Dinge, die im Bereich der Spiritualität anzusiedeln sind, zu machen. Viele Besuche machen und viel mit den Leuten in Kontakt bleiben. Das ist ja immer so eine Sache, die ein bißchen stiefmütterlich behandelt werden muß, weil die Bürokratie dermaßen stark ansteigt, daß uns immer mehr Zeit fehlt für das, wofür wir eigentlich da sind in unserem Beruf.
- Immer noch ist die Predigtvorbereitung für mich das gewichtige Geschäft in der Woche.
- Die Rede von Gott zeitnaher gestalten. Man hat diese personale Gottesvorstellung und vermittelt die auch nicht als Denkfigur, als vorläufige Denkfigur, sondern als letzte Wahrheit. Und da andere Wege zu finden, Erfahrungen zu vermitteln und das anders zu vermitteln, das liegt mir am Herzen für diese Kirche, ohne das hat, denke ich, die Kirche wenig Zukunft.
- Das war einmal ganz klipp und klar: Gemeinde im Stadtteil. Die Öffnung der Gemeinde für die Menschen, die im Stadtteil leben. Die andere Sache: Ökumene lag mir sehr am Herzen. Und das dritte: Die soziale Gemeinde, die für Menschen da ist, die in Not sind, die vielleicht auch Rechtsbeistand brauchen und, wie sollte es anders sein, natürlich die Jugend.

KLINIKPFARRERINNEN:
- An erster Stelle steht bei mir Spaß an der Arbeit. Daß das, was ich mache, auch eine Wirkung zeigt, daß es einen Nutzen hat, und Anerkennung findet und einen Unterschied zu dem Ist-Stand macht, wie ich Kirche im Moment erlebe. Dienst als Pflichterfüllung ist einfach ätzend für mich. Mein Ziel ist ein Beitrag zu einer Wohlfühl- und Erlebenskirche, die etwas mehr Brot als Steine anzubieten hat. Die Möglichkeiten zu diesem Ziel, die sind für mich begrenzt, was so das Arbeitsfeld Kirche hier im Krankenhaus anbelangt, weil eben einfach hier nach anderen Spielregeln gespielt wird, wie in der Kirche selber.
- Lebenshilfe geben vom Evangelium her. Also, ich würde gerne erreichen, daß die Seelsorge ernster genommen wird, daß sie eine größere Rolle spielt bei jedem.
- Die Seelsorge gescheit machen, und zwar die Kasualien gescheit machen. Also predigen muß man nicht können und verwalten muß man auch nicht können, aber ich finde, wenn man Pfarrerin oder Pfarrer wird, dann muß man eine gute Seelsorge machen. Und die muß besonders bei den Kasualien in der Gemeinde das Beste sein, was es überhaupt gibt, weil das da ist, wo die Leute existentiell angesprochen werden von Kirche und Kirche persönlich über Pfarrer und Pfarrerinnen erfahren.
- Die Seelsorge. Ein Anliegen, zu versuchen Seelsorgerin zu sein da, wo - ich sage es jetzt mal etwas pathetisch - der tragende Grund zerfallen ist. Da fühle ich mich immer hingezogen an Grenzsituationen, wo die Strukturen und der Grund zerfällt, weil ich ja auch ein Mensch bin, der Grenzen kennt und Seelsorge mit Menschen ist auch etwas sehr Tiefes, Zerbrochenes.

Frage 11: Wo erleben Sie besondere Enttäuschungen in Ihrer Tätigkeit? Wie gehen Sie damit um? Was hilft Ihnen, mit Schwierigkeiten und Enttäuschungen im Beruf fertig zu werden?

ANFANG DES BERUFSLEBENS:
- Wenn ich Prügel bekomme, weil ich die Erwartungen bestimmter Leute nicht erfülle. Zu entdecken, daß man es trotz aller Anstrengungen nicht allen recht machen kann, daß man eine eierlegende Wollmilchsau sein muß. Eine Hilfe ist meine Frau, mit der ich viele Dinge besprechen kann und ein ausgewählter Kreis in der Gemeinde.
- Eher Ärger als Enttäuschungen. Wenn das nicht wahrgenommen wird, was ich alles tue oder nur der Blickwinkel des Pfarramtsführers gilt. Eifersucht und Konkurrenz beim Kollegen.

Umgehen tu ich so, daß ich mit anderen darüber rede, auch mit Kollegen. Wir haben auch eine Pfarrerschafkopfrunde und treffen uns im freundschaftlichen Rahmen.
- Wenn man sich falsch verstanden fühlt oder mißverstanden oder falsch interpretiert und dann in der Öffentlichkeit über einen geredet wird. Was hilft einem dann, damit umzugehen? Schlucken, jemandem erzählen, dem Mentor, das war positiv, aber auch vielleicht irgendwie ein Stück Unabhängigkeit lernen, also sagen, wenn andere so oder so über mich denken, dann heißt das nicht, daß ich so oder so bin.
- Oft die Beerdigungen. Da hat man ein gutes Vorgespräch mit den Angehörigen und dann kommt so gar nichts zurück.

MITTE DES BERUFSLEBENS:
- Bis an die Grenzen meiner Belastbarkeit bin ich vor allem in Situationen in der Notfallseelsorge gewesen. Eine besondere Enttäuschung war für mich eben, daß all das, was ich mir vorgestellt hatte aufgrund meiner Aus- und Fortbildung, daß das nicht geklappt hat und daß ich jetzt nach wie vor auf einer normalen Gemeindepfarrstelle sitze, das frustriert mich ziemlich. Also was mir hilft, ist sicher das Reden mit Kolleginnen und Kollegen in Supervisionsgruppen, also in der Gruppensupervision oder auch in der Einzelsupervision, das ist für mich eine sehr konkrete und gute Hilfe in langen Jahren jetzt schon gewesen. Die Gespräche mit Vorgesetzten nur sehr bedingt, meistens ist das eher enttäuschend.
- Besondere Enttäuschungen in meiner Tätigkeit habe ich schon erlebt in dem Bereich, wie man zeitweise in dieser Kirche selber dann miteinander umgeht. Das ist wirklich problematisch. Welchen Umgangston haben wir doch oft als Christen! Es gibt verschiedene Möglichkeiten, das zu verarbeiten: Wenn Sie mit anderen an einem Ziel arbeiten, dann wird das ja von diesen anderen auch registriert, das bedeutet, Sie bilden immer sehr schnell ein Gruppe, die sich gemeinsam empört und bestärkt, die den Ärger teilt und das ist ein Stück, was weiterhilft ein bißchen. Mit Enttäuschungen kann man auch so umgehen, daß man Energie daraus schöpft und sagt, ja, dann probiere ich aber das meine trotzdem.
- Es gibt eben Situationen, wo man eigentlich den Beistand der Oberen erwartet und erhofft und eben halt nicht erlebt, sondern sie als Amtspersonen erlebt.
- Das sind meistens Enttäuschungen mit Menschen, mit Kollegen auch. Und dann versuche ich nachzudenken, warum die das jetzt so gemacht haben, woher das kommt, warum mich das besonders trifft, und bei Dingen, wo ich dann nicht ganz so damit fertig werde, die lasse ich dann eben auch liegen und denke mir, der liebe Gott wird es schon wissen.

ENDE DES BERUFSLEBENS:
- Enttäuschung erlebe ich eigentlich nur mit Menschen. Ich bin manchmal sehr empfindlich, weil ich mir denke, ich investiere ja auch eine ganze Menge in die ganze Geschichte. Ich kämpfe dann und ich habe gelernt, offen zu sein. Und ich habe auch gemerkt, da ist mir meine Frau eine ganz wichtige Gesprächspartnerin, daß man halt auch bestimmte Dinge ganz sinnvoll abgeben kann.
- Daß man von den Kollegen nicht in richtiger Weise gewürdigt wird.
- Ob das jetzt Enttäuschung ist, das ist vielleicht nicht das richtige Wort, aber Kritik hätte ich schon an der Institution Kirche, die schwierig ist und immer noch hierarchisch ist und nicht die nötige Unterstützung gibt, die man braucht, um den Rücken freizuhaben.
- Ich wurde fertig mit Schwierigkeiten durch den Austausch mit Freunden und auch mit Fachleuten.

KLINIKPFARRERINNEN:
- Bei dem Klima der Unaufmerksamkeit seitens der Leitung. Ich erlebe das einfach in dieser Devise, die heißt: Funktionieren. Es ist keine Förderung, nur eine Forderung da, aber nicht nach Exzellenz, sondern nach einem Dienst nach Vorschrift. Und dann kann ich noch so gut

meine Arbeit machen, darüber wird nie ein Wort verloren. Diese Diskrepanz ist unerträglich. Auch so diese Doppelzüngigkeit, die ich eben erlebe mit Kollegen, so mit „lieber Bruder" auf der einen Seite. Was mir einfach hilft in solchen Zeiten ist nur dann die Supervision oder Coaching und eine Fortbildung.
- Daß ich nicht mit meinen Kollegen über Probleme reden kann. Ich habe den Eindruck, daß Leute einfach sich auch verkaufen wollen auf Kosten der anderen. Also, genauso wie in der freien Wirtschaft, nur viel subtiler, viel subtiler, also tatsächlich viel subtiler. Wie ich damit umgehe? Ich ziehe mich halt teilweise zurück, halte keine Kontakte mehr, ich habe dann andere, berufsfremde Kontakte. Ich habe auch verschiedentlich schon Supervision genommen und auch Kurse gemacht und meinen Ärger dort besprochen.
- Wenn ich so im Gottesdienst bin im Krankenhaus und da sind dann drei Leute, das ist natürlich schon mal enttäuschend. Und daß ich manchmal so erlebe, daß ich hier wirklich eine marginale Person in der Klinik bin. Diese Marginalisierungen, da knacke ich schon. Aber ich versuche dann wieder so damit fertig zu werden, also es zu analysieren. Psychoanalytisch, meine eigenen Anteile an diesen Kränkungserlebnissen, die eigene psychische Struktur anzugucken.

AUSSENEINSCHÄTZUNG

Frage 3: Welche Illusionen würden Sie potentiellen Berufsanfängern gerne nehmen?

KIRCHENLEITUNG:
- Daß ein Pfarrer der ist, der alles kann und der alles machen muß in der Gemeinde.
- Die Illusion eines pfarrherrlichen Selbstbewußtseins.
- Daß es in der Kirche ganz anders zugeht als in der Welt, daß sie ein heiler, konfliktfreier Raum, eine Versammlung der besonders guten und zugewandten Menschen ist.
- Daß der Beruf als solcher ihre Wunden heilen kann oder ihre Sehnsucht nach Bestätigung, nach Anerkennung, nach Geborgenheit stillen kann.
- Daß intensiv gelebtes Christsein reicht, um eine gute Pfarrerin zu sein.
- Daß sie allen Menschen, mit denen sie zu tun haben werden, helfen können.
- Berufsanfänger sollten Ideale haben und mit gewissen Illusionen in den Beruf hineingehen, die Praxis und die Berufserfahrung rückt die Dinge dann schon zurecht.
- Ideale und Illusionen sollten immer wieder geerdet, reflektiert und überprüft werden an dem, was an Erfahrungen vor Ort geschieht.
- Daß sie als erfolgreiche Missionare durchs Leben ziehen auf die die Welt nur gewartet hat.
- Zu meinen, in diesem Beruf könnten sie eine Karriere machen.
- Daß er die Welt verändern kann.
- Daß er von allen geliebt wird und es allen recht machen kann.

SUPERVISION / BERATUNG:
- Daß man mit der wissenschaftlichen Theologie im Beruf weit kommt.
- Vor allem das tun zu können, was man gerne tut. Es müssen viele Dinge getan werden, die man nicht gelernt hat: Management, aber auch Hausmeistertätigkeiten, je nachdem in welcher Gemeinde man ist, daß also viele Tätigkeiten dabei sind, mit denen man, wenn man den Beruf anfängt, so gar nicht gerechnet hat.
- Daß es sich im Pfarrerberuf um etwas grundsätzlich anderes handelt, als in jedem anderen Beruf, daß das ein exterritoriales Gebiet ist.

- Daß in der Kirche es ganz anders zugeht als anderswo, sowohl was Kollegen betrifft, was die Kirchenleitung betrifft, was die Menschen betrifft.
- Daß sie nicht der liebe Gott und nicht allwissend.
- Daß sich der „Honey Moon" vom Anfang ändern wird.
- Zu wissen, was sich in den Köpfen der nicht mehr religiös Sozialisierten abspielt.
- Zu meinen, die religiöse Sozialisation würde nicht noch erheblich weiter schwinden.
- Zu meinen, es werde so weitergehen wie in der Phase, in der sie aufgewachsen sind.
- Daß man durch das fromme Tun auch fromm wird, daß sich die Spiritualität automatisch vertieft, wenn man viel über Gott redet.
- Daß ich die Welt verändern kann.
- Daß ich mit meinen Worten alle Menschen erreiche.
- Daß Theologiestudium schon automatisch heißt, einen spirituellen Weg gehen.

AUSBILDUNG:
- Daß alles im kirchlichen Bereich so bleibt wie bisher.
- Daß sie mit einer Pfarrstelle lebenslang ausgesorgt haben.
- Der Pfarrberuf sei heute ein leicht auszuübender Beruf oder ein Beruf mit großem Prestige.
- Man könne mit dem Heiligen umgehen, wenn man über das Heilige nachgedacht hat.
- Daß sie allen Menschen, mit denen sie zu tun haben werden, helfen können.
- Daß sie durch diesen Beruf ihre Sehnsucht nach Bestätigung, Anerkennung, Geborgenheit stillen können.
- Daß Kirche ein konfliktfreier, heiler Raum ist.
- Es ist ein komplexer Beruf mit einer Leitungsfunktion auf der mittleren Ebene. Wenn dies nicht gesehen wird, wird es schwierig.
- Es wäre ein Beruf, in dem ich nur Theologie oder nur Seelsorge oder nur Hilfe treiben könnte.
- Die Illusion, sie erwürben mit dieser Berufswahl Anspruch auf eine gesicherte Existenz.
- Die Illusion, sie würden dafür bezahlt, daß sie den Betrieb effizient am Laufen halten.
- Salopp gesagt: Daß sie als große Macker in der Gemeinde auftreten können.
- Nicht schon fertig sein und auf alle Fragen eine Antwort haben.

PFARRER- UND PFARRERINNENVEREIN:
- Daß man die Zeit und die Freizeit hat, im Pfarrberuf seinen persönlichen Steckenpferden nachzugehen.

Frage 5: Wo sehen Sie besondere Enttäuschungspotentiale und -risiken für PfarrerInnen?

KIRCHENLEITUNG:
- Die großen, eigentlich unerfüllbaren Erwartungen von der Öffentlichkeit und der Gemeinde und die zeitliche Belastung.
- Die Schwierigkeit, Erfolge und Leistung sehen und messen zu können.
- Die Destruktivität von Idealen - alles oder nichts. Wenn jemand antritt, um zu sagen: Ich will die Kirche verändern, dann kann er sich nur große Enttäuschungen bereiten, wenn er meint, daß er das alleine kann. Je höher die Ideale sind, um so höher ist auch das Risiko der Enttäuschung.
- Daß die Menschen, die man begleitet, andere Lösungen finden, als man für sie will.
- Eine Enttäuschung, daß ich als Pfarrer immer auch mehr über mich selber erfahre und da manchmal auch mehr Grenzen sehe als ich ursprünglich gesehen habe. Das ist aber ein normaler Vorgang.

- Daß der Beruf viel mit lang andauernden Prozessen zu tun hat, in denen die Ergebnisse nicht so klar auf der Hand liegen.
- Sie liegen auf verschiedenen Ebenen: Im Menschen selbst, in der Gemeindesituation, im Beziehungsgefüge zwischen den Menschen und der Gemeinde, auch im Beziehungsgefüge in der Familie.
- Oft wird unterschätzt, wieweit der Beruf in die Familie hineinragt.
- Wenn die eigene Botschaft, von der man überzeugt ist, nicht so ankommt, wie man sich das wünscht, sowohl individuell als auch gesamtgesellschaftlich.
- Die Erwartung, daß man mit offenen Armen überall aufgenommen wird.
- Der geringe Gottesdienstbesuch.
- Die Enttäuschung wird umso größer, je mehr ich erwarte. Nichts zu erwarten, ist aber auch nicht gut.
- Zu sagen, ich kann den Erfolg messen an der Höhe der Kollekte oder der Zahl der Kircheneintritte ist eine verführerische, aber dann auch zur Enttäuschung führende Einflüsterung.
- Der Beruf ist voller Möglichkeiten zur Enttäuschung, das wichtigste Enttäuschungspotential ist die Enttäuschung über sich selbst.
- Das Gefühl, daß die Zeit nicht langt, daß die Kraft nicht langt, daß die Erwartungen, die man an sich selber stellt, die Kirchenleitung und Gemeinde stellen, unerfüllbar sind.
- Enttäuschungserfahrungen, wenn man trotz größter Anstrengung, trotz größter sauberster Predigtvorbereitung immer nur wieder die gleichen sieht.
- Jeder Kirchenaustritt ist für einen Pfarrer eine Ohrfeige.
- Konkurrenz mit Kollegen, theologischen Kollegen oder auch nichttheologischen Kollegen aus anderen Mitarbeitergruppen.
- Gewisse Einsamkeits- und Ohnmachtsgefühle bei mehrmaliger vergeblicher Stellenbewerbung.

SUPERVISION / BERATUNG:
- Daß sie feststellen, daß sie zu fünfundachtzig Prozent im Studium Dinge gelernt haben, die sie im Beruf nicht brauchen.
- Risiken sehe ich darin, wie menschlich gegründet der Pfarrer, die Pfarrerin ist und wie sie dann auch wieder mit anderen umgeht, und wie sie damit auch mit Remplern umgeht, die man auch so im Laufe seines Lebens erhält.
- Enttäuschungen entstehen auch dann, wenn man zum Beispiel mit einem Kirchengemeinderat zusammenarbeitet, der die Ziele, die man selber hat, einfach nicht teilt.
- Daß Pfarrer und Pfarrerinnen immer wieder gestört werden bei dem, was sie gerade tun. Diese Störungen, die permanenten Störungen, die von morgens bis abends die ganze Woche durch immer wieder geschehen, die sind ein großes Enttäuschungspotential.
- Die Enttäuschungspotentiale beruhen darin, daß es eine Spannung gibt zwischen dem, warum er einmal angefangen hat: Er möchte den Dingen auf den Grund gehen, er möchte Theologe sein, er möchte auch innerlich Lebensprobleme, die er vorher nicht gelöst hat, zu einer Lösung bringen und für andere Menschen da sein – und der Beruf erwartet etwas ganz anderes, der erwartet von ihm einen Allround-Könner, einen Rundum-Mann, der immer da ist und der alles kann.
- Wenn jemand mit solchen Illusionen hingeht, daß man in der Kirche anders herangeht, daß man da guten Menschen begegnet, daß da alle positiv gestimmt und eingestellt sind, und daß sie nur auf mich warten, und ich da aufgehoben bin, und mich jeder liebt, ja, das kann nur katastrophal enden.
- Die Erfahrung zu machen, ich bin voller Begeisterung und ich komme nicht an. Und dann eben zu meinen, es liegt an mir.

- Sich mit dem lieben Gott verwechseln, sich mehr zutrauen als man anzubieten hat und vergessen, daß die Gnade unserem Tund vorausgeht.
- Im privaten Bereich (Ehe, Kinder); aber auch im beruflichen Bereich (leere Kirchen etc.).
- Daß ich nicht ankomme mit dem, was ich sage und tue.
- Machtspiele, Intrigen in der Gemeinde, mangelnde Zusammenarbeit mit Kollegen.
- In den Vergeblichkeitserfahrungen, im Scheitern an überhöhten, selbstgesetzten Idealen, in zu großer Abhängigkeit und Bedürftigkeit nach Geliebtwerden und positiver Resonanz.

AUSBILDUNG:
- Im messianischen Selbstbewußtsein, mit dem manche anfangen.
- Im Ideal von „Gemeindeleben" und frommer Vita communis.
- Der Pfarrberuf ist ein Beruf, der viel mit Prozessen zu tun hat, mit lang andauernden Prozessen, in denen manchmal die Ergebnisse nicht so klar auf der Hand liegen.
- Daß manche Pfarrerinnen denken, es ist vergeblich was ich tue, es kommt eigentlich wenig dabei raus und der Gedanke entsteht, daß jemand anderes genausogut, oder besser an dieser Stelle sein könnte.
- Aus der spezifischen Berufssituation bei einem Monopolarbeitgeber.
- Da, wo rigide Leitbilder, selbst gewählt, oder von anderen verordnet und unkritisch übernommen, vom alleskompetenten Macher zum Beispiel - wo die nicht mehr befragt werden, nicht mehr dem biographischen Wandel, das heißt, der Korrigierbarkeit, der Fehlbarkeit und Korrigierbarkeit unterliegen und dann erstarren und eine Über-Ich-Struktur bekommen.
- Der Perfektionismus bei Berufsanfängern. Diese hohen Selbstanforderungen sind im Grunde ein Potential für Depressionen.
- Der Drang, Menschen immer noch besser machen zu wollen.

PFARRER- UND PFARRERINNENVEREIN
- Wenn die Arbeit nicht anerkannt wird, wenn die Zusammenarbeit mit Mitarbeitern nicht gelingt, wenn die persönliche Theologie und die persönliche Spiritualität keinen Anklang in der Gemeinde findet.

3. 3. 3. 2. BELASTUNGSPOTENTIAL NEIGUNG UND PFLICHT
Fragen Eigenwahrnehmung: 4, 5 / Außeneinschätzung 4

EIGENWAHRNEHMUNG

Frage 4: Gibt es Tätigkeiten/Verpflichtungen in Ihrem Beruf, von denen Sie sich lieber entlastet sähen?

ANFANG DES BERUFSLEBENS:
- Das Kerngeschäft mache ich alles sehr gern, ich finde es schön, zu verkündigen, auf der Kanzel zu stehen, ich finde Kasualien sehr, sehr schön, weil ich den Eindruck habe, es ist etwas ganz schönes, Biographien im Licht des Evangeliums zu deuten. Ich mache auch Seelsorge gerne. Was mich wirklich belastet, ist oft der Kleinkram, wenn jemand anruft und sagt: Haben Sie daran gedacht, daß der Herr XY das und das in der Gemeinde vergessen hat und könnten Sie ihm das nicht noch bringen? Also, wo ich gerne entlastet wäre, da sind diese beknackten Telefonanrufe, die sieben Tage in der Woche kommen. Ich lehne eigentlich auch die Präsenzpflicht ab. Da gäbe es Lösungen, die man besser gestalten könnte. Ich glaube, daß die Präsenzpflicht manchmal auch zu den Allmachtsgefühlen bei uns Pfarrern führt.

- Klarere Vertretungsregelungen auf kleiner Ebene, daß man einen freien Tag hat, wo man weiß, da ruft mich niemand an und ich muß mir auch kein schlechtes Gewissen machen. Eigentlich wäre der richtige Weg, daß man über Entlastung redet, daß ich mein Kerngeschäft mache, nicht für jeden Scheiß zuständig bin.
- Zu viele Aufgabenfelder bei zu wenig Zeit. Religionsunterricht und Dienstbesprechungen.

MITTE DES BERUFSLEBENS:
- Stichwort Pfarramtsführung und Verwaltung.
- Pfarramtsführung, Verwaltungstätigkeiten, Strukturdinge, die erledigt werden müssen, kosten Zeit und Energie, hier eine Entlastung, das wäre sicherlich nicht schlecht.
- Verwaltung, das betrifft aber mehr die ersten Pfarrstellen. Dazu glaube ich nicht, daß wir Theologie studieren und diese Art der Ausbildung haben, um dann über Bau und Finanzen und solche Sachen zu handeln. Mitarbeiterführung sehe ich schon als eine Aufgabe von uns an, aber da müßte auch die Schulung an dem Punkt besser sein.
- Früher war das schon ein bißchen die Schule, aber ich merke, daß der Austausch mit den Schülern auch ungeheuer wichtig ist für mich.

ENDE DES BERUFSLEBENS:
- Also, einfach von der Bürokratie. Und: Ich würde mich gerne entlastet sehen, ich hätte gerne noch jemand dazu, daß man miteinander noch ein bißchen mehr machen könnte.
- Es gibt natürlich so lästiges Zeug, wie da und dort hinter Blumen her sein, hinter dem Einkauf von Putzmitteln für das Gemeindehaus. Ich habe niemand dafür. Wem will ich das guten Gewissens aufhängen. Ich mag überhaupt nicht Gremienarbeit. Also, so die Errichtung eines diakonischen Werkes und dann der Beschluß von Paragraph und Paragraph der Satzung, ist mir ein Greuel, auf das könnte ich sehr gut verzichten. Ich habe keinen Hausmeister, ich habe keinen Friedhofsmesner, ich habe sieben Sekretärinnenstunden und das ist es.
- In meiner letzten Stelle hatte ich ja eine leitende Aufgabe und da ist natürlich Verwaltung und Kampf mit der Verwaltung, Kampf ums Geld und auch die Gremienarbeit zu viel gewesen, so daß ich heute sagen würde: Ein Drittel der Arbeit war inhaltliche Arbeit und der Rest war eben alles andere. Führungsaufgaben muß man wahrnehmen, das sehe ich ein, aber es ist zuviel Verwaltung, das sollten Fachleute tun.
- Ja und nein. Das ist mir eigentlich nur der Religionsunterricht eingefallen, aber nur manchmal, denn der Religionsunterricht gerade in der Berufsoberschule hat mich auch auf dem Boden der Tatsachen stehen lassen und war mir sehr viel Braintrust für die Gemeindearbeit, weil da sehr unverblümt geredet wurde.

KLINIKPFARRERINNEN:
- Alle Pflichten, die unsinnig sind, aber kaum zu verändern sind, zum Beispiel so Präsenzpflicht oder Rufbereitschaft, das sind so Dinge, die aufoktroyiert sind.
- Zum Beispiel die Kassenführung, die ganze Verwaltung, technische Dinge, die ich nicht gelernt habe. Ich habe zwei Kassen und das sind insgesamt drei Pötte. Ich habe versucht, mir ein PC-Programm zurechtzulegen, da muß ich mich erst einarbeiten, das kostet wieder viel Zeit.
- Gewisse Verwaltungssachen mache ich nicht so gerne, das muß nicht sein.

Frage 5: Gibt es Tätigkeiten/Verpflichtungen, für die Sie lieber mehr Zeit und Energie investieren würden?

ANFANG DES BERUFSLEBENS:
- Auf einer ganz menschlichen Ebene Zeit zu haben für Menschen, die es nötig haben, also Seelsorgekontakte, die sich zwischen Tür und Angel ergeben. Ich merke, wie ich oft bei Gesprächen schon wieder unruhig werde, weil ich an die nächsten Termine und den Zeitplan denke.
- Ja, auf alle Fälle Seelsorge. Da habe ich das Gefühl, daß das hier wahnsinnig zu kurz kommt, daß das auch bei mir zu kurz kommt, also zu wenig Zeit für Gespräch.
- Die Pflege von Beziehungen zu einzelnen. Ich könnte mir vorstellen, daß da unheimlich viel auch zu bewirken ist, die Motivationsförderung bei Mitarbeitern eben dadurch, daß man miteinander etwas vorbereitet, das dann in die Hände von Ehrenamtlichen übergeht, zum Beispiel oder eben auch tatsächlich in dem seelsorgerlichen Bereich die Mitarbeiter da begleiten, wo Lebensfragen auftauchen und zwar nicht nur an diesen Schlüsselstellen, Taufe, Konfirmation oder so, sondern im Alltagsgeschäft und dazu bleibt eigentlich zu wenig Zeit.
- Ich habe eine Stelle, die eben bis zum zusätzlichen Vertretungsdienst überschaubar war, ich konnte das, was mir wichtig war im Beruf, wirklich auch in einer angemessenen Zeit vorbereiten und durchführen, bis dahin, daß ich gerne auch theologische Bücher lese, um auf dem neuesten Stand zu sein, und die Zeit hatte ich bisher.

MITTE DES BERUFSLEBENS:
- Ich möchte gerne mit Menschen arbeiten, bei Menschen sein, auf ihre Probleme hören.
- Der Pfarrerberuf sollte sehr stark motiviert sein vom Bereich Seelsorge. Das ist genau der Bereich, der gefragt ist. Wenn die Schwelle überschritten ist, einen Pfarrer überhaupt anzusprechen oder nach dem Kontakt zu suchen, wenn Sie da bei Leuten Vertrauen erworben haben, dann ist das etwas, das einfach Zeit und Raum braucht unbedingt, da hätte ich lieber mehr Zeit.
- Ja, also auf jeden Fall mehr für Seelsorge und Besuche, weil das immer das ist, was als erstes runterfällt, wenn Belastung da ist und zu viele Aufgaben oder Projekte.
- Ich mache besonders gerne Predigten und Andachten und Nachdenken und Gedichte oder so etwas und da habe ich in der letzten Zeit eigentlich zu wenig Zeit und auch zu wenig Energie.

ENDE DES BERUFSLEBENS:
- Ich hoffe, daß mir dann ein bißchen Zeit bleibt für diese spirituelle Seite, weil ich mir denke, daß sie für auch mich selber sehr wichtig ist.
- Beim Überlegen ist mir klar geworden, ich bin eigentlich ein Feld, Wald, Wiesenpfarrer. Jemand, der so meint, wie das Leben so kommt, so muß man es nehmen. Was auf den Tisch kommt, wird gegessen, hieß es bei uns zu Hause. Man stochert nicht im Salat rum, man sucht sich auch nicht das bequemste aus. Das ist so ein Stück Pflichtgefühl. Das, was kommt, wenn man es richtig macht, ist ja auch spannend. Also, ob Sie Schulunterricht, Konfirmandenunterricht, Beerdigungen machen, wenn Sie es anständig machen ist es sofort spannend und insofern ist es für mich eine Mischung, die eigentlich nicht schlecht ist. Immer wieder einmal gibt es Sonntage, wo ich sage, wenn ich einmal nicht mehr auf die Kanzel muß, weil mir diese Aufgabe so schwer scheint, werde ich froh sein.
- Naja, das wäre die inhaltliche Arbeit gewesen, Für die einfach Zeit zu haben und nicht für all die anderen Sachen, Es muß Gremien geben, es muß das alles geben, aber da gäbe es sicher eine bessere Organisation und eine gute Entlastung. Da Formen zu finden, wäre sehr notwendig.

- Das wären einmal die Besuche. Besuche kann man eigentlich nie genug machen in der Gemeinde, und zwar querbeet. Gespräche und Diskussionsmöglichkeiten und dann auch Beziehungen aufzubauen, auch im kommunalen Bereich und dann einfach auch Zeit zu haben, auf die Verantwortlichen zuzugehen.

KLINIKPFARRERINNEN:
- Exerzitien würde ich an erster Stelle sehen. Geistliche Übungen, im umfassenden Sinne. Daß ich mehr den Dingen Raum geben kann, sie wachsen lassen kann, Raum zu haben, um wirklich auch wieder mit meinen Grundbefindlichkeiten in Kontakt zu kommen, mit meinen Quellen und und. Also, diese Grundhaltung, weg von diesem Machertum, mehr zu der Seinserfahrung. Was ich ganz wichtig fände, wären auch noch so reflektierende Gespräche mit Mitarbeitern und mit Ehrenamtlichen.
- Zum Beispiel würde ich gerne mehr Gruppen im Krankenhaus anbieten, auch gerade um das rüberzubringen, was Lebenshilfe heißt, Motivation zu geben und Anleitung zur Selbsthilfe zu geben. Nur ist das so, daß einfach im Krankenhaus der Patient die Verantwortung an der Pforte abgibt und dann nicht zu den Angeboten kommt, die ich anbiete.
- Ja, ich würde gerne noch mehr auf Station gehen. Da stört mich die viele Zeit, die ich oft sitzungsmäßig und besprechungsmäßig verbrauche.
- Ich würde gerne für Gottesdienste mehr Zeit noch aufbringen. Ich denke immer: Ach jetzt auch noch so eine Predigt machen und Gottesdienst vorbereiten, weil so viel anderes ist und da hätte ich auch mal Lust, wenn ich mal so richtig Zeit hätte. Manchmal verwirkliche ich es auch und manchmal nicht.

AUSSENEINSCHÄTZUNG

Frage 4: Was betrachten Sie als die „eigentlichen" Aufgaben des Pfarrberufes - und wie beurteilen Sie die Möglichkeit, sich ihnen zu widmen?

KIRCHENLEITUNG:
- Das, was man heutzutage auch immer wieder die Grundversorgung nennt, also Verkündigung, Seelsorge, Unterricht.
- Kontakt zu Menschen und Gespräche mit Menschen, Offenheit auf Menschen zuzugehen, mit Menschen zu reden und insbesondere adäquat mit Ehrenamtlichen umgehen zu können. Darum ist es ganz wichtig, daß Pfarrer wieder mehr Zeit haben, sich mit Theologie zu beschäftigen, insbesondere mit der Bibelauslegung, um diese Grundaufgabe erfüllen zu können.
- Hauptaufgabe: Sammlung einer Gemeinde um Wort und Sakrament als Zentrum.
- Den Menschen in einer unglaublich komplexen Welt, an der der Pfarrer selber teilhat, Orientierung geben.
- Das Kerngeschäft kann in allem drin sein, was ein Pfarrer tut.
- Menschen in ihrer Gottesbeziehung zu begleiten, damit ihr Vertrauen auf Gott, ihre Liebe zu Gott und ihre Ehrfurcht vor Gott reifen kann.
- Weitergeben des Evangeliums und durch das Austeilen der Sakramente.
- PfarrerInnen sind dafür verantwortlich, daß in der Gemeinde ein Raum ist, in dem die Gemeinschaft der Glaubenden leben und wachsen kann.
- Seelsorge, Gottesdienst (gut predigen) und Unterricht.
- Bei ersten Pfarrstellen Mitarbeiterführung, ehrenamtlich, hauptamtlich, auch geschäftsführende Aufgaben.

- Schade finde ich, daß für die nachgehende Seelsorge, für die Hausbesuche wenig Zeit bleibt.
- Man müßte Wege finden, Pfarrer von den Verwaltungsaufgaben mehr zu entlasten.
- Pfarrer müßten von den übrigen Aufgaben, Verwaltung etc. entlastet werden, um sich mehr diesen Kernaufgaben widmen zu können.
- An Gott erinnern.
- Die eigentlichen Aufgaben sind im Ordinationsversprechen definiert.
- Der Pfarrer soll seine theologischen Kenntnisse, seine theologischen Erfahrungen vertiefen, sowohl auf der wissenschaftlichen Ebene, wie auf der praktischen Ebene seiner Tätigkeit und auf der eigenen existentiell-spirituellen Ebene.
- Die Möglichkeit, sich den eigentlichen Aufgaben in der Gemeinde zu widmen, sind nach wie vor groß.

SUPERVISION / BERATUNG:
- Seelsorge - sowohl in der direkten Begegnung, als auch zum Beispiel bei Predigten.
- Seelsorge und Verkündigung und die Möglichkeit, sich ihnen zu widmen sehe ich dann gegeben, wenn Verwaltung und Papierflut eingegrenzt werden können.
- Sich auch um die MitarbeiterInnen kümmern.
- Zwei Kernkompetenzen: Gottesdienste zu halten, also den Gottesdienst zu leiten und zu predigen und: Seelsorge zu üben, das heißt, bei den Menschen sein und mit ihnen in Beziehung und in Kontakt sein. Wer in seiner Gemeinde als Pfarrer seine Gottesdienste hält und Seelsorge macht und das sorgsam tut, der macht das, was er als Pfarrer zu tun hat.
- Sich im Auftrag und im Namen Gottes, ich repräsentiere ja nun mal Gott als Pfarrer Menschen zuzuwenden, ihnen Zuwendung zu geben, das kann auch die konfrontative Zuwendung sein, und ihnen zum Leben zu verhelfen.
- Das, was die Menschen letztlich angeht („ultimate concern").
- Dafür Sorge tragen, daß die Menschen offen bleiben oder wieder offen werden für das Geheimnisvolle, daß sie das Heilige in ihrem Leben erfahren, davon berührt werden und mit ihrer Seele in Berührung kommen.
- Bei den vier Hauptereignissen: Geburt, Mannbarkeit, Hochzeit und Tod zu wirken.
- Die Leute an die spirituelle Dimension hinbringen.
- Die Aufgaben kann man in den Bildern der Bibel sehen. Für mich ist ein wichtiges Bild die Heilung der gekrümmten Frau. Das ist so die wichtigste Aufgabe des Pfarrers, Menschen wieder aufzurichten, die gebeugt sind, ihnen ihre Würde zu zeigen. Das verlangt einiges. Einmal den eigenen geistlichen Weg. Es verlangt eine Fähigkeit, auch Liturgie zu feiern, das, was ich erfahre, auch rüber zu bringen. Dann verlangt natürlich der Pfarrer auch eine gesunde Führungsaufgabe, wie führe ich meine Gemeinde.
- Ja und ein ganz wichtiger Bereich ist sicher, Menschen unterschiedlicher Auffassung, Herkunft, Theologie zusammenzuführen und die Versöhnung stiften in der Gemeinde, das würde ich so als eine der wichtigsten Aufgaben sehen.
- Die Kernaufgaben des Pfarrberufes sind wirklich geistlicher Natur: Das Weitergeben der Botschaft, Seelsorgliche, für Menschen in den Höhen und Tiefen ihres Daseins, im besten Sinne des Wortes Bei-Stand sein. Dann wäre sehr gut liturgische Geistesgegenwart, also sorgfältige und gewissenhafte Gestaltung der verschiedenen Gottesdienste. Organisation, Büro, Verwaltung sollte nicht zum Fluchtpunkt ihren Handelns werden, Fluchtpunkt im doppelten Sinne, Zielpunkt und Ausflucht

AUSBILDUNG:
- Professionelle Arbeit im Machtbereich des Heiligen. Die Möglichkeiten sind immer gleich gut oder gleich schlecht.

- Nach wie vor in erster Linie die liturgische: Den Gottesdienst in seinen verschiedenen Ausprägungen und Funktionen. Hinzu kommen der oft zum großen Schaden der Kirche vernachlässigte Unterricht sowie die Seelsorge. Ohne das Zentrum in der liturgischen Arbeit wird Kirche zu einer Art von Sozialverein. Alle Religion geht vom Altare aus. Der Kult dient dabei der Selbstvergewisserung. Die Selbstvergewisserung bedarf nicht nur der Vergewisserung, sondern auch der Selbstzelebration.
- Die Möglichkeit, sich ihnen zu widmen beurteile ich als gut bis sehr gut, wenn von vornherein zur Aufgabenbestimmung gehört, daß zum Pfarrberuf auch die Aufgabe gehört, die Rahmenbedingungen zu organisieren, in denen diese Aufgaben wahrgenommen werden.
- In der Verbindung zwischen dem Inhaltlichen und dem Organisatorischen. Jemand, dem es gelingt, sein inneres Anliegen, die Kommunikation des Evangeliums in Gestalt zu bringen und dies in der Ortsgemeinde zu gestalten, erfüllt die eigentliche Aufgabe.
- Der Pfarrberuf besteht darin, daß die Kommunikation des Evangeliums Gestalt gewinnen kann, und daß der Organismus Gemeinde durch die Leitungsfunktion gefördert wird.
- Den professionellen, respektierenden Umgang mit der Sehnsucht nach Leben, nach Ganzheit, nach Gott, bei anderen und bei mir selbst.
- Mein Verdacht ist, daß sich PfarrerInnen viel zu viel beschäftigen mit Ansprüchen und der Bedienung und Verweigerung von Ansprüchen.
- Im Feld Lebensbegleitung. Schauen: Was brauchen die Menschen?

PFARRER- UND PFARRERINNENVEREIN
- Verkündigung, Seelsorge, Unterricht, Mitarbeiterführung. Oft nimmt aber die Verwaltungstätigkeit einen großen Teil der Zeit ein und steht in Konkurrenz zu den anderen Aufgaben.

3.3.3.3. BELASTUNGSPOTENTIAL BERUFSFREMDE AUFGABEN
Fragen Eigenwahrnehmung: 6

EIGENWAHRNEHMUNG

Frage 6: Müssen Sie Tätigkeiten ausüben, die eigentlich nicht zu den Aufgaben von PfarrerInnen gehören - und wie geht es Ihnen ggf. damit?

ANFANG DES BERUFSLEBENS:
- Ja, auf jeden Fall muß ich solche Tätigkeiten ausüben, zum Beispiel das Haushaltswesen. Dinge, die ich im Studium nicht gelernt habe. Im Bereich Personalführung könnte ich auch noch mehr Know-How haben, das wäre manchmal nicht schlecht. Im Bereich Verwaltung würde ich mir manchmal wünschen, daß man so etwas wie Verwaltungschefs in einer Gemeinde hätte.
- Das Problem ist hier, ich habe eine Sekretärin, die kennt sich mit dem Computer nicht aus und mein Kollege will sich in den Computer auch nicht einarbeiten, jetzt muß ich diese ganze Computerarbeit hier machen und das ärgert mich zunehmend. Ich muß den ganzen Gemeindebrief machen, die ganzen Plakate gestalten oder Monatspläne verfassen und Gottesdienstpläne, das sind Dinge, die eigentlich Sekretärinnenaufgaben sind, und wo ich mich manchmal auch ein bißchen von meinem Kollegen mißbraucht fühle, so als sein Adjutant.
- Ja, da tauchen schon verschiedenste Sachen auf, von stundenlangen Kopierarbeiten bis dazu, daß man dann mit bestimmten Begabungen auch gefragt ist, dann heißt es, wer könnte im Schulgottesdienst Gitarre spielen. Eigentlich wären das Aufgaben von Ehrenamtlichen oder von Nebenamtlichen. Die Verwaltungsaufgaben könnte man vielleicht auch nennen.
- Von meinem Selbstverständnis her muß ich das nicht.

MITTE DES BERUFSLEBENS:
- Das ist eine spannende Sache, diese Frage für mich. Welche Tätigkeiten, die eigentlich nicht zu den Aufgaben des Pfarrers gehören, das bedeutet: Wenn wir miteinander ein Zelt aufbauen für das Gemeindefest, ist es Aufgabe des Pfarrers, da mit zu heben? Ist es Aufgabe des Pfarrers Biertragerl durch die Gegend zu schleppen? Ist es die Aufgabe, Bänke aufzustellen, Tische aufzustellen usw.? Ich denke, daß all dies aber in Endeffekt auch dazu gehört. Ich finde eine Verengung hier einfach verkehrt. Ich habe festgestellt, daß Kontakt mit Menschen gerade aus solchen Tätigkeiten, die nichts ganz Enges damit zu tun haben, ganz wichtig sind und sehr spannende Kontaktmöglichkeiten bieten, Ansätze bieten und aus dem Grund sehe ich das so, daß ich eigentlich nicht viele Tätigkeiten ausübe, wo ich sage, die gehören nicht dazu.
- Z.B. die Verwaltung, ich denke, das muß nicht die Aufgabe der Pfarrer sein, zumindest nicht in den großen Gemeinden in der Stadt. Gleiches gilt für den Religionsunterricht. Ich denke, daß es viele Lehrkräfte gibt, die da sehr viel besser ausgebildet sind und da viel mehr Fähigkeiten haben und auch mehr Pädagogik als wir. Und wenn unsere Ausbildung da besser wäre, hätte ich damit keine großen Schwierigkeiten, weil ich es für sinnvoll erachte.
- Finde ich eigentlich nicht, denn zu den Aufgaben von Pfarrern und Pfarrerinnen gehört nun mal auch das Organisieren zum Beispiel von Gemeindefesten oder gehört eben auch mal, abends in die Kirche zu rennen und etwas Hausmeisterliches zu tun. Ich denke halt, alles was mit der Kirche zusammen hängt und mit den Menschen, die dafür arbeiten - und ob ich jetzt einen Mann fürs Eis bestelle und so, das ist halt beim Gemeindefest so. Also, ich kann jetzt eigentlich auch nicht sagen, was Pfarrer und Pfarrerinnen nicht machen sollten, das kann ich also nicht sagen.

ENDE DES BERUFSLEBENS:
- In dieser Gemeinde sicher auch, weil es einfach für die Bereiche, die abgedeckt werden müssen, zu wenig Planstellen gibt. Ich habe für mich selber immer den ganzen Bereich im Blick. Ich habe ein bißchen die Tendenz, zu glauben, daß ich mich um alles kümmern muß und für alles verantwortlich sein muß, was hier läuft. Also, mir wäre es persönlich einfach recht, wenn ich Pfarrer und Seelsorger sein könnte, und mich um die anderen Sachen nicht kümmern müßte.
- Also, studiert habe ich natürlich einmal Theologie. Aber daß man gleichzeitig verantwortlich ist für die Spenden und ihre Verwendung, für ein ordentliches Management unseres Kirchleins, das ist eigentlich klar. Ich habe keine Hilfskräfte und ich habe eigentlich das Gefühl, da und dort kann ich ab und zu jemanden bitten und sagen: Hilf mir, aber Leuten, die auch eine Qualifikation haben, etwas aufhängen, da komme ich mir immer sehr dumm vor.
- Diese viele Verwaltung.
- Es ist oft ein Mittelding zwischen Seelsorge, aber auch Unterhalterin sein. Man wird benutzt auch benutzt als Pfarrerin. Man wird benutzt von Leuten, die Freundschaften suchen und kann sich nicht sehr wehren und distanzieren. Weil ja dieses Ideal ist, rund um den Tag zur Verfügung zu stehen und jemand, wo ich das Gefühl habe, die müßten bei sich jetzt was ändern, denen kann ich das sagen, aber zu sagen: Ich habe für Sie in den nächsten fünf Wochen keine Zeit, das geht nicht, weil ich denke, die müßten im Grunde ganz anders ansetzen als jetzt so eine Art Freundschaft mit mir. Da mußte ich mich doch sehr viel immer abgrenzen und hatte Schwierigkeiten.

KLINIKPFARRERINNEN:
- Für mich sind es manchmal einfach auch willkommene Abwechslungen. Also ich mache ganz gerne so immer Büroarbeiten oder Organisationskram, der nicht zu meinen Tätigkeiten

gehört, aber der mich einfach in so eine entspannte Haltung bringt, er bringt mich raus aus meinen Nachdenklichkeiten.
- Dieses Kassenwesen, das habe ich nicht gelernt, Buchführung habe ich nicht gelernt und das ist schon blöd, wenn dann ein Pfennig fehlt, mußt du rumrechnen bis zum geht nicht mehr, da wird man dann ganz narrisch, weil das so viel Zeit kostet.
- Eigentlich nicht. Manchmal streift es sich einerseits mit sozialpädagogischen und andererseits mit psychosomatischen Diensten der Klinik, aber das hält sich in Grenzen und das ist ja auch etwas Verwandtes in mancher Hinsicht.

3. 3. 3. 4. Belastungspotential Kraftaufwand für die Arbeit
Fragen Eigenwahrnehmung: 8 / Außeneinschätzung: 7

Eigenwahrnehmung
Frage 8: Viel Kraft kostet mich in meinem Beruf ...

Anfang des Berufslebens:
- Ich habe viel Freiheit, viele andere haben Strukturen, manchmal sehne ich mich nach Strukturen. Es kostet mich Kraft, daß ich meine ganze Freizeit selber organisieren muß, daß ich nie weiß, wann ich fertig bin, daß ich das immer aus mir selber heraus sagen muß: So, jetzt hast du frei, auch wenn du nicht fertig bist.
- So diese ständigen Wechsel der Situationen oder auch der Kontexte, wenn man halt direkt von der Schule auf den Friedhof muß und sich ständig auf neue Situationen einlassen muß, das kostet schon Kraft. Und viel Kraft im Beruf kostet mich auch die Zusammenarbeit mit Kollegen.
- Die Hetze. Ein Gesprächstermin jagt den nächsten. Das finde ich fast kontraproduktiv. Was mich auch sehr viel Kraft kostet, sind viele Fahrtzeiten. Und das andere, was mich auch viel Kraft kostet, sind Abendtermine, fast jeder Abend ist belegt. Das passt auch nicht so ganz zu meinem Biorhythmus. Ich weiß nicht, ob man sein ganzes Leben lang durchhält, ich glaube nicht. Was Kraft kostet, ist, daß man so wenig Rückmeldungen bekommt. Wenn sie kommt, ist es ein Kraftfaktor, wenn man das Gefühl hat, sie ist nicht da oder wenn man irgendwie zu abhängig davon ist, dann ist das etwas, das unheimlich Kraft entzieht.
- Anstrengend ist für mich, mit weniger teamfähigen Kollegen zusammen zu arbeiten. Diese oft nicht echte Kommunikation. Und die Machtkämpfe, vor allem unter Männern.

Mitte des Berufslebens:
- Der Umgang mit seelisch kranken Menschen und Depressiven vor allem, das zieht mich sehr nach unten. Viel Kraft hat mich auch der Unterricht gekostet, der Religionsunterricht und der Konfirmandenunterricht.
- Kraft kostet alles, was man mit Energie tut. Das Schöne und das, was manchmal etwas schwierig ist. Das bedeutet: Kraft kostet der Bereich Beratung und Seelsorge ganz klar, und zwar kräftig, wer das nicht registriert, ist wirklich selber schuld. Da hat man seinen Akku leer gespült, nachdem man zwei, drei Gespräche intensiv geführt hat, braucht man eine Pause, das ist ganz klar. Kraft kostet natürlich auch, wenn Sie sich mit Strukturen beschäftigen müssen, die weit weg sind, wenn Sie Telefonate mit München führen und dort verhandeln und sich gegebenenfalls streiten müssen, das kostet Kraft und da ist es so, daß Sie danach eben die Frage stellen können, wieviel Sinn hat diese Zeit, die jetzt investiert wurde, und diese Energie, diese Kraft, die Sie investieren tatsächlich gebracht, was ist das, was dabei rauskommt.

- Wenn es Konflikte mit Ehrenamtlichen und Hauptamtlichen gibt. Da entstehen dann oft so Teufelskreise, aus denen man schlecht wieder rauskommt und die fressen sehr viel Zeit und Energie auf unterschiedlichen Ebenen, z.B. Mitarbeiterinnen im Kindergarten, für die ich einmal zuständig war oder Ehrenamtliche, die ganz andere Vorstellungen haben und bis zu erpresserischen Methoden meinen, das durchsetzen zu müssen in der Gemeinde. Manchmal hatte ich auch schon Kollegen, mit denen man nicht so klar kommt und dann Konflikte austragen muß. Oft finde ich das unnötig.
- Das ist im Grunde fast das gleiche. Weil eben so ein ganz intensives Leben und fast immer mit Menschen zusammen zu sein, die in irgendwelchen, sei es freudigen oder auch traurigen Krisensituationen sind und dergleichen, das kostet mich auch wirklich viel Kraft. Und es kosten auch Predigten Kraft und das ist eine Kraft, die oft weggeht.

ENDE DES BERUFSLEBENS:
- Manchmal so für alle da zu sein, dazwischen zu stehen und dann auch nicht gängige Innovationen in Gang zu setzen, zum Beispiel offene Jugendarbeit mit hundert Jugendlichen wöchentlich und Schlägereien und allem drum und dran.
- Ich denke, man spürt den Gegenwind, man spürt, daß man in ganz vielen Lebensbereichen eigentlich keine Kompetenz mehr zuerkannt bekommt als Pfarrer. Was verstehst denn Du davon! Fromme Sprüchlein! Man spürt das eingesperrt sein in die Vorurteile gegen die Kirche, gegen die Pfarrer, gegen die Theologie.
- Viel Kraft kostet mich, diesen ganzen umfangreichen Tagesablauf immer in den Griff zu kriegen, die Dinge auf dem Schreibtisch.
- Der Kampf ums Geld. In den Gremien rumsitzen. Leute für sich gewinnen. Führung kostet Kraft. Führung und Motivation der Mitarbeitenden kostet Kraft.

KLINIKPFARRERINNEN:
- Auch die Freiheit. Das ist so die andere Seite der Medaille: Zu dieser Freiheit zu stehen und kein schlechtes Gewissen zu haben, wenn ich sie nutze. Das wäre das, was mich wirklich viel Kraft kostet. Dann die Selbstlegitimation als Pfarrer in einem Krankenhaus. Dieses immer wieder auf diese Frage zu reagieren: Aus welcher Gemeinde kommen Sie denn? Und dann zu sagen: Ich komme eigentlich hier aus dem Krankenhaus und ich bin der Krankenhauspfarrer und das ist meine Gemeinde. Also immer wieder mich legitimieren zu müssen, zu meiner Daseinsberechtigung zu stehen und sie zu begründen.
- Mich persönlich kostet viel Kraft die ständige Rufbereitschaft.
- Daß ich meistens mit extremen Situationen zu tun habe und mit Grenzsituationen, wo es um Leben und Tod geht, auch bei Kindern. Und daß bei uns in der Klinik wirklich viele Kinder sterben. Das ist das Schwierigste, was ich jemals in meinem Leben gemacht habe.
- Daß ich immer wieder natürlich identifiziert werde mit Meinungen über Pfarrer oder Rollenvorstellungen von Pfarrern, die überhaupt nicht die meinen sind, die Leute aber einfach unterstellen, daß es die meinen auch sind. Sei es, daß die Vorstellungen haben, die ich überhaupt gar nicht teile, sei es daß die auch diese Vorstellungen ablehnen, aber mir natürlich zuschreiben, ich hätte die, irgendwelche bestimmten oder auch verrückten Glaubensvorstellungen, das finde ich hart. Und Kraft kostet mich natürlich auch, aber das habe ich ja gewählt, daß ich so viel mit Extremsituationen, mit Sterben, Tod, mit großen Konflikten zu tun habe. Aber das ist natürlich auch zugleich das, was ich möchte. Und Kraft kostet mich auch, daß ich in Zeiten, wo ich eigentlich so am Rande christlichen Glaubens stehe und eigentlich denke, er ist im Zerbrechen oder ist zerbrochen und ich muß trotzdem Gottesdienste halten. Das habe ich sehr schwer erlebt, wenn ich eigentlich nicht mehr beten kann, dann doch noch hier zu stehen.

AUSSENEINSCHÄTZUNG

Frage 7: Was würden Sie als die besonders belastenden und anstrengenden Seiten des Pfarrberufes bezeichnen?

KIRCHENLEITUNG:
- In der Regel erst einmal Einzelkämpfer zu sein und mit allen Belastungen allein fertig werden zu müssen
- Die Überforderung, unter die man sich selbst leicht stellt, die auch von außen an einen herangeführt wird, daß es eigentlich nie den Punkt gibt, daß man sagt: Ich bin mit meiner Arbeit fertig.
- Dieses Allround-Genie, was alle meinen, was man sein soll.
- Kommunikation ist anstrengend.
- Daß die Grundaufgabe, die Pfarrer haben, immer weitergeht.
- Die Unstrukturiertheit der Zeit, der fehlende Grundrhythmus in den Tagen und Wochen. Immer wieder neu den Rhythmus zu finden und die Arbeit so einzuteilen, so zu koordinieren und zu planen, daß es stimmig ist, daß es nicht zu viel wird.
- Dieses permanent neu vereinbaren, neu sich verständigen, immer wieder neu planen.
- Die Balance zu finden von Beruf und Familie, zwischen eigenen Interessen und der beruflichen Tätigkeit.
- All das, was man machen muß, obwohl man es nicht richtig gelernt hat, Verwaltung und Finanzen etc.
- Die dauernde Zuwendung zu Menschen.
- Der permanente Wechsel der Situationen, Anforderungen und Gefühle: Von Schule über das Taufgespräch bis zur Beerdigung oft an einem Arbeitstag.
- Hinzu kommt: Je besser ich als Pfarrer bin, um so mehr werde ich darin auch in Anspruch genommen, bis dahin, daß man erdrückt wird von der Inanspruchnahme dieses Vertrauens.
- Das Belastendste ist, daß es keine wirkliche Erfolgsrückmeldung gibt.
- Die schlecht geregelte Arbeitszeit.
- Daß es so schwer abwägbar ist, wann man eigentlich fertig ist und genug getan hat.
- Die Zeitproblematik und die Erwartungsproblematik.
- Die Frage, wie Dienstzeit und Freizeit miteinander zu verbinden sind, wie Privatleben und dienstliches Leben, Beruf und Familie, Berufstätigkeit des jeweiligen Ehepartners etc.
- Besonders anstrengend sind alle Enttäuschungserfahrungen, das können auch die persönlichen, existentiellen Enttäuschungserfahrungen in einem Leben sein.

SUPERVISION / BERATUNG:
- Die inneren und äußeren Erwartungen, ich soll sein, der immer bereit ist, zu geben.
- PfarrerInnen sind ja gleichsam verbeamtete Freiberufler und das heißt, sie bräuchten ein gutes Maß an Selbstdisziplin, an Selbstorganisation, um sich selber eine gute Struktur für ihre Aufgaben zu geben, sie sind ja weitgehend in der Selbstverantwortung, wie sie den Tag einteilen. Das hieße für mich, sich selber hilfreiche Gewohnheiten zu entwickeln und für sich stimmige Schwerpunkte zu setzen. Es allen in allem recht machen zu können, ist natürlich eine schreckliche Überforderung und Illusion. Dieser innere Zwang, es allen recht machen zu müssen und die Ansicht, das auch zu können, ist ein Hauptfaktor für Burnout.
- Die Schwierigkeit, zwischen Privatem und Dienstlichem sauber zu trennen.
- Die Erwartung, die man Pfarrern gegenüber hat, daß sie immer freundlich sein müssen.
- Daß ich als Pfarrer in ganz unterschiedlichen beruflichen Situationen bin, Kirchengemeinderatssitzung, Jugendarbeit, Gottesdienst, Notsituationen etc. Dann dieses Ideal: Ich soll der und der sein. Das macht mir natürlich auch Druck, ich darf eigentlich gar nicht der sein, der

ich bin, eigentlich bin ich ganz anders, aber ich komme selten dazu. Nach außen hin der Fromme, der Vollkommene, es gibt aber auch noch eine ganz andere Seite, eine ärgerliche oder eine Schattenseite, eine schwache Seite.
- Die Unregelmäßigkeit. Und, daß man ständig geben muß, so Frommes geben muß und Hilfe geben muß und oft zu wenig Raum hat, wo man selber Hilfe erfährt, wo man die eigenen Bedürfnisse leben kann.
- Daß man mit der ganzen Spannbreite des Lebens zu tun hat, von der Geburt bis zum Tod, auch vorgeburtlich und nach dem Tod noch. Und zwar in einer hohen Emotionalität.
- Wenn meine Ideale überhöht sind, also, wenn mein Über-Ich mich im Besitz hat, tyrannisch ist im Verbieten wie im: Das mußt du erreichen. Nur so bist du gut! Dann wird die diese hohe Emotionalität und diese Spannbreite des ganzen Lebens des Pfarrberufes zu einer Überlastung, weil ich dann dem nie genügen kann. Mit dem korrespondiert die Projektion von außen, durch Gemeindeglieder, aber auch Kollegen mit ihren oft überhöhten Erwartungen, die auf deren Über-Ich wieder zurückzuführen sind.
- Besonders anstrengend und belastend finde ich, daß es immer zu einer Situation kommen kann, wo ich ganz und gar gefordert bin, wo ich mich nicht ausklinken kann. Wobei ganz und gar gefordert nicht nur heißt, als Person, sondern auch was die spirituelle Dimension betrifft.

AUSBILDUNG:
- Seit Jahrhunderten klagen zwei Berufsgruppen über die Schwere ihrer Arbeit, die in Wirklichkeit gar nicht so schlimm ist: Die Bauern und die Pfarrer.
- Ich glaube nicht, daß Pfarrerinnen und Pfarrer heute überlastet sind. Sie sind vielmehr durch sehr große Freiheiten und viel zu viele Möglichkeiten überfordert - und durch ein unklares Berufsprofil. Die „Belastung", von der überall geredet wird, liegt also im innerseelischen bzw. psychischen Bereich. Hinzu kommt das Auseinanderklaffen von beruflicher und privater Identität und Lebensführung bei vielen Pfarrern.
Und das hängt natürlich damit zusammen, daß unser Berufsbild im Schwimmen ist.
- Daß die Grundaufgabe der PfarrerInnen, immer weitergeht, sie kommt nie an ihr Ende
- Die Unstrukturiertheit der Zeit, der fehlende Grundrhythmus in den Tagen und Wochen.
- Die Verbindung zwischen Personseite und Dienst.
- Die Nichtstrukturiertheit des Gemeindedienstes Die Kirche als Arbeitgeber hat zu wenig getan, daß Gemeinden ein angenehmer Ort zum Arbeiten sind. Die mangelnde Unterstützung der Ortsgemeinde durch die Gesamtkirche ist ein Problem.
- Die berufsspezifischen Belastungen: Menschen zu begleiten, auch in schwierigen Situationen, ist belastend, aber die Belastungen sind nicht aufhebbar, das gehört zum Beruf.
- Die meisten Belastungen sind Folgen von gesellschaftlichen Delegationsprozessen der letzten Jahrzehnte.
- Religionsunterricht, Belastung mit bürokratischen Aufgaben. Unsere Kirche ist zur Zeit in der Phase eines Schubs von Bürokratisierung.
- Vorgesetzter von Mitarbeitenden zu sein.
- Dieser ganze Zeitmangel und daß ich so wenig zurückkriege an Feedback, wenn ich nicht verstehe, es mir selbst zu holen.
- Daß man mit der Arbeit nie fertig ist.

PFARRER- UND PFARRERINNENVEREIN:
- Das Gefühl, den Erwartungen der Gemeindeglieder auf Dauer nicht gerecht werden zu können.

3. 3. 3. 5. Belastungspotential Anerkennung, Feedback, Unterstützung
Fragen Eigenwahrnehmung: 9,15

Eigenwahrnehmung
Frage 9: Wie steht es mit dem positiven Echo, der Anerkennung für das, was Sie tun?

Anfang des Berufslebens:
- Ich kriege auf der einen Seite aus der Gemeinde Anerkennung, die mir gut tut. Sehr positiv erlebe ich Feed-back, wenn es von Vorgesetzten kommt, die sich die Mühe geben, mich differenziert, nicht unkritisch, aber differenziert wahrzunehmen und die mir auch einmal von Fachleute-Seite sagen, wo ich mich verändern, verbessern kann und wo etwas gut ist. Also, das finde ich sehr motivierend.
- Die ist außerordentlich hoch, aber ich muß aufpassen, daß ich mich davon nicht abhängig mache. Ich kriege unheimlich viel Echo hier.
- Wie gesagt, im Moment sehr positiv, auch im Vikariat habe ich es als sehr positiv erlebt. Aus den Gemeindereihen auf jeden Fall sehr gut. Das Echo unter den Kollegen könnte noch besser sein. Man müßte vielleicht sogar auch Strukturen finden, wie man sich gegenseitig Rückmeldung gibt und mein Verdacht ist so, daß heimliche Konkurrenz da oft etwas verhindert. Konkurrenz ist ein Thema, was in der Kirche da ist, aber es wird total unterdrückt.
- Da habe ich auch schon zwei Erfahrungen: In der ersten Gemeinde, in der ich war, bin ich über die Maßen gelobt und geliebt worden und es ist mir auch gesagt worden. Und hier sind die Menschen doch etwas zurückhaltender, aber ich merke so bei der einen oder anderen Gelegenheit, wenn man genauer hinhört, sie sagen schon viel Positives. Sie sagen auch viel Negatives, sie äußern auch ihre Kritik.

Mitte des Berufslebens:
- Es kommt häufiger mal ein positives Echo auf eine Predigt, daß die Leute sagen, das war gut, es hat ihnen gefallen, auch bei Besuchen bekomme ich positive Rückmeldungen. Meine Arbeit wird schon honoriert und anerkannt.
- Das ist eine wichtige Sache, daß man auch motiviert bleibt und motiviert ist, daß man ein positives Echo hat. Als Pfarrer steht man ein bißchen im Rampenlicht. Es ist trotzdem nicht die Sache, daß man Selbstdarsteller ist und sich hier die Streicheleinheiten holt. Aber wenn man merkt, daß die Menschen um einen herum das auch positiv wahrnehmen, daß man da ist und das, was man tut, soweit sie es wahrnehmen, dann ist das wirklich schön und ich registriere dieses positive Echo, es tut mir gut.
- Das ist sehr unterschiedlich. Da sind Aktionen, Gottesdienste, Projekte, Gespräche, Unterrichtsstunden, wo unerwartet ein gutes Echo kommt, und wo man nicht damit gerechnet hat. Und manchmal, an Punkten, wo man denkt, das war jetzt gut, kommt gar nichts oder nur verhalten. Was mich immer wieder begeistert ist, wie gut Kinder das Feedback geben können und spontan so etwas machen und da ich in dem Bereich arbeite, habe ich da, glaube ich viel Echo.
- Das positive Echo und die Anerkennung für das, was ich tue, das erfreut mich immer wieder. Ich bekomme gerade in dem, was ich als Hauptaufgabe habe, viel Anerkennung.

Ende des Berufslebens:
- Die öffentliche Resonanz zu meinem 60. Geburtstag hat mir sehr gut getan. Ich werde im Ort viel und freundlich gegrüßt. Ich kriege Dank für die Kasualien, das heißt dann, es war sehr menschlich oder sehr persönlich. Das ist so das höchste Lob, was ich so kriege. Es gibt eigentlich fast für jede Predigt von irgendwelchen Leuten Anerkennung. Auch wenn ich den

Konfirmandenunterricht neu konzipiere, das findet bei Konfirmandeneltern ein positives Echo.
- Es ist einfach so, daß in meiner letzten Tätigkeit die Anerkennung sofort daran zu messen war, wie hoch der Besuch der Veranstaltungen war. Wenn der Besuch total absackt, kann man ganz deutlich sehen: Ich muß etwas ändern, so geht es nicht weiter.
- Unverdienterweise positiv. Ich habe eigentlich bis zum heutigen Tag nie damit zu tun gehabt, daß ich mich mit großen Anwürfen oder Vorwürfen auseinanderzusetzen hatte.

KLINIKPFARRERINNEN:
- Dieses positive Echo, das kommt für mich eher von außen, das heißt von Kirchenfernen. Es kommt für mich nicht von meinen Kollegen, es kommt nicht von meinen Vorgesetzten, es kommt nicht von den Hauptamtlichen aus meinem nächsten Umfeld. Ich brauche es sehr wohl, es tut mir sehr gut, wenn ich es bekomme, aber ich merke nur, daß es ein sehr seltenes Erleben ist, aber es ist da. Es ist eher da aus dem weiten Kreis, aber nicht im engen Kreis, da ist es eben fast gar nicht da oder kaum.
- Ich gewahre schon eine Loblosigkeit, besonders von oben. Also, das erlebt man schon häufig: Das größte Lob ist das Fehlen von Tadel, das bedaure ich sehr stark.
- Von den Patienten und ihren Angehörigen sehr. Von den Stationen ist es unterschiedlich.
- Ich finde es einerseits schon wichtig, ein positives Echo zu kriegen, andererseits bin ich aber auch Frau genug, daß ich auch nicht ständig hören muß, wie toll ich das mache oder auch nicht. Ich bekomme Echo aus Seelsorgebeziehungen manchmal, wo ich auch wirklich merke oder dieses Echo auch bekomme, daß das für jemanden wichtig war und wichtig ist und etwas bedeutet. Und ich bekomme auch Echo, auch schon von der Klinik, von Klinikpersonal, das gibt es. Aber wenn ich jetzt sehr bedürftig dieses Echos wäre, wäre es sicher vielleicht ein bißchen zu wenig. Aber vor allem in diesen Seelsorgebeziehungen merke ich es und manchmal schon bei Predigten. Das freut mich schon auch, wenn ich da mal ein Echo kriege.

Frage 15: Wo wünschen Sie sich mehr Unterstützung: - von der Gemeinde, - von vorgesetzter Seite?

ANFANG DES BERUFSLEBENS:
- Hier vor Ort wünsche ich mir manchmal von der Gemeinde mehr Unterstützung, das Bewußtsein, daß es eben nicht nur der Job der Hauptamtlichen ist, etwas auf die Beine zu stellen. Von vorgesetzter Seite - ich habe, das ist mir auch wichtig - sowohl im Predigerseminar wie auch im Dekanat die Erfahrung gemacht, daß Vorgesetzte mich in sehr guter Weise unterstützt haben, aber ich glaube, das ist in der Kirche eher die Ausnahme, daß das so passiert.
- In Bezug auf die Erwartungen der Gemeinde würde ich mir natürlich wünschen, daß die Gemeindeglieder nicht nur Forderungen stellen, sondern selber auch mit Hand anlegen und selber das auch verwirklichen, was sie sich wünschen.
- Das kann ich eigentlich nicht beantworten. Ich wüßte eigentlich nicht, wie so eine Unterstützung aussehen sollte. Daß mal jemand sagt: Tritt kürzer, das hilft allein nicht, weil die Freiräume nicht dazu da sind. Von daher denke ich, institutionalisiert müßte man da irgendwie rangehen.
- Mehr Unterstützung würde ich mir von vorgesetzter Seite wünschen, daß im Konfliktfall oder bei Meinungsverschiedenheiten ich auch als Mitarbeiterin in den Blick komme, die auch gegenüber den Ansprüchen der Gemeinde Schutz braucht.

MITTE DES BERUFSLEBENS:
- Also die Gemeinde unterstützt mich, das merke ich sehr deutlich, auch in meiner jetzigen Situation, die geht da sehr gut auf mich ein, das ist toll, was ich da an Unterstützung erfahre und bekomme, von vorgesetzter Seite ist es zum Teil auch gut, was ich jetzt erlebe, das war nicht immer so, das ist erst beim neuen Dekan so, vorher war es eine Katastrophe.
- Es ist einfach so, daß sich jeder Pfarrer wünscht, daß er eine Gemeinde hat, in der das, was passiert von einer relativ breiten Gruppe getragen wird. Sonst kommt es ganz schnell dazu, daß man eine kleine Familie hat, eine Kerngemeinde, die unter sich werkelt und in dieser Gemeinde ist es so, daß diese Leute zum allergrößten Teil auch berufstätig sind.
- Von der Gemeinde ist es einfach so, daß es die schwierigste Aufgabe ist, ehrenamtliche Mitarbeiter zu finden. Und dann habe ich außerdem schon öfter Kirchenvorstände erlebt, die schnell mit irgendwelchen Beschlüssen sind, was gemacht werden soll oder wie etwas aussehen soll, aber dann, wenn es um die Umsetzung ging, nicht mehr da waren. Und von Vorgesetzten direkt, würde ich jetzt gar nicht so sagen. Ich wünschte mir manchmal mehr und bessere Fortbildungen.
- Ich habe das Gefühl, daß ich als Seelsorgerin anerkannt bin, als Predigerin anerkannt bin, aber als Autorität nicht anerkannt bin. Ich glaube, daß Frauen in dem Beruf nicht mehr leisten müssen als Männer, aber glaubwürdiger sein müssen oder mehr darum ringen müssen, als Autorität anerkannt zu werden.

ENDE DES BERUFSLEBENS:
- Ich würde mir Unterstützung wünschen an solchen Stellen, wo ich weiß, daß mir zumindest meine unmittelbaren Vorgesetzten, wenn ich das als erstes nehme, nicht helfen können. Ich spreche mit meinem Dekan die ganze Zeit, wie man hier die personelle Situation ein bißchen verbessern kann, aber ich weiß, er kann mir da nicht helfen.
- Ich würde mir für Lehrpläne, Arbeitshilfen, Lehrbücher für Religionsunterricht und Konfirmandenunterricht wünschen, daß sie vorhanden sind, daß sie brauchbar sind. Ich würde mir Konferenzen wünschen, die einem etwas bringen. Ich würde mir wünschen Beurteilungen und ähnliche Dinge, die nicht in den Akten verschwinden, weil ja doch alles gemauschelt wird in dieser Firma, sondern die Konsequenzen haben. Ich empfinde es im Moment so, daß - und da müßte die Kirchenleitung aufwachen - daß wir als Pfarrer oder als Pfarrkapitel die Angestellten des Kirchenvorstandes oder des Dekanatsausschusses werden. Ich habe jetzt eine Reihe von Sitzungen des Pfarrkapitels erlebt, wo uns dann nach intensiver Aussprache an einem Punkt erklärt wird: Ja, aber das ist jetzt Sache des Dekanatsausschusses. Ich hänge mit sechzig bis siebzig Stunden Arbeitszeit pro Woche drin und dann soll mir irgend jemand anderes sagen: Du kannst dich schon äußern, aber bitte, du machst, was ich will.
- In der Gemeinde habe ich von vorgesetzter Seite sehr gute Unterstützung bekommen und auch innerhalb der Gemeinde von vielen Ehrenamtlichen, die so intensiv mitgearbeitet haben. Aber man muß sich auch viel selber erkämpfen an Anerkennung.
- Was ich gebraucht habe, habe ich erhalten. Sowohl vom Kirchenvorstand als auch von kirchenleitenden Organen. Das war immer eine ganz tolle Zusammenarbeit. Und auch die Kollegen - das war ganz prima. Heute würde ich sagen: Keine Zehnjahresfrist ohne zwingenden Grund.

KLINIKPFARRERINNEN:
- Ich erwarte weniger Unterstützung, sondern Akzeptanz. Akzeptanz als ein kompetentes Gegenüber und nicht dieses mehr oder weniger so stehen lassen, diese Sputnikerfahrung: Da ist so einer, der treibt in einer gewissen Distanz um uns herum, aber kann sich auch nicht ganz lösen, und es gibt auch kaum Verbindung zu dem, das ist so das Bild, das ich damit verbinde.
- Ja, ich würde mir schon von beiden mehr Unterstützung wünschen.

- Ich wünsche mir einfach Unterstützung. Ich wünsche, daß das gewürdigt wird, was ich mache, daß mein Vorgesetzter kommt oder mal fragt: Was tun sie da eigentlich, erzählen sie mir mal. Daß, wenn ich eine Fortbildung will, der weiß, daß das wichtig ist oder sich dafür interessiert. Ansonsten sollen sie mich in Ruhe lassen. Eine meiner Motivationen Pfarrerin zu werden war, daß ich dann keinen Chef neben mir habe, direkt neben mir. Ich habe das nicht gerne.

3. 3. 3. 6. BELASTUNGSPOTENTIAL VORGESETZTE, KOLLEGINNEN, MITARBEITERINNEN
Fragen Eigenwahrnehmung: 12,13

EIGENWAHRNEHMUNG
Frage 12: Die KollegInnen (in Gemeinde, Nachbarschaft, Kapitel): „Stützendes Umfeld" oder „Stress"?

ANFANG DES BERUFSLEBENS:
- Ganz unterschiedlich. Mit dem Kollegen in der eigenen Gemeinde habe ich am Anfang sehr auf Harmonie gemacht. Im Augenblick merke ich, ist die Beziehung ziemlich zerrüttet, weil er in meinen Augen innerlich keine Erwartung mehr an seinen Beruf hat und ich habe eine Erwartung und das schafft ständig Konflikte, also das ist Stress. Pfarrkapitel, das ist für mich ein dickes Plus, hier sind Kollegen, wo man offen reden kann, wo auch nicht jeder der Tollste und der Beste ist, sondern wo man in einer sehr guten Weise auch Kollegialität lebt.
- Im Kapitel ist es eine ganz starke Unterstützung gerade unter den Kollegen meiner Generation, da erlebe ich eine unheimliche Teamfähigkeit, wenn es um Krankheitsvertretung oder ähnliches geht zum Beispiel. Das tut einfach gut.
- Die direkten Kollegen - das sind ziemlich viele bei mir - habe ich von Anfang an als stützendes Umfeld erlebt. Als Leute, die durchaus bereit sind, noch eine Person mehr in ihrem Kreis jeweils aufzunehmen und auch irgendwie wohlwollend zu empfangen, also das erlebe ich als sehr positiv. Es spielt für mich eine große Rolle, daß es relativ viel jüngere Pfarrer im Kapitel sind, das macht ein ganz anderes Flair als ein Pfarrkapitel mit vielen Vorruheständlern. Was schade ist, ist daß sehr wenig Frauen im Kapitel sind und daß die Frauen zum Teil dann auch nicht präsent sind, zum Teil, weil sie halbe Stellen haben und sagen, ich kann nicht immer überall dabei sein.
- Ich habe hier eine Kollegin, das ist ein feundschaftliches Nebeneinander. Im Kapitel erlebe ich die anderen Kolleginnen doch immer als leicht konkurrierend. In der Nachbarschaft habe ich zwei Kollegen, mit denen ich mich hervorragend verstehe. Dann zu den Kollegen in der Gemeinde, die erlebe ich hier als sehr stark konkurrierend. Also Stress habe ich eigentlich nur mit denen hier direkt in der Gemeinde.

MITTE DES BERUFSLEBENS:
- Überwiegend in der Nachbarschaft und im Kapitel sind sie stützendes Umfeld, sind gute Freundinnen und Freunde - einen oder zwei auch mal als Stress, aber das ist die Ausnahme.
- Es ist tatsächlich ein etwas einsames Tun, wenn Sie sich nicht selbst Kontakt verschaffen mit Kollegen. Das bedeutet, sie sind für mich kein Stress. Manchmal ist es so, daß ich sage: Könnten wir nicht noch ein bißchen mehr miteinander tun, wäre das nicht möglich. Da merke ich schon, daß die Bereitschaft dazu, zu Team und Teamarbeit bei manchen Kollegen und Kolleginnen nicht so ausgeprägt ist, wie ich es mir manchmal erhoffen würde.

- An dem Punkt gibt es noch einmal einen Unterschied zwischen Männer und Frauen: Die Kolleginnen sind weitestgehend unterstützend.
- Die sind weg, ziemlich weg. Ich habe zwar in der Nachbargemeinde einen Kollegen, mit dem ich in einer anderen Gemeinde schon einmal zusammen gearbeitet habe, aber wir sind alle so absorbiert von unseren eigenen Gemeinden und unserer Arbeit.

ENDE DES BERUFSLEBENS:
- Ich bin ganz ehrlich, daß ich mit Kollegen nicht gerne zusammen bin. Also, ich sage, ich gehe wirklich nicht gerne auf die Pfarrkonferenz. Es sind Termine, die für mich entbehrlich wären. Ich mache Dinge, die mich vielleicht entlasten, die mir helfen, die mich bestätigen, lieber mit Freunden, und seien sie noch so weit von der Kirche entfernt. Ich fühle mich da einfach wohler. Also, die Frage ist, glaube ich, von da aus schon eindeutig zu beantworten: Ich erwarte mir nichts und ich hole mir da auch nichts.
- Als ich anfing, gab es natürlich sehr wenige. Aber eigentlich kann ich eindeutig sagen: Eher stützendes Umfeld. Bestärkung, Austausch, Klärung von Fragen, dann auch einfach die Entwicklung der gesamten feministischen Theologie, die die Frauen miteinander bedacht haben, das war schon eine gute Sache, sehr hilfreich.
- Natürlich auf den Konferenzen. Das mit den Kollegen und Kolleginnen war schon eine ganz gute Geschichte. Wegen eines bestimmten Amtes im Kapitel habe ich aber dann auch mehr Kontakt mit Kollegen von anderen Kapiteln gehabt.

KLINIKPFARRERINNEN:
- Ganz vereinzelt erlebe ich die Kollegen als hilfreich und wirklich im guten Wortsinne als Kollegen, das sind Ausnahmeerscheinungen. Sonst im großen und ganzen eher Stress, es sind eher so versteckte Forderungen immer wieder damit verknüpft. Also das Zurückholen in deren Verstehenshorizont, aber nicht dieses mich verstehen zu wollen in meinem Erlebenshorizont.
- Ja, da kommt das natürlich teilweise, was ich schon gesagt habe: Ich erlebe das schon als Stress. Die Gemeindekollegen erwarten zum Beispiel immer, daß ich bei den Dienstbesprechungen da bin. Also, einerseits erwarten sie, daß ich da ein Pfarrer in der Gemeinde bin, andererseits können sie aber nicht akzeptieren zum Beispiel, daß die Krankenhauskapelle eine Dependence der Gemeinde ist. Das ist so ein Widerspruch in sich. Und ich habe auch das Gefühl, ich muß ständig kämpfen, weil es ja so ist, daß es praktisch nicht immer Sinn hat, wenn ich in die Dienstbesprechung gehe, weil da oft etwas besprochen wird, was mich überhaupt nichts angeht und mich auch nicht interessiert. Aber es ist zum Beispiel so, daß sie auch nicht die Konsequenz daraus ziehen, zu sagen, daß die Krankenhauskapelle eine Predigtstation der Gemeinde ist. Das wollen sie nicht hören.
- Beides, beides. Also, wenn die Beziehungen schwierig sind, dann ist es mehr Stress und wenn sie geklärt und gut sind, dann ist es sehr stützend. Es ist nicht selbstverständlich, daß sie gut sind, das ist bedauerlich, aber das ist so.
- Also, jetzt bin ich in der Situation, daß sie mich weitestgehend nicht stressen, ich habe es aber auch schon sehr anders erlebt, sehr, sehr anders.

Frage 13: Wie erleben Sie den Kontakt zu Vorgesetzten (Dekan, Kreisdekan, Kirchenleitung)?

ANFANG DES BERUFSLEBENS:
- Meinen Dekan schätze ich, weil ich den Eindruck habe, er versucht klar zu sein. Mitarbeiterjahresgespräch ist dann so etwas, wo dann auch schon Punkte angesprochen werden, die vielleicht nicht so gut sind und wo auch bewußt Raum zur Veränderung gegeben wird. Wo

auf der einen Seite Positives unterstrichen wird und auf der anderen Seite Entwicklungsmöglichkeiten benannt werden, das ist gut. Mit dem Kreisdekan, den habe ich bis jetzt sehr wenig wahrgenommen, ich denke mir manchmal, der weiß eigentlich viel zu wenig von meiner Arbeit, aber das kann man auch nicht erwarten, der hat ja eine ganze Menge von Pfarrern zu betreuen. Kirchenleitung, das muß man auch erwähnen, daß jetzt ein Personalreferent bei dem ganzen Stellenwechsel durch Briefe persönliche Akzente setzt.
- Sehr gut. Der stellvertretende Dekan kam auch schon mal auf einen Krankenbesuch vorbei.
- Sehr positiv. Sehr freundlich, partnerschaftlich, vor allem mit dem Dekan. Zum Kreisdekan ist der Kontakt naturgemäß geringer ebenso wie zu den anderen Gremien. Insofern kann man nicht sagen, daß man da etwas „erlebt". Also das wird sich dann in schwierigen, in Krisensituationen einmal zeigen, aber im Moment kann ich davon nicht sprechen.
- Den Dekan erlebe ich so, daß er mir öfter hineinredet. Zum Kreisdekan erlebe ich den Kontakt als sehr positiv. Da läuft etwas über persönliche Begegnung. Und mit der Kirchenleitung, da hat es halt immer, wenn man etwas will, einen besonderen Stress.

MITTE DES BERUFSLEBENS:
- Im Moment ist der Kontakt zu den Vorgesetzten sehr gut, freundschaftlich, beim Kreisdekan, ja auch aufgrund persönlichen Kennens von früher her. Zur Kirchenleitung ist das sehr ambivalent. Ich erlebe, daß das was ich schreibe nicht ankommt, daß ich keine Antwort bekomme, daß Fragen, die ich nach München richte, einfach liegen gelassen werden, also, ich fühle mich da nicht ernst genommen. Kirchenleitung ist meines Erachtens völlig überfordert, auch da mit darauf einzugehen. Also ich habe es erlebt an meinem Beispiel, daß das nicht wahrgenommen worden ist, wie es mir geht.
- Sehr gut. Ich erlebe es so, daß ich den Dekan als jemanden erlebe, der fördert, der etwas möchte, als ganz positiv begleitend. Über meine Erfahrungen mit Kreisdekanen, die sich so angesammelt haben, kann ich zum größten Teil absolut positiv berichten.
- Sehr unterschiedlich. Die meisten Dekane, die ich bis jetzt erlebt habe, halte ich für nicht geeignet für diese Posten. Was ich wichtig finde für Vorgesetzte ist, daß die ihre Rolle klar sehen und auch leben. Sie sind Vorgesetzte und nicht die Kumpel. Es gab so einen merkwürdigen Effekt bei meinem vorigen Dekan und bei dem jetzigen, daß die in dem Moment, wo die Dekan wurden, plötzlich anfingen, ganz viele Kollegen zu duzen. Ich denke, es hängt damit zusammen, daß sie das auch nicht gelernt haben und da keine Schulung und keine Unterstützung hatten.
- Auch weit weg. In der letzten Zeit war etwas, da habe ich den Kontakt als außerordentlich unangenehm erlebt, daß die sich eingemischt haben in Dinge, wo sie wirklich nicht drin waren. Da kamen von ihnen plötzlich Direktiven hinsichtlich einer Kasualie mit Prominenten. Da haben die wenig nachgefragt.

ENDE DES BERUFSLEBENS:
- Der Kontakt zum Dekan ist ausgesprochen freundschaftlich. Er ist ein offener und freundlicher Mensch. Meinem Freiheitsbedürfnis kommt sehr entgegen, daß die unmittelbaren Vorgesetzten, die ich erlebt habe, keine Reglementierer oder Leute sind, die einem ständig da ins Handwerk hinein pfuschen, alles besser wissen, sondern eher vorsichtige, fragende Menschen waren.
- In meiner früheren Gemeinde bin ich zeitweise, abgesehen vom Senior, na, nicht die rechte Hand aber doch einer der Gesprächspartner des Dekans gewesen. Er hat mich geschätzt und ich habe ihn geschätzt und wir haben vieles miteinander vorbereitet und gemacht. Den jetzigen Dekan und gewisse Personen in der Kirchenleitung halte ich für wenig kompetent und habe da etliche schwere Enttäuschungen erlebt.
- Zu den direkten Vorgesetzten, zum Dekan im Pfarramt sehr positiv, sehr stützend. Kreisdekan ist ziemlich weit weg und Kirchenleitung ist schon ein sehr fernes Gremium. Bei denen

habe ich immer eine Mauer empfunden, immer das Gefühl, die müssen irgendwie doch eine Einheit bilden, sie sind irgendwie auf Abwehr, wenn man irgend etwas will.

KLINIKPFARRERINNEN:
- Inkompetent und menschenverachtend. Wenig hilfreich, da hilflos und weit weg, anonym und so weit oben, kein Service, keine Dienstleistung von deren Seite uns gegenüber.
- Ich habe den Eindruck: Im Grunde genommen bin ich denen egal. Ich glaube, daß man sich schon sehr auf die Hinterfüße stellen muß, wenn man was erreichen möchte. Und ich glaube, daß auch sehr viel subtil abläuft, das kann man natürlich nicht nachweisen, also das ist wirklich ärgerlich, ich glaube daß da viel eingefädelt und manipuliert wird. Was ich da schon alles erlebt habe, da müssen die Strukturen transparenter werden.
- Mit dem Neuen erlebe ich zum ersten Mal einen guten Kontakt. Vorher gab es irgendwie einen Un-Kontakt. Ich habe es nicht sehr vermißt. Der Dekan hat mich machen lassen, was ich wollte. Jetzt erlebe ich zum ersten Mal wie das ist, und das ist sehr stützend für mich, daß ich den neuen anrufe, ich erwische ihn sogar am Telefon und frage ihn dann: Haben Sie Zeit? Und er sagt: Natürlich habe ich Zeit.
- Der Kontakt zum Dekan ist gut, der läuft und ist lebendig. Kreisdekan und Kirchenleitung relativ selten, also nicht negativ, aber es spielt einfach keine besondere Rolle.

3. 3. 3. 7. BELASTUNGSPOTENTIAL ERWARTUNGSDRUCK
Fragen Eigenwahrnehmung: 14

EIGENWAHRNEHMUNG

Frage 14: Machen Ihnen Erwartungen aus der Gemeinde und/oder von Vorgesetzten zu schaffen?

ANFANG DES BERUFSLEBENS:
- Vom Vorgesetzten habe ich nicht den Eindruck, daß er irgend etwas von mir erwartet, das mir zu schaffen macht, da komme ich sehr gut damit zurecht was an Erwartungen da ist. Erwartungen der Gemeinde, das ist ambivalent, ich denke, die Leute, die mehr Einblick haben im Kirchenvorstand, die wissen was sie von mir erwarten können, und was ich auch geben kann und sie akzeptieren es auch, wenn ich Grenzen setze. Schwierig wird es dann, wenn so Leute, die im Windschatten des Kernes sind und immer so denken, der Pfarrer, der könnte doch, der müßte doch und manchmal gar nicht den Einblick haben, was so alles notwendig ist.
- Mehr die Erwartungen aus der Gemeinde. Es war so, als ich hier angefangen habe, war sehr wenig los, da gab es Schwierigkeiten im Vorfeld. Und dann kam ich und dann waren unheimliche Erwartungen: Jetzt machen Sie mal. Erwartungen, die von der Kinderarbeit bis zur Seniorenarbeit führen und das macht mir dann schon zu schaffen, weil ich doch erst einmal schauen muß, was kann ich überhaupt machen und vieles muß ich einfach unter den Tisch fallen lassen.
- Das kann ich auf jeden Fall bejahen. Die Erwartungen sind einfach unheimlich hoch. Sowohl von Vorgesetzten als auch von der Gemeinde. Ich fühle mich schon von vorgesetzter Seite beobachtet. Auch vom Dekan, der mich dann einmal beurteilen wird. Und der stellvertretende Dekan ist auch noch mein FeA-Leiter. Das produziert das Gefühl, da sind Erwartungen und man wird beobachtet. Und daß ich all den vielfältigen Erwartungen der Ge-

meinde einfach nicht entsprechen kann. So ein dauernder Frustrationsdruck ist das, der da aufgebaut wird.

MITTE DES BERUFSLEBENS:
- Ich bin mir nicht so sicher, ob es die Erwartungen aus der Gemeinde sind, die mir zu schaffen machen, oder mehr meine eigenen Erwartungen, die ich immer an mich richte, so im Sinn meines Über-Ichs, das mich immer antreibt und fordert, noch mehr zu machen, es gut, es möglichst perfekt zu machen. Von vorgesetzter Seite fühle ich mich im Moment im Druck, weil eben von mir erwartet wird, mich innerhalb einer gewissen Zeit um eine neue Stelle zu kümmern, mich da umzusehen, mich wegzumelden, das macht mir im Moment großen Druck.
- Manchmal ja, wenn die Erwartungen sich zu sehr summieren. Das bedeutet, wenn erwartet wird, daß Gemeindeaufbau, Bewegung, tatsächlich personal identisch ist mit dem Pfarrer. Dann wird es etwas heftig. Dann versuche ich auch ein bißchen gegenzulenken und zu sagen, die Erwartungen sind etwas schwierig. Ich stoße dann auch, sobald ich das ein bißchen erkläre, auf Verständnis, aber das kann schon sein, daß diese Erwartung einfach erst einmal transportiert wird und dann muß man damit umgehen.
- Ich glaube, früher mehr als heute, weil ich heute klarer sagen kann, was ich will oder nicht will und mich abgrenzen kann und auch eher eine Vorstellung habe, wie ich den Beruf ausfülle.
- Nein, zu schaffen, würde ich nicht sagen. Ich muß mir manchmal gewisse Dinge anhören. Neulich hat eine Frau aus der Nachbarschaft mal eine spitze Bemerkung gemacht über meine ungeputzten Fenster, aber das macht mir eigentlich nicht zu schaffen, ich finde es nur urkomisch, wie man sich um so etwas kümmern kann.

ENDE DES BERUFSLEBENS:
- Erwartungen von Vorgesetzten, da kann man sagen, die wissen gar nicht, was ich tue. Was Erwartungen aus der Gemeinde angeht, da ist die Lage schwieriger zu beschreiben. Eine Katechetin, die im Kirchenvorstand ist, und alles besser weiß und anders machen will, setzt mir wirklich sehr zu. Ein zweites Problem heißt, jemand aus unserer Generation, der sagt, der Pfarrer ist doch gar nichts Besonderes - allgemeines Priestertum der Gläubigen und so weiter. Das können wir doch alles selber.
- Zu einem Nein, daß sie mir nicht zu schaffen machten, halte ich das Konzept dieses rundum Verfügbar-zu-Seins einfach für nicht praktizierbar, es ist eine totale Überforderung.
- Eigentlich nein.

KLINIKPFARRERINNEN:
- Ja, sie machen mir zu schaffen, Erwartungen aus der Gemeinde: Der Krankenhauspfarrer soll immer dort mithelfen, der Krankenhauspfarrer ist sozusagen der zweite oder der dritte Pfarrer einer Kirchengemeinde, was völlig falsch ist. Und generell ist es die einseitige Anforderung ohne Rücksprache mit den Betroffenen, also daß da immer Anforderungen da sind, die unausgesprochen da sind, aber man redet nicht miteinander.
- Nein, eigentlich nicht. Ich meine, die Erwartungen von den Vorgesetzten, wenn ich da an meine letzte Beurteilung denke, der hat halt diesen Gemeindebogen gehabt und hat ständig erwartet, wir müßten da auch etwas hineinschreiben von Jugendarbeit und Erwachsenenbildung und diese Erwartungen konnte ich ihm nicht erfüllen. Und dann stand halt in dem Bogen was drin, was ich auf meiner früheren Gemeindestelle gemacht habe.
- Erwartungen - die habe ich natürlich selber geweckt.
- Ja von außen, wenn man jetzt die Klinköffentlichkeit nimmt. Es macht mir manchmal etwas zu schaffen so gewisse Bilder vom Pfarrer auch in der Seelsorge oder manchmal auch vom Personal. Das denkt so karikaturmäßig: Ach, die alte Frau vom Lande, da können Sie

ja hingehen. Die anderen haben damit ja gar nichts am Hut. Also, so eine Art negative Erwartungen oder selektierende Erwartungen.

3. 3. 3. 8. BELASTUNGSPOTENTIAL ARBEITSZEIT
Fragen Eigenwahrnehmung: 17, 18 / Außeneinschätzung: 10, 11

EIGENWAHRNEHMUNG
Frage 17: Was halten Sie von der Aussage: „Ein Pfarrer, eine Pfarrerin ist immer im Dienst"?

ANFANG DES BERUFSLEBENS:
- Als Christ bin ich immer ansprechbar, aber als Pfarrer bin ich nicht immer im Dienst. Ich sage, wenn es sich Gott leistet, sechs Tage zu arbeiten und einen zu ruhen, dann ist es eigentlich Hybris, wenn ich als Pfarrer meine, ich müßte sieben Tage arbeiten.
- Das ist eine Tatsache. Das empfinde ich aber auch zunehmend als Schwierigkeit. Weil ich hier im Pfarrhaus wohne. Es gibt kaum Rückzugsmöglichkeit. Man hat selbst im Bad das Gefühl, man ist im Dienst, weil man die Stimmen von draußen hört. Urlaub hier machen ist kaum möglich.
- Sie trifft die Realität, wie sie von der Gemeinde erwartet wird und auch sicherlich von vielen Pfarrern umgesetzt wird, aber ich halte sie trotzdem für eine Katastrophe. Obwohl ich sicher zu denen gehöre, die den Pfarrerberuf nicht als etwas sehen, das man in 40 Wochenstunden ableisten kann, sondern da schon eine Berufung und etwas Ganzheitliches sehe, glaube ich, daß das einen Menschen zerstören kann. Die Vorstellung, immer im Dienst zu sein, das geht realistisch nicht. Ich glaube tatsächlich, daß es Freiräume braucht. Es ist schlimm genug, daß man in den Urlaub noch die Gedanken für die nächste Predigt mitnimmt, einfach weil man sagt: Da habe ich endlich mal die Möglichkeit, etwas auch ein bißchen gären zu lassen und das ist vielleicht auch nicht schlecht, aber man kann eben nicht abschalten. Ich habe mein Büro in meiner Wohnung und wenn das Telefon klingelt, bin ich immer da.
- Ich würde das gerne anders betonen: *Eine* Pfarrerin ist immer im Dienst. Es kommt auf eine gute Zusammenarbeit an mit den Kolleginnen und Kollegen, so daß man sich abspricht, wer erreichbar ist, damit die anderen dann eben auch für ihr Privatleben sorgen können. Und das „Eine Pfarrerin ist immer im Dienst", das ist ja die Verfälschung von diesem Dibelius-Wort, wo er sagt „Ein Christ ist immer im Dienst", und das ist natürlich richtig. Aber ich bin nicht immer Pfarrerin.

MITTE DES BERUFSLEBENS:
- Ein Scheiß-Satz ist das, das ist so zum Kotzen, ich finde den Satz sowas von beschissen, das ist so der typische Antreiber eben der immer und überall mußt du da präsent sein, das ist total unmenschlich, ich finde es beschissen. Einer, ich möchte es betonen, oder eine ist sicher immer im Dienst und der muß bekannt, oder die muß bekannt sein und dafür dürfen die anderen außer Dienst sein und sich ausruhen.
- Das besagt, daß ein Pfarrer kein Mensch ist, nicht wahr. Er darf nicht für sich sorgen, nicht einmal für die primitivsten Dinge, Sorge tragen dafür, daß er einigermaßen fit ist, körperlich, geistig, wo sind da die Räume dafür, das ist eine spannende Frage. Wenn ich mich irgendwo zu einem Spaziergang bewege oder laufe oder irgend einer anderen Tätigkeit nachgehe, bin ich dann im Dienst oder bin ich nicht im Dienst? Die Frage an sich ist ziemlich uferlos. Man müßte klarer definieren, was denn ein Pfarrer macht.

- Das ist zweischneidig. Ich denke, daß es schon wichtig ist, daß die Leute wissen, daß sie, wenn sie in eine besondere Notsituation kommen, daß sie dann auch mal nachts anrufen können. So eine Art Dienstbereitschaft halte ich für wichtig. Die könnte aber auch geregelt sein über eine Art Nottelefon. Entweder in der Gemeinde oder im Dekanat oder so. Ansonsten denke ich, geht das nicht, daß man immer im Dienst ist. Man braucht Pausen, um seine Kraft wiederherzustellen.
- Ja, finde ich schon richtig. Andererseits leiste ich mir in unserer Gegend, wo es Telefonseelsorge und dergleichen gibt, den Luxus, außer ich weiß von einem Gemeindeglied, daß es gerade im Sterben liegt, daß ich meinen Anrufbeantworter in der Nacht anschalte und nicht ans Telefon gehe, sondern schlafe. Und sonst - ja also im Urlaub zum Beispiel, mag ich nicht sagen, was ich für einen Beruf habe.

ENDE DES BERUFSLEBENS:
- Im Kopf völlig unmöglich, das sichere Todesurteil und der Garantieschein auf einen Herzinfarkt. Von meiner Praxis her bin ich gar nicht so weit entfernt davon.
- Wenn mir das jemand hinbatzt, dann protestiere ich. In meiner letzten Gemeinde wurde mir gesagt: Sie sollen sich ruhig zu Tode arbeiten, aber langsam und mit Verstand. Wenn das von außen kommt, kann man sich wehren, aber man hat das ja drin. Wenn ich Kollegen beobachte, die ich irgendwann beim Skifahren treffe, jeder von ihnen entschuldigt sich, wie viele Wochen er jetzt Dienst hatte und nie eine freie Minute und jetzt fährt er gerade mal Ski.
- Das ist einfach eine menschliche Überforderung. Und da zu lernen, sich abzugrenzen, ist ganz schwer, wenn das als große Forderung vor einem steht.
- Nichts. Ich denke, der Privatbereich ist wichtig, aber: Ich bin halt Pfarrerin, das gehört zur Ganzheit meines Lebens. Es ist nicht auszuschließen, daß ich, wenn jemand erfährt, daß ich Pfarrerin bin, mich in entsprechende Gespräche verwickelt.

KLINIKPFARRERINNEN:
- Das stimmt leider und das ist schon fast internalisiert und inkarniert bei den Pfarrern, aber das ist nicht mein Ideal und ich finde es gefährlich. Aber die Realität entspricht dem fast.
- Also, das finde ich eine ganz schön bescheuerte Aussage. Das ist genauso wie diese Aussage von Wilhelm Löhe: Mein Lohn ist, daß ich dienen darf. Und das ist absoluter Krampf, diese Selbstlosigkeit, dieser Altruismus, der rächt sich irgendwo. Davon halte ich überhaupt nichts. Wobei ich jedoch dafür bin, daß die Krankenhausseelsorge immer erreichbar sein muß.
- Nichts. Ich halte nichts davon, wenn das eine Aussage von kirchenleitender Seite ist. Ich merke aber in mir Anteile von diesem. Also, es hockt schon noch in mir drin. Ich habe mich lange damit beschäftigt und lange damit zu tun gehabt, als ich auf eine halbe Stelle gegangen bin - eine halbe Pfarrerin, wie kann man halb Pfarrerin sein, das war ganz schwierig. Ich bin immer eine Christin, aber ich bin nicht immer im Dienst.
- Da halte ich überhaupt nichts davon.

Frage 18: Wie beurteilen Sie das Verhältnis von Arbeit und Freizeit in Ihrem Beruf?

ANFANG DES BERUFSLEBENS:
- Sehr diffus. Das Schlimme ist, daß es oft nicht klar abzugrenzen ist, was ist Arbeit und was ist Freizeit. Die Verabschiedung einer Religionspädagogin, mit der ich befreundet bin, die jetzt geht, und ich mache das, weil ich hier im Augenblick Pfarramtsführung habe, ist ei-

gentlich etwas Dienstliches, aber ich hätte wohl auch eine Freundin verabschiedet und dann wird es etwas Privates und diese Ebenen sind oft nicht klar. Letzte Woche habe ich etwa 54 Stunden gearbeitet mit dem Versuch, zwei freie Tage zu haben und einen Tag, wo ich nicht viel gearbeitet habe. Ich habe das Gefühl, ich habe 54 Stunden in viereinhalb Tagen etwa gearbeitet. Ich habe das Gefühl, das war sehr viel und ich merke, da sind manchmal Wochen, wo ich auch sechs Tage etwa in dem Rhythmus arbeite.
- Ich würde mir manchmal selber mehr Freizeit wünschen. Sicherlich ist das auch eine Frage des eigenen Zeitmanagements. Was mir schwerfällt, ist halt die Freizeit mitten am Tag zu nehmen und abends dann wieder im Dienst zu sein, das fällt mir unheimlich schwer. Das ist mein eigenes Problem wahrscheinlich. Was ich gelernt habe, ist den Montag freizuhalten. Ich komme auf etwa 54 Stunden wöchentlich, Ich habe oft das Gefühl, daß ich toujours arbeite. Ist vielleicht auch ein Anfangsproblem.
- Das ist eher ein Unverhältnis. Ich habe jetzt ein halbes Jahr gearbeitet und hatte dreimal die Möglichkeit, einen freien Tag zu machen, also das ist einfach zu wenig. Aber selbst wenn ich jetzt meinen freien Tag so freihalten kann, daß ich nicht fünf Termine, sondern nur einen vielleicht habe, weil doch Kirchenvorstandssitzung ausgerechnet immer an meinem freien Tag ist, bin ich beschäftigt, zu organisieren. Man müßte eigentlich, wenn man wirklich frei machen will, weggehen von zu Hause. Aber genau das ist für mich wieder nicht Entspannung, das muß ich ja wieder organisieren. Also Freunde treffen oder so etwas geht fast nicht.
- Von Saison zu Saison unterschiedlich. Über Weihnachten und Ostern brauchen wir nicht reden. Es kostet immer wieder Energie und immer wieder die Bereitschaft auch nein zu sagen, um einfach ein ausgewogenes Verhältnis von Arbeit und Freizeit herzustellen, aber es gelingt. Je länger, desto besser.

MITTE DES BERUFSLEBENS:
- Schlecht. Für mich ist es ein Manko, daß mein Arbeitszimmer in meiner Wohnung ist und daß Dienst und Privatleben nicht trennbar sind. Das hat auch meine Ehe mit ruiniert, daß ich vom Essenstisch aufgestanden bin und wieder zwei Meter hinüber zum Schreibtisch gegangen bin.
- Ich glaube, daß es im Prinzip gar nicht so schlecht ist, aber daß es eben den Nachteil hat, daß es überhaupt nicht kompatibel zu dem ist, was um einen herum ist. Ich würde sagen, die Menge ist es nicht so sehr.
- Ich finde das schwierig, daß in einer Zeit, wo andere immer weniger arbeiten, unsere Arbeit eher mehr wird oder gleich bleibt. Ich denke, daß uns mehr Freizeit zustehen müßte bei der Arbeit, die wir haben. Die Schwierigkeit ist halt die, daß es viele Kollegen gibt, erschreckend viele, die ihren freien Tag nicht nehmen und dadurch fällt man dann natürlich noch mehr auf, wenn man sagt, ich habe da frei. Belegen kann ich das zwar nicht, aber ich glaube, daß Frauen mehr auf ihre Freizeit achten als Männer.
- Kann man nicht trennen. Also zum Beispiel: Ich lese unheimlich gerne und ich empfinde auch theologische Literatur nicht als gerade große Arbeit und das ist auch oft das Problem, daß das ineinander übergeht, genau wie eben mein eigener Glaube in eine Predigt einfließt. Aber ich kann das sehr schwer trennen und insofern belastet mich das auch manchmal, daß ich doch eigentlich Freizeit hätte und dann doch eben arbeite, indem ich über irgend etwas nachdenke, was ich machen muß.

ENDE DES BERUFSLEBENS:
- Sehr vermischt, aber ich bin nicht unglücklich darüber. Ich arbeite gern.
- Auch wenn ich wild entschlossen bin, ist es schwer, einen freien Tag zu behaupten.
- Das kann man sich sehr einteilen. Und man muß die Kraft haben, sich das zu holen, was man wirklich braucht. Es hat mit der Freiheit zu tun, die ist wirklich vorhanden.

- Für mich war es gleitend. Ich würde sagen, daß es eine klare Abgrenzung geben muß: Freier Tag. Wie in jedem anderen Job auch. Daß es das geben muß. Obwohl ich das selbst für mich nicht immer in Anspruch genommen habe.

KLINIKPFARRERINNEN:
- Das ist eine achtzig zu zwanzig Regelung. Ich denke viel über meinen Beruf nach, das beschäftigt mich und auch einfach deswegen, weil all mein Erlebtes, mein ganzes privates Umfeld, das setze ich auch immer wieder in Beziehung zu meinem Beruf und versuche, das in Beziehung zu setzen und darauf zu reagieren, also, wie müßte es denn eigentlich aussehen und was bewirkt das jetzt bei mir und welche theologischen Implikationen hat das und und und. Ich kann mich davon nie lösen, egal, wo ich bin, ich bin es auch immer als Pfarrer. Und natürlich immer so unterschwellig solche Dinge: Wie kann ich das auch wieder mal einbauen in meine Predigt und so. Ich bin nicht nur Privatperson, ich bin auch immer Dienstperson, egal wo ich mich aufhalte. Das Abschalten ist schwer und es gelingt auch kaum.
- Das ist schon eine Kunst, die verlangt, die Grenze selbst zu setzen zwischen Arbeit und Freizeit. Und manchmal, bzw. sehr häufig ist es so, daß die Grenze sehr fließend ist und eben praktisch eine Sache des eigenen Gewissens ist.
- Ich finde es problematisch, daß so in die Arbeit der Einzelnen gestellt wird, da ein gutes Verhältnis her zu bringen. Und daß eigentlich die Erwartung von kirchenleitender Seite aus ist, daß ein Unverhältnis ist, daß du nämlich mehr arbeitest im Vergleich zu dem, wie die Freizeit hast, oder wie du bezahlt wirst, oder wie die Stelle ist. Und das schwierige ist, das immer selber in sich selber austarieren zu müssen. Und das ist dann oft so, wenn die Arbeitszufriedenheit wie jetzt bei mir so sehr hoch ist, ist halt die Verführung, mehr zu arbeiten auch hoch. So dieses: Das ist ja so sinnvoll und ja so gut. Ich kann nicht in dauernder Rufbereitschaft sein, ich halte das nicht aus. Ich kenne Kolleginnen, die machen das, ich kann es nicht. Das zehrt ganz arg. Allein schon das Wissen darum zieht mir ununterbrochen Energie weg.
- Ich habe ja die Situation - die haben sicher viele andere Berufe auch, aber das ist einfach jetzt mal zu benennen - daß ich oft zwölf Tage oder auch neunzehn Tage hintereinander arbeite, und habe dann mal ein ganzes Wochenende frei. Aber dann ist auch wieder viel Flexibilität da. So insgesamt finde ich die Vorstellung von den 57 oder 60 Stunden, die man arbeitet nach Gesetz, das finde ich schon so eine Sache bei einer anspruchsvollen Arbeit.

AUSSENEINSCHÄTZUNG

Frage 10: Was halten Sie von der Aussage: „Ein Pfarrer, eine Pfarrerin ist immer im Dienst"?

KIRCHENLEITUNG:
- Ich habe ambivalente Gefühle dazu. Es gibt Situationen, wo man nicht so tun kann, als sei man kein Pfarrer, gleichzeitig ist ganz wichtig, sich selbst Freiräume zu schaffen.
- Es muß jede Woche Zeiten geben, wo man nicht im Dienst ist, aber PfarrerIn ist man weiterhin.
- Ich muß diesen Satz bejahen. Der Beruf des Pfarrers verträgt keine scharfe Trennung von Freizeit und Arbeit, weil das Präsentsein für Menschen die Profession ausmacht, vergleichbar einem Arzt oder einer Notrufstelle. Freilich besteht kein Anspruch, daß ein Pfarrer immer vorrätig sein muß. Aber in der Einstellung zu dem Beruf muß das mitgegeben sein: Ich bin immer im Dienst.

- Christsein und PfarrerInsein sind Seinsbestimmungen. Christen können und sollen ihr Christsein gar nicht ablegen, weder im Urlaub, noch in der Arbeit, in jedweder Situation. Und auch Pfarrer sind Pfarrer Zeit ihres Lebens, in jeder Situation. Damit soll aber nicht ausgedrückt werden, daß PfarrerInnen immer arbeiten.
- Zum Leben als Pfarrer gehört genauso die Freizeit, die Entspannung.
- Natürlich sollte der Pfarrer in Notfällen ansprechbar sein und es so organisieren, daß Gemeindeglieder dann eine Adresse oder Nummer haben.
- Ich halte es schon für nötig, daß auch Freiräume entstehen, die geregelt sind.
- Ich finde das eine absolute Katastrophe, erweckt meinen allerhöchsten Widerspruch und ich wünsche mir, daß meine Pfarrer und Pfarrerinnen nicht immer im Dienst sind.
- Die Aussage ist einerseits erdrückend und andererseits richtig.
- Das ist ein klares Jein. Das heißt, er ist in einer gewissen Weise immer im Dienst, als Pfarrer wenn er denn als solcher angefragt ist und gebraucht wird, muß er zur Verfügung stehen, so wie ein Arzt eben auch zur Verfügung stehen muß.
- Eine geregelte Arbeitszeit gehört zum Pfarrerberuf genauso wie zu jedem anderen Beruf und man muß sich auch nicht jede dumme Zumutung ständig gefallen lassen.
- Der Satz, ist heute nicht mehr so akut. Die ältere Pfarrergeneration, hat das vielleicht noch internalisiert (ebenso traditionelle Gemeindeglieder), die jüngere lehnt sich dagegen auf.
Ich könnte ihn so nicht unterschreiben, nur in Beziehung zur Ordination. Die Ordination stellt mich in eine ganzheitliche Lebensverpflichtung - die aber eigentlich jedem ordentlichen Christen gilt, wobei keiner sie jemals einlösen kann.

SUPERVISION / BERATUNG:
- Ich halte nichts von dieser Aussage, ich möchte sie umformulieren: Ein Pfarrer, eine Pfarrerin darf nicht immer im Dienst sein, sondern sie und er hat die Pflicht, für sich selber etwas zu tun, aus Quellen zu schöpfen, damit der eigene Brunnen nicht austrocknet.
- Das wird ja dem guten alten Dibelius zugeschustert, der hat es aber in anderen Zusammenhängen gemeint. Aber das ist natürlich ein verheerender Satz, eine ideologische Aussage.
- Das ist ambivalent. Wenn ich mehr gebe als ich kann, dann kann ich bald nichts mehr geben. Andererseits ist das aber ja das Kostbarste heutzutage, daß da einer ist, der Zeit hat für mich. Nur, jemand, der Zeit hat für andere, der muß auch jemand haben, der für ihn Zeit hat.
- Das ist Unsinn. Das sind Omnipotenzvorstellungen, die manche haben.
- Ein Seelsorger, der ständig für die Seele der anderen sorgt und nicht für seine eigene Seelsorge, widerspricht seiner eigentlichen Berufung.
- „Jein"! Da ist etwas Wahres dran. Vor allem wenn ich Gemeindepfarrer bin, kann ich nicht so tun, als sei ich in meiner Freizeit kein Pfarrer. Ich werde von den Menschen so gesehen und ich bin auch Pfarrer. Das ist meine Rolle und diese Rolle geht über die Rolle eines Bäckers oder Angestellten hinaus.
Auch die Rolle beinhaltet, daß ich nicht immer beruflich im Dienst bin. Also, es muß auch Möglichkeiten geben, wo ich sozusagen, obwohl ich der Pfarrer bin, der ich bin, privat bin.
Für mich ist das biblische Beispiel, daß Jesus sich immer wieder in die Wüste zurückzieht auf einen Berg zum Beten.
- Da kommt wieder das Ideal rein: Wenn du so gut bist, wenn du so einen hohen Auftrag hast, mußt du immer im Dienst sein.
- Das stimmt nicht. Er ist nicht immer im Dienst. Man kann das organisieren, wann er im Dienst ist. Unabhängig davon gilt: Es können immer Situationen eintreten, da kann ich nicht sagen: Ich bin nicht im Dienst. Da muß ich hin. Das ist wie auch sonst im Leben, wenn ein Notfall ist. Insofern stimmt die Aussage: Ich bin immer im Dienst nicht, aber ich bin zu jeder Zeit und immer behaftbar für das, daß ich Pfarrer bin, aus dieser Verantwortung kann ich zu keiner Zeit gut rauskommen.

- Da ist schon etwas dran, gleichzeitig ist die Frage: wie sehr identifiziere ich mich damit und wie sehr stört mich das.
- Ja und nein. Es hängt davon ab, wie sie den Dienst verstehen. Wenn ich heute nachmittag einkaufen werde, wird irgend etwas von meiner Identität, zu der ja auch meine berufliche Identität gehört, mit im Spiel sein.

AUSBILDUNG:
- Ein Christ ist immer im Dienst, das kann man sagen. Aber normale Menschen haben auch die Fähigkeit, zu ihrer Dienstzeit Freizeit hinzuzurechnen. Also, das nicht durch Aktivitäten andauernd auszufüllen.
- Grundsätzlich richtig, wenn man die Aussage nicht funktionalistisch mißversteht. Wenn er krank ist, muß er keine Schule halten und es kann auch mal um fünf Uhr Schluß sein. Aber man kann nicht sagen: Ich bin hier Pfarrer und da Privatperson. Aber es bedeutet auch nicht: Sobald ich den Talar anhabe, muß ich dies und das tun und sagen, wenn ich ihn aushabe, dann bin ich Mensch. Umgekehrt gilt aber auch: Man muß nicht alles, was man in der Rolle als Pfarrer tut und sagt jeden Moment emotional durchleiden und persönlich abdecken - das geht auch nicht. Der Pfarrer muß natürlich seinen Glauben haben, aber auch seine Zweifel.
- Ich stimme der nicht zu. Eindeutig ist, daß innerlich bewegende Dinge mich weiter verfolgen. Wenn mein Dienst zu Ende ist kann ich nicht sagen, ich denke nicht mehr an Menschen. Die Theologie ist eine Grunddimension meines Lebens, insofern ist es etwas Permanentes. Deswegen heißt das aber nicht, daß die Erreichbarkeit und das Arbeiten permanent sein müssen.
- Dem kann ich zustimmen, wenn ich es so interpretiere, daß ein Pfarrer mit seinem Faulenzen und der Zeit, die er sich für seine Familie nimmt und mit dem Schlafen ein gutes Zeugnis abgibt, ein ebenso gutes Zeugnis, wie er es auf der Kanzel abgibt. Wir tun unserer Stress-Gesellschaft einen guten Dienst, wenn wir ihr auf die Weise dienen, daß wir das eigene Leben kultivieren und menschliche Rhythmen leben. Der wertvollste Dienst, den das Judentum der Menschheit tut, ist der Schabbath. Ja, so sind wir immer im Dienst.
- Das sind Größenphantasien, daß ich damit eine unablässige Bereitschaft signalisiere. Diesen Größenphantasien zu wehren ist ganz wichtig. Andererseits müssen sich PfarrerInnen auch darauf einstellen, daß ihr Beruf Saisonzeiten kennt.

PFARRER- UND PFARRERINNENVEREIN:
- Pfarrer und Pfarrerinnen sind tatsächlich immer im Dienst, sie können Beruf und Freizeit, Berufs- und Privatleben nicht völlig trennen.

Frage 11: Wie beurteilen Sie das Verhältnis zwischen Arbeit und Freizeit im Pfarrberuf?

KIRCHENLEITUNG:
- Man kann Freizeit und Arbeit völlig selbstbestimmt einteilen.
- Schön ist es auch, daß Arbeitsplatz und Familie in der Regel im selben Haus sind.
- Die Arbeitsweise des Pfarrers bringt mehr an eigener Lebensgestaltung und Lebensentfaltung als Probleme.
- Was ist denn Arbeit für einen Pfarrer? Ein Seelsorgegespräch bei einem Sterbenden ist eine schwerere Arbeit als zu einem Geburtstagskaffee eingeladen zu sein. Nach schweren Arbeiten brauche ich mehr Freizeit und Aufatmen als nach leichterer Arbeit.
- Die Arbeitszeit eines Pfarrers als Führungskraft kann mal durchaus über 50 Stunden sein. Falsch läuft etwas, wenn sie regelmäßig über 70 Stunden ist.

- Bei den meisten PfarrerInnen ist zu wenig Freiraum.
- Bei den meisten ist es in einem völligen Ungleichgewicht.
- Der Pfarrberuf ist einer der freiesten Berufe. Insofern ist dies eine permanent gestellte Aufgabe, zwischen Freizeit und Arbeit in einem ausreichenden Maße zu unterscheiden und beides auch zuzuordnen.
- Da der Feiertag oft nicht frei ist als Pfarrer, aber es eines der Gebote Gottes ist, einen Feiertag einzuhalten, ist es ganz dringlich, in regelmäßigen Abständen einen Feiertag zu haben.
- Ein ganz großer Teil der Arbeit des Pfarrers geschieht ja in der Freizeit der anderen Leute.
- Man kann diese Sache nur so regeln, daß klare Vereinbarungen getroffen werden, wann Freizeit ist, und daß die dann auch gesichert ist und daß man das dann eben auch allen Gemeindegliedern mitteilt
- Hier muß man auch die modernen technischen Hilfsmittel nützen.
- Prozentual kann man das nicht sagen. Überhaupt bin ich der Meinung, daß der Einzug des Stundenrechnens dem Pfarrerberuf nicht gut getan hat und indirekt auch wieder Enttäuschungen und Belastungen erzeugt.
- Wir haben unter den Pfarrern solche, die fragen nicht danach. Das sind vielleicht auch Workoholiker, aber es gibt auch begnadete Faulpelze.

SUPERVISION / BERATUNG:
- Manchmal heißt es, ein Pfarrer würde sechzig, siebzig Stunden arbeiten. Ich war selber sehr lange im Gemeindepfarramt und wenn ich ganz ehrlich bin und alles wirklich nur Arbeit nenne, was auch den Namen verdient, muß ich sagen, ich arbeite weniger. Wenn ich die innere Beanspruchung als Arbeit nehme, dann komme ich auf diese sechzig, siebzig Stunden. Wenn es gelänge, freie Zeit und Arbeitszeit sauber zu trennen, dann wäre ein ordentlicher Ausgleich von Freizeit und Arbeit möglich.
- Die Arbeit ist so vielfältig und es sind ständig Umschaltzeiten nötig, wo ich einerseits mit Gedanken noch beim letzten bin, andererseits aber mit Gedanken schon bei dem, was ansteht. Wie werden diese Umschaltzeiten bewertet?
- So aus meiner Wahrnehmungsperspektive, das hängt vielleicht auch mit meinem besonderen Arbeitsfeld zusammen, würde ich sagen: Das liegt oft im Argen. Und vor allem wegen mangelnder Fähigkeit der Kolleginnen und Kollegen zur Selbststrukturierung. Beispiele wären: Wie steht es mit dem freien Tag? Wird der gebraucht? Wird der wirklich gebraucht? Wie steht es mit der eigenen Zeit für Stille und Einkehr? Oft fehlen gute, hilfreiche Gewohnheiten. Es gibt meines Erachtens sehr viele Workoholics unter den Kolleginnen und Kollegen und einen bestürzenden horror vacui, also wenn nichts läuft, dann gibt es diesen horror vacui. Da wird einfach geschlampt.
- Der Pfarrer wird immer mehr arbeiten als 38 Stunden. Entscheidend ist, daß es ihm Spaß macht, daß die Arbeit nicht eine Last ist. Aber er braucht eben auch Zeiten, er braucht gesunde Rituale, so als Gegenpol, Zeiten, wo ich das Gefühl habe, da lebe ich selber, da bin ich ganz ich selber, Zeiten der Stille, der Meditation, wo niemand Zugang hat. Das ist sicher entscheidend, daß er so einen Gegenpol hat, daß er das Gefühl hat, ich lebe selber anstatt gelebt zu werden.
- Das ist für mich letztlich eine spirituelle Herausforderung, daß ich aus einer anderen Quelle lebe. Da ist einmal, daß ich ein äußeres Maß setze, etwa der freie Tag, oder wann beginne ich am Morgen und wieviel Zeit habe ich für mich usw. Da bräuchte es Tabuzonen. Viele sind ausgebrannt, nicht weil sie zu viel arbeiten, sondern unter einem zu großem Druck.
- Das ist eine ständige Schwierigkeit unseres Berufes, weil es nicht klar abgegrenzt ist und nicht klar abzugrenzen ist. Es steht letztlich immer im Ermessen des Einzelnen. Das einzige Mittel, mit dieser Schwierigkeit einigermaßen umgehen zu können, ist: Über Selbsterfahrung und berufliche Erfahrung eine gewisse Sicherheit zu gewinnen.

- Das Problem ist, daß niemand mir sagt, wann ich arbeite und wann ich Freizeit habe. Bei vielen Kollegen ist diese Grenze nicht klar.
- Ich erlebe viele Pfarrer, die erschöpfen ihre Energien in dieser Diffusität.

AUSBILDUNG:
- Das Verhältnis von Arbeit und Freizeit im Pfarrberuf läßt sich eigentlich so ideal wie sonst nirgends ausbalancieren, wenn Pfarrerinnen oder Pfarrer dazu auch in der Lage sind, wobei ihnen wiederum Supervision helfen kann.
- Das Verhältnis ist gestaltbar und ist arg gestaltungsbedürftig.
- Was ist Arbeit und was ist Freizeit? Diese Frage hat zwei Dimensionen, sie hat eine Mengendimension und sie hat eine Dimension der Abfolge der Verteilung. Eine gewisse Möglichkeit, Arbeit selber zu strukturieren gibt es im Pfarrberuf, aber die ist sehr eingeschränkt.
- Freizeit muß selbst strukturiert werden, ich muß mir selber klar werden: Was brauche ich, was braucht meine soziale Umwelt und wie kann ich das dann selbst organisieren und umsetzen.
- Was ist denn Arbeit bei einem Pfarrer? Es ist nicht möglich, die wirkliche Arbeitszeit eines Pfarrers zu quantifizieren. Ich halte solche Versuche von vornherein für vergeblich.
- Im Hinblick auf Freizeit bietet der Pfarrberuf mit seiner ungeregelten Arbeitszeit auch Chancen, die es freilich zu entdecken gilt.

PFARRER- UND PFARRERINNENVEREIN:
- Es gibt eine Untersuchung der württembergischen Pfarrervertretung, die festgestellt hat, daß die durchschnittliche Arbeitszeit von PfarrerInnen bei 55 Stunden pro Woche liegt. Oft gehen Arbeit und Freizeit aber auch ineinander über. Man kann manchmal nur schwer eine klare Trennungslinie ziehen.

3. 3. 3. 9. BELASTUNGSPOTENTIAL GESUNDHEIT, FAMILIE
Fragen Eigenwahrnehmung: 19 / Außeneinschätzung: 12

EIGENWAHRNEHMUNG

Frage 19: Wie beurteilen Sie die Auswirkungen Ihrer Berufsausübung auf Ihre Gesundheit und Ihre Familie?

ANFANG DES BERUFSLEBENS:
- Auf der einen Seite habe ich einen Beruf, der es erlaubt, auch selber einen Rhythmus zu finden. Mein Rhythmus wird mir nicht diktiert. Das tut auch meiner Gesundheit gut. Das ist wirklich auch eine Riesenstärke, daß ich mein eigener Chef bin in vieler Hinsicht. Und das ist noch ein großes Plus. Ich merke, Leute, die den Rhythmus von außen vorgegeben bekommen, haben manchmal viel mehr Schwierigkeiten, da auch gesund zu bleiben. Das kann eine Chance sein. Allerdings, das hängt wohl aber auch mit mir selber zusammen, daß ich manchmal so das Denken habe, so das muß jetzt sein und dann auch selber Dinge mache, die über meine Kräfte gehen und die Grenzen eher zu eng setze in Bezug auf körperlichen Ausgleich und so.
- Auswirkungen hat das immer nur auf mein Gewicht, ich nehme unheimlich ab und werde sehr dünn, das ist so der Stress einfach, Verdauungsgeschichten - und schlaflose Nächte, wobei ich mir Techniken anlerne, einfach die Dinge auch aufzuschreiben und solche Sachen. Familie ist für mich wohltuend und der Beruf hat keine negativen Auswirkungen.

- Negativ. Gesundheit läßt sich schwer sagen. Im Moment habe ich das Gefühl, daß es zuviel ist, daß ich eine Erkältung zum Beispiel nicht los bekomme. Im Blick auf Familie oder Freunde würde ich sagen, sind es negative Auswirkungen. Die Freunde, die flexibel sind, die können damit umgehen, aber nachdem der ganze Pfarrerberuf sowieso azyklisch im Vergleich zu anderen Berufen läuft, ich arbeite dann, wenn die freihaben, die einen anderen Beruf ausüben, ist es ganz schwierig. Man muß unheimlich viel organisieren und das ist auch wieder nicht das, was einen frei macht zu wirklichen Begegnungen, oder ich erfahre es eben so.
- Für meine Beziehungen ist es häufig Gift, weil es ein völlig unsozialer Beruf ist, immer dann, wenn andere Menschen freihaben, an Wochenenden oder am Abend sind wir ja besonders gefragt. Auf meine Gesundheit, das ist einfach so, daß ich manchmal mehr, manchmal weniger Kampfgewicht brauche.

MITTE DES BERUFSLEBENS:
- Meine Gesundheit hat in den letzten Jahren sehr gelitten hat aufgrund meiner speziellen Anforderungen in der Notfallseelsorge, schlechter Schlaf, immer auf der Rolle sein, den Piepser, das Handy nicht überhören, immer einsatzbereit sein. Das hat sich bitter gerächt. Meine Ehe ist kaputt, damit ist klar, was das für Auswirkungen sind.
- Es kostet Kraft und es führt auch dazu, daß man an Grenzen gerät. Ganz klar. Irgendwann signalisiert einem der Körper, wenn es nicht selber erkannt wird: Hier ist mal Schluß. Das habe ich auch schon erlebt. Da war dann der Akku aus und mir haben die Leute auch danach gesagt um mich rum, warum hast du das nicht ein bißchen früher gebremst. Ich denke, daß es wichtig ist, für seine Gesundheit zu sorgen, für sich selbst zu sorgen. Liebe deinen Nächsten wie dich selbst. Interessant, daß ein Pfarrer hier so aufmerksam gemacht werden muß. Die Unruhe dieses Berufes, das nicht Homogene ist problematisch für Familien. Es gibt auch Chancen auf der anderen Seite, gegenüber Kindern ist es die Möglichkeit, daß man als Pfarrerin präsenter ist, ich verschwinde nicht und komme am Abend wieder zurück, sondern ich bin immer wieder mal da. Schwierig ist, daß ich nicht verbindlich da bin, daß sich niemand mit dem Rhythmus einstellen kann.
- Beides wird beeinträchtigt dadurch, daß wir eben diese Arbeitszeitregelungen nicht festgelegt haben. Bei den gesundheitlichen Problemen, die ich habe, hat mein Arzt mir gesagt: Stress abbauen. Ich leide unter Bluthochdruck, aber der hat keine organische Ursache. Es handelt sich einfach um Stress. Und auch die Beziehungen, die leiden darunter.
- Auf meine Beziehungen, da ist es schwierig. Ich habe nur wenige ganz persönliche Beziehungen. Und gesundheitlich, da finde ich es eher zuträglich, daß ich mir vieles an der Berufstätigkeit selber einteilen kann. Für mich ist es gesundheitlich wichtig, daß ich nicht ganz so früh anfangen muß und da kommt mir der Beruf entgegen.

ENDE DES BERUFSLEBENS:
- Ich glaube, ich habe eine sehr gute Grundkondition. Ich habe durchgehalten. Ich kann kurz und tief schlafen, ich lebe im ländlichen Raum, das heißt, ich kann mein Fahrrad oft benutzen, das ist für den Kreislauf und die Kondition hervorragend. Was die Famlienfreundlichkeit angeht dieses Berufes - ich habe aus unterschiedlichen Gründen versucht, meine Familie nicht zu verpflichten zu Präsenz oder Mitarbeit. Die Arbeitsmenge war trotzdem familienunfreundlich. Mein Verhältnis zu den Kindern hat darunter mindestens zeitweise gelitten.
- Auf meine Gesundheit hat es sich eigentlich positiv ausgewirkt, Es hält mich fit. Ich würde allerdings sagen - und das ist jetzt eine andere Frage - ich bin ja nicht verheiratet. Aber ich denke, daß da die Gemeinde auch einen Auftrag hat, zu sorgen, daß die Familie, die Pfarrfamilie auch zu ihren Freiräumen kommt.

KLINIKPFARRERINNEN:
- Ich halte sie bei zunehmendem Alter in hohem Maße als gesundheitsgefährlich. Ich habe das so gemerkt bei mir ab vierzig, da haben diese Wehwehchen zugenommen und auch mein Energiehaushalt ist wesentlich geringer geworden. Es belastet mein soziales Leben und ich denke auch, daß die Singles noch einmal in einem höherem Maße hier gefährdeter sind als Menschen, die in Familien leben, weil die hier noch eine zusätzliche Belastung haben, nämlich mit ihrem social life zurechtzukommen und das zu strukturieren und das zu organisieren. So betrachte ich die Singles als eine schwierige Gruppe und auch eine gefährdete Gruppe unter den Pfarrern.
- Es ist ja physisch keine Belastung. Es ist höchstens psychisch, daß man nicht abschalten kann, daß man ständig in Gedanken beim Beruf ist.
- So, wie ich es bis letztes Jahr gemacht habe, hat es mich krank gemacht. Ich bin öfter krank gewesen. Ja, ich war einfach grandios überfordert unter einen Hut zu bringen, genug für mein Kind da zu sein, genug in der Arbeit zu machen. Was bei mir immer dann runterfällt ist die Paarbeziehung, die läuft dann halt irgendwie so.
- Da wäre noch einmal dieses Wort von dem Antirhythmus, daß ich halt am Sonntag oft Dienst habe, am Samstag oft Bereitschaften oder Predigt vorbereite oder andere Verpflichtungen am Sonntag habe und das finde ich schon schwierig, die Familien und Freunde, die haben halt am Sonntag frei. Mit der Gesundheit, da kann ich nicht klagen, wobei ich schon das nicht für besonders verträglich halte, wenn das so ist, daß man so gleich drei Wochen hintereinander arbeitet. Das finde ich nicht besonders gut. Manchmal denke ich, wenn ich mal eine 40-Stunden oder auch 50-Stundenwoche hätte, dann wäre das schön.

AUSSENEINSCHÄTZUNG

Frage 12: Wie beurteilen Sie die Auswirkungen der Berufsausübung von Pfarrern und Pfarrerinnen auf ihre Gesundheit und ihre Familien?

KIRCHENLEITUNG:
- Viele Pfarrer überfordern und überlasten sich.
- Weil der Beruf immer vorgeht, haben Pfarrer auch Rückzugsmöglichkeiten aus den familiären Bezügen, die den Beziehungen nicht gut tun. Daß die Zahl der Ehescheidungen angestiegen ist hängt sicherlich damit zusammen, daß Pfarrer sich oft aufgrund des Berufes zu wenig Zeit für die Beziehung, vor allem auch in Konfliktsituationen nehmen.
- Die Gesundheit im großen und ganzen positiv. Pfarrer ist ein sehr vielseitiger Beruf. Und wenn er es versteht, kann er sich gesund halten.
- Familie ist nicht unproblematisch. Die Familie wird in Mitleidenschaft gezogen, z. B. auch durch die Stellenwechsel.
- Bei Pfarrern, die sich konstant übernehmen oder konstant ausbeuten, leidet auch die Gesundheit, das ist ganz klar, aber darin unterscheiden sie sich nicht von anderen.
- Ich sehe nicht, daß der Pfarrerberuf gesundheitsschädlich ist.
- Ich glaube nicht, daß der Beruf grundsätzlich krank macht, oder daß er das Zusammenleben in der Familie grundsätzlich stört. Ob er das tut, hängt sehr ab von den Konstellationen, in denen sich Menschen und Familien befinden.
- Wiederum ist sehr zu unterscheiden zwischen Gemeindepfarrern und anderen Aufgaben. Ich denke, daß es wirklich eine Kunst ist, für den Gemeindepfarrer Familie und Beruf in eine gute Balance zu kriegen.
- Ab dem 40., 50. Lebensjahr muß mehr darauf geachtet werden.

- Sehr häufig ist das, was die PfarrerInnen machen Stress pur für den Körper, weil eben keine Ruhepausen sind, weil sie eben immer sich im Dienst fühlen, weil die Gemeinde alle Nase lang an der Tür klingelt, da gibt es ja kein Halten, telefoniert wird auch nicht wie früher, nach zwanzig Uhr nicht mehr, sondern auch da gibt es ja überhaupt keine Grenzen und dieser dauerseelische Stress der sich gesundheitlich irgendwann natürlich auswirkt, wirkt sich auch auf die Familien aus, die werden da mit in dieses Hamsterrad reingezogen und müssen mitlaufen.
- Von der Freiheit und Selbstbestimmung her ist dieser Beruf ein relativ gesunder Beruf, weil er den ganzen Menschen beansprucht.
- Von der Familie her kommen heute Anforderungen, die es früher nicht gab, und die zu Spannungen führen. Ich habe in meiner Amtszeit, in elf Jahren, 85 Pfarrersehen scheitern gesehen und leider oft an diesem Punkt, wo ich sage, da ist die Gefahr nicht erkannt worden. Im Zweifelsfall hatte der Beruf den Vorrang vor den persönlichen Ansprüchen und Familiensituationen. Bei der Gesundheit ist es ähnlich. Ich übergehe Krisenzeichen, und dann kommt ein Zusammenbruch.
- Das hängt ja auch von den Voraussetzungen ab, die einer gesundheitlich mitbringt, sowohl körperlich wie seelisch.

SUPERVISION / BERATUNG:
- PfarrerInnen würde ich zusammennehmen mit der Sparte der Menschen in den sozialen Berufen. Sie haben eine Tendenz zu idealistischer Selbstüberschätzung, also ein Ausmaß an Idealvorstellung, und zugleich ein hohes Maß an narzißtischer Kränkbarkeit, wenn ihr Gutsein und ihr Opfer scheinbar nicht genügend gewürdigt werden. Das hat dann Enttäuschungen und Vergeblichkeitserfahrungen zur Folge. Zum Erscheinungsbild des social working gehört eine mangelnde Fähigkeit, nein zu sagen, sich abzugrenzen. Das ist ein guter Nährboden für eine ganze Reihe von psychosomatischen Erscheinungen.
- Schauen wir auf Psalm 1: An welken Blättern kann man sehen, daß jemand nicht mehr gut am Wasser steht. Ich mache bei katholischen Priestern oft die Erfahrung, daß sie Probleme mit dem Herzen haben, daß insgesamt das Herz zu kurz kommt, die Seite, wo es auch um mich geht, wo es um die Gefühle geht. In dem Moment wo dem Rhythmus des Herzen im direkten und im übertragenen Sinn nicht mehr entsprochen wird, kommt es seelisch aber auch körperlich zur Beeinträchtigung. Das hat auch damit zu tun, welche Persönlichkeitsstruktur jemand hat. Wie sieht es aus mit dem Selbstwertgefühl, wie sieht es aus mit der Fähigkeit ja oder nein sagen zu können? Wenn die ganze Anerkennung über den Beruf kommt ist es schlecht
- Wenn man den Statistiken glaubt, gehören die evangelischen Pfarrer zu den Gesünderen. Bei den katholischen Pfarrern erlebe ich schon, daß viele vor sich hinkränkeln und nicht besonders gesund sind. Das hängt einmal von der Arbeitssituation ab, aber nicht nur, sondern vor allem auch von der Lebenssituation der katholischen Pfarrer, sicher oft auch, daß vieles verdrängt wird, Aggression, Sexualität verdrängt wird, oder daß man keinen gesunden Umgang damit hat und das zeigt sich dann auch oft körperlich.
- Der Pfarrerberuf ist im Prinzip ein sehr gesunder Beruf. Er hat mit allen Aspekten zu tun, die eine Menschenseele und einen Menschenkörper gesund halten. Also, körperlich ist er nicht so anstrengend wie viele andere Berufe. Er gibt Zugang zu dem, was in Beziehungen passiert. Die Emotionen dürfen eine Rolle spielen. Sogar die Spiritualität darf eine Rolle spielen.
- Eindeutig sind bestimmte psychische Störungen bei Pfarrern überrepräsentiert, vor allem Depressionen, Schizophrenien eher seltener. Mit Sicherheit erleben wir unter den Kindern von Pfarrern massiv psychische Störungen, geradezu spezifische. Da ist diese Neigung zum

Extremen, zum Polarisierenden, zum Fehlen von Common Sense, zum Drehen an der kleinen Schraube.

AUSBILDUNG:
- Man muß eine Balance zwischen Geben und Nehmen herstellen. Da Pfarrer gerne mit Menschen in Ohnmachtsituationen zusammen sind, fallen sie andauernd Vampirismen anheim, das heißt, sie werden ausgesaugt. Sie sollten gesellschaftliche Entwicklungen nicht auf die eigene Kappe beziehen, sondern ein Stück gelassen sein.
- Die ganze neue Zieldiskussion ist lebensgefährlich für Pfarrer und Familien. Pfarrer haben Aufgaben, sie sollen z.b. einen Text auslegen. Wenn ich mir nun große Ziele setze, also wie viele Leute müssen jetzt für den Gottesdienst gewonnen werden o.ä., die jetzt durch diese Managementphilosophie hereinkommen - das wird hybrid.
- Kaum ein Beruf ermöglicht so selbstbestimmtes Arbeiten. Die Lebenserwartung von Pfarrern ist nach wie vor hoch, gleichzeitig gehören die Pfarrer zu den Alkoholikergruppen, also, offenbar ist es ein problematischer Beruf heutzutage.
- Der Pfarrer hat viele Probleme, es sind neue Probleme dazugekommen. Pfarrer sollen einerseits Modellexistenzen sein, werden von den Leuten zum Teil immer noch so angeguckt. Und sind andererseits deutlicher als früher, weil die Fäden jetzt gelockert sind, jetzt auch von Scheidungen betroffen und von Krisen aller Art und dann sagen wir noch: Sie sollen dazu stehen und sollen sich nicht verstecken und dadurch wird es schwerer.
- Der familiäre Druck allerdings ist groß. Da kommt es auch auf den Familienkontrakt an. Die Familienkonstellation hängt sehr stark von der jeweiligen Sozialisation, bzw. von der Partnersuche ab. Wenn die Partnersuche und die Paarbildung die Perspektive Beruf mit einschließt, dann ist es leichter
- Noch gehören evangelische Pfarrer zu den Berufen, die die höchste Lebenserwartung haben.
- Typische psychosomatische Erkrankungen bei Pfarrern hängen oft zusammen mit Energie, die fast autoaggressiv nach innen gerichtet wird: Magen, Herz und Depressionen. Es hängt auch zusammen mit dem Hang zu depressiven Atmosphären im kirchlichen Milieu. Das Leitbild der gegenwärtig gerade in den gefährlichen Jahren der fünfzig Befindlichen ist sehr stark: Niemand enttäuschen, lieb sein, selbst wenig Aggression zeigen. Daß Pfarrfamilien nie als Vorbilder für die Gemeinde getaugt haben, zeigen alle Quellen.
- Für die Gesundheit ist es wirklich wichtig, immer wieder einmal aus der Mühle herauszukommen. Bei den Familien machen die gegenläufigen Arbeitszeiten zu schaffen.

PFARRER- UND PFARRERINNENVEREIN:
- Es gibt keine Hinweise, daß Pfarrerinnen und Pfarrer öfter krank sind als andere Berufsgruppen. Der Pfarrberuf hat aber besondere Auswirkungen auf die Familie

3. 3. 2. 2. 10. BELASTUNGSPOTENTIAL AUSBILDUNG UND ZURÜSTUNG
Fragen Eigenwahrnehmung: 20 / Außeneinschätzung: 13

EIGENWAHRNEHMUNG

Frage 20: Empfanden Sie Ihre Ausbildung als hilfreiche Zurüstung für die späteren Berufsanforderungen? Hätten Sie Verbesserungsvorschläge?

ANFANG DES BERUFSLEBENS:
- Das Theologiestudium war eine gute Ausbildung, weil ich dort Denken gelernt habe. Ich fände auch gut, wenn man allgemein berufspolitisch sagen würde, man macht nach fünf,

sechs Semestern ein Gemeindejahr, also ein vorgezogenes Vikariat, mit sechshundert bis achthundert Mark Gehalt, wo so etwas wie Coaching stattfindet, wo ich am Ende weiß, ich bin als Pfarrer geeignet oder ich studiere auf eigenes Risiko weiter.
- Grundsätzlich fand ich die Ausbildung schon sehr gut. Wo es wirklich ganz stark mangelt, das ist das, wo sie das ja gerade auch ein bißchen erweitern, das ist das mit der spirituellen Kompetenz. Da ist man, wenn man dann vom Studium kommt und den falschen Mentor erwischt, letztlich überfordert, wenn man da in spiritueller Hinsicht auf einmal etwas leisten muß. Da sind die Katholiken uns wieder einen Schritt voraus mit ihren Spiritualen und der Ausbildung.
- In weiten Teilen empfand ich die Ausbildung als sehr hilfreich, ich beziehe mich jetzt vor allem auf das Vikariat, ich hatte einen ausgezeichneten Mentor, das spielt eine sehr große Rolle, wenn man da Vorbilder erlebt, die einem helfen, auch eigene Wege und Schritte zu finden, wie man sein eigenes Potential entwickeln kann in diesem Beruf. Auch einen Teil der Kurse im Predigerseminar fand ich sehr hilfreich, andere wiederum fand ich eher eine Katastrophe, im Bereich Religionspädagogik fühle ich mich viel zu schlecht ausgebildet. Insgesamt, wenn man das Theologiestudium anschaut, würde ich mir wünschen, daß da schon mehr reinblitzt von den Möglichkeiten oder den Anforderungen des späteren Berufes. Ich glaube, daß man da von anderen Kirchen lernen kann, also in der anglikanischen Kirche gibt es Ausbildungssysteme, die wesentlich praxisorientierter sind.
- Ich fand mein Theologiestudium so umfassend gut und richtig, daß ich mir genau das so wieder gewünscht hätte. Eine gute theologische Ausbildung ist elementar. In dem Moment, wo sie selber zum Theologen werden, können sie auch gute Pfarrer werden, aber nicht umgekehrt. Sie können als Pfarrer nicht zum Theologen werden, wenn sie es nicht schon sind.

MITTE DES BERUFSLEBENS:
- Heute ist das Studium wohl mehr praxisbezogen als früher. Aber ich denke, es immer noch zu verkopft und zu wissenschaftlich. Das Praktische kommt so gut wie nicht vor.
- Ich glaube, daß die Ausbildung eine gute Basis sein kann. Ich muß aber schon feststellen, der Praxisbezug ist schon arg, arg schmal. Was ich an Ausbildung bekommen habe für Gemeindeleitung, für Seelsorge, für Religionsunterricht, ist einfach zu dünn.
- Das Studium fand ich spannend und interessant. Die Exegese ist auf jeden Fall sinnvoll. Das Vikariat finde ich sehr schwierig, eher ungeeignet. Und zwar nicht wegen der Aufteilung Gemeinde - Predigerseminar, sondern durch die Art des Predigerseminars. Beim Mentor kann man Glück haben und auch Pech haben, auch von der Gemeinde her. Ich weiß von den anderen Landeskirchen, daß die stärker so bestimmte Schwerpunkte setzen in den einzelnen Ausbildungsabschnitten und das finde ich sinnvoll.

ENDE DES BERUFSLEBENS:
- Also die Ausbildung war für mich super. Für mich war es Hochzeit, ich war in Tübingen, Käsemann war da, Ebeling war da, Ratzinger war da, Küng war da und dann kam auch noch der Moltmann hinterher dazu. Also, besser kann man es gar nicht haben. Das Predigerseminar war für mich ein kompletter Schuß in den Ofen. Ich kann mich erinnern, wo wir einen ganzen Tag nur miteinander gespielt haben, wo wir nur dauernd gruppenweise gespielt haben, wie es einem Religionslehrer in der Schule ergehen kann. Aber daß man mal so richtig auf das Pfarramt in all seinen Dimensionen vorbereitet worden wäre, auch diese ganzen Amtsgeschichten und alles, so trocken wie das ist, das hat mir enorm gefehlt hinterher. Und was ich dann wirklich gemacht habe, das habe ich mir selbst erarbeitet.
- Ich gehöre zu der Generation, die die praktische Theologie als Verpackungswissenschaft bezeichnet hat. Wir hatten nichts vom Studium her. Im Predigerseminar hatte ich ein paar freundliche, aber eigentlich wertlose Tips erhalten. Ich hatte Glück, einen guten Chef zu ha-

ben. Dann habe ich eben begonnen, mich selbst weiterzubilden auf der Gemeindeakademie, im Pastoralkolleg.
- Da kann ich ganz eindeutig sagen, daß die Ausbildung in keiner Weise ausreichend war, um auf diesen Beruf vorzubereiten. Von meiner Geschichte her würde ich sagen: In meiner Ausbildung habe ich viel gelernt, theologisch gelernt, aber einen Zugang zum spirituellen und religiösen Leben habe ich überhaupt erst in der Gemeinde bekommen.
- Ich denke, was unbedingt dazugehört in der Berufsausbildung, aber das ist natürlich heute schon durch die ganzen Lehrvikariate auch gegeben, die Teamfähigkeit zu fördern, die Konfliktfähigkeit, die Selbstkritik ertragen zu können, selbstkritisch zu sein, den Austausch mit anderen Fachrichtungen vor allem halte ich auch für wichtig, die Grundsätze der Sozialarbeit, also Distanz und Nähe, Helfersyndrom und alle diese Dinge unter denen manche Pfarrer auch leiden. Und dann die Managementregeln. Zeitplanung und so weiter. Aber das gehört nicht alles in die Studienzeit, dafür gibt es dann Pastoralkolleg, Predigerseminar, FeA und so weiter.

KLINIKPFARRERINNEN:
- Ich halte sie nicht für hilfreich. Mir wäre mehr Praxisorientierung wichtiger gewesen. Eine persönliche Begleitung halte ich im Studium für sehr sinnvoll und ich halte auch spirituelle Angebote und Übungen für sehr notwendig.
- Diese Frage kann ich mit einem glatten Nein beantworten. Diese Spezialausbildungen konnte ich erst später machen. Jeder Pfarrer bräuchte von Haus aus gleich Supervision. Jeder Pfarrer müßte an und für sich die Möglichkeit haben, Selbsterfahrung zu haben und längere Zeit begleitet zu werden.
- Ich fand das Theologiestudium natürlich grundlegend wichtig. Ohne eine Theologie möchte ich bitte nicht hauptamtlich auf Menschen losgelassen werden. Allerdings, was sehr, sehr gefehlt hat und was immer noch fehlt ist, daß es wenigstens ein Angebot, nicht ein Muß, aber wenigstens Angebote zur Praxis Pietatis im Studium geben muß. Das hat mir ganz furchtbar gefehlt.
- Die Theologie ist schon eine wichtige Zurüstung, aber viele transformatorische Leistungen zwischen Theologie und Leben muß man selber vollbringen. Ich könnte mir meine Arbeit nicht anders vorstellen, als daß ich noch Zusatzqualifikationen habe, aber die kann man sich ja auch holen und da kann Predigerseminar und Vikariat nur ein kleiner Anstipser dazu sein. Verbesserungsvorschläge: Ich habe mir das manchmal überlegt, und es wird ja auch diskutiert, ob man nicht eine Art seelsorgerliche Begleitung oder so ein Angebot für Studenten machen könnte.

AUSSENEINSCHÄTZUNG

Frage 13: Worauf müßte im Hinblick auf „Kraftverlust" und „Kraftgewinn" in der Ausbildung zum Pfarrberuf besonderer Wert gelegt werden?

KIRCHENLEITUNG:
- Auf das Thema, sich Raum für Freizeit und für Gesundheit zu nehmen, wird in der Ausbildung schon sehr viel Wert gelegt.
- Wo es noch mehr passieren könnte, ist die ganze Frage der Spiritualität.
- Viele Pfarrer, die alleine in der Gemeinde sind, haben es nicht leicht, spirituelle Formen zu finden, wo man Kraft schöpfen kann.
- Zunächst einmal müßte man lernen, daß es überhaupt um Kraft und Kräfteverschleiß geht, weil man mit Leuten spricht, weil man Seelsorge übt, weil man das Wort Gottes auslegt. Es

gibt wohl kaum einen Beruf, wo auch Kraftgewinn möglich ist schon durch die Berufsausübung. Wie das geschehen kann, müßte in der Ausbildung gezeigt werden.
- Kraftgewinn ist immer dann möglich, wenn ich unterschiedliche Zielgruppen habe und wenn ich unterschiedliche Situationen aufsuche, weil ich dann die andere Seite, die vielleicht im vorigen Feld ungelebte Seite, wieder erleben kann.
- Vor allem in der zweiten Ausbildungsphase.
- Kraftverlust erwächst daraus, daß im Bereich der Fachlichkeit echte Defizite sind, die einem immer wieder Mißerfolge bescheren, oder bei der Kommunikationsfähigkeit und der Selbstreflexion bestimmte Schatten da sind.
- Es wäre gut, wenn die Ausbildung auch dazu hilft, aus der Kraftquelle der Gottesbeziehung zu schöpfen.
- Daß gerade in der Einstiegsphase des Berufes so etwas wie Supervision geleistet wird, um diese Dinge zu klären.
- In der Ausbildung müßte schon klar sein, was eine gesunde Spiritualität bringt, Praxis pietatis.
- Es müßten Wege aufgezeigt werden, wie man neue Kraft schöpfen kann, und da müßte immer wieder ermuntert werden, am Leben der Gesellschaft, zumal am kulturellen, teilzunehmen.
- Natürlich erst einmal die theoretischen Kräfte, dann auch das menschliche Wissen, daß ich genügend weiß über mich selbst und meine Grenzen und Möglichkeiten. Und die werden in der Ausbildung zum Pfarrerberuf schon völlig vernachlässigt. Wie man Verluste bewältigt und Enttäuschungen, das wird überhaupt nicht trainiert, das braucht oft die größte Kraft. Hier müßte trainiert werden, wie man sich verhält in Situationen, wo nicht alles glückt.
- Daß die Ausbildung darauf achtet, was eigentlich jede Pädagogik tun muß, daß das, was man verlangt, nur ein bißchen mehr ist, als das, was der gerade jetzt schon kann.
- Die Ausbildung soll gute Theologen heranbilden. Im Zuge des Berufslebens kommt es darauf an, den Pfarrern zu helfen, mit einem relativ guten Gewissen einigermaßen ihr Ordinationsversprechen zu verwirklichen. Die Ordination ist ein Urdatum im Leben des Pfarrers.

SUPERVISION / BERATUNG:
- Lernen, den Umgang mit der eigenen Zeit kritisch anzusehen. Arbeiten an der Unterscheidung zwischen Erwartungen und Notwendigkeiten, der Gemeinde und den eigenen.
- Daß man ermutigt wird, die Art von Spiritualität, die einem wirklich entspricht, und wo man merkt, das bringt mir seelischen und geistlichen Gewinn, zu pflegen.
- Auf gute realistische Selbsteinschätzung Wert legen und von daher dann realistisches Haushalten mit den eigenen Ressourcen. Gut wäre, wenn in der Ausbildung die Selbstintegrität gestützt und gestärkt würde, die Eigenbestimmtheit versus Außengelenktheit. Dann wäre sinnvoll ein Einüben von guten Zeitstrukturen und die eigene Spiritualität zu entdecken und zu pflegen. Die Reifung oder Nachreifung der Persönlichkeit wäre wichtiger als die Speicherung von rationalen Inhalten.
- Ein Leitbild von einem Seelsorger zu entwerfen, der sich nicht verbrennen muß und sich aufgeben muß für andere, sondern der auch sein Selbst verwirklicht.
- Für mich ist eine entscheidende, spirituelle Frage: Woraus lebe ich? Lebe ich aus dem Erfolg, lebe ich aus dem, was ich selber tue, aus der Faszination von dem, was ich organisieren kann oder lebe ich letztlich aus der Quelle des Heiligen Geistes und insofern ist es für mich ganz wichtig, das erlebe ich bei vielen katholischen Pfarrern und auch bei evangelischen Pfarrern, daß kein spirituelles Fundament da ist, daß man nicht einen spirituellen Weg geht. Daß man zwar spirituelle Dinge verkauft, aber nicht einen inneren Weg geht.
- Das personbezogene Lernen, das sich selber schon mit Einbringen in Bezug auf die Rolle. Supervision gehört auch ein Stück weit mit dazu, weil halt der Beruf, die Rolle personbezo-

gen integriert werden. Und dann Entwicklung von Meditation und Spiritualität. Das kann man auch ein Stück weit üben, man muß das Sitzen üben, wenn man Zen praktizieren will, bei den Ignatianischen Exerzitien gibt es etwas zu lernen und zu üben. Aber das muß auch angeboten werden und kann auch, wenn einer Pfarrer werden will, irgendwo ein Stück weit auch verpflichtend gemacht werden. Da müßte die Kirchenleitung mehr hinschauen.

- Daß man die personale Kompetenz eines Menschen stärkt, daß er einschätzen kann, was ihn Kraft kostet, und was ihm Kraft gibt.
- Der größte Kraftgewinn kommt nicht aus der Freizeit, sondern wenn ich das, was ich tue, identisch mit mir gerne tue. Also, es ist eine Mischung von Kraftverlust und Kraftgewinn gleichzeitig. Zum Beispiel beim Gottesdiensthalten.

AUSBILDUNG:
- Wichtig ist, daß Pfarrer und Pfarrerinnen lernen, das Verhältnis von Geben und Nehmen in der sozialen Praxis einigermaßen auszugleichen, ob und inwiefern man das schon in der Ausbildungssituation vermitteln kann, das glaube ich nicht.
- In der Ausbildung die Spaltung von Wissenschaft und Spiritualität überwinden.
- Vor allem in der zweiten Ausbildungsphase wäre es gut, wenn überhaupt zukünftige Pfarrer dahin geführt werden, ein Gefühl dafür zu kriegen, wo sie Kraft verlieren und wo sie Kraft gewinnen.
- Kraftgewinn kann stattfinden durch die Gottesbeziehung vielleicht auch. Es wäre gut, wenn die Ausbildung auch dazu hilft, aus der Kraftquelle der Gottesbeziehung zu schöpfen.
- Kraftverlust und Kraftgewinn ist zunächst einmal etwas Individuelles. In der Ausbildung zum Pfarrberuf müßte eine Selbstklärung erfolgen, wo sind die Quellen meiner Kraft und wo sind die schwarzen Löcher? Welche Dinge sind von der Energiebilanz her zeitaufwendig aber energiespendend? Das Thema müßte ein Thema sein in der Ausbildung, um dann auch Hilfen weiterzuvermitteln zu können, also zu sagen: Begrenzung, Ausgleich, Entspannung, Biorhythmus, Spiritualität, Zeit für mich. Es gibt aufgrund meines Persontyps, meiner Sozialisation bestimmte Punkte von Kraftverlust und Kraftgewinn, die muß ich kennen und da brauche ich eine Anleitung, einen Mentor, einen Spiritual, der mit mir auf meinen Weg geht.
- In der Theologie, auf eine schöpfungs- und geschöpffreundliche Theologie, die mehr Ernst macht mit der Leiblichkeit des Menschen, der Wertschätzung dieser Leiblichkeit. In der Hamartologie, eine Sündenlehre, die weniger moralisch einsetzt und mehr einsetzt bei der Endlichkeit und Fehlbarkeit des Menschen, bei der Versöhnung mit dem Nichtperfekten. Eine Ekklesiologie, die ernst macht mit dem Bild vom Leib und den Gliedern und der Verschiedenheit der Charismen und das positiv würdigt und nicht von der Defizitseite her angeht. Und dann brauchen wir einfach eine Neuentdeckung der Aszetik und der Pastoraltheologie, als klassische notwendige Disziplinen der Theologie, also Aszetik als Theorie der Lebenskunst.
- Den spirituellen Bereich ausbauen. Bodenhaftung finden und die Dinge mit Kopf, Herz und Hand tun.

PFARRER- UND PFARRERINNENVEREIN:
- Verschiedene Formen geistlichen Lebens müssen in der Ausbildung nicht nur als begleitendes, sondern auch als verbindliches Programm angeboten werden.

3.3.3.11. Typische Problembereiche des Pfarrberufes aus der Sicht der Befragten

Eine Zusammenfassung der entsprechenden Äußerungen soll noch einmal typische Problembereiche des Pfarrberufes verdeutlichen. Folgende berufliche Probleme und Nöte wurden von den Befragten immer wieder und mit Nachdruck angesprochen:

- Mangelnde Kollegialität unter den Pfarrern (Pfarrerinnen schätzen sich selbst und andere Pfarrerinnen jedoch im Vergleich zu Pfarrern als weitaus kollegialer ein).
- Weitgehendes Fehlen der vielbeschworenen „Gemeinschaft der Ordinierten".
- Häufiges Konkurrenzverhaltens der Pfarrer (das bei Pfarrerinnen nach deren Eigeneinschätzung sehr viel weniger ausgeprägt ist).
- Hierarchische Abstufung in der Kirche, die bewußt aufrecht erhaltene Trennung zwischen „oben" und „unten".
- Doppelzüngigkeit von Kollegen und Vorgesetzten.
- Vielzahl „artfremder" Verpflichtungen im Pfarramt (vor allem im Verwaltungs- und Managementbereich).
- Bürodienst und Kassenführung.
- Fehlende Unterstützung und mangelndes Interesse der Vorgesetzten und der Kirchenleitung an der Arbeit der PfarrerInnen.
- Mangelnde Anerkennung und Würdigung der Leistung der PfarrerInnen durch die Vorgesetzten und die Kirchenleitung.
- Daß es „von oben" oft nur Forderung aber keine Förderung gibt.
- Verbreitete „Lieblosigkeit" und „Loblosigkeit" im Umgang miteinander (vor allem seitens der Leitung).
- Die öfter zu Tage tretende Inkompetenz der Kirchenleitung.
- Daß das einzige Interesse der Kirchenleitung das „Funktionieren" der Beschäftigten zu sein scheint.
- Steigende Unkirchlichkeit und Interesselosigkeit sowohl der Bevölkerung als auch der Kirchenmitglieder.
- Starke Belastung durch die hohe Arbeitszeit.
- Familienunfreundliche Arbeitsfülle.
- Die im Vergleich mit der übrigen Bevölkerung antiyzklische Arbeitszeit.
- Belastung durch „tausenderlei Kleinigkeiten" im beruflichen Alltag.
- Belastung durch die Residenzpflicht.
- Daß ein Privatleben im Pfarrhaus kaum möglich ist.
- Schwierigkeit einer klaren Trennung von Dienst und Freizeit.
- Unklare und schwierige Vertretungsregelungen.
- Vielfältige Probleme und Querelen mit KirchenvorsteherInnen und MitarbeiterInnen.
- Die Pfarrerzentriertheit der kirchlichen Arbeit.
- Der hohe Erwartungsdruck durch die Gemeindeglieder und die Vorgesetzten.

- Die Tatsache, von Gemeindegliedern oft falsch verstanden und interpretiert zu werden.
- Daß häufig *über* einen geredet wird statt *mit* einem.
- Fehlendes Feedback.
- Mangelnde Berücksichtigung von Fortbildung und Spezialisierung bei Stellenvergaben.
- Die schlechten Umgangsformen und der oft rüde Umgangston in der Kirche.

Die Auswirkungen der Berufstätigkeit auf die Gesundheit werden von einigen der Befragten eher positiv, von der Mehrheit dagegen eher negativ beurteilt. Die Auswirkungen des Dienstes auf Familie und Beziehungen werden insgesamt negativ beurteilt. Als besonderes Manko in der Ausbildung wird die fehlende Einführung und Einübung in die spirituelle Praxis beklagt. Auffallend ist, daß die befragten KlinikpfarrerInnen ihre Ausbildung schlechter beurteilen als die GemeindepfarrerInnen - ein Indiz für die ungenügende Seelsorgeausbildung im Studium.

3. 4. BURNOUT IM PFARRAMT?

3. 4. 1. Das Thema im Spiegel der Literatur

Angesichts der angesprochenen Belastungspotentiale kann davon ausgegangen werden, daß es sich beim Pfarrberuf um einen überdurchschnittlich burnoutgefährdeten Beruf handelt, der gerade in dieser Hinsicht qualifizierter Beobachtung sowie kirchenpolitischer, supervisorischer und gegebenenfalls auch therapeutischer Begleitung bedarf.

Im angloamerikanischen Bereich ist, wie oben ausgeführt, die Gefährdung durch das Burnout-Syndrom längst als ernstzunehmendes berufsspezifisches Problem der Pfarrerschaft erfaßt und wird in einer Vielzahl wissenschaftlicher Publikationen thematisiert, deren Übersetzung ins Deutsche, im Gegensatz zur psychologischen und soziologischen Burnoutliteratur, jedoch immer noch auf sich warten läßt. Eadies Untersuchung kam damals zu folgendem, für unseren Zusammenhang relevanten Ergebnis: „23 dieser schottischen Pfarrer (27%, von 85 Befragten, A.H.) erzählten von neurotischen Störungen, die der besonderen Behandlung mit Medikamenten, Psychotherapie oder Krankenhausaufenthalt bedurften. In 15 Fällen berichteten sie von wenigstens einem 'Nervenzusammenbruch' oder einer Zeit 'akuter nervlicher Erschöpfung', die zum Teil mehr als drei Monate Dienstbefreiung erforderten. ... Eine weitere wichtige Gruppe waren 27 Informanten (31,7%), die zu erkennen gaben, daß sie häufig unter beachtlichen Ermüdungserscheinungen mit typischen depressiven Symptomen litten. Diese einfachen depressiven Reaktionen werden in Perioden der Lethargie, der Gefühlsarmut, der Zurückgezogenheit und des Verlustes an Motivation, Konzentration und Appetit manifest. ... Es ist besonders auffällig, daß diese depressiven Reaktionen und Perioden akuter Ermüdung vor allem auf Aktivitäten folgen, die einen hohen Grad emotionaler Beteiligung erfordern oder bei denen es um das öffentliche Ansehen des Pfarrers geht. Was auch immer die Ursachen sein mögen, so sind Ermüdungserscheinungen und depressive Symptome bei Pfarrern der Kirche von Schottland weit verbreitet."[207]

Im deutschsprachigen Raum gibt es erst sehr wenige wissenschaftliche Studien zum Problemkreis.[208] In Abständen wird die Thematik in berufsspezifischen Periodika angesprochen.[209] 1990 erschien ein eher belletristischer Erfahrungsbericht von Hollingsworth in deutscher Sprache.[210] Insgesamt ist die literarische Produktion zur Problematik auf katholischer Seite inzwischen stärker in Gang gekommen als im evangelischen Bereich. So widmete immerhin die Zeitschrift „Diakonia" bereits 1990 ein ganzes Heft dem Thema „Überforderung". Traugott Schall hat 1993 unter supervisorischen Gesichtspunkten zur Problematik Stellung genommen und seine Arbeit in einem katholischen Verlag im Rahmen einer katholischen Seelsorge-Reihe veröffentlicht. Peter Abel und Burkhard Flosdorf haben sich mit Burnout aus katholischer Perspektive auseinandergesetzt, allerdings nicht auf den Pfarrberuf fokussiert.[211] Ein Klassiker, was die unbewußten Problemkonstellationen der Pfarrer betrifft, ist nach wie vor Drewermanns Klerikerbuch. Mit den psychologischen Herausforderungen pastoraler Berufe haben sich vor vielen Jahren u.a. schon Rolf Zerfaß und Hermann Stenger intensiv befasst.[212] Einer der wenigen, die sich evangelischerseits dem Sachverhalt bisher explizit auf wissenschaftlicher Ebene genähert haben, war Winkler.[213] In der letzten Zeit wird die Überlastung der PfarrerInnen und ihre Folgen jedoch, vor allem in pastoraltheologischen und -psychologischen Veröffentlichungen, wieder öfter thematisiert. Die evangelischen Akademien haben die Brisanz des Themas schon vor längerer Zeit erkannt und setzten es bereits wiederholt auf die Tagungsordnung der von ihnen veranstalteten Seminare, so z.B. im süddeutschen Raum die Akademien Tutzing (1993) und Bad Boll (1999).

---

[207] Eadie 1974, 404f.
[208] Ein Indiz dafür ist beispielsweise auch, daß sowohl in der vierten Auflage der „RGG", als auch in der vierten Auflage des „EKL" sich weder unter dem Begriff „Burnout", noch unter dem Wort „Ausbrennen" ein Eintrag findet.
[209] Vgl. das Themenheft zur Berufs- und Lebensberatung von Pfarrern der Zeitschrift „Wege zum Menschen" Vgl. in neuerer Zeit z.B. die Aufsätze von Eschmann 1997 und Köppen 2000.
[210] Hollingsworth 1990.
[211] Vgl. die Beiträge im Themenheft „Überforderung" der Zeitschrift Diakonia (21. Jg., Heft 4, Juli 1990). Schall 1993; Abel 1994 und 1995; Flosdorf 1998.
[212] Zerfaß 1978, 1979, 1985 (a+b); Stenger (Hg.) 1988
[213] Winkler 1999.

3. 4. 2. Die Entlastungsdiskussion in den neunziger Jahren

Im Zusammenhang mit der Arbeitszeitverkürzung im öffentlichen Dienst wurde zu Beginn der 90er Jahre in der Pfarrerschaft und auf der Leitungsebene vieler Gliedkirchen der EKD schon einmal eine breitere Diskussion über die Realität der Belastungen und die Möglichkeiten zur Entlastung im Pfarrberuf geführt. „Es kann ja letztlich nicht dabei bleiben, daß immer mehr Tarifabschlüsse für die nächsten Jahre eine Arbeitszeit von 35 Stunden festlegen und wir Pfarrerinnen und Pfarrer 50 und mehr Stunden im Dienst sein sollen" - dieses Zitat aus dem Rechenschaftsbericht von Klaus Weber, dem 1. Vorsitzenden des Pfarrer- und Pfarrerinnenvereins auf der Frühjahrsversammlung des Vereins im Jahr 1990 vermittelt einen Eindruck von der Stimmung in der Pfarrerschaft jener Jahre.[214] Wie in anderen Kirchen, hat sich auch in Bayern vor allem die Pfarrervertretung mit der Thematik befasst. 1990 hielt Herbert Lindner, damals noch Leiter der Gemeindeakademie in Rummelsberg, auf der Frühjahrstagung des Pfarrer- und Pfarrerinnenvereins ein vielbeachtetes Grundsatzreferat zum Problem der beruflichen Belastung der PfarrerInnen.[215] Die Tagung stand unter dem Thema „Entlastung finden - theologische, spirituelle und praktische Perspektiven" und verstand sich als wichtiger Markstein im Diskussionsprozess.

Rückblickend kann jedoch Gerhard Münderlein, damals Leiter des Beratungszentrums in Nürnberg und nicht nur darum eine ernst zu nehmende Stimme, schon ein Jahr später sagen: „Viel ist dazu (zum Thema Entlastung für Pfarrerinnen und Pfarrer, A.H.) gedacht und geschrieben worden, aber es ist wenig oder nichts geschehen." Und deshalb, fährt er fort, „frage ich mich manchmal, wie lange wohl Kirchenleitung (und vielleicht auch Synode) noch warten und zusehen wollen, wie noch mehr Pfarrer und Leitende an Herzinfarkt sterben."[216] Münderlein macht unter tiefenpsychologischem Aspekt für die Belastungssituation letztlich "destruktive Kräfte" verantwortlich, die „im Halbbewußten und Unbewußten" agieren und er gibt diesen Kräften den originellen Namen „Saboteure". Im Gegensatz zu den realen, krimininellen Saboteuren arbeiten diese aber nicht durch Behinderung oder Zerstörung. „Die uns innewohnenden 'theologischen' Saboteure arbeiten ein bißchen anders. Sie erschweren normale produktive Abläufe oder machen sie sinnlos gerade dadurch, daß sie sie im Übermaß ermöglichen. Sie schalten die normalen Selbstregulierungskräfte aus: Müdigkeit wird nicht mehr wahrgenommen, sinnloses Reden, überhastetes

---

[214] „Zwischen Last und Entlastung - Rückblick auf vier Jahre". Bericht des 1. Vorsitzenden bei der Frühjahrstagung des Pfarrer- und Pfarrerinnenvereins in Rummelsberg, in: Korrespondenzblatt Nr. 6, 105. Jg., Juni 1990, S.85.

[215] Dokumentiert im „Korrespondenzblatt" des Pfarrer- und Pfarrerinnenvereins in den Nummern 7/Juli 1990 („Wie groß ist die Last?") und 8+9/ August/September 1990 („Zeitfallen und Zeitfresser").

[216] Münderlein, in Nachrichten der Evangelisch-Lutherischen Kirche in Bayern, 47.Jg. 1992, Nr. 19, 361. Die folgenden Zitate ebd. 361ff.

Tun nicht mehr als solches erkannt, anstehende Fragen des eigenen Innenlebens oder der Familie beiseitegeschoben. Aber: Die Arbeit funktioniert prächtig, staunens- und beneidenswert. Und die Zerstörung kommt erst zum Schluß: Krankheit, Tod." Als zwei der „Wurzel-" oder „Hauptsaboteure" identifiziert Münderlein „Angst und Ehrgeiz". „Der Saboteur Angst läßt uns denken und empfinden: 'Wenn ich das nicht tue, nicht gut tue, nicht vorzüglich tue, dann habe ich versagt - vor mir selbst.' Oder mit dem Blick nach außen: 'Wenn ich das nicht tue, ... dann halten mich die anderen für einen Versager (Nichtskönner, Faulpelz) und mögen mich nicht mehr, ich sinke in ihrer Achtung. Der Kern liegt also in der Angst vor Liebesverlust... - Den Saboteur 'Ehrgeiz' kann man in ähnlicher Weise durchleuchten." Er führt weiter aus: „Nicht verschwiegen sei, daß es auch die Mutter Kirche ihren Kindern leicht macht, sich diesen Zerstörungstendenzen - der Personen und damit auch der Sache - hinzugeben. Natürlich tut sie das nicht mit Absicht, aber doch zwangsläufig, denn sie ist ja die Vertreterin und Hüterin der Ideale, zum Beispiel der Nächstenliebe, Hingabe, Opferbereitschaft und anderer mehr. Dazu kommt, daß fast alle Frauen und Männer, die in der Kirche mitarbeiten, starke Tendenzen haben, sich behütend, tröstend, versorgend, helfend zu betätigen. Außerdem liegt ihnen sehr daran, den Wünschen ihrer Mutter (Kirche) zu entsprechen."[217] In dem allen sieht Münderlein nun aber eine zentrale theologische Thematik berührt: die Rechtfertigungslehre bzw. deren Ablehnung. Im Kern des Überlastungssyndroms verbirgt sich nämlich letztendlich nichts anderes als der altvertraute Versuch des Sünders, sich durch seine Leistung selbst rechtfertigen zu wollen. „Zum Ausgleich predigen wir dann, wenigstens am Reformationsfest, die Theorie von der Rechtfertigung aus Gnaden allein - falls wir diese Predigt noch bei einigermaßen intakter Gesundheit halten können."[218]

---

[217] Ebd.
[218] Ebd. 362.

3. 4. 3. Ergebnisse aus dem empirischen Teil der Arbeit

3. 4. 3. 1. ASPEKTE AUS DER SCHRIFTLICHEN BEFRAGUNG

In der Befragung ergibt sich folgendes Bild: [219]

GESAMT: N=188

Hoher Burnout-Grad auf der EE-Skala bei 32 Personen (17,02%)
Hoher Burnout-Grad auf der DP-Skala bei 20 Personen (10,06%)
Hoher Burnout-Grad auf der PA-Skala bei 41 Personen (21,8 %)[220]

Hoher Burnout-Grad auf 3 Skalen gleichzeitig bei 3 Personen (1,6%)
Hoher Burnout-Grad auf 2 Skalen gleichzeitig bei 14 Personen (7,5%)

MÜNCHEN: N=62

Hoher Burnout-Grad auf der EE-Skala bei 10 Personen (16,1%)
Hoher Burnout-Grad auf der DP-Skala bei 7 Personen (11,2%)
Hoher Burnout-Grad auf der PA-Skala bei 18 Personen (29%)

Hoher Burnout-Grad auf 2 Skalen gleichzeitig bei 4 Personen (6,4 %)

NÜRNBERG: N=60

Hoher Burnout-Grad auf der EE-Skala bei 13 Personen (21,6%)
Hoher Burnout-Grad auf der DP-Skala bei 6 Personen (10%)
Hoher Burnout-Grad auf der PA-Skala bei 14 Personen (23,3%)

Hoher Burnout-Grad auf 3 Skalen gleichzeitig bei 2 Personen (3,3 %)
Hoher Burnout-Grad auf 2 Skalen gleichzeitig bei 5 Personen (8,3 %)

---

[219] Ein hoher Burnout-Grad wird, wie oben dargelegt, bei dem von mir verwendeten „Maslach-Burnout-Inventory" angezeigt, wenn die Werte in den Subskalen „Emotional Exhaustion" (EE) und „Depersonalization" (DP) hoch und in der Subskala „Personal Accomplishment" (PA) niedrig sind.Vgl. oben Punkt 3.3.1.3.: „MBI Scoring Key".
[220] Ein geringer PA-Wert markiert hohen Burnout.

KLINIK: N=47

Hoher Burnout-Grad auf der EE-Skala bei 8 Personen (17%)
Hoher Burnout-Grad auf der DP-Skala bei 5 Personen (10,6%)
Hoher Burnout-Grad auf der PA-Skala bei 6 Personen (12,7%)

Hoher Burnout-Grad auf 3 Skalen gleichzeitig bei 1 Person (2,1 %)
Hoher Burnout-Grad auf 2 Skalen gleichzeitig bei 5 Personen (10,6 %)

WEILHEIM: N=14

Hoher Burnout-Grad auf der EE-Skala bei 0 Personen
Hoher Burnout-Grad auf der DP-Skala bei 0 Personen
Hoher Burnout-Grad auf der PA-Skala bei 3 Personen (21,4%)

WINDSBACH: N=6

Hoher Burnout-Grad auf der EE-Skala bei 1 Person (16,6%)
Hoher Burnout-Grad auf der DP-Skala bei 2 Personen (33,3%)
Hoher Burnout-Grad auf der PA-Skala bei 0 Personen

WERTE DER FRAGE 8: „ICH FÜHLE MICH DURCH MEINE ARBEIT AUSGEBRANNT"

Anzukreuzen war eine der sechs Möglickeiten:
1 = einige Male im Jahr und seltener; 2 = einmal im Monat; 3 = einige Male im Monat; 4 = einmal pro Woche; 5 = einige Male pro Woche; 6 = täglich.

MÜNCHEN:
1 x Wert 4 (einmal pro Woche) (Fragebogen 14)
4 x Wert 5 (einige Male pro Woche) (Fragebögen 3; 26; 27; 32)
2 x Wert 6 (täglich) (Fragebögen 42; 53)

NÜRNBERG:
5 x Wert 4 (einmal pro Woche) (Fragebögen 5; 32; 45; 49; 58)
3 x Wert 5 (einige Male pro Woche) (Fragebögen 4; 30; 54)
1 x Wert 6 (täglich) (Fragebogen 44)

KLINIK:
5 x Wert 4 (einmal pro Woche) (Fragebögen 3; 5; 27; 37; 45)
4 x Wert 5 (einige Male pro Woche) (Fragebögen 14; 19; 21; 32)
WEILHEIM:
1 x Wert 4 (einmal pro Woche) (Fragebogen 7)
WINDSBACH:
2 x Wert 4 (einmal pro Woche) (Fragebögen 1; 4)

BEFUND DER SCHRIFTLICHEN BEFRAGUNG

Die evangelische Pfarrerschaft Bayerns, soweit sie an der Befragung teilgenommen hat[221], kann in ihrer Mehrheit nicht als „ausgebrannt" bezeichnet werden. Allerdings muß ein relativ hoher Prozentsatz, nämlich 49,5 % (= 93 Personen), zumindest als gefährdet angesehen werden, da die Betreffenden mindestens in einer der drei Subskalen des MBI hohe Werte zeigen. Bedenklich ist die Gefährdung bei 7,5 % der Befragten, da sie in zwei Kategorien gleichzeitig hohe Werte angeben. Als richtig „ausgebrannt" sind allerdings nur 1,6 % der Befragten anzusehen, eben diejenigen, die in allen drei Kategorien hohe Werte aufweisen. Der Beruf des Pfarrers und der Pfarrerin ist somit im Vergleich zu anderen Berufen immer noch weniger belastet als etwa die Gruppe der LehrerInnen oder der Krankenschwestern und -pfleger.[222]

Etwas schlechter als in München scheint es den PfarrerInnen in Nürnberg zu gehen, wo die Prozentzahl für den Burnout-Grad auf mehreren Skalen zugleich höher liegt. Warum in Weilheim die PA-Skala eine relativ hohe Prozentzahl ausweist und in Windsbach gar nicht erscheint, mag vielleicht auf die anstrengenderen Bedingungen in der Diaspora zurückzuführen sein. Die KlinikpfarrerInnen zeigen zwar in den Einzelskalen „EE" und „DP" den GroßstadtpfarrerInnen vergleichbare Werte, auffallend sind jedoch die deutlich geringeren Werte auf der PA-Skala. Vielleicht ein Hinweis auf die besseren Arbeitsbedingungen in der Klinikseelsorge (klare Trennung von Privatleben und Beruf, klar umrissene Arbeitszeit, Tätigkeit in einem „Kernbereich" der Kirche etc.). Auffallend ist aber zugleich, daß sie die höchste Prozentzahl für den Burnout-Grad auf mehreren Skalen erreichen.

Das hohe Berufsethos und die christliche Grundeinstellung der PfarrerInnen, die ja eine hohe Achtung vor der Persönlichkeit und Würde des anderen ein-

---

[221] Es wurden ca. 7 % der gesamten Pfarrerschaft Bayerns durch diese Befragung erfaßt (allerdings relativ repräsentativ). Vgl. oben Punkt 3.3.1.1. „Darstellung und Begründung der Vorgehensweise".

[222] Vgl. entsprechende Studien zu Lehrern und Klinikpersonal, z.B. Burisch 1985; Barth 1993; Duhr 1985 und 1991; Albrecht 1995; Modest 1994; Winter-von Lersner 1985; Buchka&Perrar 1987; Hahn 1985.

schließt, zeigt sich darin, daß die Werte in der Skala „Entpersönlichung" am niedrigsten liegen (10 % der Befragten). Für die hohe emotionale Herausforderung der Berufstätigkeit steht der Wert von immerhin 17 % der Befragten in der Kategorie „Emotionale Erschöpfung". Bedenklich stimmt, daß sich immerhin knapp 22 % der Befragten in ihrer „persönlichen Leistungsfähigkeit" stark beeinträchtigt fühlen.

Ein deutliches Indiz für die Sensibilisierung der Pfarrerschaft hinsichtlich der Burnout-Thematik ist die für eine schriftliche Befragung außerordentlich hohe Rücklaufquote von über 68%.

3. 4. 3. 2. ASPEKTE AUS DER MÜNDLICHEN BEFRAGUNG[223]

3. 4. 3. 2. 1. SPARTE „EIGENWAHRNEHMUNG" - FRAGE 22:
Stichwort „Burnout" - haben Sie selbst schon Erfahrungen in dieser Hinsicht durchleiden müssen? Was half Ihnen ggf. wieder heraus?

ANFANG DES BERUFSLEBENS:
- Ich habe schon einmal im Juli vor sechs Jahren die Erfahrung gemacht, daß ich auf die Kanzel gehen wollte und wie gelähmt war, das war so eine Situation, wo ich gemerkt habe, da bin ich über meine Grenzen gegangen. Und ich habe es jetzt in den letzten Wochen immer wieder erlebt. Und vor zwei Jahren hatte ich so eine Situation im Juni, wo ich gesagt habe, ich schmeiß den Beruf hin. Also, so eine Ahnung habe ich, aber ich habe jetzt noch keine längeren Phasen erlebt und in der Regel hat mir ein schöner Urlaub herausgeholfen.
- So einen richtigen Burnout hatte ich noch nicht. Eher so einfach diese Kreativlosigkeit, daß sich alles im Kreis dreht und man selber nicht mehr weiterkommt. Herausgeholfen hat mir das Gespräch auch mit Freunden oder mit meiner Frau und da auch Ideen von anderen aufzunehmen, nicht immer das Rad meiner selber erfinden zu müssen, sondern da auch durchaus bei anderen anknüpfen zu können. Und von dem Machbarkeitswahn oder dem Perfektheitswahn wegzukommen.
- Burnout in dieser extremen Zuspitzung habe ich, glaube ich, noch nicht erlebt, aber Phasen, in denen man sich fragt: Wie soll es weitergehen? die kenne ich schon. Also, wo man sagt: Wie lange halte ich das noch durch? Und das ist vielleicht die Vorstufe zum wirklichen Burnout. Und was für mich dann ist, daß man irgendwann zu dem Punkt kommt, wo man sagt: Ich muß es nicht durchhalten. Ich muß eben auch auf mich achten und nicht nur auf meine Aufgabe. Aber da abzuwägen, die Balance zu finden zwischen dem, was mir als Person, als Mensch gut tut und dem, was ich als meine Aufgaben für wichtig erachte, das ist sehr wichtig. Als Pfarrerin ohne diese persönliche Begleitung durch einen Mentor wird man sich auch jemand suchen müssen, der vielleicht so eine Art geistlicher Begleiter ist und der dann auch mal sagt: So, jetzt ist Schluß. Im Bereich Supervision wird man das sicherlich finden können, aber ich erwarte mir vielleicht sogar noch mal mehr, jemand, der auch

---

[223] Ich habe die Antworten aus Platzgründen paraphrasiert bzw. zusammengefasst. Im vollständigen Wortlaut sind die Interviews (also auch die jeweiligen Äußerungen zu Frage 22, Eigenwahrnehmung bzw. Frage 16 Außeneinschätzung) im Materialband dieser Arbeit abgedruckt (vgl. den Hinweis im Vorwort).

schaut, ob man geistlich auf dem Weg ist, oder ob man sich verrennt, so etwas wie ein Spiritual. Das ist eine Aufgabe, die ich mir selber auch gestellt habe, daß ich das brauche, daß ich so jemanden brauche und auf der Suche bin.
- Nein. Aber ich bin ja einer von den Youngsters und kenne das eigentlich so noch nicht. Ich kann es mir auch nicht vorstellen.

MITTE DES BERUFSLEBENS:
- Wie gesagt, ich erleide diese Erfahrung im Moment sehr intensiv, seit über einem Jahr ganz besonders intensiv. Gut ist, daß es Kolleginnen und Kollegen gibt, die einfühlsam sind, die Verständnis dafür haben, die mich da auch stützen, die mich nicht erneut unter Druck setzen. Das Gespräch mit meiner Therapeutin und mit meinem Supervisor, das natürlich hilft mir dann schon, also ohne diese regelmäßigen Gespräche denke ich, wäre ich hoffnungslos verloren. Wobei das auch so eine bittere Erfahrung ist, daß ich auch jahrelang darum kämpfen mußte, überhaupt ein Stück der Supervision bezahlt zu bekommen, daß ich das jahrelang selber bezahlt habe und dann halt ein paarmal maximal 70 Prozent bis zur Höhe von 750 Mark pro Jahr, - also ich fand es beschämend und lächerlich, daß wir für unsere eigene Psychohygiene, wo wir beruflich eben so gefordert sind, daß wir dann dafür auch selber noch zahlen müssen.
- Ermüdungserscheinungen ja, Burnout nein. Ich fühle mich nach wie vor ziemlich motiviert und ich denke, dafür zu sorgen, daß ich motiviert bin, ist auch Teil meiner Arbeit. Das ist ganz spannend, daß man für sich selbst dahingehend auch ein Stück sorgt, aber das hilft einem auch eben zu sagen: Stop. Das fand ich sehr gut vom Vorgesetzten. Mir hat ein Dekan gesagt: Paß auf, wenn du so weiterarbeitest machst du noch drei Jahre, dann geht nichts mehr. Wichtig ist, daß der Dekan ein Coach ist. Das ist ja die große Diskussion, ist er Vorgesetzter oder ist er Coach, schließt es sich denn aus?
- Schwer war der Übergang vom Viakariat in eine tote Gemeinde. Eine Veränderung kam nach einem Jahr als ich krank wurde. Ich habe inneren Abstand bekommen dadurch und das war ganz wichtig. So konnte ich dann sozusagen da überleben, das war zwar nicht das, was ich wollte, aber habe diese Zeit irgendwie ertragen. Und eine echte Veränderung gab es dann erst, als ich die Stelle gewechselt habe. Und in anderen Burnout-Zeiten hat mir dann diese Erfahrung, dieses erst einmal ein Stück zurücktreten und wieder Abstand nehmen auch geholfen.

ENDE DES BERUFSLEBENS:
- Es gab solche Zeiten. Tageweise, vielleicht mal eine Woche, immer wieder mal, auch jetzt immer wieder mal. Und wie ändert sich es dann wieder? Ich weiß es auch nicht. Irgendein Erlebnis, das mir wieder Freude macht. Wir haben halt auch einen Gestalttherapeuten, den ich anrufen kann und sagen kann: Du, ich brauche dich unbedingt wieder mal, mir steht gerade das Wasser bis zum Hals und der sagt dann: In einer Stunde kannst du vorbeikommen.
- Wenn es um Burnout geht, dann würde ich trotzdem sagen, es gibt zwar Krisenzeiten, aber ich habe den Eindruck, ich bin immer noch lebendig und kreativ.
- Ob ich das mit dem Stichwort Burnout bezeichnen würde, weiß ich nicht, ich habe nur gespürt nach zwanzig Jahren Arbeit, ich brauche eine Veränderung, ich will nicht einfach die nächsten weiteren zehn Jahre so weiterarbeiten. Da herausgeholfen hat mir, daß ich die Situation verändert habe, daß ich nicht einfach das gleiche weitergemacht habe.
- Nein, Gott sei Dank nicht. Daß man mal müde ist, aber das würde ich nicht als Burnout bezeichnen.

KLINIKPFARRER/INNEN:
- Ja, ich habe solche Phasen durchlitten. Was mir rausgeholfen hat, war eben einfach auf der Suche sein nach Dingen, die mir Freude machen und die mir gut tun.

- Ja, und geholfen hat die Zeit. Daß es einfach irgendwann wieder vorbei war. Mir wurde früher auch schon mal das Haus Respiratio vorgeschlagen, aber dann habe ich wieder gehört, da gehen sowieso nur die Ausgeflippten hin und dann habe ich mir gedacht, wenn ich dann als Ausgeflippter behandelt werde, so ausgeflippt und reperaturbeürftig bin ich nun auch wieder nicht.
- Letztes Jahr habe ich das erleben müssen. Das hat sich einfach so angesammelt. Den Umschwung hat bewirkt, zu merken, ich kann nicht mehr, aber so kann es doch nicht sein, ich liebe meine Arbeit und das kann doch nicht sein, daß ich jetzt dastehe und denke, ich will da nicht mehr hin, aber ich kann nicht mehr. Also ich will da schon noch hin, aber ich kann nicht mehr. Ich habe durch diese Familientherapieweiterbildung da wieder rausgefunden. Sehr viel weiter runter hätte es nicht mehr gehen können, also ich hätte chronisch krank werden können noch und nicht immer mal wieder akut aufflackernd. Dazu bin ich auch zu gut ausgebildet, um nicht irgendwann zu kapieren, daß ich irgend etwas tun kann. Es gibt ja auch Möglichkeiten, wie zum Beispiel Supervision, wie Therapie, wie - ja, ich habe natürlich auch andere Sachen angefangen.
- Ich glaube nicht, daß ich mir selber eine Burnout-Diagnose stellen konnte für früher, aber ich habe natürlich Situationen gehabt oder Lebenszeiten, die dem Burnout ein bißchen näher waren als wieder andere Zeiten. Ich selber kenne Erschöpfungszeiten im Zusammenhang mit erheblicher Erkrankung. Wie ging es vorbei? Ich war dann einfach krank und bin gesund geworden und die Erschöpfungssachen, die habe ich schon auch dann in Selbsterfahrung betrachtet, was da alles mitspielt.

3. 4. 3. 2. 2. Sparte „Ausseneinschätzung" - Frage 16:
Wie schätzen Sie die Verbreitung der „Burnout"-Problematik in der Pfarrerschaft ein? Hat sich Ihrer Meinung nach die Situation in den letzten Jahren verändert?

Kirchenleitung:
- Als Dekan in Nürnberg, haben wir laufend mit Kollegen zu tun gehabt, wo es ganz offensichtlich war, daß sie in so einer Situation sind.
- Ich glaube, daß wir als Kirchenleitung insgesamt das Thema bisher zu wenig beachtet haben und eher unterschätzt haben.
- Ich vermute, daß es das auch früher schon sehr oft gab.
- Die Diagnose wird ganz selten gestellt, im Krisenfall von Ärzten zum Beispiel Vertrauensärzten.
- Das in unserem Beruf erforderliche, komplexe nach Antworten suchen müssen, kann verstärkt dazu führen, daß Leute sich ausgebrannt fühlen, weil ja der Druck dazukommt, daß man anderen Leuten auch helfen soll in ihren Fragen.
- Früher ist es verdeckt worden ist. Man hat sich solchen Fragen ja früher nicht gestellt.
- Die Burnout-Problematik halte ich für sehr virulent
- Sie wird aber auch teilweise von manchen bewußter gesehen, sowohl von den Betroffenen als auch von den Vorgesetzten.
- Ich bin etwas zurückhaltend mit Etikettisierungen, ob das sich verschärft hat. Ich denke, das Geschäft, der Pfarrberuf ist schwieriger geworden und der Bedeutungsverlust der Kirche nimmt in der Gesellschaft zu und das macht Druck Es kann so der Teufelskreis entstehen, daß dann der Pfarrer, meint, immer mehr sich beweisen zu müssen, immer mehr tun zu müssen, um doch auch Akzeptanz zu finden
- Ich glaube, daß das Burnout-Problem bei einem Teil der Pfarrerschaft ganz massiv zugenommen hat.

- Ein Teil ist massiv gefährdet und es sind besonders die, die hoch engagiert sind.
- Es haben sich nicht die Burnout-Situationen vermehrt, sondern nur das Zulassen der Erkenntnis.
- Was mich oft erschüttert hat ist, daß dieses Syndrom mit dem Älterwerden und Erfahrenwerden eines Pfarrers nicht bereits behoben ist, sondern daß verdiente ältere, hervorragende Pfarrer plötzlich kamen und sagten: Ich kann nicht mehr. Es waren nicht die schlechten, wo ich sage, na, das ist kein Wunder, es waren die guten.
- Da müßte man ja fragen: Was ist denn leergebrannt? Ist es die theologische, die geistliche Kraft, ist es überhaupt das Menschliche, die menschliche Problematik, kommt es aus dem Bereich der Partnerschaft, das kann ja auch sein, aus der Beziehung zu den Kindern? Also, es käme auf die Ursachen an.
- Verändert hat sich da nichts. Dieses Phänomen hat es schon gegeben, als ich jung war, man nannte es nur nicht so.
- Ich habe eigentlich die Hoffnung, daß es bei der jüngeren Generation weniger werden könnte, weil sie die Fragen ihres Berufes sehr viel stärker reflektiert, als wir das getan haben, sehr viel stärker auch nach dem Verhältnis von Freizeit und Arbeitszeit fragt, als wir das getan haben.

SUPERVISION / BERATUNG:
- Das Bewußtsein dafür hat sich in der Pfarrerschaft verstärkt. Und es gibt viele, die burnt out sind.
- Das Phänomen hat es wohl überall schon gegeben. Soziale Berufe sind dafür anfälliger als andere. Bei Pfarrern spielt oft die religiöse Überhöhung ihres Berufung eine entscheidende Rolle. Die Tatsache, daß die Kirchen ein Projekt wie das Haus Respiratio doch tragen, fördern, ist ein positives Signal. Mir scheint eine zunehmende Konfliktlinie und Belastungssituation für viele KollegInnen das Erstarken des Selbstbewußtseins der Ehrenamtlichen zu sein. Was ich Kooperationskrise genannt habe in Respiratio, hat sich verstärkt.
- Schon weit verbreitet. Es hat ganz viel mit Perfektionismus, Vollkommenheit und mißverstandener Heiligkeit zu tun.
- Objektiv hat, glaube ich, die Arbeitsleistung nicht zugenommen, aber die innere Belastung ist größer, weil sicher die Ansprüche höher sind, der Pfarrer wird viel kritischer beurteilt, er ist nicht mehr getragen von der Gemeinde, sondern eher in Frage gestellt.
- Ich glaube, das ist nicht viel anders geworden, aber es wird anders wahrgenommen. Andrerseits ist vielleicht auch der Druck durch die Verwaltung stärker geworden. Und ich sehe also mit einem gewissen Mißtrauen, wie vor allem die männlichen Pfarrer jetzt die Management-Kurse und "Führen und Leiten" machen, wie das boomt und Seelsorge ist völlig zurückgetreten das macht natürlich auch noch einen zusätzlichen Druck: Ich muß als Gemeindepfarrer vor allem erst einmal ein perfekter Manager werden. Sicher, Management ist wichtig, aber Management auch unter dem Gesichtspunkt Fehlerfreundlichkeit, oder daß es mir hilft, Freiräume für anderes zu gewinnen, wenn aber Management die Hauptsache wird, das könnte den Druck erhöhen.
- Grundsätzlich hat sich die Situation in den letzten Jahren nicht verändert. Also die Burnout-Problematik, die ist bei einem Pfarrer gleich, ob der fünftausend hat oder fünfhundert. Was sich verändert, ist, daß die Anforderungen an einen Pfarrer steigen, also an seine Kompetenz, an seine Fachlichkeit. Die Verbreitung der Burnoutproblematik - kann ich nicht sagen, daß es besonders ausgeprägt ist. Also, das ist zum Beispiel bei Krankenschwestern sehr viel mehr ausgeprägt. Also, wir haben einfach zu viele Möglichkeiten und Ressourcen. Wo es auftritt als explizites Burnout-Sydrom ist sehr oft auch eine persönliche Komponente in den Blick zu nehmen.

- Also, ich glaube, die Burnout-Problematik, die hat immer auch mit Beziehungen zu tun. Dort wo mich die Beziehungen nicht auch nähren, wo ich so das Gefühl habe, ich werde nur ausgesaugt, dort tritt es schneller und mehr auf.
- Die ist viel höher, als man offiziell weiß, sie spielt eine ganz große Rolle in diesem Beruf.

AUSBILDUNG:
- Ich begegne vielen, die sind so ausgebrannt, daß ich nicht weiß ob sie anderen Menschehn noch etwas geben können.
- Burnout-Sydrom ist in der Pfarrerschaft vermutlich weniger verbreitet als in der Geschäftswelt. Trotzdem ist es mehr geworden als früher. Das dürfte auch mit der zunehmend geringeren Akzeptanz der Arbeit von Pfarrern in der Öffentlichkeit zusammenhängen. Daran ist freilich die Pfarrerschaft selbst mit schuld.
- Die Aufmerksamkeit für das Thema ist größer geworden, ob die Zunahme des Redens über Burnout eine echte Zunahme des Phänomens ist, weiß ich nicht. Rein gefühlsmäßig scheint es mir keine große Zunahme zu sein. Die Phänomene sind vermutlich anders. Berufliche Deformationen oder Schwierigkeiten haben sich bei der Generation vorher anders geäußert, durften nicht raus, sind überdeckt worden. Ich glaube nicht, daß Burnout mehr geworden ist, die Rollenkonflikte um den Beruf herum, die sind größer geworden, die Anpassungsleistungen, familiär, halbe Stellen, Kinder, die sind höher geworden.
- Offensichtlich mit so großem Leidensdruck, daß sie sich auch outen können, zwei bis drei Prozent, latent aber bei näherem Hinschauen erkennbar: 30 bis 40 Prozent. Entwicklung der letzten Jahre: Die entlastenden Möglichkeiten wachsen langsam. Die Tabus über Supervision und Beratung, Therapie, Respiratio nehmen ab, die objektiv das Burnout fördernden Faktoren wachsen im Augenblick noch etwas schneller als die entlastenden. Diese Faktoren sind zum Beispiel: Leitbilder, männliche Tapferkeit, die die Zähne zusammenbeißt. Tabus, konkret: Angst vor den Kollegen, die einen erwischen beim Mittelmaß oder dabei, daß man kein allkompetentes Monster ist, sondern Mensch. Scham, sehr viel Scham. Ja, und in der Kirche ein Klima, das dazu neigt, den Pfarrer für den Hauptverantwortlichen also Hauptschuldigen zu halten.
- Daß es die Problematik gibt, ist bekannt und nicht zu leugnen, ob es stärker geworden ist, kann ich nicht sagen.

PFARRER- UND PFARRERINNENVEREIN:
- Die Verbreitung hat in den letzten Jahren zugenommen. Das hängt damit zusammen, daß sich viele Pfarrer zunehmenden Anforderungen und Erwartungen gegenübersehen, denen sie sich nicht mehr gewachsen fühlen. Es belastet viele, daß eine klare Trennung zwischen Berufs- und Privatleben weder zeitlich noch räumlich möglich ist. Sie fühlen sich vielfach auch von der Kirchenleitung alleingelassen. Sie erhalten von dort kaum Unterstützung, Bestätigung und Anerkennung. Sie erfahren vor allem Kritik und Forderungen, weitere Aufgabenbereiche abzudecken.

BEFUND DER MÜNDLICHEN BEFRAGUNG

Der Befund der mündlichen Befragung ist eindeutig: Burnout ist für die Pfarrerschaft der Evangelisch-Lutherischen Kirche in Bayern kein Fremdwort, sondern wird als eine reale Gefährdung betrachtet.

Die in der Kategorie „Eigenwahrnehmung" Befragten haben bis auf wenige Ausnahmen alle schon Burnout-Erfahrungen gehabt, mit steigendem Berufsalter häufiger. Diese äußerten sich in Erschöpfungs- und Ermüdungszuständen, im Erleben von Lähmung und Kreativlosigkeit, bis hin zum Spielen mit dem Gedanken der Berufsaufgabe. Die meisten führen ihre Reaktionen auf die hohe Arbeitsbelastung zurück. Durchgängig ist die Auffassung, daß Begleitung in solchen Phasen notwendig und hilfreich ist. Mehrfach wird der Wunsch geäußert, daß von außen, am besten von vorgesetzter Stelle, im Blick auf Überarbeitung und Überlastung „auf einen aufgepasst wird". Eine befragte Person empört sich darüber, daß ihr zugemutet wird, qualifizierte Hilfe für Beeinträchtigungen, die durch die Berufstätigkeit ausgelöst werden, aus der eigenen Tasche bezahlen zu müssen.

Die in der Kategorie „Außeneinschätzung" Befragten schätzen die Realität und Verbreitung des Burnout-Syndroms als noch gravierender ein. Um nur an einige Äußerungen zu erinnern: „Ich begegne vielen, die sind so ausgebrannt, daß ich nicht weiß, ob sie anderen Menschen noch etwas geben können"; - „Sehr virulent"; - „2-3 % manifest, 30-40 % latent"; - „Hat zugenommen"; - „Als Dekan in Nürnberg, da haben wir laufend oder immer wieder mit Kollegen zu tun gehabt, wo es ganz offensichtlich war, daß sie in so einer Situation sind"; - „Ich glaube, daß wir als Kirchenleitung insgesamt das Thema bisher zu wenig beachtet haben und eher unterschätzt haben"; - „Hat bei einem Teil der Pfarrerschaft ganz massiv zugenommen"; - „Viel höher, als man es offiziell weiß".

Einmütigkeit besteht bei der Einschätzung, daß der Pfarrberuf schwieriger geworden ist und daß sich die Anforderungen erhöht haben. Unterschiedliche Meinungen wurden hinsichtlich einer Zunahme des Burnout-Syndroms im Vergleich zu früher geäußert. Etliche der Befragten meinen, die Erfahrung bzw. das Syndrom habe es früher genauso gegeben, sie sei aber entweder nicht geäußert oder nicht so bezeichnet worden, andere sehen eine objektive Zunahme.

Die Zeit der Diskriminierung von Frauen im kirchlichen Amt scheint, wie die Antworten auf die Fragen zur Situation der Frau im Pfarrberuf ergaben, mehr oder weniger vorbei. Stellenteilende Ehepaare haben ihre spezifischen Probleme, auf die von kirchenleitender Seite sicher mehr eingegangen werden müßte.

Insgesamt ergibt sich der Eindruck einer verbreiteten und als leidvoll erlebten Vereinsamung bei evangelischen Pfarrern und Pfarrerinnen im Gemeindedienst. KlinikpfarrerInnen scheinen aufgrund ihrer kommunikativen und psychologischen Spezialausbildung besser für sich sorgen zu können.

INNENANSICHT II

4. DIE SPIRITUELLE DIMENSION DER THEMATIK

Bisher habe ich mich mehr auf soziologischer und psychologischer Ebene mit den Hintergründen und Auswirkungen des Burnout-Syndroms auseinandergesetzt. Nun soll explizit die spirituelle und theologische Dimension des Gegenstandes in den Blick kommen. Daß diese Dimension existiert, daß die Thematik in der Tat fundamentale theologische Topoi konnotiert, wird niemand ernsthaft bezweifeln. Da sind die vielschichtigen Erfahrungen von Schwachheit und Kraftverlust mit den ihnen verbundenen Gefühlen der Ohnmacht und des Versagens, der Verzweiflung und stillen Wut, die die Ausgebrannten in die Enge treiben und nicht nur die Frage nach den Quellen der Kraft und des Lebens auf den Plan rufen, sondern auch nach der Rechtfertigung des „Versagers", nach der Sünde des „Sein-wollens-wie-Gott", die sich in den Allmachtsphantasien der „Workaholics" manifestiert, nach der Gnade und Wohltat für Leib und Seele, die dem Menschen im Gebot der Sabbatheiligung angeboten wird. Vor allem aber ist da auch die Frage, wie man der gepreßten und gelähmten Seele des Ausgebrannten helfen kann, wieder „zu sich" und zu Gott zu finden, Luft zum Atmen zu bekommen, so daß der „glimmende Docht" wieder Feuer fängt. Mit diesen und weiteren theologischen wie auch seelsorgerlichen Fragestellungen, die bei einer Beschäftigung mit der Burnoutproblematik nicht von der Hand zu weisen sind, will ich mich nun befassen und mich dabei vor allem am biblischen Zeugnis orientieren.

4. 1. BRANNTE NICHT UNSER HERZ IN UNS, ALS ER MIT UNS REDETE AUF DEM WEGE?

Einer der neutestamentlichen Texte, der für mich am anrührendsten vom Burnout und seiner Überwindung erzählt, ist die Geschichte von den Emmaus-Jüngern, wie sie das Lukasevangelium im 24. Kapitel in den Versen 13-35 tradiert. Wie viele biblische Texte hat diese Geschichte neben der vordergründigen, manifesten Erzählebene noch eine andere, „rechtshemisphärische"[1], tiefere

---

1 Seit längerem ist bekannt, daß unsere beiden Gehirnhälften jeweils unterschiedliche Funktionen wahrnehmen. Die linke Hemisphäre ist zuständig für den „digitalen" Wirklichkeitsbezug: Digitales Denken (Denken, das sich anhand von „digits" - Zeichen orientiert) und analytische Wahrnehmung sind dominant, logisches Schließen, der Umgang mit Begriffen, Signalen, Zahlen und Formeln, Algebra. Die rechte Hemisphäre ordnet und interpretiert die auftreffenden Impulse und Sinneswahrnehmungen in „analoger" Form: Die Gestaltwahrnehmung hat Vorrang, Bilder, Träume, Symbole, onomatopoetische Wortbildungen, Laute, der „Primärprozeß" im Freudschen Sinne, stehen im Vordergrund. Die Logik ist außer Kraft gesetzt, etwas kann z. B. gleichzeitig auch sein Gegen-

Schichten der Seele ansprechende Bild- und Symbolebene, auf der weit mehr an Bedeutung mitschwingt und hineingelesen werden kann, als nur auf der Sachebene. Den Zugang zu diesem „Bedeutungshof" soll die Betrachtung eines Kunstwerkes eröffnen: des Holzschnittes „Christus in Emmaus" von Karl Schmidt-Rottluff.[2]

Schmidt-Rottluff (1884-1976), der zusammen mit Kirchner und Heckel 1905 in Dresden die Künstlervereinigung „Brücke" gegründet hat, wird zu den führenden Meistern des deutschen Expressionismus gezählt. Unter dem Eindruck der Schrecken des Ersten Weltkrieges gestaltete er einen Zyklus von Holzschnitten über das Leben Christi. Die 1918/19 im Münchner Kurt-Wolff-Verlag erschienene Mappe mit neun Bögen, gehört zu den Hauptwerken der religiösen Kunst des 20. Jahrhunderts. Ihr ist dieses Bild entnommen.

teil bedeuten (klassisch in diesem Zusammenhang ist Freuds Aufsatz über den „Gegensinn der Urworte", in: Studienausgabe Bd. IV, 1970). Das jeweilige „Sprachspiel" (Wittgenstein) bzw. „symbolische Universum" (Berger/Luckmann) der Religion, der Poesie und Kunst, auch der Psychotherapie ist rechtshemisphärisch orientiert. Was Bastian zutreffend über die Gleichnisse sagt (1972, 119f.), läßt sich auf die Merhzahl der biblischen Zeugnisse übertragen: „Ich halte die Textfigur der Gleichnisse ... nicht für beliebige, sondern für charakteristische sprachliche Kommunikationen im Christentum. Das Gleichnis codiert ikonisch und symbolisch. Es fädelt Lebensformen, Urteile, Gefühle und Gedanken an einen Faden, der sich niemals zum Narrenseil verdickt. ... Jesu Redetechnik ist als Texttechnik in den Gleichnissen aufweisbar. Er verwandelt die Lebenswelt seiner Zeitgenossen zur Erzählwelt." Zur Sprache und „Weisheit der Bilder" vgl. die ansprechende Studie von Riess, in: Wagner (Hg.) 1987. - Zur Thematik der rechts- bzw. linkshemisphärischen Kommunikation vgl. Watzlawick et. al. 1974 (a), 1974 (b), Watzlawick 1977 und die Werke des „Vaters" der kommunikations- und systempsychologischen Schule, Gregory Batesons (1983, 1988 und 1993).

[2] Die Abbildung ist dem Evangelischen Gesangbuch entnommen, Ausgabe für die Evangelisch-Lutherischen Kirchen in Bayern und Thüringen, S. 346.

Drastisch hat der Künstler die seelische Befindlichkeit der beiden Jünger zum Ausdruck gebracht. Ihre Körpersprache zeigt überdeutlich, wie ihnen ums Herz ist: Ihr Mut hat sie völlig verlassen. Zwei Gebrochene schleichen da ihren Weg entlang. Beide lassen die Köpfe und die Schultern hängen. Der Linke starrt vor sich hin, seine Augen sind tot, wie erloschene Sterne. Kraftlos hängen ihm die Hände herab, sie sind offen, als ob ihnen gerade etwas entrissen wurde, das sie nicht halten konnten. Der Mund ist geschlossen, um seine Lippen spielt ein bitterer Zug, wie man ihn kennt von Menschen, die furchtbar enttäuscht worden sind. Der Rechte hat sein Gesicht völlig verloren. Die Augen haben sich nach innen verdreht, er will nichts mehr sehen. Kantig ist sein Mund geworden, erstarrt im Schmerz wie ein offenes Grab. Stirn und Wangen sind ihm verzerrt, die Haltung gebrochen, seine Füße wollen ihn kaum mehr tragen, der ganze Körper ist gedrückt und verbogen. Früher sah man so eine Verkrümmung manchmal bei alten Menschen, vor allem bei Frauen, die ihr Leben lang schwer an sich und anderen zu tragen und nichts zu lachen hatten und deren Wirbelsäule sich im Laufe der Jahre in rheumatischer, arthritischer und seelischer Verkrampfung immer mehr zusammenzog (denken wir an die Erzählung von der gekrümmten Frau in Lukas 13,10ff.[3]). So sehen, im Wortsinn, Niedergeschlagene aus. Menschen, die ein schwerer Schlag getroffen hat, denen genommen wurde, was sie aufrecht hielt. In der Tat - die beiden haben alles verloren. Daß man Jesus, ihren Hoffnungsträger, gefangen hat wie einen Hund, daß man ihn gefoltert und schließlich an ein Schandholz genagelt hat, öffentlich zur Schau gestellt, bespuckt und verhöhnt von der geifernden Menge, bis er nach stundenlanger Qual sein Ende fand - es hat ihnen das Kreuz gebrochen. Mehr noch: Damit hat man ihnen auch ihre Welt zerbrochen, hatte ihr Selbstvertrauen und ihr Gottvertrauen mit an jenes Kreuz geschlagen.

Oh ja, sie hatten gebrannt voller Leidenschaft! Wie haben sie sich anrühren, begeistern lassen von diesem Jesus, von seiner Ausstrahlung, seinen Wundern und Gleichnissen, von seiner Vision einer erneuerten Welt, in der die Liebe den Haß überwinden soll. Nun sind sie ausgebrannt. Tot, wie abgestorbenes Holz, erloschen, nur noch ein Häuflein Asche und Elend. Wie hoch war ihr Einsatz gewesen für diesen Meister! Ihre Arbeit, die Frauen und Kinder, die Heimat hatten sie verlassen für ihn. Nun ist es vorbei, alles verloren.

Aber in der Mitte geht Jesus, hoch aufgerichtet, die Augen weit göffnet. Diese Augen haben alles gesehen, die Pforten des Himmels und der Hölle, das Leiden, den Tod. Auch das Gefühl des Am-Ende-Seins, das die Jünger jetzt durchleben, hat er geteilt. „Mein Gott, mein Gott, warum hast du mich verlassen!" - es war dieser Schrei, der im Tempel den Vorhang zerriß. Aber der Auferstandene verbürgt nun auch, daß Leiden und Sterben nicht die ganze Wahrheit sind.

---

[3] Wo sehr deutlich auch der psychosomatische Aspekt solcher Verkrümmung anklingt. Eindrücklich weist Drewermann in seinem Kommentar zu der Erzählung auf, daß die „Verkrümmung" psychologisch gesehen oft - in Form der Verkehrung ins Gegenteil - auch mit mangelnder Demut zu tun hat.

Glanz umstrahlt sein Haupt. In starkem Kontrast steht seine Gestalt zu den verbogenen Körpern der Jünger. Er wirkt wie das Rückgrat des Bildes, der beiden. Wie der Längsbalken des Kreuzes, als dessen Querbalken man die Gesichter der Jünger anschauen könnte. Die Strahlen der Abendsonne leuchten auf ihn her. Diese Sonne erinnert auch an das geöffnete Grab, sie wirkt zugleich wie ein Durchbruch zu einer anderen, größeren Welt, wie ein Tunnel, der in die Wand des Todes geschlagen ist. In Jesu Augen kehrt diese Sonne wieder. Er hat alles gesehen. Das Ganze. Die Wahrheit.

Karl Schmidt-Rottluff hat mit diesem Werk auch eine Predigt gestaltet, in der er seine Kriegserfahrungen verarbeitete. Wie die anderen Künstler seiner Zeit wurde auch er durch die Teilnahme am Ersten Weltkrieg entscheidend geprägt, mußte miterleben wie in der Hölle der Schützengräben, im Sperrfeuer der Granaten und heimtückischen Gasangriffe die Ideale, das Weltvertrauen und das Sinngefüge seiner ganzen Generation zerbrachen. Viele von denen, die zunächst so stolz, mit schmissigen Liedern auf den Lippen, begeistert in den Krieg gezogen waren, hatten sich schon nach wenigen Wochen im Feld so gefühlt, wie es die Körpersprache dieser Jünger ausdrückt. So leuchtet es ein, daß die beiden Bäume im Hintergrund des Bildes wie Gewehre wirken, deren Lauf man fest in den Boden gerammt hat, um sie unbrauchbar zu machen.

Was sagt uns der Künstler mit seinem Werk? Die Botschaft ist eindeutig: Blut, Schweiß und Tränen, leiden, sterben, zerrissen werden - das ist allenfalls die halbe Wahrheit. Es liegt etwas in der anderen Waagschale: Ostern. Die Auferweckung des Gekreuzigten. Sie bedeutet: Der Fürst dieser Welt und all seine kleinen Unterfürsten, die die Menschen quälen und bedrücken, die sie als „Kanonenfutter" in sinnlose Schlachten zwingen, oder, nur wenige Jahre später, als „Untermenschen" millionenfach in Schreckenslagern ums Leben bringen, behalten nicht das letzte Wort. Die Liebe erweist sich letztendlich doch stärker als der Tod. Christus ist Sieger. Nicht Pilatus, nicht Herodes, auch nicht Augustus oder Hitler oder Stalin - und auch nicht all die Dämonen und schwarzen Vögel in unserem Inneren, die uns knechten und schrecken. Darum müssen wir nicht wie Besiegte durch dieses Lebens schleichen. Darum können wir den Kopf erheben und aufrecht gehen. „So sehet auf und erhebt eure Häupter, weil sich eure Erlösung naht!" (Lukas 21, 28).

Schauen wir noch einmal auf die Bewegung, in die uns das Bild hineinnimmt: Die drei gehen nach vorne, auf den Betrachter zu. Das Entscheidende liegt ihnen im Rücken und strahlt von dort auf sie her. Jesus hat die Hand zur Geste erhoben, als wollte er den Jüngern sagen: „Schaut nach vorne! Liegt denn nicht Ostern hinter uns? Der Morgen, an dem Gott gezeigt hat, daß er das Weltgesetz durchbrechen kann. Der Morgen, an dem Gott gezeigt hat, daß er auch die Mauern unseres Sklavenhauses durchbrechen will, so wie er einst sein Volk Israel aus dem Sklavenhaus Ägypten befreit hat?" Wir haben Ostern im Rücken, darum müssen uns unsere Ängste, die ja letztlich alle irgendwie mit der Urangst zusammenhängen, das Leben zu verlieren, nicht mehr das Kreuz brechen. Bezeichnenderweise liegen denn auch im Kunstwerk die Schatten der Jünger, trotz der rückwärtigen Sonneneinstrahlung hinter (!) ihnen. Wir haben Ostern im Rücken, darum dürfen wir, darum können wir aufrecht gehen. Die Osterbotschaft ist letztlich der Kern und der tragende Grund aller Seelsorge.

Wie bei der Eliaerzählung lassen sich nun auch bei der Emmausgeschichte wieder elementare Grundsätze für eine hilfreiche Seelsorge, auch für Burnout-Betroffene, erkennen. Seelsorge würde demnach bedeuten:

- Den anderen in seiner Krise nicht alleine lassen, sondern ihn aufsuchen, ihm begegnen, ihm auf seinem Weg entgegengehen.
- Mitgehen, nebeneinander hergehen. Gerade in der Bibel finden sich viele Beispiele für die Praxis einer „ambulanten" Seelsorge: Wenn auch die Seele noch im Leiden verharrt, erhebt sich im Gehen doch schon wieder der Leib - man kommt in Bewegung. Auch mag es jemand, der ganz unten ist, als hilfreich erleben, dem Begleiter nicht von Angesicht konfrontiert zu sein, sondern ihn neben sich zu spüren. Gedanken- und Erzählpausen wirken im Gehen bei weitem nicht so lähmend wie im Sitzen. Die frische Luft, die Farben und Düfte der Natur, Sonnenstrahlen, das Singen der Vögel, vielleicht ein Tier am Wegesrand, alles ist darauf angelegt, dem entgegenzuwirken, daß man sich in der Gruft des eigenen Elends vergräbt. Gipfelt nicht eine Erkenntnis des Psalmbeters in dem dankbaren Ruf: „Du stellst meine Füße auf weiten Raum"? (Ps. 18,37; Ps 31,9). Seelsorge erschließt Räume, indem sie Ängste bannt, die Enge (angustia) weitet, in Bewegung bringt.
- Sich interessieren für die Situation des anderen, signalisieren, daß man Anteil nehmen will („*Was sind das für Dinge, die ihr miteinander verhandelt unterwegs?*").
- Lange zuhören, sich geduldig alles erzählen lassen, die ganze Geschichte der inneren Bewegung, von Anfang an, mit aller emotionalen Betroffenheit.
- Dabei auch die Aggression aushalten („*Bist du der einzige unter den Fremden in Jerusalem, der nicht weiß, was in diesen Tagen dort geschehen ist?*").
- Dann, wenn alles gesagt, alles „ausgedrückt" ist[4], den anderen an die Fundamente seiner Identität erinnern, an das, woran er früher geglaubt hat und auch jetzt im tiefsten Grunde vielleicht immer noch glaubt („*und er fing an bei Mose und allen Propheten...*").
- Dabei durchaus auch konfrontieren („*O ihr Toren, zu trägen Herzens!*").
- Selbst etwas von dem erfahren haben, woran der/die andere leidet.
- Wenn man genötigt wird, auch einmal bleiben, selbst wenn es der „klassischen Behandlungsmethodik" widersprechen mag.
- Mit den Niedergeschlagenen das Brot brechen und zusammen essen.
- Sich dann aber auch wieder aus dem Leben des anderen zurückziehen („*Und er verschwand vor ihnen*"), denn Seelsorge ist stets nur eine Beziehung auf Zeit.

---

4 Schön ist in unserer Sprache die Doppelbedeutung des Wortes: wer etwas mitteilt, „drückt" es zugleich aus sich heraus. Dies verringert den Druck.

„Brannte nicht unser Herz in uns, als er mit uns redete auf dem Wege und uns die Schrift öffnete?" - Das Werk Jesu ist die Heilung der Mut-, Kraft- und Trostlosen, er bewirkt, daß der glimmende Docht neu entflammt, daß versteinerte Herzen wieder warm und lebendig werden. Auch heute noch. Seit Pfingsten wirkt Jesus durch den Heiligen Geist in der Seelsorge, die der Kirche aufgetragen ist. Und noch immer ist er das Subjekt aller Seelsorge, nicht etwa die Kirche oder der einzelne Seelsorger, die einzelne Seelsorgerin. Dies möchte man manchen allzu selbstgewiß auftretenden VertreterInnen gerade der neueren, psychologisch geschulten, seelsorgerlichen Zunft ins Stammbuch schreiben. Ob es gelingt, durch eine Begleitung im oben beschriebenen Sinn die Niedergeschlagenen wieder aufzurichten, die Glut in der Asche der Ausgebrannten wieder zum Feuer zu entfachen, haben wir nicht in der Hand. Der „Erfolg" der Seelsorge ist unserer Verfügung entzogen. Er ist Wirkung, Verfügung, des göttlichen Geistes. Uns obliegt es, die Rahmenbedingungen dafür zu schaffen, daß sich diese Heilung ereignen kann. Hier aber können und wollen die biblischen Geschichten in vielerlei Hinsicht unsere Lehrmeister sein.

Es ist ein großer Verdienst der vor vierzig Jahren aus Amerika nach Deutschland gekommenen, psychologisch orientierten Seelsorgebewegung, daß sie aufgezeigt hat, welche Rahmenbedingungen in einer seelsorgerlichen Begegnung die Stärkung, möglicherweise sogar Gesundung des Partners fördern und welche sie behindern oder gar verhindern: Letztlich sind diese förderlichen Bedingungen mit der oben bereits angesprochenen Trias: „Einfühlendes nicht-wertendes Verstehen"; „Achten-Wärme-Sorgen" und „Echtsein - Ohne-Fassade-sein" prägnant auf den Begriff gebracht.[5]

---

[5] Vgl. Tausch u. Tausch, 1979, 29 ff. Vgl. Rogers 1972 a + b. Vgl. das oben unter Punkt 2.3.2.3. „Not-wendige Seelsorge" Gesagte. Zur Seelsorgebewegung vgl. Riess 1973 und Stollberg 1972. Zur Rezeption gesprächspsychotherapeutischer Grundsätze in der Seelsorge vgl. v. Kriegstein 1977. - Riess (1987 a, 256 und 261 ff.) legt Wert auf die Feststellung, daß die Erkenntnisse der Seelsorgebewegung kein theologiegeschichtliches Novum sind, sondern im Kontext der bald zweitausendjährigen Tradition seelsorgerlicher Erfahrung und Weisheit der Kirche gesehen werden müssen, die freilich immer wieder über längere Zeiträume hinweg verschüttet war oder wenig beachtet wurde. In jüngerer Zeit hat z.B. Thilo wieder an vergessene Schätze dieser Tradition erinnert: Vgl. Thilo 1985, vgl. bes. Kap. III., die Punkte 3-6, S. 80 ff.

4. 2. MEIN GOTT, MEIN GOTT, WARUM HAST DU MICH VERLASSEN?

Meine Seele ist betrübt bis an den Tod.
(Mk. 14,34; Matth. 26, 38)

Und er rang mit dem Tode und betete heftiger.
Und sein Schweiß wurde wie Blutstropfen, die auf die Erde fielen.
(Lukas 22,44)

Und um die neunte Stunde schrie Jesus laut: Eli, Eli, lama asabtani?
Das heißt: Mein Gott, mein Gott, warum hast du mich verlassen?
(Matthäus 27, 46)

Jesus kennt die Qual der Verzweifelten, er hat sie selbst durchlitten. Ist Vermutung vermessen, daß seine Qual auch Züge eines Burnout gehabt haben könnte? Wenn wir davon ausgehen, daß Christus nicht nur wahrer Gott, sondern auch wahrer Mensch gewesen ist, dann muß seine Verzweiflung auf dem Höhepunkt der Passion echt gewesen sein. Dann konnte er nicht wissen, daß Gott ihn auferwecken wird, nur darauf vertrauen, daß ihn der Vater auch im Tode nicht loslässt. Seine Menschlichkeit gipfelt, zumindest bei Matthäus, darin, daß er auch dieses Vertrauen am Ende verloren hat - wie sonst wäre sein Schrei zu deuten? Er war gekommen, ein Feuer auf die Erde zu bringen - nun hing er einsam am Kreuz, dem entwürdigendsten Tötungswerkzeug der damaligen Zeit. Die Jüngern waren aus Angst und Feigheit geflohen und das Volk, das er zur Umkehr bewegen wollte, hatte wenige Stunden vorher gegrölt: „Kreuzige ihn!" War damit das Feuer, das er in Gang setzen wollte, nicht ausgetreten, erstickt? War damit nicht alles zerbrochen, vergebens, was er zu erreichen versucht hatte? Ich jedenfalls meine, daß Jesus, wie er da am Kreuze hing - und zuvor in Gethsemane in Furcht und Schrecken am Boden kauerte - auch als Inbegriff eines Ausgebrannten angesehen werden kann. Darum konnte er am Ostermorgen die Emmausjünger mit Vollmacht wieder zum Leben erwecken, weil er selbst durchlitten hatte, was ihnen das Herz zerriß.

Und nun die - besonders unter seelsorgerlichen Gesichtspunkten - wichtige Frage: Warum haben zumindest die Synoptiker diese Verzweiflung Jesu nicht unterschlagen, wie man es im Interesse einer, ihnen in der hellenistischen Umwelt doch naheliegenden, Apotheose zu erwarten gehabt hätte? Ich glaube, weil sie damit auch eine seelsorgerliche Predigt für die Trostlosen und Ausgebrannten in ihren Gemeinden gestalten wollten. Von daher hat es für mich als Klinikpfarrer auch noch einmal eine ganz besondere Bedeutung, daß in den Krankenzimmern zumindest der Ordenskrankenhäuser, in denen ich tätig war, der Kruzifixus hing. Wer könnte in Wahrheit eine moribunde 28-jährige krebskranke Mutter von zwei kleinen Kindern denn trösten, als er allein - wenn sie es denn zuläßt? Jedenfalls haben mir Patienten immer wieder erzählt, wie ihnen in den qualvollen Stunden der Nacht der Blick auf den Gekreuzigten zum Trost geworden ist.

4. 3. Und es erschienen ihnen Zungen zerteilt, wie von Feuer

Aber nicht nur in der Emmaus-Geschichte und in der Passion schwingt das Thema des „Brennens", „Ausbrennens" und „Wieder-Entflammens" mit. Ein klassischer Topos ist in diesem Zusammenhang natürlich auch der Bericht über das Pfingstwunder:

> Und es geschah plötzlich ein Brausen vom Himmel
> wie von einem gewaltigen Wind
> und erfüllte das ganze Haus, in dem sie saßen.
> Und es erschienen ihnen Zungen zerteilt,
> wie von Feuer; und er setzte sich auf einen jeden von ihnen,
> und sie wurden alle erfüllt von dem heiligen Geist
> und fingen an, zu predigen in andern Sprachen,
> wie der Geist ihnen gab auszusprechen.
> (Acta 2,2-4)

Gott sendet Feuer vom Himmel, damit die Seinen fortfahren mit dem Werk, das Jesus begonnen hat. Freilich, wenn der Geist Gottes auf ihnen ruht, haben auch die Jünger und Jüngerinnen Jesu „Kraft und Vollmacht über alle Dämonen und zur Heilung von Krankheiten" (Lukas 9,1). Manchmal wird es einem ja im Verlauf einer Seelsorgebegegnung geschenkt, daß der Kairos sich ereignet und im Gespräch ein heilender „Brennpunkt" sich aufbaut, in dem die beschwerenden Schlacken durchlittener Ängste und das verdorrte Gewölle depressiven Gegrübels verglühen und neue Lebendigkeit aufflammt.[6] Und ist es von ungefähr oder redaktionelle Weisheit, daß ausgerechnet direkt im Anschluß an die Pfingsterzählung wieder die Heilung eines Gelähmten berichtet wird (Acta 3,1ff.)? Daß da einem Erstarrten, der sich nicht mehr bewegen konnte, geholfen wurde, wieder in Bewegung zu kommen (und wie!): „Er sprang auf, konnte gehen und stehen und ging mit ihnen in den Tempel, lief und sprang umher und lobte Gott" (Acta 3,8.)?

4. 4. Gebt uns von eurem Öl, denn unsre Lampen verlöschen

Auch in anderen biblischen Texten wird die Thematik des Ausbrennens, zumindest implizit, verhandelt: Geht es beispielsweise beim Gleichnis von den klugen und törichten Jungfrauen (Matthäus 25,1-13) auf einer der Bedeutungsebenen nicht auch um das Problem des „Burnout"? Wer nicht sorgsam mit seinem

---

[6] Die schwierige theologische Frage, ob dann, wenn es nicht gelingt, der Heilige Geist eben nicht auf dem Jünger, der Jüngerin Jesu ruht, ob er also nur zeitweise bei uns ist (wo wir ihn in der Taufe doch zugesprochen bekommen), was letztlich auch mit der von Paulus diskutierten Problematik des „schon jetzt" und „noch nicht" in Verbindung steht, kann im Rahmen dieser Arbeit nicht weiter verfolgt werden.

Brennstoff umgeht, ist töricht, sagt das Gleichnis - ist das nicht auch als eine Mahnung an das Heer der „Workaholics" zu verstehen? Die Ausgebrannten können nicht an der Hochzeit teilnehmen - eine zwar bittere, unter psychologischem Aspekt aber durchaus zutreffende Wahrheit. Sie können nicht, zum einen wegen ihrer selbst, weil sie in ihrem Zustand Freude, Gesang, Lachen und Tanzen nicht zu ertragen vermögen. Sie können, dürfen, aber auch um der anderen willen nicht, denn die negative Energie, die von einem Ausgebrannten ausgeht, kann eine ganze Versammlung von Menschen dämpfen, lähmen, ihr die Luft zu Atmen nehmen. Was für den physikalischen Kosmos gilt, daß nämlich ausgebrannte Sonnen mitunter zu „schwarzen Löchern" werden, die alle Materie, ja sogar alles Licht in ihrer Umgebung in sich aufsaugen (und dadurch immer noch stärker, noch aufsaugender werden), gilt auch für den seelischen Kosmos.

4. 5. SEID NICHT TRÄGE IN DEM, WAS IHR TUN SOLLT. SEID BRENNEND IM GEIST

„τῇ σπουδῇ μὴ ὀκνηροί, τῷ πνεύματι ζέοντες" - Mit diesen Worten ermahnt Paulus die Römer (12,11) - und nimmt mit dem Wort „träge" vorweg, was in der Morallehre der alten Kirche dann zu einer der Wurzel- oder Todsünden werden sollte: die Trägheit, die „Akedia".[7] Das Adjektiv „ὀκνηρός" (saumselig, träge, faul) „schildert den, der aus allerlei Beweggründen und Hemmungen den Entschluß zur Tat nicht findet". In Matthäus 25,26 wird es für den unnützen Knecht verwendet. „Der träge Knecht, der seine Unlust zu verantwortungsvoller Anstrengung zu überwinden unfähig ist, wird zum Bild des Christen, der es versäumt, die ihm von Gott verliehene Gabe in der Probezeit des irdischen Lebens tätig auszuwerten."[8] Der Begriff der „ἀκηδία" (= „Teilnahmslosigkeit, Trübsinn) bürgerte sich im christlichen Sprachgebrauch zwar schon in frühkirchlicher Zeit ein[9], so z.B. in den Visionen des Hermas: „παραδιδόναι ἑαυτὸν εἰς τὰς ἀκηδίαν": „sich der Trübsal, der Trägheit hingeben" (Hv 3,11,3).[10] Die Septuaginta übersetzt mit „Akedia" dann Ps 119,28[11] („ἡ ψυχή μου ἀπὸ ἀκηδίας..." - „Tränen entquellen meiner Seele vor Kummer"), Sir. 29,5 und Jes. 61,3: („zu schaffen den Trauernden zu Zion, daß ihnen Schmuck statt Asche, Freudenöl statt Trauerkleid, Lobgesang statt eines betrübten Geistes

---

7 Nach der katholischen Moraltheologie gelten als „peccata mortalia": Hoffahrt, Geiz, Unkeuschheit, Neid, Unmäßigkeit, Zorn und eben die Trägheit (Akedia).
8 Hauck, in: Kittel THWNT, Bd. V, 167.
9 Geprägt wurde der Ausdruck „ἀκηδία" in dieser Bedeutung im 4. Buch der Ethik des Aristoteles, vgl. „Bekenntnisschriften der evangelisch-lutherischen Kirche (BKS), 1963, 585, Anm.5.
10 Vgl. Bauer 1958, Eintrag „ἀκηδία"
11 Nach der Zählung der LXX Psalm 118.

gegeben werden, daß sie genannt werden 'Bäume der Gerechtigkeit', 'Pflanzung des HERRN', ihm zum Preise." - „καταστολὴν δόξης ἀντὶ πνεύματος ἀκηδίας"). Seine zentrale Bedeutung bekam das Wort aber erst im frühen Mönchtum, bei den „Anachoreten".

Die „Anachorese" (von „ἀναχωρεῖν": sich trennen, zurückziehen) ist die Keimzelle des christlichen Mönchtums, das in der ägyptischen Wüste und im syrisch-palästinischen Hinterland entstand. Vor allem aus dem tiefen Bedürfnis, in der Einsamkeit der Wüste einen innigeren Kontakt zu Gott bzw. Christus zu finden, aber auch aufgrund ihrer Ablehnung der fortschreitenden Entwicklung des Christentums zur Massenkirche, zogen sich etwa ab der zweiten Hälfte des 3. Jahrhunderts männliche und weibliche „Anachoreten" aus den Gemeinden zurück, und begannen als „Eremiten" („ἔρημος": Wüste) eine asketische Lebensweise. Athanasius (295-373) hat in seiner „Vita Antonii" den Werdegang eines der bedeutendsten dieser frühen Väter des Mönchtums beschrieben (Antonius, ca. 250-356). Auch die „Apophthegmata Patrum" geben Einblick in jene uns Heutigen so fremde Welt. Durch strenge Askese (Fasten, sexuelle Enthaltsamkeit, diverse Kasteiungen, vor allem Einsamkeit), beharrliches Beten und die selbst auferlegte Pflicht regelmäßiger körperlicher Arbeit suchten die Eremiten den Weg der Konzentration auf das Wesentliche. In ihrer vorwiegenden Abgeschiedenheit in der kargen Landschaft waren sie ganz auf sich und ihre Innenwelt geworfen.[12] Von daher wird vielleicht verständlich, wieso die ersten Mönche eine ihrer zentralen Heruasforderungen im Kampf mit den „Dämonen" sahen. Gabriel Bunge, selbst Eremit und ein Wächter des Andenkens und Anliegens jener Erzväter des Mönchtums, korrigiert in seinen Schriften die landläufige Meinung, bei den Anachoreten habe es sich um verschrobene, neurotische oder gar psychotische Außenseiter gehandelt und zeigt eindrücklich, wie diese Eremiten auf einer tiefenpsychologischen Ebene, exemplarisch und stellvertretend für andere, seelische Grundprobleme des Menschseins durchgearbeitet haben. Er schreibt: „Diese uns grotesk anmutende 'Personalisierung' des Bösen ... ist keineswegs nur ein Ausdruck der mehr oder minder schlichten Persönlichkeit des jeweiligen Wüstenvaters. In ihr manifestiert sich vielmehr ein überaus waches und nüchternes Bewußtsein der eigenen personalen Würde und Verantwortung. Kampf mit den Dämonen heißt im Grunde Kampf um die Integrität der eigenen Person wider jede Art der Verfremdung durch das Laster. Dieser Kampf spielt sich, obgleich nur einer, auf verschiedenen Ebenen ab: In der 'Welt' anonym auf der Ebene der materiellen Dinge, wo er zumeist von den Menschen gar nicht als solcher erkannt wird; im gemeinschaftlichen Leben in versteckter Form auf der Ebene der zwischenmenschlichen Beziehungen. In Ermangelung sowohl der Dinge, als der Menschen, reduziert sich der Kampf beim Anachore-

---

[12] Diese Abgeschiedenheit war vielfach nicht absolut, denn die Mehrzahl der Eremiten schloss sich zu lockeren Eremitenkolonien zusammen. Zur ernsthaften Konkurrenz der Anachoreten wurde das etwa zeitgleich ebenfalls in Ägypten entstehende koinobitische Mönchtum.

ten in der Wüste auf den Streit mit den 'Gedanken', den komplexen Manifestationen des eigenen Seelenlebens."[13]

Die ersten Mönche, betont Bunge, hatten ihrer Kirche nicht den Rücken gekehrt, sie wußten sich vielmehr im Herzen der Kirche und des christlichen Glaubens. „Gewiß stellt ihr Leben eine Extremsituation dar, aber das gilt auch für die Jerusalemer Urgemeinde! Wie in solchen Extremsituationen oft treten die wesentlichen Züge mit ungewohnter Schärfe hervor, und das eben macht ihren exemplarischen Wert aus. Ob Mönch oder Laie, Koinobit oder Anachoret, der Christ macht in dieser Welt, wenn er seinem Herrn in Treue nachfolgen will, stets ein und dieselbe Erfahrung, die letztlich keine andere ist als die Christi selbst. Entkleidet man die auf den ersten Blick oft außergewöhnlichen Erfahrungen der Anachoreten und Mönche ihres lokalen und zeitgebundenen Kolorits, dann schält sich leicht ein Kern heraus, den jeder als sein ureigenes Erleben identifizieren kann. Wenn dem aber so ist, und der christliche Osten hat nie daran gezweifelt, stellt er doch das Mönchtum ins Zentrum seines geistlichen Lebens, dann haben die scheinbar so phantastischen und 'weltfremden' Erfahrungen der alten Wüstenväter auch uns Heutigen noch eine Menge zu sagen. Aber nicht nur ihre Kämpfe, sondern auch ihre Siege!"[14]

Ich zitiere Bunge ausführlich, weil sich durchaus eine Verbindung zwischen der Theologie der Anachoreten und der hier verhandelten Thematik des Burnout herstellen läßt. In besonderem Maße haben sich die ersten Mönche, eben durch jene Versuchung der Akedia, auch mit burnoutähnlichen Empfindungen auseinander zu setzen gehabt.[15] Und war nicht auch der ausgebrannte Elia zumindest

---

13 Bunge 1995, 25f. „Mit den Weltlingen streiten die Dämonen mehr durch die Dinge", sagt Evagrios selbst, „mit den Mönchen hingegen zumeist durch die Gedanken, denn der Dinge entbehren sie ja wegen der Einsamkeit. Und um wieviel leichter es ist, in Gedanken statt in Taten zu sündigen, um wieviel ist auch der im Geist ausgetragene Kampf schwieriger als der durch die Dinge stattfindende. Denn der Intellekt ist ein leichtbewegliches Ding und schwer zu zügeln (in Richtung) auf gesetzlose Vorstellungen." (Evagrios: Praktikos, ed. C. und A. Guillaumont, Evagre le Pontique. Traité Pratique ou LeMoine, SC 170-171. Dt. Übers. G. Bunge, Evagrios Pontikos, Praktikos oder Der Mönch, Köln 1989; hier zit. nach Bunge 1992, 22. -
An der steigenden Literaturproduktion zum Thema läßt sich ein wachsendes Interesse an den „Wüstenvätern" ablesen. Inzwischen werden die Weisheiten der Anachoreten sogar schon in den Führungsetagen der Wirtschaft als Geheimtip gehandelt. Vgl. Manshausen Udo, Wüstenväter für Manager. Weisheiten christlicher Eremiten für die heutige Führungspraxis, Wiesbaden 2000. Eine kleine Sammlung der anachoretischen Weisheit mit einer aufschlußreichen Hinführung bietet das Büchlein: „Lebenshilfe aus der Wüste." Die alten Mönchsväter als Therapeuten. Ausgewählt und eingeleitet von Gertrude und Thomas Sartory, Freiburg 1980 und Schneider 1989. Zum Thema des Dämonenkampfes im Mönchtum der Alten Kirche vgl. auch Grün 1980 (a).
14 Bunge, a.a.O., 27f.
15 Immerhin spielt der „Überdruss" das „Taedium" (engl. „Tedium"), wie oben bereits angesprochen, eine wichtige Rolle in der Burnout-Literatur, vgl. z.B. Pines&Kafry 1981; dies. 1986 und Pines&Aronson 1987.

für vierzig Tage und Nächte so ein „Wüstenvater"? Und Jesus, als ihn „der Geist in die Wüste trieb"? („Und er war in der Wüste vierzig Tage und wurde versucht von dem Satan und war bei den wilden Tieren, und die Engel dienten ihm." Mk 1,12f.).

Bald erwies es sich, daß eben diese „Akedia" sogar zu einer der Hauptanfechtungen für die Mönche wurde. Einer ihrer herausragenden Vertreter, Evagrius Pontikos (345/346 - 399/400) aus Ibora in Pontus, ein Schüler Basileus des Großen, der zunächst als Diakon bei Gregor von Nazianz und als Prediger in Konstantinopel gearbeitet hat, sich aber um 383 als Mönch in die nitrische Wüste zurückzog und im Laufe der Jahre starken Einfluß auf die innere Entwicklung des syrischen Mönchtums ausübte, hat sich in seiner Theorie der acht Laster bzw. der „acht Gedanken" besonders mit den Hintergründen und Auswirkungen dieser Akedia befaßt.[16] Im sechsten Kapitel seines „Praktikos" schreibt er „Über den Überdruss", den er folgendermaßen charakterisiert: „Der Überdruss ist eine Erschlaffung der Seele. ... Eine wasserlose Wolke wird vom Wind dahingetrieben und ein Intellekt, der keine Ausdauer hat, vom Geist des Überdrusses ... „Ein überdrüssiger Mönch ist saumselig zum Gebet, und bisweilen spricht der die Worte des Gebetes überhaupt nicht. Denn wie ein Kranker keine schwere Last trägt, so tut auch der Überdrüssige nie je das Werk Gottes mit Sorgfalt. Der eine nämlich hat die Kraft des Leibes eingebüßt, bei dem anderen hingegen sind die Spannkräfte der Seele erschlafft." Das Gegenmittel benennt er in einem kurzen, aber prägnanten Ratschlag: „Den Überdruss heilen Standfestigkeit und daß man alles mit großer Sorgfalt und Ausdauer tut. Verordne dir selbst ein Maß in jedem Werk und steh nicht eher davon ab, als bis du es vollendet hast. Und bete ununterbrochen und kurzgefaßt, und der Geist des Überdrusses wird von dir fliehen."[17] Bunge erläutert in einer Anmerkung zur letzten Sentenz: „Evagrios spielt hier, wie des öfteren ... auf jenes 'unablässige Gebet' an, das der Apostel 1 Thess 5,17 empfiehlt und das zu den ältesten Übungen des Mönchtums gehört. Es hat sich später zu dem sogenannten 'Jesus-Gebet' entwickelt."[18]

Die katholische Moraltheologie verstand die Akedia später als „Trägheit aus Überdruss am religiösen Leben, in dem jeder Antrieb geschwunden ist. Sie gilt hier als eine Lähmung des Willens zum Guten, zugleich als Ausdruck tiefer Hoffnungslosigkeit, die schließlich zu vollkommener Passivität führt. In der mo-

---

[16] Vgl. Bunge 1992 und 1995. Zur Biographie des Evagrios vgl. die „Einleitung" in Bunge 1992.

[17] Vgl. Bunge 1992, 67-71, Sentenz 1, 3,16-18. Zur Interpretation vgl. die entsprechenden Ausführungen Bunges: in Bunge 1995.

[18] Bunge 1992, 71. Vgl. Bunge 1987. Zum Herzensgebet vgl.: Baumotte 1997; Schule des Herzensgebetes 1985; Ware/Jungclaussen 1982; Das Immerwährende Herzensgebet, 1970. Vgl. auch: Barth: „Betet ohne Unterlass!" Das Herzensgebet der Ostkirche für Protestanten entdeckt, in: Riess (Hg.) 1989, 219-231.

ratheologischen Tradition gilt sie als Wurzel- oder Hauptsünde, aus der andere Fehlhaltungen hervorgehen."[19]

Luther will dann im Rahmen seiner Römerbriefvorlesung, bei der Auslegung zur Stelle Röm. 12,12 die „Schläfrigen und Müden, die lustlos sind bei all ihren Werken" aufrütteln: „Daher wettert der Apostel an dieser Stelle gegen diese Todsünde der 'Gleichgültigkeit', den Widerwillen gegen das gute Werk; was auf griechisch 'Akedia' bzw. 'Acedia' heißt, also so viel wie 'Widerwille', 'Unlust', 'Gleichgültigkeit'. Und dieses Laster ist so weit verbreitet, daß es fast niemand mehr der Mühe wert hält, sich anzustrengen."[20] Im großen Katechismus schilt er bei der Auslegung zum 3. Gebot die „Akidia" als „ein feindselige, schädliche Plage, damit der Teufel vieler Herzen bezäubert und betreugt, auf daß er uns übereile und das Wort Gottes wieder heimlich entziehe."[21]

Die „Akedia" ist also ein vielschichtiger Begriff, der sich aber gerade wegen seiner Mehrdeutigkeit gut eignet, um die verschiedenen Schattierungen der seelischen Lähmungserscheinungen zu bezeichnen, die sich im Verlauf eines Burnout-Syndroms ausprägen. Zwar ist die Akedia nicht mit einer „echten" Depression gleichzusetzen, dennoch hat der von ihr Befallene fraglos auch depressive Züge. Daß die Entstehung einer psychotischen Depression mit dem Nachlassen der Andockfähigkeit chemischer Botenstoffe, wie etwa des Serotonin, an den Synapsen im Gehirn zusammenhängt, wissen wir inzwischen. Die Ursachen dieser Schwächung sind zwar noch immer nicht restlos aufgeklärt, die hier gezielt angreifende medikamentöse Behandlung wird jedoch immer erfolgreicher.

---

[19] Brockhaus Enzyklopädie, Bd. 1, 103. Grün und Dufner schreiben in diesem Zusammenhang 1989, 67; 68): „Der Verlust einer gesunden Tradition führt in die Sinnkrise. Für Viktor Frankl ist die Krankheit unserer Zeit die noogene Neurose. 'Der typische Patient von heute leidet ... an einem abgründigen Sinnlosigkeitsgefühl, 'unter dem Gefühl, daß sein Sein keinen Sin hat'. Dagegen setzt Benedikt den Glauben an den gegenwärtigen Gott. 'Stets, dauernd, immer, allezeit, jederzeit, überall, täglich, bei Tag und Nacht' sollen wir uns vor Augen halten, daß Gott gegenwärtig ist, daß seine Augen liebevoll auf uns gerichtet sind. Erst wenn wir in der ständigen Beziehung zu Gott leben, leben wir im Lot, werden wir richtig heil, ganz. Vor Gott und in Gott bekommt unser Leben einen Sinn. ... Aus der Sinnkrise steigen die Dämpfe der Traurigkeit, Gereiztheit und Schwermut auf. Wenn Freude Kraft gibt, dann ist die Bedrücktheit einer der größten Blutsauger am Leben überhaupt. Der Hang zur Depression wird heute immer stärker. Und die Stimmung des heutigen Menschen läßt sich als depressive Stimmung der Resignation und Leere bezeichnnen. Die monastische Tradition hat Erfahrung mit der Traurigkeit. Sie kennt zwei Formen, in denen sie sich äußert, einmal das Selbstmitleid, das Sichhängenlassen, das weinerliche Jammern, weil einem die eigenen Wünsche nicht erfüllt werden, weil man es nicht aushält, seine Illusionen zerplatzen zu sehen. Die andere Form ist die akedia, die Lustlosigkeit, die Trägheit. Man fühlt sich innerlich zerrissen und hat zu nichts mehr Lust. Die Mönche sprechen vom Mittagsdämon der akedia, von der typischen Krankheit der Lebensmitte."

[20] Aland 1, 240 (WA 463 f.). Auch in der Auslegung zum 3. Gebot im Großen Katechismus wettert er wortstark gegen die „Akidia", vgl. Bekenntnisschriften 1963, 585.

[21] BKS, 584

Daß eine Person aber darüber, daß sie sich immer mehr den Regungen des Überdrusses und der Gleichgültigkeit hingibt, in einen Strudel geraten kann, an dessen Ende sie schließlich in das schwarze Loch einer Depression hineingezogen wird, wissen wir auch. Beidemale, bei der „endogenen" wie bei der „reaktiven" Depression, kann jedenfalls neben medikamentöser und psychotherapeutischer Behandlung auch eine „geistliche" Therapie, die die Ansichten der Wüstenväter über die Akedia und die heilsame Wirkung des Betens, insbesondere des Herzensgebetes, umsetzt und die von ihnen ausgebildete „antirhetische Methode"[22] zur Anwendung bringt, gute Erfolge erreichen, da hier das für die Depression typische „Kreisen" der Gedanken um das eigene Elend, schon an der Wurzel bekämpft wird und die Innenwelt wieder eine „Polung", eine Ausrichtung, bekommt.[23] In diesem Zusammenhang bekommt auch die Anrufung des „Namens" Christi, die ja im Herzensgebet unablässig erfolgen soll, eine wichtige Bedeutung. Schon in der Apostelgeschichte und dann vor allem in der Apokalypse wird diesem Namen, wie im alten Israel dem Namen Gottes und in vielen nichtchristlichen Religionen dem der entsprechenden Gottheit, eine ganz besondere Wirksamkeit und Kraft beigemessen[24]. Im Kampf der Wüstenväter mit den Dämonen spielte die „Bannung" der bösen Geister durch das Ausrufen des Namens, bzw. „im Namen" Christi eine entscheidende Rolle.

Im wissenschaftlichen Diskurs der christlichen Theologie werden diese Zusammenhänge in jüngster Zeit wieder durch Josuttis ins Gespräch gebracht, der in seinem Buch über die „Segenskräfte" für eine Rückbesinnung auf die „Potentiale einer energetischen Seelsorge" plädiert und dabei den Blick insbesondere auf die „vorpsychologische Seelsorge" richtet. Seine etwas schroff anmutende alternative Gegenüberstellung einer tiefenpsychologisch orientierten Seelsorge und der von ihm propagierten „energetischen" Seelsorge bleibt jedoch wenig

---

[22] Gemeint ist die zornige Zurechtweisung des betreffenden bösen Gedankens oder „Dämons" durch das laute Ausrufen bestimmter Bibelworte als exorzistische Methode. Grün (1980, 49) zitiert Evagrios: „Wenn du versucht wirst, bete nicht, bevor du nicht voller Zorn einige Worte gegen den geschleudert hast, der dich bedrängt. Denn wenn deine Seele voller Gedanken ist, dann kann auch das Gebet nicht rein sein. Doch wenn du gegen die Gedanken etwas voll Zorn sagst, verwirrst und vertreibst du die Vorstellungen, die dir die Gegner eingegeben haben". Zur „antirhetischen Methode" vgl. weiter Grün, ebd., 51ff.

[23] Vgl. in diesem Zusammenhang die „Hinführung zu den Texten" von Gertrude und Thomas Sartory, in: Lebenshilfe aus der Wüste. Die alten Mönchsväter als Therapeuten." (1980, 7-31). - Wichtig für eine hilfreiche Therapie des Burnout bleibt freilich die diagnostisch exakte Abgrenzung gegen die Depression. (Vgl. oben, Punkt 1.2.1.3.).

[24] „Und durch den Glauben an seinen Namen hat sein Name diesen, den ihr seht und kennt, stark gemacht; und der Glaube, der durch ihn gewirkt ist, hat diesem die Gesundheit gegeben vor euer aller Augen." (Acta 3,16) - „Und in keinem andern ist das Heil, auch ist kein andrer Name unter dem Himmel den Menschen gegeben, durch den wir sollen selig werden." (Acta 4,12) - „Und es wird nichts Verfluchtes mehr sein. Und der Thron Gottes und des Lammes wird in der Stadt sein, und seine Knechte werden ihm dienen und sein Angesicht sehen, und sein Name wird an ihren Stirnen sein." (Apk. 22,3f.)

verständlich, orientiert sich doch auch die mit der Wirksamkeit von „Kräften" und „Mächten" rechnende Seelsorge zweifellos an der Dynamik tiefenpsychologischer Realitäten, wenn sie das so auch nicht beim Namen nennt.[25] Besonders eindrücklich ist in diesem Zusammenhang Josuttis' Erinnerung an Blumhardts Heilung der Gottliebin Dittus, bei der sich jener eben solcher auf die Wirkung von Kraftfeldern und Einflusphären abzielender Methoden bediente.[26] Die letztlich schon im Neuen Testament begründete, im Mittelalter dann neben anderen durch Albertus Magnus und Hildegard von Bingen erneut zur Geltung gebrachte Einsicht, daß sich der lebendige Kontakt zu Gott nicht nur als Gesundbrunnen für den Geist sondern auch für den Leib des Menschen erweist, wird in den letzten Jahren immer wieder einmal durch Befunde entsprechender medizinischer und sozialwissenschaftlicher Untersuchungen gestützt. So hat beispielsweise soeben der italienische Wissenschaftler Luciano Bernardi in einer vergleichenden Studie einen signifikanten Einfluß der rhythmischen Rezitation von Gebeten und religiösen Formeln auf das Herz- Kreislaufsystem dokumentiert: „Bestimmte Gebets- und Meditationsformen können Wunder wirken, zumindest auf das Herz- und Kreislaufsystem. Denn wer regelmäßig Rosenkranzgebete oder meditative Mantras spricht, der verlangsamt seine Atemfrequenz und stärkt dadurch Herz und Lunge."[27]

All diese, in besonderem Maße auf dem Verständnis und der Mitwirkung des Betroffenen aufbauenden Heilweisen einer „spirituellen Therapie" sind aber Prozesse, die ihre Zeit brauchen und vor allem eingeübt sein wollen. In die „Schule des Herzensgebetes" sollte man tunlichst schon prophylaktisch gehen, nicht erst wenn der Ernstfall eintritt, denn wer wird dann noch die Kraft finden, zu lernen und zu üben?

Was die „Faulheit" bzw. „Trägheit" angeht, kommt ein interessanter und ermutigender Aspekt übrigens auch von Hans Selye, dem „Vater" der Stressforschung, der im Rückblick auf seine Arbeit festhielt: „Die Natur hat uns von jeher ermöglicht, von ihren großen Vorräten alles zu nehmen, was wir brauchen. Sie erlaubt

---

25 Josuttis 2000 (a), 58.
26 Vgl. Josuttis ebd. 29ff. und seinen Bezug auf Scharfenberg 1959. Bereits Scharfenberg hat gesehen, was Josuttis nun explizit in seinem Buch verhandelt, daß nämlich die Seelsorge letztlich ein „Kampfgeschehen" ist, und ernsthaft zu realisieren hat, „daß alle Bezirke des Lebens bedroht sind von Dämonen. ... So betrachtet, wird das menschliche Leben zum Kampfplatz des gigantischen Ringens zwischen Gott und Satan.", Scharfenberg 1959, 60, zit. bei Josuttis 2000 (a), 29. - Auch Josuttis betont den Wert des Herzensgebetes im Zusammenhang mit Streß und Belastung. (Vgl. ebd., 208-220, bes. 214 ff.).
27 Meldung im Internet vom 5.5.02 unter der Rubrik „ORF ON Science - Wohlbefinden durch Gebet und Meditation" (http://science.orf.at/science/news/37145). Die Originalstudie ist erschienen im aktuellen „British Medical Journal" unter dem Titel „Effect of rosary prayer and yoga mantras on autonomic cardiovaskular rhythms." - Zur gesundheitserhaltenden und -fördernden Funktion der Religion vgl. z. B. auch Grom 1974 und Flosdorf 1998, 45 ff.

uns jedoch nicht, jahrelang zu behalten, was wir nicht benutzen; Zellen, die unser Körper nicht ausnützt, entzieht sie ihm. Wenn ich meinen Arm in eine Schlinge lege und nicht mehr gebrauche, wird die Natur den Muskel fast bis auf den Knochen entfernen; aber sie wird in einem genauen Verhältnis zu meinen Bemühungen, ihn wieder arbeitsfähig zu machen, auch alles wieder ersetzen, was sie genommen hat. Wer seinen Geist in die Schlinge des Müßiggangs oder der Untätigkeit legt, dem wird sie in gleicher Weise den Verstand bis zum Schwachsinn verkümmern lassen. Widerstand kann uns zu körperlichen und geistigen Leistungen anspornen, deren wir uns nicht für fähig hielten. Hier gilt, was Kant von der Taube sagte, die den Luftwiderstand überwinden muß: Sie könnte leicht glauben, daß es mit dem Fliegen leichter und schneller ginge, wenn es keine Luft gäbe. Hätte der Vogel versucht, im luftleeren Raum zu fliegen, so wäre er augenblicklich zu Boden gefallen. Dasselbe Element, das dem Fliegen Widerstand entgegensetzt, ist zugleich die unentbehrliche Voraussetzung des Fliegens."[28]

„Seid nicht träge in dem, was ihr tun sollt, seid brennend im Geist!" mahnt der Apostel seine Gemeinde. Die Manifestation einer „endogenen" Depression kann man nicht aus eigener Kraft verhindern, wohl aber jenen oben beschriebenen, langsamen Sinkflug in die Wüste der Lust-, Interesse- und Beziehungslosigkeit, der oft mit der „Akedia" seinen Anfang nimmt. Eben darum, weil der Endzustand dieses Sinkfluges so lebensbedrohlich ist, hat die Alte Kirche bald die Akedia zu den Todsünden gerechnet und ihren Mitgliedern damit deutlich gemacht, daß es diesem Übel schon in der Anfangsphase zu widerstehen gilt - um der eigenen leib-seelischen und geistlichen Gesundheit willen. Auch die Rotationskraft des Burnout-Syndroms baut sich zunächst langsam und schleichend auf und kann noch über eine lange Zeitspanne hinweg, am besten freilich auch hier schon in der Entstehungsphase, neutralisiert werden. Hier steht aber nicht nur der Betroffene in der Pflicht, sondern vor allem die Verursacher der Burnoutgenerierenden Arbeits- und Lebensbedingungen.

Die Verhütung eines Übels ist eine Sache, dem dann aber am Boden Liegenden zu helfen eine andere. Auffallend ist die Behutsamkeit und Fürsorge, mit der die Bibel von den „Müden" spricht - und dabei nicht differenziert, woher diese „Müdigkeit" rührt.[29]

---

[28] Selye 1988, 39f.

[29] Übrigens kann nach biblischer Vorstellung sogar Gott selbst „ermüden" - durch das mangelnde Vertrauen der Menschen. „Da sprach Jesaja: Wohlan, so hört, ihr vom Hause David: Ist's euch zu wenig, daß ihr Menschen müde macht? Müßt ihr auch meinen Gott müde machen?" (Jesaja 7,13)

> Er gibt dem Müden Kraft und Stärke genug dem Unvermögenden.
> Männer werden müde und matt, und Jünglinge straucheln und fallen; aber
> die auf den HERRN harren, kriegen neue Kraft, daß sie auffahren mit
> Flügeln wie Adler, daß sie laufen und nicht matt werden, daß sie wandeln
> und nicht müde werden. (Jes. 40,29f.)
> Gott der HERR hat mir eine Zunge gegeben, wie sie Jünger haben,
> daß ich wisse, mit den Müden zu rechter Zeit zu reden.
> Alle Morgen weckt er mir das Ohr, daß ich höre, wie Jünger hören.
> (Jesaja 50,4)

> Darum werden wir nicht müde; sondern wenn
> auch unser äußerer Mensch verfällt, so wird doch
> der innere von Tag zu Tag erneuert.
> (2 Kor. 4,16)

4. 6. ALLE EURE SORGE WERFET AUF IHN; DENN ER SORGT FÜR EUCH

> Wenn der HERR nicht das Haus baut, so arbeiten umsonst,
> die daran bauen. Wenn der HERR nicht die Stadt behütet,
> so wacht der Wächter umsonst.
> Es ist umsonst, daß ihr früh aufsteht und hernach lange sitzt
> und esser euer Brot mit Sorgen;
> denn seinen Freunden gibt er es im Schlaf.
> (Psalm 127,2)

Dem Begriff der Sorge (althochdeutsch eigentlich „Kummer", „Gram") liegen im allgemeinen Sprachgebrauch zwei Bedeutungsvarianten zugrunde: „Einerseits ist Sorge ein 'ängstlich abwartendes Angespanntsein auf etwas' (Sorge um), andererseits ein 'hingebender Einsatz' (Sorge für)."[30] Martin Heidegger hat dem Begriff der Sorge in seiner Fundamentalontologie bekanntlich eine zentrale Stellung eingeräumt.[31] Zweifellos hat Burnout auch mit übertriebener Sorge zu tun. Im zweiten Teil des Faust kann sich als einziges der vier grauen Weiber die Sorge Zugang zum inzwischen reich gewordenen Helden verschaffen. Sie läßt ihn erblinden. Wer sich zu sehr sorgt, für was oder wen und um wen oder was auch immer, der setzt sich unter Druck und wird blind für die - in Wahrheit oft gar nicht so schreckliche - Realität. Wenn der Druck über lange Zeit anhält, schleicht sich, zunächst kaum merklich, ein permanentes Gefühl der Überforderung ein. Man verliert immer mehr die Lust an der „Sache", an der

---

30 Brockhaus Enzyklopädie, Bd. 20, 486.
31 Vgl. Heidegger 1949, Erster Teil, Erster Abschnitt, Sechstes Kapitel: „Die Sorge als Sein des Daseins" (180-230). Vgl. auch ebd. Zweiter Abschnitt, Drittes Kapitel, § 64: „Sorge und Selbstheit" (316-322) und § 65: Die Zeitlichkeit als der ontologische Sinn der Sorge (323-330).

Arbeit, am Leben, muß sich immer häufiger „aufraffen", wird latent aggressiv - allmählich baut sich das Gravitationsfeld des Burnoutsyndroms auf. Der Körper reagiert mit psychosomatischen Reaktionen, mit Herzrasen, Schlaflosigkeit, Panikattacken, Gelenkschmerzen, schließlich vielleicht sogar mit einem Herzinfarkt, einem Magendurchbruch oder einem Tumor - die Widerstandskraft der Seele, und des Immunsystems, nimmt immer mehr ab.

„Wirf dein Anliegen auf den HERRN; der wird dich versorgen und wird den Gerechten in Ewigkeit nicht wanken lassen" rät angesichts innerer Not der Psalmist (Psalm 55,23). Gott sorgt für die Seinen, das ist das Bekenntnis des Volkes Gottes von den Anfängen Israels (das Miriamlied, eines der ältesten Stücke des Alten Testamentes, besingt die fürsorgende Rettungstat Gottes, Ex. 15,20) über die ersten christlichen Gemeinden bis auf den heutigen Tag. „Ρᾶσαν τὴν μέριμναν ὑμῶν ἐπιρίψαντες ἐπ' αὐτόν, ὅτι αὐτῷ μέλει περὶ ὑμῶν", ruft der Verfasser des ersten Petrusbriefes seiner Gemeinde zu (1. Pt 5,7) und zielt dabei vor allem auf die „ängstliche Sorge vor etwas". Die Sorge „auf Gott werfen" heißt für den Petrusbrief „nicht, ihn als den Garanten der eigenen Wünsche verstehen, sondern als den, der besser als wir selbst weiß, was uns not ist."[32] Natürlich sollen und können auch die Glaubenden nicht darauf verzichten, sich sowohl um ihren täglichen Lebensbedarf als auch um die ihnen anvertrauten Menschen zu sorgen. Aber sie sollen und können es als diejenigen tun, die zu Christus gehören, und darum eine eschatologische Existenz führen, eine Existenz, die nicht aufgeht in den „Sorgen dieser Welt", ein Leben ohne jene zermürbende heimlich im Innern nagende Anspannung und Ängstlichkeit . „Was das sachgemäße Sorgen zu einem törichten macht, ist eben die Angst und der in der Verblendung dieser Angst entstehende Wahn, durch die Lebensmittel, um die man sich sorgt, das Leben selbst sichern zu können."[33]

Darum sage ich euch: Sorgt nicht um euer Leben, was ihr essen und trinken werdet; auch nicht um euren Leib, was ihr anziehen werdet. Ist nicht das Leben mehr als die Nahrung und der Leib mehr als die Kleidung? Seht die Vögel unter dem Himmel an: sie säen nicht, sie ernten nicht, sie sammeln nicht in die Scheunen; und euer himmlischer Vater ernährt sie doch. Seid ihr denn nicht viel mehr als sie? Wer ist unter euch, der seines Lebens Länge eine Spanne zusetzen könnte, wie sehr er sich auch darum sorgt? ... Darum sorgt nicht für morgen, denn der morgige Tag wird für das Seine sorgen. Es ist genug, daß jeder Tag seine eigene Plage hat. (Matthäus 6, 25-27.34)

Jesus spricht in der Bergpredigt von den einfachen Dingen des täglichen Bedarfs, aber natürlich läßt sich der Sinn seiner Rede ausweiten auf die angstvolle und übertriebene Sorge des Menschen um seine Geldanlagen und seinen Arbeitsplatz, für seine Kinder und Angehörigen, um die Zukunft, und eben auch auf die beflissene Sorge eines Pfarrers, nur ja möglichst ein „guter Pfarrer" sein

---

[32] Vgl. Rudolf Bultmann, in: Kittel Bd. IV, 595.
[33] Bultmann, ebd., 596.

zu wollen.³⁴ Übertriebene Sorge gebiert allmählich jene hektische Nervosität, die einen hervorragenden Nährboden abgibt für das Burnoutsyndrom. Alles, was wir hier auf Erden tun und leiden ist vorläufig - und sollte uns darum nicht restlos gefangennehmen. Die gelassene Wahrnehmung der Dinge, Beschäftigungen, Pflichten und Bindungen dieser Welt „sub specie aeternitatis" ist ein entscheidendes Kennzeichen der eschatologischen Existenz. Die Meditation der göttlichen Fürsorge, gerade auch wie sie sich in der Welt der Tiere und Pflanzen entfaltet, kann ein ganz entscheidendes Heilmittel gegen die lähmende Macht der Überforderung sein.

„Ach!" - schreibt Luther im Hinblick auf die Aufforderung des Petrusbriefes - „wer dieses Werfen lernen könnte, der würde erfahren, daß es gewiß also sei. Wer aber solches Werfen nicht lernt, der muß bleiben ein verworfener, zerworfener, unterworfener, ausgeworfener, abgeworfener, umgeworfener Mensch."³⁵

4. 7. DENN VON SELBST BRINGT DIE ERDE FRUCHT

Mit dem Reich Gottes ist es so, wie wenn ein Mensch Samen aufs Land wirft und schläft und aufsteht, Nacht und Tag; und der Same geht auf und wächst - er weiß nicht, wie. Denn von selbst bringt die Erde Frucht, zuerst den Halm, danach die Ähre, danach den vollen Weizen in der Ähre. Wenn sie aber die Frucht gebracht hat, so schickt er alsbald die Sichel hin; denn die Ernte ist da. (Markus 4,26-29)

In den eben angesprochenen Zusammenhang gehört auch das Gleichnis von der selbstwachsenden Saat („αὐτομάτη ἡ γῆ καρποφορεῖ"). Sollen wir auch nicht faul und träge sein - das Kommen des Reiches Gottes haben wir dennoch nicht in der Hand, es kommt „automatisch", „von selbst", so, wie Gott es bestimmt hat. Jesus ist der Anfänger und Vollender des Glaubens (Hebr. 12,2), nicht wir sind es, das möchte man wiederum den allzu Eifrigen der pastoralen Zunft ins Stammbuch schreiben. Kein noch so rühriger Pfarrer wird das Kommen des Reiches Gottes beschleunigen. Gott bestimmt über das Wachsen und Gedeihen, seinem „Bodenpersonal" ist lediglich das Säen aufgetragen. Es klingt banal, an diese Selbstverständlichkeit zu erinnern, aber nicht wenige der in ihren Gemein-

---

34 Der Pastoralpsychologe Klaus Rückert, Leiter des evangelischen Beratungszentrums in München, hat in einem im Rahmen dieser Arbeit durchgeführten Interview den vom englischen Kinderarzt Winnicott geprägten Begriff der „good enough mother" sehr einleuchtend auf den Beruf des Pfarrers bezogen. Winnicott legte Wert auf die Feststellung, daß sowohl eine vernachlässigende, wie eine „perfekte" Mutter für ein Kleinkind schädlich ist. Was das Kind braucht, ist eine „hinreichend gute Mutter", eine Mutter also, die zugewandt und (wie Rückert das nennt) „fehlerfreundlich" ist. In gleicher Weise brauchen die Gemeinden auch keine „perfekten" PfarrerInnen, sondern eben „nur" solche, die „good enough" sind. (Vgl. Interview mit Pfarrer Rückert im Materialband, Frage 30).
35 Zitiert nach Zink 1972, 62.

den bis zur geistigen und körperlichen Erschöpfung umhereilenden, ständig von Atem- und Zeitnot gepreßten PfarrerInnen vermitteln den Eindruck, als wäre sie ihnen nicht (mehr) bekannt. Zumindest in Anklängen schwingt angesichts der sich manchmal so übereifrig und „selbst-los" für andere „aufopfernden" Diener Gottes auch der Gedanke an die Ursünde des Menschen mit: das Sein-Wollen-Wie-Gott.[36] Als Christus gesagt hat, daß sich selbst verleugnen soll, wer ihm nachfolgen will (Mt 16,24par), hat er doch gerade nicht gemeint, daß man bis zur Selbstaufgabe arbeiten soll, sondern, daß man die, sich in solcher selbstlosen Selbstaufgabe und Selbsterniedrigung heimlich und unterschwellig manifestierende Tendenz der Selbstüberhöhung und Selbstverherrlichung aufgeben soll. Daran ist wohl auch bei dem Wort über die „unnützen Knechte" in Lukas 17,10 gedacht. Daß Jesus den Einsatz eines Menschen zu würdigen und wert zu schätzen verstand, geht aus vielen Geschichten des Neuen Testamentes hervor, denken wir beispielsweise nur an die Art seines Umgehens mit der Frau, die ihn in Bethanien gesalbt hat (vgl. Mk. 14,3ffpar.).

Das Gleichnis von der selbstwachsenden Saat hat, wie auch das daran anschließende Gleichnis vom Senfkorn, übrigens gerade angesichts der immer schwieriger werdenden Gemeindearbeit in der heutigen entkirchlichten Zeit eine durchaus befreiende, ent-lastende Botschaft, ein „εὐαγγέλλιον": Ich muß es mir - wenn ich denn „hinreichend genug" professionell arbeite - nicht anlasten, daß meine Arbeit als Pfarrer und Pfarrerin heute so wenig „Erfolg" hat. Das Reich Gottes setzt sich nach Gottes Willen und Zeitplan auf Erden durch. Gottes Reich wird „unserem Tun bzw. Nichttun zum Trotz dennoch kommen".[37] Ich darf mir durchaus ein Beispiel an Luther nehmen, der sagen konnte: „Wenn ich meinen Krug Wittenbergisch Bier trinke, so läuft dennoch das Reich Gottes weiter." Welch mangelndes Vertrauen in Jesu Zusage zeigt sich doch in der Arbeitssucht der PfarrerInnen, im hektischen Ausprobieren immer noch einmal neuer Gemeindeaufbauprogramme, im atemlosen Versuch mancher KollegInnen in einem Pfarrkapitel, sich durch eine immer noch größere Anzahl noch „besserer" Gemeindeaktivitäten gegenseitig zu übertrumpfen!

4. 8. Denn ich esse Asche wie Brot und mische meinen Trank mit Tränen

In der Heiligen Schrift ist uns im Buch Hiob, in den Psalmen und in verschiedenen Abschnitten der Prophetenbücher, inbesondere bei Jeremia, ein nicht nur in poetischer sondern auch in psychologischer Hinsicht wahrhaft großartiger Schatz autobiographischer Zeugnisse von Menschen anvertraut, die sich der Be-

---

[36] Zu den heimlichen Machtgelüsten und zur Tragik „selbst-loser" Persönlichkeiten vgl. den Aufsatz von Stollberg über die „Eigenliebe und Nächstenliebe", in: Meesmann (Hg.) 1988, 175-185.

[37] Schlatter, zit. bei Grundmann ebd.

drängnis und dem Elend von Minderwertigkeits- und Versagensgefühlen, von Depression und Verzweiflung, von Gottesferne und Schuldbewußtsein, bis hin zu Angstneurosen und Verfolgungspsychosen ausgesetzt sahen. Vor allem in den Psalmen erreicht diese Klage eine gefühlsmäßige Intensität und einen sprachlichen Ausdruck, die sie als Paradigma für die in dieser Arbeit verhandelten Gefühlslagen der inneren Lähmung, Leere und Verzweiflung prädestiniert. Um der poetischen Schönheit und Ausdruckskraft dieser Texte nicht Gewalt anzutun, verzichte ich darauf, zu paraphrasieren oder einzelne Verse aus dem Zusammenhang zu reißen und zitiere hier einige der eindrücklichsten Passagen wörtlich, im sprachlichen Reichtum der Übersetzungskunst Martin Luthers:

Psalm 6
3 HERR, sei mir gnädig, denn ich bin schwach; heile mich, HERR, denn meine Gebeine sind erschrocken
4 und meine Seele ist sehr erschrocken. Ach du, HERR, wie lange!
5 Wende dich, HERR, und errette mich, hilf mir um deiner Güte willen!
7 Ich bin so müde vom Seufzen; ich schwemme mein Bett die ganze Nacht und netze mit meinen Tränen mein Lager.
8 Mein Auge ist trübe geworden vor Gram und matt, weil meiner Bedränger so viele sind.

Psalm 18
5 Es umfingen mich des Todes Bande, und die Fluten des Verderbens erschreckten mich.
6 Des Totenreichs Bande umfingen mich, und des Todes Stricke überwältigten mich.

Psalm 22
11 Auf dich bin ich geworfen von Mutterleib an, du bist mein Gott von meiner Mutter Schoß an.
12 Sei nicht ferne von mir, denn Angst ist nahe; denn es ist hier kein Helfer.
13 Gewaltige Stiere haben mich umgeben, mächtige Büffel haben mich umringt.
14 Ihren Rachen sperren sie gegen mich auf wie ein brüllender und reißender Löwe.
15 Ich bin ausgeschüttet wie Wasser, alle meine Knochen haben sich voneinander gelöst; mein Herz ist in meinem Leibe wie zerschmolzenes Wachs.
16 Meine Kräfte sind vertrocknet wie eine Scherbe, und meine Zunge klebt mir am Gaumen, und du legst mich in des Todes Staub.
17 Denn Hunde haben mich umgeben, und der Bösen Rotte hat mich umringt; sie haben meine Hände und Füße durchgraben.
18 Ich kann alle meine Knochen zählen; sie aber schauen zu und sehen auf mich herab.

Psalm 31
10 HERR, sei mir gnädig, denn mir ist angst! Mein Auge ist trübe geworden vor Gram, matt meine Seele und mein Leib.
11 Denn mein Leben ist hingeschwunden in Kummer und meine Jahre in Seufzen. Meine Kraft ist verfallen durch meine Missetat, und meine Gebeine sind verschmachtet.
12 Vor all meinen Bedrängern bin ich ein Spott geworden, eine Last meinen Nachbarn und ein Schrecken

meinen Bekannten. Die mich sehen auf der Gasse, fliehen vor mir.[38]
13 Ich bin vergessen in ihrem Herzen wie ein Toter; ich bin geworden wie ein zerbrochenes Gefäß.
14 Denn ich höre, wie viele über mich lästern: Schrecken ist um und um!

Psalm 38
2 HERR, strafe mich nicht in deinem Zorn und züchtige mich nicht in deinem Grimm!
3 Denn deine Pfeile stecken in mir, und deine Hand drückt mich.
4 Es ist nichts Gesundes an meinem Leibe wegen deines Drohens und ist nichts Heiles an meinen Gebeinen wegen meiner Sünde.
5 Denn meine Sünden gehen über mein Haupt; wie eine schwere Last sind sie mir zu schwer geworden. Meine Wunden stinken und eitern um meiner Torheit willen.
7 Ich gehe krumm und sehr gebückt;[39] den ganzen Tag gehe ich traurig einher.
8 Denn meine Lenden sind ganz verdorrt; es ist nichts Gesundes an meinem Leibe.
9 Ich bin matt geworden und ganz zerschlagen; ich schreie vor Unruhe meines Herzens.
10 Herr, du kennst all mein Begehren, und mein Seufzen ist dir nicht verborgen.
11 Mein Herz erbebt, meine Kraft hat mich verlassen, und das Licht meiner Augen ist auch dahin.

12 Meine Lieben und Freunde scheuen zurück vor meiner Plage, und meine Nächsten halten sich ferne.
14 Ich bin wie taub und höre nicht, und wie ein Stummer, der seinen Mund nicht auftut.
15 Ich muß sein wie einer, der nicht hört und keine Widerrede in seinem Munde hat.
16 Aber ich harre, HERR, auf dich; du, Herr, mein Gott, wirst erhören.

Psalm 42
2 Wie der Hirsch lechzt nach frischem Wasser, so schreit meine Seele, Gott, zu dir.
3 Meine Seele dürstet nach Gott, nach dem lebendigen Gott. Wann werde ich dahin kommen, daß ich Gottes Angesicht schaue?
4 Meine Tränen sind meine Speise Tag und Nacht, weil man täglich zu mir sagt: Wo ist nun dein Gott?
8 Deine Fluten rauschen daher, und eine Tiefe ruft die andere; alle deine Wasserwogen und Wellen gehen über mich.
9 Am Tage sendet der HERR seine Güte, und des Nachts singe ich ihm und bete zu dem Gott meines Lebens.
10 Ich sage zu Gott, meinem Fels: Warum hast du mich vergessen? Warum muß ich so traurig gehen, wenn mein Feind mich dränget?
11 Es ist wie Mord in meinen Gebeinen, wenn mich meine Feinde schmähen und täglich zu mir sagen: Wo ist nun dein Gott?
12 Was betrübst du dich, meine Seele, und bis so unruhig in mir? Harre auf Gott; denn ich werde ihm noch danken, daß er meines Angesichts Hilfe und mein Gott ist.

---

[38] Wer ausgebrannt ist, erlebt sich auch von seinen engsten Bezugspersonen verlassen, ja, manchmal sogar „verraten".
[39] Denken wir an die Emmausjünger bei Karl Schmidt-Rottluff!

Psalm 69

2 Gott, hilf mir! Denn das Wasser geht mir bis an die Kehle.
3 Ich versinke in tiefem Schlamm, wo kein Grund ist; ich bin in tiefe Wasser geraten, und die Flut will mich ersäufen.
4 Ich habe mich müde geschrien, mein Hals ist heiser. Meine Augen sind trübe geworden, weil ich so lange harren muß auf meinen Gott.
5 Die mich ohne Grund hassen, sind mehr, als ich Haare auf dem Haupte habe. Die mir zu Unrecht feind sind und mich verderben wollen, sind mächtig.
9 Ich bin fremd geworden meinen Brüdern und unbekannt den Kindern meiner Mutter;
10 denn der Eifer um dein Haus hat mich gefressen, und die Schmähungen derer, die dich schmähen, sind auf mich gefallen.[40]
11 Ich weine bitterlich und faste, und man spottet meiner dazu.
12 Ich habe einen Sack angezogen, aber sie treiben ihren Spott mit mir.
13 Die im Tor sitzen, schwatzen von mir, und beim Zechen singt man von mir.
14 Ich aber bete zu dir, HERR, zur Zeit der Gnade; Gott, nach deiner großen Güte erhöre mich mit deiner treuen Hilfe.
15 Errette mich aus dem Schlamm, daß ich nicht versinke, daß ich errettet werde vor denen, die mich hassen, und aus den tiefen Wassern;
16 daß mich die Flut nicht ersäufe und die Tiefe nicht verschlinge und das Loch des Brunnens sich nicht über mir schließe.

---

[40] Denken wir an einen Pfarrer, eine Pfarrerin, die ihre vermeintlich vergeblichen Bemühungen um das „Haus des Herrn" erleiden!

Psalm 88

2 HERR, Gott, mein Heiland, ich schreie Tag und Nacht vor dir.
3 Laß mein Gebet vor dich kommen, neige deine Ohren zu meinem Schreien.
4 Denn meine Seele ist übervoll an Leiden, und mein Leben ist nahe dem Tode.
5 Ich bin denen gleich geachtet, die in die Grube fahren, ich bin wie ein Mann, der keine Kraft mehr hat.
6 Ich liege unter den Toten verlassen, wie die Erschlagenen, die im Grabe liegen, derer du nicht mehr gedenkst und die von deiner Hand geschieden sind.
7 Du hast mich hinunter in die Grube gelegt, in die Finsternis und in die Tiefe.[41]
8 Dein Grimm drückt mich nieder, du bedrängst mich mit allen deinen Fluten. SELA.
9 Meine Freunde hast du mir entfremdet, du hast mich ihnen zum Abscheu gemacht. Ich liege gefangen und kann nicht heraus.
10 mein Auge sehnt sich aus dem Elend. HERR, ich rufe zu dir täglich; ich breite meine Hände aus zu dir.
15 Warum verstößt du, HERR, meine Seele und verbirgst dein Antlitz vor mir?

Psalm 102

1 Ein Gebet für den Elenden, wenn er verzagt ist und seine Klage vor dem Herrn ausschüttet.
2 HERR, höre mein Gebet und laß mein Schreien zu dir kommen!
3 Verbirg dein Antlitz nicht vor mir in der Not, neige deine Ohren zu mir; wenn ich dich anrufe, so erhöre mich bald!

---

[41] Der Ausgebrannte erlebt sich wie tot, von Gott und der Welt verlassen.

4 Denn meine Tage sind vergangen wie ein Rauch, und meine Gebeine sind verbrannt wie von Feuer.
5 Mein Herz ist geschlagen und verdorrt wie Gras, daß ich sogar vergesse, mein Brot zu essen.
6 Mein Gebein klebt an meiner Haut vor Heulen und Seufzen. Ich bin wie die Eule in der Einöde, wie das Käuzchen in den Trümmern.

8 Ich wache und klage wie ein einsamer Vogel auf dem Dache.
9 Täglich schmähen mich meine Feinde, und die mich verspotten, fluchen mit meinem Namen.
10 *Denn ich esse Asche wie Brot und mische meinen Trank mit Tränen.*
11 vor deinem Drohen und Zorn, weil du mich hochgehoben und zu Boden geworfen hast.

Es ist ein Ausdruck der tiefen seelsorgerlichen Weisheit der biblischen Redaktoren, daß sie diese Zeugnisse menschlicher Schwäche und Verzweiflung in ihrer ganzen Expressivität in den Kanon der Heiligen Schriften aufgenommen haben. Damit haben sie Archetypen für die sprachliche Formulierung der entsprechenden Empfindungen bereit gestellt, die denn auch durch die Jahrhunderte immer wieder von Bedrängten in Anspruch genommen wurden und werden bis auf den heutigen Tag.

Aber die Seelsorge der Psalmen erschöpft sich ja nicht darin, Sprachformen für die Klage bereit zu stellen. Jeder Psalm ist zugleich ein mutmachendes und Hoffnung weckendes Zeugnis der Bewahrung in der jeweiligen Notlage. Auch hier seien einige Passagen wörtlich zitiert:

Psalm 23
1 Der HERR ist mein Hirte, mir wird nichts mangeln.
2 Er weidet mich auf einer grünen Aue und führet mich zum frischen Wasser.
3 Er erquicket meine Seele. Er führet mich auf rechter Straße um seines Namens willen.
4 Und ob ich schon wanderte im finstern Tal, fürchte ich kein Unglück; denn du bist bei mir, dein Stecken und Stab trösten mich.
5 Du bereitest vor mir einen Tisch im Angesicht meiner Feinde. Du salbest mein Haupt mit Öl und schenkest mir voll ein.
6 Gutes und Barmherzigkeit werden mir folgen mein Leben lang, und ich werde bleiben im Hause des HERRN immerdar.

Psalm 27
1 Der HERR ist mein Licht und mein Heil; vor wem sollte ich mich fürchten? Der HERR ist meines Lebens Kraft; vor wem sollte mir grauen?
9 Verbirg dein Antlitz nicht vor mir, verstoße nicht im Zorn deinen Knecht! Denn du bist meine Hilfe; verlaß mich nicht und tu die Hand nicht von mir ab, Gott, mein Heil!
10 Denn mein Vater und meine Mutter verlassen mich, aber der HERR nimmt mich auf.
11 HERR, weise mir deinen Weg und leite mich auf ebener Bahn um meiner Feinde willen.
13 Ich glaube aber doch, daß ich sehen werde die Güte des HERRN im Lande der Lebendigen.
14 Harre des HERRN! Sei getrost und unverzagt und harre des HERRN!

Psalm 30
2 Ich preise dich, HERR; denn du hast mich aus der Tiefe gezogen und lässest meine Feinde sich nicht über mich freuen.
3 HERR, mein Gott, als ich schrie zu dir, da machtest du mich gesund.
4 HERR, du hast mich von den Toten heraufgeholt; du hast mich am Leben erhalten, aber sie mußten in die Grube fahren.
5 Lobsinget dem HERRN, ihr seine Heiligen, und preiset seinen heiligen Namen!
12 Du hast mir meine Klage verwandelt in einen Reigen, du hast mir den Sack der Trauer ausgezogen und mich mit Freude gegürtet,
13 daß ich dir lobsinge und nicht stille werde. HERR, mein Gott, ich will dir danken in Ewigkeit.

Psalm 31
8 Ich freue mich und bin fröhlich über deine Güte, daß du mein Elend ansiehst und nimmst dich meiner an in Not
9 und übergibst mich nicht in die Hände des Feindes; du stellst meine Füße auf weiten Raum.

Psalm 34
5 Als ich den HERRN suchte, antwortete er mir und errettete mich aus aller meiner Furcht.
6 Die auf ihn sehen, werden strahlen vor Freude, und ihr Angesicht soll nicht schamrot werden.
7 Als einer im Elend rief, hörte der HERR und half ihm aus allen seinen Nöten.
8 Der Engel des HERRN lagert sich um die her, die ihn fürchten, und hilft ihnen heraus.

Psalm 40
2 Ich harrte des HERRN, und er neigte sich zu mir und hörte mein Schreien.
3 Er zog mich aus der grausigen Grube, aus lauter Schmutz und Schlamm, und stellte meine Füße auf einen Fels, daß ich sicher treten kann;
4 er hat mir ein neues Lied in meinen Mund gegeben, zu loben unsern Gott. Das werden viele sehen und sich fürchten und auf den HERRN hoffen.

Psalm 46
2 Gott ist unsre Zuversicht und Stärke, eine Hilfe in den großen Nöten, die uns getroffen haben.
3 Darum fürchten wir uns nicht, wenngleich die Welt unterginge und die Berge mitten ins Meer sänken,
4 wenngleich das Meer wütete und wallte und von seinem Ungestüm die Berge einfielen.
5 Dennoch soll die Stadt Gottes fein lustig bleiben mit ihren Brünnlein, da die heiligen Wohnungen des Höchsten sind.
6 Gott ist bei ihr drinnen, darum wird sie fest bleiben; Gott hilft ihr früh am Morgen.

Psalm 66
8 Lobet, ihr Völker, unsern Gott, laßt seinen Ruhm weit erschallen,
9 der unsre Seelen am Leben erhält und läßt unsere Füße nicht gleiten.
10 Denn, Gott, du hast uns geprüft und geläutert, wie das Silber geläutert wird;
11 du hast uns in den Turm werfen lassen, du hast auf unsern Rücken eine Last gelegt,
12 du hast Menschen über unser Haupt kommen lassen, wir sind in Feuer und Wasser geraten. Aber du

hast uns herausgeführt und uns erquickt.
20 Gelobt sei Gott, der mein Gebet nicht verwirft noch seine Güte von mir wendet.

Psalm 91
1 Wer unter dem Schirm des Höchsten sitzt und unter dem Schatten des Allmächtigen bleibt,
2 der spricht zu dem HERRN: Meine Zuversicht und meine Burg, mein Gott, auf den ich hoffe.
3 Denn er errettet dich vom Strick des Jägersund von der verderblichen Pest.
4 Er wird dich mit seinen Fittichen decken, und Zuflucht wirst du haben unter seinen Flügeln. Seine Wahrheit ist Schirm und Schild,
5 daß du nicht erschrecken mußt vor dem Grauen der Nacht, vor den Pfeilen, die des Tages fliegen,
6 vor der Pest, die im Finstern schleicht, vor der Seuche, die am Mittag Verderben bringt.
9 Denn der HERR ist deine Zuversicht, der Höchste ist deine Zuflucht.
10 Es wird dir kein Übel begegnen, und keine Plage wird sich deinem Hause nahen.
11 Denn er hat seinen Engeln befohlen, daß sie dich behüten auf allen deinen Wegen,
12 daß sie dich auf den Händen tragen und du deinen Fuß nicht an einen Stein stoßest.

Psalm 107
1 Danket dem HERRN; denn er ist freundlich, und seine Güte währet ewiglich.
2 So sollen sagen, die erlöst sind durch den HERRN, die er aus der Not erlöst hat,
4 Die irregingen in der Wüste, auf ungebahntem Wege, und fanden keine Stadt, in der sie wohnen konnten,
5 die hungrig und durstig waren und deren Seele verschmachtete,
6 Die dann zum Herrn riefen in ihrer Not, und er errettete sie aus ihren Ängsten
7 und führte sie den richtigen Weg, daß sie kamen zur Stadt, in der sie wohnen konnten:
8 Die sollen dem Herrn danken für seine Güte und für seine Wunder, die er anden Menschenkindern tut.
9 daß er sättigt die durstige Seele und die Hungrigen füllt mit Gutem.

Psalm 124
2 Wäre der HERR nicht bei uns, wenn Menschen wider uns aufstehen,
3 so verschlängen sie uns lebendig, wenn ihr Zorn über uns entbrennt;
4 so ersäufte uns Wasser, Ströme gingen über unsre Seele,
5 es gingen Wasser hoch über uns hinweg.
6 Gelobt sei der HERR, daß er uns nicht gibt zum Raub in ihre Zähne!
7 Unsre Seele ist entronnen wie ein Vogel dem Netze des Vogelfängers; das Netz ist zerrissen, und wir sind frei.
8 Unsre Hilfe steht im Namen des HERRN, der Himmel und Erde gemacht hat.

Psalm 126
1 Wenn der HERR die Gefangenen Zions erlösen wird, so werden wir sein wie die Träumenden.
2 Dann wird unser Mund voll Lachens und unsere Zunge voll Rühmens sein. Dann wird man sagen unter den Heiden: Der HERR hat Großes an ihnen getan!.

Daß Gott die Seinen bewahrt im „Feuerofen" des Leides, wie jene Jünglinge im Feuerofen des Nebukadnezar, von denen das Buch Daniel schreibt (Dan. 3), wissen aber nicht nur die Psalmen in immer neuen Variationen zu erzählen und zu preisen. Die ganze Geschichte Gottes mit seinem Volk beginnt ja mit jener grundlegenden Rettungstat, als Gott sprach: „Ich habe das Elend meines Volks in Ägypten gesehen und ihr Geschrei über ihre Bedränger gehört; ich habe ihre Leiden erkannt" (Ex. 3,7) und das Haus Israel aus dem Sklavenhaus in Ägypten herausführte und in ein Land brachte „wo Milch und Honig fließt" und sie auf dem Weg dorthin speiste mit Manna und Wachteln und ihnen Wasser aus dem Felsen sprudeln ließ. Die Erinnerung und beständige Vergegenwärtigung dieser Rettung begründet die Identität Israels als Volk Gottes. Gerade das Deuteronomium wird nicht müde unablässig darauf hinzuweisen:

Hat je ein Gott versucht, hinzugehen und sich ein Volk mitten aus einem Volk herauszuholen durch Machtproben, durch Zeichen, durch Wunder, durch Krieg und durch seine mächtige Hand und durch seinen ausgereckten Arm und durch große Schrecken, wie das alles der HERR, euer Gott, für euch getan hat in Ägypten vor deinen Augen? Du aber hast's gesehen, auf daß du wissest, daß der HERR allein Gott ist und sonst keiner. So sollst du nun heute wissen und zu Herzen nehmen, daß der HERR Gott ist oben im Himmel und unten auf Erden und sonst keiner, und sollst halten seine Rechte und Gebote, die ich dir heute gebiete; so wird's dir und deinen Kindern nach dir wohlgehen und dein Leben lange währen in dem Lande, das dir der HERR, dein Gott, gibt für immer.
(Dtn. 4,34-35.39-40)

Auch die Propheten beziehen sich immer wieder darauf:

Und nun spricht der HERR, der dich geschaffen hat, Jakob, und dich gemacht hat, Israel: Fürchte dich nicht, denn ich habe dich erlöst; ich habe dich bei deinem Namen gerufen; du bist mein! Wenn du durch Wasser gehst, will ich bei dir sein, daß dich die Ströme nicht ersäufen sollen; und wenn du ins Feuer gehst, sollst du nicht brennen, und die Flamme soll dich nicht versengen.
(Jesaja 43, 1-2)

Das Neue Testament aber preist Jesus als die nun endgültige und leibhaftige Rettung, als den fleischgewordenen Retter:
„καὶ εἶπεν αὐτοῖς ὁ ἄγγελος· μὴ φοβεῖσθε, ἰδοὺ γὰρ εὐαγγελίζομαι ὑμῖν χαρὰν μεγάλην ἥτις ἔσται παντὶ τῷ λαῷ, ὅτι ἐτέχθη ὑμῖν σήμερον σωτὴρ ὅς ἐστιν χριστὸς κύριος ἐν πόλει Δαυίδ." (Lk, 2,11)

„Fürchte dich nicht, denn ich habe dich erlöst, ich habe dich bei deinem Namen gerufen; du bist mein!" Nicht grundlos wird dieser Vers immer wieder gerne als Taufspruch ausgesucht. Damit will zum Ausdruck kommen, daß die Grundstimmung des christlichen Lebens das Vertrauen sein darf. „Das Urvertrauen ist der Eckstein der gesunden Persönlichkeit", sagt Erikson und unterstreicht damit von psychologischer Seite die Bedeutung der Vertrauensentwicklung im Lebenszyklus.[42] Aber wie sind wir oft verzagt, wenn die Wogen plötzlich hoch her gehen. „Ihr Kleingläubigen!" ruft Jesus uns zu, „habt ihr noch kein Vertrauen?" („τί δειλοί ἐστε; οὔπω ἔχετε πίστιν;" (Mk 4,40).[43] Muß es noch einmal eigens betont werden: Die immer neue Rückbesinnung auf die in der Taufe zugesprochene und verbürgte Gnade könnte gerade dem „Workaholic" helfen, wieder den rechten Blick für das wirkliche Maß der Dinge zu bekommen und ihn davor bewahren, sich über seiner spirituell und psychologisch so verhängnisvollen „Werkerei" ins Unglück zu stürzen.

Einer, der wie kein anderer im Laufe seiner Biographie am eigenen Leibe erfahren mußte, daß er ganz auf diese göttliche Gnade bzw. auf sein Vertrauen zu ihr angewiesen ist, war Paulus:

> Und er hat zu mir gesagt: Laß dir an meiner Gnade genügen;
> denn meine Kraft ist in den Schwachen mächtig.
> Darum will ich mich am allerliebsten rühmen meiner Schwachheit,
> damit die Kraft Christi bei mir wohne. Darum bin ich guten Mutes in
> Schwachheit, in Mißhandlungen, in Nöten, in Verfolgungen und Ängsten,
> um Christi willen; denn wenn ich schwach bin, so bin ich stark.
> (2. Korintherbrief 12,9-10)

Seine autobiographischen Äußerungen, vor allem im 2. Korintherbrief, und das Zeugnis von ihm in der Apostelgeschichte, lassen uns teilhaben an seiner Entwicklung vom energischen, stolzgeschwellten und hochfahrenden „Macher", der waffenklirrend gegen die Gemeinde in Damaskus ausgezogen war, um dann durch seinen Erlöser vom hohen Roß gestürzt zu werden. Er brauchte drei Tage, um die Gewalt dieses ihn bis in die Grundfesten seiner Identität erschütternden Schocks zu verkraften, dann gingen ihm die Augen auf. Aber es bedurfte noch viele Jahre des Leidens und Ringens, bis sich die Erkenntnis der Wahrheit so in ihm durchgebildet hatte, daß er schließlich resümierend bekennen konnte: „ἀρκεῖ σοι ἡ χάρις μου· ἡ γαρ δυναμις εη ἀσθενεια τελειται. Ἥδιστα οὖν μᾶλλον καυχήσομαι ἐη ταῖς ἀσθενείαις, ἵηα ἐπισκηνώσῃ ἐπ' ἐμὲ ἡ δύναμις τοῦ Χριστοῦ." (2 Kor. 12,9).

„Meine Kraft ist in den Schwachen mächtig" - klingt das nicht auch wie der Leitsatz einer seelsorgerlichen Begleitung für diejenigen, die sich ausgebrannt und zu nichts mehr nutze fühlen? Und sind nicht wieder, auf einer der verschiedenen Bedeutungsebenen, die biographischen Aussagen bei Paulus und Lukas wie eine ausgeführte Predigt dazu? Es kann beim Ausbrennen zu einer Verfin-

---

[42] Erikson 1977, 63.
[43] Zum Zentralbegriff „πίστις" vgl. vor allem die klassische Auslegung durch Bultmann in seiner „Theologie des Neuen Testamentes" (1968), Teil B: Der Mensch unter der πίστις, 271-353, in obigem Zusammenhang insbes. auch den Abschnitt „5. (Die Struktur der πίστις) Als Vertrauen" S. 323.

sterung und Betrübnis der Seele kommen, in der einen fast nichts mehr erreicht. Das ist die Stunde, in der manchmal solche kurzen aber gehaltvollen Sätze eine geradezu lebensrettende Bedeutung erlangen können: „Laß dir an meiner Gnade genügen...". Die Erkenntnis, daß dieses oder ein ähnliches Wort als „Mantra" in die Innenwelt hineingenommen und wieder und wieder gemurmelt, bis es zum Schluß mit dem Rhythmus des Atems verschmilzt, zu einer Heilung, ja Wandlung und Heilung des Bedrängten führen kann, ist der große Schatz, den uns die Weisheit der orthodoxen Kirche vermacht.[44]

4. 9. So halten wir nun dafür, dass der Mensch gerecht wird ohne des Gesetzes Werke, allein durch den Glauben

Daß nicht unsere Leistung uns retten wird, sondern allein unser Vertrauen auf Gott, war die zentrale reformatorische Erkenntnis Luthers, die ihm, dem Mönch, der es doch so gerne „perfekt" machen wollte, auf dem Grund seiner Verzweiflung, geschenkt wurde. In seinem klassischen Reformationslied aus dem Jahr 1523 verleiht er ihr Ausdruck:

Dem Teufel ich gefangen lag, im Tod war ich verloren, mein Sünd mich quälte Nacht und Tag, darin war ich geboren. Ich fiel auch immer tiefer drein, es war kein Guts am Leben mein, die Sünd hatt' mich besessen.
Mein guten Werk, die galten nicht, es war mit ihn' verdorben; der frei Will haßte Gotts Gericht, er war zum Gutn erstorben; die Angst mich zu verzweifeln trieb, daß nichts denn Sterben bei mir blieb, zur Höllen mußt ich sinken. (Lied 341,2-3)

Im Turmerlebnis hatte Luther damit das über Jahrhunderte verlorengegangene „Geheimnis des Glaubens" wiederentdeckt. Die Predigt von der „Rechtfertigung des Sünders allein aus Glauben" („λογιζόμεθα γὰρ δικαιοῦσθαι πίστει ἄνθρωπον χωρὶς ἔργων νόμου", Römer 3,28) ist seitdem das Herzstück der evangelischen Identität. Nur: Ausgerechnet manche Pfarrer und Pfarrerinnen leben so, als müßten sie sich nicht nur die Gnade ihrer Gemeinde und ihrer Vorgesetzten, sondern vor allem auch die Gnade Gottes erst noch verdienen. Welche Verkehrung ins Gegenteil! Alttestamentlich gesprochen könnte man ein durch übermäßige Arbeit langsam in Gang gekommenes Burnout-Syndrom durchaus als Strafe Gottes im Sinne eines „Tun-Ergehens-Zusammenhanges" interpretieren. Aber Gott will nicht strafen, er will uns helfen, daß wir unsere geistliche, geistige und leibliche Gesundheit bewahren oder wieder erlangen. Der Schlüssel zur leib-seelischen Gesundheit liegt, wie Erikson und viele andere anthropologische Wissenschaftler nicht müde werden zu betonen, im „Urvertrauen". Dieses wird psycho-physisch in den ersten Lebensmonaten, vor allem durch den liebevollen und wärmenden Körperkontakt der Mutter mit dem Säug-

---

44 Vgl. Anm. 17.

ling begründet.⁴⁵ Eine der ganz starken treibenden Kräfte für die spätere Paarbildung des erwachsenen Menschen ist die Sehnsucht nach intimer Geborgenheit. Je mehr jemand diese Geborgenheit in einer emotional, intellektuell und auch sexuell befriedigenden Beziehung erleben darf, desto glücklicher kann er sein Leben führen. Und doch bleibt ein Stück Sehnsucht das auch durch den intensivsten Kontakt mit anderen Menschen nicht gestillt werden kann. Es ist die Sehnsucht der Seele nach dem Kontakt mit ihrem Schöpfer.⁴⁶ In dieser Sehnsucht kommt zum Ausdruck, daß der Mensch nicht nur ein leib-seelisches sondern auch ein geistliches Wesen ist. Darum gehört es zu den Grundaufgaben der Lebensreifung, irgendwann⁴⁷ ins Gespräch einzutreten mit dem, der wollte, daß es uns gibt und der uns schon am Beginn unseres Lebens in der Taufe zugesagt hat: „Ich habe dich bei deinem Namen gerufen, du bist mein!" Dieses Gespräch mit dem Schöpfer ist die Grundlage dafür, daß wir im Laufe der Zeit in eine tiefere und transzendierte Form des Urvertrauens hineinwachsen können, in dem wir dann geborgen sind - auch über den Tod hinaus. Und gerade der am Boden liegende, verzweifelte Ausgebrannte braucht im Grunde nichts notwendiger, als daß dieses Gespräch zwischen ihm und seinem Schöpfer wieder in Fluß kommt, und daß er darüber aus seinem Wüstenelend wieder zurückfindet zu den Quellen der Kraft und den Wassern des Lebens.

Eine Seelsorgerin, ein Seelsorger hat die Aufgabe, nachdem sie „hinreichend genug" gehört hat, welche Not sich im Herzen der Betroffenen aufgetürmt hat, zu versuchen, dieses Gespräch wieder in Gang zu bringen, „Kontakthelfer" zu sein, wobei der Kontakt durchaus nicht nur „verbal" geschehen muß, sondern auf vielen „Kanälen" vor sich gehen kann. Vor allem die Gestaltpsychologie hat hier sehr phantasievolle Möglichkeiten entwickelt, wie man auch non-verbal mit sich selbst und anderen in Kontakt kommen kann.

Das Hineinwachsen in dieses Grundvertrauen, die Aneignung des Evangeliums, geschieht über die Meditation unserer Gotteskindschaft. Mit Nachdruck betont

---

[45] Zentrale Erkenntnisse vermittelt in diesem Zusammenhang die klassische Studie von Ashley Montagu: Körperkontakt. Die Bedeutung der Haut für die Entwicklung des Menschen, Stuttgart 1995⁸.

[46] „Denn wir wissen, daß die ganze Schöpfung bis zu diesem Augenblick mit uns seufzt und sich ängstet. Nicht allein aber sie, sondern auch wir selbst, die wir den Geist als Erstlingsgabe haben, seufzen in uns selbst und sehnen uns nach der Kindschaft, der Erlösung unseres Leibes. (Römer 8,22-23)

[47] Bekanntlich meinte C. G. Jung, daß wir spätestens ab der Lebensmitte in Fühlung mit dem transzendenten Grund der Welt treten müssen, wenn wir nicht schweren Schaden nehmen wollen: „Unter allen meinen Patienten jenseits der Lebensmitte, das heißt jenseits 35, ist nicht ein einziger, dessen endgültiges Problem nicht das der religiösen Einstellung wäre. Ja, jeder krankt in letzter Linie daran, daß er das verloren hat, was lebendige Religionen ihren Gläubigen zu allen Zeiten gegeben haben, und keiner ist wirklich geheilt, der seine religiöse Einstellung nicht wieder erreicht, was mit Konfession der Zugehörigkeit zu einer Kirche natürlich nichts zu tun hat." Jung 1963, 362.

Paulus, daß die Zeit der Knechtschaft für uns vorüber ist und daß für uns die „herrliche Freiheit der Kinder Gottes" anbricht:

> Als wir unmündig waren, waren wir in der Knechtschaft
> der Mächte der Welt. Als aber die Zeit erfüllt war,
> sandte Gott seinen Sohn, geboren von einer Frau und unter das Gesetz
> getan, damit er die, die unter dem Gesetz waren, erlöste, damit wir die
> Kindschaft empfingen. Weil ihr nun Kinder seid, hat Gott den Geist seines
> Sohnes gesandt in unsre Herzen, der da ruft: Abba, lieber Vater!
> So bist du nun nicht mehr Knecht, sondern Kind;
> wenn aber Kind, dann auch Erbe durch Gott.
> (Galater 4,3-7)

Aber auch nach seiner Bekehrung hat Paulus immer wieder Zeiten der Gottesferne, der inneren Anfechtung, der seelischen und köperlichen Schwäche durchlitten - und kann auch uns darin in unseren Anfechtungen ein Beispiel geben, denn zugleich berichtet er auch davon, daß ihn Gott nicht losgelassen hat. Anrührend erzählt er davon vor allem im zweiten Korintherbrief. So konnte er schließlich bekennen:

> Wir haben aber diesen Schatz in irdenen Gefäßen,
> damit die überschwengliche Kraft von Gott sei und nicht von uns.
> Wir sind von allen Seiten bedrängt, aber wir ängstigen uns nicht.
> Uns ist bange, aber wir verzagen nicht.
> Wir leiden Verfolgung, aber wir werden nicht verlassen.
> Wir werden unterdrückt, aber wir kommen nicht um.
> Wir tragen allezeit das Sterben Jesu an unserm Leibe,
> damit auch das Leben Jesu an unserm Leibe offenbar werde,
> denn wir wissen, daß der, der den Herrn Jesus auferweckt hat,
> wird uns auch auferwecken mit Jesus und wird uns vor sich stellen
> samt euch. Darum werden wir nicht müde; sondern wenn auch
> unser äußerer Mensch verfällt, so wird doch der innere von Tag zu Tag
> erneuert. Denn unsre Trübsal, die zeitlich und leicht ist, schafft eine
> ewige und über alle Maßen gewichtige Herrlichkeit, uns, die wir nicht sehen
> auf das Sichtbare, sondern auf das Unsichtbare. Denn was sichtbar ist,
> das ist zeitlich; was aber unsichtbar ist, das ist ewig.
> (2. Korintherbrief 4,7-10. 16-18)[48]

---

[48] „Διὸ οὐκ ἐγκακοῦμεν, ἀλλ᾽ εἰ καὶ ὁ ἔξω ἡμῶν ἄνθρωπος διαφθείρεται, ἀλλ᾽ ὁ ἔσω ἡμῶν ἀνακαινοῦται ἡμέρᾳ καὶ ἡμέρᾳ" - 2. Kor. 4,16

4.10. ANFECHTUNG LEHRT AUF DAS WORT MERKEN[49]

Die tiefste Gefährdung des einmal gewonnenen - oder wiedergewonnenen - Glaubens ist die Anfechtung, jene dämonische Stimme im Innern, die sagt: „Und wenn es nun Gott gar nicht gäbe?", oder: „Wenn Christus nun gar nicht auferstanden wäre?". In dem Maße, in dem sich diese Stimme in unserem Inneren Raum verschaffen kann, gehören wir tatsächlich „zu den elendesten unter allen Menschen" (1. Kor. 15,19), weil der tragende Grund unseres Sinn-, Wert- und Identitätsgebäudes wegbricht. Anfechtung kann bis in die tiefste existentielle Verzweiflung führen. Man kommt in die Situation, „in der alles verschwindet / und ich mein Nichts und Verderben nur seh".[50] Vor Stunden der Anfechtung waren auch die Großen im Glauben, war selbst Jesus am Ende seiner Passion nicht gefeit. „Auch ich kenne einen Menschen", schreibt Luther im Hinblick auf sich selbst, „der, wie er versichert hat, solche Strafen öfter erlitten hat, zwar während nur ganz kurzer Zeitdauer, aber so ungeheure und höllische, wie keine Zunge zu sagen, keine Feder zu schreiben und niemand zu glauben vermag, der es nicht selbst erfahren hat; so daß, wenn diese Qualen bis zu Ende durchlitten würden, oder auch nur eine halbe Stunde, ja nur den zehnten Teil einer Stunde dauerten, er völlig zugrunde ginge und alle Gebeine zu Asche würden. Da erscheint Gott furchtbar in seinem Zorn und samt ihm gleicher Weise die gesamte Kreatur. Da gibt's keine Flucht, keinen Trost, weder innerlich noch äußerlich, sondern alles klagt an. Da heult er dann diesen Vers: 'Verworfen bin ich von deinen Augen' (Ps 31,23). Und er wagt nicht einmal zu sagen: 'Herr, strafe mich nicht in deinem Grimm' (Ps 6,2). In solchem Augenblick - sonderbar zu sagen - vermag die Seele nicht zu glauben, sie könne je erlöst werden, sie fühlt bloß, daß die Strafe noch aus ist. Diese ist in der Tat ewig, und sie kann sie nicht für bloß zeitlich halten. Es bleibt nur nacktes Verlangen nach Hilfe und grauenhaftes Seufzen, aber sie weiß nicht, woher Hilfe erflehen. Da ist die Seele ausgespannt mit [dem gekreuzigten] Christus, so daß man all ihre Gebeine zählen kann, und es ist kein einziger Winkel in in ihr, der nicht voll wäre von bitterster Bitterkeit, von Schrecken, Angst und Traurigkeit, doch so, als ob das alles ausschließlich ewig wäre."[51]

Nun hat zwar die Bedeutung der Anfechtung in der lutherischen theologia crucis nichts mit Burnout zu tun, aber zumindest der gottgläubige Ausgebrannte wird seinen Burnout auch als eine fundamentale Glaubensanfechtung erleben, die nicht nur seine Beziehung zu sich selbst und seinen Bezugspersonen, sondern

---

[49] So Luthers Zusatz zu Jesaja 28,19
[50] „Jesu, hilf siegen. Wenn alles verschwindet / und ich mein Nichts und Verderben nur seh, / wenn kein Vermögen zu beten sich findet, / wenn ich vor Angst und vor Zagen vergeh, / ach Herr, so wollst du im Grunde der Seelen / dich mit dem innersten Seufzen vermählen." (Lied: 373, von Heinrich Schröder 1695, Vers 5).
[51] WA 1; 557,33 ff. zit nach Ebeling 1981, 32.

auch zu Gott elementar bedroht. In solchen Stunden, in denen das spirituelle Licht zu erlöschen scheint, kann man nur mit und stellvertretend für den Betroffenen hoffen und beten, wie einst Jesus für seinen Jünger Petrus: „daß dein Glaube nicht aufhöre" (Lk 22,32).

Die Ausführungen Luthers über die Anfechtung sind unter seelsorgerlichem Gesichtspunkt für den, der in einer tiefen Glaubenskrise steckt, wenig hilfreich. Luther pries bekanntlich die Anfechtung als einen Königsweg, auf dem wir die Güte Gottes entdecken können.[52] Drei Regeln gebe es, um Theologie zu studieren, schreibt er in seiner Vorrede zur Auslegung des 119. Psalmes: „Sie heißen: Gebet, Meditation, Anfechtung."[53] An anderer Stelle bezeichnet er die Anfechtung als „Prüfstein, der dich nicht allein wissen und verstehen lehrt, sondern auch erfahren, wie recht, wie wahrhaftig, wie süß, wie lieblich, wie mächtig, wie tröstlich Gottes Wort sei, Weisheit über alle Weisheit." - „Sobald Gottes Wort durch die zunimmt, so wird dich der Teufel heimsuchen, dich zum rechten Doktor machen und durch seine Anfechtung lehren, Gottes Wort zu suchen und zu lieben."[54] Erst im Nachhinein wird dies möglicherweise von den Betroffenen so erlebt und zur weiteren Vertiefung des Glaubens führen. Dem in die „extrema desperatio" Gestürzten zu sagen: „Diese Anfechtung ist für dich ein Segen", wäre für unser heutiges Empfinden aber ähnlich grausam, wie jemandem, den ein Leid getroffen hat, zu sagen: „Wen Gott liebt, den züchtigt er." Der Satz Luthers ist also nur als rückwärts gerichtet hilfreich zu verstehen, er hilft, die sonst seelisch gar nicht einzuordnenden Stunden der Depression und Leere in einen Erklärungs- und Interpretationszusammenhang zu bringen.

4. 11. GEDENKE DES SABBATTAGES, DASS DU IHN HEILIGST

Gedenke des Sabbattages, daß du ihn heiligst.
Sechs Tage sollst du arbeiten und alle deine Werke tun.
Aber am siebenten Tage ist der Sabbat des HERRN, deines Gottes.
Da sollst du keine Arbeit tun, auch nicht dein Sohn, deine Tochter, dein
Knecht, deine Magd, dein Vieh, auch nicht dein Fremdling,
der in deiner Stadt lebt. Denn in sechs Tagen hat der HERR Himmel und
Erde gemacht und das Meer und alles, was darinnen ist, und ruhte am sie-
benten Tage. Darum segnete der HERR den Sabbattag und heiligte ihn.
(Exodus 20,8-11)

---

[52] Und nicht nur er: „Den Segen der Anfechtung als Prüfung des Glaubens zur Bewährung, Stärkung und zum Wachstum des Vertrauens auf Gott hat die Christenheit in Erinnerung an Abraham (Gen. 22; Röm 4; Hebr. 11) im Sinne von Jak 1,2f.12; 1Petr 1,6f immer wieder bezeugt und dabei erfahren, daß Gott die Kraft des Glaubens auch zur Überwindung der Anfechtung schenkt."(vgl. Beintker, in RGG³, Bd I, 370).
[53] Aland, Bd. 1, 15.
[54] Ebd., 16.

> Denn du sollst daran denken,
> daß auch du Knecht in Ägyptenland warst und der HERR,
> dein Gott, dich von dort herausgeführt hat mit mächtiger Hand
> und ausgerecktem Arm. Darum hat dir der HERR, dein Gott, geboten, daß
> du den Sabbattag halten sollst.
> (Deuteronomium 5, 15)

Im Rahmen einer Arbeit, die sich mit den leib-seelischen Reaktionen auf anhaltende Belastungssituationen und deren Überwindung befaßt, nimmt natürlich die Frage nach dem göttlichen Ruhegebot eine zentrale Stellung ein.[55] Eine derart umfangreiche Bezeugung wie für den שַׁבָּת ist für kein anderes der alttestamentlichen Gebote vorhanden, was ebenso auf das hohe Alter wie auf die zentrale Bedeutung dieses Gebotes schließen läßt. Der Sabbat ist eine genuin israelitische Einrichtung. Eine direkte Verbindung zum babylonischen Schapattu-Tag ist nicht nachweisbar. Von den Kanaanäern kann er nicht übernommen worden sein, da diese keinen wöchentlichen Feiertag kannten. Die Beachtung des Sabbatgebotes reicht wohl bis in die vormosaischen Anfänge der Jahwereligion zurück.[56]

Das Sabbatgebot ist zunächst in den drei Versionen des Dekalog überliefert, außerdem im sog. Bundesbuch, wobei das Nomen שַׁבָּת nur in Ex. 20,8 und Dtn 5,12f. begegnet, während sonst das Verbum שׁבת verwendet wird.[57] Ex. 20, 8-11 verknüpft das Gebot mit der Ruhe Gottes am siebten Tag, Dtn. 5,12-15 dagegen mit der Rettung aus Ägypten. Im Bundesbuch (Ex. 21-23), dem „ältesten(n) Rechtskorpus Israels, das wir kennen"[58], kommt neben dem „Ruhen" der Aspekt des „Feierns" und „Aufatmens" in den Blick: „Sechs Tage magst du deine Arbeit verrichten, am siebten Tag aber sollst du feiern, damit auch dein Rind und dein Esel ausruhen und der Sohn deiner Magd und der Fremde aufatmen." (Ex. 23,12). Explizit wird auch hier wieder betont, daß die Ruhepause des Sabbat auch für die Knechte, Mägde, Sklaven und „Fremdlinge" gilt. Im Bundesbuch taucht auch zum ersten Mal die Vorstellung einer in siebenjährigem Rhythmus durchzuführenden „sakralen Brache" auf (Ex. 23,10f., vgl. Dtn. 15,1), die später im Heiligkeitsgesetz näher ausgeführt und mit Bestimmungen aus dem Sabbatgebot verbunden wird (Lev. 25,1-7, vgl. auch 2 Chron. 36,21). Im Heiligkeitsgesetz schließen sich an die Bestimmungen zum Sabbatjahr Aus-

---

[55] Es kann aber im Rahmen dieser Arbeit nicht darum gehen, auch nur ansatzweise die vielgestaltige wissenschaftliche Diskussion um die Enstehung und Bedeutung des Sabbat und des Sabbatgebotes erneut nachzuzeichnen. Ich verweise auf die einschlägige Literatur, z. B. auf das reichhaltige Literaturverzeichnis von Lohse, in Kittel, Bd. VII, 1f.

[56] Ich schließe mich in der Frage der vormosaischen Datierung Lohse und der von ihm angeführten Belegliteratur an. Stolz weist in seinem Artikel „aufhören, ruhen" im THAT, Bd. II, 863-869, jedoch darauf hin, daß die Frage nach der vormosaischen des Sabbatgebotes umstritten ist, vgl. ebd. 866.

[57] Vgl. THAT, Bd. II, 866.

[58] v. Rad 1961, 43.

führungen zur Durchführung eines Hall- oder Jobeljahres an (Lev. 25, 8-55). Dieses Halljahr wurde aber niemals gefeiert.[59] Im jahwistischen Kultdekalog[60] findet sich bereits eine Verschärfung des Sabbatgebotes, wenn es heißt: „Sechs Tage sollst du arbeiten; am siebenten Tage sollst du ruhen, auch in der Zeit des Pflügens und des Erntens" (Ex. 34,21), denn gerade in der Zeit der kargen Ernte fällt das Ruhen ja besonders schwer. Selbst das Manna sollte Israel am siebten Tag in der Wüste nicht sammeln (Ex. 16[61]).

Im Exil wird der Verlust der Sabbatfeier im Tempel als besonders einschneidend empfunden (Klgl. 2,6). Umso größeres Gewicht bekommt jetzt die kultlose Sabbatfeier, die Sabbatruhe. Für die Deportierten wird die Bedeutung der Beschneidung und des Sabbat als Identitätsmerkmal und unterscheidendes Kennzeichen zur heidnischen Umwelt unterstrichen. So nennt Ezechiel den Sabbat ein Zeichen zwischen Jahwe und Israel, „damit man erkenne, daß ich, Jahwe, es bin, der sie heiligt" (Ez. 20,12 vgl. 20). Die Nichteinhaltung der Sabbate wird vom Propheten geradezu zur Ursache für das über das Volk hereingebrochene Unheil stilisiert. Darum wird dem Volk nun besonders nachdrücklich eingeschärft, daß es die Sabbate halten soll.

Die Priesterschrift verleiht der gesteigerten Bedeutung des Sabbat im Exil auch dadurch Ausdruck, daß sie seine Mißachtung mit der schärfsten Strafe bewehrt: Wer den Sabbat mißachtet, soll mit dem Tode bestraft werden (Ex. 31,14f; 35,2), und bringt auch gleich ein warnendes Beispiel: An einem Mann, der am Sabbat in der Wüste Holz auflas, wurde die Todesstrafe vollstreckt (Nu. 15,32-36): Der Sabbat soll von Israel als eine ewig gültige Heilsordnung (בְּרִית עוֹלָם) bewahrt werden (Ex. 31,16 f.)

Indem die Priesterschrift die Begründung des Sabbatgebotes auf die Schöpfung bezieht, unterstreicht sie noch einmal seine fundamentale Bedeutung. Von der Schöpfung an entspricht die Ruhe am siebten Tag Gottes Willen. Nach dem Textbefund gehört der siebte Tag noch zum Schöpfungswerk.[62] Nun wird der Sabbat auch mit der Gottebenbildlichkeit verknüpft. Nach P ahmt der Mensch, der den Sabbat hält, Gott nach. Tiere feiern keinen Sabbat, wie sie ja auch die „Religion", die „Rückbindung" des Menschen an Gott („religare" = „rückbinden", „anbinden") nicht kennen.

In nachexilischer Zeit gewinnt das Sabbatgebot noch einmal an Bedeutung und wird zur wichtigsten Forderung des göttlichen Gesetzes.[63] Die prophetische

---

[59] Vgl. Lohse in Kittel Bd. VII, 6.
[60] Bei der Zuordnung zu den verschiedenen Quellenschriften folge ich Lohse: „Der Sabbat im Alten Testament", in Kittel, Bd. VII, 2 ff.
[61] „Die Erzählung wird in der Regel auf J und P verteilt (die Erwähnung der Sabbatregelung in V. 5,29ff. zu J, V. 22ff. zu P)." Stolz, in: THAT, Bd. II, 867.
[62] Im Gegensatz zur LXX, nach der Gott bereits am Abend des 6. Tages mit der Ruhe begann. Hierzu vgl. v. Rad 1961, 152.
[63] Zum Problem der Datierung von P vgl. z.B. Kaiser 1984, 50ff. und 111ff. Stolz (a.a.O., 867) geht offenbar davon aus, daß P nachexilisch anzusetzen ist. Nach Kaiser (1984,

Gebotsparänese schärft die Unbedingtheit, aber auch die Segenswirkung des Sabbatgebotes ein (Jes 58,13f.[64]). Die prophetische Heilsankündigung nennt als Bedingung des kommenden Heils die Erfüllung des Sabbatgebotes (Jes. 56,1f.). Auch der Nichtisraelit sei, wenn er denn die Gebote und insbesondere das Sabbatgebot halte, zum Volk Gottes zu rechnen (Jes. 56,3-8).

Das griechisch sprechende Diasporajudentum behielt das hebräische Wort für Sabbat bei und gräzisierte es zu „σάββατον". „Wollte man den Griechen die Bedeutung des hebräischen Wortes erklären, so gab man „σάββατον" durch „ἀνάπαυσις" wieder."[65] In der Makkabäerzeit steigert sich dann die Bewertung des Sabbats bis hin zu der Vorstellung, daß die Erlösung anbreche, wenn Israel auch nur zwei Sabbate richtig einhalten werde.

Die vielfältigen Einzelvorschriften, mit denen die Rabbiner das Arbeitsverbot festigen und absichern wollten, sind in der Mischna zu listenartigen Anweisungen zusammengefaßt worden. Die wichtigste dieser Aufzählungen stellt der Katalog Schab 7,2 dar, nach dem die verbotenen Hauptarbeiten vierzig weniger eins darstellen. Nachträglich wurde versucht, diese Zahl aus Ex. 35,1 herzuleiten.[66] Später wurde die Liste noch wesentlich erweitert, indem man jeder Hauptarbeit sechs Unterarbeiten zuordnete. Die Halaka kennt auch vorbeugende Bestimmungen, ein Schneider soll beispielsweise kurz vor Dunkelheit nicht mehr mit einer Nadel ausgehen, damit er es nicht vergißt und doch noch etwas tut. So wurde ein „Zaun" um den Sabbat gebaut. Immer grotesker wurden die Forderungen. So mußte z. B. noch vor dem Sabbat die Sabbatlampe angezündet werden, da man am Sabbat selbst kein Feuer machen durfte. Die zunehmende anankastische Tendenz gipfelt in den endlosen Erörterungen, wie winzige Mengen an Gegenständen man denn noch tragen dürfe, ohne daß es schon Arbeit ist, so wird z.B. schon schuldig, „wer hinausträgt Wein, so viel, wie zur Mischung eines Bechers (nötig ist), Milch, so viel wie einen Schluck, Honig, so viel (nötig ist), auf eine Wunde zu legen."[67]

Jesus aber zerreißt das Geflecht der Zwanghaftigkeit und erweist sich als „Herr des Sabbats" (Mt. 12,8). Eindeutig und kompromißlos stellt er klar: Der

---

117) „kann P^g keinesfalls vor dem späten 7. Jahrhundert entstanden sein, sondern gehört statt dessen frühestens in das späte 6. oder eher in die erste Hälfte des 5. Jahrhunderts. ... Mit dieser zeitlichen Ansetzung wird jedoch keinesfalls bestritten, daß P traditionsgeschichtlich in seiner Kultgesetzgebung älteres Material verarbeitet hat."

64 Wenn du deinen Fuß am Sabbat zurückhältst und nicht deinen Geschäften nachgehst an meinem heiligen Tage und den Sabbat »Lust« nennst und den heiligen Tag des HERRN »Geehrt«; wenn du ihn dadurch ehrst, daß du nicht deine Gänge machst und nicht deine Geschäfte treibst und kein leeres Geschwätz redest, dann wirst du deine Lust haben am HERRN, und ich will dich über die Höhen auf Erden gehen lassen und will dich speisen mit dem Erbe deines Vaters Jakob; denn des HERRN Mund hat's geredet.

65 „τὸ μὲν γὰρ σάββατον κατὰ τὴν τῶν Ἰουδαίων διάλεκτον ἀνάπαυσίς ἐστιν ἀπὸ παντὸς ἔργου" (Jos Ap. 2.27), vgl. Lohse a.a.O., 7.

66 Einzelheiten, auch die Rechenbeispiele, bei Lohse, a.a.O., 12.

67 Lohse, 14.

Sabbat ist für den Menschen da, eine sinnvolle Ordnung Gottes, die dem Wohl des Menschen dient (Mk. 2,27). Jesus demonstriert dies auch, indem er am Sabbat Kranke heilt, bzw. *befreit*: Denken wir noch einmal an die Geschichte von der verkrümmten Frau, in der Jesus die Einwände des Synagogenvorstehers beiseite schiebt mit den Worten: „Sollte dann nicht diese, die doch Abrahams Tochter ist, die der Satan schon achtzehn Jahre gebunden hatte, am Sabbat von dieser Fessel gelöst werden?" (Lukas 13,16).

Der (logische und theologische) Zusammenhang des Sabbatgebotes mit der Burnout-Problematik liegt auf der Hand. Der befohlene Ruhetag innerhalb einer Sieben-Tage-Sequenz[68] hat nicht nur theologische und sozialpolitische Bedeutung (vgl. die Ruhe für Knechte und Sklaven), sondern vor allem auch hygienische und sanitarische, in Anlehnung an Antonovsky und Udris könnte man auch sagen „salutogenetische" - er ist eine fundamentale, religös verankerte, Gesundheitsbestimmung. Wer den Ruhetag und die von Körper und Geist benötigten Aufatmungs- und Feierzeiten sträflich vernachlässigt, wie ausgerechnet viele Pfarrer, der treibt im wahrsten Wortsinne Raubbau an seiner Natur, was nicht folgenlos bleiben wird. Nicht nur, daß sich der „Workaholic" durch die Geringachtung des Sabbatgebotes gesundheitlichen Schaden zufügt, zugleich beschädigt er sich in seiner Würde, die theologisch in der Gottesebenbildlichkeit wurzelt. Ein charakteristisches Element der „Imago Dei" ist die Tatsache, daß Gott dem Menschen nicht nur im Auftrag der Namensgebung gegenüber den Tieren, sondern vor allem auch im Sabbatgebot Anteil an seinem Schöpfungswerk gibt. Kein Tier unterbricht seine lebenserhaltenden Tätigkeiten explizit für einen ganzen Tag. Allerdings dürfen auch die Nutztiere des Menschen des sabbatlichen Segens teilhaftig werden und „aufatmen".

4. 12. ES IST NOCH EINE RUHE VORHANDEN DEM VOLKE GOTTES

Ein im Vergleich zum Sabbat bei weitem nicht so im Vordergrund stehender, aber für unseren Zusammenhang gleichwohl bemerkens- und erwähnenswerter Topos ist im Alten Testament die Rede und Vorstellung von der „מְנוּחָה", der

---

68 Es muß natürlich nicht der Samstag sein und auch nicht unbedingt der Sonntag, wenn, wie gerade beim Pfarrberuf, aber auch z.B. bei Krankenschwestern und Ärzten, bei Polizei und Rettungsdiensten am Sonntag dienstliche Verpflichtungen anstehen. Der Tendenz der Industrie, aufgrund besserer Ausnutzung der „Maschinenlaufzeiten", also letztlich aus Profitinteresse, das allgemeine sonntägliche Arbeitsverbot aufzuweichen, ist nicht nur aus theologischen und gesundheitspolitischen, sondern auch aus sozialhygienischen Gründen zu widerstehen. Die Zersplitterung der Gesellschaft wird weiter vorangetrieben, wenn der eine, von allen zu beachtende Ruhetag fällt. - Fragt man ausgerechnet Pfarrer nach der Realität ihres „freien Tages", ihres „Sabbat", wird erschreckend häufig nur müde abgewinkt. Über das Verhältnis von Sabbat und Sonntag in der Alten Kirche vgl. wiederum Lohse, in: Kittel, Bd. VII, 31f.

„Ruhe" Gottes.[69] Schon das theologische Summarium des Hexateuch spricht von Jahwes Plan, sein Volk „zu seiner Ruhe zu bringen" (Jos. 21,43-45).[70] Auf eine breite theologische Basis gestellt begegnen wir dieser Ruheverheißung aber erst im Deuteronomium, das in der späteren Königszeit entstanden ist. Dort wird die Ruhe dann zum „Heilsgut schlechthin"[71], wird neben dem verheißenen Land zur anderen zentralen Heilsgabe Gottes an sein Volk. Dabei ist das Land lediglich die „in jeder Hinsicht allgenugsame Grundlage für den Heilszustand des Gottesvolkes". Der eigentliche Heilszustand wird aber erst erreicht durch die „Ruhe vor allen Feinden ringsum" (Dt. 25,19).[72] Zugleich wird im immer wieder erklingenden „Heute" des Dtn. (63 Nennungen! - exemplarisch sei verwiesen auf: 15,5) deutlich, daß dieser Heilszustand noch nicht erreicht ist, noch aussteht, „daß Israel noch zwischen der Erwählung und seinem eigentlichen Heilszustand steht - 'denn bis jetzt seid ihr noch nicht zur Ruhe und zum Erbbesitz gekommen' (Dtn. 12,9)."[73]

Seit der Zeit des Deuteronmiums hat der Gedanke vom Zur-Ruhe-Kommen des müden Volkes im Land der Verheißung eine wichtige Stellung im religiösen Denken Israels eingenommen. Zur zentralen Aufgabe der Führer des Volkes wird es nun, dem Volk die von Jahwe verheißene Ruhe zu verschaffen. (Vgl. Jos. 21,43ff; 2 Sam. 7,1.11; 1 Kön. 8,56). Im chronistischen Geschichtswerk wird der Gedanke, daß Gott seinem Volk Ruhe verschafft, noch einmal vertieft in der Vorstellung, „daß Gott in seinem Volk zur Ruhe kommt". 2 Chron 6,41: „Und nun brich auf, Gott Jahwe, nach deiner Ruhestätte" (vgl. Psalm 132, 8).[74] Auch nach dem Exil ist die „Ruhe" wieder ein zentrales Ziel und die Frucht des neuen Bundes, vgl. Jeremia 31,1-3.[75]

---

[69] Von Rad, der 1933 in der Zeitschrift „Zwischen den Zeiten" eine klassische Untersuchung zum Topos veröffentlicht hat, konstatiert (1933, 104): „Von den mannigfachen Heilsgütern, die in der biblischen Verkündigung dem Menschen angeboten sind, ist das der Ruhe in den biblischen Theologien fast übersehen...".

[70] „Und Jahwe gab den Israeliten das ganze Land, wie er es ihren Vätern geschworen hatte. Sie nahmen es in Besitz und sie ließen sich darin nieder, und Jahwe gab ihnen Ruhe ringsum, ganz wie er ihren Vätern geschworen hatte; und vor ihnen hielt keiner von all ihren Feinden stand, alle ihre Feinde gab Jahwe in ihre Hand. Keines von all den guten Worten, die Jahwe zu dem Hause Israel gesprochen hatte, war hingefallen; alles war eingetroffen."

[71] Vgl. v. Rad, Bd. I, 350, Anm. 16. In der Chronik verliert sie diese absolute Bedeutung wieder und wird zu einer Gabe, die nur mehr einzelnen Königen und ihrer Zeit stückweise gereicht wurde.

[72] Vgl. v. Rad, Bd. I, 1961, 223.

[73] V. Rad, Bd. I, 1961, 230

[74] Vgl. v. Rad 1933, 105.

[75] Die Verheißung des neuen Bundes: „Zu derselben Zeit, spricht der HERR, will ich der Gott aller Geschlechter Israels sein, und sie sollen mein Volk sein. So spricht der HERR: Das Volk, das dem Schwert entronnen ist, hat Gnade gefunden in der Wüste; Israel zieht hin zu seiner Ruhe."

Psalm 95, auf den sich viel später der Hebräerbrief beziehen wird, versteht unter der Ruhe „eine Gabe, die Israel nur in der allerpersönlichsten Einkehr bei seinem Gott finden wird" (vgl. Ps. 95,11).[76] Der Hebräerbrief bringt dann diese Ruhe mit dem Sabbat zusammen:

> Es ist also noch eine Ruhe vorhanden für das Volk Gottes. Denn wer zu Gottes Ruhe gekommen ist, der ruht auch von seinen Werken, so wie Gott von den seinen. So laßt uns nun bemüht sein, zu dieser Ruhe zu kommen, damit nicht jemand zu Fall komme durch den gleichen Ungehorsam.
> (Hebräer 4,9-11) [77]

Mit dem „Heute", jener zweiten Chance, von der auch Psalm 95 spricht, ist nun Christus gemeint (vgl. Hebr. 4,7). Die Verheißung, in Gottes Ruhe einzugehen, besteht noch.[78] Neu ist jetzt das Verständnis der Ruhe als eines jenseitigen Heilsgutes, dessen die Gläubigen erst nach diesem Leben teilhaftig werden dürfen.[79]

Im Heilandsruf Jesu im 11. Kapitel des Matthäusevangeliums begegnet die Vorstellung der Ruhe erneut. Jesus bezieht sie nun auf sich. Hier, in Mt 11,28 „umfaßt das Wort das gesamte Heilswerk Jesu".[80]:

> Kommt her zu mir, alle, die ihr mühselig und beladen seid; ich will euch erquicken. Nehmt auf euch mein Joch und lernt von mir; denn ich bin sanftmütig und von Herzen demütig; so werdet ihr Ruhe finden für eure Seelen.[81] Denn mein Joch ist sanft, und meine Last ist leicht.
> (Matthäus 11, 28-30)

---

[76] v. Rad, 1933, 108. - Man könnte durchaus sagen, daß Hebräer 3,7-4,11 den Kommentar zu Psalm 95 bietet. - Auch im Psalm 23,2 taucht das Wort „Menucha" in einer wunderschönen, poetischen Verwendung auf: Das uns bekannte „frische Wasser", zu dem Gott uns führt, ist wörtlich übersetzt ein „zur Ruhe einladendes Gewässer" (מֵי מְנֻחוֹת).

[77] ἆρα ἀπολείπεται σαββατισμὸς τῷ λαῷ τοῦ θεοῦ. ὁ γὰρ εἰσελθὼν εἰς τὴν κατάπαυσιν αὐτοῦ καὶ αὐτὸς κατέπαυσεν ἀπὸ τῶν ἔργων αὐτοῦ ὥσπερ ἀπὸ τῶν ἰδίων θεός. Hebr. 4,9f.

[78] Kittel 1949, Bd. III, 630: „Wie die Verheißung der Schrift über den „Diener" Mose zweifellos hinausweist auf die Vollendung durch den „Sohn" (Kp 3,1-6), so weist auch die Ruhe, von der sie gleich auf dem ersten Blatt (Gn 2,2) redet, über die Tat Josuas (4,8) und über David (4,7) hinaus auf die letzten Dinge. Die Bewegung, aus der das Leben der Kreatur in den Schöpfungstagen hervorging, soll in die heilige Ruhe des Schöpfers, in den siebten Tag einmünden; dessen wartet das Volk." (Verf. der Artikel zum Themenkreis ist Otto Bauernfeind).

[79] v. Rad (1933, 109) warnt allerdings davor, daß wir uns „jedes theologische Verständnis" verbauen., wenn wir diese Begriffsveränderungen als „Entwicklung eines biblischen Theologumenons verstehen. „Entwickelt hat sich gar nichts; am wenigsten in dem Sinn, daß jedes folgende Glied das vorhergehende in seiner Zuegniskraft entaktualisiert hätte. ... Nennen wir es lieber eine Zeugenkette, in der jeweils Umriß und Art der Einzelaussage souverän von der Erleuchtung des Zeugen bestimmt wird." - „Das deuteronomische Wort von der Ruhe ... ist ein Zeugnis von dem gleichen Gott, den wir auch im Neuen Testament reden hören."

[80] Kittel 1949, Bd. I, 353.

[81] „...καὶ εὑρήσετε ἀνάπαυσιν ταῖς ψυχαῖς ὑμῶν".

Apk 14,13 verlegt die Ruhe dann wieder in den Himmel und gebraucht ebenfalls das Wort „ἀναπαύειν".[82] In 1 Petr. 4,14 ist davon die Rede, daß Gottes Geist auf den Menschen ruht: „Selig seid ihr, wenn ihr geschmäht werdet um des Namens Christi willen, denn der Geist, der ein Geist der Herrlichkeit und Gottes ist, ruht auf euch. Dies aber hat sich in Jesus bereits erfüllt." Nach dem Nazoräer-Evangelium spricht der Heilige Geist bei der Taufe Jesu folgende Worte:

„Fili mi, in omnibus prophetis exspectabam te, ut venires et requiescerem in te. Tu enim es requies mea..."[83]

Um nun wieder den Zusammenhang zu unserer Thematik herzustellen: Ist es nicht von großer Bedeutung, daß in der Bibel letztlich nicht das Lob der Arbeit, sondern der Ruhe gesungen wird? Daß nicht immer noch mehr Arbeit und Stress auf uns wartet, sondern „noch eine Ruhe vorhanden ist dem Volke Gottes"? Aber nicht in dem Sinn, wie es oft bei Beerdigungen ertönt: „Sein Leben war Mühe und Arbeit, nun hat ihm der Herr die ewige Ruhe geschenkt", nein, wir dürfen im Sinne einer „präsentischen Eschatologie" vielmehr schon heute, schon hier und jetzt des Segens teilhaftig werden, der in der Ruhe liegt. Diesen Segen werden wir um so mehr erfahren, je mehr wir uns unserem Schöpfer zuwenden:

Denn du schufst uns, daß wir zu dir kommen sollten
und ruhelos ist unser Herz, bis es Ruhe findet in dir.
(Augustinus, Confessiones I,1[84])

4. 13. DU SOLLST DEINEN NÄCHSTEN LIEBEN WIE DICH SELBST

Jesus aber antwortete ihm: »Du sollst den Herrn, deinen Gott, lieben von ganzem Herzen, von ganzer Seele und von ganzem Gemüt« (5. Mose 6,5).
Dies ist das höchste und größte Gebot. Das andere aber ist dem gleich:
»Du sollst deinen Nächsten lieben wie dich selbst« (3. Mose 19,18).
In diesen beiden Geboten hängt das ganze Gesetz und die Propheten.
(Matthäus 22,37-40)

Allzuviel muß zu diesem Punkt nicht mehr gesagt werden.[85] Es liegt auf der Hand, daß die unter der Last ihres Amtes stöhnenden Pfarrer und Pfarrerinnen

---

82 „Und ich hörte eine Stimme vom Himmel zu mir sagen: Schreibe: Selig sind die Toten, die in dem Herrn sterben von nun an. Ja, spricht der Geist, sie sollen ruhen von ihrer Mühsal; denn ihre Werke folgen ihnen nach."
83 Zit. nach Kittel 1949, Bd. I, 353.
84 Ausgabe von 1888 (Bornemann). Der lateinische Text lautet: „(Tu excitas, ut laudare te delectet,) quia fecisti nos ad te et inquietum est cor nostrum, donec requiescat in te." Eine andere Übersetzung (1987) lautet: („Du selber reizest an, daß Dich zu preisen Freude ist;) denn geschaffen hast Du uns zu Dir, und ruhelos ist unser Herz, bis daß es Ruhe hat in Dir."

ganz offenbar große Schwierigkeiten haben, sich die ganze Botschaft des Herrn zu Herzen zu nehmen. Lakonisch antwortete denn auch Oberkirchenrat i.R. D. Theodor Glaser auf die Frage: Was raten sie PfarrerInnen, die sich ausgebrannt fühlen? „Zunächst einmal, daß sie es zugeben, akzeptieren und dann bereit sind, etwas dagegen zu tun und das heißt, etwas für sich zu tun, indem sie den letzten Worte des Liebesgebotes, 'Wie dich selbst', so viel Aufmerksamkeit widmen, wie sie vorher den ersten vier gewidmet haben."[86] Die Selbstliebe in einem reifen, erwachsenen Sinn, nicht die narzißtische oder egoistische „Selbstbezogenheit", ist für die meisten freilich die Frucht einer in einem lebenslangen Lernprozess zu durchlebenden und zu durchleidenden Arbeit an der eigenen Person. Viel hat sie mit der „Annahme seiner Selbst" zu tun (dazu vgl. unten im Kapitel 6), viel auch damit, daß wir „von ganzem Herzen, von ganzem Gemüt und mit allen Kräften" (Mk 12,33) bejahen und ergreifen, was uns in der Taufe angeboten wird: Die ausgestreckte Hand Gottes, unsere „Annahme durch Gott".

4. 14. MEIN HERZE GEHT IN SPRÜNGEN UND KANN NICHT TRAURIG SEIN

Das christliche Liedgut ist eine wahre Fundgrube für Erfahrungen des Ausgebranntseins - und der Rettung daraus. Viele Lieder sind aus den ganz persönlichen Krisen und Anfechtungen der Verfasser entstanden, denken wir nur exemplarisch an die Choräle und die Biographie Paul Gerhardts.[87]

Lied 351 - „Ist Gott für mich, so trete..."
7. Sein Geist wohnt mir im Herzen, / regiert mir meinen Sinn; / vertreibet Sorg und Schmerzen, / nimmt allen Kummer hin; / gibt Segen und Gedeihen / dem, was er in mir schafft, / hilft mir das Abba schreien / aus aller meiner Kraft.

---

85 Zur ethischen und soziologischen Einordnung des Liebesgebotes im Neuen Testament vgl. den Aufsatz von Stegemann in Wagner (Hg.) 1987, der deutlich macht, daß sich das Gebot der Nächstenliebe im Alten Israel und auch noch in neutestamentlicher Zeit zunächst „auf den Bereich des solidarischen Verhaltens unter gesellschaftlich Gleichen ... auf Gegenseitigkeit hin" bezog (ebd., 77), also „keineswegs von vornherein mit einer Almosenethik bzw. überhaupt dem barmherzigen Verhalten gegenüber Notleidenden verwechselt werden darf." (ebd., 78). Der uns vertraute Sinn des Nächstenliebegebotes, nach dem diese Liebe sich vor allem auf den in Not befindlichen Nächsten, gleich welcher Herkunft, bezieht, „ist wohl vor allem durch die lukanische Interpretation der Nächstenliebe als ἔλεος ποιεῖν im Gleichnis vom barmherzigen Samariter provoziert worden." (ebd.)
86 Vgl. Interview mit OKR Glaser im Materialband, Frage 17.
87 Vgl. auch Paul Gerhardt: Ich bin ein Gast auf Erden. Gedichte, 1998.

8. Und wenn an meinem Orte / sich Furcht und Schrecken findt, / so seufzt und spricht er Worte, / die unaussprechlich sind mir zwar und meinem Munde, / Gott aber wohl bewußt, / der an des Herzens Grunde / ersieht seine Lust.

13. Mein Herze geht in Sprüngen / und kann nicht traurig sein, / ist voller Freud und Singen, / sieht lauter Sonnenschein. / Die Sonne, die mir lachet, / ist mein Herr Jesus Christ; das, was mich singen machet, / ist, was im Himmel ist. (Paul Gerhardt, 1653)

Lied 361 - „Befiehl du deine Wege..."

6. Hoff, o du arme Seele, / hoff und sei unverzagt! / Gott wird dich aus der Höhle, / da dich der Kummer plagt, / mit großen Gnaden rücken; / erwarte nur die Zeit, / so wirst du schon erblicken / die Sonn der schönsten Freud.

7. Auf, auf, gib deinem Schmerze / und Sorgen gute Nacht, / laß fahren, was das Herze / betrübt und traurig macht; / bist du doch nicht Regente, / der alles führen soll, / Gott sitzt im Regimente / und führet alles wohl. (Paul Gerhardt, 1653)

Lied 371 - „Gib dich zufrieden und sei stille..."

5. Er hört die Seufzer deiner Seelen / und des Herzens stilles Klagen, / und was du keinem darfst erzählen, / magst du Gott gar kühnlich sagen. / Er ist nicht fern, steht in der Mitten, / hört bald und gern der Armen Bitten. / Gib dich zufrieden!

6. Laß dich dein Elend nicht bezwingen, / halt dich an Gott, so wirst du siegen; / ob alle Fluten einhergingen, / dennoch mußt du oben liegen. / Denn, wenn du wirst zu hoch beschweret, / hat Gott, dein Fürst, dich schon erhöret. / Gib dich zufrieden! (Paul Gerhardt, 1666,67)

Lied 255 - „O daß doch bald dein Feuer brennte..."

1. O daß doch bald dein Feuer brennte, / du unaussprechlich Liebender, / und bald die ganze Welt erkennte, / daß du bist König, Gott und Herr!

6. Du unerschöpfter Quell des Lebens, / allmächtig starker Gotteshauch, / dein Feuermeer ström nicht vergebens. / Ach zünd in unsern Herzen auch.

8. Beleb, erleucht, erwärm, entflamme / doch bald die ganze weite Welt / und zeig dich jedem Völkerstamme / als Heiland, Friedefürst und Held. (Georg Friedrich Fickert, 1812)

Wenn die „modernen" Kirchenlieder auch oft nicht mehr die Tiefe und Ausdruckskraft der klassischen Choräle errreichen, gibt es doch wohltuende Ausnahmen. Das gern gesungene Segenslied von Eugen Eckert gehört dazu:

Lied 171 - „Bewahre uns Gott..."

1. Bewahre uns, Gott, behüte uns, Gott, / sei mit uns auf unseren Wegen. / :Sei Quelle und Brot in Wüstennot, / sei um uns mit deinem Segen:.
2. Bewahre uns, Gott, behüte uns, Gott, / sei mit uns in allem Leiden. :Voll Wärme und Licht im Angesicht, / sei nahe in schweren Zeiten:.
3. Bewahre uns, Gott, behüte uns, Gott, / sei mit uns vor allem Bösen. :Sei Hilfe und Kraft, die Frieden schafft, / sei in uns, uns zu erlösen:.
4. Bewahre uns, Gott, behüte uns, Gott, / sei mit uns durch deinen Segen. / :Dein Heiliger Geist, der Leben verheißt, / sei um uns auf unseren Wegen:.
(E. Eckert, 1987)

Aber auch meditative Gesänge, wie z.B. dieses Taizé-Lied:

Lied 697 - „Meine Hoffnung und meine Freude..."

Meine Hoffnung und meine Freude, meine Stärke, mein Licht:
Christus, meine Zuversicht, auf dich vertrau ich und fürcht mich nicht,
auf dich vertrau ich und fürcht mich nicht.
(Text: nach Jesaja 12
Melodie und Satz: Jacques Berthier, Taizé 1988).

4. 15. ACH HERR, GIB UNSERN AUFGESCHRECKTEN SEELEN, DAS HEIL, FÜR DAS DU UNS GESCHAFFEN HAST

Beispiele für das Erleiden und Bewältigen der Erfahrung des Scheiterns und des vergeblichen Mühens, des Erloschen-Seins und des Ausgebrannt-Seins gibt es in der christlichen Literatur zuhauf.[88] In unserem Jahrhundert denken wir vor allem an die bewegenden Zeugnisse aus den letzten Lebensjahren Dietrich Bonhoeffers, der sich im Gefängnis oft so „unruhig" gefühlt hat, „sehnsüchtig, krank, wie ein Vogel im Käfig, ringend nach Lebensatem, als würgte mir einer die Kehle ... müde und leer zum Beten, zum Denken, zum Schaffen, matt und

---

[88] Und natürlich in der nichtchristlichen. Am Eingang des gerade zu Ende gegangenen Jahrhunderts steht ein Großer, der sich sein ganzes Leben an seinen, weitgehend in seiner famliären Situation begründeten, Burnout-Erfahrungen abzuarbeiten hatte: Franz Kafka (1883-1924). Das klassische Beispiel einer ins Groteske abrutschenden katastrophischen Selbstablehnung ist seine Erzählung „Die Verwandlung" (gedruckt 1918). Ein anderer Großer hat in seinem literarischen Schaffen immer wieder die allgegenwärtige Bedrohung des menschlichen Lebens durch das Absurde und die Vergeblichkeit allen Tuns thematisiert: Albert Camus (1913-1960). Sein für unseren Zusammenhang wichtigstes Werk ist zugleich sein philosophisches Hauptwerk: „Le mythe de Sisyphe" (1942, dt.: Der Mythos von Sisyphos, 1972). Und ist nicht zum Beispiel auch der „Homo Faber" Max Frischs ein Dokument des ausbrennenden modernen „Machers"?

bereit, von allem Abschied zu nehmen."[89] Das Neujahrsgedicht „Von guten Mächten"[90], das leider durch den allzu häufigen Gebrauch der etwas schmalzigen Vertonung von Siegfried Fietz in Gefahr steht, sich abzunutzen, ist allgemein bekannt. Weniger bekannt ist zum Beispiel folgender Text[91], der jedoch auch einen guten Eindruck vermittelt von Bonhoeffers innerem Ringen mit seiner Situation:

Stationen auf dem Weg zur Freiheit

Zucht.
Ziehst du aus, die Freiheit zu suchen, so lerne vor allem Zucht der Sinne und deiner Seele, daß die Begierden und deine Glieder dich nicht bald hierhin, bald dorthin führen. Keusch sei dein Geist und dein Leib, gänzlich dir selbst unterworfen, und gehorsam, das Ziel zu suchen, das ihm gesetzt ist. Niemand erfährt das Geheinis der Freiheit, es sei denn durch Zucht.

Leiden.
Wunderbare Verwandlung. Die starken tätigen Hände sind dir gebunden. Ohnmächtig einsam siehst du das Ende deiner Tat. Doch atmest du auf und legst das Rechte still und getrost in stärkere Hand und gibst dich zufrieden.[92] Nur einen Augenblick berührtest du selig die Freiheit, dann übergabst du sie Gott, damit er sie herrlich vollende.

Tod.
Komm nun, höchstes Fest auf dem Wege zur ewigen Freiheit, Tod, leg nieder beschwerliche Ketten und Mauern unsres vergänglichen Leibes und unserer verblendeten Seele, daß wir endlich erblicken, was uns hier zu sehen mißgönnt ist. Freiheit, dich suchten wir lange in Zucht und in Tat und in Leiden. Sterbend erkennen wir nun im Angesicht Gottes dich selbst.

Ein anderer tief gläubiger evangelischer Denker, der durch den Naziterror ums Leben kam, ist Jochen Klepper. Beklemmend lesen sich seine Aufzeichnungen,[93] wie sich die Schlinge immer enger um ihn, seine Gattin und die geliebte Stieftochter Reni zieht, bis sie schließlich in ihrer Verzweiflung am 11. Dezem-

---

[89] Auszug aus dem Gedicht „Wer bin ich?" von 1944. Gedruckt in: Bonhoeffer, Werke, Bd. 8, 513f.

[90] Hektographiertes Typskript, 1 Seite, mit Bezeichnung „Neujahr 1945" von Paula Bonhoeffer im Sommer 1945 an Bethge übergeben. Bonhoeffer, Werke, Bd. 8, 607f. Zur Interpretation der Gefängnisgedichte Bonhoeffers vg. Henkys 1986.

[91] In: Bonhoeffer, Werke, Bd. 8, 570-572. Vgl. auch seine bewegenden „Gebete für Gefangene" Nr. 76 bis 78, ebd., 204-208.

[92] Bonhoeffer bezieht sich hier auf das oben zitierte Paul Gerhard-Lied: „Gib dich zufrieden und sei stille" und bietet damit ein Beispiel (von vielen), wie der Schatz der Tradition zur Bewältigung der eigenen Situation fruchtbar gemacht werden kann.

[93] Klepper 1983².

ber 1942 den Freitod wählen, um der bevorstehenden Deportation Renis zu entgehen.[94] In aller Bedrängnis hat Klepper dennoch Texte von beeindruckender Zuversicht geschrieben. Sie können auch heute wie Balsam für die Wunden der „aufgeschreckten Seelen" wirken:

Trostlied am Abend

In jeder Nacht, die mich bedroht, ist immer noch dein Stern erschienen.
Und fordert es, Herr, dein Gebot, so naht dein Engel, mir zu dienen.
In welchen Nöten ich mich fand, du hast dein starkes Wort gesandt.

Hat banger Zweifel mich gequält, hast du die Wahrheit nie entzogen.
Dein großes Herz hat nicht gezählt, wie oft ich mich und dich betrogen.
Du wußtest ja, was mir gebricht. Dein Wort bestand: Es werde Licht!

Hat schwere Sorge mich bedrängt, ward deine Treue mir verheißen.
Den Strauchelnden hast du gelenkt und wirst ihn stets vom Abgrund reißen.
Wann immer ich den Weg nicht sah: dein Wort wies ihn. Das Ziel war nah.

Hat meine Sünde mich verklagt, hast du den Freispruch schon verkündet.
Wo hat ein Richter je gesagt, er sei dem Schuldigen verbündet?
Was ich auch über mich gebracht, dein Wort hat stets mein Heil bedacht.

In jeder Nacht, die mich umfängt, darf ich in deine Arme fallen,
und du, der nichts als Liebe denkt, wachst über mir, wachst über allen.
Du birgst mich in der Finsternis. Dein Wort bleibt noch im Tod gewiß.

(Jochen Klepper, 1938) [95]

---

[94] Die Freitodgedanken beschäftigten ihn und Johanna Stein allerdings schon seit Kleppers Entlassung aus dem Funk am 7.6.1933. (vgl. Klepper 1983², 74ff.) Seine Tagebücher lassen sich durchaus auch als Dokument einer Burnout-Krise lesen. Wie ein roter Faden ziehen sich Bemerkungen darüber, wie schwer und aussichtslos alles geworden ist, wie matt und kraftlos er sich fühlt, durch das Werk: „Ich ziehe Strich um Strich durch Hoffnung, Liebe, Ehrgeiz, Pläne ... Ich sehe das Viele vor mir, worin ich versagt habe." (S. 87). Er zählt in einer persönlichen Bilanz auf, was alles an beruflichem Erfolg da ist und hält dann fest: „Das klingt alles nach Lebendigkeit, als läge aller Existenzzusammenbruch fern. Aber wie entsetzlich wenig steckt dahinter!" (S. 89). „Manchmal denke ich: Alles, was ich in die Hand genommen habe, ist unglücklich ausgegangen." (S. 93). „Ich bin in dieser Zeit wie ein Schlinggewächs, das an einem Baume hängt, dessen Wurzel aber abgeschnitten ist." (S. 93f.). „Daß mich alles so erschöpft. (S. 113). „Aber von Herzen muß ich mir allmählich wünschen, daß mich nicht alles, jede Kleinigkeit so unnatürlich anstrengt." (S. 126) Am 13.2.34 notiert er: „Ich weiß nicht, ob das, was ich jetzt tue, nun der Beginn meines eigentlichen Befuskampfes ist, oder ob es den Anfang meiner endgültigen Resignation bedeutet."(S. 151). Am 28.2.34 „Ich muß wohl sagen, daß ich nun jenseits der Grenze bin, die ich auch bei großer Dehnbarkeit des Begriffs als meine Gesundheit bezeichnen kann."(S. 156) Und dann, ein großartiger Satz, der schon so klingt, wie die abschließende Lebensbilanz. „Ist aber Gott ein Irrtum, so soll es mich nicht gereut haben. Lebenswerteres als diesen Irrtum gibt es nicht." (S. 159)

[95] Aus: Kyrie. Geistliche Lieder.

Abendgebet

Ich liege, Herr, in deiner Hut und schlafe ganz mit Frieden:
Dem, der in deinen Händen ruht, ist wahre Rast beschieden.

Du bist's allein, Herr, der stets wacht, zu helfen und zu stillen,
wenn mich die Schatten finstrer Nacht mit jäher Angst erfüllen.

Dein starker Arm ist ausgestreckt, daß Unheil mich verschone und
ich, was auch den Schlaf noch schreckt beschirmt und sicher wohne.

So will ich, wenn der Abend sinkt, des Leides nicht gedenken,
das mancher Erdentag noch bringt, und mich darein versenken,

wie du, wenn alles nichtig war, worauf die Menschen hoffen,
zur Seite warst und wunderbar mir Plan und Rat getroffen.

Weil du der mächtge Helfer bist, will ich mich ganz bescheiden.
Und, was bei dir verborgen ist, dir zu entreißen meiden.

Ich achte nicht der künftgen Angst. Ich harre deiner Treue,
der du nicht mehr von mir verlangst, als daß ich stets aufs neue

zu kummerlosem, tiefem Schlaf in deine Huld mich bette,
vor allem, was mich bitter traf, in deine Liebe rette.

Ich weiß, daß auch der Tag, der kommt, mir deine Nähe kündet
und daß sich alles, was mir frommt, in deinem Ratschluß findet.

Sind nun die dunklen Stunden da, soll hell vor mir erstehen,
was du, als ich den Weg nicht sah, zu meinem Heil ersehen.

Du hast die Lider mir berührt. Ich schlafe ohne Sorgen.
Der mich in diese Nacht geführt, der leitet mich auch morgen.

(Jochen Klepper, 1938)

INNENANSICHT III
5. SPIRITUELLES LEBEN ALS PRÄVENTION UND THERAPIE DES BURNOUT

5.1. "DIE ERSTE UNS ANVERTRAUTE SEELE IST DIE EIGENE" [1]

Nicht nur sein Verstand, seine emotionale Intelligenz und die Wachheit seiner Sinne (seine „Awareness", um es gestaltpsychologisch auszudrücken) sind des Pfarrers wichtigstes „Handwerkszeug",[2] sondern mehr noch: vor allem seine Seele. Sie bedarf darum nicht nur aus persönlichen sondern auch aus professionellen Gründen seiner intensivsten Achtung und Pflege. Wer hätte dies besser auszudrücken vermocht als der feinsinnige Vinet, dessen Mahnung als Motto über diesen Überlegungen steht.

Je energiegeladener und „glänzender" die Seele der PfarrerInnen ist, desto besser werden sie anderen ein Licht auf ihrem Wege sein können. Licht, Kraft und Glanz bekommt die Seele des Menschen in dem Maße, wie sie in einem lebendigen Kontakt mit ihrem Schöpfer steht - das ist eine Grundthese der hier vorliegenden Arbeit. Und dies ist keine einsame These.

Denken wir beispielsweise an das am 2. September 1988 vom Vorstand der Arnoldshainer Konferenz angenommene Votum des Theologischen Ausschusses mit dem schönen Titel: „Sein Licht leuchten lassen - Zur Erneuerung von Gemeinde und Pfarrerschaft."[3] Die VerfasserInnen halten fest: „Was eingangs als Erosion der Volkskirche beschrieben wurde, ist ... in der Tiefe ein geistlicher Vorgang. In ihm dokumentieren sich ein elementarer Schwund an Bibel- und Katechismuskenntnis, der Verlust der Fähigkeit zum Umgang mit Texten der Heiligen Schrift und des Gesangbuches und die lautlose Einstellung religiöser Praxis".[4] Das dritte Kapitel thematisiert explizit die „Erneuerung des geistlichen Lebens (und die) theologische Existenz der Pfarrerschaft heute".[5] Der Aus-

---

1 Vinet, Théologie pastorale ou théorie du ministère évangélique, Paris 1850, 123. Alexandre Vinet, (1979-1847) waadtländischer Theologe, geb. in Lausanne, wurde 1837 Professor für Praktische Theologie in Lausanne, ab 1844 für Literatur (1846 wurde zusammen mit seinen Kollegen durch die radikale Regierung abgesetzt).
2 Wie u.a. auch Riess und Steck betonen, vgl. Punkt 3.3. Zur „emotionalen Intelligenz" vgl. Goleman 1997[4].
3 Neukirchen-Vluyn 1989[2]. (Die „Arnoldshainer Konferenz" ist bekanntlich der Zusammenschluß von 12 Kirchenleitungen aus den Gliedkirchen der EKD, die der Überzeugung sind, daß die Bekenntnisse der Reformation ihre kirchentrennende Bedeutung verloren haben).
4 Sein Licht leuchten lassen, 1989, 16.
5 vgl. ebd., 66-102.

schuß ist sich einig über die Notwendigkeit einer solchen Erneuerung, hält jedoch zugleich fest: „Eine neue geistliche Orientierung der Pfarrerschaft wird ... nicht in der Weise gesucht werden dürfen, daß die Erwartungen und Anforderungen an sie erhöht werden. In den geltenden Ordinationsordnungen sowie den Pfarrerdienstgesetzen ist im Wesentlichen gesagt, was der Pfarrer alles zu tun hat und was seine Kirche von ihm erwartet."[6] Die theologische Existenz des Pfarrers wird im Votum als „geistliche Konzentration" verstanden: „Nicht in der Allzuständigkeit oder Ausdehnung, sondern in dieser weisen Selbstbeschränkung und Konzentration liegt ein Grunderfordernis der evangelischen Erneuerung der Pfarrerschaft. ... Pfarrer sein bedeutet vor allem hören auf Gottes Wort und hingehen zu den Menschen. ... Ersteres konkretisiert sich in der theologischen Arbeit des Studierens und 'Meditierens', das zweite im Besuchen und Unterwegssein, vor allem im Hausbesuch und im Reden. Dazwischen ist der Ort des Gebets."[7] Die AutorInnen fordern dann - und wissen sich darin im Einklang mit der älteren pastoraltheologischen Tradition - von den PfarrerInnen den täglichen Umgang mit der Schrift und wenigstens das Lesen einer neueren Dogmatik sowie die regelmäßige Lektüre einer theologischen Zeitschrift mit einem angemessenen Austausch darüber. Auch den Hausbesuch hält der Ausschuß für elementar und zitiert zustimmend die Aussage des früheren württembergischen Landesbischofs Hans v. Keler, der meinte, daß in der Woche zehn Hausbesuche nötig und durchaus auch machbar seien. Im übrigen unterstreicht der Ausschuß noch einmal die Notwendigkeit eines geregelten Gebetslebens.[8]

Nun ist das „Bad der Wiedergeburt und Erneuerung des Heiligen Geistes"[9], aus dem die Seele täglich neu hervorgehen kann, in der Tat nicht nur die „tägliche Reue und Buße durch die der alte Adam in uns ersäuft werden soll", wie Luther so schön bildhaft sagt, also das eher herabziehende Eingedenken unserer Sündhaftigkeit und Erlösung durch Christus, sondern auch die erhebende Vergegenwärtigung unserer Gottebenbildlichkeit und „Gotteskindschaft" (vgl. Galater 4,3-7), vor allem aber das schlichte alltägliche Gespräch mit dem, der uns geschaffen hat und nach dem sich unsere Seele tief im Inneren beständig sehnt. „Alle eure Sorge werfet auf Gott", mahnt der Petrusbrief - „alle", nicht nur die großen. Was das „Alltagsgespräch" der Seele mit Gott betrifft, können wir gerade vom Pietismus und den frömmeren Flügeln unserer Kirche viel lernen.

Grundsätzlich leuchtet ein: Geistliche Tätigkeit wird letzlich nur möglich sein auf dem tragenden Grund einer geistlichen Existenz. Geht dieser tragende Grund verloren, werden die PfarrerInnen beinahe zwangsläufig irgendwann in das Gravitationsfeld des Burnoutsyndroms gezogen. Wenn man einer Lampe

---

[6] Ebd., 67.
[7] Ebd., 77.
[8] Vgl. ebd., 78-80.
[9] Vgl. Titus 3,5-8 und Luthers Rede über die Taufe im Kleinen Katechismus, in: Bekenntnisschriften 1963, 516.

den Brennstoff entzieht, wird sie allmählich verlöschen. Was aber ist nun, um im Bild zu bleiben, dieser „Brennstoff" der Seele? Ich wüßte keine bessere Bestimmung als: Das Gespräch mit dem Schöpfer. Und ist dies, recht bedacht, nicht auch ein Schlüssel für die vielfältigen Probleme kirchlicher Arbeit in der heutigen Zeit? Einer Zeit, die im Grunde nach religiöser Bindung „lechzt, wie der Hirsch nach frischem Wasser"? Denken wir an das explosionsartige Anwachsen esoterischer und fremdreligiöser Literatur in den letzten Jahren. Denken wir daran, wie inzwischen ganze Massen ihr Geld zu irgendwelchen obskuren Gurus tragen, schauen wir auf die Popularität des Dalai Lama und diverser indianischer und asiatischer Schamanen. Wer aufmerksam beispielsweise die Filmproduktion der Gegenwart verfolgt, wird eine Fülle von religiösen Chiffren und Archetypen gerade in den ganz großen, millionenfach besuchten Filmen entdecken, ob es sich um dem Kampf des Helden mit dem Satan handelt („Der sechste Tag"), die Rettungstaten eines neuen Messias („Matrix"), die Zelebration des Kampfes zwischen der „guten und der dunklen Seite der Macht" („Krieg der Sterne", „Herr der Ringe"), den Besuch von Engeln auf der Erde („Engel über Berlin", „Abyss"), oder eben um die kasssenträchtige Vielzahl abscheulicher und geschmackloser Horrorfilme, in denen Zombies den Menschen das Herz herausreißen oder schreckliche Dämonen aus dem Jenseits ins Diesseits drücken („Blade", „Halloween"). Auch auf vielen anderen Ebenen bricht sich eben jene unabweisbare religiöse Dimension des Daseins neue Bahn, der man im Verlauf der Säkularisierungsdebatte eigentlich schon das Ende attestiert hat.[10] Denken wir an die machtvolle Zunahme des Phänomens des religiösen Fundamentalismus, aber auch zum Beispiel an die Apotheose von „Lady Di" oder - freilich nicht so frenetisch - von „Queen Mum". Wer mehr über die Mechanismen und Strickmuster jener „frei flottierenden" Religiosität erfahren möchte, ist gut beraten mit einer Studie, die Hans-Martin Gutmann 1998 veröffentlicht hat.[11]

Nicht die Wissenschaftlichkeit der PfarrerInnen wird sie in der heutigen, spirituell ausgehungerten Zeit voranbringen, auch nicht ihre gestaltpsychologischen, kommunikationssoziologischen, transaktionsanalytischen, familientherapeutischen, medienpädagogischen oder wie auch sonst immer gearteten Zusatzstudien und -qualifikationen (die freilich in vielerlei Hinsicht dienlich sein können), das Herz der pastoralen Profession ist und bleibt die eigene Verbindung zu Gott und alle Versuche, diese Verbindung bei anderen Menschen zu stiften oder zu vertiefen, werden nur in dem Maße glücken, in dem die PfarrerInnen selbst in einer lebendigen Beziehung zu Gott stehen. Früher kannte man für den Beruf des Pfarrers noch die schöne Bezeichnung „Geistlicher". Sie ist außer Gebrauch

---

[10] Dies wird schon länger auch konzediert von so erklärtermaßen nichtchristlichen Denkern wie z.B. Jürgen Habermas, vgl. Ders. 1989, 1991, 1992.

[11] Gutmann Hans-Martin, Der Herr der Heerscharen, die Prinzessin der Herzen und der König der Löwen. Religion lehren zwischen Kirche, Schule und populärer Kultur, Gütersloh 1998.

gekommen, nicht zuletzt weil es den Pfarrern selber peinlich wurde, so bezeichnet zu werden, aus Angst, sie könnten mit dem vor allem im katholischen Umfeld verwurzelten karikaturhaften Zerrbild des frömmelnden, weltfremden und -fernen, oft kindischen, „geistlichen Herrn" identifiziert zu werden. Nun, in einer Epoche, in der der „Geist" in aller Munde ist, wenn auch leider in der Regel nicht der Heilige Geist, sondern nur seine pseudoreligiösen oder esoterischen Derivate, ist es an der Zeit, daß die Kirche diese Berufsbezeichnung „Geistliche/r" in einem guten Sinne wieder für sich in Anspruch nimmt. Das Selbstbewußtsein dazu könnten sich die PfarrerInnen durchaus von den anderen Anbietern auf dem „religiösen Markt" abschauen, die wie selbstverständlich und unangefochten von Selbstzweifeln oft einen himmelschreienden Unsinn verbreiten - und dabei große Gewinne einstreichen. Man besuche nur einmal die in regelmäßigen Abständen durchs Land ziehenden „Esoterikmessen".

Die Betonung der Notwendigkeit einer „spirituellen Wende" in der Pfarrerschaft hat nichts mit Frömmelei zu tun. Auch Josuttis, den niemand dem „Pietismusverdacht" aussetzen wird, fordert mit Nachdruck: „In der Gegenwart müssen TheologInnen Geistliche werden."[12] Aber wie geht das - eine „Geistliche", ein „Geistlicher" werden? Es kann wohl nur gehen, indem man sich der transzendenten Dimension des Lebens öffnet und sich innerlich aufmacht zu den spirituellen Quellen der Kraft, zum „lebendigen Wasser", dem „Wasser des Lebens", das uns ja „umsonst" angeboten ist (vgl. Joh. 7,37 und Apk. 22,17). Aber wie sieht dieses sich „innerlich aufmachen" aus? Das A und O des spirituellen Weges besteht in der geduldigen und beharrlichen „Übung", so sagen alle, die etwas davon verstehen.[13]

Zwar wird man auf den ersten Blick feststellen, daß die neutestamentliche Basis für eine Lehre von der „Spiritualität"[14] und der geistlichen Übung schmal ist. Erst in einem späten Zeugnis heißt es ausdrücklich: γύμναζε σεαυτὸν πρὸς εὐσέβειαν", „übe dich selbst aber in der Frömmigkeit!" (1 Tim. 4,7 -

---

12 Josuttis 2000(a), 108.

13 Einer der Großen, der nicht müde wurde, die Notwendigkeit regelmäßiger spiritueller Übung zu betonen, war Karlfried Graf Dürckheim, der Begründer der „Initiatischen Therapie". Aus der Fülle seines Werkes sei hier nur erinnert an seine Schriften: „Im Zeichen der großen Erfahrung" 1951; „Erlebnis und Wandlung. Grundfragen der Selbstfindung" 1956. Von der Erfahrung der Transzendenz" 1984; „Der Alltag als Übung" 1972; „Meditieren - Wozu und Wie" 1976; „Vom doppelten Ursprung des Menschen" 1973. Einen guten Einblick in sein Denken vermitteln auch die Interviewbände „Der Weg, die Wahrheit, das Leben" 1988 und „Der Weg ist das Ziel" 1992. - Zentrales Thema der Initiatischen Therapie ist die „Transparenz" der Gesamtwirklichkeit auf das Göttliche hin. Zahlreiche Menschen haben in Dürckheims Zentrum in Todtmoos erfahren dürfen, daß spirituelle Disziplin, verbunden mit psychotherapeutischen Methoden, einen starken therapeutischen Effekt bei vielerlei leiblichen und seelischen Erkrankungen hat.

14 Über die Wortgeschichte des Begriffs „Spiritualität" informiert ausführlich Sudbrack 1999, 36ff. Im allgemeinen deutschen Sprachgebrauch bürgerte sich das Substantiv erst ab 1960 ein (vgl. ebd., 40).

„exerce teipsum ad pietatem" übersetzt die Vulgata), aber sonst gibt es nur wenige Belege. Und doch kann schon das berühmte Wort von Maria, die die Weihnachtsbotschaft der Engel „in ihrem Herzen bewegte", als Grundlegung zu einer christlichen Frömmigkeits- und Meditationslehre angesehen werden. Das gesamte Neue Testament lehrt, verkündigt und bezeugt, daß durch Christus und „in Christus" („ὤστε εἴ τις ἐν Χριστῷ, καινὴ κτίσις" (2 Kor. 5,17) eine Verwandlung, eine Umgestaltung des Menschen geschieht („μεταμορφεῖν"; „μετανοεῖν").[15]

Diese Metamorphosis steht, im Gegensatz zur abendländischen Christenheit, bei der ostkirchlichen Religiosität im Zentrum. Gerade das Herzensgebet wandelt die Herzen, davon waren die ungezählten Starzen (Eremiten) und Stranniks (Pilger) der russischen Kirche nicht nur überzeugt, sie haben es auch erlebt. Daneben stehen im abendländischen Bereich die „exercitia spiritualia" des Ignatius, in deren Interesse allerdings nicht so sehr die individuelle Entwicklung der Übenden lag, sondern deren Gefügigmachung zu einem einsatzbereiten Werkzeug der Kirche. Eine die Spritualität des Ostens und des Westens verbindende geistliche Übung ist die Einhaltung des „Stunden- oder Breviergebets". Ordensangehörige und Priester sind zu diesem Beviergebet verpflichtet, das den (Arbeits-)Tag dadurch in acht Pausen unterteilt: Matutin, Laudes, Vesper und Komplet sind die vier großen Horen, dazu kommen die vier kleinen, Prim, Terz, Sext und Non. Das Grundpensum des Officiums lautet: „Psalterium per hebdomadam, scripturam per annum." Seine wohl tiefste Gestalt hat der Gedanke einer heilsamen Strukturierung des menschlichen Lebens und Geistes durch den verordneten, regelmäßigen Umgang mit Schrift und Gebet in der Regula Sancti Benedicti gefunden, die getragen wird von der Überzeugung: „Serva ordinem, et ordo servabit te."[16]

Inzwischen hat sich herausgestellt, wie Erich Hertzsch schon 1961 in einem damals vielbeachteten grundlegenden Aufsatz in der Theologischen Literaturzeitung über die Möglichkeiten von „Exercitia spiritualia in der evangelischen Kirche" konstatierte, daß „die Ablehnung der exercitia spiritualia nicht nur auf einem Mißverständnis der neutestamentlichen Botschaft beruht, sondern auch ein Symptom der Erkrankung des kirchlichen Lebens ist, deren Diagnose und The-

---

15 Zum Topos des „ἐιναι ἐν Χριστῳ" vgl. z.B. Bultmann 1968, 328 ff.
16 Die evangelischen Bruder- und Schwesternschaften wissen auch um diese Zusammenhänge und halten die Stundengebete. Zur Geschichte und Gestalt dieser Ordensgemeinschaften vgl. „Frei für Gott" hg. von Präger 1964. - Sehr nachdenkenswert hat sich übrigens Erikson zum Wert des monastischen Lebens geäußert: Das Kloster bietet „meditative Methoden, mit deren Hilfe man in die inneren Schächte geistig-seelischer Existenz vordringt, um mit dem Gold des Glaubens und den Perlen der Weisheit wieder emporzutauchen. Diese Schätze jedoch gehören nicht der Meditation allein, sondern auch der Psychologie: sie führen nicht nur in die Tiefen reifer, innerer Erfahrung, sondern ebenfalls hinaus in primitivere Schichten menschlichen Seins ... und zurück in die kindlichen Anfänge." (Erikson 1975, 119)

rapie uns evangelischen Theologen, ja jedem verantwortungsbewußten Gemeindeglied am Herzen liegen müßte".[17]

Aber nicht nur was die eigene *Praxis* Pietatis betrifft, steht es bei vielen evangelischen Pfarrerinnen und Pfarrern nicht gerade zum Besten. Oft mangelt es schon an der bloßen Kenntnis der Grundbedingungen und der einzelnen Stationen des spirituellen Weges.

Drewermann erinnerte in einem Vortrag an jene tiefsinnige Erzählung Kierkegaards von einem Mann der seine Kleider gereinigt haben will und nun suchend durch die Straßen der Stadt irrt. Schließlich sieht er ein Geschäft, an dessen Tür ein großes Schild befestigt ist: „Hier wird ihre Wäsche gewaschen!" Erfreut tritt er ein, aber der Verkäufer winkt ab: „Da haben Sie sich vertan. Wir sind eine Malerei. In unserem Betrieb werden Schilder gemalt. Das Schild vor der Tür ist unsere Werbung." Läßt sich nicht die wahre Situation mancher Pfarrer in diesem Bild wiederfinden? Da ist jemand, von dem wissen die Leute, er hat den Beruf des Pfarrers. Wenn sie aber zu ihm in die Kirche oder in die Sprechstunde kommen und eine geistliche Antwort auf eine Lebensfrage haben wollen, bekommen sie eine psychologische oder eine soziologische oder eine politische. Andere kommen und wollen ihr Herz ausschütten, wollen, daß wenigstens einer einmal ihre Lebenssituation wahrnimmt und ihnen mit dem Herzen zuhört - und bekommen eine Kopfpredigt. Der jüngst durch eine Festschrift geehrte Christian Möller erzählte gerne folgende aufschlußreiche Begebenheit: Eine Dame, die sich zwar als gut evangelisch versteht, aber nicht so oft in die Kirche kommt, beschwerte sich nach einer Predigt, die ihr sehr mißfallen hatte, mit folgenden Worten: „In der Kirche kann man heute alles sein: Barthianer, Bultmannnianer, Feministin, umweltbewegt. Nur eins kann man nicht sein: Mühselig und beladen."[18] Manch eine und manch einer, der als Pfarrer und Pfarrerin besoldet wird, ist in dieser Hinsicht, ob bewußt oder unbewußt, ein Etikettenschwindler. Die Menschen aber haben ein feines Gespür - und sind oft sehr höflich und vornehm: Sie nehmen hin, beschweren sich nicht, dulden lange.

---

[17] Hertzsch 1961, 83. Er hat 1987 auch ein neues noch heute gut zu verwendendes „Evangelisches Brevier" zusammengestellt (Hertzsch 1987). Vor ihm hatte schon Asmussen ein Brevier für Pfarrer (1946) und für Laien 1953) herausgegeben. - Zu den „Grundlinien lutherischer Frömmigkeit" vgl. die Studie von Track, in: Wagner (Hg.) 1987, mit einer sehr differenzierten „kleinen Phänomenologie" der Frömmigkeit (vgl. ebd., 12ff.). Die spezifische Kraft und die Gestalt evangelischer Frömmigkeit wurzelt letztlich im Rechtfertigungsgeschehen. Evangelische Frömmigkeit ist in ihrer Grundhaltung geprägt vom Gewissenstrost, dem Schriftbezug, der Gewißheit der Würde des einzelnen und der Zuwendung zur Welt. (Vgl. ebd. 20f., bes. 23-25). Vgl. in diesem Zusammenhang auch Ruhbach: „Evangelische Spiritualität. Überlegungen und Kriterien", in: Ruhbach 1987, 122-130, und Sudbrack: „Das spirituelle Proprium des Evangelischen Glaubens. Anfrage von einem Katholiken", in: Riess (Hg.) 1989, 123-136. Allgemein zum Thema „Frömmigkeit" vgl. auch das Buch von Thilo 1992 und zum Thema der „Religiosität des Menschen" den religionspsychologischen Grundriß von Fraas 1990.

[18] Josuttis et al. 2000(b), 6.

Irgendwann jedoch stimmen sie „mit den Füßen" ab. Nur, wo sollen sie hingehen mit ihrem Hunger nach dem Brot und dem Wasser des Lebens? Ist es verwunderlich, wenn etliche dann dem Charme und Geschick anderer religiöser Werber erliegen?

Auch Dubied ist überzeugt, daß die wesentliche Aufgabe des Pfarrers die Konzentration auf das Spirituelle ist. Er betont vor allem die Bedeutung der Rechtfertigungsbotschaft: „Es ist durchaus denkbar, daß die christliche Tradition bereits in ihren Anfängen das Identitätsproblem erkannt und etwa im Thema der Rechtfertigung durch den Glauben eine radikale Lösung angeboten hat. Trifft diese Annahme zu, dann besteht unsere Aufgabe heute darin, den für uns verbindlichen Gehalt dieser Antwort neu zu entdecken und insbesondere dessen Auswirkungen auf die Identitätskrise der Pfarrer abzuschätzen. Gleich vorweg sei betont, daß wir die Rechtfertigung durch den Glauben als Garantin dieses Grundvertrauens betrachten; von diesem Grundvertrauen wurde wiederholt als von der notwendige Voraussetzung der Identität gesprochen."[19]

Wie aber soll man, wie sollen die PfarrerInnen zu diesem Grundvertrauen finden? Es klingt banal, muß aber angesichts der geistlichen Dürre in vielen Pfarrhäusern (vgl. die unten aufgeführten Antworten der im Rahmen dieser Arbeit Interviewten) wieder ganz neu betont werden: Indem sie tun, was die Schrift sagt und in beständiger Übung „umgehen" mit dem Wort Gottes. Dann wird ihnen zuteil, was der Psalmist besingt:

Wohl dem, der nicht wandelt im Rat der Gottlosen noch tritt auf den Weg der Sünder noch sitzt, wo die Spötter sitzen, sondern hat Lust am Gesetz des HERRN und sinnt über seinem Gesetz Tag und Nacht! Der ist wie ein Baum, gepflanzt an den Wasserbächen, der seine Frucht bringt zu seiner Zeit, und seine Blätter verwelken nicht. Und was er macht, das gerät wohl. (Psalm 1, 1-3)

Tag und Nacht sollen wir „sinnen" über Gottes Gesetz, übersetzt Luther. Das entsprechende hebräische Wort hat jedoch einen viel weiteren Bedeutungshof: Hebräisch „הגה" (hgh) kann heißen, „summen", „murmeln", „meditieren", auch „knurren", so wie ein Löwe über der Beute knurrt und droht, damit ihm niemand etwas wegnimmt (vgl. Jes. 31,4) und „preisen". Am treffendsten ist wohl die von Köhler vorgeschlagene Bedeutung „murmelnd lesen".[20] Wer das Wort Gottes wie einen beständigen, leise murmelnden, erquickenden Bach in das „Hintergrundgespräch"[21] seiner Seele Einkehr halten läßt, dem wird im Laufe seiner Lebensjahre zugeeignet, was Gott dem Josua verspricht, nämlich daß er

---

19 Dubied 1995, 163, vgl. auch 129-133 und z.B. 183.
20 Köhler in ZAW 32,240; vgl. Gesenius 1962, 173 Art. „הגה"
21 Von der Existenz dieses in der Regel eher unbemerkt ablaufen „Hintergrundgespräches" in der Seele des Menschen geht auch der therapeutische Ansatz der rational-emotiven Therapie aus. (vgl. Punkt 1.4.3. dieser Arbeit).

„getrost und unverzagt" wird (in der älteren Lutherbibel hieß es noch „getrost und freudig"), das bezeugen alle, die es tun:

> Und laß das Buch dieses Gesetzes nicht von deinem Munde kommen, sondern betrachte es Tag und Nacht, daß du hältst und tust in allen Dingen nach dem, was darin geschrieben steht. Dann wird es dir auf deinen Wegen gelingen, und du wirst es recht ausrichten. Siehe, ich habe dir geboten, daß du getrost und unverzagt seist. Laß dir nicht grauen und entsetze dich nicht; denn der HERR, dein Gott, ist mit dir in allem, was du tun wirst.
> (Josua 1,8-9)

Wie sagt Luther so schön: „Die Schrift ist ein Kräutlein, je mehr du es reibst, desto mehr duftet es."[22] Damit freilich das Wort Gottes die Innenwelt erquicken und verwandeln kann, muß es auch dort hineingenommen werden, am besten, indem man die Abschnitte, die einen am meisten ansprechen, auswendig lernt (besser müßte es ja heißen „inwendig", wieviel schöner ist doch die englische Sprache in diesem Zusammenhang: „by heart"). Dann hat man das Wort immer bei sich und kann es, auch unterwegs, - ganz im Sinne der antirrhetischen Methode der Anachoreten - verwenden, wenn einen die Dämonen, sprich: dunkle Gedanken anfallen.[23]

Besonders Luther hat in der unnachahmlichen Kraft seiner Sprache immer wieder (und sicher nicht ohne Grund) gerade die Pfarrer ermahnt, diesen inneren Umgang mit Gott und seinem Wort zu pflegen, und sich nicht der „Faulheit und Bauchsorge" hinzugeben. So erfleht er fast in seiner Vorrede zum Großen Katechismus (1530) von den Pfarrern die Einhaltung wenigstens eines Minimalprogramms: „... daß sie doch soviel täten, weil sie des unnützen, schweren Geschwätzes der sieben Gezeiten (= Horen) nu los sind, an derselbigen Statt morgens, mittags und abends etwa ein Blatt oder zwei aus dem Katechismo, Betbüchlin, Neu Testament oder sonst aus der Biblia lesen und ein Vaterunser für sich und ihr Pfarrkinder beten, auf daß sie doch dem Evangelio wiedrümb ein Ehre und Dank erzeigten, durch welchs sie denn so mancherlei Last und Beschwerungen erledigt sind, und sich schämeten ein wenig, daß sie gleichwie die Säu und Hunde nicht mehr von Evangelio behalten denn solche faule, schädliche, schändliche, fleischliche Freiheit." Über die, die nicht einmal das tun, und sich auch bei ihren Predigten nicht einmal der inzwischen bereitgestellten Sammlungen von Musterpredigten (mit den schönen Namen „Ruhe sanft - denn du findest eine fertige Predigt vor", oder „Fix und Fertig" und „Schatzkästlein") bedienen, entlädt sich seine Wut und Enttäuschung in derben Worten: „Ach das

---

22 Luther, zitiert nach: Evangelisches Gesangbuch, S. 1523.
23 Der pietistisch orientierte Psychiater Norman Wright hat einen ganzen Katalog biblischer Zusicherungen für Zeiten voll Streß, Unsicherheit, Niedergeschlagenheit und Schuld zusammengestellt (1990, 89f.). Ähnliche Kataloge gibt es zuhauf, denken wir nur z.B. an die Bibelausgaben des Gideon-Bundes.

sind zumal schändliche Freßlinge und Bauchdiener, die billicher Säuhirten und Hundeknechte sein sollten denn Seelwarter und Pfarrherr."[24] Von sich selbt bekennt Luther freimütig, daß er, obwohl mindestens ebenso gelehrt und erfahren wie seine Widersacher und die faulen Pfarrer, sich nicht zu schade ist, hier ganz einfältig seine Pflichten zu erüllen: „Noch tue ich wie ein Kind, das man den Katechismon lehret und lese und spreche auch von Wort zu Wort des Morgens und wenn ich Zeit habe das Vaterunser, zehen Gebot, Glaube, Psalmen etc.. und muß noch täglich dazu lesen und studieren und kann dennoch nicht bestehen, wie ich gerne wollte und muß ein Kind und Schüler des Katechismus bleiben."[25] Und er preist noch einmal den Wert dieses innigen Umganges mit Gottes Wort: „Dazu hilft's aus der Maßen gewaltiglich wider den Teufel, Welt, Fleisch und alle bösen Gedanken, so man mit Gottes Wort ümbgehet, davon redet und tichtet, daß auch der erst Psalm selig preiset die, so 'Tag und Nacht vom Gesetze Gottes handeln'. Ohn Zweifel wirst du kein Weihrauch noch ander Geräuche stärker wider den Teufel anrichten, denn so du mit Gottes Geboten und Worten ümbgehest, davon redest, singest oder denkest."[26]

Die Church of England jedenfalls hatte bald begriffen, wie wichtig der beständige Umgang mimt Gottes Wort im Alltag ist und ihren Gläubigen im „Book of Common Prayer" eine feste Ordnung für „Morning-" und „Eveningprayers" an die Hand gegeben.

Wie aber steht es nun mit der Realität des spirituellen Lebens im Alltag der Pfarrer und Pfarrerinnen? Lassen wir sie selbst zu Wort kommen sowie diejenigen, die mit ihrer Führung, Ausbildung und Begleitung befaßt sind, und halten wir uns dabei vor Augen, was Josuttis so bildstark über das Gleichnis vom Haupt und dem Leib bzw. den Gliedern gesagt hat: „Ohne den permanenten Energiefluß zwischen dem Leib und dem Haupt tritt der 'Hirntod' ein, auch wenn die soziologischen und psychologischen Beatmungsgeräte weiter funktionieren."[27]

---

24 Vorrede zum Großen Katechismus, in: Bekenntnisschriften, 545 f. 1524 tut Luther diese Predigtsammlungen freilich ab als „tolle, unnütze, schädliche Münchebücher" und als „Eselsmist, vom Teufel eingeführt". (ebd., 546, Anm.1.) - Daß die Disziplin einer regelmäßigen Gebetsdisziplin auch für die reformierte Kirche als eine Selbstverständlichkeit galt, ist weniger bekannt. Calvin hatte fünf Zeiten angegeben, „die dem Gebet unbedingt gewidmet sein sollen". „Dem Genfer Katechismus hat auch er entsprechende Gebetstexte beigegeben. Er hat zudem - was in diesem Zusammenhang meist übersehen wird - das Psalmgebet als Herzstück monastischer Gebetspraxis in Gestalt des Liedpsalters der Gemeinde anvertraut und damit auf seine Weise den Anschluß an diese vom Judentutm und vom Mönchtum bis heute inspirierte und geprägte Frömmigkeitspraxis vermittelt." (Bauer 1996, 17, Anm. 11).
25 Bekenntnisschriften, 548.
26 Ebd, 549.
27 Josuttis 1997, 50.

5. 2. Spirituelles Leben: Anspruch und Realität
Kurzübersicht ausgewählter Antworten

Fragen Eigenwahrnehmung: 26 / Außeneinschätzung: 22,23

EIGENWAHRNEHMUNG

Frage 26: Stichwort „Praxis Pietatis" - haben Sie Gelegenheit und Energie dazu?

ANFANG DES BERUFSLEBENS:
- Gelegentlich, sage ich mal. Das hängt auch mit der pietistischen Vergangenheit zusammen, so ein Muß-Gefühl: Du mußt so Zeiten der Stille für dich entwickeln. Das habe ich irgendwann abgelegt und da ging es mir auch sehr gut dabei. Ich habe Phasen, wo es sich ergibt, daß ich wirklich spirituelle Erfahrungen, sei es mit der Bibel, oder mit dem Gebet mache und wo ich auch sehr stark dabei bin. Aber ich bin immer wieder am Fragen, ob manchmal ein Rhythmus sinnvoll wäre, wo ich mich auch frage, was bin ich für ein Arbeitstyp?
- Wie gesagt, diese Anfechtungen, daß ich es eigentlich viel zu wenig tue, obwohl ich weiß, daß es wichtig wäre, aber ich müßte es eigentlich regelmäßiger machen. Einfach auch mal zweckfrei einen Bibeltext zu lesen, das fällt aber auch total schwer, weil dann gleich wieder die Mühle anfängt, ich muß es doch verwerten können.
- Das ist ja auch ein Begriff, der sehr stark geprägt ist und deshalb auch manchmal mißverstanden wird. Für mich ist er sowohl in der Übersetzung „gelebte Frömmigkeit" ganz wichtig, als auch von seinen Wurzeln her: Die eigene Gottesbeziehung zu pflegen und zu schauen, was erwächst daraus, das auch nicht aus dem Auge zu verlieren, daß es nicht nur eine Innerlichkeit gibt, sondern auch eine Äußerlichkeit des Glaubens. Der Glaube, der Hand und Fuß gewinnt, aber der auch die Chance haben muß, wie so ein Pflänzchen zu wachsen, einfach nur als Glaube, der auch erst mal noch nicht gefordert ist, irgend etwas zu tun. Das ist für mich sehr wichtig und ich pflege meine Praxis Pietatis zu wenig, meinem Gefühl nach. Der vorhin schon genannte Kreis von Freunden, mit denen ich über Glauben diskutiere und frage, wie kann man das umsetzen und auch miteinander Liturgie feiern, das hat auf jeden Fall diesen Moment, das ist aber nur einmal im Monat, das ist eigentlich wenig.
- Meine Praxis Pietatis ist sehr übersichtlich, aber auch sehr intensiv. Ich habe da, wo ich studierte die wunderbare Einrichtung des Sieben-Uhr-Gottesdienstes am Mittwochmorgen gemacht, die eine sehr liturgische, sehr lutherische Einrichtung dort war, und das ist etwas, das ist mir geblieben, also mittwochs morgens in memoriam und in Gleichzeitigkeit diese Liturgie zu feiern, bei mir zu Hause. Diese Liturgie dauert insgesamt eine Stunde und das ist einfach eine ganz wundervolle Unterbrechung, genau in der Mitte der Woche, da neu geistlich tätig zu werden und zwar im Augenblick nur für mich, weil es wirklich wenig Gleichgesinnte gibt und es ist auch einfacher, das zu Hause in meinen schönen Räumen zu machen, als sich dann eben schon um halb sieben in einen kalten, fremden Kirchenraum zu begeben. Das ist das eine, und das andere ist für mich selber, daß ich diese Gottesdienste so feiere, daß ich selber gerne hingehe und daß ich meine Predigten so mache, daß ich sie für mich mache, wo ich mir denke, ich möchte mich auch nicht langweilen.

MITTE DES BERUFSLEBENS:
- Das habe ich immer sehr vernachlässigt in letzter Zeit. Jetzt versuche ich mir früh zehn Minuten Zeit zu nehmen, einfach nachzudenken. Ansonsten: Praxis Pietatis: überwiegend Fehlanzeige.

- Die Gelegenheit, für die muß man sorgen, die kommt nicht von alleine, vielleicht kommt sie manchmal, das gibt es schon, durchs Kapitel, durchs Kollegium. Da gibt es vielleicht schon auch Facetten, die da Möglichkeiten bieten, ansonsten muß man dafür sorgen und die Energie, die investiere ich.
- Daß ich Gottesdienste so halte, daß ich mir selber etwas sage und bei der Erarbeitung etwas neues entdecke. Und was auch noch dazu gehört ist, daß ich eine Bibliodramaausbildung habe und diese Ausbildung für mich eine große Bereicherung war. Und immer da, wenn ich das einsetzen kann, was jetzt nicht so häufig ist, dann gibt mir das auch neue Erkenntnisse.
- Da kann ich jetzt nur noch einmal auf diese Psalmen verweisen. Wenn ich die Gelegenheit habe, genieße ich das sehr.

ENDE DES BERUFSLEBENS:
- Ich nehme mir die Zeit, manchmal drei Minuten, manchmal eine halbe Stunde, das immer, wie ich es brauche. Ich muß mich nicht zwingen.
- Da bin ich gerade dabei, mich neu zu orientieren. Nichts gegen unseren Sonntagvormittagsgottesdienst, aber ich glaube, er vermittelt nur wenigen Menschen das, was sie suchen und brauchen und es gibt da auch viele andere Ansätze, die aber noch erweitert werden müssen. Und das geht eben in Richtung spirituelle Akademie oder Spiritualität erleben, Erfahrungen machen und so weiter.
- Ich versuchte immer wieder feste Zeiten einzuplanen für mich selbst. Und ich habe mir dann auch ganz bewußt Zeit gelassen zum Predigt vorbereiten. Das gibt einem selber auch wieder Kraft und Motivation. Und dann natürlich auch die Angebote wahrnehmen, hin und wieder einmal ins Pastoralkolleg gehen.

KLINIKPFARRERINNEN:
- Je weniger ich mich darum kümmere, um so größer wird die Gefahr des Ausbrennens für mich und mein Bedürfnis danach ist in der letzten Zeit sehr gestiegen bis dahin, daß ich jetzt die Idee habe, Urlaub im Kloster zu machen.
- Was ich ganz gerne mache: Ich fahre ab und zu mal nach Taizé, das ist da so, daß mir da die Gesänge so imponieren, weil ich da auch in der Musik einfach auch so etwas Transzendentes spüre, auch in den Texten aber auch in der Musik in dem Singen da.
- Ja, ich meine, es gibt so viele Möglichkeiten. Ich mache das auch beim Gemüseschneiden. Da hat die Gestalttherapie viel mit der Praxis Pietatis zu tun, weil da geht es ja darum, das was man tut, bewußt und verantwortlich zu tun. Ich finde, das ist schon ein Akt von Sammlung und ich kann es noch ein bißchen ausweiten. Und ich finde, das ist immer eine gute Gelegenheit, zu beten - solche Sachen.
- Zu diesem Ausdruck habe ich eine sehr ambivalente Beziehung. Ich versuche so meine spirituellen Versuche zu machen. Ich habe Energie dazu, manchmal habe ich es auch nicht mehr gehabt. Da ist es aber für mich sehr wichtig, es in einem Rahmen zu machen, der es zumindest mit verfaßter Kirche nicht allzuviel zu tun hat, sondern da ganz eigene Wege zu gehen und zu suchen. Ich habe verschiedene Sachen probiert.
- Nicht nur auf den ausgetretenen Pfaden gehen. Die Empfehlungen, die ich so bekomme, mit den regelmäßigen Gebetszeiten und mit all diesen gewissen Meditationsübungen, die finde ich nicht schlecht ist es nicht so meines geworden. Ich bin nicht an eine Regel gebunden. Schauen, daß was fließt oder ob was fließt. Also ich habe auch sehr tief gemerkt, daß die cognitio dei und die cognitio hominis und die cognitio von mir selber, daß da etwas vermählt, was möglich ist. Aber ich merke, daß ich da auch nicht so gerne darüber sprechen möchte.

AUSSENEINSCHÄTZUNG

Frage 22: Wie beurteilen Sie die Realität des spirituellen Lebens von PfarrerInnen?

KIRCHENLEITUNG:
- Ich befürchte, daß oft wenig Möglichkeiten dazu vorhanden sind oder genutzt werden.
- Komischerweise ist dies Thema fast mehr Tabu als Sexualität und da läuft etwas falsch.
- Sehr unterschiedlich. Manche leben ihre Spiritualität in der Predigtvorbereitung, weil sie das Bibelwort zunächst einmal auf sich zu beziehen bereit sind und sich davon ansprechen lassen. Manche leben sie im Gottesdienst.
- Ich bin eigentlich überrascht, wie das Thema interessiert: Der Pfarrer und die Frömmigkeit, ein heiliges Leben führen, wie diese Stichworte bei den Ordinandenseminaren diskutiert werden. Mit hohem Interesse, auch kritisch, aber mit einem hohen Konsens, daß es nötig ist, hier ein eigenes spirituelles Leben zu entwickeln und zu pflegen, wie immer das ausschauen mag, über die Losungen oder Meditation, über einen Wochenrhythmus, über einen Jahresrhythmus mit dem Rummelsberger Brevier, oder was es gerade ist, Anleihen auch zum Yoga oder wie, da ist eine Suchbewegung und ein Interesse da.
- Ich fürchte, daß dieses spirituelle Leben sehr gering ist, ich glaube, daß da wenig passiert, ich fürchte fast, es gibt noch nicht einmal ein Morgen- oder Abendgebet, vielleicht manchmal ein Tischgebet.
- Schlecht. Weil wir ja permanent mit der Sache zu tun haben, sind wir der Meinung, wir seien auch in der Sache drin. Wir sind eher Analphabeten geworden.
- Aber ich will das nicht verallgemeinern. Da traue ich den Jüngeren auch mehr zu als den Älteren. Wir sind hier weitgehend Lernende und nicht Meister. Andere sind uns voraus.
- Schlecht. Da gibt es schon länger Defizite, gewaltige Defizite und das kann man, glaube ich, auch erklären: Die Spiritualität der Evangelischen kam stark aus dem Elternhaus und das ist nicht einmal mehr im Pfarrhaus entsprechend wirksam und erst recht nicht mehr bei anderen.
- Spirituelles Leben vollzieht sich zum großen Teil auch im stillen Kämmerlein, insoweit kann man es wenig beurteilen.
- Die Diskussion um die Notwendigkeit der Spiritualität, die verschiedensten Angebote, die heute gemacht werden, ist ein Signal für entweder schon gelebte, oder für ersehnte Spiritualität.
- Mir ist eigentlich der Begriff Frömmigkeit lieber. Frömmigkeit ist eine Alltagstugend, im Sinne des ursprünglichen Wortsinnes von fromm: tüchtig, tapfer, rechtschaffen, redlich, wahrhaftig sein und zwar deswegen, weil man an Gott orientiert ist. Man kann es PfarrerInnen in ihrem Tun anmerken, ob sie fromm sind.

SUPERVISION / BERATUNG:
- Es gibt sehr viel Sehnsucht und Bedürftigkeit und oft wenig stimmige Praxis. Viel Suche. Was ich immer wieder wahrnehme ist, daß offenbar dafür eine Gemeinschaft eine hilfreiche Stütze sein kann. Viele haben uns von unseren Kursen nach einem halben Jahr zurückgemeldet, daß, was man allein bleibt leicht versandet oder mühsam ist. Eine Gruppe von Gleichgesinnten kann eine gute Stütze sein.
- Etliche pflegen ein gesundes spirituelles Leben. Sie nehmen sich wirklich Zeit, immer wieder in das persönliche Gespräch mit Gott einzutreten. Bei vielen Pfarrern liegt aber gerade die spirituelle Seite in ihrem Leben brach oder kommt zu kurz. Sie sind zwar die ganze Zeit unterwegs in Sachen Gottes, reden viel über Gott und Spiritualität, aber eine inkarnierte Spiritualität geht ihnen ab. Sie werden zu Funktionären der Spiritualität, sie werden oft wie Verwalter einer spirituellen Tankstelle. Zu einer solchen inkarnierten Spiritualität kann man

nur finden, wenn man sich ganz intensiv mit sich selbst, aber auch mit den entscheidenden Fragestellungen im Leben auseinandersetzt, Kontingenz-Erfahrungen zuläßt, bereit ist, im wahrsten Sinne des Wortes zu Grunde zu gehen, loszulassen und so weiter.
- Ich spüre bei Pfarrern eine große Sehnsucht danach, aber auch eine mangelnde Einführung. Viele sagen, im Studium hat sich niemand um meine Seele gekümmert, sondern immer nur um meinen Kopf, mein Wissen.
- Da bin ich sehr ambivalent. Einerseits staune ich oft in unseren Fortbildungskursen wenn das zu Sprache dort kommt, was dort an Glauben da ist und auch an tiefem Glauben. Aber spirituelles Leben meint ja auch noch etwas anderes, daß ich es pflege und übe und da meine ich, daß es schwach ist, die Pflege, sehr schwach ausgeprägt.
- Pfarrer müssen das berufsmäßig anbieten und wissen gleichzeitig, daß sie das nur können, wenn sie eine eigene lebendige Spiritualität aufrecht erhalten. Oft ist das aber eine Überforderung, daß sie es aus Berufsgründen tun müssen. Ich finde es sehr wichtig, das auseinanderzuhalten was ich berufsmäßig tue und das,. was mir selber gut tut, was ich brauche für mich, daß ich nicht das eine zu sehr mit dem anderen verquicke. Eigentlich kann man nicht sagen, daß da ein Defizit oder ein Nachholbedarf ist. Wie sollte da auch ein Defizit sein, wenn das jemand berufsmäßig macht, er kann es berufsmäßig nicht machen, wenn es da letztlich immer ein Defizit gibt. Wovon ich am wenigsten halte, ist, daß das Pfarrer miteinander tun.
- Ich wünschte den Kollegen wirklich mehr nährendes spirituelles Leben, weil ich denke, es gibt wirklich nur wenige, die da wirklich bewußt damit leben. Viele leben mit einem hohen Über-Ich, aber das ist nicht spirituelles Leben und ich empfinde das als so etwas Nährendes.

AUSBILDUNG:
- Schlecht. Nicht einmal Tischgebete finden in vielen Pfarrfamilien mehr statt. Auch der Gottesdienstbesuch, wenn man nicht selber Dienst hat, läßt sehr zu wünschen übrig.
- Spirituelle Praxis ist nicht Konsequenz von theologischen Einsichten. Und sie ist auch nicht Ausdruck frommer Gefühle, sondern handwerkliche Arbeit, die im ersten Schritt auf jeden Fall Reinigung einschließt und zu den Reinigungsaufgaben gehört der Auswurf meiner unfrommen und meiner frommen Gefühle. Und dann kann ich allmählich anfangen, etwas aufzunehmen in mich - von außen. Aber nicht dadurch, daß ich hier so eine religiöse Erlebniswelt ausagiere. Man lernt die Anfänge meistens bei der Mutter, da lernt man beten, aber sonst muß man anhand eines Lehrers bestimmte Erfahrungen machen. Ein wesentlicher Aspekt besteht darin: Ich muß in jeder Situation, wo ich bin und was ich auch tue, fähig sein herauszugehen.
- Sie ist auf jeden Fall nicht mehr protestantisch normiert im Sinne von Bibellese, Gesangbuch, Lied. Ich vermute tendenziell, daß hier auch Probleme im Pfarrberuf liegen, also, daß Spiritualität knapp gelebt wird, daß sie überrollt wird von der Hektik des Alltags, obwohl da eine große Sehnsucht ist. Es scheint, daß katholische Priester in ihrer Ausbildung eine intensivere Spiritualität, auch eine rituell Halt gebende Spiritualität mitbekommen haben. Die große Individualität der protestantischen Spiritualität hat die Tendenz, sich zu verflüchtigen. Eigentlich ist Spiritualität etwas, das nicht ausgrenzbar ist, was das ganze Leben durchdringt.
- Es gibt ein großes Bedürfnis nach der Erlaubnis, fromm zu sein, ohne dafür verdächtigt zu werden. Wahrscheinlich gedeiht Frömmigkeit leichter in Lebensformen, die überhaupt Rhythmen achten und Rhythmen zulassen und in Lebensformen, die Erfahrungen zulassen der Zweckfreiheit. Frömmigkeit braucht etwas Selbstvergessenheit, sonst gerät sie zwischen die Räder der Absichten und der Zwecke. Pfarrer und Pfarrerinnen sind wesentlich frömmer als ihr Ruf, man muß es ihnen bloß erlauben und ihnen anständige und fairere Bedingungen und geschützte Räume und Formen, die die Identität schützen, anbieten.

- Die Pfarrer sollten lernen, in den kleinen Dingen des Alltags die spirituellen Dimensionen zu entdecken.

PFARRER- UND PFARRERINNENVEREIN:
- Das spirituelle Leben der Pfarrerinnen und Pfarrer ist sicher sehr unterschiedlich. Wir könnten eine reiche Vielfalt entdecken.

Frage 23: Welche Vorschläge hätten Sie für die Praxis Pietatis von PfarrerInnen?

KIRCHENLEITUNG:
- Wenn es eine Möglichkeit gibt, einen Kreis, eine Gruppe zu gründen, wo man miteinander in einer Form, die einem persönlich etwas bringt, das machen kann, dann sollte man dieses auch beginnen. Also, die Scheu mindern, so etwas zu machen.
- PfarrerInnen sollten das häufiger zum Thema machen, und das Thema erstens biographisch anlegen, weil ich nämlich die Beobachtung mache, daß Praxis Pietatis ganz tiefe Wurzeln hat. Stoßgebete oder kurze Gebete, auswendig gelernte Texte und Lieder z. B. sind ganz früh vermittelt worden. Also: Arbeit an den frühen Wurzeln der eigenen Praxis Pietatis. Zweitens: ein Anbahnen einer neuen Disziplin, weil ohne Disziplin gibt es keine Praxis Pietatis. Jede Religion hat es mit Übung zu tun. Also, was mache ich regelmäßig, woran kann ich mich gewöhnen, was wird mir zur zweiten Natur?
- Ich habe den Vorschlag, daß PfarrerInnen sich Zeit dafür nehmen, einen Weg für die eigene Praxis Pietatis zu suchen und Menschen zu suchen, mit denen sie darüber reden können und die ihnen helfen, ihre Praxis Pietatis zu finden.
- Ich halte jetzt da wenig von Vorschlägen, ich denke grundsätzlich zu ermutigen dazu, das kann ich vielleicht als Dienstvorgesetzter. Aber die Gestaltung muß dann jeder für sich selber finden.
- Was im mönchischen Leben eine Rolle spielt und was ja auch Muslime haben, ist wunderbar: Bestimmte Einteilungen des Tages. Gesetzlichkeit ist da aber schon wieder kontraproduktiv.
- Zeiten der Stille einzuführen, in denen man nicht spricht. Wir reden alle wahnsinnig viel und das meiste ist auch sehr, sehr wichtig, aber es tut einfach unheimlich gut, mal zu schweigen.
- Sich täglich eine erkennbare, spirituelle Zeit einräumen. Wöchentlich eine Art Fazit ziehen über das, was man in dieser Woche in dieser Hinsicht gemacht und erlebt hat. Und jährlich ein bis zweimal über Tage, also über ein Wochenende sich regenerieren. Mindestens einmal jährlich braucht man ein Wochenende, um den eigenen Weg zu überdenken mit einem Lehrer, mit einem Meister, der einen leitet.
- Die Art der Methode ist fast gleichgültig. Das ist wie bei der Frage nach Gott: Wo ich einsetze, spielt keine Rolle, wenn ich nur frage, komme ich schon zur Mitte. Ich brauche irgendwo den Einstieg, um die Mitte wieder zu finden und nicht zu verlieren.
- Die ausgesparte Zeit. Aber mir wäre noch wichtiger gerade die Berufspraxis als Pfarrer als spirituelle Herausforderung zu begreifen

SUPERVISION / BERATUNG:
- Daß es wirklich praktisch wird. Mir selber ist das mal klar geworden, daß dieser klassische Dreiklang, nach dem größten Gebot: Du sollst Gott lieben von ganzem Herzen und deinen Nächsten wie dich selbst, das wird ja meistens nur zweistimmig gesehen, für mich ist es aber ein Dreiklang, also die Akzeptanz eines eigenen Wesens, die Beziehung zu Gott und die Liebe zu den Menschen, das hängt ganz zusammen. Und die Gottesliebe geht nicht auf

in der Nächstenliebe und hat ein eigenes Gewicht, eine eigene Struktur und das wäre für mich der Kernpunkt der Spiritualität, darin daß die Beziehung zu Gott ebenso wie die Beziehung zu den Mitmenschen und die Beziehung zu mir selbst auch einen eigenen Raum und eine eigene Zeit braucht.
- Eine regelmäßige Gebetspraxis ist gesund, nicht daß sie übergewichtig wird, aber daß sie ein selbstverständlicher Teil des Lebens ist, daß sie sich inspirieren lassen, möglicherweise von dem Rhythmus der Mönche, daß man immer wieder im Laufe des Tages zum Beispiel von den Psalmen her lebt.
- Spiritualität hat ganz viel mit der Seele und dem Herzen zu tun. Und da für sich Formen zu finden und dabei auch das einfließen zu lassen, was so in den Niederungen des Lebens geschieht.
- Daß die Fortbildungen nicht immer nur im Tun sind, in den Methoden, sondern auch im eigenen Weg. Im katholischen Bereich ist ja zumindest Tradition, daß man einmal im Jahr Exerzitien macht, eine Woche für sich hat, für seinen geistlichen Weg. Einzelexerzitien mit Einzelbegleitung, eine Woche Schweigen und jeden Tag ein Gespräch und das unter geistlicher Leitung, und daß man einen geistlichen Begleiter hat, mit dem man sich über seine Praxis Pietatis austauscht.
- Da muß jeder seinen Weg finden, was nicht ausschließt, daß hier auch schon in der Ausbildungsphase, vielleicht in einem Block im Predigerseminar Möglichkeiten angeboten werden, damit ich sehe, was es für Wege gibt. Aber was dann für mich das Richtige ist, muß ich selber finden und die Freiheit, diesen Weg zu finden, muß mir auch von der Kirchenleitung gelassen werden. Aber ich brauche Anregungen, vielleicht auch ein Stück Begleitung durch einen Meister.
- Was ich jedem getauften Christen vorschlagen würde, er soll eine Weise finden, die für ihn stimmig ist. Eine gewisse Regelmäßigkeit im Gebetsleben finde ich wichtig.
- Die Pfarrer sollen in den alltäglichen Dingen, die sie zu tun haben, in den Menschen, die etwas von ihnen wollen, sie sollen diese Situationen als geistliche Möglichkeiten nutzen, Spiritualität im Alltag einzuüben und unter dem alltäglichen Vollzug zum Beispiel eines seelsorgerlichen Gespräches etwas von der Spiritualität dieser Situation zu erfassen und umzusetzen.

AUSBILDUNG:
- Die sollen sich jemand suchen, der ihnen etwas beibringt. Das kann man nicht in Büchern veröffentlichen und selbst wenn man es da aufschreibt. So jemand kann man überall finden. In Kommunitäten. Auch im esoterischen Bereich gibt es Leute, die noch etwas können. Also, das sage ich immer. Ihr müßt anfangen, Und: Wenn ihr wirklich wollt. Das ist der erste Beweis für die Wahrheit der Heiligen Schrift: „Suchet, so werdet ihr finden." Dann läuft euch jemand über den Weg. Wenn ihr es wollt. Oder auch wenn ihr es nicht wollt, aber braucht.
- Disziplin!
- Daß PfarrerInnen sich Zeit dafür nehmen, einen Weg für die eigene Praxis Pietatis zu suchen und Menschen zu suchen, mit denen sie darüber reden können und die ihnen helfen, ihre Praxis Pietatis zu finden. Ob es dann für einen Pfarrer ein Weg ist, jeden Morgen eine halbe Stunde zu beten, oder die Losungen zu lesen und darüber nachzudenken oder mehrmals im Jahr eine Woche oder ein paar Tage sich Auszeit zu nehmen und in eine Kommunität zu gehen oder sich mit Menschen eigenen Vertrauens zu treffen und mit denen zu beten, kann sehr unterschiedlich sein und muß auch sehr unterschiedlich sein, je nach Mensch.
- Die Vorschläge sind natürlich, davon möchte ich nicht herunter, protestantisch individuell, die Frömmigkeit, die zu mir paßt. Andererseits sind sie überindividuell: Geh energisch auf die Suche nach Halt gebenden Formen, die dir auch wirklich im Tageslauf Halt geben, so

daß das, was du möchtest, was du tust, auch rituell gesichert ist. Gib deinem Glauben eine Gestalt.
- Einfachheit, Einfachheit und noch mal Einfachheit. Nicht nach der idealen Form suchen, diese Suche endet nie, sondern mit der zweitbesten oder drittbesten Form morgen anfangen oder heute. Verabredungen mit sich selbst oder mit anderen. Und zwar Verabredungen, die immer befristet sind. Nicht denken: Die Form, mit der ich spätestens morgen anfangen will, ist die Form, die jetzt für den Rest meines Lebens stehen muß. Dann ist das Scheitern programmiert. Sondern zum Beispiel mal für eine Woche oder für einen Urlaub, oder für eine Adventszeit oder eine Passionszeit was erproben, so daß ich hinterher erhobenen Hauptes ohne Schuldgefühle wieder herauskomme. Und die Dinge, mit denen ich täglich lebe, müssen einfach sein.

PFARRER- UND PFARRERINNENVEREIN:
- Ohne eigene Glaubenspraxis wird man nicht Pfarrer oder Pfarrerin sein können. Es gibt eine große Vielfalt an Praxis Pietatis unter Kolleginnen und Kollegen.

AUSSENANSICHT III

6. DIE LUST DES AMTES UND DIE ENTLASTUNG DER AMTSTRÄGERINNEN - ZUR ÜBERWINDUNG VON ÜBERFORDERUNG UND BURNOUT IM KIRCHLICHEN AMT

6. 1. KRAFTPOTENTIALE

Im dritten Kapitel dieser Arbeit habe ich die „Last des Amtes und die Belastung der Amtsträger" thematisiert und verschiedene Belastungspotentiale beschrieben. Dadurch könnte der falsche Eindruck entstehen, als sei der Pfarrdienst vor allem ein extrem anstrengender, die Gesundheit von Leib und Seele angreifender Beruf. Daß diese Einschätzung nicht einfach aus der Luft gegriffen ist, haben die bisherigen Analysen gezeigt. Aber wie stets, gibt es auch hier zwei Seiten, bestimmen Ambivalenzen das Bild. Nun ist es an der Zeit, „den Stein auch einmal umzudrehen", wie Richard Riess seine StudentInnen immer wieder auffordert, den Blick auf die andere Waagschale zu lenken und zu zeigen, daß der Pfarrberuf diejenigen, die ihn ergreifen neben aller Last auch mit einem ganzen Schatz kostbarer Erfahrungen beschenkt, daß also eine Beschäftigung mit dem Beruf des Pfarrers und der Pfarrerin, die - mit Ernst Lange gesprochen - nur „von der Schwierigkeit, Pfarrer zu sein" redete und nicht auch „vom Vergnügen, Pfarrer zu sein" dem Thema nicht angemessen ist.[1]

Im Folgenden möchte ich zunächst der Ambivalenz einiger der oben angesprochenen Belastungssituationen nachspüren und zeigen, inwiefern sie sich auch als Kraftpotentiale verstehen lassen. Oft kann ja, wie die von Watzlawick geprägte moderne Kommunikationspsychologie gezeigt hat, schon die Umdeutung einer Situation neue Chancen zur ihrer Bewältigung freisetzen.[2] Im weiteren Verlauf des Kapitels werden dann Möglichkeiten zur Vorbeugung, Bewältigung und Therapie des Burnout-Syndroms im Pfarrberuf thematisiert. Abschließend sollen wieder Stimmen aus der Befragung zu Wort kommen.

6. 1. 1. Kraftpotential Erwartungshorizont

Die Fülle der Erwartungen, die sich an die PfarrerInnen richten, mag bedrängend sein, es drückt sich darin jedoch, genau bedacht, auch ein großer Vertrau-

---

[1] Vgl. Lange 1976, 151 ff. und 163 ff. Steck sieht den Pfarrberuf sogar als Paradigma einer integralen Lebensform, bzw. als „Idealgestalt integraler religiöser Lebenspraxis", vgl. Steck 2000, Kapitel 3.3.

[2] Vgl. Watzlawick 1977.

ensvorschuß aus. Von wem man viel erwartet, dem wird auch etwas zugetraut, der wird gebraucht, der hat einen wichtigen Platz in der Gemeinschaft. Wäre es letztlich nicht viel Besorgnis erregender, wenn die Menschen nichts mehr von den PfarrerInnen erwarten würden? Ein Zuviel an Erwartungen läßt sich moderieren, Gleichgültigkeit aber ist der Anfang vom Ende. So könnte die Summe der Erwartungen durchaus zu einem Kraftpotential im Sinne einer Rückenstärkung werden, wenn man sie einmal unter diesem Blickwinkel betrachtet - und dies den Menschen, die die Erwartungen äußern, auch signalisiert. Wenn sich aber die PfarrerInnen denen, die etwas von ihnen wollen, brüsk, trotzig oder arrogant verweigern, werden sie natürlich Enttäuschung ernten und sich durch die daraus erwachsenden Kommunikationsprobleme den Dienst selbst noch weiter erschweren. Wenn sie aber denen, die auf sie zukommen, zunächst einmal für das entgegengebrachte Vertrauen danken und dieses würdigen, kann ein Klima entstehen, in dem schließlich auch vernünftig und freundlich über Stärken und Schwächen, Überforderung und Entlastung und die Aufteilung von Aufgaben geredet werden kann.

6. 1. 2. Kraftpotential diffuses Berufsbild, Rollenvielfalt und Aufgabenfülle

Auch das diffuse Berufsbild, die Rollenvielfalt und die Aufgabenfülle können noch unter einem anderen Aspekt als dem der Belastung erfaßt werden: Wenn die funktionale und inhaltliche Wesensbestimmung des Berufes weder in den Augen der kirchlichen und gesellschaftlichen Öffentlichkeit noch von vorgesetzter Seite eindeutig festgelegt ist, dann haben die PfarrerInnen doch Gestaltungsmöglichkeiten und befinden sich in der komfortablen Position, daß sie die „Essentials" ihrer Tätigkeit und Rolle selbst mit definieren können. Dann können sie, natürlich innerhalb einer gewissen Bandbreite, eigentlich nichts falsch machen, sondern ihre spezifischen Begabungen zur Geltung bringen. Wenn den PfarrerInnen eine Rolle oder Aufgabe nicht so leicht fällt, können sie sich bei der Wahrnehmung einer anderen davon erholen. LehrerInnen müssen jahraus-jahrein bis zur Pensionierung vor ihren Schulklassen stehen und den gleichen Stoff vermitteln, und auch die Tätigkeit von ÄrztInnen im Operationssaal und am Krankenbett, wiederholt sich im Laufe der Jahre immer öfter. Die Aufgaben der PfarrerInnen sind dagegen ausgesprochen vielfältig und abwechslungsreich. PfarrerInnen dürfen predigen und Kasualien halten (im Extremfall sogar Unterwasser- und Fallschirmtrauungen, wobei sie den Flug oder den Tauchgang dann auch noch bezahlt bekommen!). Sie können Berg-, Wald- und Wiesengottesdienste gestalten, Hausbesuche machen (auch bei Politikern und Filmstars), Reisen auf den Berg Athos oder ins Heilige Land organisieren, einen Diakonieverein gründen, HospizhelferInnen ausbilden, an den Jahresempfängen des Bürgermeisters teilnehmen, lokale Geschichtsforschung betreiben, Kunstausstellungen durchführen, Gemeindehäuser bauen, Hilfstransporte in Krisengebiete organisieren und begleiten, Vorträge und Meditationskurse halten, Chöre leiten und vieles, vieles mehr. Welcher Reichtum! Und vor allem: Niemand verlangt von ihnen, daß sie alles tun, das heißt, sie können (wieder innerhalb einer gewissen Bandbreite) ihren Neigungen frönen - und bekommen dafür auch noch ein ansehnliches Gehalt. Natürlich verlangt das „Kerngeschäft", wie dargelegt, auch viele Tätigkeiten, die nicht beflügeln, sondern eher lähmend wirken können. Dennoch zeichnet den Pfarrberuf ein dermaßenes Spektrum an unterschiedlichen Handlungsebenen und Aufgabenkategorien aus, wie es kaum ein anderer Beruf aufzuweisen hat.

6. 1. 3. Kraftpotential Freiheit zeitlicher und inhaltlicher Arbeitsgestaltung

PfarrerInnen können ihren zeitlichen und inhaltlichen Tages-, Wochen- und Monatsablauf im Vergleich zu anderen Berufen in einem überdurchschnittlich hohen Maß selbst einteilen. Diese Chance einer selbstbestimmten Tätigkeit kann eine Quelle der Arbeitszufriedenheit sein. Auch können PfarrerInnen, zumindest teilweise, den Ort, an dem sie ihrer Arbeit nachgehen und die Art und Weise, wie sie es tun, selbst bestimmen. Bei schönem Wetter haben sie die Möglichkeit, den Religionsunterricht im Garten vorzubereiten, den Leitartikel für den nächsten Gemeindebrief im Schwimmbad zu konzipieren und sich zur Meditation des Predigttextes auf eine Bergwanderung zu begeben. Sie können sich auch nachts um 2.00 Uhr an den Schreibtisch setzen und diese Predigt bis zum Morgengrauen ausformulieren - nur müßten sie dann eben den Mut aufbringen, tagsüber einmal nichts zu tun.

6. 1. 4. Kraftpotential Feedback und Unterstützung

Über die positiven Auswirkungen von „Feedback" wurde ebenfalls bereits gesprochen. Gerade im Hinblick auf die Burnout-Prävention kann ein Netzwerk von Menschen, die den PfarrerInnen in hilfreicher Weise Rückmeldung geben, ein enormes Kraftpotential sein. Die Identität des Individuums formt sich bekanntlich dadurch, daß es sich im Spiegel seines Wahrgenommenseins durch andere entdeckt.[3] Dies gilt auch für die berufliche Identität. Um fest zu werden in dem, was ich tue, muß ich wahrnehmen, wie mein Tun bei anderen ankommt und es dann möglicherweise korrigieren oder modifizieren. Was vor meinen „blinden Flecken" geschieht, kann ich selbst nicht erkennen. Aber vielleicht sehe ich mich selbst ja viel negativer, als die anderen mich beurteilen. Vielleicht haben die anderen auch kreative Hinweise, wie ich mit meinen beruflichen Problemen und Nöten umgehen könnte. Je mehr ich mich um Feedback bemühe, desto klarer sehe ich das Bild, das ich in den Augen der anderen darstelle - und

---

3 Vgl. v. Heyl, in: Stollberg / v. Heyl u.a. (Hg.) 1997, 23ff. Zum Wechselspiel zwischen Glaube und Identität vgl. Klessmann 1978 und vor allem Fraas 1990.

kann mich dazu verhalten, kann mein Selbstbild mit diesem Fremdbild vergleichen und so langsam zu einer realistischen Selbsteinschätzung gelangen. In einer emotional so herausfordernden Tätigkeit wie dem Pfarrberuf ist es allerdings besonders wichtig, darauf zu achten, wessen Feedback man sich aussetzt. Gerade in christlichen Kreisen gibt es leider auch viele Menschen, die aufgrund eigener persönlicher Deformationen dazu neigen, andere zu drücken und herunterzuziehen. Ein Kriterium für hilfreiches Feedback ist die Überprüfung, ob es potential- oder defizitorientiert gegeben wird. Bedauerlicherweise hat in der Kirche der zweite Typ oft Übergewicht, obwohl der Herr der Kirche ein anderes Beispiel gegeben hat, denken wir nur an die Zachäusgeschichte oder an Jesu Umgang mit der Sünderin.

6. 1. 5. Kraftpotential Pfarrkapitel und Gemeinde

Die Gemeinden, die Pfarrkapitel und die Gremien der Vorgesetzten sind fürwahr keine Inseln der Heiligen. Machtlüsterne, Niederträchtige, Intriganten, Selbstverliebte und Psychopathen finden sich hier genauso wie in anderen menschlichen Gruppierungen. Aber die anderen gibt es eben auch - und vielleicht sogar doch noch einige mehr als „draußen" bei den „Kindern dieser Welt": Freundliche, Warmherzige, Wohlwollende, Ehrliche und Friedensstifter. Es kommt darauf an, die einen von den anderen zu unterscheiden. Ein Kriterium für diese Unterscheidung ist die Selbstbeobachtung: Was macht der/die Andere mit mir? Wie geht es mir in seiner/ihrer Gegenwart? Kann ich aufatmen, kann ich so sein, wie ich bin, fühle ich mich „wahrgenommen und angenommen"? Wenn mir diese Unterscheidung gelingt, und wenn ich den Mut habe, auf die Guten zuzugehen und die Schlechten zu meiden, dann kann mir in meiner Gemeinde vor Ort und in der Gemeinschaft des Pfarrkapitels ein Netz von Menschen zuwachsen, das mir zu einer Quelle der Kraft und Unterstützung wird. Gerade in persönlichen Krisensituationen eines Pfarrers oder einer Pfarrerin hat sich ja schon öfter die unterstellte „Kleinbürgerlichkeit" mancher Gemeindeglieder als Klischee entpuppt, wenn sie sich plötzlich als Menschen offenbarten, deren Weitblick, Größe und Einfühlungsvermögen einen staunen ließ.

6. 1. 6. Kraftpotential Arbeitserfolg

Die Freude an der Arbeit lebt vom Erfolg - das gilt wie für jede Tätigkeit auch für den Beruf des Pfarrers und der Pfarrerin. Die „Effizienz" des eigenen beruflichen Handelns ist eine entscheidende Voraussetzung der Arbeitsmotivation und Zufriedenheit. Zu sehen, daß man etwas erreicht, zu wissen, daß man sich nicht vergeblich abmüht, gibt einfach Kraft und Auftrieb und kann zu manchen Zeiten regelrecht beflügeln. Zwar ist, wie oben angesprochen, gerade in der pastoralen Arbeit der „Erfolg" eine oft nur sehr flüchtige und unberechenbare

Größe und es läßt sich leichter sagen, daß diese und jene Aktion zum Mißerfolg führen wird, als umgekehrt. Doch gibt es unbestreitbar auch viele Erfolgserlebnisse im Pfarrberuf: Wenn es etwa im Verlauf eines Gottesdienstes wieder einmal geschieht, daß sich jenes geheimnisvolle Energiefeld aufbaut, in dem die Worte und Lieder den Menschen „zum Herzen" sprechen. Wenn bei einer Serie von Kinderbibelnachmittagen die Zahl der teilnehmenden Kinder zunimmt. Wenn man nach einer Taufe einen Scheck über 500 Euro für die Gemeindearbeit bekommt. Wenn man zu einem Sterbenden gerufen wird, und das, was man dort getan und gesprochen hat, war für alle Anwesenden „stimmig" und stärkend. Wenn man dann auch bei der Beerdigung noch einmal spürt, daß die Ansprache die Trauernden tröstet. Wenn man man einer Aussiedlerfamilie über ein gemeindliches Netzwerk bei der Eingliederung helfen konnte. Wenn Menschen von sich aus kommen, um ihre Mitarbeit anzubieten und vieles, vieles mehr. In diesen Erfolgen steckt ein großes Potential an Ermutigung und Motivation - wenn man sie denn zulassen und sich „gönnen" kann. Leider hat man aber gerade in kirchlichen Kreisen nicht selten den Eindruck, als sei es regelrecht verpönt, sich zu freuen, wenn einem etwas gelungen ist.

„Wenn ihr alles getan habt, was euch befohlen ist, so sprecht: Wir sind unnütze Knechte; wir haben getan, was wir zu tun schuldig waren." Dieses (falsch verstandene) Wort Jesu aus dem Lukasevangelium haben viele in der Kirche in einer Weise verinnerlicht, die sie eher unter Druck setzt, als befreit. PfarrerInnen tun sich oft genug schon schwer, zu würdigen, was andere tun. Noch schwerer aber fällt ihnen die Würdigung, wenn es um ihre eigene Arbeit geht. Eine zwanghafte Dienst- und Demutauffassung, die in dem Satz gipfelt: „Mein Lohn ist, daß ich dienen darf" vergißt aber, daß das zentrale Heilsgeschehen im Alten Testament gerade die *Befreiung* des Volkes Gottes aus dem Sklavenhaus Ägypten ist, und im Neuen Testament die *Befreiung* aus dem Sklavenhaus der Werkgerechtigkeit. „Wenn ihr nicht umkehrt und werdet wie die Kinder, so werdet ihr nicht ins Himmelreich kommen" sagt Jesus zu den Jüngern (Mt 18,3). Kinder jedenfalls können sich noch ganz ungeniert und unverbogen freuen, wenn ihnen etwas gelingt.

„Count your blessings" empfiehlt eine Lebensweisheit der anglikanischen Kirche - zieh immer wieder einmal Bilanz und erinnere dich an all das, womit du gesegnet bist. Leicht abgewandelt möchte man gerade den PfarrerInnen zurufen: Zähle immer wieder einmal deine Erfolge, die großen und vor allem aber auch die vielen kleinen. Führe nicht nur Tagebuch über deine Arbeitszeit, sondern auch über das, was dir gelungen ist. Lies es immer wieder einmal durch und freue dich daran.

6. 1. 7. Kraftpotential Persönlichkeitsstruktur

Unsere Persönlichkeitsstruktur ist uns zunächst einmal etwas Vorgegebenes und Selbstverständliches. Wie die Brille, durch die wir sehen, nehmen wir sie kaum wahr. Sie ist, könnte man im Kantschen Sinne sagen, eine „apriorische Form der Erkenntnis", die Schablone unserer Wirklichkeitswahrnehmung, in die wir unbewußt alles einpassen, das uns begegnet. Im Laufe von Selbsterfahrungsprozessen kann die Form und das Wesen dieser Schablone langsam deutlicher werden - hinsichtlich ihrer Grenzen und in ihrer Möglichkeiten. Pathologische Deformationen der eigenen Persönlichkeitsstruktur kann man in geduldiger therapeutischer Arbeit verbessern, der Charakter als solcher läßt sich jedoch kaum grundlegend verändern. Wozu auch? Jeder der von Riemann und anderen beschriebenen Charaktertypen hat, wie gezeigt, sein konstruktives Potential und seine negativen Seiten. Man kann die Unterschiede der Menschen nicht wertend gegeneinander ausspielen. Erst ihr Zusammenspiel macht das Konzert des Lebens aus. Die Lebensaufgabe des Menschen besteht nicht in der Veränderung seiner Persönlichkeitsstruktur, sondern in ihrer Annahme, in der Aussöhnung mit ihr, mit ihren Stärken und Schwächen, ihrem „Schatten". Aber in dem Maße wie man sich seiner Stärken und Schwächen bewußt wird, kann man besser damit umgehen, kann man Situationen meiden, in denen einen die eigenen Schwachstellen Schwäche bloßstellen oder beschädigen und sich mehr auf Aufgaben konzentrieren, bei denen sich die eigenen Kräfte entfalten können.

In „helfenden" Berufen wie dem Pfarrberuf ist es nicht nur im Interesse der Klienten, sondern auch im eigenen sogar regelrecht professionell geboten, daß man Selbsterforschung treibt, um zu erkennen: Wer bin ich eigentlich? Oder: Welches „Bild Gottes" ist in mir verborgen? Als hilfreich in diesem Prozess der Selbstwahrnehmung kann sich besonders die berufsbegleitende Supervision erweisen, aber auch die Teilnahme an Selbsterfahrungsgruppen. Treten allmählich die Konturen der eigenen Charakterdisposition deutlicher hervor - und auch die Differenz zwischen dem „Selbstbild" und der „Selbstwirklichkeit" - dann ist es sinnvoll, die Fülle der anfallenden beruflichen Aufgaben gemäß den eigenen Begabungen zu gewichten. Eher depressive und nachdenkliche PfarrerInnen können sich oft gut einfühlen - sie sollten vielleicht mehr in der Einzelseelsorge und Predigtarbeit ihren Schwerpunkt setzen und sich nicht das Entertainment bei Gemeindefesten aufdrängen lassen. PfarrerInnen mit einer hysterischen Charakterstruktur haben vielleicht eine besondere Begabung für Öffentlichkeitsarbeit, fühlen sich dagegen bei der Produktion von Texten unter Stress. Warum sollten sie nicht öfter mal guten Gewissens zur Predigthilfe greifen, oder verstärkt Familien- und Theatergottesdienste gestalten?

6. 1. 8. Kraftpotential spirituelle Dürre und Glaubenszweifel

„Nur Sonne macht Wüste" sagt ein schönes arabisches Sprichwort. Tatsächlich sind die wirklich hilfreichen Zeiten des Lebens oft gar nicht jene, in denen es uns gut geht, in denen „alles läuft" sondern die „Niederschlagsgebiete" (in der schönen Doppeldeutigkeit des deutschen Wortes), jene Phasen also, wo wir gedrückt werden durch vermeintliche oder echte Mißerfolge, durch Unfähigkeit,

Schwäche, Versagensgefühle. Der Ackerboden braucht Regen, damit er Frucht bringt. Der Acker der Seele braucht wohl auch hin und wieder das Wasser der Tränen, damit etwas wachsen kann und manchmal sind die Früchte, die aus der „Tränensaat" hervorgehen, die kostbarsten.

Jedenfalls ist das Leiden an einer Periode der spirituellen Dürre das beste Indiz dafür, daß man sich nach Gott sehnt und seiner bedürftig ist. Krisenzeiten können Wachstumszeiten sein. Wachsen schmerzt, die Verweigerung des Wachsens schmerzt aber am Ende noch viel mehr. Ruhbach erinnert in diesem Zusammenhang an ein Bonmot des französischen Theologen Lallement: „Auf dem Wege zu Gott geht der zurück, der nicht voranschreitet. Wie das Kind, das nicht wächst, kein Kind bleibt, sondern ein Zwerg wird, so bleibt der Anfänger, der nicht rechtzeitig auf den Weg der Fortschreitenden gelangt, kein Anfänger, sondern wird eine zurückgebliebene Seele."[4] Wer sich in seinen Glaubenszweifeln nach Glaubensstärkung sehnt, dem kann oft durch einen behutsame spirituelle Begleitung geholfen werden. Dafür aber braucht es Fachleute, von denen es im Bereich der evangelischen Kirche leider immer noch viel zu wenige gibt.

6. 1. 9. Kraftpotential „Burnout" und Lebenskrisen

Was über die Zeiten spiritueller Dürre gesagt worden ist, gilt auch für die Lebenskrisen im Allgemeinen und für die Burnout-Krise im Besonderen. Sie können sich als besonders fruchtbar erweisen für die innere Entwicklung. Hier wurde im zweiten Kapitel dieser Arbeit schon vieles angesprochen.[5] Die Krisen des Lebens sind ja immer Einschnitte, an denen einen Kurskorrektur vorgenommen wird und neue Weichen gestellt werden. Das gilt auch für die Burnout-Krise. Sie kann der Beginn einer bewußteren Lebenshaltung sein, so daß man aufmerksamer für seine eigenen Bedürfnisse wird. Sie kann dazu helfen, die Lebenszeit nicht nur auszukaufen, sondern auch zu genießen. So wie für manche der Herzinfarkt der Schlüssel zu einem künftig vom Herzen bestimmten Leben ist, braucht manche/r vielleicht einen „Energieinfarkt", um wieder zur Achtsamkeit für seinen Energiehaushalt zu finden. Was Grün und Dufner so treffend über den tieferen Sinn einer Krankheit gesagt haben, läßt sich auch auf die Krisenerfahrung des Ausbrennens übertragen: „Gott kann in der Krankheit an mir handeln, indem er mich heilt, aber auch, indem er mich auf die eigentliche Wirklichkeit hinweist. Was macht mein Leben aus, was gibt ihm seinen Wert, worauf kommt es letztlich an? In der Krankheit erfahre ich, daß das Eigentliche nicht meine Kraft und meine Gesundheit, nicht meine Leistung und nicht die Dauer meines Lebens ist, sondern die Durchlässigkeit für Gott. Es kommt nicht darauf an, was ich in meinem Leben alles vorweisen kann, wie stark ich bin, wievielen Menschen ich geholfen habe, sondern allein, daß ich mich und mein Leben Gott

---

4   Ruhbach 1987, 193.
5   Vgl. aber auch z.B. Kapitel 1, Anm. 102.

übergebe, daß ich mich ihm zur Verfügung stelle, mich ihm hinhalte und es ihm überlasse, was er mit mir und in mir wirken will und wie lange er durch mich sein Wort in die Welt sprechen will. Entscheidend ist, daß ich für Gott durchlässig werde ... Wir müssen es Gott überlassen, wieviel und wo er mit unserer Lampe leuchten will. Unsere Aufgabe ist es nur, die Lampe von Schmutz zu reinigen, damit Gottes Licht durch sie durchscheinen kann. Und Gottes Licht kann auch durch einen kranken Leib scheinen, manchmal sogar intensiver als durch einen gesunden."[6]

Aber es geht ja nicht nur darum, daß die Lebens- bzw. Burnoutkrise möglicherweise zu einer entscheidenden Weichenstellung für das private Leben der PfarrerInnen werden kann und sie insgesamt „weicher" und zugleich doch „fester" machen wird. Die durchlittene Krise wird sie, wie im zweiten Kapitel angesprochen, auch in professioneller Hinsicht „stärken". Vor allem wird sie ihrer Seelsorge zugute kommen. Wer selbst einmal an die Grenzen geführt wurde, wird Menschen, die Grenzerfahrungen durchleiden müssen, besser verstehen und behutsamer und einfühlsamer mit ihnen umgehen. Der „Wounded Healer"[7] ist ein vertrauter Topos im Zusammenhang archaischer Heilkunst. Heiler, die selbst eine Wunde hatten (oder noch haben) können besser heilen, weil sie wissen, wie es dem Gegenüber geht und wovon sie reden und was sie tun. Denken wir an Paulus und seinen „Pfahl im Fleisch". Die eigenen Erfahrungen sind gleichsam der Brunnen, aus dem die Seelsorge des PfarrerInnen ihr Kraft und Empfindsamkeit schöpfen kann. PfarrerInnen, die ein Burnoutsyndrom bewältigt haben, können einen entscheidenden Beitrag leisten zur Prophylaxe und zur Therapie des Burnout. Vor allem sind sie „living human documents" dafür, daß diese Krise einen nicht zerstören wird, sondern wieder vorübergehen wird.

6. 2. VORBEUGUNG

6. 2. 1. Belastung reduzieren

Ein entscheidender Schritt im Sinne der Burnout-Vorbeugung ist natürlich die Reduzierung der beruflichen Belastung. Mögen sich einige der im dritten Kapitel beschriebenen Belastungssituationen auch als Kraftpotentiale umdeuten lassen, so bleiben doch gerade im Pfarrberuf genug „objektive" Belastungen, die es schlicht zu verringern gilt. Hervorzuheben ist hier zunächst einmal die ungewöhnlich hohe Arbeitszeit. Für die Mehrzahl der arbeitenden Bevölkerung, gerade auch im Dienstleistungsbereich, wurde schon vor Jahren eine obligatorische Wochenarbeitszeit von 38,5 Stunden eingeführt. Nun sollte man doch meinen, daß es genug ist, wenn PfarrerInnen im Wochendurchschnitt zehn Stunden

---

[6] Grün/Dufner 1989, 28.
[7] Zur Initiation, dem Selbstverständnis und der Arbeitsweise von „Heilern" in archaischen Religionen vgl. Halifax 1983 und Frank 1985. Vgl. auch Nouwen 1972.

mehr als die übrige Bevölkerung arbeiten. Die Arbeitszeitanalysen ergeben aber, daß es bei vielen PfarrerInnen in der Realität zwanzig Stunden darüber sind. Die Kirchenleitungen gehen unter der Hand wie selbstverständlich von einer durchschnittlichen Arbeitszeit der PfarrerInnen von 55 Stunden aus.[8] Warum aber müssen PfarrerInnen eigentlich mehr arbeiten als Angehörige anderer Berufe? Welches Signal geht davon aus für die Öffentlichkeit? Versteckt sich darin nicht auch ein gewisser Hochmut oder Allmachtswahn? Ist die Arbeit des Pfarrers denn so viel wichtiger als die des Lehrers oder des Finanzbeamten? Stimmt die Zusage Gottes vielleicht doch nicht ganz, daß er selbst für das Wachsen seines Reiches sorgt?

Einer der Schlüssel zum Zeitproblem der PfarrerInnen ist jedenfalls ein Diensttagebuch, in dem sie ihre Arbeitsstunden und vor allem ihre Überstunden aufschreiben sollten! Zweifellos ist der Pfarrberuf auch eine „Saisontätigkeit". Vor der Konfirmation oder in der Weihnachtszeit muß mehr gearbeitet werden als zu anderen Zeiten. Aber was hindert eigentlich die PfarrerInnen daran, in ruhigeren Zeiten ihre Überstunden guten Gewissens wieder abzubauen? Freilich müßte dies kirchenrechtlich besser geregelt werden als bisher. In der klassischen rechtlichen Fomulierung, daß der Pfarrer sich einen Tag in der Woche, wenn keine dringenden dienstlichen Aufgaben zu erledigen sind, von dienstlichen Verpflichtungen frei halten *kann*, drückt sich jedenfalls ein nicht dem Evangelium sondern eher den Vorstellungen mittelalterlicher Vasallentreue entsprechendes Dienstverständnis aus. Klarheit - und ein gehöriges Maß an Burnout-Prävention - wäre geschaffen, wenn das Kirchengesetz verlangen würde: „Zu den Dienstpflichten des Pfarrers gehört die wöchentliche Sabbatruhe. Kann der freie Tag ausnahmsweise einmal nicht eingehalten werden, ist dies unverzüglich dem Dekan anzuzeigen. In der darauffolgenden Woche ist die Einhaltung von zwei freien Tage verpflichtend." Wobei auch hier noch einmal zu fragen ist, warum der Pfarrer nur einen freien Tag haben soll, wo die überwiegende Mehrheit der Bevölkerung doch seit Jahrzehnten schon zweieinhalb freie Tage pro Woche für sich beansprucht.

Im Übrigen dürfen sich die PfarrerInnen ruhig vom Theologischen Ausschuß der Arnoldshainer Konferenz ermutigen lassen, auch die Zeit ihres „Studierens und Meditierens" als Arbeitszeit zu verstehen. Wie denn soll man „sein Licht leuchten lassen", wenn man nicht auch für regelmäßige Brennstoffzufuhr sorgt? (vgl. oben, fünftes Kapitel). Zumindest ein ganzer „Studientag" pro Monat ist hier sicherlich als Untergrenze anzusehen. Angesichts der Diskrepanz zum freien Wochenende der Bevölkerungsmehrheit wäre ja zum Beispiel auch denkbar, gesetzlich fest zu schreiben, daß dem Pfarrer neben dem freien Tag wenigstens noch ein halber Studientag pro Woche zusteht, bzw. besser: für ihn obligatorisch ist.

---

[8] Das geht aus der, noch nicht rechtskräftigen Rahmendienstordnung für Pfarrer- und Pfarrerinnen im Teildienstverhältnis hervor, die für halbe Stellen eine Regelarbeitszeit von 27,5 Stunden ansetzt.

Wie dargelegt, gibt es neben der Arbeitszeit aber noch eine Vielzahl weiterer beruflicher Belastungen. Ein Teil dieser Belastungen resultiert aus dem besonderen Charakter der Aufgaben, die zu den Pflichten der PfarrerInnen gehören. Die seelsorgerliche Begleitung verwaister Eltern, die Unterstützung einer betagten Frau, die seit vielen Jahren ihren an Alzheimer erkrankten Gatten in der Wohnung versorgt und nun nicht mehr kann, die Betreuung eines Mädchens, das vom eigenen Vater sexuell mißbraucht wurde - diese und ähnliche Schicksale, mit denen sich PfarrerInnen von Berufs wegen auseinanderzusetzen haben, stellen nun einmal extreme emotionale und psychische Herausforderungen dar, wie sie nur in wenigen anderen Berufen vorkommen. Zwar sind auch ÄrztInnen, SozialarbeiterInnen und SachbearbeiterInnen der öffentlichen Verwaltung mit diesen Schicksalen befaßt, aber sie können in solchen Fällen „konkrete", „handgreifliche" Hilfestellung leisten und müssen nicht auf einer so „flüchtigen", „feinstofflichen" und sensiblen Ebene agieren wie die Seelsorge.

Belastend wirken sich auf die PfarrerInnen auch kommunikationspsychologische und gruppendynamische Probleme aus, wie sie gerade im oft kleinbürgerlichen Milieu der Kerngemeinden besonders häufig anzutreffen sind: Der schwelende Grabenkrieg mit der Mesnerin, die explosive Stimmung im Kindergartenteam, das latent aggressive Klima im Kirchenvorstand, die grenzübertretende Frechheit der Pfarramtssekretärin können auch einen „bärenfelligen" Pfarrer im Laufe der Zeit ganz dünnhäutig werden lassen.

Eine andere Art von Belastungen resultiert aus einer ungeschickten oder gar unprofessionellen Arbeitsorganisation. Wie sich ein Arbeitsplatz und sich wiederholende Arbeitsabläufe sinnvoll organisieren lassen, hat die oben im dritten Kapitel bereits zitierte „Organisationsanalyse des Evangelischen Pfarramts" erhellend dargelegt.[9]

Für die verschiedenen angesprochenen Probleme gibt es vor allem ein Mittel, das weiterhelfen könnte: Kompetente und regelmäßig in Anspruch genommene Supervision. Darauf werde ich unten bei den Ausführungen über vorbeugende Maßnahmen auf der strukturell-organisatorischen Ebene weiter zu sprechen kommen. Zunächst aber sollen einige Möglichkeiten skizziert werden, wie man der Burnout-Entstehung auf der persönlich-psychologischen Ebene vorbeugen kann.

6. 2. 2. Individuelle Ebene

Zwar gilt wie für andere Arbeitgeber auch für die Kirche die Erkenntnis der Burnoutforschung, daß wesentliche Ursachen für die Entstehung des Burnoutsyndroms auf der strukturellen Ebene des Organisationsprofils und der Arbeitsbedingungen zu suchen sind. Und doch spielen in einem Beruf, der so stark von der personalen Kompetenz seiner VertreterInnen lebt wie der Pfarrberuf, psy-

---

[9] Vgl. Zimmermann/Grupa 1993 und Lindner 1993.

chologische Faktoren eine nicht zu unterschätzende Rolle. Im Folgenden soll - gerade im Hinblick auf eine wirksame Burnoutprävention - die Notwendigkeit einer Beachtung *psychohygienischer Grundsätze,* der Entwicklung eines *Gespürs für Kraftquellen,* eines *adäquaten Umganges mit den KlientInnen,* einer *Pflege des persönlichen Sinngefüges und des spirituellen Lebens* und der *Anwendung verschiedener Stressbewältigungsstrategien* behandelt werden.

6. 2. 2. 1. Psychohygiene

Zur Bedeutung der Psychohygiene wurde im zweiten Kapitel schon viel gesagt. Grundelement der dort beschriebenen „Kultur der Selbstpflege" ist die Frage: Was tut mir gut? bzw. Was treibt mich in die Enge? Diese Schlüsselfragen lassen sich natürlich auch auf die berufliche Ebene übertragen: Wenn ich herausgefunden habe, was mir in meinen beruflichen Bezügen Aufwind gibt bzw. die Kräfte raubt, kann ich in jedem Fall besser damit umgehen. In manchen Fällen mag es dann angebracht sein, wenn ich die entsprechenden Situationen oder Personen meide bzw. eine Änderung herbeiführe. Wer zwingt die Pfarrer eigentlich, sich Menschen auszusetzen, die sie blockieren, sie mit Vorwürfen überschütten oder sich an sie klammern wie Kletten? Wer kann ihnen verbieten, daß sie eine Sekretärin oder Mesnerin, die hinter ihrem Rücken immer wieder schlecht über sie redet, schließlich entlassen? Wer sagt, daß Gemeindekreise, in denen sich schon lange nichts mehr bewegt, künstlich weiter „beatmet" werden müssen?

Oft sind es aber gar nicht so sehr die anderen, die meine Kraft blockieren, sondern ich bin es selbst. Eine nicht zu unterschätzende Quelle der Selbstblockaden ist das Ausweichen vor notwendigen inneren Auseinandersetzungen mit der eigenen Person. Wer sich seinen Schwächen nicht stellt, sondern ihnen den Rücken zudreht und vor ihnen zu fliehen versucht, den werden sie einholen und von hinten anfallen. Anselm Grün gebraucht in diesem Zusammenhang das schöne Bild, daß es gelte, „die Sprache der bellenden Hunde zu lernen". Er entnimmt es einem alten Märchen mit dem Titel „Die drei Sprachen": Ein Vater schickt seine drei Söhne aus, daß sie eine Aufgabe erfüllen. Der jüngste Sohn geht auch in die Fremde, verweigert sich aber der Aufgabe. Stattdessen lernt er jedesmal eine andere Sprache: Die Sprache der bellenden Hunde, die Sprache der Frösche und so fort. Eines Tages kommt er auf seiner Wanderung zu einer Burg und will dort übernachten. Der Burgherr kann ihm nur den Turm anbieten. In diesem Turm aber hausen wilde, bellende Hunde, die schon viele Menschen zerrissen haben. Der Sohn hat jedoch keine Angst. Er steigt in den Turm, nimmt etwas zu essen mit für die Hunde und spricht mit ihnen. Er hat ja die Sprache der bellenden Hunde gelernt. Da verraten ihm die Hunde, daß sie deshalb so wild sind, weil sie einen Schatz hüten und sie sagen ihm, wo der Schatz liegt und wie er ihn heben kann. - Man muß also, schließt Grün, hineinsteigen in den Turm, und mit seinen bellenden Hunden sprechen. Nur dann wird man nicht zerrissen und man kann einen Schatz heben.[10] Die alte Volksweisheit, daß man seinen Schatten annehmen muß, wenn man nicht von ihm überwältigt werden will, wie sie auch z. B. in Chamissos wundersamer Geschichte des „Peter Schlehmihl" (1814) anklingt und dann vor allem von C. G. Jung tiefenpsychologisch untermauert wurde, läßt sich von der psychologischen Ebene auch auf den beruflichen Bereich übertragen: Wenn mir etwas besonders schwer fällt, dann tue ich gut daran mich ausführlich damit zu beschäftigen, zu versuchen, die „Sprache" dieser Situation oder dieses Menschen zu lernen. Wenn ich beispielsweise im Religionsunterricht gehäuft Erfahrungen des Versagens mache, liegt die Lösung nicht unbedingt in der Flucht, sondern vielleicht in der Offensive, sprich: verstärkter Fortbildung, Hospitation etc. und vor allem darin, daß man unter professioneller Begleitung versucht, seinen Hemmungen und Selbstblockaden vor einer Schulklasse auf die Spur zu kommen.

Zur psychischen Hygiene gehört es auch, daß man spätestens ab dem 40. Lebensjahr besonders aufmerksam wird für seine innere Befindlichkeit. Die Lebensmitte ist einer der hochsensiblen Abschnitte im Lebensverlauf. Weil dies die Mönche der Alten Kirche wußten, haben sie so eindringlich von der Bedrohung durch den „Mittagsdämon" gewarnt, der die Menschen in der Lebensmitte vor allem durch das Gift der „Akedia", des Überdrusses, in seinen Bann ziehen will. In der Tat sind viele Menschen gerade in der Mitte ihres Lebens besonders anfällig für Depressionen und Empfindungen von Überdruss und Leere. Die berufliche Karriere ist ab dem 40. Lebensjahr weitgehend ausgereizt. Die familiäre Entwicklung ist nach den Gipfelerfahrungen von Liebe, Nestbau und Geburt der Kinder in den Niederungen des Alltags angelangt. Erste Einschränkungen der körperlichen und seelischen Spannkraft machen sich bemerkbar. Es wird deutlicher, daß nicht mehr alles, was man erreichen wollte, zu schaffen ist. Wie ein dunkles Gestirn taucht mit einem Mal wieder die nach der Pubertät verblaßte Frage nach dem Sinn, dem Wohin des Lebens am Horizont der Seele auf. „Die Lebensmitte", schreibt Anselm Grün, „etwa zwischen 35 und 45 Jahren, bezeichnet jenen Wendepunkt, an dem die Entfaltung des Ichs sich wandeln muß zur Ausreifung des Selbst. Und das Grundproblem dieser Wende besteht darin, daß der Mensch meint, er könne mit den Mitteln und Prinzipien der ersten Lebenshälfte nun auch die Aufgaben der zweiten meistern. ... Die Probleme, denen der Mensch in seiner Lebensmitte gegenübersteht, hängen mit den Aufgaben zusammen, die ihm die zweite Lebenshälfte abverlangt und auf die er sich erst neu einstellen muß: 1. Die Relativierung seiner persona, 2. die Annahme des Schattens, 3. die Integration von anima und animus und 4. die Entfaltung des Selbst in der Annahme des Sterbens und in der Begegnung mit Gott."[11]

Daß auch PfarrerInnen nicht vor dem Zugriff der Mittagsdämonen gefeit sind, leuchtet ein. Mehr noch: Nach Ansicht der Anachoreten ist man sogar um so ge-

---

[10] Vgl. Grün, in Lechler 1994, 154 f.
[11] Grün 1980 (b), 39f.

fährdeter für den Angriff der Dämonen, je mehr man versucht, sein Leben Gott zu widmen. Schon Johannes Tauler hat bei Menschen, die sich jahrelang eines lebendigen Glaubenslebens erfreuten, beobachtet, wie sie zwischen dem 40. und 50. Lebensjahr in eine geistliche Krise geraten. Allerdings hat er dies durchaus nicht negativ beurteilt. „Wir meinen, den Menschen vor den Erschütterungen der Lebensmitte schützen zu müssen. Tauler dagegen sieht darin das Werk des Heiligen Geistes. Wir sollen uns vom Geist Gottes erschüttern lassen, damit wir durchstoßen zu unserem Grund, durchstoßen zu unserer eigenen Wahrheit."[12]

Daß vor allem auch die Einübung und Beachtung einer körperlichen und geistig-seelischen Disziplin mit zunehmendem Lebensalter immer wichtiger wird, lehrt ebenfalls die Weisheit der monastischen Tradition. „Die Formlosigkeit macht krank. Wer ohne äußere Ordnung lebt, gerät auch innerlich in Unordnung. Wer keine Rituale mehr kennt, sondern sich einfach nach Lust und Laune gehen läßt, zerfließt innerlich. Alles fällt auseinander. Es gibt keine Klammer mehr, die das Widerstrebende zusammenhält, keine Form in der etwas wachsen kann. Die Haltlosigkeit drückt sich oft im Leib aus, in einem Sichhängenlassen, Sichgehenlassen. ... Der Verlust einer gesunden Tradition führt in die Sinnkrise. ... Dagegen setzt Benedikt den Glauben an den gegenwärtigen Gott. 'Stets, dauernd, immer, allezeit, jederzeit, überall, täglich, bei Tag und Nacht' sollen wir uns vor Augen halten, daß Gott gegenwärtig ist, daß seine Augen liebevoll auf uns gerichtet sind. Erst wenn wir in der ständigen Beziehung zu Gott leben, leben wir im Lot, werden wir richtig heil, ganz. Vor Gott und in Gott bekommt unser Leben einen Sinn."[13]

6. 2. 2. 2. Kraftquellen erkennen und pflegen

Der amerikanische Pastoralpsychologe Howard Clinebell hat vor zehn Jahren einen ansprechenden Leitfaden „für ein individuelles, ganzheitliches Selbsthilfeprogramm auf der Grundlage der sieben Dimensionen des Lebens: Geist, Körper, Seele, Liebe, Arbeit, Spiel, Erde" veröffentlicht, in dem er leidenschaftlich dafür plädiert, daß wir uns auf die Suche nach unseren ganz persönlichen Kraftquellen begeben sollen.[14] Ein erster Schritt zu Heilung der „infizierten Kummerwunden" aus denen so viel Gift in unsere Innenwelt strömt, sei die Anlage eines *Selbstpflege-Tagebuches*.[15] Dieser Ratschlag ist durchaus bedenkenswert. Daß gerade in christlichen Kreisen die Selbstliebe und -pflege oft zu kurz kommen, wurde oben bereits angesprochen. Mag auch der Ratschlag Clinebells, stets

---

[12] Grün 1980 (b), 13; 24.
[13] Grün/Dufner 1989, 66f.
[14] Clinebell 1993. Vgl. in diesem Zusammenhang auch sein jüngstes Buch, Clinebell 1996, in dem er auf die Zusammenhänge zwischen der Selbstachtung und der Achtsamkeit gegenüber der Schöpfung eingeht.
[15] Vgl. Clinebell 1993, 234ff.

den „Vergnügungsquotienten" (VQ) im Auge zu behalten in europäischen Ohren befremdlich klingen,[16] daß die Freude am Leben positive Auswirkungen auf die leib-seelische Gesundheit hat, wird niemand bezweifeln. Die heilsame Wirkung des Lachens und Lächelns auf den gesamten Organismus ist mittlerweile auch medizinisch erwiesen. Die unwillkürliche Weitung der Nasenflügel beim Lächeln bewirkt ebenso eine verbesserte Sauerstoffzufuhr wie die Kontraktionen des Zwerchfells beim Lachen. „Lachen ist gesund" weiß schon der Volksmund. Dabei wirkt sich Fröhlichkeit nicht nur auf die leib-seelische sondern auch auf die „soziale" Gesundheit positiv auf, indem sie Menschen zusammenführt und verbindet. „Wer nicht genießt, wird ungenießbar" lautet eine andere Redewendung, die diese Einsicht treffend zum Ausdruck bringt. Natürlich kann man Freude und Fröhlichkeit nicht einfach „machen". Das wird man aus der eigenen Lebenserfahrung dem seichten Pragmatismus jener amerikanischen „Selbstheilungsliteratur" entgegenhalten, die den Markt derzeit mit so einfältigen Aufforderungen wie „Sorge dich nicht, lebe!" oder „Simplify your life" überschwemmt.[17] Daß aber das Wohlbefinden von Leib und Seele die Voraus-

---

[16] Ebd., 258.
[17] Vgl. Carnegie 1994; Küstenmacher/Seiwert 2002; In diesen Schriften rekapituliert sich letztlich das schon ältere Konzept des „positiven Denkens", das in der Mitte des vorigen Jahrhunderts in lutherischen und calvinistischen Kreisen in Amerika immer mehr Anhänger fand. Der evangelische Theologe Norman Vincent Peale (geboren 1898) gilt als Begründer der Lehre von der „Kraft des positiven Denkens" (so der Titel seines Hauptwerkes, 1952). Er und andere protestantische Geistliche in Amerika haben die calvinistische Anschauung, daß wirtschaftlicher Erfolg als ein Zeichen des göttlichen Segens zu werten ist, ausgeweitet auf den Bereich der Lebensführung. Sie haben ihre Einsichten in Form von Selbsthilfe-Literatur verbreitet, die eine Art spiritueller Technologie bzw. religiösen „Know-hows" enthält. Ziel dieser Schriften ist es, Prinzipien für ein „erfolgreiches Leben" zu vermitteln. Ein genaues Befolgen der Regeln führe zum gewünschten Ergebnis. Ein in Deutschland sehr populärer Vertreter war Joseph Murphy (gest. 1981).
Das Lebenskonzept des „positiven Denkens" fordert dazu auf, das Leben und seine Begleitumstände in „positivem" Licht zu sehen. Die Grundauffassung besteht darin, daß sich alles, was man denkt, früher oder später auch im Raum-Zeit-Kontinuum bzw. der materiellen Welt manifestiert. Eine wesentliche Methode des „positiven Denkens" ist die Verwendung von „Affirmationen", von „positiven" Leitsätzen, die immer wieder wiederholt werden und dadurch langsam Wirklichkeit werden sollen. Letztlich ist das Konzept eine Nebenströmung der amerikanischen Do-it-yourself-Philosophie. - Alle Bücher wollen den Leser dazu anregen, sein Leben zu ändern und seine Probleme zu lösen, um ein glücklicheres und auch materiell wohlhabenderes Leben zu führen. „Jeder Mensch hat die Möglichkeit, seinen Geist auf Erfolg einzustellen. Das ist einer der wichtigsten Grundsätze des positiven Denkens. Es liegt weitgehend in unserer Hand, ob unsere Zukunft erfolgreich sein wird. Unsere Gedanken bestimmen über unser Schicksal." (Peale 1987, 10). „Denke an die gewaltige Flut von Schwierigkeiten - an Krankheit, Schmerz, Gefahr, Furcht, Haß, Vorurteile oder Krieg. Gewappnet und mit Gottes Hilfe allem zu trotzen vermag nur der positive Mensch." (Peale 1988, 7). „Für jedes Problem gibt es eine Lösung..." (Murphy 1983, 13). Dem Leser wird für seine Mühe des Einhaltens der Ratschläge ein „vierfacher Gewinn" versprochen, nämlich der „Gewinn an Liebe, Gesundheit,

setzung und der Wurzelboden für Fröhlichkeit, Optimismus und Freude ist, wird niemand bestreiten. Nur ist das von Clinebell so anregend beschriebene „Wellbeing" eben nicht eine Gabe, die einfach von Himmel fällt, sondern die man sich erarbeiten kann und muß, indem man verschiedene Grundregeln beachtet. Das kleine Einmaleins körperlicher Fitness läßt sich in jedem Gesundheitsbuch nachlesen. Der Geist wird (oder bleibt) gesund, wenn er sich betätigen darf, d. h. wenn er angeregt wird durch Gespräche und Bücher und man ihn nicht täglich stundenlang einschläfert vor dem Fernsehapparat. Die Seele aber, das wurde an anderer Stelle in dieser Arbeit schon zur Genüge verdeutlicht, atmet auf, wenn sie ihre Augen auf die Schönheit der Schöpfung richtet und ins Gespräch eintritt mit dem, der diesen „Kosmos" erschuf.

6. 2. 2. 3. „Distanzierte Sorge

Die Bedeutung „distanzierten Sorge" („detached concern") bei der Burnoutprävention in helfenden Berufen wurde im ersten Kapitel bereits hervorgehoben.

Wohlergehen und Harmonie." (ebd. 14). „In Ihnen gibt es etwas, das alles weiß und alles sieht; Ihr mit der Quelle der Weisheit und kosmischer Energie in Einklang gebrachtes Unterbewußtsein kennt die Antwort auf alle Fragen." (Murphy 1985, 17). Das Kontrollieren und Verändern negativer Gedanken ist eine der Methoden, die Murphy empfiehlt. Die Techniken, deren Anwendung er empfiehlt sind: Kontrolle negativer Gedanken (1988, 36) / Aufbau förderlicher Gedanken (1988, 49) / Selbstbestärkung (1988, 49) / Selbstimagination (1988, 70) / Selbstbekräftigung (1988, 120).

Zimmermann (1995, 66) resümiert: „Betrachtet man die dem Positiven Denken zugrunde liegende Strategie, so zeigt sich, daß es sich hierbei in überwiegender Mehrzahl um Strategien handelt, die das persönliche Kontrollerleben fördern und die somit dem wissenschaftlichen Konstrukt der Selbstkontrolle zugeordnet werden können." Dieses Konstrukt der Selbstkontrolle ist wiederum ein Bestandteil der Verhaltenstherapie und zwar ein Spezialfall der „Selbstregulierung" (vgl. Kanfer&Philipps 1975). Der Prozeß der Selbstregulation besteht nach Kanfer (1987) aus 3 Stufen: Selbstüberwachung bzw. Selbstbeobachtung, - Selbstbewertung, - Verabreichung von Selbstverstärkung. (Vgl. auch Kanfer 1977). Verbindungen zwischen dem wissenschaftlichen Ansatz der „Rational-emotiven-Therapie" (vgl. vor allem die Schriften von Ellis) zum populär- bzw. pseudowissenschaftlichen Konzept des „positiven Denkens" werden zwar von den Vertretern der „RET" nicht hergestellt, ließen sich aber aufweisen.

Die pragmatischen und simplen Anregungen der Verfechter des „positiven Denkens" und der darauf aufbauenden neueren „Bewältige-dein-Leben-Literatur" gehen jedoch hemmungslos an der tatsächlichen Komplexität der menschlichen Psyche und psychologischer Krisensituationen vorbei. Auch die Problematik der Trieb- und Sündhaftigkeit der menschlichen Existenz wie sie Paulus in Röm 7,19 dargelegt hat („Denn das Gute, das ich will, das tue ich nicht; sondern das Böse, das ich nicht will, das tue ich.") wird völlig ausgeklammert. Im Grunde ist es ein völlig unchristliches Menschenbild, das da in amerikanischen Kirchenkreisen entstand: Wer sich selbst erlösen kann, braucht keinen Erlöser mehr.

Die „ausgewogene Balance zwischen Nähe und Distanz zum Klienten"[18] ist eine der Grundvoraussetzungen für eine professionelle und ressourcenschonende Arbeit mit Menschen. Wie für andere therapeutische Berufe gilt dies auch für den Beruf des Pfarrers, vor allem für seine seelsorgerliche Tätigkeit. Auch hier ist klar: „Übermäßige Beteiligung und Mitleid ... führen zum Verlust helfender Kompetenz".[19] Wer anderen Menschen von Berufs wegen in ihren Nöten beistehen will, für den ist eine Ich-Funktion überlebensnotwendig: die Fähigkeit, sich abgrenzen und nein sagen zu können. Entwicklungspsychologisch geht ohnehin jedem Ja ein Nein voraus.[20] Die Voraussetzung einer positiven Identifizierung ist die Fähigkeit zur Abgrenzung. Der Weg zur Selbständigkeit - und in einem noch viel tieferen Sinne: zur Individuation - fängt damit an, daß der Mensch gelernt hat, „Nein" zu sagen. Daß das Neinsagen auch theologisch gesehen eine wichtige Bedeutung hat, kam beispielsweise früher bei der Taufe zum Ausdruck, wo der Täufling (bzw. seine Eltern und Paten), zumindest nach älteren Taufagenden, dreimal gefragt wurde: Widersagst Du? Auch am Beginn der Wirksamkeit Jesu steht das dreimalige „Nein!" zum Versucher.[21]

Daß zur Grundeinstellung der „distanzierten Sorge" auch die Aufmerksamkeit auf - und die ggf. supervidierte Bearbeitung von - Übertragungsphänomen(en) gehört, liegt auf der Hand. Wie in allen therapeutischen Berufen entfaltet sich auch im beruflichen Handeln der PfarrerInnen das Wechselspiel von Übertragung und Gegenübertragung. Der im August letzten Jahres verstorbene, frühere Inhaber des Lehrstuhls für Praktische Theologie an der Universität Leipzig, Manfred Haustein, hat sich in einem posthum veröffentlichten Aufsatz mit dem Phänomen der Übertragung im Pfarrerberuf befaßt.[22] Er stellt einige hilfreiche Grund- bzw. „Einstellungsregeln" für den Umgang mit diesem Phänomen vor, die in den hier besprochenen Zusammenhang gehören:

„1. Es gehört zur Typik des Berufes Pfarrer, dass man auf ihn nahezu ständig persönliche und archetypische Übertragungen richtet. Eine Verweigerungshaltung, die darauf mit Abwehr reagiert, kann sich etwa als betont 'profanes', 'unpastorales' Gebaren darstellen und weitgehend unbewusst sein, irritiert die Menschen, an die er gewiesen ist. Auf diese Weise entstehen Kommunikations- und Beziehungsbrüche.

2. Der Pfarrer muss sich in Übertragungsbeziehungen bewußt halten, dass die Verehrung, Verklärung und Verherrlichung, die er von daher erfährt, keine Leistungswürdigung und Prämie seiner Vorzüge bedeuten. Eine solche narzißtische Verwendung von positiven Übertragungen, die keinem ganz ferne liegt, ist nicht nur der Spiritualität und persönlichen Reife des Pfarrers abträglich, sondern ge-

---

[18] Vgl. Pines et al. 1987, 127.
[19] Ebd.
[20] Vgl. Spitz 1960; Schellenbaum 1984.
[21] Vgl. Funke, in: Diakonia, 21. Jg. Heft 4, Juli 1990, 242f.
[22] Haustein 2001.

staltet auch die Beziehung zum Übertragenden schädlich haftend und besitzergreifend.
3. Übertragungsbeziehungen tragen in Krisen, Not- und Schwächephasen einen prothetischen Charakter. Dieser ist auf Zeit anzunehmen und zu bejahen, wobei die eigene Selbstprüfung und die Supervision besonders auf Fixierungs- und Bemächtigungstendenzen zu achten hat."[23]

Daß „Detached Concern" eine Überlebensstrategie für Helfer ist, wußte man freilich auch in der Zeit vor der wissenschaftlichen Psychologie. Schon der große reformierte Mystiker und Menschenkenner Gerhard Teerstegen (* 1697 in Moers + 1769 in Mülheim) warnte die Mitleidigen und Hilfsbereiten: „Wie so leicht bekommt man selbst Schaden auch da, wo man denkt, anderen nützlich zu sein. - Hütet euch, so viel Gott Gnade gibt, daß das billige Mitleiden, so ihr mit ihnen und ihrem Zustand habt, nicht zu tief in den Grund eindringe, damit ihr nicht gar zu sehr davon beweget, beunruhigt, niedergeschlagen, verdunkelt, und also auch der Leib dadurch noch mehr untüchtig und schwach gemacht werde. Sehet die Dinge nicht auf eine menschliche Weise an, sondern in Gott und in dessen Willen, der alles regieret, und auch, was aus eigener Schuld verdorben wird, dennoch wieder gut macht und zum Besten seiner armen Geschöpfe wendet."[24]

6. 2. 2. 4. Kohärenzgefühl, Sinnempfinden und Flow

Ebenfalls angesprochen wurde schon im ersten Kapitel dieser Arbeit der stärkende und stützende Einfluß religiöser Bindungen und des Gefühls der Sinnhaftigkeit des eigenen Lebens und Tuns. Leider ist es aber nicht gar nicht selten so, daß sich ausgerechnet bei den „ReligionsarbeiterInnen" im Laufe ihrer Berufsjahre die existentielle religiöse Bindung derart aushöhlt, daß sie zum Schluß kaum noch mehr als eine formale Hülle ist. Daß es aber nicht gesund sein kann, in der Berufsausübung ständig Dinge sagen und tun zu müssen, von denen man selbst nicht mehr viel hält, muß nicht eigens betont werden. Das, was PfarrerInnen tagtäglich zu tun haben, können sie nur leisten auf der Grundlage einer persönlichen Beziehung zu Christus und Gott, sonst ist es Etikettenschwindel und zynische Volksverdummung. Die Macht des Heiligen wird sich, um mit Josuttis zu sprechen, früher oder später gegen diejenigen richten, die professionell in ihrem Machtbereich zu arbeiten versuchen ohne innere Bindung an dieses Heilige. Womit nicht gesagt sein soll, daß PfarrerInnen keine Glaubenszweifel haben dürfen. Daß der gespürte und erlittene Zweifel ja gerade ein Ausdruck dieser existentiellen Bindung ist, wurde bereits gesagt.

---

[23] Haustein 2001, 645. Die Aufzählung umfaßt noch weitere 4 Punkte.
[24] Zit. nach: Dorst 1989, 237.

Die Bedeutung des „Kohärenzgefühles" für den Lebensmut hat Antonovsky aufgezeigt. Auch für die Arbeitszufriedenheit und -freude ist das Gefühl der Sinnhaftigkeit der eigenen Tätigkeit eine entscheidende Voraussetzung. Viele PfarrerInnen vermitteln aber eher den Eindruck, als lebten und arbeiteten sie unter dem Motto: „Es hat ja doch alles keinen Sinn mehr." Zugegeben, die Zustandsbeschreibungen der Volkskirche, die Prognosen über den „schrumpfenden Protestantismus", das miterlebte Heranwachsen einer kirchlich so gut wie überhaupt nicht mehr sozialisierten jungen Generation können, vor allem für die ohnehin eher depressiv gepolten Persönlichkeiten unter den PfarrerInnen, zu einer Quelle der Lähmung und Resignation werden. Aber befanden sich die ersten ChristInnen in Korinth und Rom nicht in einer weitaus prekäreren Lage? Sie freilich hatten ihre „Vision", die sie am Leben hielt, und im Laufe von drei Jahrhunderten die gewaltige Maschinerie des römischen Imperiums veränderte. „Ein Volk ohne Vision geht zugrunde" heißt es im Buch der Sprüche (Spr. 29,18).[25] Natürlich verliert man im Laufe des Beruflebens viele Illusionen. Das ist eine durchaus sinnvolle Entwicklung. Fatal wird es jedoch, wenn man seine „Visionen" verliert, die „Liebe des Anfangs", die Motivation, mit der man sich damals zu dieser Berufswahl entschlossen hat. In dem Maße, in dem die PfarrerInnen ihre Visionen (von Kirche, von Seelsorge, von einer wahrhaft christlichen Gemeinde, vom Reich Gottes, vom Wirken Christi in der Welt u.v.m.) verlieren, werden sie in der Tat zu den „elendesten aller Menschen" (1 Kor. 15,19). Eine herausragende Aufgabe der Kirchenleitung wäre es demnach, dafür zu sorgen, daß die PfarrerInnen geeignete Freiräume und Möglichkeiten zur Pflege und Vertiefung ihrer Visionen bekommen. Verpflichtende „Einkehrwochen" und Exerzitien wären hier sicher ein hilfreicher Anfang. Die katholische Kirche hat die fundamentale Bedeutung einer Pflege und beständigen Erneuerung der religiösen Bindung und der „Visionspflege" gerade für ihre Geistlichen längst erkannt und verlangt darum von ihnen die regelmäßige Teilnahme an Exerzitien. Warum eigentlich will die evangelische Kirche hier nicht einmal von der Weisheit der älteren Schwester lernen?

6. 2. 2. 5. Soziale Unterstützung

Gerade PfarrerInnen brauchen bei ihrer anspruchsvollen und herausfordernden Tätigkeit intakte soziale Netze, die sie bestätigen und unterstützen. Chaplan definiert die sozialen Unterstützungssysteme (social support systems) als „dauerhafte zwischenmenschliche Beziehungen zu Kreisen von Personen, von denen man in Notfällen emotionalen Halt und praktische Hilfe verläßlich erwarten kann, von denen man Rückmeldungen bekommt und mit denen man Standards und Werte teilt."[26] In erster Linie werden das natürlich Mitglieder der ei-

---

[25] Spr. 29,18. Vgl. dazu Sölle 1986.
[26] Zit. nach Pines et al. 1987, 145.

genen Familie sein, wenn sie denn ein intaktes System bilden. In zweiter Linie können das vor allem Menschen sein, die im gleichen Beruf tätig sind wie man selbst und von daher die Nöte und Probleme, aber auch die Freuden der Arbeit kennen. Die bayerische Landeskirche war gut beraten, für die PfarrerInnen während der „FeA-Zeit"[27] im Rahmen der dritten Ausbildungsphase die Mitgliedschaft und Teilnahme an sogenannten „Regionalgruppen" verpflichtend zu machen. Die TeilnehmerInnen dieser überschaubaren Gruppen von etwa zehn bis fünfzehn KollegInnen der gleichen Altersstufe, die in der gleichen Region arbeiten, treffen sich in regelmäßigen Abständen, um typische Probleme der Berufseingangsphase ohne Zeitdruck zu diskutieren und zu bearbeiten. Als MentorInnen sind ihnen zwei erfahrene PfarrerInnen zugeordnet. Leider lösen sich diese Gruppen mit dem Erhalt der Bewerbungsfähigkeit in der Regel ersatzlos auf. Die monatlich stattfindenden „Pfarrkonferenzen" der Dekanate, auf denen in der Regel Formalia des laufenden Dienstes behandelt werden und keine Zeit für ein Eingehen auf psychologisch-seelische Befindlichkeiten bleibt, können die hilfreiche Funktion dieser Gruppen nicht ersetzen. Hier hat wiederum die württembergische Landeskirche, die von ihren PfarrerInnen neben den „großen" Pfarrkonferenzen auch die regelmäßige Teilnahme an überschaubareren „Regionalkonventen" erwatet, ein besseres Gespür für die Notwendigkeiten des Dienstes. Grundsätzlich kann den PfarrerInnen nur empfohlen werden, sich eine Gruppe zu suchen, in der sie hinsichtlich ihrer inneren Befindlichkeit wahrgenommen und angenommen werden - und dies nicht nur im Blick auf die Burnoutprävention, sondern ganz allgemein um ihrer beruflichen und persönlichen Zufriedenheit willen. Dabei müssen dies durchaus keine kirchlichen Gruppierungen sein. Die Teilnahme an einer multiprofessionellen Balintgruppe, oder z. B. eine mehrjährige gestaltpsychologische Zusatzausbildung kann sich als segensreich herausstellen. Zusätzlich zu einer psychologisch orientierten Gruppe ist auch die Teilnahme an einer Gruppierung dringend zu empfehlen, in der man gemeinsam mit anderen Menschen zweckfrei etwas tut (Schachclub, Tanzverein, Handballmannschaft, Hundezüchterverein, Aikido-Training etc.). Dem Einwand, daß die PfarrerInnen doch ohnehin keine Zeit hätten, gleich zwei berufsfremde Mitgliedschaften aufrecht zu erhalten, ist zu entgegnen, daß diese Teilnahme kein Ausdruck von Faulheit, sondern von Professionalität ist, dient sie doch der Erhaltung von Energie, Ausdauer und „Awareness" im Beruf.

6. 2. 2. 6. Spirituelles Leben pflegen

Beten hält gesund - dazu habe ich oben bereits vieles gesagt. Das Gebet allerdings als „mentales Relaxing" zu bezeichnen und es in eine Konkurrenz zu anderen „Relaxing-Methoden" des modernen Menschen zu stellen, wie Hauschildt

---

27 „Fortbildung in den ersten Amtsjahren" (im Raum der bayerischen Landeskirche die Zeit vom II. Examen bis zur Erlangung der Bewerbungsfähigkeit).

es tut („nicht immer und nicht in jedem Fall ist das Gebet das überlegene Mittel der Entspannung, aber im Vergleich mit anderen steht es ziemlich gut da"), zeugt schon von einem recht hemdsärmeligen Umgang mit den hohen Gütern unserer Tradition.[28] Es geht beim Beten gerade nicht um Entspannung, sondern, wenn man im Bild bleiben möchte, um „Eutonie", um eine „gute Spannung", indem die Seele durch ihr Zwiegespräch mit dem Schöpfer in einen Zustand hoher Anregung und Lebendigkeit gerät, ähnlich der seligen Unruhe und Aufregung Verliebter. Im Grunde ist es eine Schande, daß man ausgerechnet PfarrerInnen auf die Bedeutung des spirituellen Lebens hinweisen muß. Das heißt, auf die Bedeutung muß man gar nicht so sehr hinweisen, derer sind sich die PfarrerInnen schon bewußt, wie übereinstimmend die entsprechenden Voten der Sparte Eigenwahrnehmung und Außeneinschätzung bei den hier durchgeführten Interviews ergeben. Nur der Sprung vom Wissen zur Praxis scheint den hauptamtlich in der Kirche Tätigen unendlich schwer zu fallen. Dabei ist gerade das regelmäßige Gebet nicht nur eine Quelle der Kraft, sondern auch der Selbstvergewisserung, die die verunsicherten PfarrerInnen gerade in der heutigen immer unkirchlicher werdenden Zeit so nötig brauchen. „Im Zwiegespräch mit Gott im Herzen der Welt", betont Dubied zu Recht, „realisiert der Pfarrer, wie jeder Gläubige, Tag für Tag seine Identität, in einer langen Auseinandersetzung mit sich selbst, seinen nächsten Angehörigen, seiner Situation und seiner Berufsausübung, mit seinen Mitarbeitern, der Kirche und seinen Kollegen im Pfarramt, mit allen Menschen."[29] Hier stehen nach meiner Überzeugung auch die Kirchenleitungen in der Pflicht, den PfarrerInnen Freiraum und Gelegenheit für spirituelles Lernen zu eröffnen. Die Neuerrichtung bzw. Pflege bereits vorhandener spiritueller Zentren und Einkehrhäuser müßte oberste Dringlichkeit haben. Eine den PfarrerInnen mindestens einmal im Jahr für vierzehn Tage vorgeschriebene Teilnahme an einer Meditationsfreizeit oder einer Pilgerwanderung oder der Besuch eines Bibliodrama-Kurses oder eines Kurses für Gregorianisches Singen etc., würde der Kirche weit mehr an neuer Dynamik bringen als der Versuch einer „Modernisierung" nach den Methoden von McKinsey.

6. 2. 3. Strukturell-organisatorische Ebene

Daß Burnout kein individuelles, sondern ein systemisches Problem ist, das vor allem aus gesundheitsschädigenden Arbeitsbedingungen und -strukturen resul-

---

[28] Hauschildt 2000, 183. Zu Recht wird Hauschildt denn auch von einem Meister der Zunft ein Leuchter aufgesetzt (im gleichen Band!), vgl. die einschlägigen Stellen bei Josuttis 2000 (b), 117 ff. Hauschildt, der (1996) mit großem Fleiß den Potentialen der „Alltagsseelsorge" beim Geburtstagsbesuch nachspürte, trägt letztlich mit seinen Ausführungen in der Tat doch eher zu einer „Verarmung" (vgl. Josuttis ebd., 122) bereits erreichter Standards bei als zu ihrer Erweiterung.

[29] Dubied 1995, 183.

tiert, war die Schlüsselerkenntnis der Burnout-Forschung in ihrer Entstehungsphase. Der - vielleicht manchem Vorgesetzten naheliegende - Versuch, die Problematik beiseite zu schieben, indem man die Verantwortung für ihren Zusammenbruch den Ausgebrannten selbst anlastet, wäre keine Lösung, sondern eine weitere Verschärfung des Problems. Die Leitungsebene der Kirche ist gut beraten, wenn sie die Überlastungs- und Burnout-Symptome ihrer MitarbeiterInnen als ein dringendes Alarmsignal erfaßt, die Gründe sorgfältig analysiert und sich um entsprechende Verbesserungen der Arbeitsbedingungen im kirchlichen Dienst bemüht.

6. 2. 3. 1. Führen und Leiten

Der damalige Stellvertreter des Kirchenpräsidenten der Evangelischen Kirche in Hessen und Nassau, Oberkirchenrat Helmut Spengler, schrieb 1974 zum Thema „Seelsorge an Seelsorgern" folgende nachdenklich stimmende Worte: „Dazu kommt, daß in der 'consolatio fratrum', wie sie auf Pfarrkonferenzen oder in Einzelgesprächen zwischen Pfarrern, Dekanen und Propsten geschehen soll, das Problem der Identität des Predigers und seiner Verkündigung durch theologische Debatten überdeckt wird. Es verbirgt sich nicht nur in ihnen, sondern ist auch verstrickt in einseitig betriebener Theologie. Was das Ich des Pfarrers in seinem Dienst und in seinem privaten Leben wirklich glaubt, denkt, wünscht und leidet, ist in einer Weise verdrängt, verschoben und verschwiegen, die der geistlichen Leitung Sorge bereiten sollte."[30] In der Tat wäre es unter dem Aspekt einer von der Leitungsebene der Kirche ja so erstrebten „vernünftigen Unternehmenspolitik" geradezu eine Pflicht, herauszufinden, welche Wünsche und Nöte ihre PfarrerInnen im Innersten bewegen. Ein sinnvoller Schritt in diese Richtung ist zweifellos die Einführung der Mitarbeiterjahresgespräche, wobei diese eigentlich auf zwei Ebenen geführt werden müßten: auf einer fachlichen und einer seelsorgerlichen, und klar zu unterscheiden wären von den dienstlichen „Regelbeurteilungen". Die „Regelbeurteilung" wird sinnvollerweise weiterhin die Aufgabe der Dienstvorgesetzten sein. Daß diese aber auch die Mitarbeiterjahresgespräche führen sollen, deren erklärtes Ziel ja die „Potentialentwicklung" ist, kann man nur mit Kopfschütteln zur Kenntnis nehmen. Wie kann man mit seinem Vorgesetzten, der einen schließlich ja auch beurteilt, offen über seine Schwächen reden? Hier wäre die Kirchenleitung wirklich gut beraten, wenn sie ein Netz von gleichermaßen neutralen wie professionellen „Trainern" oder „Coaches" schaffen würde, deren regelmäßige Inanspruchnahme für die PfarrerInnen - bei gleichzeitiger Zusicherung von Anonymität - verpflichtend ist. Auf ausdrücklichen Wunsch der PfarrerInnen könnten dann Ergebnisse des Coaching-Prozesses auch in das Beurteilungsverfahren mit einfließen, wobei sichergestellt sein muß, daß denen, die dies nicht wünschen, keine Nachteile entstehen.

---

[30] Spengler, in: Wege zum Menschen 1974, 418.

Ein psychologisch weitaus sensibleres Feld als die „Potentialentwicklung" ist die „Seelsorge" an PfarrerInnen. Die Kirchenleitung hat die Aufgabe, dafür geeignete Strukturen zu schaffen. Aber sie kann diese Seelsorge in der Regel nicht ausüben (wobei es freilich auch seelsorgerliche Erfahrungen mit Vorgesetzten gibt). Seelsorge lebt gerade auch von ihrer Verschwiegenheit. Ältere Pfarrer haben den Skandal einer unseligen Verquickung von Leitung und „Seelsorge" noch am eigenen Leibe erlebt, beispielsweise als sie sich in ihrer Ehekrise vertrauensvoll ihrem Kreisdekan offenbart haben und dieser das Gespräch nach langem und freundlichem seelsogerlichen Zuhören dann mit den Worten beendete: „Ich danke Ihnen für Ihre Offenheit. Aber Sie werden verstehen, daß ich das, was Sie mir gesagt haben, jetzt nach München weitermelden muß" - was nicht selten der Auftakt zu einem Amtszuchtverfahren war. Wer will es diesen Pfarrern verdenken, daß sie ihr Vertrauen in die Leitung ihrer Kirche verloren haben?

Ein Kennzeichen kompetenter Leitung wäre es auch, wenn sich die Vorgesetzten bemühten, zu verwirklichen, was der Leiter des Münchner Beratungszentrums, Klaus Rückert, so eindrücklich als „Klima der Fehlerfreundlichkeit" bezeichnet. Gerade in einer Kirche, die sich auf das Evangelium von der Rechtfertigung des Sünders gründet, sollte man auch einmal (oder sogar mehrmals) etwas „falsch" oder „schlecht" machen können, ohne dafür gleich „schlecht angeschaut" zu werden. Eng damit verbunden ist die bereits im dritten Kapitel angesprochene Tugend der Wertschätzung und Würdigung. In den Voten der befragten PfarrerInnen wird gerade dieser Punkt immer wieder genannt: Die Vorgesetzten sollten den PfarrerInnen mehr Wertschätzung entgegenbringen und ihre Leistung mehr würdigen. „Statt Förderung kommt von oben nur Forderung" - mit diesem bitteren Statement brachte eine Person die Meinung vieler auf den Punkt. Man hat seitens der Pfarrerschaft in der Tat oft den Eindruck, als würde sich die Kirchenleitung immer erst dann einschalten, wenn etwas schief gegangen ist. Zu den einfachsten Grundregeln einer effizienten Betriebsführung gehört die Motivationspflege der Mitarbeiterschaft. Es hätte gewiß eine erstauniche Wirkung, wenn der Dekan (oder vielleicht sogar der Kreisdekan) hin und wieder eine(n) der PfarrerInnen anrufen würde, um zu sagen, daß ihm der Artikel im Gemeindebrief oder das Gesprächskreisangebot in der Gemeinde sehr gut gefällt. Daß dem positiven Feedback eine wesentliche Rolle bei der Burnout-Prävention zukommt, wurde schon gezeigt. Leider schildern - wie Hartmut Stoll berichtet - gerade PfarrerInnen, die in Konflikte mit ihren Kirchenvorständen oder MitarbeiterInnen verwickelt sind, „daß sie sich von ihren Vorgesetzten nicht gut unterstützt fühlen im Sinne einer wirklich wahrgenommenen Fürsorgepflicht. Deshalb trauen sie der Wirksamkeit innerkirchlicher Konfliktregelung wenig oder nichts mehr zu."[31] Besonders im Hinblick auf ein hilfreiches Konfliktmanagement besteht nach Stoll Überzeugung erheblicher Nachholbedarf auf der Leitungsebene: „Ich sehe in diesem Feld eine Anfrage, ja Herausforderung

---

31 Stoll 2000, 212.

an die Personalführung und Personalpolitik der Kirchen auf den verschiedenen Leitungsebenen. Meines Erachtens gehört zur Übernahme einer Leitungsfunktion eine angemessene Schulung in mediatorischen Fähigkeiten und Techniken sowie eine klare Vorstellung davon, wie hauptamtlich professionelle und ehrenamtlich kompetente Mitarbeit auf den verschiedenen Ebenen einander sinnvoll zuzuordnen sind. Häufig scheinen zudem immer noch genügend klare Aufgaben- und Verantwortungsprofile für die unterschiedlichen Formen von Mitarbeit in der Kirche zu fehlen, was Rivalitäts- und Kompetenzkonflikte strukturell begünstigt."[32]

Daß die Kirchenleitungen von Bayern, Württemberg und Baden sich vor etwa zehn Jahren entschlossen haben, auf dem Schwanberg ein Zentrum zur Therapie und Erholung überlasteter und „ausgebrannter" PfarrerInnen einzurichten, ist in psychologischer und seelsorgerlicher Hinsicht ein Meilenstein. Es ist verwunderlich, daß die anderen Landeskirchen diesem guten Beispiel bis jetzt noch nicht gefolgt sind. Daran, daß es in ihrem Bereich weniger „ausgebrannte" Pfarrer gäbe, kann es jedenfalls nicht liegen.

6. 2. 3. 2. Supervision, Berufsberatung und Eignungsdiagnostik

Die Bedeutung der Dialogfähigkeit und -willigkeit in privaten wie in beruflichen Bezügen muß ebenso nicht eigens betont werden. Gerade in Krisenzeiten, vor allem auch in einer Burnout-Krise, wird es noch einmal wichtiger, eine(n) kompetente(n) Begleiter(in) zu haben, mit dem oder der man vorbehaltlos ins Gespräch treten kann über das, was einen beschwert und blockiert. „Miteinander Reden" ist tatsächlich das einfachste und zugleich wirksamste Hilfsmittel, wenn man nicht mehr weiter weiß.[33] Nur kann man nicht mit jedem und jeder reden, vor allem dann nicht, wenn es einem schlecht geht. In Zeiten der Krise wird es unter Umständen nötig sein, sich einen Therapeuten oder eine Therapeutin zu suchen, der oder die mit einem geht im „finsteren Tal" und einem beisteht, daß man wieder „ins Gespräch" und damit auch wieder „in Kontakt" kommt mit sich selbst und seinen Ängsten, mit dem „Inneren Team",[34] mit den Menschen, die einen umgeben und mit dem Schöpfer. Besser als die Therapie ist aber allemal die Vorbeugung. Das beste Instrument zur Vorbeugung beruflicher Krisen, insbesondere auch der Burnout-Krise gerade in „Helferberufen" ist die kontinuierliche Supervision. Was in therapeutischen Berufen längst selbstverständlich ist, sollte sich endlich auch im Pfarrberuf durchsetzen, daß man verpflichtet wird, sich in seinem beruflichen Tun dem Dialog zu stellen, sich hinterfragen und begleiten zu lassen - und zwar regelmäßig und fachlich fundiert. Leider ist es noch immer so, daß die Supervision einer - nicht problemlos zu bekommenden - kir-

---

[32] Ebd.
[33] Vgl. Schulz von Thun 1981, 1989 und 1998.
[34] Vgl. Schulz von Thun 1998.

chenaufsichtlichen Genehmigung bedarf und mit einem nicht unbeträchtlichen Eigenanteil an Kosten verbunden ist. Müßte es nicht im Sinne einer effizienten Personalführung umgekehrt so sein, daß die Kosten weitestgehend von der Institution übernommen werden und daß es einer Genehmigung von vorgesetzter Stelle bedarf, wenn man Supervision nicht in Anspruch nimmt? Daß es eine erhebliche finanzielle Belastung für die Kirche darstellt, wenn 2500 PfarrerInnen regelmäßig einmal im Monat eine Doppelstunde Supervision zu durchschnittlich 80 Euro nehmen, steht außer Frage. Daß diese Maßnahme aber der Effizienz und Qualität der pastoralen Arbeit sowie der beruflichen Zufriedenheit der PfarrerInnen zugute kommt und sich insofern längerfristig auszahlt, weil zufriedene PfarrerInnen auch eine der Voraussetzungen für zufriedene Gemeinden sind, steht ebenfalls außer Frage. Hier wäre das kirchliche Kapital wohl sinnvoller angelegt als bei teuren Marketingagenturen. Auch könnte die Kirche einer größeren Anzahl von PfarrerInnen die SupervisorInnenausbildung mit der Maßgabe gestatten, daß sie diese zusätzliche Qualifikation dann eine zeitlang kostenlos im Rahmen ihres Dienstauftrages einzubringen haben. Die hohen TeilnehmerInnen-Zahlen der KSA-Ausbildung lassen erkennen, daß es an Bereitwilligen für solche zusätzlichen Ausbildungen und Dienstaufträge nicht mangeln würde.

Daß der Aufbau eines flächendeckenden Netzwerkes von Berufs- und Lebensberatungsstellen speziell für Mitglieder kirchlicher Berufe eine entscheidende Maßnahme für die Verbesserung der beruflichen Effizienz und Zufriedenheit darstellt, könnten die deutschen von den amerikanischen Kirchen lernen. Schon in den siebziger Jahren des vorigen Jahrhunderts hat man dort mit dem Aufbau solcher Netzwerke begonnen und durchweg positive Erfahrungen damit gemacht. Werner Becher, der 1974 in einem Themenheft der Zeitschrift „Wege zum Menschen" darüber berichtet, schreibt: „Inzwischen wird in verschiedenen Gegenden der USA Berufs- und Lebensberatung für Mitarbeiter der Kirche in 16 anerkannten Einrichtungen angeboten, die mit Modifikationen alle die gleichen Ziele der Berufsentwicklung verfolgen:

- die Einschätzung der Eignung und die Anleitung zur Setzung vernünftiger und sinnvoller Berufsziele,
- die professionelle Hilfe zum umfassenden und effektiven Gebrauch der eigenen Fähigkeiten,
- die Orientierung bei der Entwicklung von Fortbildungsplänen zur Verbesserung der beruflichen Qualifikationen,
- die Unterstützung beim Berufswechsel,
- die professionelle Beratung von Ehepartnern der Klienten,
- die Eignungsprüfung und Anleitung von Kandidaten kirchlicher Berufe,
- die professionelle Begleitung in Berufskrisen."[35]

---

[35] Becher 1974, 412. Vgl. auch die Berichte der Arbeitsgruppe am Seminar für therapeutische Seelsorge in Frankfurt/Main, Berufs- und Lebensberatung von Pfarrern, in: Wege zu Menschen, 26. Jg. 1974, 385-390.

Die Bedeutung einer fundierten „Eignungsprüfung" bzw., „Eignungsdiagnostik" vor der Berufswahl im Hinblick auf die Verhinderung späteren beruflichen Unglücks, wurde auch immer wieder durch den österreichischen Pastoralpsychologen Hermann Stenger betont, der 1988 einen Sammelband zum Thema der „Eignung für die Berufe der Kirche" herausgegeben hat.[36] In einem informativen geschichtlichen Überblick legt dort Friedrich Wulf dar, daß sich die „Kriterien der Eignung" für den pastoralen Beruf im Laufe der Kirchengeschichte zwar geändert haben, daß er aber letztlich immer um das „Verhältnis von innerer Berufung und objektiver Eignung" ging.[37] Stenger selbst stellt in seinem „pastoraltheologischen Entwurf" zum Thema „Kompetenz und Identität" drei Kriterienkataloge zur „pastoralen Befähigung" zusammen. Als Grundvoraussetzungen für diese Befähigung beschreibt er drei „berufs-unspezifische Varianten ganzheitlicher-personaler Kompetenz" nämlich: die Fähigkeit, „*personbezogen* zu kommunizieren, *wirklichkeitsbezogen* zu handeln und *botschaftsbezogen* mit Symbolen umzugehen". Überall da, wo die Angehörigen pastoraler Berufe über diese Fähigkeiten verfügen und sie zur Geltung bringen, „entsteht eine Atmosphäre, die theologisch als 'redemptives Mileu' bezeichnet werden kann". Da dem heutigen Menschen die Wirklichkeit als differenzierte Vielfalt begegnet, sieht Stenger auch in der „Pluralitätstoleranz" ein wichtiges Kriterium der Eignung für den pastoralen Beruf.[38] Gerade für die PfarrerInnen ist es lebensnotwendig, ein „Pontifex-Ich" auszubilden und aufrecht zu erhalten, ein Ich, das „Spannung auszuhalten und zu verarbeiten vermag".[39] Den optimalen Zustand sieht Stenger dann erreicht, „wenn die pastorale Kompetenz in die geglückte personale Identität voll intergriert werden konnte. ... Träger pastoraler Kompetenz, die den Zustand der Integrität annähernd erreicht haben, sind exemplarisch kompetent, selbst dann, wenn - aufgrund der Abnahme ihrer körperlichen und geistigen Kräfte - ihre berufstheoretischen und berufspraktischen Fähigkeiten nachlassen."[40]

---

[36] Vgl. Stenger (Hg.) 1988.
[37] Wulf, „Kriterien der Eignung. Ein geschichtlicher Überblick", in: Stenger (Hg.) 1988, 11-30, 14.
[38] Stenger, „Kompetenz und Identität. Ein pastoralanthropologischer Entwurf", in: Ders. (Hg.) 1988, 31-133, 50 ff.; 54; 64; 57.
[39] Ebd., 82.
[40] Ebd., 98; 110. Vgl. auch den Beitrag von Karl Berkel über die „Grundlagen beratender Begleitung" bei der Eignungsdiagnostik, ed., 135-194.

6. 2. 3. 3. Seelsorge an SeelsorgerInnen[41]

Zwischen der Supervision und der Seelsorge an PfarrerInnen gibt es Überschneidungen. Gute Supervision hat immer auch eine seelsorgerliche Komponente. Wenn man nämlich seine beruflichen Pflichten zufriedenstellend erfüllen kann, fühlt sich auch die Seele wohl. Dennoch ist Seelsorge umfassender, hat sie doch die ganze Person im Blick - nicht nur in ihren beruflichen, sondern auch in ihren familiären und vor allem in ihren religiösen Bezügen. Daß gerade diese religiösen Bezüge bei vielen PfarrerInnen ein durchaus problembehafteter Bereich sind, wurde schon mehrmals angesprochen. Nur traut man sich heute kaum mehr, darüber zu reden. Das war in früheren Zeiten anders. Da war es selbstverständlich, daß jeder Pfarrer und erst recht jeder Mönch seinen „Beichtvater" oder „Spiritual" hatte, dem die Sorge für die geistliche Lebendigkeit der sich ihm Anvertrauenden oblag. Eine Kirche, der es um eine Erneuerung ihrer Kraft und die Wiedergewinnung ihrer Attraktivität geht, wäre gut beraten wenn sie so eine segensreiche Institution wieder aufleben ließe. Eventuell benötigte Finanzmittel ließen sich guten Gewissens aus den zweifelhaften und übertreuerten Werbekampagnen abziehen. Wie soll das Feuer des Heiligen Geistes auf die Gemeinden überspringen, wenn die PfarrerInnen geistlich erloschen und ausgebrannt sind? Daß ein geistliches Leben der kontinuierlichen Übung bedarf, wurde zur Genüge dargelegt. Daß man für die „Einübung" einer Fertigkeit eine(n) Begleiter(in) braucht, gilt in nahezu allen Bereichen als selbstverständlich, ob im Sport, in der Schule, im Studium etc. Warum sollte es im geistlichen Bereich anders sein?

Wenn von der Seelsorge an SeelsorgerInnen gesprochen wird, kommt natürlich auch die vielbeschworene „mutua consolatio" in den Blick. Bekanntlich zählte Luther das mutuum colloquium und die consolatio fratrum (die „wechselseitige Unterhaltung und Tröstung der Brüder") zu den Gnadenmitteln der Kirche (neben der Predigt der Sündenvergebung, der Taufe, dem Abendmahl und der Beichte).[42] Ob es freilich immer eine Gnade ist, mit den KollegInnen des

---

[41] Vgl. auch die Hinweise und Kurzberichte zum Thema „Seelsorge an Seelsorgern", in: „Wege zum Menschen", 26. Jg. 1974, 418-428, den Artikel von Hertzsch über „Seelsorge an Seelsorgern", in: Handbuch der Seelsorge 1986, 523-533, den Artikel von Winkler über „Seelsorge an Seelsorgern", in: Bloth et. al., Praktisch Theologisches Handbuch, Bd. III, 521-531 sowie Winklers „Plädoyer für eine Seelsorge an Seelsorgern und Seelsorgerinnen", in: Winkler 1997, 502-507.

[42] Schmalkald. Artikel Teil 3: „Vom Evangelio", in: Die Bekenntnisschriften der evangelisch-lutherischen Kirche, hg.1930, 5. durchgesehene Auflage, Göttingen 1963, 449. Die Bedeutung der „mutua consolatio" wurde von pastoralpsychologischer Seite vor allem von Winkler (1983; 1997) unterstrichen. Er betrachtet sie als einen selbstverständlichen Bestandteil der „Berufshygiene" und betont: „Je weniger solche 'Seelsorge in eigener Sache' dabei als außergewöhnliche Maßnahme erlebt wird und je mehr sie einem *institutionalisierten Vorgehen* entspricht, desto leichter wird auch die hemmende Abwehr ge-

eigenen Pfarrkapitels zusammen zu sein, mag dahin gestellt bleiben. Ohne Zweifel ist der kollegiale Austausch jedoch sinnvoll und wichtig. Das Miteinander Teilen der Nöte und Freuden des beruflichen Alltags, etwa im Rahmen eines monatlich stattfindenden „Pfarrerstammtisches", wo man auch einmal ungeschützt „Dampf ablassen" darf, kann eine entlastende und kräftigende Wirkung haben. Mitunter kann es im Rahmen solcher Zusammenkünfte auch zur „Tröstung" kommen, denn geteiltes Leid ist bekanntlich nicht mehr ganz so bedrükkend und es tut gut, zu wissen, daß man nicht nur alleine die Probleme mit der schwindenden Kirchlichkeit der Bevölkerung hat. Ob allerdings die Zusammenkünfte der PfarrerInnen auf Dekanatsebene schon per se ein Forum der Seelsorge sein können, wage ich eher zu bezweifeln, weil es letztlich doch keine frei gewählte, sondern eine verordnete bzw. durch die Ortswahl vorgegebene Gemeinschaft ist. Es kann schon sein, daß man unter den KollegInnen vor Ort jemand findet, mit dem man sich anfreundet und eines Tages sogar Dinge des Herzens teilt, aber selbstverständlich ist es nicht. Damit aus der wechselseitigen Unterhaltung eine Tröstung werden kann, bedarf es in der Regel neben der Freiwilligkeit auch eines besonderen Rahmens und einer gesprächsfördernden Struktur bzw. Leitung, wie es zum Beispiel in der KSA- oder Bibliodrama- oder Gemeindeberatungsausbildung der Fall ist - oder eben in den Kursen des Pastoralkollegs gepflegt wird.

6. 2. 3. 4. Ausbildung, Fort- und Weiterbildung

Schon vor bald dreißig Jahren plädierte Richard Riess für einen ganzheitlichen Ansatz in der Pfarrerfortbildung: „Der Prozess der Pfarrerfortbildung kann als Seelsorge an Seelsorgern begriffen werden, sofern die ganze Person des Pfarrers mit ihren beruflichen, familiären, individuellen und sozialen Problemen einbezogen wird."[43] Zu jener Zeit, war er Dozent am Pastoralkolleg der Evangelisch-Lutherischen Kirche in Bayern und gerade dabei, zusammen mit Dieter Voll, dem Rektor des Pastoralkollegs, in einer modellhaften, sensiblen Verbindung von pastoralpsychologischen Erkenntnissen und spiritueller Weisheit jene typische Form ganzheitlichen Lernens zu entwickeln, die das bayerische Pastoralkolleg bis heute zu einem Anziehungspunkt und einem Hort der inneren Stärkung und des „Zu-Sich-Kommens" für PfarrerInnen macht.[44] In der Tat sind

---

gen alle Seelsorge 'per mutuum colloqium et consolationem fratrum' zu überwinden sein." (1997, 503). Zur Thematik vgl. auch den Aufsatz von Plathow 1983.
43 Riess 1974 (b), 420.
44 Vgl. das Büchlein von Dieter Voll mit dem doppeldeutigen Titel: Damit auch Pfarrer zu sich kommen, 1982. Vgl, auch den Rückblick Volls auf seine 20-jährige Amtszeit: Ein Biotop in Franken, 1988. Vgl. auch das Heft: „Pastoralkolleg Neuendettelsau. Eine Visitenkarte" (o.O., o.J., hg. anl. des 50 jährigen Jubiläums des Pastoralkollegs). Zu den Leitvorstellungen der Arbeit an den Pastoralkollegs der EKD bzw. VeLKD vgl. auch das

die Kurse des Pastoralkollegs, deren Kraftfeld sich aufbaut im Zusammenspiel von „Spiritualität, Koinonia, Parrhesia und Diakonia"[45] für viele nicht nur zu einer Oase des Atemschöpfens, sondern auch zu einer Quelle der Neubesinnung und Erneuerung der Frömmigkeit geworden - und insofern zu einer Erfahrung von Seelsorge und seelischer „Bildung" im besten Sinne des Wortes.

Aber nicht erst in der Weiterbildung, schon in der Ausbildung müßte die Seelsorge fest verankert sein und zwar nicht nur die Sorge um die Seele anderer, sondern gerade auch um die eigene Seele. Wenn Spiritualität und Kommunikation die Eckpfeiler des Pfarrberufes sind, dann kann es nicht angehen, daß Theologiestudenten sich zum ersten Examen anmelden und dieses sogar bestehen können, ohne ihre spirituelle und kommunikative Kompetenz im Laufe des Studiums sonderlich ausbilden und bei der Prüfung unter Beweis stellen zu müssen. In der Ausbildung zu einem Beruf, dessen Hauptanliegen Gott und der Mensch ist, sollte doch der qualifizierte Umgang mit Gott und dem Menschen wahrlich an erster Stelle stehen.[46] Gelehrt wird in der ersten Ausbildungsphase aber hauptsächlich der Umgang mit Texten. Insofern ist der sprichwörtliche „Praxisschock", den viele TheologInnen im Vikariat erleiden nicht verwunderlich. Manch eine/r merkt dann erst nach dem Studium, daß er oder sie gar nicht zu dem taugt, oder es nicht wirklich tun will, was der Beruf erfordert. Das von anderen Kirchen praktizierte Modell eines einjährigen Gemeindepraktikums nach dem Grundstudium ist sicher bedenkenswert. Wichtig wäre in jedem Fall die spirituelle und seelsorgerlich-psychologische Begleitung während des Studiums. Eine Aufgabe dieser Begleitung wäre es dann auch, die Gefahren durch Überforderung zu thematisieren und Möglichkeiten aufzuzeigen, wie man sich

---

Buch von Karl-Adolf Bauer: „Daß Du dem Kopf nicht das Herz abschlägst", o. O. 1996. Laut Bauer (ebd., 102) ergibt sich für die Pastoralkollegs „in der Regel eine vierfache Aufgabenstellung: Es kommt dem Pastoralkolleg zu, (1) zur persönlichen und pastoralen *Vergewisserung*, (2) zur theologischen *Vertiefung*, (3) zur *Seelsorge* untereinander und (4) zur leibseelischen *Rekreation* aller im Pfarramt Tätigen beizutragen." Diese Aufgabenstellung wird „in der Regel im Raum der Schriftauslegung wahrgenommen".

[45] So der frühere Landesbischof Hermann von Loewenich in seinem Grußwort zum 50-jährigen Jubiläum, in: „Pastoralkolleg Neuendettelsau", 6f.

[46] Das Grundlagenpapier der Gemischten Kommission für die Reform des Theologiestudiums spricht in diesem Zusammenhang von „theologischer Kompetenz", bleibt aber gerade in seinen Aussagen zum Thema der persönlichen Spiritualität und der psychologischen Grundausbildungen der Theologiestudierenden merkwürdig blaß, was denn auch im Diskussionsprozeß moniert wurde. Vgl. „Grundlagen" 1993, 19; 19 ff. und 110. Auch Josuttis moniert die Schwächen der Ausbildung im spirituellen Bereich. Ein Vergleich mit anderen Ausbildungssystemen für den religiösen Beruf zeigt, daß unsere Ausbildung zumindest hinterfragungswürdig ist: „Der Pfarrer lernt bei uns nicht beten und fasten. Er lernt nicht meditieren." (Josuttis 1982, 215). Hierzulande lernt man Kenntnisse und zum Teil Fertigkeiten. In anderen religiösen Systemen lernt man vor allem eine Seinsweise. In anderen Religionen lernt man die religiöse Kompetenz bei einem Meister oder Guru, bei uns von Professoren. (vgl. auch Josuttis' Hinweise zur Umgestaltung der Ausbildung ebd., 222f.).

dagegen schützen kann. Zur Ausbildung kommunikativer und spiritueller Kompetenz gehört nicht nur, daß man mit Gott und anderen Menschen kommunizieren kann, sondern auch mit sich selbst. Daß die Fähigkeit zur Selbstkommunikation eine unabdingbare Voraussetzung für berufliche Tätigkeiten ist, bei denen die eigene Person das entscheidende „Medium" oder „Handwerkszeug" des Berufshandelns ist, haben andere Berufsgruppen wie z.b. Psychotherapeuten und Analytiker längst erkannt, und verlangen darum vor dem Berufsantritt eine eigene Analyse. Ähnliches wäre auch in der Pfarrerausbildung möglich, wobei diese „Analyse" natürlich verstärkt auch auf die spirituelle Biographie fokussieren würde. „Spiritual direction" ist in der anglikanischen Kirche eine Selbstverständlichkeit - im Laufe des Studiums und der späteren Berufsausübung. Gemeint ist eine kontinuierliche und konsequente geistliche Begleitung, deren Inhalte und Ziele von Barry und Conolly wie folgt beschrieben werden: „Spiritual direction" ist „die Hilfe, die eine Person einer anderen gibt, die diesen Menschen befähigt, Gottes persönlicher Kommunikation mit ihm oder ihr Aufmerksamkeit zu schenken und dieser persönlichen Kommunikation zu antworten. Hilfe, in der Nähe zu diesem Gott zu wachsen und die Konsequenzen dieser Beziehung zu leben."47

Auf katholischer Seite hat sich schon vor Jahren Rolf Zerfaß über die „Grundkompetenzen" Gedanken gemacht, die durch die Ausbildung zu vermitteln sind. Nach seiner Meinung läßt sich - alltagssprachlich ausgedrückt - „das Ensemble der wünschenswerten Qualifikationen auf die Formel bringen: als Erwachsener mit erwachsenen Menschen umgehen." Zu dieser Auffassung kommt er nicht ohne Grund: „Wir kennen aus eigener Anschauung das schreckliche Gegenbild: wenn angeblich Erwachsene (die in Wahrheit aber voller infantiler Ängste, Zwänge, uneingestandener Wünsche und Ansprüche stecken) mit angeblich Nicht-Erwachsenen (die aber in Wahrheit vom Leben geschüttelt und in Kompromissen gereift und deshalb trotz aller religiösen und sprachlichen Unbeholfenheit erwachsen sind) auf Kanzeln und in Sprechzimmern und an Krankenbetten umgehen." Im Blick auf die Ausbildung hält er einerseits nüchtern fest, „daß die geforderte 'pastorale Identität' nur als Wachstumsphänomen gedacht werden kann, als krisenhafter Reifungsprozess, zu dessen konstruktiver Bewältigung die theologische Ausbildung nur einen vergleichsweise geringen Beitrag leisten kann", und erhebt andererseits - ohne das Stichwort Burnout zu nennen - eine Forderung, die sich nahtlos in einen Maßnahmenkatalog der Burnout-Prophylaxe einbinden ließe: „Angesichts der unter dem theologischen Nachwuchs begründbar vermuteten Dominanz des depressiven und zwanghaften Typs ist vor allem die Konfliktfähigkeit zu fördern, die Fähigkeit, nein zu sagen,

---

47 Zitat aus einem unveröffentlichten Arbeitsblatt, das bei einer von Herbert Lindner organisierten Tagung für FeA-Mentoren zum Thema „The ministry of spiritual direction" vom 21.-23. Januar 2002 in München Fürstenried von der Referentin Sharon Crossman, einer Pfarrerin der anglikanischen Kirche und Ausbilderin für „Spiritual Direction", an die TeilnehmerInnen ausgeteilt wurde.

Fremdansprüche abzuwehren, eigene Bedürnifsse wahrzunehmen und sich einzugestehen, statt sie altruistisch und idealistisch zu bemänteln, um sie in dieser Maskierung zu hegen und zu füttern."⁴⁸

Ein besonders geeigneter Weg zum Erlernen der „kommunikativen Kompetenz"⁴⁹ ist seit vielen Jahren das Lernen im Setting der „Klinischen Seelsorge Ausbildung", die sich seit einiger Zeit auch bewußt als „Kommunikations- und Seelsorgeausbildung" (KSA) versteht. Es wäre hinsichtlich der Fähigkeit zur Fremd- und Selbstwahrnehmung der Theologiestudierenden nur von Vorteil, wenn unter die Zulassungsbedingungen zum Ersten Examen auch die Absolvierung von mindestens zwei Sechs-Wochen-Kursen KSA aufgenommen würde.

6. 3. UMGEHEN MIT BURNOUT

6. 3. 1. Gezielte Burnout-Prävention

Wie bei allen Gesundheitsgefahren besteht auch im Blick auf das Burnout-Syndrom der erste Schritt einer erfolgreichen Prävention in der Information. In der Tat ist angesichts der besonderen Burnout-Gefährdung der PfarrerInnen ihre nachhaltige Sensibilisierung für die Gefahren gerade der latenten, schleichenden Arbeitsüberlastung und Selbstüberforderung dringend geboten. Dabei sollten die PfarrerInnen auch ermutigt werden, in dieser Hinsicht gegenseitig aufeinander zu achten. Sicher hängt auch viel vom jeweiligen Dekan bzw. der Dekanin ab, ob sich ein Pfarrkapitel hier langsam zu einem stützenden Netzwerk gegenseitiger Achtsamkeit entwickeln kann. Eine tatsächliche Wahrnehmung ihrer Leitungsverantwortung würde für die DekanInnen bedeuten, daß sie davon ablassen, den PfarrerInnen immer wieder das Gefühl zu geben, sie würden zu wenig und zu schlecht arbeiten und sich statt dessen überlegen, wie sie sie davor bewahren könnten, daß sie sich überarbeiten und ihre spirituellen Kraftquellen austrocknen lassen. In einem Pfarrkapitel gibt es eine Vielzahl „Beauftragter" vom Missionsbeauftragten bis hin zum Medienbeauftragten. Ist es ganz abwegig, hier auch einmal an die Einsetzung eines „Überlastungsbeauftragten" oder natürlich besser: „Entlastungsbeauftragten" zu denken? Dies wäre evtl. eine sinnvolle Aufgabe für die „BeraterpfarrerInnen".⁵⁰ Bei Visitationen von vorgesetzter Seite sollte jedenfalls die Frage der Burnoutgefährdung besondere Aufmerksamkeit verdienen. Und wie wohl täte es den manchmal von ihrem Kir-

---

48 Zerfaß 1978, 112 und 119f.
49 Zerfaß (Ebd., 115) versteht die kommunikative Kompetenz vor allem als „Fähigkeit, kommunikative Situationen zu stiften und zu schützen".
50 Vor etlichen Jahren hat die Evangelisch-Lutherische Kirche ein Netz von „BeraterpfarrerInnen" aufgebaut, die nicht zuletzt die Funktion von Ombudsleuten wahrnehmen sollen. Nach wie vor wird im Adressenteil des Pfarramtskalenders eine Liste von vierzig „BeraterpfarrerInnen" geführt.

chenvorstand arg geknechteten PfarrerInnen, wenn einmal der Kreisdekan in seiner Visitationspredigt vor der versammelten Gemeinde ein paar lobende und ihren Einsatz würdigende Worte für sie fände! Rückenstärkung, nötigenfalls auch manchmal Rückendeckung von „oben" wäre ,wie überhaupt die Signalisierung von Wertschätzung, ein sicher nicht zu unterschätzendes Element der Burnout-Prävention,.

Klaus Winkler hat sich viele Gedanken und Sorgen gemacht über die „Gefahr innerer und äußerer Emigration aus dem Dienst". Er schlägt ein „Sechspunkteprogramm" zum „Erkennen und Bannen" von Burnout vor, in dem sich etliche der von mir in diesem Kapitel bereits angesprochenen Maßnahmen wiederfinden:[51]

1. Die belastende Situation, auf die ein Mensch mit Burnout Symptomen reagiert, ist so genau und differenziert wie möglich zu diagnostizieren.
2. Das eigene Betroffensein von Burnout-Syndrom sollte nicht als „Kränkung" empfunden werden. Selbstvorwürfe sind ebenso wenig am Platz wie moralisierende Appelle. „Nicht in der Kränkung und damit in der 'Zurückhaltung' steckenzubleiben, sondern über seine Schwierigkeiten zu *kommunizieren*, ist der Beginn einer notwendigen Umstellung, wenn es darum geht, die Gefahr einer inneren oder äußeren Emigration zu bannen."
3. Die Verhaltenskorrektur und die Umstrukturierung der äußeren Bedingungen sollte man nicht auf einmal, sondern im Detail anpacken und in einzelnen Schritten vornehmen, setzt sich die Burnout-Problematik doch aus verschiedenen Schichten des Erlebens und Betroffenseins zusammen, die nach und nach aufgedeckt, bearbeitet und abgetragen werden müssen.
4 Es ist notwendig, „eine gezielte oder sogar institutionalisierte" Seelsorge an SeelsorgerInnen aufzubauen. Das könnte z.B. in einer Balintgruppe geschehen. „Dort sollte zum einen ohne Scham und Zweifel heilsam geklagt werden dürfen. Gilt doch gerade in diesem Kontext das Motto: Jammern und Klagen hält Leib und Seele zusammen. - Zum anderen öffnen sich in einer Gruppe Gleichgestellter und analog Betroffener Vergleichsmöglichkeiten, die über die je eigene Befindlichkeit uneingeschränkter und d.h. in sich selbst verhaftet nachdenklich werden lassen. - Im Rahmen einer Gruppe über sonst *verschwiegene* Aspekte der Lebenslage kommunizieren zu können, ist in vielen Fällen eine geeignete Maßnahme, um die Gefahr einer inneren oder äußeren Emigration zu bannen."
5. Es kommt viel darauf an, die Grenzen selbstheilenden Vorgehens zu akzeptieren und sich ggf. einer Psychotherapie zu unterziehen.
6. Es kommt viel darauf an, sich verstärkt um ein „persönlichkeitsspezifisches Credo" zu bemühen.[52]

---

[51] Winkler 1999, 381f.
[52] Vgl. auch Winklers früheren Äußerungen zur Thematik, in: Ders., Seelsorge 1997, 267ff. und in: Wege zum Menschen 34. Jg. 1982, 163 ff.

6. 3. 2. Copingstrategien entwickeln

Auch im Pfarramt gilt es, angesichts drohender Überlastung diverse Bewältigungsstrategien zu entwickeln. Auch hier wird der erste Schritt eine Analyse der Stresssituationen hinsichtlich ihrer „Mutability" sein, um dann zu entscheiden, ob problemorientiertem oder emotionsorientiertem „Coping" der Vorzug gegeben werden soll.[53] Kommt die Pfarrerin im Religionsunterricht einfach nicht mit den oberen Jahrgangsstufen der Hauptschule zurecht, kann sie ihre Versetzung in die Grundschule oder ans Gymnasium beantragen oder um die Übertragung anderer Aufgaben bei gleichzeitiger Reduzierung ihres Regelstundenmaßes bitten (= direkte Aktion). Bekommt der Pfarrer beim Dienst in der Friedhofskapelle regelmäßig Panikattacken, wird ihm eine Atemtherapie gut tun oder eine Schulung in autogenem Training oder ggf. auch eine Verhaltenstherapie (= Palliation). Sowohl bei der Stressorenanalyse als auch bei der Ausarbeitung und Einübung geeigneter Copingmethoden ist die Begleitung durch kompetente Supervision von großem Wert. Beim Versuch einer problemorientierten Stressbewältigung wird es freilich auch darauf ankommen, wie verständnisvoll der oder die Vorgesetzte ist.

6. 3. 3. Therapie

Sollte die „closest sin of ministers" tatsächlich, wie Faulkner meint, der Burnout sein bzw. die permanente Selbstüberforderung bzw. noch genauer: die dahinter als treibende Kraft wirksamen uneingestandenen Allmachtsphantasien, dann wird, wie bei allen Sünden, auch hier die grundsätzliche Voraussetzung der Lossprechung die Aufdeckung und das Eingeständnis sein. Erweisen sich die Coping-Maßnahmen als nicht mehr hilfreich, sind schließlich therapeutische Interventionen nötig. Wie bei anderen seelischen Leiden ist auch bei der Therapie des Burnout der Leidensdruck der Betroffenen der archimedische Punkt, an dem die Behandlung ansetzen kann. Erst wenn es überhaupt nicht mehr geht, kann man wieder in Gang kommen - in eine neue Richtung. Der Grundsatz der „Alcoholics Anonymous" hat Gültigkeit auch für das namenlose und leider im Gegensatz zu jenen nicht organisierte Heer der „Workaholics". Wer nicht mehr kann, wird, wenn er sich nicht das Leben nimmt, früher oder später zum Arzt gehen oder gebracht werden. Dessen differentialdiagnostische Kompetenz, den Burnout von einer Depression oder einer „vegetativen Dystonie" etc. zu unterscheiden wird nun darüber bestimmen, ob dem Betroffenen geholfen werden kann oder ob er durch eine falsche Behandlung noch zusätzlich belastet wird. Falls noch nicht geschehen, wäre es hier dringend notwendig, daß die Ärztekammer vor allem die niedergelassenen praktischen Ärzte mit Grundinformationen über das Burnout-Syndrom und seine Behandlung versorgt. Ein verantwor-

---

[53] Vgl. Kapitel 1 Punkt 4.1 dieser Arbeit.

tungsbewußter Hausarzt wird einen Klienten mit ausgeprägtem Burnout-Syndrom zu einem psychotherapeutischen Facharzt überweisen. Dieser wiederum wird nach Abschluß der Diagnostik als erstes dafür sorgen, daß der Klient für längere Zeit aus dem ihn belastenden Umfeld herausgelöst wird. Am besten durch Überweisung in ein psychotherapeutisch oder psychosomatisch orientiertes Sanatorium, möglichst nicht in eine psychiatrische Klinik, denn der Burnout ist keine „Krankheit" und die Betroffenen, die ohnehin dazu neigen, sich selbst die „Schuld" für ihren Zustand zu geben, sollten unbedingt vor einer weiteren Stigmatisierung bewahrt werden.

In der therapeutischen Einrichtung wird ein erstes Ziel der mehrdimensional anzulegenden und auch somatisch zu orientierenden Behandlung sein, daß die zunächst mehr oder weniger „Erstarrten" (eben Ausgebrannten) wieder in Kontakt mit ihren Empfindungen kommen, bis sich dann die Verzweiflung in ihrer ganzen emotionalen Wucht artikulieren kann. Die Katharsis markiert den Wendepunkt: Nun werden sich die Betroffenen wirklich helfen lassen, körperlich, geistig, seelisch - und sozial. Ein zentraler Bestandteil der Behandlung wird neben der leiblichen und psychischen Kräftigung die genaue Analyse der burnoutgenerierenden Arbeits- und Lebensbedingungen der Betroffenen sein, mit dem Ziel sie möglichst umfassend zu verändern. Insoweit sich diese äußeren Rahmenbedingungen nicht verbessern lassen, wird die Behandlung zusammen mit dem Betroffenen an einer Verbesserung seiner Widerstandskräfte und Verteidigungsmaßnahmen arbeiten. Die Vermittlung und Einübung von Techniken des Stressabbaus (autogenes Training, Atemregulation, Meditationsübungen T'ai Ch'i etc.) wird eine Rolle spielen. Der beste Schild gegen die Gefahr des Burnout aber ist eine gesunde Selbstliebe. In der Regel sind es ja die Sensibleren und nicht allzu sehr mit Selbstvertrauen Gesegneten, die unter dem Druck unmenschlicher Arbeitsbedingungen zusammenbrechen. Insofern wird der „Persönlichkeitsstärkung" im Verlauf der Behandlung eine herausragende Bedeutung zukommen. Die Tatsache, daß die Betroffenen in einer derartigen Einrichtung mit LeidensgenossInnen zusammentreffen, die die gleichen Erfahrungen hinter sich haben, wird sich als therapiefördernd erweisen. Nicht unwichtig sind auch die äußeren Rahmenbedingungen, unter denen die Behandlung stattfindet. Da die Betroffenen ja aufgrund ihrer Arbeitsüberlastung gekommen sind, wird es für sie wichtig sein, daß das ganze „Setting" der Behandlung auch „Erholungscharakter" hat. Dazu gehört unbedingt: gutes Essen, angenehme Zimmer, sinnvolle Therapiezeiten, Gymnastik und Fitneßprogramme, Bäder, Massagen, Sauna, Kegelbahn, und eine landschaftlich reizvolle Umgebung, in der man sich mit ausleihbaren Fahrrädern (oder Langlaufskiern) bewegen kann. Dazu gehört aber sicher auch - und das nicht nur für die PfarrerInnen unter den Betroffenen - ein verlockendes spirituelles Angebot. Oft sind es gerade die zarten, wenig spektakulären Dinge, von denen eine starke Wirkung ausgehen kann: Eine ästhetisch gestaltete Hauskapelle, die rund um die Uhr geöffnet ist, Kerzen, die man anzünden und mit stillem Gebet an den Altar stellen kann, ein Buch, in das man hineinschreiben darf, was einem das Herz bewegt (und die Einträge anderer sieht), ein Meditationsgarten, ein Kreuzweg im Freien - leise ist die Symbolsprache der Kirche mit der sie sanft zu den Herzen der Verzweifelten spricht.54

6. 3. 4. „Respiratio" und „Recollectio"

Eben dieser heilenden Kraft der religiösen Bindung wieder zur Wirksamkeit verhelfen zu wollen, ist denn auch ein wesentliches Element im therapeutischen Ansatz der beiden Seelsorgezentren, die von den Kirchen zur Behandlung „ausgebrannter", oder anderweitig in einer Lebenskrise befindlicher Priester, Ordensleute und PfarrerInnen in Deutschland eingerichtet wurden: Auf katholischer Seite ist es das 1991 gegründete „Recollectio-Haus", eine Einrichtung der Benediktinerabtei Münsterschwarzach, und evangelischerseits das 1994 gegründete Haus „Respiratio" auf dem Schwanberg in direkter Nachbarschaft zur Communität Casteller Ring.55 Im Namen drückt sich bereits das Grundverständnis aus: Man will den Betroffenen in ihrer Krise helfen, daß sie sich wieder sammeln und neuen Atem schöpfen können. Die Frage nach der Grundkonzeption wird im Einladungsprospekt des Recollectio-Hauses folgendermaßen beantwortet: „Dem Konzept des Recollectio-Hauses liegt die Philosophie zugrunde, daß jedes Leiden mit all seinen verschiedenen Gesichtern auf die ganze Person Auswirkungen hat. So sind die leiblichen, emotionalen, spirituellen und intellektuellen Prozesse Ausdrucksweisen der ganzen Person. Folglich umfaßt jedes Heilen die ganze Person. Bei der Konzeption des Recollectio-Hauses wird der psychotherapeutischen und spirituellen Begleitung eine große Bedeutung beigemessen. Das Recollectio-Haus soll ein Platz sein, an dem, so Henri Nou-

---

54 Noch einmal sei hier verwiesen auf Thilos Ausführungen zur „therapeutischen Funktion des Gottesdienstes" (Thilo 1985).

55 Das Recollectio-Haus wird finanziell getragen von den Diözesen Augsburg, Freiburg, Limburg, Mainz, München, Rottenburg-Stuttgart und Würzburg. Sein Angebot richtet sich an Priester und Ordensleute aus dem deutschsprachigen europäischen Raum. Die Kurse dauern in der Regel drei Monate. Haus Respiratio ist eine Einrichtung der evangelischen Landeskirchen von Baden, Bayern und Württemberg, die sich die Kosten teilen. Von den Gästen wird ein Eigenbeitrag von 15,33 Euro pro Tag für Unterkunft, Verpflegung und Begleitung erhoben. Das Angebot richtet sich neben PfarrerInnen auch an Angehörige anderer kirchlicher Berufsgruppen, wie DiakonInnen, ReligionspädagogInnen, KirchenmusikerInnen, GemeindepädagogInnen u.a. Gäste aus anderen Landeskirchen sind ebenfalls herzlich willkommen. Die Kurse im Haus Respiratio dauern in der Regel 40 Tage. Für jeden Kurs stehen acht Plätze zur Verfügung. Der Gründungsrektor, Hartmut Stoll, schreibt im Rückblick auf seine Amtszeit von 1994-2000, in der er mit seiner Gattin 40 Kurse mit insgesamt 230 Gästen durchführen konnte: „Inzwischen kommt etwa ein Sechstel unserer Gäste aus Nichtträgerkirchen, davon der größere Anteil aus den neuen Bundesländern. Die Altersverteilung unserer bisherigen Gäste reichte von etwa 30 bis 65 Jahren, mit einem Vorherrschen der mittleren Jahrgänge, der 40- bis 55-Jährigen. Eine Tendenz in letzter Zeit hin zu den jüngeren Jahrgängen ist unverkennbar." (Stoll 2000, 211).

wen, 'Menschen noch stärker im Geiste wachsen können und in der Lage sind, ihre emotionalen Konflikte in ihre spirituelle Entwicklung zu integrieren'. Die psychotherapeutische Betreuung, die während des Aufenthaltes angeboten wird, soll daher immer auch in Zusammenhang mit der spirituellen Entwicklung des einzelnen gesehen und gebracht werden und mit dazu beitragen, daß diese gefördert wird."[56]

Auch das therapeutische Team von Haus „Respiratio" vertritt einen ganzheitlichen Ansatz. Hier gestaltet sich der Wochenplan folgendermaßen: Jeder Tag beginnt mit einer Besinnung im Andachtsraum. Alle, die an einem Kurs teilnehmen, haben zwei bis drei tiefenpsychologisch orientierte Einzelgespräche mit der therapeutischen Leitung. Viermal in der Woche trifft sich die Gruppe zur Gruppenarbeit mit Konzentrativer Bewegungstherapie. Ein- bis zweimal in der Woche arbeitet eine Atemtherapeutin mit den Gästen. „Wir haben Zeit für Ruhe und Aktivität", heißt es im Einladungspropekt. „Wir nehmen uns Raum, Eigenständigkeit und Zusammenspiel zu erproben. Und wir bedenken im Gespräch, was unsere Erfahrungen für Körper und Seele bedeuten. Die Themen für die Gruppenarbeit entstehen in der Gruppe selbst."[57] Das beste Zeugnis über die segensreichen Auswirkung der Arbeit in Haus Respiratio geben die eigenen Äußerungen von KursteilnehmerInnen wie sie Hartmut Stoll berichtet. Manche Betroffene mußten allerdings auch die Erfahrung machen, daß sich nichts geändert hat.[58]

6. 4. Die Annahme seiner Selbst

Mit der Selbstliebe tun sich PfarrerInnen nach wie vor schwer. Nun haftet aber dem Begriff der „Selbstliebe" auch das negative Odium der narzißtischen „Selbstverliebtheit" an, der hier selbstverständlich nicht das Wort geredet werden soll. Worum es geht, ist die Selbstannahme - daß ich mich akzeptiere, wie ich nun einmal bin und mich in meinem „Sosein" nicht verleugne. Daß mit der von Jesus geforderten „Selbstverleugnung" (Mk. 8,34par) nicht eine „Selbstverstümmelung" oder „Selbstblockade" gemeint ist, in dem Sinn, daß ich grundlegende Bedürfnisse, Antriebe und Äußerungsformen meines Selbst unterdrücken soll, sondern der Verzicht auf jene Haltung, die Paulus als „καυχᾶσθαι" bezeichnet hat, die Sucht des Sich-Selbst-Rühmens und In-den-Mittelpunkt-Stellens, wurde oben bereits angesprochen.[59] Warum sich aber ausgerechnet gerade so viele PfarrerInnen so schwer mit dieser Selbstannahme tun, läßt sich letztlich wohl nur damit erklären, daß sie insgeheim eben doch von einem mehr

---

56 Zitat aus dem Einladungspropekt des Recollectio-Hauses.
57 Zitat aus dem Einladungsprospekt von Haus „Respiratio".
58 Vgl. Stoll 2000, 213
59 „Ihren höchsten Ausdruck findet die sündig-eigenmächtige Haltung im καυχᾶσθαι des Menschen." Bultmann 1968, 242; vgl. ebd., 242ff.

gesetzlichen Gottesbild bestimmt werden. Hartmut Stoll schreibt im Blick auf seine Arbeit im Haus „Respiratio": „In vielen Biografien unserer Gäste steckt das Wurzelelend des nicht wirklich um seiner/ihrer selbst willen Angenommensein und des Sisyphusstrebens, es doch aus eigener Anstrengung gut und den anderen recht machen zu müssen. Unsere Kirche vertritt die wunderbare Botschaft von der vorbehaltlosen Annahme des Menschen durch Gott. Diese Botschaft ist in der Kirche in vieler Menschen Kopf und Mund. Kirchliche Mitarbeiter und Mitarbeiterinnen sind in der Regel angetreten aus der Sehnsucht, diese Botschaft möchte sich an ihnen selbst bewahrheiten, und strengen sich an, kraft ihres Auftrages, diese Botschaft glaubhaft weiterzugeben. Doch dabei bleibt ihr Herz, ihre Personmitte, nicht selten unberührt, kalt und hungrig. Ich bin immer wieder betroffen von dem schmerzlichen Widerspruch zwischen proklamierter und gelebter 'Rechtfertigung allein aus Gnaden'."[60]

Der Grundpfeiler aller Burnout-Prävention wäre in der Tat, wenn es gelänge, die Herzen der Gefährdeten für die Rechtfertigungsbotschaft aufzuschließen. Dies wird aber so erschwert, weil ihr Gott in Wahrheit nicht der „gnädige Gott" ist, sondern der fordernde Götze der Leistungsgesellschaft, zu dessen Opferdienst der Mensch in den kapitalistisch orientierten Ländern schon von Jugend auf angehalten wird. Elisabeth Kübler-Ross prangerte diesen Sachverhalt besonders eindrücklich an, als sie schrieb: „Die meisten von uns wurden nach dem Motto erzogen, ich liebe dich, wenn ... Ich liebe dich, wenn, wenn, wenn ... Ich liebe dich, wenn du gute Noten nach Hause bringst. Ich liebe dich, wenn du die Schule schaffst. Himmel, was würde ich dich lieben, wenn du das College absolvierst. Oh, wie würde ich dich lieben, wenn ich sagen könnte: Mein Sohn ist Arzt. Und am Ende ... glauben wir buchstäblich, daß wir Liebe durch gutes Verhalten, durch Belohnungen oder durch irgend etwas anderes erkaufen können ... und dann heiraten sie jemanden, der sagt, ich liebe dich, wenn du mir einen Nerzmantel kaufst. Wenn wir die nächste Kindergeneration mit bedingungsloser Liebe großziehen würden, würden diese Kinder niemals Angst vor dem Leben oder dem Tod haben, und wir brauchten keine Filme zu drehen und keine Bücher zu schreiben über Tod und Sterben."[61]

Nun hat Romano Guardini Anfang der sechziger Jahre des vorigen Jahrhunderts eine kleine Schrift mit dem Titel „Die Annahme seiner Selbst" veröffentlicht, in der er elementare Einsichten zum Thema Selbstfindung bereits um vieles tiefsinniger und prägnanter auf den Punkt gebracht hat, als es die später überbordende Literaturproduktion zu diesem Thema je vermochte.[62] „Ich bin Ich nicht von Wesen, sondern bin 'mir' gegeben. Ich habe mich also empfangen", lautet

---

[60] Stoll 2000, 211.
[61] Kübler-Ross zitiert bei Harris/Harris 1994, 43.
[62] Guardini 1987. Für die in den siebziger Jahren des letzten Jahrhunderts aus dem Boden schießende Literatur zum Thema „Selbstverwirklichung" vgl. exemplarisch: Muriel/Jongeward 1975.

seine erste These, aus der er folgert: „Damit ist aber zugleich eine Aufgabe gestellt. Eine sehr große; vielleicht kann man sagen, jene, welche allen einzelnen Aufgaben zu Grunde liegt. Ich soll sein wollen, der ich bin; wirklich ich sein wollen, und nur ich. Ich soll mich in mein Selbst stellen, wie es ist, und die Aufgabe übernehmen, die mir dadurch in der Welt zugewiesen ist." Dann geht er eindrücklich auf die Verweigerung des Selbst-seins ein und spricht interessanterweise eben jene Erfahrung des „Taedium vitae" an, die ja auch in der Burnout-Diskussion eine herausragende Rolle spielt: „Es gibt die Auflehnung dagegen, man selber sein zu müssen. ... Es gibt das Gefühl, mit sich selbst betrogen; in sich eingesperrt zu sein: Nur so viel bin ich, und möchte doch mehr. Nur diese Begabung habe ich, und möchte doch größere, leuchtendere ... Aus alledem kann eine unendliche Monotonie kommen; ein furchtbarer Überdruss. Ganze Zeiten waren dadurch charakterisiert; und zwar solche von sehr hoher Kultur. Denken wir etwa an das französische 18. Jahrhundert, in welchem die Langeweile eine uns kaum noch verständliche Rolle spielte - so sehr, daß manche, umgeben von einer wunderbaren Verfeinerung der Form, des Verkehrs, der Kunst, des Lebensgenusses, wie Pascal gesagt hat, 'vor Überdruss vertrockneten'." Das Gegebensein meines Ich, diese wunderbare Tatsache, daß ich mir von Gott selbst gegeben bin, ist nun aber auch der tiefste Grund für die Verpflichtung zu eben dieser „Annahme meiner Selbst": „Gott aber hat den Menschen nicht in der Weise erschaffen, wie er es mit den Himmelskörpern getan hat, nämlich als Objekt; sondern so, daß Er ihn zu seinem Du gesetzt und ihn angerufen hat. Ebendamit hat Er aber die Achtung für den Menschen zur Grundlage des Verhältnisses gemacht, in das Er ihn zu sich selbst gestellt hat. So darf auch das Gericht, das der Mensch über sich selbst hält, niemals die fundamentale Achtung aufheben, die er vor sich haben soll - deswegen, weil Gott sie hat."[63]

Um auf mich selbst achten zu können, muß ich mir etwas wert sein. Vielleicht hilft die Erinnerung daran, daß ich für einen so wertvoll war, daß er mich in meiner unverwechselbaren Originalität auf diesem Erdball ins Leben rief, damit ich das Konzert seiner Geschöpfe um eine Stimme bereichere, die nur ich spielen kann. Und vielleicht hilft dieser Erinnerung jener schöne Text von Martin Luther auf die Sprünge[64]:

---

[63] Ebd., 15; 17; 26.
[64] Zitiert nach EKG, S. 629

Ich bin würdig gewesen, daß mich Gott, mein Schöpfer, aus Nichts geschaffen hat und in meiner Mutter Leib gebildet.

Ich bin würdig gewesen, daß mich Gott durch seines eingeborenen Sohnes Tod erlöst hat.

Ich bin für würdig erachtet, daß der Heilige Geist mich über Christus, Gottes Sohn, belehrt hat und Lust und Liebe zum Evangelium in mein Herz gegeben hat.

Ich bin für würdig erachtet, daß ich durch göttlichen Beistand in so viel Anfechtung, Gefahr und Widerstand erhalten werde gegen Satan und die Welt.

Ich bin für würdig erachtet, daß mir Gott bei ewiger Ungnade nachdrücklich geboten hat, durch Christus an keinem dieser Punkte und an seiner Gnade und an seinem Vaterherzen irgendwie zu zweifeln.

Darum will ich, Herr, Deiner Werke gedenken und betrachten die Geschäfte deiner Hände.

(Martin Luther)

6. 5. Noch einmal: Gedenke des Sabbattages, daß du ihn heiligst

Für das Volk Israel war die Einhaltung der Sabbatruhe ein entscheidendes Kennzeichen der Gottebenbildlichkeit des Menschen. Jesus hat später zwar deutlich gemacht, daß man den Sabbat nicht über den Menschen stellen darf. In einer Zeit aber, in der immer brutaler und gnadenloser die Leistung über den Menschen gestellt wird, gehört es fraglos zu den zentralen Aufgaben der Kirche die Bedeutung der Sabbat- bzw. Sonntagsruhe wieder in den Blickpunkt der Aufmerksamkeit zu rücken. Wie aber soll das geschehen, wenn ausgerechnet die PfarrerInnen immer wieder ihre Sabbatruhe für „wichtige dienstliche Aufgaben" drangeben? Aber welche Predigt geht denn in Wahrheit aus von dieser mit einem müden Lächeln verbundenen, abwinkenden Geste des Pfarrers, den man nach seinem freien Tag fragt? Wenn ausgerechnet die DienerInnen Gottes das entscheidende Kennzeichen der Gottebenbildlichkeit des Menschen für „nicht so wichtig" halten? Wahrscheinlich sagen sich gar nicht so wenige Zeitgenossen in leichter Abwandlung des Nietzeschen Aphorismus: „Wenn das wirklich wahr wäre, was die Pfarrer predigen, dann dürften sie nicht so gehetzt daherkommen." Aber es geht ja nicht nur um die Einhaltung eines freien Tages, sondern auch darum, daß man diesen Tag „heiligen" soll, daß er einem „heilig" ist. Auch diese Forderung ist ja nicht um Gottes sondern um des Menschen willen da. Sie unterstreicht noch einmal den Wert und die Wichtigkeit dieser Ruhepause. „Heilig" ist uns ja nur das, was uns am wichtigsten ist. Gott ruhte am siebten Tag und betrachtete wohlgefällig das Werk seiner Schöpfung. Der Mensch soll es ihm gleichtun und wenigstens an diesem einen Tag in der Woche innehalten, „aufatmen" und seine Sinne öffnen, um die Schönheit der Schöpfung zu erfassen und zu meditieren. Man kann ja eigentlich nicht sagen, daß dies eine brutale und hartherzige Forderung eines grausamen Gottes ist. Wenn es den Teufel gibt, dann wird er sicher versuchen, bei den Herzstücken des Glaubens den Fuß in die Türe zu bekommen. Dann gibt er seinen Opfern beispielsweise Allmachtsphantasien ein, die diese langsam dazu bringen, die uns von Gott zu unserem Wohl und zur Erhaltung unserer Gesundheit zugedachte Ordnung gering zu achten. Daß es die perfide Technik der „theologischen Saboteure" ist, normale produktive Abläufe gerade dadurch zu erschweren oder sie sinnlos zu machen daß sie sie im Übermaß ermöglichen, hat ja Gerhard Münderlein in seinem im dritten Kapitel erwähnten Aufsatz eindrücklich beschrieben. Sein Ratschlag: Die Saboteure müssen in „Sabbateure" verwandelt werden: „So ist es notwendig, nicht nur einen Tag in der Woche Sabbat zu halten, sondern die Werktage mit sabbatlichen Pausen, Rückblicken, Ausblicken zu durchziehen. Dann verlieren die Saboteure an Macht und Wirkkraft. In den Gesprächen über Sabbat und Saboteure verhaspelte sich jemand und brachte in einem Versprecher das neue Wort „Sabbateure" hervor. Großes Gelächter natürlich - aber damit war ein Begriff geschaffen, der ungemein präzis unsere Möglichkeit ausdrückt, nämlich die Saboteure in Sabbateure zu verwandeln."[65]

6. 6. Helfen, aber richtig

Daß das Burnout-Syndrom seine Wurzeln auch im sog. „Helfer-Syndrom" hat, wurde erwähnt. Mit jener provokanten Begriffsprägung und seinen Ausführungen über die „hilflosen Helfer" hat Schmidbauer vor 25 Jahren die Öffentlichkeit und die Fachwelt für die psychologische Problematik eines narzißtisch unterlegten Altruismus sensibilisiert. Mögen manche seiner Äußerungen auch überzogen gewesen sein, die Grunderkenntnis, daß es eine letztlich für beide Seiten, für die Hilfsbedürftigen und die Helfer, destruktive Form des Helfens gibt, bei der die Helfer im Grunde ihre verdeckten eigenen Interessen bedienen, hat sich weitgehend durchgesetzt. Daß aber eine Berufsgruppe, deren zentrale Aufgabe die Predigt von der Nächstenliebe ist, in dieser Hinsicht besonders aufmerksam sollte, versteht sich von selbst. Die „Grenzen des Helfens" waren denn auch 1989 Leitthema einer Sondernummer der Zeitschrift „Wege zum Menschen", in der man sich aus theologischer bzw. pastoralpsychologischer Sicht eingehend mit der Problematik befaßte. Hermann Steinkamp spricht im Vorwort von einer „überhitzten Konjunktur des Psychomarktes" und plädiert für die „heilsame" Erkenntnis der „Endlichkeit und Kreatürlichkeit unseres professionellen Handelns überhaupt". Nach seiner Auffassung entlarven sich die „von

---

[65] Münderlein 1992, 363.

uns tagtäglich erlebten Grenzen ... nicht selten als schlichte Folgen bzw. als meist nicht bewußter Ausdruck von Größenphantasien."[66] Mit drastischen Worten legt Hans Ulrich von Brachel in seinem Beitrag dar, inwiefern die „chronifizierte Krise" des psychosozialen Helfens verursacht wird durch das gängige „Paradigma des Helfens": „Die individuelle helfende Beziehung lebt vom Gefälle Helfer-Hilfesuchender/Hilfloser. Die Grundkonstruktion dabei ist, daß in diesem Gefälle bestimmte 'Güter' transportiert werden: Informationen und Wissen, materielle Zuwendungen, Einsichten und Erkenntnisse oder auch liebende Anteilnahme. Ziel ist, daß aus dem Überfluß des Helfers der Mangel des Hilfesuchenden ausgeglichen wird, somit ein mittleres oder normales Niveau ensteht. Die in diesem Modell enthaltenen Wahrnehmungseinengungen haben mehrere Implikationen: - Es lebt von einem Machtgefälle Handelnder - zu Behandelnder, - es müssen bestimmte Güter i. S. von Waren zur Beseitigung einer Ursache vermittelt werden, - es gibt Zieldefinitionen, die im Handelnden selbst, damit es stattfinden kann, begründet sind und die auf die Orientierung an einem „normalen Niveau" ausgerichtet sind. ... Nicht die Situation wird als problematisch definiert, sondern der Betroffene. ... Sehr deutlich wird dieses zugrundeliegende Paradigma im medizinischen Krankheitsmodell und seinen organisierten Formen, den psychiatrischen Anstalten." Indem man Kranke so als hilflose Opfer betrachte, würden sie zu eben solchen Opfern gemacht. Aber, erinnert von Brachel, schon Gleiss habe betont: „Opfertheorien, egal in welcher Version sie angeboten werden, sind also mit einer psychotherapeutischen Perspektive deshalb nicht vereinbar, weil sie keine Konzeption des Patienten als Subjekt haben." [67] Nicht zuletzt der implizite Paternalismus der traditionellen Helfersysteme war ein Grund für den Aufbau diverser Netzwerke von „Selbsthilfegruppen", die nach der Maxime „Teilen statt Helfen" arbeiten und die Subjektwürde der Leidenden respektieren.

Auch Burkhart Müller fordert eine kritische Überprüfung unseres Helferverständnisses: „Das fundamental Verunklarende an der Bezeichnung 'Helferberuf' ist, ... daß der Begriff suggeriert, Berufstätigkeit und Helfen sei ein und dasselbe." Ähnlich wie von Brachel sieht Müller die Schwächen des traditionellen Helferparadigmas darin, daß es von einem „ethischen Modell ausgeht, das in einer Hilflosigkeit und/oder moralischen Unmündigkeit der Adressaten, d.h. in ihrer Hilfebedürftigkeit, Anlaß und Motive für Handeln suchte." Er plädiert für eine Entideologisierung psychosozialer Hilfeleistungen in der Art, daß sich diejenigen, die sie erbringen als normale „Dienstleister" verstehen. Den normalen Dienstleistungsberufen, wie Versicherungsvertreter, Verkäufer oder Friseur, liege ein utilitaristisches Vertragsmodell zugrunde, das von einem Zusammenwirken zum wechselseitigen Vorteil ausgeht. Die Veränderung der „Programmatik" sozialer Einrichtungen vom „Helfen" zur „anständigen Dienstleistung", wäre

---

66 Steinkamp Hermann, Vorwort in: Wege zum Menschen, 41. Jg. (1989), Heft 4, 179.
67 Brachel Hans-Ulrich von, Die chronifizierte Krise, in: Wege zum Menschen, 41. Jg. (1989), Heft 4, 219-229, 220; 221.

nicht nur ein Beitrag zur Ehrlichkeit, sondern auch zur Psychohygiene und Ressourcenschonung derjenigen, die diese Dienstleistungen erbringen. Entgegen dem verdeckten Bevormunden beim „Helfen" ist nämlich „in der Dienstleistungsbeziehung ... die einzige vertretbare Antwort auf unangemessene Ansprüche der Klientenseite, die Dienstleistungsbeziehung selbst zur Disposition zu stellen und notfalls zu beenden."68

Früher noch hat sich Henning Luther, ebenfalls in der Zeitschrift „Wege zum Menschen", mit dem „Defizitmodell des Helfens" auseinandergesetzt. In beeindruckender Intensität entfaltet er anhand einer Gegenüberstellung des Begriffspaares „Alltagssorge und Seelsorge" die Grundlinien einer emanzipatorischen Solidarität.69 Die Seelsorge unterscheidet sich von der Alltagssorge durch ein „überschießendes Moment", eine „andere Perspektive", die an der Erfahrung aufbricht, „daß das, was Menschsein, gelingendes Leben sein könnte, gerade nicht aufgeht in dem, was vom Horizont des 'Man', vom Horizont konventional vorgegebener sozialer Wirklichkeit vorgezeichnet ist."70 Seelsorge hat für Luther eine genuin kritische und emanzipatorische Intention: „Seelsorge als Sorge um den Menschen als Seele könnte dann verstanden werden als die umfassende Sorge um das 'Selbst-Sein-Können'. Seelsorge durchbricht dann die Eindimensionalität bloßer Alltagsroutine und versucht, jenes Reflexionspotential freizusetzen, das dem 'Ich' eine Distanzierung von bloß vorgegebenen, zugemuteten, konventionalisierten Lebensformen ermöglicht. ... Christliche Seelsorge gründet also im Glauben darauf, 'daß das Menschsein des Menschen nicht im Vorhandenen aufgeht' (Wintzer)."71 Urbild dieser Seelsorge ist Jesus, der die vorfindliche Realität nicht als letztgültige anerkannt, sondern sie immer wieder „kritisch aufgebrochen und in den Horizont lebensschaffender und lebenserneuernder Möglichkeiten gestellt (hat). Die Forderung zur Umkehr zielt nicht auf Anpassung, sondern befreit zu den Möglichkeiten des Anders-Seins." Ein „auf Umkehr und Umwertung der Werte drängender Impuls" ist denn auch das charakteristische Merkmal des christlichen Glaubens. „Diese Intention wird nun aber im Handlungsfeld kirchlicher Seelsorge in besonderer Weise relevant und explizit, als Seelsorge es immer mit solchen Lebenssituationen zu tun hat, die aus dem Rahmen der abgesicherten, ungestörten Routine von Alltäglichkeit herausfallen. Seelsorgerelevante Situationen sind per definitionem gerade solche, in denen der fraglose und reibungslose Lebensvollzug eben nicht mehr gesichert und nicht mehr selbstverständlich ist. Seelsorge wird notwendig immer an den Rändern des Lebens, dort, wo Brüche die bisherige Kontinuität irritieren und das Wei-

---

68 Müller Burkhard, Ein Helfer ist zu nichts nütze. Ein Beitrag zur sozialpädagogischen Ethik, in: Wege zum Menschen, 41. Jg. (1989), Heft 4, 180-192, 180; 184; 185; 186..
69 Luther Henning, Alltagssorge und Seelsorge: Zur Kritik am Defizitmodell des Helfens, in: Wege zum Menschen, 38. Jg. (1986), Heft 1, 2-17.
70 Ebd., 6.
71 Ebd., 7.

termachen wie bisher fragwürdig machen. Es sind Grenzsituationen, die durch biographisch bedingte Erfahrungen wie Krankheit, Tod, persönliches Scheitern und Versagen ebenso aufbrechen wie durch sozial vermittelte Gefährdungen der bergenden Gemeinschaft mit anderen."[72]

Nun läßt sich die Aufgabe der Helfenden nach dem herkömmlichen Selbstverständnis psychotherapeutischer und seelsorgerlicher Hilfe „eher als Wiederherstellung von Alltäglichkeit, von Normalität, als Resozialisierung oder als Rehabilitierung verstehen. ... Die Aufgabe der Bewältigung ... wird dann herkömmlich darin gesehen, den 'Anderen' zurückzuholen, die Entfremdung aufzuheben, indem man ihn, sein Denken und Verhalten, normalisiert."

Das Erlebnis von Grenzsituationen ist eine auch für die Helfer zutiefst verunsichernde Situation, die diese nicht lange aushalten können und wollen. Ihrer Bedrohlichkeit wird die Spitze genommen, indem man den Leidenden selbst unterschwellig die Verantwortung für ihre Lage zuschiebt, und damit der sich darin formulierenden Frage an die Gemeinschaft als Ganze ausweicht. Gerade in den Grenzsituationen des Lebens wird die „Brüchigkeit einer als selbstverständlich eingespielten Lebenswelt erfahren. Die Schattenseiten, die zuvor abgeblendet wurden, werden sichtbar - im Leiden der Betroffenen. Das Bewußtwerden der Unzulänglichkeit dieser Welt wird aber unterbunden, indem die Grenzerfahrung als 'Versagen' des Einzelnen gedeutet wird, nicht mehr in diese Welt zu passen. ... - ... Die Personalisierung der Grenzsituation verharmlost diese, indem sie sich auf die Hilfsbedürftigkeit des einzelnen Betroffenen beschränkt und die Erlösungsbedürftigkeit der Welt leugnet, aus der er herausgefallen ist. Was die Schizophrenieforschung für die familiäre Konstellation des 'Kranken' festgestellt hat, läßt sich auf Seelsorgesituationen generell übertragen. Krankheit wird zur Aufrechterhaltung der normalen Alltagskonstellation an einzelne delegiert, die gleichsam stellvertretend die Brüche und Risse unserer Welt und unseres Zusammenlebens an ihrem Leib und ihrer Seele tragen. ... - ... Eine von Alltagssorge sich unterscheidende Seelsorge bricht nun mit diesem Delegationsprinzip. Die Begegnung mit den von Grenzsituationen betroffenen Menschen führt zur Infragestellung der Normalität unserer Alltagswelt."[73]

Ein derartiges Verständnis von Seelsorge hat freilich entscheidenden Einfluß auf die Struktur der seelsorgerlichen Beziehung. Läßt man die „Defizitperspektive" fallen, dann sieht man die Adressaten der Seelsorge nicht länger als mit einem Mangel bzw. Defizit behaftet: das schräge Oben-Unten-Verhältnis löst sich auf. „Wenn wir aber alle betroffen sind, läßt sich die seelsorgerliche Beziehung prinzipiell nur in der Einstellung der Solidarität vollziehen."[74] Diese von Luther anvisierte „echte, d.h. wechselseitig ausgelegte Solidarität verliefe dann aber nicht einseitig als Hilfe für andere, sondern führte dazu, daß gerade auch von dem Anderen her wir, die wir gesund, stark, lebend ... sind, lernen können und

---

[72] Ebd., 10; 10f.
[73] Ebd., 11.
[74] Ebd., 13

infragegestellt werden. ... So eröffnet die seelsorgerliche Begegnung mit denen, die aus dem Rahmen fallen, die Chance, die Eindimensionalität und das Eingefahrensein unserer Alltagspraxis zu durchbrechen. ... Wenn solidarische Seelsorge den personalisierten, delegatorischen Blick zugunsten dieser weiteren, auch strukturellen Perspektive überwindet, wird deutlich, daß die übliche Trennung zwischen (individueller) Seelsorge und (struktureller, institutionsbezogener) Diakonie hinfällig wird."[75]

Auch Dietrich Stollberg befaßte sich in der Vergangenheit mehrfach mit der Ambivalenz der helfenden Beziehung. „Helfen heißt herrschen", lautet eine provozierende These von ihm.[76] Er verdeutlicht seine Auffassung folgendermaßen. „Die zwischen Eltern und Kindern vorhandene reale Asymmetrie der Beziehung, die sich freilich zunehmend wandeln sollte ..., ist typisch für jede helfende Beziehung. Wer um Hilfe bittet, gibt ein Stück Macht ab, liefert sich an einem Punkte seiner Existenz aus, riskiert das Eingeständnis von Ohnmacht und wagt Vertrauen. Wer Hilfe gewährt, akzeptiert das Macht-Ohnmacht-Gefälle; und wir verstehen, weshalb die Rolle des Helfers beliebt ist und oft geradezu dankbar angenommen wird. Mächtig zu sein, gebraucht zu werden und geben zu dürfen tut uns gut; es stärkt das Selbstvertrauen undhilft uns beim Umgang mit der eigenen Ohnmachtsproblematik. ... Der Satz 'Helfen heißt herrschen' bedeutet also:

1. die natürliche Tatsache eines Macht-Ohnmacht-Gefälles in jeder helfenden Beziehung, Asymmetrie und Abhängigkeit,
2. die latente Reziprozität dieses Gefälles und damit zusammenhängende unbewußte gegenseitige Abhängigkeit,
3. die Transparenz dienender Funkjtionen einer Gemeinschaft auf Herrschaftspotentiale hin,
4. die Möglichkeit, soziale 'Dienste' zur Festigung statt zur Lockerung von Abhängigkeiten zu mißbrauchen,
5. die Gefahr, unter dem Decknamen 'Verantwortung' andere zu beherrschen, Eigenverantwortung aber zu vermeiden,
6. das Motiv, anderen zu helfen, um sie loszuwerden, eine für einen selber unerträgliche Situation - z. B. das berühmte Zuschauenmüssen - zu erleichtern und eigene Schuldgefühle zu lindern,
7. das Bedürfnis der internalisierten Norm 'Du sollst helfen' zu genügen und das 'Gewissen' zu beruhigen,
8. die Möglichkeit, Hilfe zu verweigern, sei es aus Bosheit (Rache, Unlust, Rivalität, Angst usw.), sei es aus der Absicht heraus, den anderen als erwachsenen Partner - und mich selbst als keineswegs überlegen - im Rahmen der Realität und ihrer Grenzen ganz ernst zu nehmen.

---

[75] Ebd., 15; 16; 17.
[76] Stollberg Dietrich, Helfen heißt herrschen, in: WuD, 1979, 167-173. Ders. 1988.

Für die Praxis des Helfens ergeben sich daraus u.a. folgende Beschreibungen.
1. Helfen heißt herrschen;
2. schonen kann schaden;
3. entlasten heißt entmündigen;
4. verändern zu wollen, heißt verwerfen.

Dieses ist nicht wertend gemeint, sondern dient der Wahrnehmung dessen, was ist und in entsprechenden Beziehungen sich gar nicht vermeiden läßt.
Daraus ergeben sich aber auch Ziele einer Mündigkeit und Symmetrie der Beziehung fördernden Einstellung:

1. Herrschaftsfreies Helfen könnte Verweigerung von Hilfe bedeuten;
2. Das Gefälle Macht-Ohnmacht wird geringer durch eine Partnerschaft der leeren Hände: 'Auch ich bin ratlos. Aber ich begleite dich.'
3. Ich mute mich dir zu.
4. Ich versuche, dich gelten zu lassen, auch wenn ich anderer Meinugn bin und dir diese nicht vorenthalte: Kritische Solidarität biete ich dir an"[77]

Seelsorge im guten Sinne des Wortes aber würde nun bedeuten, eben in der Weise „zu 'herrschen', daß 'Herrschaft' abnimmt zugunsten von Partnerschaft."[78]

Auch für Klaus Winkler steht außer Frage, daß die HelferInnen sich mit ihrem Narzißmus auseinander zu setzen haben. Er schreibt: „Ein reflektiertes und daraufhin vertretbares Helfen aber ist ... für den einzelnen von der Gestaltung des eigenen Narzißmus direkt abhängig. Das bedeutet einmal und ganz grundsätzlich eine sich kontinuierlich fortsetzende Verarbeitung des individuellen Macht- und Ohnmachterlebens. Hier geht es um das Aufspüren verschleierter Pervertierungen. Im Kontext eines durch tehologisches Nachdenken strukturierten Glaubens gefragt, kann das heißen: Wo schlägt bei mir als Christ eine offiziell und gut reformatorisch vertretene 'theologia crucis' in eine 'theologia gloriae' um? Wo passiert es mir also, daß ich mich entweder auf dem Wege individueller Frömmigkeit oder auf dem Wege zwischenmenschlichen Engagements sowohl Gotte sals auch des Mitmenschen bemächtigen muß, um meine grundsätzlich abhängige und vertrauensbedürftige Existenz trotz drohender Ohnmachtgefühle aushalten zu können?"[79]

In den vorangegangenen Ausführungen habe ich verschiedene Aspekt einer möglichen Entlastung für die PfarrerInnen thematisiert. Nun ist es an der Zeit, wieder die Befragten selbst zu Wort kommen zu lassen und zu hören, welche Vorschläge denn sie aus ihrer Lebens- und Berufserfahrung für eine Entlastung der Pfarrerschaft und für die Burnoutprophylaxe machen.

---

[77] Stollberg 1988, 474 und 475.
[78] Ebd., 482.
[79] Winkler 1999, 282 f.

6. 7. Kurzübersicht ausgewählter Antworten[80]

6. 7. 1. Entlastung

Eigenwahrnehmung

Frage 16: Welche kirchenpolitischen bzw. dienstrechtlichen Schritte würden Ihrer Meinung nach zu einer Entlastung der Pfarrerschaft beitragen?

ANFANG DES BERUFSLEBENS:
- Weg mit der Präsenzpflicht und gute Vertretungsregelungen.
- Daß man die Dienstordnung auf die Begabungen der Pfarrer hin zuspitzt. Was ich faszinierend finde in der katholischen Kirche: Die haben nicht nur Freistellungen für Fortbildung, sondern auch für Exerzitien und Tage der Besinnung etc. So etwas fehlt bei uns, das wäre total entlastend. Da sind die Katholiken uns, glaube ich, weit voraus.
- Ich fände es zum Beispiel sinnvoll für Pfarrer einen verpflichtenden Studientag einzuführen, entweder einmal wöchentlich oder mindestens einmal im Monat, der auch tatsächlich von vorgesetzter Seite irgendwie eingefordert wird. Die Idee des Pastoralkollegs finde ich auch sehr gut, allerdings alle fünf Jahre ist ein bißchen wenig. Um gerade so diese innere Weiterentwicklung zu fördern, müßte es mehr Möglichkeiten geben. Auch das wäre schon etwas ganz Essentielles, den Sabbatgedanken noch einmal stärker einzubringen und zwar nicht nur im Sinne von einem Sabbatjahr, sondern auch daß man sich als Pfarrer ohne schlechtes Gewissen einmal im Jahr eine Woche gönnen kann. FeA ist keine wirkliche Entlastung, es ist ähnlich wie im Predigerseminar.
- Kirchenpolitisch wäre es sehr sinnvoll und angemessen, wenn man auch die Pfarrer zu ihrer Meinung zu den Synodenbeschlüssen vorher befragt. Dienstrechtlich ist schon so viel geregelt. Vielleicht ließe sich eine Entlastung dadurch gewinnen, wenn man diese dienstrechtlichen Schritte mal ein bißchen zurücknimmt oder zusammenfaßt, weniger wäre da mehr.

MITTE DES BERUFSLEBENS:
- Dieser ewige Druck: Du machst es nie gut genug, Du machst es nie recht genug, der auch durch das Ordinationsgelübde transportiert wird.
- Es ist sehr schwierig, daß es bisher nicht möglich war, den Pfarrerberuf in einer Art und Weise einmal zu beschreiben und festzulegen, der einem überhaupt Raum läßt, sich ordentlich zu bewegen. Es gibt kein Zeitraster, kein vernünftiges, was ich für eine Katastrophe halte. Ich glaube, daß das zu einem Verschleiß führt, zu einem schlechten Gewissen auf Dauer, zu einer Unklarheit letztlich. In der Wirtschaft gibt es für die Mitarbeiter einfach auch positive Zuwendung, das erlebe ich bei meiner Kirche sehr wenig. Der Buchstaben des Gesetzes bremst, die Ängste, daß ein Pfarrer Vorteile ziehen könnte, das finde ich schon eine sehr merkwürdige Geschichte, ein merkwürdiges Mißtrauen, weil wenn ich motivierte Mitarbeiter haben möchte, dann kann ich halt letztlich nicht sagen, ich verlasse mich darauf Jungs, daß ihr für eure Motivation immer selber zuständig seid.
- Zum Beispiel, die Verwaltungsaufgaben anders zu lösen. Wir haben zum Beispiel mehr Arbeit mit der zentralen Verwaltung als Erleichterung. Was mir immer wichtig ist, ist daß am

---

[80] Wieder werde ich die Antworten aus Platzgründen zum Teil paraphrasieren bzw. zusammenfassen. Die vollständigen Antworten sind abgedruckt im Materialband dieser Arbeit.

Pfarrerbild gearbeitet wird und daß es nicht einfach so weiter tradiert wird, wie es da ist. Das erlebe ich sehr wenig.
- Sicherlich würde dazu beitragen, wenn man den Religionsunterricht abschaffen würde. Und dann natürlich, mehr Pfarrer einstellen.

ENDE DES BERUFSLEBENS:
- Man sollte noch einmal miteinander diskutieren, welche Rolle der Pfarrer in der Gemeinde spielt.
- Kirchenpolitisch, dienstrechtlich, das wäre ein Abrücken von dem Konzept, daß ein Pfarrer und eine Pfarrerin immer im Dienst ist. Man kann den Pfarrberuf so, wie es jetzt konzipiert ist, zehn bis zwölf Jahre ausüben. Und dann müßte es viele andere Angebote geben, wo man Luft holen kann, wo man aus dieser Forderung rauskommt und nicht nur das Pfarramt wechseln. Und da gibt es zu wenig Angebote.
- Einen guten Ansatz finde ich die Mitarbeitergespräche, auch mit dem Ziel der Förderung der eigenen Begabung, der eigenen Schwächen und Stärken und da würde ich auch sagen, daß da auch die Frauenbelange unter frauenspezifischen Gesichtspunkten gesehen werden.

KLINIKPFARRERINNEN:
- Die Rolle der Pfarrer muß wieder in den Blick genommen werden und gestärkt werden. Im Moment wird sehr viel für Ehrenamtliche und ganz wenig für die Pfarrer getan. Einfach zu sehen, wo sind denn wirklich die Kernfelder des Pfarrers und wo ist eine Aufmerksamkeit nötig, um da kontinuierlich weiterzuarbeiten, etwas wachsen zu lassen und auch die Erträge zu sichern, damit dieses Bild des Pfarrers wieder klarer wird. Und da denke ich auch, wenn die Hauptamtlichen nicht in den Genuß einer kompetenten Mitarbeiterleitung und Führung kommen, dann können sie auch unmöglich diese Kompetenz an Ehrenamtliche weitergeben.
- Daß Pfarrer halt nicht verurteilt werden, wenn sie geschieden sind. Daß die Krankenhauspfarrer an die Gemeinden angebunden sind, das finde ich auch nicht unbedingt gut.
- Also, ein Thema ist die Frage nach der manchmal formal gehandhabten Präsenzpflicht.

Außeneinschätzung

Frage 8: Wie könnte seitens der PfarrerInnen und seitens der Gemeinden die Belastung verringert werden?

KIRCHENLEITUNG:
- Durch eine genaue Planung: Ziele und Fähigkeiten ergeben Prioritäten.
- Bereitschaft, zu delegieren.
- Sich bei jedem fragen: Warum muß ich das machen?
- Ganz klar: Zeiten einteilen, auch in den Kalender schreiben, wo man keinen Dienst hat.
- Von der Gemeinde erwarte ich, daß sie dies nicht nur akzeptiert, sondern es auch für wichtig hält, für sich selbst, daß der Pfarrer hier wirklich Zeit für sich und für die Familie hat.
- Belastung ist relativ.
- Es kann dem Pfarrer nicht erlassen werden, dafür zu sorgen, daß seine Organisation für ihn und für andere evident ist, und daß es akzeptiert ist.
- Der Stellenzuschnitt für Pfarrer muß vernünftig sein.
- Die Pfarrer sollten sich durch Supervision helfen lassen, deutlicher zu sehen, wo sie sich zu viel aufladen.
- Wichtig ist auch Feedback. Durch eine gute Feedback-Kultur kann ich erreichen, daß Belastungen erkannt werden.

- Wenn die Gemeinde das Signal gibt: Wir arbeiten mit dir, wir arbeiten mit an der Grundaufgabe.
- Wenn sie die Bürozeiten respektieren.
- Und wenn sie wenigstens ab und zu Wertschätzung signalisieren.
- Die Pfarrer sollten für sich selber ihr inneres Leitbild explizieren und Prioritäten und Posterioritäten klar haben.
- Wenn die Belastung zu groß wird, sich beraten lassen, vielleicht auch professionell.
- Oft drückt eine bestimmte psychische Struktur. Je nachdem hilft Supervision, vielleicht sogar Therapie.
- Das ungeheure Potential an ehrenamtlichem Engagement in der Gemeinde annehmen
- Pfarrer müssen lernen, mehr zu delegieren
- Das Chaotische des Pfarrerberufes verbessern durch etwas bessere Planung
- Es gäbe sicher auch bessere Delegationen, etwa den ganzen Bereich des Kirchenvorstandes.
- Im Religionsunterricht zum Beispiel bessere Vorbereitung der Stunden und Fortbildung.
- Klare Arbeitspläne, die auch öffentlich bekannt sind.
- Nicht einfach nur dahinwursteln, sondern lernen, das Wichtige vom Unwichtigen zu unterscheiden.
- Eine gezielte Planung, eine geplante Zielsetzung im Zusammenwirken mit dem Kirchenvorstand. Evtl. auch Gemeindeberatung und Visitationen des Kreisdekans.
- Sich um Kompetenz, Konzentration und Kooperation mit anderen bemühen.

SUPERVISION / BERATUNG:
- Einmal durch Bewußtmachen, andererseits denke ich, auch durch Grenzen setzen.
- Wichtig ist auch, daß auch von Dienstvorgesetzten immer wieder darauf hingewiesen werden muß, daß ein Pfarrer nicht unendlich Zeit hat, sondern daß er auch wie jeder andere Mensch eine beschränkte Zeit zur Verfügung hat.
- Seitens der PfarrerInnen, daß es ganz wichtig wäre, an sich selbst zu arbeiten und ein wichtiger Punkt darin scheint mir die Rücknahme von Projektionen zu sein, das hieße für mich auch ein möglichst entspannter und reflektierter Umgang mit den kollektiven Übertragungsangeboten, die PfarrerInnen kriegen, umzugehen, sie nicht von vorneherein abzuweisen, sondern damit klug zu arbeiten. ... Also, die selbstgemachten Plagen erkennen, als solche akzeptieren und daran arbeiten. Selbstreflexion und ein besonderes Maß an Eigendistanz. 2. Realistische Stellenausschreibungen. Man liest ja oft sehr voluminöse Kataloge. 3. Das eigene Pfarrerbild selbstkritisch zu reflektieren, auch die Gemeinde sollte ihr Pfarrerbild noch einmal kritisch anschauen. Pfarrer sind keine Entertainer.
- Die Gemeinden haben die Erwartungen. Das ist meine Frage, wie gehe ich mit Erwartungen um und da ist halt wichtig, ob ich mich davon definiere, der Pfarrer zu sein und alle Erwartungen zu erfüllen, weil das letztlich eine infantile Haltung ist, denn dann ist die Gemeinde in der Funktion der Mutter, der großen Mutter, die etwas erwartet und der Pfarrer ist der liebe Sohn, der die Erwartungen erfüllt. Mit Freiheit entscheiden, welche Erwartungen will und kann ich erfüllen. Das ist letztlich eine spirituelle Aufgabe, definiere ich mich aus dem Anerkanntwerden, oder lebe ich aus der inneren Quelle heraus.
- Seitens der Gemeinden: Da geht es um so ein Klima, das natürlich auch von der Kirchenleitung her transportiert werden müßte, was so etwas wie Fehlerfreundlichkeit verbreitet: Du darfst auch Fehler machen, Fehler sind wichtig. Wenn das bei den Gemeinden auch vorhanden wäre, daß man Fehler machen darf, auch Gemeinden dürfen Fehler machen, Pfarrer auch, aber das ist nicht schlimm, weil man aus Fehlern lernen kann, da wäre schon viel gewonnen.

- Die Gemeinden müßten lernen von dem Pfarrer - das können sie nicht alleine - daß er Kernkompetenzen zu erfüllen hat, und daß er nicht der Erfüller ihrer ganz diffusen unterschiedlichen Erwartungen ist, das ist ein Lernprozess.
- Voraussetzung für Veränderung ist das Bewußtsein, daß etwas nicht stimmt. Das Hauptproblem ist, daß Pfarrer kein Problemgefühl haben dafür. Die spüren nicht, daß es anders möglich sein könnte.

AUSBILDUNG:
- Ich kenne ein einziges wirksames orales Verhütungsmittel - das ist das Wörtchen „No".
- Wenn die Gemeinde das Signal gibt: Wir arbeiten mit dir an der Grundaufgabe - das ist auch ein gemeinsames Anliegen.
- Wenn die Gemeinden die Bürozeiten respektieren - es sei denn es ist Notsituation und was Dringendes.
- Wenn die Gemeinden wenigstens ab und zu Wertschätzung signalisieren.
- Die Belastung hat auch eine Personseite: Warum begibt sich jemand in eine solche belastende Situation, also „Helfersyndrom", „Ichschwäche".
- Die Überlastung ist psychisch konstelliert und hat natürlich, wie viele Überlastungssyndrome eine positive Seite: Ich erspare mir die Verantwortung. Indem ich mich überlaste, sage ich nicht „ja" und sage nicht „nein" und deswegen habe ich immer eine Erklärung dafür, warum etwas nicht gegangen ist.
- Was die Belastung verringert? Personarbeit, Supervision, Klärung, Konzentration, die entlastende Seite der Spiritualität suchen.
- Wenn man das Wort Professionalisierung, das zur Zeit in aller Munde ist, ernst nehmen würde.
- Kein Pfarrer hat sich öffentlich dazu bekannt, ein exzellenter Geschäftsmann oder Chef zu sein. Sie haben sich nur dazu bekannt, gute Haushalter der Geheimnisse Gottes zu sein, der Mysterien. Es gibt bessere Geschäftsleute in jeder Gemeinde als die Pfarrer.
- Prioritäten setzen und nicht nur einen Gemischtwarenladen machen.
- Mehr sagen: Das machen wir jetzt, das macht die andere Gemeinde, nicht bei allem sagen: Wir müssen das auch haben.

PFARRER- UND PFARRERINNENVEREIN:
- Es ist wichtig, mit dem Kirchenvorstand und den übrigen Mitarbeiterinnen und Mitarbeitern zu beraten und festzulegen, welche Prioritäten und Posterioritäten in der Arbeit vor Ort gesetzt und wie die anstehenden Aufgaben verteilt werden sollen.

Außeneinschätzung

Frage 9: Welche konkreten kirchenpolitischen bzw. dienstrechtlichen Schritte würden Ihrer Meinung nach zur Entlastung der Pfarrerschaft beitragen?

KIRCHENLEITUNG:
- Die Mitarbeitergespräche spielen eine ganz große Rolle bei dem Thema, weil sie die gesamte Tätigkeit des Pfarrers im Blick haben und zu einer realistischer Einschätzung der eigenen Fähigkeiten führen, und so Prioritätensetzung und Zielvereinbarungen ermöglichen. Ihr Ziel ist auch: daß man sich Zeit für sich selbst nimmt, zur Rekreation.
- Von vorgesetzter Seite immer wieder die Leistung der PfarrerInnen positiv in der kirchlichen und außerkirchlichen Öffentlichkeit erwähnen.

- Mit gut angewendeten modernen Kommunikationsmitteln ist es eine rein organisatorische Frage, Regelungen zu finden, daß Pfarrer wirklich mit gutem Gewissen auch das ganze Wochenende freimachen können.
- Durch eine richtige Einteilung der Stellen. Es geht nicht, daß die Seelenzahlen so weit differieren. Berufsanfänger dürfen nicht auf zu schwierige Stellen gesetzt werden.
- Die Personalführung muß die persönlichen Fähigkeiten und Möglichkeiten des Bewerbers berücksichtigen.
- Die Mitglieder der kirchenleitenden Organe sollten Wertschätzung signalisieren für das was Pfarrer tun.
- Die Mitarbeiterjahresgespräche könnten eine Hilfe sein.
- Ich halte nichts davon, da jetzt noch mehr zu regeln, denn wir haben viel zu viel geregelt und neue Regelungen sind es nicht.
- Unterstützung bei Supervision und Fortbildung.
- Die einzelnen Begabungen und Interessen der Pfarrer stärker noch berücksichtigen
- In Bereichen der Verwaltung Dinge zentralisieren
- Das Fort- und Weiterbildungsangebot ausbauen.
- Die Fürsorgepflicht der Vorgesetzten intensivieren, ein Auge haben auf diejenigen, denen es nicht gut geht, die krank sind.
- Auf Wahrnehmung der Angebote zur Erholung, die wir haben, drängen.
- Sensibel und hilfreich mit Leuten umgehen, die durch die Arbeit an der Seele krank geworden sind.
- Manchmal auch jemand zu seinem Glück zwingen und sagen: So, und du machst jetzt eine Erholungsmaßnahme.
- Die Vorgesetzten sollten darauf achten, daß sie ein Klima des Vertrauens schaffen.
- Durch Verringerung der Bürokratie. Kirchenpolitisch müßte immer wieder auch Mut zur Lücke gemacht werden.
- Es müßten vor allen Dingen kirchenpolitische Schritte sein, die nicht ihrerseits wieder als eine Überforderung empfunden werden. Manche Forderungen von Bischöfen gehen in diese Richtung.
- Vielleicht auch immer wieder die Rückerinnerung daran, was die eigentliche Aufgabe in der Kirche ist. In den Bekenntnisschriften heißt es, Kirche ist da, wo das Evangelium gepredigt und die Sakramente verwaltet werden - satis est, das reicht.

SUPERVISION / BERATUNG:
- Das Bewußtsein dafür schärfen, daß ein Pfarrer wirklich das Anrecht auf Freizeit hat und daß Vorgesetzte die PfarrerInnen darauf aufmerksam machen, wenn sie ihren Urlaub nicht ganz genommen haben, ihnen deutlich machen, daß Urlaub nehmen eine Pflicht für qualitativ gute Arbeit ist.
- Wunderbar sind natürlich gute unmittelbare Vorgesetzte, die ihrer Fürsorgepflicht nachkommen. Was die Kirche jetzt mit ihrer Personalpolitik anstrebt, geht im Grunde schon in die richtige Richtung, stärkere Entlastung der Dekane von organisatorischen Aufgaben, mehr Augenmerk auf die Personalentwicklung, also diese Jahresgespräche halte ich im Ansatz für eine gute Idee. Kleinere Pfarrkapitel wären natürlich von Vorteil.
- Ich habe immer wieder erlebt in der Arbeit im Haus Respiratio, daß Kolleginnen und Kollegen klagen, daß sie von Seiten ihrer Kirche, also auch von den Vorgesetzten, den Dekanen und Kreisdekanen, zu wenig gesehen und geachtet werden.
- Konkret, es müßte mehr ein Klima der Fehlerfreundlichkeit sein. In der Kirchenleitung ist ja oft so ein gewisses Mißtrauen auch der Pfarrerschaft vielleicht gegenüber: Hoffentlich machen die es richtig. Und sie erleben ja immer nur, wenn es nicht richtig läuft, also wenn es falsch läuft und das erhöht dann den Druck; Du mußt es richtig machen. Wir wollen von dir

nichts hören. Wenn du hier im Landeskirchenamt nie auftauchen wirst, dann bist du ein guter Pfarrer. Das ist gut gemeint, entlastet vielleicht auch die Oberkirchenräte, aber es erhöht den Druck: Ich darf keinen Fehler machen.
- Kirchenpolitische und dienstrechtliche Schritte sind ausgereizt, da sehe ich keine Möglichkeiten, Was ich entscheidend finde: In unserer Kirche, von seiten unserer Kirchenleitung fehlt eine Wertschätzung für das, was wir tun. Es ist immer so nach dem Motto: Ihr müßt dankbar sein, daß ihr das tun dürft und wir stellen die Hürden sehr hoch, daß ihr es überhaupt tun dürft und es gibt Demutsgesten noch und nöcher, die einer erfüllen muß, um hier zu arbeiten, das könnte sich keine Firma auf dieser Welt leisten. Hier wird Motivation ausgenützt. Ich erwarte mir nichts von Anordnungen, daß man jetzt weniger arbeitet, oder daß man mehr Geld verdient, oder daß man das strukturell verbessert, wir haben einen so gut abgesicherten Beruf wie kaum eine andere Berufsgruppe, aber in der Wertschätzung, da fehlt es weit, weit, weit, weit.
- Zu einer Bewußtseinsbildung gehört sicher die Erkenntnis, daß der Pfarrer ein spiritueller Beruf ist und ohne spirituelle Schulung und Ausrichtung wird sich da nichts ändern.
- Ganz wichtig, das ist immer eine Krux im kirchlichen Umfeld gewesen, eine klare Trennung zwischen dienstrechtlicher und seelsorgerlicher Funktion. Es genügt, wenn der Dekan ein guter Vorgesetzter ist.

AUSBILDUNG:
- Ich sehe nicht, daß das Problem in diesem Bereich lösbar ist, also kirchenpolitisch und dienstrechtlich.
- Ich halte nicht viel von „kirchenpolitischen bzw. dienstrechtlichen Schritten", bin aber der Auffassung, daß PfarrerInnen mehr, nicht weniger abverlangt werden sollte, und daß dieses auch kontrolliert werden muß. Erst einmal aus einer ganz primitiv psychologischen Weisheit heraus: Die Leute fühlen sich immer dann überfordert, wenn sie nicht genug zu tun haben. Wenn man sehr viel zu tun hat, ist man gezwungen, zu ordnen, zu sortieren.
- Klarere Stellenbeschreibungen.
- Der Bischof solllte sich häufig und persönlich um die Arbeit der PfarrerInnen kümmern.
- Die Mitglieder der kirchenleitenden Organe sollten Wertschätzung signalisieren für das was Pfarrer und Pfarrerinnen tun und den Pfarrern das Gefühl geben, daß sie es gut mit ihnen meinen, sie fördern wollen und ihre geäußerten Probleme ernst nehmen.
- Die kirchliche Verwaltung ist organisatorisch/strukturell nicht gut genug unterstützt.
- Bessere Unterstützung bei der Einarbeitung.
- Nicht alles an Verwaltung und Geldsachen auf die Pfarrer hinüberschieben, den Pfarrer wieder mehr verstehen als den Moderator der Charismen.
- Daß man die Angebote der Gemeinden auf Dekanatsebene abstimmt.
- Indem man die modernen Kommunikationsmittel geschickt einsetzt.

PFARRER- UND PFARRERINNENVEREIN:
- Eine Entlastung könnte vor allem im Verwaltungsbereich erfolgen durch Erhöhung der Stundenzahl für Pfarramtssekretärinnen und indem man bessere EDV-Programme für die Verwaltung zur Verfügung stellt

6. 7. 2. Burnout-Prävention

Eigenwahrnehmung

Frage 24: Was können PfarrerInnen selber tun, um sich vor dem „Ausbrennen" zu schützen?

ANFANG DES BERUFSLEBENS:
- Sich Prioritäten setzen. Der Gedanke fällt mir schwer, ich habe immer gleich Angst, ich könnte ein schlechter Pfarrer sein, aber eigentlich denke ich, ist das der Weg, daß ich sage, ich mache das und bewußt mache ich jenes dann aber auch nicht, also ich ordne auch einmal etwas nach. Und ich bin auch so frei, zu sagen, das auch der Gemeinde transparent zu machen, was ich will, das muß offen sein, und das muß auch für die nachvollziehbar sein, in der Hoffnung, daß dann auch Menschen sagen: Gut, der macht das, dafür kann er doch das nicht auch noch machen.
- Nicht meinen, immer der King sein zu müssen, alles perfekt machen zu müssen, sondern darauf vertrauen, daß etwas anderes auch noch wirkt.
- Sich jeden Tag Zellen der Stille suchen, ist etwas wichtiges, also zum Beispiel Exerzitien im Alltag oder so etwas, wo man sich bewußte Zeiten sucht oder eben eine Morgenandacht oder einen Abendabschluß, also einen Moment im Tag, wo man bremst, braucht man auf jeden Fall, das ist mir jedenfalls wichtig.
- Privatleben, gute Hobbies und einen Hund. Dann sind Sie gezwungen, einfach rauszugehen und das ist ganz wichtig: Rausgehen von der Arbeit.

MITTE DES BERUFSLEBENS:
- Vielleicht erst einmal sich der eigenen inneren Antreiber zu vergegenwärtigen und an denen arbeiten. Ich habe die Erfahrung gemacht, daß ich das selber bin, daß ich den Druck mache.
- Sie müssen für sich selber sorgen, auch gegen Widerstände. Ich hoffe, daß sie gute Vorgesetzte haben, die das auch verstehen, klar zu machen, ein Pfarrer hat auch einen anderen Bereich zusätzlich, der ihn als Pfarrer aber auch ein Stück ausmacht.
- Ich muß wirklich sagen: Außer in Vertretungszeiten, wo man viel vertreten muß, kann man in diesem Beruf ja wirklich sich viel die Zeit selber einteilen und da finde ich eigentlich, daß ein Pfarrer und eine Pfarrerin immer ansprechbar sein sollte und präsent dann sein sollte und um das sein zu können, muß man sich schützen, kann man nicht von morgens bis abends rennen und dies und jenes machen. Da würde ich lieber ein paar Fälle abgeben um dann einfach für Menschen da sein können und präsent sein können.

ENDE DES BERUFSLEBENS:
- Zeit besser einteilen, nein sagen. Aber nicht um jeden Preis. Ich habe auch mal jemand erlebt, der war in Therapie und kam dann zurück und ich habe ihn gebeten, beim Gottesdienst mitzumachen, der hat immer nein gesagt. Da habe ich gemerkt, das hat er gelernt irgendwo.
- Ich brauche ein Hobby, ich brauche Lektüre, die auf keinen Fall in der nächsten Predigt verwurstet wird. Es muß ein Buch geben, das ich lese und das darf frühestens ein Jahr später in der Predigt vorkommen.
- Auf der einen Seite lernen, sich abzugrenzen und sich nicht zu überfordern.
- Nicht zu hohe Anforderungen an sich selber stellen und dann auch Nein sagen zu lernen.

KLINIKPFARRERINNEN:
- Den Grund kennenlernen und ihr Leben neu ausrichten. Auszeiten einhalten und „ora", das Beten.

- Da ist es für mich wichtig, daß ich einfach ein Hobby habe, wo ich nichts mit Pfarrern zu tun habe. Manchmal regen mich die Kollegen und Kolleginnen einfach auf und ich muß dann einfach Abstand halten.
- Ich habe wieder angefangen, jeden Tag zu beten. Ich habe so eine ganze Latte Menschen, die ich bebete. Ja, wir reden dauernd von Gott und von Liebe und von Energie und so, und mich da wirklich selber anzudocken. Und das auch zu nutzen. Das ist da und zu sagen: Komm her, hilf mir, gib mir etwas von deiner Kraft ab. Ich singe ganz gerne. Ausbrennen passiert dann, wenn die Arbeit so ein Übergewicht bekommen kriegt. Es muß ein Gegengewicht geben. Ob das jetzt die Familie ist, oder ob das Freunde sind, oder ob das ein Hobby ist, was nichts mit dem Beruf zu tun haben sollte. Also es muß so ein Gegengewicht haben, der Beruf darf nicht das allein Seligmachende sein. Und dann noch gucken, was die persönlichen Kraftquellen sind. Joggen für viele Leute zum Beispiel.

Außeneinschätzung

Frage 18: Was können PfarrerInnen tun, um sich vor dem „Ausbrennen" zu schützen?

KIRCHENLEITUNG:
- Reden mit anderen.
- Von Beginn des Dienstes an Zeit für sich selbst nehmen, Zeit für Familie, auch für eigene Hobbies oder eigene Freizeitgestaltung, die mit dem Dienst nichts zu tun hat. Auch Freunde und Bekannte, die nichts mit der Gemeinde und nichts mit dem Beruf zu tun haben, zu haben und mit denen was zu unternehmen.
- Sich realistische Ziele setzen.
- Versuchen, Überforderungen Herr zu werden.
- Sich schon viel früher ihren Konflikten zuwenden.
- Der Pfarrer wird ja nicht von außen an- oder ausgebrannt, sondern trägt seinen eigenen Anteil dazu bei.
- Ganz wichtig ist, daß er für sich Inseln hat im Jahreskreis, daß er einen Rhythmus findet, wo er Auszeiten hat, Beziehungen pflegt, Dinge tut, die seine Lebensfreude und Lebensgeister wecken, dieser ganze Bereich der Erlebniswerte.
- Unverzichtbar auch das eigene geistliche Leben, die spirituellen Wurzeln zu pflegen. Der Pfarrer, der auch ein Spiritual sein soll, muß einen Weg für sich selber finden, wie er auch sein geistliches Leben in einen Rhythmus bringt
- Die beste Prophylaxe ist, daß man immer wieder selber für sich Distanz bekommt durch Zeiten der Stille, auch durch die Gemeinschaft im Glauben mit anderen, das Gefühl, ich bin da getragen, kein Einzelkämpfer an verlorener Front.
- Sie müssen lernen, Grenzen zu ziehen und zwar für sich selber, daß sie nicht grenzüberschreitend ständig tätig werden und sich selber und der Welt beweisen, wie großartig sie sind. Und sie müssen lernen, anderen Grenzen zu setzen, es muß also klar sein, daß nicht jeder immer Zugriff auf sie hat
- Supervision, Therapie ist für mich das non plus ultra.
- Sich anderen auch einmal offenbaren, sich mal jemand zu suchen, mit dem sie sich da aussprechen können.
- Heute sagt man Ausbrennen, Frustration, Luther hat da von Anfechtung gesprochen. Er sagte: Wenn du Anfechtungen hast, fliehe ins Gebet, bleibe nicht allein damit, sondern suche dir einen Bruder. Er kann aber auch sagen: Iß und trink! Und wenn du ein Mädchen hast, dann freue dich an ihr. Die Portion Gelassenheit die Luther gehabt hat, das berühmte Wort

vom Apfelbäumchen oder das wunderschöne Wort vom Bier: Wenn ich mein Töpflein wittenbergisch Bier trinke oder schlafe, dann läuft das Evangelium trotzdem weiter, denn unser Herrgott schläft und schnarcht nicht. Das sagt ein Mann, der auch seine Burnout-Syndrome gehabt hat, hier wächst Gelassenheit aus gelebtem Gottvertrauen.

SUPERVISION / BERATUNG:
- Sich begrenzen. Nein sagen können. Dinge abgeben oder nicht tun, die über meine Kraft gehen. Und: Kollegialität suchen.
- Ein erster Schritt wäre, sich einzugestehen: Ich brauche das und ich habe ein Recht darauf und dann zu schauen, wo bekomme ich das.
- Seelsorge an der eigenen Seele.
- Daß sie wissen, es gibt so etwas wie Ausbrennen, daß sie deutlich mit ihren Grenzen und Möglichkeiten in Berührung sind. Dann, daß sie - das Wort Rituale fällt mir da ein - also, daß sie feste Punkte haben, feste Unterbrechungen einplanen, feste Vereinbarungen haben, und dafür Sorge tragen, daß die Arbeit nicht die allein bestehende Größenordnung ist.
- Im Alltag einfach besondere Rituale suchen, Zeiten, wo ich allein bin. Und dann immer wieder nach der Motivation fragen. Stehe ich wirklich im Dienste Gottes oder stehe ich in meinem eigenen Dienst, im Dienst des Anerkanntwerdens, Erfolghabens, kommen da die alten Lebensmuster aus der Kindheit hoch? Gerade bei Pfarrern ist das sehr stark, daß kindliche Muster hochkommen, weil die Gemeinde einen Muttercharakter hat. Viele brennen darum aus, weil sie immer der liebe Sohn sein wollen, der von der Mutter Gemeinde gelobt wird und beliebt ist und Heimat findet und ständig hört, gut daß du da bist. Es ist ganz wichtig, auf diese eigenen Muster hinzuschauen. Es ist nicht die Menge der Arbeit, es ist das Muster unter dem ich arbeite, z.B.: Hoffentlich gibt es keinen Streit und hoffentlich mache ich alles richtig.
- Also, vielleicht auch das ein bißchen ungewöhnlich: Sie können prophylaktisch die Arbeit, die sie später machen müßten, wenn sie ausgebrannt sind, nämlich sich selber anzuschauen unter erschwerten Bedingungen, rechtzeitig tun, wo der Leidensdruck noch nicht so groß ist. Was hat das, was ich da tue, mit mir als Person zu tun? Was sind die insgeheimen, die unbewußten Motive, die ich da habe, warum falle ich immer wieder auf dieselben Fallen herein?
- Wenig. Das greift nicht tief genug. Es muß in der Institution etwas geändert werden. Natürlich ist es gut, wenn sie Tennis spielen oder Fußball oder Urlaub machen. Aber das ist schier zu trivial, als daß es ans Problem rangeht. Da hat sich ja das, was man selber tun kann, das hat sich Gott sei Dank verbessert, die meisten Pfarrer fahren, was weiß ich, an die Adria oder gehen Bergsteigen.

AUSBILDUNG:
- Nicht nur vom Heiligen reden, sondern damit Kontakt aufzunehmen. Also alles, was Spiritualität heißt, hat mit Energiegewinn zu tun und Aufladen.
- Vor dem „Ausbrennen" schützt man sich am besten durch soziale Kontakte, in unserem Falle durch fachlichen und freundschaftlichen Austausch in Peergruppen, aber auch durch zuverlässige Freundschaften, die freilich immer seltener zu werden scheinen.
- Hilfreich ist, die verschiedenen Ebenen, in denen Entwicklung notwendig ist, in den Blick zu nehmen und die auch jeweils für sich zu stärken, nämlich die fachliche Seite, den persönlich-kommunikativen Bereich und den spirituellen Bereich. Die Förderung ist sozusagen die Prävention vor Defiziten, die dann zum Ausbrennen beitragen.
- Arbeitet konzeptionell, arbeitet gezielt, arbeitet organisiert, wagt es, nein zu sagen und zwar nicht ein subjektives Nein im Sinne von: Ach, das mag ich nicht, sondern um gut arbeiten zu können und um ja sagen zu können, muß ich auch nein sagen.

- Sich kritische Freunde suchen, die mehr können, als nur stabilisieren. Einen kritischen Blick allein und dann auch mal mit anderen auf die geistliche Biographie werfen, wach für den Revisionsbedarf. Lernen, sich abzugrenzen, das kann man an ganz verschiedenen Stellen anfangen.

PFARRER- UND PFARRERINNENVEREIN:
- Ein Theologe bzw. eine Theologin muß schon während der Ausbildung die Fähigkeit zur Selbstorganisation und Zeiteinteilung lernen. Freie Zeit muß man ebenso wie dienstliche Termine fest in den Terminkalender einplanen.
- Wichtig ist auch, den Umgang mit Konflikten zu lernen und einzuüben, sonst können diese einen aufreiben.

Außeneinschätzung

Frage 19: Was könnte die Kirchenleitung tun, um PfarrerInnen vor dem „Ausbrennen" zu bewahren?

KIRCHENLEITUNG:
- Über diese Dinge öffentlich und in den Personalgesprächen reden - und selbst zu leben.
- Die dienstrechtlichen und organisatorischen Bedingungen schaffen.
- Wenn wir unser Personal so begleiten, daß diese Fragen immer mit drin sind und nicht nur sagen, sie müssen einen Kurs in Pfarramtsführung machen, dann würden wir sehr viel früher der tieferliegenden Probleme ansichtig und würden sagen: Da mußt du dich nicht schämen, sondern: Tu was dafür.
- Wir brauchen Instrumente, die früher schon greifen, also im Sinn von Erkennen. Wir brauchen Instrumente, die es möglich machen, daß der Mensch sagt, also da merke ich, daß ich da Probleme habe.
- Möglichkeiten bereit halten zur Reflexion der eigenen Situation. Bewahren kann Kirchenleitung nur indirekt. Sie kann und muß die Möglichkeiten bereit stellen. Ob die dann jeweils ergriffen werden oder überhaupt ergriffen werden können, ist eine andere Frage.
- Man soll die Kirchenleitung hier nicht überschätzen.
- Die Mitarbeiterjahresgespräche können eine Hilfe sein.
- Wir sollten wirklich Leute bewahren davor, wo sie sich überschätzen, daß wir sie überfordern, in überfordernde Situationen schicken.
- Kirchenleitung darf nicht in der Öffentlichkeit den Eindruck erwecken, sie ist unzufrieden mit der Leistung ihrer Pfarrer wie das gelegentlich ja schon passiert ist. Kirchenleitung muß ihre Pfarrer und Pfarrerinnen auch in der Gesellschaft verteidigen, muß sie entlasten und darf sich nicht immer neues ausdenken, womit die auch noch beauftragt werden und was sie auch noch machen sollen.
- Die Maßnahmen, die wir eingeleitet haben, ist der Erholungsurlaub, das Haus Respiratio, der Stellenwechsel, die drei Dinge sehe ich und eventuell noch auch der Hinweis auf Kooperationen und Gesprächsmöglichkeiten innerhalb der Kirche selbst.
- Wir haben auch Vertrauensärzte, wenn es mal nötig wäre.
- Die ist sicherlich nicht gerade die erste, die so etwas ja überhaupt merkt. Der Dekan könnte es schon eher merken. Wenn sie es merkt, oder auch der Dekan, dann ist sie immer noch jemand, der auch Instrumente in der Hand hat, die größten Möglichkeiten, wirklich zu helfen, denn sie kann dann die Überforderung zurücknehmen. Sie kann z.B. jemand an eine andere Stelle setzen oder dies oder das tun.

- Sie sollte viel Dankbarkeit den Pfarrern gegenüber signalisieren, Anerkennung, Honorierung, ihnen die Ehre geben, die sie verdienen. Das Honorieren ist keine Frage des Geldes allein.

SUPERVISION / BERATUNG:
- Sie hat ja für solche, die sich ausgebrannt fühlen, oder die vorbeugen wollen „Respiratio" eingerichtet.
- Da hat sich ja auch etwas geändert in den letzten Jahren. Und trotzdem erlebe ich immer wieder das, und habe erlebt, daß Pfarrer das tatsächlich gar nicht wissen, daß ihnen ein freier Sonntag im Monat zusteht. Da wäre es hilfreich, wenn da von kirchenleitender Seite darauf hingewiesen wird und vielleicht sogar das als Pflicht betont wird.
- Respiratio oder auch das Pastoralkolleg zu Volls Zeiten sind Signale dafür, daß die Kirchenleitung an manchen Stellen gute Angebote macht. Die Intensivierung der Personalgespräche ist auch ein sinnvoller Schritt. Stellen- und Personalpolitik sind sinnvolle Rahmenbedingungen. Sehr viele andere Möglichkeiten sehe ich eigentlich gar nicht. Vielleicht die Verstärkung einer Kultur der Anerkennung und der Wertschätzung der Mitarbeiter durch die Vorgesetzten. Da habe ich auch immer wieder von Kolleginnen und Kollegen gehört, daß sie sich da nur dürftig oder gar nicht gesehen gefühlt haben.
- Die Kirchenleitung muß einmal für die spirituelle Dimension des Pfarreramtes sorgen, daß das gewußt wird, daß wir nicht einfach nur Angestellte sind.
- Fehlerfreundlichkeit und anderes mehr.
- Die Kirchenleitung soll ihren Job tun. Sie soll für die Rahmenbedingungen sorgen, daß nicht auch organisierte Überlastungssituationen eintreten, das soll sie tun. Und den zweiten Punkt, den habe ich schon genannt: Sie kann viel tun im Sinn von Wertschätzung dessen, was ein Pfarrer tut. Im Sinn von Wertschätzung: Nicht noch mehr herauspressen. Letztlich aber, auch das möchte ich sagen, sind die Möglichkeiten der Kirchenleitung äußerst begrenzt, denn es ist nicht eine Sache der Leitung oder des Über-Ich, das zu organisieren, sondern das muß ich schon selber tun.
- Loben, was sie, finde ich, mehr tun könnten. Aber was sie tun und was ich auch gut finde, ist das Fortbildungsangebot.
- Wenig, solange die Kirchenleitung selber teilweise in einem so verheerenden Zustand ist, wie wir das erleben. Wissen Sie, solange die Kirchenleitung selber teilweise derart erschreckend unbeleckt ist in diesen Dinge, stinkt der Fisch vom Kopf her. Eines der großartigsten Dinge, die sie machen konnten, hat neulich Herr Bogdahn gemacht, indem er die Oberkirchenräte einmal zum Meditieren nach Altenburg gebracht hat. Kirchenleitung würde ich dreiteilen. In den obersten Rängen, das sind ja oft hochbegabte Menschen, die auch viel mehr Gespür haben. Wir finden es eher auf der mittleren Ebene, da ist es oft sehr schlecht und die unteren zahlen die Zeche. Auf protestantischer Seite gibt es so viele ausgebrannte, leere, fassadenhafte Existenzen, die in einer Logorrhö sind, erschöpft sind und nicht mehr wissen, was sie sollen.

AUSBILDUNG:
- Erfreulicherweise gar nichts
- Kirchenleitungen haben nicht die Aufgabe, ihre Pfarrerschaft vor dem „Ausbrennen" zu bewahren. Es geht überhaupt viel mehr darum, daß wir in der Kirche lernen, zunächst für uns selber, statt für andere Verantwortung zu übernehmen; das gilt gerade auch für Kirchenleitungen. Es könnte sein daß Kirchenleitungen viel zu viel für ihre Pfarrerschaft sorgen, sie deshalb auch bevormunden und gerade so das fördern, was vermieden werden soll.
- Möglichkeiten zu schaffen, diese drei Bereiche zu fördern. Möglichkeiten bereit zu halten zur Reflexion der eigenen Situation. Bewahren kann Kirchenleitung nur indirekt. Sie kann

und muß die Möglichkeiten bereit stellen. Ob die dann jeweils ergriffen werden oder überhaupt ergriffen werden können, ist eine andere Frage.
- Sie könnte das Rollenprofil und die Aufgabenkataloge örtlicher Gemeinden leistbar beschreiben. Es ist eine kirchenleitende Aufgabe, Stellen zur Verfügung zu stellen, die leistbar sind.
- Möglichst wenig. Es gab mal einen bayerischen Personalreferenten, der hatte den Leitsatz: „Man soll die Leute, die die Arbeit tun, nicht zu viel stören".
- Ihre Pfarrer achten, zu ihnen stehen, sie weder betütteln, noch beschimpfen, sich einüben in den Umgang mit erwachsenen Menschen, sie ernst nehmen.
- Die Dekane achten schon darauf und sollten es noch mehr tun.
- Die Jahresförderungsgespräche können helfen. Es ist gut, die Arbeit immer wieder zu reflektieren, damit man weiß, warum man tut, was man tut.

PFARRER- UND PFARRERINNENVEREIN:
- Sie möchte dazu noch einmal auf die Mitarbeiterjahresgespräche verweisen, die in der bayerischen Landeskirche zügig und flächendeckend eingeführt werden müssen.

6. 7. 3. Quellen der Kraft und Rekreation

Eigenwahrnehmung

Frage 25: Wo sprudeln für Sie die Quellen der Kraft? Was tun Sie „für sich"? Wie laden Sie Ihre Batterien auf?

ANFANG DES BERUFSLEBENS:
- Eine wesentliche Erkenntnis formulierte Anselm Grün: Spiritualität ist das, was ich leidenschaftlich tue. Das hat meinen Spiritualitätsbegriff, der pietistisch auf Bibel und Gebet fixiert war, geweitet, wo ich sage, o.k., ich lese auch mal leidenschaftlich gerne einen Psalm. Aber seitdem kann ich sagen, Dinge wie mein Hobby, das ist etwas wo ich leidenschaftlich dabei bin. Und da lebe ich auch drin, Und das muß neben dem Beruf Raum haben. Ich bin auch gerne unterwegs im Auto. Wenn ich im Auto sitze und gute Musik höre, habe ich den Eindruck, ich lebe auf. Und ich habe mir jetzt die Freiheit genommen, Gemeindeberater zu werden, wo ich ein bißchen in Bayern herumkomme und den Eindruck habe, das ist ein Teil Leben.
- Gerade auch die Meditation. Was mir gut tut, ist auch mal wieder eine Woche Schwanberg oder so ein Ortswechsel, um rauszukommen und auch mal wieder nach Taizé zu fahren oder so etwas, wo man sich wieder mal auf das Wesentliche besinnt. Und dann natürlich auch die Landschaft, mein Sport, das körperliche Spüren, wahrnehmen, daß ich ein ganzer Mensch bin.
- Ganz unterschiedliche Sachen. In die Berge zu gehen, draußen zu sein, zu spüren, daß der Körper funktioniert und auch eben Abstand zu gewinnen. So auf einem Berg stehen heißt ja, daß sich doch auch noch einmal manches relativiert. Ich erlebe, wenn ich ein paar Tage unterwegs bin, merke ich, daß ich mir auch einfach etwas ablaufen kann. Auch die Gedanken, die mich sonst so dauernd umkreisen, gehen mit der Zeit weg, die sind dann irgendwann weg und dann habe ich das Gefühl, dann komme ich tatsächlich auch an mich selbst wieder ran und nicht nur an das, was andere von mir wollen oder was ich mir vorstelle, wie ich sein sollte und da kann ich dann tatsächlich auch wieder an meine eigenen Wurzeln wieder kommen und dazu brauche ich relativ viel Zeit, das ist so meine Erfahrung, das reicht auch

nicht für einen Tag mal schnell irgendwo hin. Das sind so Zugänge für mich: Zeit, Ruhe, Einsamkeit, oder mit wenigen vertrauten Leuten. Das brauche ich, und das andere ist das Gespräch mit anderen über den Glauben. Und dann ist es mir wichtig, nicht nur mit Theologen zu reden, sondern mit Menschen aus anderen Berufsumfeldern, die auch noch einmal meine Perspektive gerade rücken können.
- Privatleben, Hobbies, meine beiden Hunde, mein großer Freundeskreis.

MITTE DES BERUFSLEBENS:
- Ich bin noch auf der Suche nach einem Weg. Ich bin auf einer sehr spirituellen Suche auch, ich habe einiges entdeckt im Haus Respiratio. Das hat mir damals sehr gut getan, also das Spirituelle, das miteinander Beten und Singen auf dem Schwanberg. In der Liturgie fühle ich mich da ein Stück weit aufgehoben in so einer Gemeinschaft von Menschen. Ich singe gern, da habe ich eine Kraftquelle im Chor, ein bißchen auch sportlich mich zu betätigen, etwas für mich zu tun, aber es ist nicht genug.
- Ich versuche, Sport zu treiben, zu malen, spazieren zu gehen, immer wieder zu sagen: Diese zwei Stunden sind für niemanden als nur für mich. Natürlich muß man das auch mit anderen Menschen teilen: Familie, das ist eine klare Sache, aber ab und zu braucht es eben auch diese Zeit, das ist einfach eine Zeitgeschichte, abschütteln, was einen immer bedrängt, links und rechts, was erledigt werden muß, was nicht alles noch getan werden müßte, zu sagen mit gutem Gewissen: So, jetzt hast du etwas erledigt und jetzt brauchst du auch das Auftanken. Ich würde gerne mehr Zeit darin investieren. Ich würde häufiger Windsurfen gehen gerne, das ist sehr schön oder was anderes. Ich denke, es gibt diese Quellen der Kraft dahingehend. Und ich denke auch ganz klar: Für mich sprudelt die Quelle der Kraft deutlich auch im gottesdienstlichen Bereich. Ich finde es schön, daß manchmal ein Bibeltext mich bei der Hand nimmt und mich ganz wo anders hinführt, wo ich vorher nicht war. Das ist die Hauptquelle würde ich mal sagen.
- Ich versuche, konsequent meinen freien Tag zu machen und im Urlaub nicht irgend etwas für die Gemeinde zu machen. Das ist so ein Punkt. Und ich höre sehr gerne Musik, ich lese gerne, ich mache gerne Handarbeiten, einfach so kreative Sachen, aber auch Kultur, Sachen, wo nicht schon wieder irgendwelche Anforderungen daran hängen.
- Ich koche. Und Musik höre ich ungemein gerne und Psalmen mag ich sehr gern, kann ich ganz viele auswendig und die sage ich dann in meinem Bett noch ein bißchen vor mich her. Diese Worte sind für mich eben Quellen der Kraft. Und dann mag ich gerne Blumen. Ich liebe auch Theater und Oper gehen. Ab diesem Jahr melde ich mich in Bayreuth an.

ENDE DES BERUFSLEBENS:
- Ich schwimme sehr gerne und das tue ich relativ regelmäßig. Meine Frau und ich gehen auch zweimal wöchentlich ins Fitneßstudio. Den Körper pflegen ein bißchen, das ist einfach eine gute Geschichte gewesen, daß wir beide angebissen haben da. Und seelisch ist es einfach mein Meditationshocker. Ich gehe da nicht in den Gottesdienst. Ich genieße das Alleinsein. Ich will dann auch niemand da haben, ich bitte auch meine Familie, mich nicht zu stören.
- Da gibt es unterschiedliche Quellen. Die ganz einfache Quelle ist: Bei der geistigen Arbeit sitzt Mann und Frau zu viel. Ich brauche einfach sehr viel körperliche Bewegung und die hilft mir wieder vom Kreislauf her und physisch gut beieinander zu sein, zu bleiben, Und das andere ist, was ich vorhin auch schon geschildert habe: Eine Quelle der Kraft ist schon, im altmodischen Sinn gesagt: Frömmigkeit, einfach biblische Texte zu lesen und für heute für mich zu verstehen und umzusetzen und diese innere Offenheit, Freiheit, Gelassenheit zu finden, die mir wieder Lebenslust vermittelt.
- Sich mit etwas ganz anderem befassen. Kunst, Theater, Wandern, Schwimmen Musik, Meditation, Schlafen nicht vergessen.

KLINIKPFARRERINNEN:
- Sauna, Sport, Wandern, Kino, lesen, regelmäßig ins Café gehen und dort die Zeitung lesen. Also diese Auszeiten. Eine Kultur auch der Auszeit zu entwickeln, das ist wichtig und Freunde und Freundschaften zu pflegen, soweit vorhanden. Aber was ich auch noch einmal an dem Punkt merke, ist, daß es ganz schwierig ist mit diesen Zehnjahresrhythmen, die wir jetzt dann in unserer Kirche einführen: Mit zunehmendem Alter wird es immer schwieriger, Freundschaften zu finden, zu pflegen, zu etablieren. Also, damit setzen wir ein zusätzliches Potential an Gefahr auch mit rein, um dieses Ausbrennen zu erhöhen. Wurzeln brauchen lange Zeit, um sich in der Erde auszubreiten und sich zu gründen. Wenn ich die alle paar Jahre rausreiße oder alle zehn Jahre, was produziere ich damit. Das muß man sich mal überlegen.
- Für mich ist schon auch diese ganz andere Welt von Kunst, von Sprache wichtig, der Sport, das Wandern, überhaupt Yoga und einfach so spüren, daß von Körper ist. Natürlich vor allem Menschen, die zu mir gehören und mit denen ich Kontakt habe, das finde ich einfach schön, Beziehungen, das finde ich sehr wichtig und auch so ein Versuch von Offenheit und auch ziemlich viel zu riskieren im Beziehungsgeflecht und eigentlich das, was ich im Zusammenhang mit Sterbenden erlebe, umzuwandeln in die Kunst des Lebens sage ich mal. Die Zeit auszukaufen und versuchen, wahrhaftig zu sein und ein Stück verrückt zu sein und all diese Dinge.

Außeneinschätzung

Frage 20: Wo sehen Sie besondere Kraftquellen für PfarrerInnen?

KIRCHENLEITUNG:
- Die wichtigste Kraftquelle ist, einen Kreis oder einen Ort zu haben, wo man spirituell zusammen mit anderen Kraft schöpfen kann, wo ich mich zuhause fühle spirituell und gerne hingehe, ob das jetzt im Kollegenkreis ist oder in einem anderen Kreis, das kann sicherlich auch eine Gemeindegruppe sein.
- Die tägliche Bibellese, das tägliche Gebet wäre ein anderes und das Gespräch mit Personen, denen ich voll vertraue, wäre das dritte.
- Ich gebe eine ganz, ganz einfache Antwort: Im Evangelium. Bloß der persönliche Zugang zum Evangelium ist für Leute, die beruflich damit arbeiten, sehr schwierig. Und doch: Diese Quelle zu entdecken, auf welchem Weg auch immer, muß Hauptziel sein.
- Was einer tut ist egal, aber daß er sozusagen berührt wird von etwas, was das Evangelium für ihn bereithält, das ist die Kraftquelle. Ich möchte nicht, daß wir da wer weiß was predigen und selber als Empfänger der Gnade nicht an die erste Stelle setzen.
- Pfarrer haben die selben Kraftquellen wie Christen.
- In Beziehungen, die uns tragen und in der Gottesbeziehung.
- Leider suchen Pfarrer manchmal aber für sich selber nicht, was sie anderen bereit sind, zu geben.
- Ich glaube, daß Pfarrer und Pfarrerinnen mehr Kraftquellen haben, als sie nutzen.
- Man könnte es unter die Stichworte Bewegung und Besinnung fassen. Also daß der Körper zu seinem Recht kommt, durch Sport, Bewegung, die geistigen Wurzeln zu pflegen, für mich ist es natürlich auch die Familie, daß hier einfach Rückhalt ist.
- In einer gepflegten Spiritualität, die nicht nur in solchen Fällen rausgekramt wird, sondern die sich so durch den Alltag durchzieht, in Meditation, in Sport, also sich körperlich abreagieren, in Musik, in Büchern, Theater, Kino.

- Die konventionellen im kirchlichen Bereich: Gebet, Andacht, Gottesdienst, auch für sich selbst, das ist das eine, aber das andere ist: Kultur, kulturelle Eindrücke, also das Kino, Theater, Konzerte sind enorme Kraftquellen, weil ich da nicht von meiner Leistung lebe, sondern mich erfüllen lasse von Emotionen.
- Freunde, die nicht in der Kirche sind, also die nicht in der Kirche Verantwortung tragen. Ich brauche einen Freundeskreis, die mich nicht immer nur auf mein Pfarrersein ansprechen.
- Dazu kommt natürlich auch irgendein Hobby, möglichst ein körperliches, aber auch geistige Hobbies entspannen, Musik natürlich, dann bin ich schon wieder ein Stückchen aus der Gefahr heraus, mich um mich selbst zu drehen.

Es hängt stark von der Persönlichkeitsstruktur ab, wo einer solche Kraftquellen findet.

SUPERVISION / BERATUNG:
- Da gehe ich davon aus, daß Menschen sehr verschieden sind, und daß verschiedene Menschen verschiedene Kraftquellen haben. Und Kraftquelle, die hat für mich etwas mit Freude zu tun. Ich schöpfe da Kraft, oder bekomme etwas für mich, für meine Seele, für meinen Leib, für meinen Geist, wo mir etwas Freude macht.
- Die Pflege der eigenen Spiritualität. Vielleicht auch einmal eine kultische Brache, das gab es ja mal in Israel, wo der Boden einfach liegenbleibt und nicht neu beansprucht und ausgelaugt wird. Sabbatical, begleitete Auszeit, wie immer man das nennt, immer wieder einmal Zeiten der Brache und das denke ich, wäre gut gegen dieses „Ein Christ ist immer im Dienst", ganz bewußt mal ranzugehen. Zweitens denke ich, daß es KollegInnen wirklich gut täte, mal in solchen Freizeiten gewissermaßen auch guten „Weltstoff" wieder mal in sich aufzunehmen. Also, sich kulturelle Angebote anzugucken. Steckenpferde, Beschäftigungen, bei denen man wirklich ganz konzentriert bei sich ist, das ist auch eine gute Kraftquelle. Eine andere wichtige Kraftquelle ist die Pflege guter freundschaftlicher Kontakte.
- Eine ganz starke Kraftquelle kann sein: Die privaten Beziehungen. Der Austausch miteinander oder mit sich selbst ist eine ganz entscheidende Kraftquelle. Wenn man da auch auf seine Beziehungen achtet der Austausch mit anderen Pfarrern selbst mit den Mitbrüdern und Mitschwestern.
- Das ist einmal der spirituelle Weg, das ist Gebet, die Meditation, aber auch eine gesunde Lebensweise, spazierengehen, gönne ich mir Zeiten, wo ich einfach lebe, wo ich mich spüre und das andere sind die guten Beziehungen, die menschlichen Beziehungen.
- Sowohl die Supervision, wie die Selbsterfahrung, wenn jemand den Mut dazu hat, muß man dazu fast sagen. Meditation und Spiritualität, was so in die Richtung geht.
- Keine anderen als für jeden anderen Menschen. Das Problem ist nicht, daß wir nicht den Zugang zu den Kraftquellen haben, sondern daß wir es uns nicht eingestehen.
- Kraftquellen sind in dem, wo auch die Gefahrenquellen sind, wo nämlich beides ineinander geht, eben meine Identität und mein Beruf, und daß das so in einander geht, ist eine Kraftquelle. Es ist eine Kraftquelle, daß ich jetzt in meiner eigenen Spiritualität leben darf und gleichzeitig hat das eine berufliche Relevanz.
- Die Kraftquellen finde ich eigentlich nur in der Rückbesinnung auf das, worum es in der Theologie geht. Sie kennen das berühmte Wort vom Rahner: Das Christentum der Zukunft muß eine Mystagogie entwickeln und zwar nicht persönlich, sagt er, sondern institutionell, oder es wird zugrunde gehen.

AUSBILDUNG:
- Keine anderen als für Christen, für Menschen überhaupt - im energetischen Potential des Heiligen. Während jetzt im Blick auf Burnout ja spirituelle Formen herangezogen werden müßten, die stärker mit Inhalation zu tun haben. Also, Grundform: Das Herzensgebet. Also, da ist nicht nur ein Schutzraum um mich herum, sondern da nehme ich mir diese Kraft wirklich zu Herzen. Und das verändert Menschen.

- Es gibt natürlich soziale Ressourcen, z.B. Gemeinde. Es gibt soziale Ressourcen besonderer Art, das sind Supervision, Therapie, spirituelle Führerinnen und Führer. Dann z.B. Zen-Meditation, also Schweigemeditation. Kraftquellen sind: Schweigen, aber nicht einfach stillsein, sondern zu mir finden, zu mir kommen. Über das zu sich kommen komme ich auch zu Gott und über das zu Gott kommen, komme ich auch zu mir. Wenn ich Anleitung habe und Begleitung beim Verarbeiten meiner eigenen Leidensgeschichte, dann wird das eine Kraftquelle. Gut wäre eine spirituelle Leitfigur. Uns fehlt ein Spiritual.
- Ich glaube, eine wichtige Kraftquelle besteht in meinem Dienst: Wenn ich das Evangelium verkündige, wenn ich Gottesdienst feiere, die Sakramente feiere, dann ist da für mich auch eine Kraftquelle. Und damit diese Kraft nicht überlagert wird von den administrativen, organisatorischen Schwierigkeiten des Alltags, muß es entlastende Strukturen geben, damit der Beruf, der in der Energiebilanz ein ausgeglichener Beruf ist (es kommt sehr viel zurück!) so gelebt werden kann.
- In der Heiligen Schrift, vor allem bei den irritierenden Stellen.
- In der Unterbrechung. Einhalten von Lebensrhythmen und zwar in allen Zyklen, also: Tag, Woche und Jahr. Das, was da potentiell da ist durch Kirchenjahr und Sonntag, Schabbath, umsetzen, einfach tun. Unterbrechungen fest einplanen, ganz fest einplanen. Je länger ich mit Pfarrern und Pfarrerinnen zu tun habe, desto besser begreife ich, warum im Alten Testament das Schabbath-Gebot immer konkreter und immer rigider wird. Es ist nötig. Bei uns ist alles angelegt auf: Weiterwursteln, weiterwursteln, weiterwursteln. Ja, und im Heiligen Abendmahl. Sehen, daß mein Empfangen allem Tun vorausgeht. Achtsamer Umgang mit der Geschöpflichkeit. Meditation gehört dazu.
- Beten und laufen, etwas mit den Händen machen, Gartenarbeit, backen etc.

PFARRER- UND PFARRERINNENVEREIN:
- Da wird jeder seinen eigenen Weg finden müssen. Ich finde es wichtig, mich immer wieder einmal zurückzuziehen und abzuschalten, dabei auch Zeit zu finden für das Lesen, nicht nur, aber auch in der Bibel, und mir Zeit zu nehmen für das Gebet.

Außeneinschätzung

Frage 21: Hätten Sie Vorschläge für einen beruflichen und seelischen „Hygiene-Katalog" für PfarrerInnen?

KIRCHENLEITUNG:
- Pfarrer müssen lernen. die beruflichen Dinge wirklich zur Seite zu legen.
- Eine einfache Disziplin ist: Rede nie mit deiner Frau über die beruflichen Sachen, sondern nützt die Freizeit für euch selber. Da verstoßen viele dagegen. Das zweite ist: Halte den freien Tag. Das dritte ist: Organisiere dich so, daß die wirklich fordernden Aufgaben frühzeitig eingefädelt werden. Wenn Predigen schwerfällt, rechtzeitig damit anfangen, eine zu schreiben etc.
- Ganz zentral: Suche Gelegenheiten, dich mit anderen auszutauschen. Das Schlimmste, was der Pfarrer tun kann, ist, zu denken, er muß alles aus eigener Kraft schaffen und komischerweise ist das weit verbreitet.
- Pflege deine geistlichen Wurzeln, finde deinen Rhythmus für Beruf und Freizeit und Familie. Halte dich fit, nimm dich nicht so wichtig, sorge für die eigene Seele gut.
- Hygiene hat immer etwas mit Reinheit zu tun, mit Sauberkeit und Regelmäßigkeit. Nötig ist: möglichst viel Rhythmus. Ein freier Tag, in der Früh die Möglichkeit, ein bißchen ruhig zu beginnen, am Abend die Möglichkeit, noch einmal aufzuschnaufen. Es sollte Zeit

genug sein, um zu essen und zu trinken, mit Partnern, Kindern und Freunden zu sprechen und Zeit für sich selber. Ein jüdischer Gelehrter hat gesagt: Ein Mensch, der nicht jeden Tag eine Stunde Zeit für sich selbst hat, ist kein Mensch. Vielleicht kann es zweimal eine halbe Stunde sein, vielleicht auch viermal eine Viertelstunde, aber ich denke, auf eine Stunde sollte man definitiv kommen.
- Sich von Zeit zu Zeit fragen: Beachte ich die Grundregeln eines gesunden Lebens?
- Nicht alles, was man tut nur zweckgerichtet tun. Das wäre das Entscheidende, wenn ich die Lösung nicht schaffe, dann nützen die ganzen Hygiene-Maßnahmen nichts, weil dann der Hauptschaden immer noch mitschwingt.
- Das ist die Gefahr beim Pfarrerberuf, daß ich die Distanz zu meinem Berufs-Ich nicht genügend habe.
- Der wäre bestimmt nicht anders als bei anderen Leuten auch, also bei anderen Berufen: Wahrhaftigkeit mit sich selbst und anderen. Wo man sich einmal angewöhnt hat, sich gegenseitig etwas vorzumachen, da ist immer irgend etwas schief.
- Gerade diese Balance zwischen Konflikte austragen und dann auch manchmal sagen; Mensch, schlafe lieber noch mal darüber, vielleicht ist der Konflikt dann eher weg.
- Jeder bräuchte auch so etwas wie ein Widerlager, also daß nicht alles der Beruf ist. Ein Hobby, die Familie, die Partnerschaft.

SUPERVISION / BERATUNG:
- Für mich wäre sehr wichtig, daß Pfarrer immer wieder für sich in Anspruch nehmen, von außen hinzuschauen, mit anderen Menschen zusammen, also mit Menschen, denen sie vertrauen, wie sieht das gerade aus mit meinem Beruf, mit meiner Seele, und sich da auch immer wieder Hilfe holen, Hilfe des Hinschauens. Auch dieses immer wieder raustreten können aus dem eigenen Beruf, z.B. in der Supervision oder wenn man eine Gruppe hat.
- Ich denke, ein ausgeglichener Seelenhaushalt, Literatur, die Musik, Wandern, genug Freizeit haben, das ist wichtig. Auch ein gesundes Verhältnis zu meinem Leib - ich wohne in meinem Leib. Ein gesundes Verhältnis auch zu meiner Sexualität, daß ich immer auch genußfähig bin, auch ein sexuelles Wesen bin.
- Es geht um die Einstellung und um die Gottesbilder. Habe ich einen Leistungsgott, Willkürgott, Buchhaltergott? Viele predigen heute ja den barmherzigen Gott und haben doch selbst einen unbarmherzigen Gott.
- Gesunde Lebenskultur, mit regelmäßiger unverzweckter Zeit für mich selbst.
- Sich immer wieder auseinandersetzen mit meiner Motivation und meinen Lebensmustern: Was treibt dich an, wofür stehe ich jeden Tag auf, was ist so diese letzte Motivation oder was möchte ich eigentlich vermitteln. Möchte ich so toll und beliebt sein? Was ist so ein Leitbild meines Lebens? Leistung oder Niedergeschlagene aufzurichten, Mut zu machen, Raum zu schaffen , wo das Herz weit wird. In Wirklichkeit ist das Moralisieren immer ein Zeichen mangelnder Spiritualität.
- Sieben Aspekte: 1. Körper: richtig essen, atmen, genügend meine Gesundheits-Checks machen. 2. Das Innenleben, die Seele, die Person, das Ich, die Gefühle. Wie geht es mir in einer bestimmten Situation und das nicht nur zu fühlen, sondern es auch auszusprechen und mitzuteilen. 3. Die Beziehungen. 4. Der Bereich Arbeit: Arbeitsbedingungen, Anforderungen. 5. Kraftquellen. Spiel, Freizeit, Rekreation, Kreativität, Erholung. 6. Umwelt, Umfeld, Ökologie. 7. „Spirit", das heißt „Geist", oder Spiritualität oder Glaube, das ist das, was alles zusammenhält, was mir eine Identität gibt, wo ich einen Sinn in dem ganzen verstehe und sehe. Wichtig ist die Durchlässigkeit zu allen sieben Bereichen. Bei Pfarrern sind oft der Punkt vier und der Punkt sieben eine Ehe eingegangen sind. Das ist fatal.

- Also, für mich hat viel wirklich mit dem zu tun, wie man bewußt sich selbst kennt und ein gutes Stück an Selbsterfahrung, Selbstkenntnis, Selbsteinschätzung, daß ich zum Beispiel, was ich vorhin oft gesagt habe, so eine gewisse Stabilität habe in mir, ist denke ich, wichtig.

AUSBILDUNG:
- Unter meinen vielen Vorschlägen ist auch der: Stärkere Strukturierung der Arbeit im Pfarrdienst und klare regelmäßige Kontrolle durch Außenstehende
- Erster Vorschlag: Wirf alle vorhandenen Kataloge erst einmal in den Reißwolf. Zweiter Vorschlag: Frage in dem entstehenden Chaos: Was ist jetzt dran? Wovon lebe ich? Was irritiert mich jetzt? Und dann such dir jemand, der dich begleitet - der Rest ist offen.

PFARRER- UND PFARRERINNENVEREIN:
- Angesichts der vielfältigen Anforderungen und Erwartungen ist es gut, als Ermutigung Luthers Wort im Gedächtnis zu behalten: „Wir sind es doch nicht, die da die Kirche erhalten können. Unsere Nachfahrn werden's auch nicht sein, sondern der ist's und wird's sein, der da sagt: Ich bin bei euch alle Tage bis an der Welt Ende." Bonhoeffer hat es für unsere Zeit nicht weniger treffend so ausgedrückt: "Nicht wir sollen bauen, sondern er will bauen. Kein Mensch baut die Kirche, sondern Christus allein. ... Wir sollen bekennen, er baut. Wir sollen verkündigen, er baut. Wir kennen seinen Plan nicht. ... Es ist ein großer Trost, den Christus seiner Kirche gibt: Du bekenne, verkündige, zeuge von mir. Ich allein aber will bauen, wo es mir gefällt."

6. 7. 4. Umgang mit Problemen und Belastungen

Außeneinschätzung

Frage 6: Was würde Ihrer Meinung nach PfarrerInnen helfen, mit Schwierigkeiten und Enttäuschungen im Beruf fertig zu werden?

KIRCHENLEITUNG:
- Realistische Einschätzung der eigenen Möglichkeiten, Fähigkeiten und Kompetenzen.
- Regelmäßiges Gespräch mit anderen, denen man vertraut.
- Supervision, Coaching, Seelsorge.
- Was am meisten hilft, ist die Gruppe der Gleichen, die Peergroup.
- Warum tun sich ausgerechnet Pfarrer so schwer, sich als Angewiesene zu begreifen?
- Sprechen mit den Personen, die mit diesen Enttäuschungen zusammenhängen, sprechen mit dem Dienstvorgesetzten, mit einem Supervisor, Seelsorger.
- Neben dem Beruf Biotope haben, die anregen, stabilisieren, Quelle der Lebensfreude sind.
- Nicht hundertzehnprozentig im Beruf aufgehen.
- Vielleicht ist das Mitarbeiterjahresgespräch eine Hilfe.
- Ganz wichtig: Positive Rückmeldungen für die Arbeit. Es ist gar nicht so sehr die Fülle der Arbeit, es ist oft die Erfahrung der fehlenden Anerkennung und Wertschätzung.
- Realistische Weltsicht und genaue Kenntnis der Zeitgenossen.
- Den Beruf nicht in den Mittelpunkt des eigenen Lebens stellen und das Wohlbefinden von der Berufsleistung und vom Berufserfolg allein abhängig machen.
- Mit der Rechtfertigungspredigt auch für sich selbst ernst machen.
- Nüchterne Selbsteinschätzung.
- Gespräch mit Kollegen, gerade auch mit älteren, die im Gespräch dazu helfen, die Selbsteinschätzung zu verbessern.

- Schwierigkeiten und Enttäuschungen nicht nur in sich hineinfressen, sondern ein Stück weit artikulieren.
- Partner, gute Freunde, auch die Partnerin.
- Freundeskreise, Gruppen, vor allem auch eine gute Beziehung zu Ehrenamtlichen und Gemeindegliedern.
- Falls nötig: Professionelle Hilfe in Anspruch nehmen.
- Rein äußerlich gesehen, eine vernünftige Zeitplanung, auch eine vernünftige Lebensplanung, nicht im Sinne von Karriereplanung, aber doch ungefähr zu wissen, wie ein Weg gehen soll.
- Die theologische Arbeit als einen wesentlichen Beitrag zu gelebter u. praktizierter Spiritualität des Pfarrers.

SUPERVISION / BERATUNG:
- Sich abgrenzen können. Schwerpunkte setzen.
- Der Anfang aller seelischen Hilfe ist, die Schwierigkeiten und Enttäuschungen genau wahrzunehmen.
- Mit solchen Belastungserfahrungen nicht allein zu bleiben, sondern von den Möglichkeiten des fachlichen und persönlichen Austausches Gebrauch zu machen. Das setzt natürlich voraus eine gewisse Achtsamkeit für die eigene Person, das würde ich das „merken" oder das Aufmerksamsein nennen. Und das zweite: Sich mitteilen und bei dieser Mitteilung versuchen, wirklich persönlich zu reden. Bei mir bleiben. Drei M-Sachen nenne ich das immer: Merken, Mitteilen, bei mir bleiben - das ist eigentlich die Grundanregung, die ich da geben könnte als wichtigste Stufe.
- Erstens einmal: Gut hinzuschauen, was ist denn die Situation, was ist Sache, was sind meine Grenzen, was sind meine Möglichkeiten. Dann zu schauen, daß es neben meinem Beruf auch noch etwas anderes gibt. Und daß ich schaue, was sind meine Grundbedürfnisse nach Anerkennung, nach Zuneigung nach Beziehung und wie kann ich dafür etwas bekommen. Dann Supervision und ggf. Therapie.
- Das Wichtigste ist immer die Frage: Warum mache ich das, was ist meine tiefste Motivation? Und für mich ist die Motivation zu helfen und die Liturgie zu feiern einfach nicht tief genug, sondern letztlich ist die Motivation, einen spirituellen Weg zu gehen. Nur wenn ich mich von allem, von Erfolg und Mißerfolg auf Gott verweisen lasse, wenn alles eine Quelle ist, aus der tieferen, inneren Quelle zu leben, nur dann kann ich mit Enttäuschungen umgehen.
- „Fertig" werde ich nie. Schwierigkeiten und Enttäuschungen gibt es immer und ich muß lernen, mit ihnen einigermaßen angemessen umzugehen. Angemessen heißt, der Situation meiner Person angemessen.
- Ganz zentral: Regelmäßige Supervision, nicht nur in Krisenfällen. Supervision ist eine qualitätssichernde Maßnahme, so etwas wie eine regelmäßige Qualitätskontrolle. Das müßte seitens der Kirchenleitung viel mehr gesehen werden.
- Selbsterfahrung, Selbstwahrnehmung bereits im Studium, spätestens im Predigerseminar.
- Daß sie das, was sie verkündigen, anwenden, also die Rechtfertigung auf sich beziehen.
- Die Liebe zu ihrer Gemeinde.
- Auch ganz wesentlich: Die Balance zwischen außen und sowohl innen beim Pfarrer selber innen, als auch einfach innen im Pfarrhaus.
- Aufbau und Pflege eines spirituellen Hintergundes, psychologische Schulung, Hineinwachsen in eine Kenntnis der spirituellen Tradition der eigenen Kirche. Dann: Vom Beginn der praktischen Arbeit an Supervision.

AUSBILDUNG:
- Schwierigkeiten und Enttäuschungen sind notwendige Erfahrungen, um den Pfarrberuf ordentlich ausführen zu können.
- Man muß ja anderen Leuten dabei helfen, durch solche Schwierigkeiten und Enttäuschungen in jederlei Gestalt hindurchzugehen. Das ist eine Eigenart des Berufs, Situationen der Ohnmacht in Situationen der Freiheit zu verwandeln.
- Kompetente Supervision. Dabei muß heute vermutlich ein individuelles Berufsbild jeweils erst persönlich erarbeitet werden, da auch in den Kirchen hinsichtlich des Berufsbildes Pluralismus herrscht.
- Je nach Ursachen und Art der Enttäuschung und Schwierigkeiten, zum Beispiel: Sprechen mit den Personen, die mit diesen Enttäuschungen zusammenhängen, sprechen mit dem Dienstvorgesetzten, sprechen mit einem Supervisor, sprechen mit einem Seelsorger, einer Seelsorgerin. Sprechen tut immer gut.
- Ein klarerer Weg in den Beruf, eine frühzeitige Beschäftigung mit der Frage: Was kommt da auf mich zu, was kann ich da und was nicht? könnte helfen, Schwierigkeiten und Enttäuschungen zu begegnen. Das ist die Perspektive, das Pfarrbild relativ frühzeitig in die Ausbildung hinein zu nehmen. Dies steht in Spannung zur zweistufigen Berufsausbildung.
- Eine Spiritualität, die nach Quellen fragen läßt und Quellen erschließt.
- Sich immer wieder einmal die Frage stellen: Stimmt es noch mit deinen Leitbildern, deinem Gottesbild, deiner Gottesbeziehung, deinen Ansprüchen an dich selber und an andere? Und: Was ist jetzt dran für dich?
- Eine Pastoraltheologie, die ernst macht mit der Befreiung der Person von den Werken, das heißt ganz konkret: Mit der Rechtfertigung.
- Ein Stückchen zurück zu treten, also einen Raum zwischen sich und die Sache zu bringen, eine Möglichkeit dazu wäre im spirituellen Leben, eine andere wäre Supervision. Bodenhaftung hilft auch, Enttäuschungen vorzubeugen.

PFARRER- UND PFARRERINNENVEREIN:
- Es ist gut, wenn man einen Menschen hat, mit dem man seine Schwierigkeiten besprechen kann. Das kann ein Kollege oder eine Kollegin oder der eigene Ehepartner sein. Helfen können auch die neu eingeführten Mitarbeiterjahresgespräche, in denen solche Fragen thematisiert und bearbeitet werden könnten oder auch Supervision.

6. 7. 5. Umgang mit Burnout

Eigenwahrnehmung

*Frage 23: Was würden Sie PfarrerInnen raten,
die sich „ausgebrannt" fühlen?*

ANFANG DES BERUFSLEBENS:
- Manchmal hilft es einfach, Menschen zu haben, wo ich ganz offen sagen kann, wie es mir geht. Ich würde mir das manchmal auch im Kollegenkreis wünschen. Und ich finde von der Kirchenleitung her wichtig, wie bei der katholischen Kirche, daß man einfach jährlich auf dienstfrei fünf Tage ins Kloster darf, das wünsche ich mir. Daß die wahrnehmen, wir brauchen hier auch Quellen wo wir auch von der Kirchenleitung her den Rücken frei haben, um Spiritualität zu entwickeln und aufzutanken und nicht ständig nur dahin zu wursteln. Ich merke es jetzt beim Übergang in die neue Pfarrstelle: Das ist nicht im Blick, daß so ein Übergang eigentlich Zeit braucht. Eigentlich wäre es sinnvoll, - also ich überlege mir, ich

möchte es nicht als Urlaub haben, ich möchte es eigentlich als Dienstbefreiung haben, daß ich fünf Tage ins Kloster kann, und daß keiner sagt, das ist ein fauler Hund, weil er nicht gleich loslegt, sondern daß das eigentlich eine spirituelle Seite meines Berufes ist, wo die Kirchenleitung auch Interesse haben müßte, daß wir Pfarrer es machen. Die können doch nicht immer ständig schreien: Wir wollen, daß ihr Spiritualität entwickelt, aber das soll auch noch nebenbei geschehen, das ist nicht in Ordnung.
- Einmal eine Auszeit zu nehmen, eine Woche zum Beispiel auf den Schwanberg, mal ein Ortswechsel.
- Sich Rückzugsräume suchen. Also auch je nach Typ vielleicht wirklich zu sagen: Ich muß mal weg, ich muß mal eine Woche raus oder vielleicht einmal im Jahr eine Woche raus aus dem Ganzen, vielleicht ist da ein Kloster ein richtiger Ort. Oder eben auch Personen suchen, die einem zuhören können und noch mehr eben, die einem irgendwo weiterhelfen können.
- Ihr Privatleben in Ordnung zu bringen und dafür zu sorgen, daß es ausgewogen und zufriedenstellend wird.

MITTE DES BERUFSLEBENS:
- Daß sie sich qualifizierte Begleitung holen, das ist das A und O, daß sie um Gottes willen nicht versuchen, allein da rauszukommen, das geht nicht. Ohne die Hilfe anderer bist du da verloren. Und daß sie gut für sich sorgen, aber das ist halt so schön gesagt: Freiräume schaffen, Freizeit, Muße, sich sportlich betätigen.
- Daß sie ein Umfeld haben, daß sie sich nicht über ihren Beruf allein definieren, sondern daß sie andere Dinge auch tun, die sie ausmachen.
- Eigentlich dieses, so einen Schritt zurücktreten, neben sich einmal gucken und fragen, was mache ich da eigentlich. Aber auch so einen Schritt zurücktreten von diesen ganzen Anforderungen und Erwartungen, die da sind. An der Stelle könnte auch mehr Unterstützung kommen von der Landeskirche. Ich finde es schon gut, daß es jetzt dieses „Respiratio" gibt, aber das wäre für mich jetzt nicht der Weg, vom Ort her nicht und auch so nicht. Aber da erfinderisch zu werden, was es noch an anderen Möglichkeiten gibt, halte ich für gut. Ich weiß zum Beispiel, daß die badische Landeskirche so ein Pfarrerfreisemester anbietet in bestimmten Abständen. Das läge mir näher als das Haus Respiratio.
- Schauen, daß sie eine gute Kur oder einen Urlaub machen können. Aber dann auch, daß sie in dem Beruf mit mehr Gelassenheit arbeiten. Aber das läßt sich gut reden, das liegt aber oft auch in der Persönlichkeit begründet, daß man rennt und rennt und dann erschöpft zusammenbricht. Man soll sich halt auch nicht so in Anspruch nehmen lassen. Es gibt Menschen, die einen aussaugen können, zum Beispiel als Seelsorger. Das kann man eigentlich ganz leicht stoppen, wenn man sich dem nicht immer wieder hingibt, sondern einfach fest und freundlich und deutlich Nein sagt. Aber das können viele halt nicht.

ENDE DES BERUFSLEBENS:
- Ich würde ihnen raten, auf keinen Fall allein zu bleiben mit der Sache.
- Langfristige Beratung, eine Verbindung von Analyse und Exerzitien.
- Ja eben, zu fragen, was sie brauchen. Brauchen sie Ruhe, brauchen sie Neuorientierung? Da müssen sie einfach sich selber befragen, was sie brauchen und dann aber das auch tun, Mut, sich zu verändern.
- Ausspannen, Unterhaltung und offen darüber reden mit Beraterinnen und Beratern und ich denke, da gibt es ja auch Möglichkeiten, zum Beispiel auf dem Schwanberg. Und da sollte man auch zureden und zwar rechtzeitig, nicht so am letzten Punkt, aber das kann man natürlich nur, wenn man es merkt.

KLINIKPFARRERINNEN:
- Diese Zeit als Chance zur Umkehr zu verstehen, meinen Lebensstil und mein Lebensmotto zu überprüfen und zu überlegen, stimmt meine Richtung noch, was muß ich daran ändern. Das auch als ein Signal zu sehen. Die Auszeiten erhöhen und zu einer Grundhaltung zu kommen, die besagt: Und die Welt dreht sich doch, auch ohne mich, aber mit mir.
- Es kommt darauf an, wie alt sie sind. Eine Möglichkeit ist zum Beispiel, daß sie eine Kur machen, oder wenn sie eine Person ihres Vertrauens finden, daß sie dann versuchen mit der darüber zu reden bzw. halt auch Supervision machen. Zunächst würde ich einmal fragen wo und warum sie sich ausgebrannt fühlen, ob sie zum Beispiel die Grenze zwischen Beruf und Privatleben nicht ziehen können, oder ob sie zum Beispiel ein Hobby haben.
- Sich eine Auszeit nehmen. Also auch wirklich mit gutem Gewissen sagen: Ich kann jetzt nicht mehr, das weiß ich nicht gemacht. Aber zum Beispiel das Haus Respiratio, ich war da noch nie, ich weiß auch nicht, ob ich da hingehen würde, aber solche Sachen zu machen, in ein Kloster zu gehen, sich eine Auszeit nehmen. Unter freundlich, liebevoller, guter, leiblicher, spiritueller, geistiger Begleitung. Sich nicht allein lassen damit, sondern sich gut außen herum Sorgende holen.
- Verschiedene Aspekte. Sich Hilfe von außen zu suchen, also mal Beratung oder eventuell kompetente Seelsorge, Supervision und dann müßte irgendwann entschieden werden, ob vielleicht auch eine Therapie, eine Psychotherapie nötig wäre, was ich aber auch sagen möchte: Jenseits dessen, daß man das Ohr eines anderen braucht, ich glaube, es käme zuerst mal darauf an, zu erkennen und sich zuzugestehen, daß es nicht einfach ein eigenes Problem ist, oder nicht nur, sondern daß strukturelle Gründe da zumindest mitbeteiligt sind, vielleicht erheblich mitbeteiligt sind und ich würde raten, zuerst mal einfach auch diese Arbeit zu reduzieren, die externe Arbeitsbelastung zu reduzieren. Dann vielleicht unter therapeutischer Hilfe oder seelsorgerlicher oder supervisorischer zu gucken nach den persönlichen Erwartungen und Zielen und zu gucken, ob das wirklich meine sind und wie realistisch das ist und da eventuell zu einer Reformulierung zu kommen Und dann zu gucken nach diesen Kraftquellen, eben zu schauen, was habe ich im Leben immer gerne gemacht und das mit ganzes Stück wieder mehr zu pflegen und zu finden, was ich als Kind auch gerne gemacht habe, die Musik oder ich weiß nicht was, da zu gucken und vielleicht gibt es auch einen Weg in der Meditation.

Außeneinschätzung

Frage 17: Was raten Sie PfarrerInnen, die sich „ausgebrannt" fühlen?

KIRCHENLEITUNG:
- Das Wichtigste: Mit Personen reden, denen man vertraut.
- Vielleicht läßt sich durch Stellenwechsel etwas ändern?
- Als erstes: Raus aus dem Betrieb und rein in etwas anderes. Ich selber gehe ab und zu ins Kloster und was mir da sehr hilft, ist die strenge Disziplin.
- Ich rate jetzt natürlich professionell allen Pfarrern, die sich ausgebrannt fühlen, zu „Respiratio" und zu einer begleiteten Introspektion: Was verhindert bei mir das Nehmen?
- Manchmal auch Therapie.
- Das Burnout-Syndrom bringt eigentlich nur ein tieferes Syndrom zum Vorschein: Ein gestörtes Verhältnis zur Kommunikation mit anderen Menschen, eine Kompensation von nicht bekommener Zuwendung. Wenn der Grundkonflikt nicht behoben ist, wird es immer schlimmer.
- Die Ursachen suchen und das Grundproblem angehen.

- Wenn sie es fühlen ist es schon mal gut.
- Zunächst einmal dazu zu stehen und sagen: so ist es und sich dann Hilfe suchen, wo immer das sei, auf verschiedensten Feldern Hilfe suchen. Sicher auch dann den Dienstvorgesetzten darauf ansprechen. Und mit dem Instrument des Sabbatjahres haben wir Hilfen, oder im Haus „Respiratio".
- Schön, daß wir dieses Haus Respiratio haben. Ich würde ganz bestimmt dazu raten, dies in Anspruch zu nehmen. Ich kann mir aber auch andere Formen des Wiederauftankens denken.
- Ich rate denen auch auf jeden Fall kürzer zu treten in der Arbeit. Genau zu überprüfen, eventuell mit einem Supervisor, wo man abspecken kann, wo man etwas delegieren kann.
- Es gibt verschiedene Stufen des Ausgebranntseins. Meistens ist Ausgebrannt-Fühlen auch eine Isolierung. Also ist das Allererste, einen Verbündeten zu suchen, und zu sagen: Ich brauche jemand, dem ich jetzt regelmäßiger begegne. Das Harmloseste wäre ein Kollege, also eine Art Beichtvater, wo ich mich aussprechen kann, daß ich merke, mein Alleinsein ist nicht so schlimm. Natürlich wäre die nächste Form dann schon eine therapeutische. Dann ist, je nachdem, wie tief die Krise reicht, auch ein zeitlicher Abstand nötig. Wir haben in unserer Kirche z.B. die Erholungsurlaube. Der nächste Steigerungspunkt ist "Respiratio". Die nächste Stufe ist, die Stelle zu wechseln. Die nächste Stufe ist, die Art des Berufs zu wechseln. Schließlich: den Beruf wechseln.
- Wenn es so weit ist, daß sie wirklich nicht mehr können, dann sollten sie tatsächlich professionelle Hilfe in Anspruch nehmen. So lange weitermachen, bis man dann wirklich hin ist, sollte man natürlich nicht.
- Zunächst einmal, daß sie es zugeben, akzeptieren und dann bereit sind, etwas für sich zu tun, indem sie den letzten Worte des Liebesgebotes, „Wie dich selbst", so viel Aufmerksamkeit widmen, wie sie vorher den ersten vier gewidmet haben.

SUPERVISION / BERATUNG:
- Über ihre Motivation nachzudenken.
- Das wichtigste ist, sie es sich überhaupt einzugestehen. Das ist ein ungeheuer schwerer Schritt, gerade wenn man von dem Bild herkommt: Der Pfarrer ist immer im Dienst, der Pfarrer kann eigentlich alles.
- Dazu zu stehen. Auf der anderen Seite, daß man dann aber nachschaut, was hat denn dazu geführt, daß ich ausbrenne, was hat das mit meiner Lebensgeschichte zu tun? Und dann die Konsequenzen zu ziehen und sich Hilfe zu holen.
- Für sich etwas zu tun, wieder mit der inneren Quelle in Berührung zu kommen. Von Nouwen stammt das schöne Bild: „Geistliches Leben heißt, das innere Feuer hüten." Viele sind ausgebrannt, weil sie ständig die Türe ihres Ofens offen haben. Es ist wichtig, die Türe zuzumachen und bei sich zu sein und das zu genießen. Ich brauche einfach geistige Zeiten, die ich nicht verzwecke, damit ich besser predigen kann, sondern, wo ich wirklich nur für mich bin. Das ist wirklich so eine schöne Gebärde, die innere Türe schließen und das innere Feuer hüten und spüren, da ist noch etwas in mir bei all dem Ausgebrannten, Enttäuschten, da ist noch eine Glut in mir. Und das andere ist, seine Omnipotenzvorstellungen lassen und sich bescheiden auf das Maß, das für mich stimmt.
- Sich ernst nehmen und dazu stehen, sonst gibt es nichts. Sagen: Ja, so ist es und nicht sich vorspielen, als sei es nicht so, also so ein falsches Selbst dann aufbauen und nach außen dann tun, als wäre es nicht, sondern so ist es jetzt und dazu stehen.
- Was ich vorhin schon gesagt habe, jemand dem sie es zutrauen, der die Kompetenz hat, zu diesem Menschen hinzugehen und die Gesamtsituation anzuschauen, wobei in die Gesamtsituation nicht nur das Berufliche, sondern auch das Persönliche mit einfließt. Oft sind es Lebensaufgaben, die liegengeblieben sind, die man nicht wahrgenommen hat. Wovon ich weniger halte ist, ihn zu entlasten, das bringt nichts.

- Häufig haben sich wirklich ausgebrannte Pfarrer auch sehr isoliert. Die Isolations- und Beziehungsfrage spielt hier eine Rolle. Wichtig ist, sich jemanden holen, mit dem man reden kann, auch über Glaubensfragen, daß ich nicht vergesse, warum ich das eigentlich alles tue. Auch das hilft. Und dann Macht abgeben, Macht abgeben, Macht abgeben.
- Zunächst einmal: Raus aus dem Milieu. Wenn das Kind im Brunnen liegt, braucht es Maßnahmen, evtl. auch Pillen verschreiben und psychotherapieren. Auf jeden Fall sollten sie Auszeiten haben. Das gehörte einfach dazu, so wie jeder Hochschullehrer alle vier, fünf Semester ein Freisemester hat. Also, sie gehörten im Grunde alle ein, zwei Jahre für acht, vierzehn Tage rausgenommen. Und es braucht einen Spiritual. Also, konkret, es gehörte die Institution eines Spirituals rein.

AUSBILDUNG:
- An die Kraftquellen ihres Berufes ranzugehen.
- Psychotherapie, Beratung, Supervision, Aufenthalt im Haus „Respiratio" u.ä.
- Nicht gleich in beliebiger Weise zu löschen. Vielleicht auch nicht durch die naheliegendste Gelegenheit zu löschen, sondern nach den Ursachen zu suchen und sich dafür Zeit zu nehmen und dann nach einem Weg, der wirklich verheißungsvoll ist, das Grundproblem anzugehen.
- Sie brauchen Begleitung und einen klaren Blick auf ihre jetzige Situation, einen angeleiteten Blick im Blick auf die Ursachen, eine Hilfe dazu, um ihre Kraftquellen zu entdecken, um dann weiterzukommen.
- Wenn es nicht so zynisch klingen würde, würde ich als erstes sagen: Ich möchte ihnen gratulieren, daß sie es erkennen. Damit ist der erste Schritt getan. Ich rate ihnen, sich ein verständnisvolles und entlastendes aber auch strukturierendes Gegenüber zu suchen, einen guten Seelsorger, Supervisor, Supervisorin, Respiratio, solide Beratung, gegebenenfalls auch Eheberatung oder Konfliktberatung, um auf die Spur zu kommen und unterscheiden zu können: Was muß ich jetzt stabilisieren, was muß ich jetzt destabilisieren.
- Es rechtzeitig zu merken und zu gucken, was würde mir denn gut tun, Kraft geben.

PFARRER- UND PFARRERINNENVEREIN:
- Pfarrerinnen und Pfarrer, die sich ausgebrannt fühlen, sollten schnellstens Beratung und Hilfe suchen. Seit einigen Jahren gibt es in Bayern z.B. das Haus „Respiratio", in dem Pfarrerinnen und Pfarrer ihre Probleme mit qualifizierter Hilfestellung bearbeiten und neue Kräfte schöpfen können.

7. DIE GEISTLICHE ERNEUERUNG DES PFARRERSTANDES ALS HERAUSFORDERUNG UND CHANCE FÜR KIRCHE UND GEMEINDEN

Julius Schniewind, damals Professor für Neues Testament und zugleich Propst in Halle, veröffentlichte 1947, ein Jahr vor seinem Tod, eine kleine Programmschrift, in der er in achtzehn Thesen seine Überzeugung entfaltete, daß der Schlüssel zur nun, nach dem Ende des Krieges, endlich in Angriff zu nehmenden Erneuerung von Kirche und Gemeinden in der „geistlichen Erneuerung des Pfarrerstandes" liegt.[1] Mag der apodiktische Ton seiner Äußerungen für heutige Ohren auch eher fremd und altmodisch klingen - der Grundgedanke, daß von einer Rückbesinnung gerade der PfarrerInnen auf die Kraftquellen einer gelebten Frömmigkeit starke Impulse für die Kirche als Ganze und für die einzelnen Gemeinden ausgehen würden, hat an Aktualität und Faszination nichts verloren.

Die Frage nach der geistlichen Erneuerung des Pfarrerstandes ist für Schwiewind zunächst einmal grundsätzlich die „Frage nach der geistlichen Erneuerung des Christen überhaupt". In seiner zweiten These formuliert Schniewind das Wesen und die Zielrichtung dieser *geistlichen* Erneuerung, die von der allgemein geforderten *geistigen* Erneuerung unterschieden wissen will: „Die Erneuerung darf nicht von einem Allgemeinbegriff der Renovatio noch von einem Allgemeinbegriff des Geistigen her erhofft werden, sondern nur von einer Rückkehr zur neutestamentlichen Anakainosis und vom Glauben an den Heiligen Geist."[2] Die biblische Grundlegung gibt Titus 3,4f: „Als aber die Güte und Menschenliebe Gottes, unseres Retters, erschien, hat er uns gerettet - *nicht weil wir Werke vollbracht hätten, die uns gerecht machen können, sondern aufgrund seines Erbarmens* - durch das Bad der Wiedergeburt und der Erneuerung im Heiligen Geist." Die Anakainosis wird uns zuteil und entfaltet sich in unserem Leben, indem wir das Evangelium von der Rechtfertigung des Sünders ernst nehmen. „Das Evangelium selbst, hat man mit Recht gesagt, ist sakramental: es wirkt, was es sagt. ... Das Evangelium erweist sich als dynamisch darin, daß es den Freispruch des jüngsten Gerichts, Gottes soteria und dikaiosyne, jetzt schon bringt"[3] - nur muß man sich ihm aussetzen, ernst machen damit, es in seinem persönlichen Leben wirksam werden lassen.

Was nun die Pfarrerschaft betrifft, so setzt Schniewind voraus, daß „der Verkünder des Wortes selbst Hörer des Wortes ist", denn „nur in dem Maße, wie wir Hörer des Wortes sind, sind wir Verkünder. ... Nur als Hörer des Wortes empfangen und behalten wir unser Amt."[4] Das Wort gilt es, „ins Herz zu nehmen", nicht nur für die Gemeindeglieder, sondern vor allem auch für die Pfar-

---

1 Schniewind 1947.
2 Ebd., 8f.
3 Ebd., 13f.
4 Ebd., 15f. und 18.

rer(innen). Gerade sie hätten die zentrale Aussage des Evangeliums nicht nur zu verkündigen, sondern auch exemplarisch zu leben. Allein, klagt Schniewind und es klingt überraschend aktuell, wenn er das sagt: Den heutigen Pfarrern sind im Gegensatz zu denen früherer Generationen, „die eigentlichen geistlichen Anliegen des Dienstes am Wort und weithin fremd geworden, ja fremd geblieben ... der Wille nämlich, für unser eigenes Leben das freisprechende Wort Gottes zu vernehmen und es dann weiterzusagen."[5] Dies ist so, nicht zuletzt aufgrund der rationalistisch-wissenschaftlichen Engführung der gegenwärtigen theologischen Ausbildung. „Die Vorbildung und Fortbildung unserer Theologen war und ist weithin dadurch gekennzeichnet, daß es uns eben nicht um unsere Existenz und nicht an unsere Existenz geht."[6] Eindringlich ermutigt Schniewind die Pfarrer, doch wieder zum Proprium ihrer beruflichen Identität zu finden: „Wir haben es doch erlebt, wie die Ärtze, die Juristen, die Dichter, die Musiker bei uns Theologen anfragen; wie sie vielleicht besser verstehen als wir, was wir Theologen eigentlich zu sagen hätten. Wir haben tatsächlich nur das Eine zu sagen, den logos tou staurou; wir haben nur den einen Artikel zu verkünden, den articulus stantis et cadentis ecclesiae. ... Wir haben in Theologie und Verkündigung nichts anderes zu sagen als den Artikel von der Rechtfertigung."[7] Weil aber Rechtfertigung und Gebet „unzertrennlich zueinander" gehören, ist für die Pfarrer vor allen Dingen auch eine „Erneuerung unseres Betens" das Gebot der Stunde: „Das einsame Gebet des Pfarrers ist das Herzstück unseres Amtes. ... Dies Gebet ist unablässig, ist suspirium; dennoch hat es bestimmte Gebetsstunden. Wir wissen, daß Luther täglich zwei Stunden auf das Gebete gewandt hat. Darin ist die Bibellese eingeschlossen: Gebet entsteht und besteht nur im Lauschen auf das Wort. Es ist mir schon bitter geklagt worden, daß in einem fleißigen Pfarramt keine Zeit für solche Sammlung sei. Vielleicht müßte sie erobert werden in dem Glauben an Gott, der uns, wenn wir sein Wort nur wirklich hören und weitersagen, Helfer schenkt, die uns von anderem entlasten."[8]

Schniewinds Forderungen waren freilich nicht neu. Schon die Barmer Bekenntnissynode hatte sich auf ihrer letzten Sitzung am Nachmittag des 31. Mai 1934 mit dem Thema der „Erneuerung des Pfarrerstandes" befaßt, als deren ersten Schritt man den „Dienst zur *geistlichen* Erneuerung des Pfarrerstandes" forderte.[9] Der Barmer Pfarrer, Synodale und Gründer des Sydower Kreises, Georg

---

[5] Ebd., 18.
[6] Ebd., 21.
[7] Ebd., 26 f.
[8] Ebd., 38; 40.
[9] So die Überschrift zum ersten Abschnitt der erst nach der Synode ausgearbeiteten „Erklärung zur praktischen Arbeit", die aber weitgehend mit der auf der Synode vom „Ausschuss für praktische Arbeit" eingebrachten Tischvorlage übereinstimmte. Die beiden anderen Abschnitte der Erklärung waren dem „Aufbau" und der „Sendung der Bekennenden Gemeinde" gewidmet. (Vgl. Bauer 1996, 26). Zum Folgenden vgl. ebd. 26 ff. Zu Barmen I im Ganzen vgl. die umfassende Darstellung mit ausführlicher Dokumentati-

Schulz stellte schon in seinem Einführungsreferat klar, daß die Erneuerung der Kirche nur über die Person gehen könne, vor allem über die Person des Pfarrers, da „Verkündigung sich nicht ablösen läßt vom Verkündiger, Predigt nicht vom Prediger". Das Amt des Predigers als „Mundbote Gottes" stelle diesen vor eine „Wachstumsnötigung": Der Prediger habe „der ewigen Glut, die in dem Worte Gottes ihm entgegenschlägt, sich unablässig auszusetzen, und allein von hier aus hat er zu reden, zu handeln, zu leiden und zu lieben". Auch der Synodale Gerhard Ritter, Gründungsmitglied der Berneuchener Bruderschaft, meldete sich zu Wort und beantragte, „daß der Bruderrat einen Ausschuß bestellt zum Dienst an der geistlichen Erneuerung des Pfarrerstandes" unter Mitwirkung der „unter uns befindlichen erfahrenen Bruderschaften".[10]

Der aus diesen Überlegungen erwachsene Vorschlag, die theologische, geistliche und seelsorgerliche Bildung der Pfarrer u. a. durch „besondere Rüstzeiten von mehrtägiger Dauer, abseits vom Getriebe der großen Städte" zu unterstützen, darf durchaus als ein Vorläufer der späteren Idee einer Einrichtung von Pastoralkollegs gewertet werden.[11]

Die Vision eines bruderschaftlich organisierten gemeinsamen Lebens, das getragen wird von verbindlicher geistlicher Praxis und konsequent gepflegter „mutua consolatio" hatte bereits in der Zeit nach dem Ersten Weltkrieg in evangelischen Kreisen in Deutschland viel Sympathie gefunden und zur Bildung verschiedener Zusammenschlüsse geführt.[12] Dabei kamen auch Impulse zum Tragen, die von der Neubelebung des Ordenslebens im anglikanischen England ausgingen, wo seit Mitte des 19. Jahrhunderts zahlreiche evangelische Mönchs- und Nonnenklöster zu erneuter Bedeutung gelangt oder neu gegründet worden waren.[13]

---

on bei Niemöller 1959. Der Synodale Karl Immer, Mitglied und Schriftführer der Pfarrergebetsbruderschaft. hatte sich im Verlauf der lebhaften Debatte dafür ausgesprochen, „daß die geistliche Erneuerung des Pfarrerstandes und die geistliche Erneuerung der Gemeinde in eins gehen müssen." (Niemöller 1959, 183).

10 Schulz und Ritter zit. nach Bauer, 1996, 32.
11 Vgl. Bauer 1996, 28. Eine erste „Rüstzeit" in diesem Sinne wurde vom 14. bis 28. 10. 1946 mit 15 Teilnehmern im Bibel- und Erholungsheim „Hohegrete" bei Au an der Sieg durchgeführt (vgl. Bauer 1996, 91). Das erste „Pastoralkolleg" hatte seine Arbeit freilich schon Anfang Oktober 1945 (1. Kurs vom 1.-19.10.) in Neuendettelsau aufgenommen. (Vgl. Voll 1982).
12 Pfarrergebetsbruderschaft (gegr. 1913); Berneuchener Bewegung (gegr. 1923 auf Gut Berneuchen); Sydower Bruderschaft (gegr. 1922, benannt nach dem altmärkischen Dorf Sydow, wo ihr Begründer, Pastor Georg Schulz (1889-1954) amtierte. Die Sydower waren bis 1945 eine evangelische Pfarrbruderschaft, seitdem sind auch Laien zugelassen); Michaelsbruderschaft (entstanden 1931 in Marburg aus der Berneuchener Bewegung). Zum Selbstverständnis dieser und anderer neu entstandenen Bruderschaften und Kommunitäten vgl. die Übersicht „Frei für Gott und die Menschen", hg. von Lydia Präger, Stuttgart 1964.
13 Vgl. Artikel „Bruderschaften", in: RGG^3 Bd. I, 1426 ff.

Auch Dietrich Bonhoeffer hatte schon während seiner zweijährigen Dozentur an der Berliner Fakultät (1931-1932) mit Nachdruck die Notwendigkeit einer geistlichen Lebensführung für Studenten und Pfarrer betont. Es erregte in den intellektualistisch geprägten akademischen Kreisen einiges Aufsehen, als er den Studierenden „Übungen der Frömmigkeit" vorschlug, ihnen eine Anleitung zur Praxis der Schriftmeditation an die Hand gab und im „Bonhoefferkreis"[14], bei den Zusammenkünften in der Biesenthaler Baracke und bei Studentenfreizeiten versuchsweise seine Vorstellungen einer geistlich geprägten Gemeinschaft in die Tat umsetzte. Eberhard Bethge hat in seiner Biographie eindrücklich beschrieben, wie sich bei Bonhoeffer nach 1930 „Die Wendung des Theologen zum Christen"[15] vollzog: „Immer häufiger spielte er auf ein gemeinschaftliches Leben in Gehorsam und Gebet an, durch welches das individualistisch isolierte und privilegierte Pfarramt vielleicht eine Erneuerung seiner Glaubwürdigkeit erfahren könnte; und so etwas nun nicht entgegen reformatorischer Theologie, sondern aus ihr begründet. Mehr und mehr zog Bonhoeffer die Bergpredigt heran und zwar als ein Wort, das gesagt sei, nicht um es als Spiegel zu benutzen, sondern um es zu tun. ... Bonhoeffers Frömmigkeit konnte seinen Studenten in manchen Augenblicken fast zu drängerisch werden."[16] Aus dem „Bonhoefferkreis" entstand schließlich 1933 und 1934 jene oppositionelle Bruderschaft die zur Kernzelle des Finkenwalder Predigerseminars werden sollte.

In einem Brief an seinen Freund Erwin Sutz vom 11.9.1934 äußert sich Bonhoeffer anläßlich der Frage, ob er die Leitung eines von der Bekennenden Kirche neu zu errichtenden Predigerseminares übernehmen solle, sehr klar: „Die gesamte Ausbildung des Theologennachwuchses gehört heute in kirchlichklösterliche Schulen, in denen die reine Lehre, die Bergpredigt und der Kultus ernst genommen werden - was gerade alles drei auf der Universität nicht der Fall ist und unter den gegenwärtigen Umständen unmöglich ist."[17] Die konkrete Verwirklichung seiner Vorstellungen konnte beginnen, als am 24.6.1935 die ersten 23 Kandidaten des zwei Monate zuvor (am 26.4.) auf dem Zingsthof (Ostsee) gegründeten Predigerseminar endlich in Finkenwalde einziehen konnten. In der Schrift „Gemeinsames Leben" und vor allem in der „Nachfolge" entfaltet Bonhoeffer die theologische Grundlegung seiner Anschauungen.[18] Wer weiß, wäre es Ende September 1937 nicht zur polizeilichen Schließung des Prediger-

---

[14] Vgl. Bethge, 252.
[15] Vgl. Bethge 1970, „Zweiter Teil; Kosten des Christseins" 211ff., dort IV. Die Wendung des Theologen zum Christen", 246ff.
[16] Ebd., 248.
[17] Bonhoeffer, Gesammelte Schriften I, 1958, 42, hier zit. nach Bauer 1996, 39, der (ebd., 40) auch auf die Nähe dieser Gedanken zu den sog. „Wittenberger Artikeln" (sie waren das Ergebnis von Verhandlungen zwischen anglikanischen Theologen und reformatorischen Theologen aus dem Jahr 1536) hinweist, in denen man sich schon damals für klösterlich orientierte theologische Erziehungsgemeinschaften ausgesprochen hattte.
[18] Vgl. Bonhoeffer „Werke", Bd. V 1987 und „Nachfolge" 1952.

seminares gekommen und hätten die darauffolgenden persönlichen und gesellschaftlichen Katastrophen verhindert werden können, dann wäre die TheologInnenausbildung (zumindest ab der zweiten Ausbildungsphase) heute möglicherweise völlig anders strukturiert und die Kirche stünde im gesamtgesellschaftlichen Kontext ganz anders da ...

Nun bin ich persönlich jedoch kein Verfechter einer „bruder-" oder „schwesternschaftlich" organisierten TheologInnenausbildung, könnte dadurch doch einer ähnlich weltfernen und -fremden Lebenshaltung Vorschub geleistet werden, wie man sie bei Absolventen katholischer Priesterseminare kennt.[19] Gerade junge Menschen, die eben erst der Bindung des Elternhauses entwachsen sind, brauchen zur Ichfindung und Selbstkonsolidierung eine Phase ungebundener Leichtigkeit, in der sie etwas schmecken können von der „herrlichen Freiheit der Kinder Gottes", eine Zeit des Aufbruchs „zu neuen Ufern", die ihren Charme und ihre Dynamik aus der „Boheme" und dem „Trial and Error" eines unbekümmerten Studentenlebens zieht - mit allen Freuden aber auch „Frösten" dieser Freiheit.[20] Die Notwendigkeit, sich in einer neuen Umgebung auf eigene Füße zu stellen, zum ersten Mal selbst all die banalen Angelegenheiten des täglichen Lebens zu bewältigen, evtl. neben dem Studium abends oder an Wochenenden „jobben" zu gehen, um sich das nötige Taschengeld zu verdienen und eigenverantwortlich einen Tages- und Studienplan zu entwickeln und einzuhalten - das sind elementare Erfahrungen, denen gerade angehende PfarrerInnen, die ja in ihrem Beruf später wissen müssen, wie es „in der Welt" zugeht, nicht aus dem Weg gehen dürfen. Wer nach dem Elternhaus gleich wieder in die feste und bergende Struktur eines gemeinschaftlichen Lebens eintaucht, bringt sich möglicherweise gerade um diese so notwendigen ersten Schritte in das Land der Eigenständigkeit. Auch ist es ja wohl so, daß nur wer das „Außen" hinreichend gelebt hat, sich dem „Innen" wirklich öffnen kann.[21] Zudem ist es im Rahmen einer bruder- oder schwesternschaftlich organisierten Lebensform nicht vorgesehen, eine/n Liebes- und Lebenspartner/in zu suchen und zu finden. Daß aber gerade auch TheologInnen die Möglichkeit einer ganzheitlichen Beziehung zu einem anderen Menschen haben, um in dieser Beziehung und an diesem Partner, dieser Partnerin zu wachsen und zu reifen, war ja eine der großen sozialen, psychologischen (auch geistlichen) Errungenschaften der Reformation. Nicht zuletzt wäre eine kommunitär strukturierte PfarrerInnenausbildung auch aus dem Grund reichlich weltfern, weil der spätere Pfarrdienst, zumindest in seiner gegenwärtigen Gestalt, nun eben nicht in einer bruderschaftlichen, sondern in einer individualistischen bzw. familiären Lebensform ausgeübt wird.

---

19 Daß freilich auch Bonhoeffer kein weltfernes „Mönchsideal" verfocht, hat er zur Genüge deutlich gemacht.
20 Zu dieser Wortprägung vgl, Beck/Beck-Gernsheim 1990,13.
21 Für die Wahrheit dieser Einsicht gibt es viele, auch prominente Beispiele, denken wir an Augustin, Franziskus oder Luther.

Sinnvoller als die Einrichtung „klösterlicher Schulen" erscheint mir daher eine „konviviale" Orientierung der universitären Ausbildung in dem Sinne, daß den Studierenden, einzelnen, wie auch Lebens- und Ehepaaren die Möglichkeit gegeben wird, in einer lockeren Gemeinschaft auf einem Campus zusammenzuleben, und so das tägliche Leben, das Lernen und innere Wachsen und auch den Glauben miteinander zu teilen, wie dies z. B. in Amerika, aber auch hierzulande an manchen Kirchlichen Hochschulen, etwa in Bethel oder an der Augustana Hochschule in Neuendettelsau geschieht.

Was aber die Forderung einer konsequent durchzuführenden spirituellen Schulung und Übung betrifft, so bin auch ich, wie im Zuge meiner Ausführungen im Rahmen dieser Arbeit hinreichend deutlich geworden sein sollte, in der Tat der Auffassung, daß die kompetente und beharrliche Anleitung zur spirituellen Praxis von Beginn an ebenso ein integraler und obligatorischer Bestandteil der TheologInnenausbildung sein sollte, wie die regelmäßige Ausübung und beständige Weiterentwicklung und Vertiefung dieser gelebten Frömmigkeit während des späteren (Berufs-)Lebens. Inwiefern die Ausbildung spiritueller Fähigkeiten und die Einhaltung einer Disziplin spiritueller Übung auch einen elementaren Beitrag zur Burnoutprophylaxe darstellt, wurde ebenfalls im Verlauf dieser Arbeit nun zur Genüge betont. Daß aber diese spirituelle Konzentration Frömmigkeit nicht nur den PfarrerInnen selbst zugute käme, sondern eben auch zu einer Quelle der Erneuerung für Kirche und Gemeinden werden könnte, dürfen wir uns von Bonhoeffer und Schniewind aber auch vom Theologischen Ausschuß der Arnoldshainer Konferenz und von anderen sagen lassen. Insofern besteht gerade nicht in einer zweifelhaften „Modernisierung", sondern in einer geistlichen „Reformation" die entscheidende Herausforderung für die Kirche in der heutigen säkularen Welt. Und zwar einer geistlichen Reformation, die bei denen ansetzt, die nach wie vor in der Kirche die „Schlüsselposition" innehaben und zentrale Identifikationsfiguren sind.

Der anhaltende Schwund der Mitglieder hat ja (verständlicherweise) eine nervöse Grundstimmung im Raum der Kirche ausgelöst, die nicht selten in angestrengter Geschäftigkeit zum Ausdruck kommt. Die einen setzen auf den Import schnellebiger amerikanischer „Parish-plant"-Modelle und anderer vor allem auf Eintrittszahlen fixierter Gemeindeaufbaumethoden, andere werben mit „Techno-Gottesdiensten" und „Jesus-Happenings" um die Sympathien der Jugend, wieder andere verwenden viel Energie darauf, die kirchlichen „Produkte" möglichst glanzvoll in den Markthallen des Internets zu präsentieren. Die Kirchenleitungen setzen in ihrer Not verstärkt auf die Verheißungen seriöser Unternehmensberatungsfirmen und tragen damit bei einem Teil der Pfarrerschaft nur noch mehr zur Verunsicherung bei. Christian Nürnberger, der mit einer ziemlich einseitigen Streitschrift jüngst viele Aggressionen auf sich zog, schreibt in diesem Zusammenhang mit beißender Ironie, der jedoch ein Quentchen Wahrheit innewohnt: „Einst haben die Marketing- und Werbeleute die Kirche als Lehrmeisterin bewundert und gelernt, dass sich eine Marke am besten verkauft, wenn es gelingt, sie zum Religionsersatz zu machen. Jetzt will die Lehrmeisterin von den Lehrlingen erfahren, wie man es anstellt, die Religion zum Markenersatz zu machen."22

Gelassenheit und Augenmaß zeigen dagegen die klassischen Orden, vor allem die Benediktiner und Franziskaner mit ihren Untergliederungen. Beständig und beharrlich bleiben sie bei dem, was sie gelernt haben (2 Tim 3,14), worin ihre Identität begründet ist und was sie über die Jahrhunderte hin getragen hat: einem Leben aus dem Schatz und der Kraft der spirituellen Tradition. Gerade darum werden sie in jüngerer Zeit mit den von ihnen angebotenen Einkehrwochen und Seminaren zur geistlichen Lebensführung immer mehr zum Anziehungspunkt und „Lehrmeister" gerade auch für so dezidiert „weltliche" und rationalistische Menschen, wie Wirtschaftsfachleute, JournalistInnen, ÄrztInnen und Naturwissenschaftlerlnnen.

In der Tat scheint die Kirche ihr Überleben nicht dadurch sichern zu können, daß sie atemlos versucht, nur ja den Anschluß an den Zeitgeist nicht zu verpassen, sondern sich auf ihr „Proprium" besinnt - das, was keine andere Gruppie^rung, sondern nur sie in dieser Welt repräsentieren kann, nämlich das Evangelium von der Liebe Gottes und der Rechtfertigung des Sünders allein aus Glauben, ohne die Werke des Gesetzes. Damit könnte sie gerade in der sich immer heilloser und kränker gebärdenden kapitalistischen Leistungsgesellschaft zu einem Gegenpol werden, der möglicherweise sogar zum einem archimedischen Punkt für ihre Heilung wird. In dieser Hinsicht hat Nürnberger bei aller Grobschlächtigkeit seiner Ausführungen durchaus nicht Unrecht. Aber dies ist, wie gesagt, schon lange bekannt und gerade von den großen Vertretern des Protestantismus gefordert. Es nicht nur zu hören, sondern auch zu tun ist die Herausforderung und Chance - der Kirche, der Gemeinden und der PfarrerInnen.

---

22 Nürnberger 2000, 12.

LITERATURVERZEICHNIS

Abel Peter, Burnout in der Seelsorge, Mainz 1995.
– : Miteinander Leben und Hoffnung teilen - diakonische Pastoral mit Gruppen. Studien zu einer Methode der diakonischen Arbeit am Beispiel der Begleitung Pflegender bei Burnout, (Studien zur Theologie und Praxis der Seelsorge, Bd. 15), Würzburg 1994.
Abramson L. Y., Seligman M. E. P. & Teasdale J. D., Learned helplessness in humans: Critique and reformulation, in: Journal of Abnormal Psychology 1978 (87), 49-74.
Adler Gerhard (Hg.), Komm, Trost der Nacht. Ein Brevier, Stuttgart 1989.
Albrecht Christian, Das Burnoutsyndrom im Krankenpflegedienst: Eingrenzungen, Ursachen und Interventionsmöglichkeiten, Münster 1995, Diss auf Microfiche).
Aland - siehe unter „Luther Deutsch".
Artikel „Anfechtung", in: „Die Religion in Geschichte und Gegenwarrt", Dritte, völlig neu bearbeitete Auflage, Ungekürzte Studienausgabe, Tübingen 1986 (zit. als „RGG"), Bd. I, 370 (Verf.: H. Beintker).
Artikel „Anfechtung", „Evangelisches Kirchenlexikon. Internationale theologische Enzyklopädie", 3. Auflage (Neufassung), Göttingen 1986 ff. (zit. als „EKL"), Bd. I 140-142. (Verf.: Hans-Martin Barth).
Andrae Brigitte, „Pfarrer als 'Ikone' oder 'ein Mensch wie jeder andere'?", in: „Deutsches Pfarrerblatt" 11/1999, 656.
Antonovsky Aaron, Health, stress and coping, San Francisco 1979.
– : Unraveling the mystery of health. How people manage stress and stay well, San Francisco 1987.
– : Gesundheitsforschung versus Krankheitsforschung, in: Franke/Brode 1993.
Arbeitsgruppe am Seminar für therapeutische Seelsorge in Frankfurt/Main, Berufs- und Lebensberatung von Pfarrern, in: „Wege zu Menschen", 26. Jg. 1974, 385-390.
Aronson Eliott / Pines Ayala / Kafry Ditsa: Ausgebrannt, in: Psychologie heute Nr. 10 1983, 21-27.
Asmussen Hans, Pfarr-Brevier, Ordnungen für Andachten und Schriftlesung, Stuttgart 1946.
Asmussen Hans, Einübung im Christentum. Ein Laienbrevier, Hamburg 1953.
Augustinus, Bekenntnisse, in neuer Übersetzung und mit einer Einleitung dargeboten von W. Bornemann, Gotha 1888, sowie: zweisprachige Ausgabe, eingeleitet, übersetzt und erläutert von Joseph Bernhart. Mit einem Vorwort von Ernst Ludwig Grasmück, Frankfurt 1987.
Badura B., Soziale Unterstützung und chronische Krankheit, Frankfurt a.M. 1981.
Barth Anne-Rose, Das Phänomen „Burnout" bei Lehrern 1. Teil, in: Bayerische Schule 2-1993, 15-18 und 2. Teil, in: Bayerische Schule 3-1993, 19-23.
Barth Hans-Martin, „Betet ohne Unterlass!" Das Herzensgebet der Ostkirche für Protestanten entdeckt, in: Riess (Hg.) 1989, 219-231.
Bastian Hans-Dieter, Kommunikation. Wie christlicher Glaube funktioniert, Stuttgart 1972.
Bateson Gregory, Geist und Natur - Eine notwendige Einheit, Frankfurt 1983^2.
– : Ökologie des Geistes - Anthropologische, psychologische und epistemologische Perspektiven, Frankfurt 1988^2.
Bateson Gregory / Bateson Mary Catherine, Wo Engel zögern. Unterwegs zu einer Epistemologie des Heiligen, Frankfurt 1993.
Bauer Walter, Griechisch-Deutsches Wörterbuch, Berlin 1958: Eintrag „ἀκηδία".

Bauer Karl-Adolf / Josuttis Manfred, Daß du dem Kopf nicht das Herz abschlägst. Theologie als Erfahrung. Erwägungen zum Pastoralkolleg als Ort erfahrungsbezogener Theologie. Mit einem Geleitwort von Eberhard Bethge, Presseverband der 1996 der Evangelischen Kirche im Rheinland e.V. 1996.

Bauer Adolf, „Ohne Übung und Erfahrung kann niemand gelehrt werden." Das Pastoralkolleg als Ort erfahrungsbezogener Theologie, in: Bauer/Josuttis 1996, 13-132.

Baumotte Manfred (Hg.), Kleine Philokalie. Betrachtungen der Mönchsväter über das Herzensgebet, Zürich/Düsseldorf 1997.

Bauriedl Thea, Psychoanalyse ohne Couch, München 1985.

Beaven Winston H., Ministerial burnout - cause and prevention, in: Ministry 59 (1986), H. 3, 4-7.20.

Becher Werner, „Church Career Development". Amerikanische Berufs- und Lebensberatungsstellen für kirchliche Mitarbeiter, in: „Wege zum Menschen", 26. Jg. 1974, 410-418.

Beck Aaron T. , Kognitive Therapie: Beschreibung und Beziehung zur Verhaltenstherapie, in: Beck Aaron T., Depression: Clinical, experimental, and theoretical aspects, New York 1967 (Republished as Depression: Causes and treatment. Philadelphia 1972.

- : Kognitive Therapie der Depression, München 1981.

Beck Aaron T. & Shaw Brian F., Ein kognitives Modell der Depression, in: Ellis/Grieger (Hg.) 1979, 86-98.

Beck Aaron T., Rush A. John, Shaw Brian F., Emery Gary, Kognitive Therapie der Depression, hg. von Martin Heutzinger, Weinheim 1996^5.

Beck Ulrich, Risikogesellschaft. Auf dem Weg in eine andere Moderne, Frankfurt 1986.

- : Der späte Apfel Evas oder die Zukunft der Liebe, in: Beck / Beck-Gernsheim 1990, 184-221.

- : (Hg.): Kinder der Freiheit, Frankfurt 1997.

Beck Ulrich / Beck-Gernsheim Elisabeth, Das ganz normale Chaos der Liebe, Frankfurt 1990.

- : (Hg.), Riskante Freiheiten, Frankfurt 1994.

Beck-Gernsheim Elisabeth, Von der Liebe zur Beziehung? Veränderungen im Verhältnis von Mann und Frau in der individualisierten Gesellschaft, in: Beck / Beck-Gernsheim 1990, 65-104.

- : Auf dem Weg in die postfamiliale Familie - Von der Notgemeinschaft zur Wahlverwandtschaft, in: Beck / Beck-Gernsheim (Hg.) 1994, 115-138.

Becker R. W., Leben mit Terminen. Anregungen und Hilfen für den Umgang mit der Zeit in der Gemeindearbeit, München 1981.

Die Bekenntnisschriften der evangelisch-lutherischen Kirche, 5. durchgesehene Auflage, Göttingen 1963.

Bennet L., Miller D. & Ross M. (Eds.), Health Workers and AIDS: Research, Intervention and Current Issues in Burnout and Response, London 1995.

Berger Peter L. u. a., Das Unbehagen in der Modernität, Frankfurt 1975.

Berger Peter L. / Luckmann Thomas, Modernität, Pluralismus und Sinnkrise, Gütersloh 1995.

- : Die gesellschaftliche Konstruktion der Wirklichkeit, Frankfurt 1996.

Berger Peter A. / Hradil Stefan (Hg.), Lebenslagen, Lebensläufe, Lebensstile, Göttingen 1990 (Sonderheft 7 von 'Soziale Welt').

Bergmann B. / Richter P. (Hg.), Die Handlungsregulationstheorie - von der Praxis einer Theorie, Göttingen 1994.

Berkel Karl, Eignungsdiagnostik. Grundlagen beratender Begleitung, in: Stenger (Hg.) 1988, 135-194.

Bernhard M., Helping others takes a toll: Clergy burnout, in: Times Union, May 10, 1981, p.3.

Bertsch L./Schlösser F. (Hg.): Kirchliche und nichtkirchliche Religiosität. Pastoraltheologische Perspektiven zum Phänomen der Distanzierung von der Kirche, Freiburg/-Basel/Wien 1978.

Bethge Eberhard, Dietrich Bonhoeffer. Eine Biografie, Dritte, durchgesehene Auflage. Sonderausgabe, München 1970.

Beyer Johanna, Teildienst als Spitze des Eisberges. Nicht Professionalität ist die Frage - aber Profession, Vortrag auf der Tagung der Gesamtpfarrervertretung der VELKD am 26.6.2000 in Ratzeburg, in: „Deutsches Pfarrerblatt" 6/2001, 283-290.

Bezzenberger Günter E. Th. / Wegener Günther S., Im Pfarrhaus brennt noch Licht, Kassel 1983^2.

Bibeau G. et al., Certains aspects culturels, diagnostiques et juridiques de burnout, Montréal 1989.

Bloth Peter C / Daiber Karl-Fritz u. a. (Hg.), Handbuch der Praktischen Theologie, Bd. III: Praxisfeld: Gemeinden, Gütersloh 1983.

Bonhoeffer Dietrich, Werke, hg. von Eberhard Bethge, Bd 5.: Gemeinsames Leben. Das Gebetbuch der Bibel, hg. von Gerhard Müller, München 1987; - Bd. 7: Fragmente aus Tegel, hg. von Renate Bethge und Ilse Tödt, Gütersloh 1994. - Bd. 8: Widerstand und Ergebung. Briefe und Aufzeichnungen aus der Haft, hg. von Christian Gremmels, Eberhard Bethge und Renate Bethge in Zusammenarbeit mit Ilse Tödt, Gütersloh 1998; - Bd. 16: Konspiration und Haft 1040-1945, hg. von Jorgen Glenhol (+), Ulrich Kabitz und Wolf Krötke, Gütersloh 1996.

Bonhoeffer Dietrich, Nachfolge, München 1952^4.

Bormann Günter, Die Herkunft der Pfarrer. Ein geschichtlich-statistischer Überblick von 1700-1965, in: Soc. Compass 13 (1966), 95-133.

— : Studien zu Berufsbild und Berufswirklichkeit evangelischer Pfarrer in Württemberg: Tendenzen der Berufseinstellung und des Berufsverhaltens, IJBRS 4, 1966, 169-206.

Bormann Günter / Bormann-Heischkeil Sigrid, Theorie und Praxis kirchlicher Organisation. Ein Beitrag zum Problem der Rückständigkeit sozialer Gruppen, Opladen 1971 (Beiträge zur soziologischen Forschung 3).

Bowers Margaretta K., Conflicts of the Clergy, New York 1965.

Brachel Hans-Ulrich von, Die chronifizierte Krise, in: „Wege zum Menschen", 41. Jg. 1989, 219-229.

Bradley H. B., Community-based treatment for young adult offenders, in: Crime and Delinquency, 1969, 15 (3), 359-370.

Brandtstädter J., Kern- und Leitbegriffe psychologischer Prävention, in: Brandstädter & v. Eye (Hg.) 1982, 81-115.

Brandtstädter J., & v. Eye A. (Hg.), Psychologische Prävention, Bern 1982.

Bratcher Edward B.: The Walk-On-Water Sydrome, Waco 1984.

Bronsberg Barbro / Vestlund Nina, Ausgebrannt. Die egoistische Aufopferung, München 1988.

Brockhaus Enzyklopädie in 24. Bd.en, 19. völlig neubearb. Aufl. Mannheim 1986.

Brooks R., Burnout in ministry, Nashville, Tennessee, Broadman Press, 1981.

Browning Robert Willard, Professional Burnout Among the Clergy, 1982, Dissertation Abstracts International, 42 (4), 1391-A (Order No. DA 8120477); Ann Arbor, Mi.: University Microfilmes International 1982.

Artikel „Bruderschaften" in RGG, Bd. I, 1426-1432 (Verf.: A. Schimmel; K. Wessel; R. Mayer; W. Jannasch; E. Müller-Gangloff).
Buchka A. & Perrar K.-M., Das Burn-out-Syndrom bei Mitarbeitern in der Behindertenhilfe, Dortmund 1987.
Büchsel Carl, Erinnerungen aus dem Leben eines Landgeistlichen, o.O. 1861.
Bukowski Peter, Rückfragen an die akademische theologische Ausbildung, in: Pth, 89. Jg., 2000/12, 474-482.
Bultmann Rudolf, Theologie des Neuen Testamentes, 6. Auflage, Tübingen 1968.
Bunge Gabriel, Das Geistgebet, Köln 1987.
– : Über die acht Gedanken, Würzburg 1992.
– : Akedia. Die geistliche Lehre des Evagrios Pontikos vom Überdruß, 4. überarbeitete und erweiterte Auflage, Würzburg 1995.
Burisch Matthias: Der leere Lehrer, in: Hamburger Lehrerzeitung, 37 (1) 1985, 8-11.
– : Das Burnout-Syndrom: Theorie der inneren Erschöpfung, Berlin u.a. 1989 (inhaltlich unveränderte Neuauflage: Berlin u.a. 1994).
– : In Search of Theory: Some Ruminations on the Nature and Etiology of Burnout, in: Schaufeli et al. (Eds.) 1993, 75-83.
Burks Ph.D., Sammlungen zur Pastoraltheologie, hg. von Oehler F., 1867.
Busch Bernd, Pfarrer zwischen Berufung und Berufsalltag. Narrative Interviews zur Erhellung des Glaubens- und Berufsweges evangelischer Geistlicher im Kontext der Reformdiskussion des Pfarrerberufes, Dissertation, München 2.5.1994, 2 Bd.e.
– : Zwischen Berufung und Beruf. Ein Beitrag zur Stellung des Pfarrers in unserer Zeit, Leipzig, 1996.
Busche B., Der Krankenhausseelsorger. Eine empirische Untersuchung der Einstellungen und Erwartungen von Patienten (Diplomarbeit für Psychologie), Erlangen 1978.
Bühl W. L., Krisentheorien, Darmstadt 1984.
Cameli Louis John, Stress in Ministry: The Response of Spirituality, in: Chicago Studies, Heft 1, 18. Jg. 1979, 97-109.
Camus Albert, Der Mythos von Sisyphos, Hamburg 168.-280.Tsd. 1972.
Canary, J. F. (1979), Stress in ministry: The experience of changing an assignment, in Chicago Studies, 1979, 18 (1), 87-95.
Cannon W. B., Bodily changes in pain, hunger, fear, and rage, New York 1936.
Carnegie Dale, Sorge dich nicht - lebe! Die Kunst, zu einem von Ängsten und Aufregungen befreiten Leben zu finden, 69. überarbeitete Auflage, Bern/München/Wien 1994
Caplan Gerald, Emotional crises, in: Deutsch A. & Fishbein H. (Hg.), The encyclopedia of mental health, New York 1963, 521-532.
– : Principles of preventive psychiatry, New York/London 1964.
– : Mastery of stress: Psychological aspects, in: American Journal of Psychiatry 138 (1981), 413-420.
Caplan Robert D./Cobb Sidney et al., Arbeit und Gesundheit. Streß und seine Auswirkungen bei verschiedenen Berufen, Bern 1982.
Cherniss Cary, Professional burnout in human service organizations, New York, 1980.
– : Preventing Burnout: From Theory to Practice, in: Jones 1982, 172-176.
– : Staff Burnout. Job Stress in the Human Services, Beverly Hills 1983[4] (1. Aufl. 1980).
– : Jenseits von Burnout und Praxisschock. Hilfen für Menschen in lehrenden, helfenden und beratenden Berufen, Weinheim 1999.
Cherniss Cary / Krantz David L., The Ideological Community as an Antidote to Burnout in the Human Services, in: Farber 1985[2], 198-212.

Chiaramonte Anthony Joseph, Psychological correlates of burnout in clergymen, Boston College 1983, Dissertation Abstracts International, 44 (2), 433-A (Order No. DA8314954).

Clinebell Howard, Rundum Wohlfühlen (well being). Eine Anleitung für ein individuelles, ganzheitliches Selbsthilfeprogramm auf der Grundlage der sieben Dimensionen des Lebens: Geist, Körper, Seele, Liebe, Arbeit, Spiel, Erde, München 1993.

– : Jenseits von Burnout und Praxisschock. Hilfen für Menschen in lehrenden, helfenden und beratenden Berufen, Weinheim 1999.

– : Ecotherapy. Healing ourselves. Healing the earth, Minneapolis 1996.

Cramer Manfred, Professionelles Helfen und seine Krisen, in: Keupp/Rerrich (Hg.) 1982, 199-208.

Coate Mary Anne, Clergy Stress. The Hidden Conflicts in Ministry, London 1989².

Cobb Sidney, Social support as a moderate of life stress, in: Psychosomatic Medicine, 5/1976, 300-317.

Cobb John B., Theology and Pastoral Care, Fortress Press 1977.

Cornehl Peter, Theorie und Praxis kirchlichen Handelns als Horizont einer praktisch-theologischen Zeitschrift, in: Pth 70/1981, 28ff.

– : Christen feiern Feste, in: Pth 70/1981, 218-233.

Cox Tom, Kuk George, Leiter Michael P., Burnout, Health, Work Stress, and organizational Healthiness, in: Schaufeli et al. 1993 (Eds.), 177-193.

Csikszentmihalyi Mihaly, Das Flow-Erlebnis. Jenseits von Angst und Langeweile: Im Tun aufgehen, Stuttgart 1987² (Orig. San Francisco, Washington, London 1975).

Daiber Karl-Fritz, Auf einer einsamen Inseln. Über einige Schwierigkeiten des Pfarrerberufes, in: Evangelische Kommentare 13/1980, 12-14.

Dale Robert D., Burnout: The Ashes of Idealism, in: Search 12 (Summer 1982): 27-34.

Daniel Stephen & Rogers Martha L., Burn-out and the pastorate: A critical review with implications for pastors, in: Journal of Psychology and Theology, 9 (3), 1981, 232-249.

Daniel Stephen Paul, Burn-out and the Pastor: A study on Stress in the Ministry, 1981, Dissertation Abstracts International, 42 (3), 1230-B (Order No. DA8118195); Ann Arbor, Mi.: University Microfilmes International 1981.

Dahm Karl-Wilhelm: Pfarrer und Politik. Soziale Position und politische Mentalität des deutschen evangelischen Pfarrerstandes zwischen 1918 und 1933, Köln 1965.

– : Beruf: Pfarrer - Empirische Aspekte zur Funktion von Kirche und Religion in unserer Gesellschaft, München 1972².

– : Verbundenheit mit der Volkskirche: Verschiedenartige Motive - Eindeutige Konsequenzen, in: Matthes (Hg.) 1975, 113-159.

– : Distanzierte Dreiviertelkirche und konkurrierende Kerngruppen - Zum Weg der „Volkskirche", in: Riess Richard (Hg.) 1989, 308-324.

– : Wird das evangelische Pfarrhaus „katholisch"? Zur Rückwanderung zentraler „Pfarrhausfunktionen" an die Person des „Geistlichen", in: Riess 1979, 224-237.

Dahrendorf Ralf, Das Zerbrechen der Ligaturen und die Utopie der Weltbürgergesellschaft, in: Beck Ulrich u. Beck-Gernsheim Elisabeth (Hg.), Riskante Freiheiten, Frankfurt 1994, 421-436.

Das Immerwährende Herzensgebet. Ein Weg geistiger Erfahrung. Russische Originaltexte zusammengestellt und übersetzt von Alla Selawry, o.O. 1970.

Demerouti Evangelia, Reliabilität und Validität des Maslach Burnout Inventory (MBI): eine kritische Betrachtung, in: Zeitschrift für Arbeitswissenschaft, Bd. 50 (1996), 1, S. 32-39.

– : Burnout. Eine Folge konkreter Arbeitsbedingungen bei Dienstleistungs- und Produktionstätigkeiten, Frankfurt u.a. 1999.

Deschner Karlheinz, Kriminalgeschichte des Christentums, Hamburg 1986 ff.

Dietzfelbinger Hermann, Zum Selbstverständnis des Pfarrers heute, Gütersloh 1965.

Dinslage A., Rollengenie oder Erwartungsopfer? Zur Situation von Mitarbeitern in therapeutischen Gemeinschaften, in: Gruppendynamik, 14 (2), 1983, 173-1985.

Dorst Brigitte, "Die Menschen belasten dich? Trag' sie nicht auf den Schultern, schließ' sie in dein Herz." (H. Camara) - Über Narzißmus und Spiritualität des Helfens, in: „Wege zum Menschen", 41. Jg. 1989, 229-240..

Drehsen Volker, Die angesonnene Vorbildlichkeit des Pfarrers, in: Pastoraltheologie 78/1989, 88-109.

Drewermann Eugen, Kleriker. Psychogramm eines Ideals, Olten 1989.

Drinkmann Elisabeth, Mobilität und Raumbewußtsein. Untersuchungen am Beispiel der Pfarrerschaft der Evangelisch-Lutherischen Kirche in Bayern, Diss. München 1991; Münchener Geographische Hefte Nr. 67, Regensburg 1992.

Dubied Pierre Luigi, Die Krise des Pfarramts als Chance der Kirche, Zürich 1995.

Duhr Serge, Burnout auf der Intensivstation, Teil 1 & 2, in: Die Schwester/Der Pfleger, 24 1985, 809-812, 965-970.

– : Burnout. Eine Luxemburger Untersuchung, in: Die Schwester / Der Pfleger 30 (1991), 52-58.

Dürckheim Graf Karlfried, Im Zeichen der großen Erfahrung, München 1951.

– : Erlebnis und Wandlung. Grundfragen der Selbstfindung, Bern/Stuttgart 1956.

– : Durchbruch zum Wesen, Bern/Stuttgart, 1972^5.

– : Der Alltag als Übung, Bern/Stuttgart 1972^5.

– : Vom doppelten Ursprung des Menschen, Freiburg/Basel/Wien 1973.

– : Meditieren - Wozu und Wie, Freiburg/Basel/Wien, Freiburg 1976.

– : Von der Erfahrung der Transzendenz, Freiburg i. Breisgau 1984.

– : Der Weg, die Wahrheit, das Leben. Gespräche über das Sein mit Alphonse Goettmann, Bern und München 1988^5.

– : Der Weg ist das Ziel, Gespräch mit Karl Schnelting in der Reihe „Zeugen des Jahrhunderts", hg. von Ingo Hermann, Redaktion Jürgen Voigt, Göttingen (Lamuv) 1992.

Dyer, G.J. (1979), Stress in ministry - an overview, in Chicago Studies, 1979, 18, 5-17.

Eadie Hugh A., A Study of Health and Illness in the Experience of Scotland Ministers, Diss. Edinburgh 1970.

Eadie Hugh A., Der Gesundheitszustand der Pfarrer. Eine Untersuchung in der Kirche von Schottland, in: „Wege zum Menschen", 26. Jg. 1974, 400-410.

Ebeling Gerhard, Luther. Einführung in sein Denken, Tübingen 1981^4.

Edelwich Jerry / Brodsky Archie, Ausgebrannt: das 'Burn-out'-Syndrom in den Sozialberufen, Salzburg 1984 (Original, Burn-out; Stages of Disillusionment in the Helping Professions, New York 1980).

Ehlers Anke, Posttraumatische Belastungsstörung, Göttingen u.a. 1999.

Einsiedel Albert A. & Tully Heather A., Methodological Considerations in the Burnout Phenomenon, in: Jones 1982, 89-106.

Ellis Albert, Humanistic psychotherapy, New York: McGraw-Hill, 1974.

– : Die wichtigsten Methoden der rational-emotiven Therapie, in Ellis/Grieger (Hg.), 1979, 155-165.

– : Klinisch theoretische Grundlagen der rational-emotiven Therapie, in Ellis/Grieger (Hg.) 1979, 3-36.

– : Interpretationen in der rational-emotiven Therapie, in: Ellis/Grieger (Hg.) 1979, 185-193.
– : Die rational-emotive Therapie: das innere Selbstgespräch bei seelischen Problemen und seine Veränderung, München 1982.
Ellis A. & Harper R., A new guide to rational living, Hollywood 1979.
Ellis Albert / Grieger Russel (Hg.), Praxis der rational-emotiven Therapie, München 1979 (Orig.: Handbook of Rational-Emotive Therapie, New York 1977).
Elsaesser Peter S., Wenn sie dir zu nahe kommen. Die seelische Ökonomie des Psychotherapeuten, Weinheim/Basel 1981.
Enzmann Dirk, Gestreßt, erschöpft oder ausgebrannt? Einflüsse von Arbeitssituation, Empathie und Coping auf den Burnoutprozeß, München 1996 (348 S.), zugl. Diss. Berlin 1995.
Enzmann Dirk / Kleiber Dieter, Helfer - Leiden, Streß und Burnout in psychosozialen Berufen, Heidelberg 1989.
Enzmann Dirk, Schaufeli Wilmar & Girault Noelle, The validity of the Maslach Burnout Inventory in three national samples, in: Bennet L., Miller D. & Ross M. (Eds.) 1995, 131-150.
Enzner-Probst Brigitte: Pfarrerin. Als Frau in einem Männerberuf, Stuttgart 1995.
Evangelisches Brevier, zusammengestellt von Erich Hertzsch, Hamburg 1987.
Evangelisches Gesangbuch, Ausgabe für die Evanglisch-Lutherischen Kirchen in Bayern und Thüringen, hg. Evangelisch-Lutherische Kirche in Bayern, o.J. München.
Erikson, E. H., Jugend und Krise. Die Psychodynamik im sozialen Wandel, Stuttgart 1974^2.
– : Der junge Mann Luther, Frankfurt 1975.
– : Kindheit und Gesellschaft, Stuttgart 1976^6 (Oringinal: Childhood and Society, New York 1950).
– : Identität und Lebenszyklus, Frankfurt 1977^4 (Original: Identity and the Life Cycle, New York 1959).
Eschmann Holger, Burnout! Die Gefahr innerer und äußerer Emigration aus dem Dienst, in: „Deutsches Pfarrerblatt" 12/1997, 626-630.
Evangelische Kirche in Deutschland, Fremde Heimat Kirche. Ansichten ihrer Mitglieder. Erste Ergebnisse der dritten EKD-Umfrage über Kirchenmitgliedschaft, Hannover 1993.
Faller Michael, Innere Kündigung, München/Mering 1991.
Farber Barry A., Introduction: A Critical Perspective on Burnout, in: Farber 1985, 1-20.
– : Stress and Burnout in the Human Service Professions, New York 1985^2.
Faulkner Brooks R., Burnout in ministry. Nashville 1981 (Broadman Press).
Fengler Jörg, Helfen macht müde: Zur Analyse und Bewältigung von Burnout und beruflicher Deformation, München 1991 (5. überarb. u. erw.. Aufl. 1998).
Fichter Joseph H. (1968 New York, Harper and Row 1968), America's forgotten priests - what they are saying. New York: SciencePress, 1982.
– : The Myth of Clergy Burnout, in: Sociological analysis. A Journal in the sociology of religion, Volume 45 - Number 4, Winter 1984, 373-382.
Fischer Harvey J., A Psychoanalytic View of Burnout, in: Farber 1985^2, 40-45.
Fischer Wolfram, Legitimationsprobleme und Identitätsbildungsprozesse bei evangelischen Theologen, Diss. phil., Münster 1976.
– : Pfarrer auf Probe. Identität und Legitimation bei Vikaren, Stuttgart 1977.

Flosdorf Burkhard, Berufliche Belastung, Religiosität und Bewältigungsformen. Eine qualitative Untersuchung von Burnout und Sinnfragen bei Ordensfrauen in der Caritas, Würzburg 1998.

Forney D. S., Wallace-Schutzmann, F. & Wiggers T.T., Burnout among career development professionals: Preliminary findings an implications, in: Personnel and Guidance Journal, 60, 435-439.

Fraas Hans Jürgen, Glaube und Identität. Grundlegung einer Didaktik religiöser Lernprozesse, Göttingen 1983.

– : Die Religiosität des Menschen. Ein Grundriß der Religionspsychologie, Göttingen 1990.

Frank J. D., Die Heiler. Über psychotherapeutische Wirkungsweisen vom Schamanismus bis zu den modernen Therapien, München 1985.

Franke A. / Broda M., Psychosomatische Gesundheit, Tübingen 1993.

Frei für Gott und die Menschen. Evangelisch Bruder- und Schwesternschaften der Gegenwart in Selbstdarstellungen, hg. von Lydia Präger, 2. verbesserte und erweiterte Auflage, Stuttgart 1964.

Freud Sigmund, Über den Gegensinn der Urworte, in: Studienausgabe in 10 Bänden, Bd. IV, Frankfurt 1970.

– : Erinnern, Wiederholen und Durcharbeiten. Weitere Ratschläge zur Technik der Psychoanalyse II, in: Studienausgabe in 10 Bänden, Ergänzungsband, Frankfurt 1975, 206-215.

Freudenberger Herbert J., Staff burn-out, in: Journal of Social Issues, 1974, 30 (1), 159-165.

– : The staff burnout syndrome in alternative institutions, in: Psychotherapy: Theory, Research, and Practice, 1975, 73-82.

Freudenberger Herbert J. / Richelson Geraldine, Ausgebrannt. Die Krise der Erfolgreichen, München 1981 (engl. Original: Burn-out. The high cost of high achievement, New York 1980).

Freudenberger Herbert / North Gail, Burn-out bei Frauen. Über das Gefühl des Ausgebrannt-Seins, Frankfurt 1993[3].

Fuentes Jose A., Recognizing and handling burnout, in: Ministry 60 (1987), H. 7, 14-17.

Funke Dieter: Die persönliche Qualität des Seelsorgers und die die Vermeidung von Überforderungen, in: Diakonia, 21. Jg., Heft 4, Juli 1990, 236-244.

Gärtner Heiderose, Pfarrerin und Pfarrer - quo vadis?, in: „Deutsches Pfarrerblatt", 10/2000, 527-529. (2000a)

– : Das Amt trägt den Pfarrer - oder - die Pfarrerin trägt das Amt? Projekt „Forum Pfarrerbild" des Verbandes der Vereine Evangelischer Pfarrerinnen und Pfarrer in Deutschland, in: „Deutsches Pfarrerblatt", 6/2000, 291-293. (2000b)

– : Leitbild Pfarrerinnen und Pfarrer in der Gemeinde, in: „Deutsches Pfarrerblatt", 5/2001, 241-244.

Geissler Karlheinz A., Auf der Suche nach der gewonnenen Zeit. Beiträge zu einer neuen gesellschaftlichen Zeitgestaltung, o.O., 1990.

Geissler Karlheinz A., Zeit leben. Vom Hasten und Rasten, Arbeit und Lernen, Leben und Sterben, o.O., 1997[6].

Generalsynode der VELKD, Thesen zur Kirchenreform 1967, in: Lutherische Monatshefte Jg. 1967, 292-297.

Gerhardt Paul, Ich bin ein Gast auf Erden. Gedichte. Herausgegeben und mit einem Nachwort von Heimo Reinitzer, Zürich 1998.

Gesenius Wilhelm, Hebräisches und Aramäisches Handwörterbuch, 17. Auflage, unveränderter Neudruck, Heidelberg 1962.
Gill James J., Stress, Sexualtiy and Ministry, in: Chicago Studies, a.a.O., 45-68.
Goleman Daniel, Emotionale Intelligenz, München 1997[4].
Green J., Newspeak. A Dictionary of Jargon, London 1984.
Greene Graham: A burn-out case, New York 1961.
Greiffenhagen Martin (Hg.), Pfarrerskinder. Rückblicke auf ein protestantisches Elternhaus, Stuttgart 1982.
– : Das evangelische Pfarrhaus. Eine Kultur- und Sozialgeschichte, Stuttgart 1984.
Grom Bernhard, Religiosität und das Streben nach positivem Selbstwertgefühl, in: Klosinski (Hg.), 1994, 102-110.
Gronemeyer Marianne, Das Leben als letzte Gelegenheit. Sicherheitsbedürfnisse und Zeitknappheit, Darmstadt 1993.
Grün Anselm, Der Umgang mit dem Bösen. Der Dämonenkampf im alten Mönchtum, Münsterschwarzach 1980 (a).
– : Die Lebensmitte als geistliche Aufgabe, Münsterschwarzach 1980 (b).
– : Spiritualität von unten, in: Lechler 1994, 151-168.
Grün Anselm / Dufner Meinrad, Gesundheit als geistliche Aufgabe, Münsterschwarzach 1989.
Grundsätze für die Ausbildung und Fortbildung von Pfarrern und Pfarrerinnen der Gliedkirchen der EKD. Herausgegeben von der Gemischten Kommission für die Reform des Theologiestudiums, als Manuskript gedruckt, Kirchenamt der EKD, Herrenhäuser Str. 12, Hannover, 21. 12. 1988.
Grundlagen der theologischen Ausbildung und Fortbildung im Gespräch. Die Diskussion über die „Grundsätze für die Ausbildung und Fortbildung der Pfarrerinnen und Pfarrer der Gliedkirchen der EKD". Dokumentation und Erträge von 1988 bis 1993. Im Auftrag der Gemischten Kommission für die Reform des Theologiestudiums herausgegeben von Werner Hassiepen und Eilert Herms, Stuttgart 1993.
Grundmann Walter, Das Evangelium nach Markus. (Theologischer Handkommentar zum Neuen Testament, Bd. II), Berlin 1980[8].
Guardini Romano, Die Annahme seiner selbst, unveränderter Nachdruck der 5. Auflage, in: Guardini Romano, Die Annahme seiner selbst. Den Menschen erkennt nur, wer von Gott weiß, Mainz 1987.
Gusy Burkhard, Stressoren in der Arbeit, soziale Unterstützung und Burnout: eine Kausalanalyse, München/Wien, 1995 (226 S.) zugl. Diss. Berlin 1994.
Gutmann Hans-Martin, Der Herr der Heerscharen, die Prinzessin der Herzen und der König der Löwen. Religion lehren zwischen Kirche, Schule und populärer Kultur, Gütersloh 1998.
Habermas Jürgen, Nachmetaphysisches Denken - Philosophische Aufsätze, Frankfurt 1989[3].
– : Vergangenheit als Zukunft, (hg. von Haller Michael), Zürich 1991.
– : Exkurs: Transzendenz von innen, Transzendenz ins Diesseits, in, Ders.: Texte und Kontexte, Frankfurt 1992[2], 127-156.
Halbe Jörn, Einen Himmel zu pflanzen, eine Erde zu gründen ... Von der Notwendigkeit des Pastoralkollegs, hektographiertes Typoskript, o.O., o.J.
Halifax Joan, Schamanen - Zauberer, Medizinmänner, Heiler, Frankfurt 1983.
Handbuch der Seelsorge, 3. durchgesehene Auflage Berlin (Ost) 1986.

Handbuch zum evangelischen Kirchengesangbuch, Göttingen 1965ff., insbes. Bd.e III, und III,2: „Liederkunde", erster und zweiter Teil und Bd. II,1: „Lebensbilder der Liederdichter und Melodisten",.

Hahn Martin, Zum Ausbrennen (Burn-Out-Syndrom) im Zusammenleben mit schwerbehinderten Menschen, in: Vierteljahresschrift für Heilpädagogen, 54 1985, 142-159.

Handbuch Notfallseelsorge, hg. von Joachim Müller-Lange, Wien 2001.

Hanselmann Johannes / Hild Helmut / Lohse Eduard (Hg.), Was wird aus der Kirche? Ergebnisse der zweiten EKD-Umfrage über Kirchenmitgliedschaft, Gütersloh (3.Aufl.) 1985.

Harbaugh, G.H. & Rogers E., Pastoral burn-out: A view from the seminary, in: Journal of Pastoral Care, 38 1984, 99-106.

Harms Claus, Pastoraltheologie in Reden an Theologiestudierende, 1830[1,] 1878[3].

Harris Amy Bjork / Harris Thomas A., Einmal O.K. immer O.K. Transaktionsanalyse für den Alltag, Reinbek 58.-67. Tausend Februar 1994.

Hart Archibald D., Preventing Burnout, in: Theology News and Notes 31 (March 1984) 17ff.

Hart Archibald D., Pastor Burnout: An Introduction, in: Theology News and Notes 31 (March 1984), 1-2.

Hauschildt Eberhard, Alltagsseelsorge. Eine sozio-linguistische Analyse des pastoralen Geburtstagsbesuches, Göttingen 1996.

– : Die „eigenen" Trümpfe ausspielen. Christliche Seelsorge auf dem Psychomarkt, in: Josuttis et al. 2000, 179-188.

Haustein Manfred, Übertragungsberuf Pfarrer, in: DtPfBl, 101. Jg. 2001, Nr. 12, 642-645.

Heidegger Martin, Sein und Zeit, Tübingen 1949.

Henkys Jürgen, Dietrich Bonhoeffers Gefängnisgedichte. Beiträge zu ihrer Interpretation, München 1986.

Herkenrath Liesel-Lotte, Pfarrers Kinder / Müllers Vieh / geraten selten / oder nie, in: „Wege zum Menschen", 30. Jg. 1978, 324-341.

Hertzsch Erich, Exercitia spiritualia in der evangelischen Kirche, in: ThLZ, 86. Jg., Nr. 2 Februar 1961, 81-94.

Hertzsch Klaus-Peter, Seelsorge an Seelsorgern, in: Handbuch der Seelsorge 1986, 523-533.

Heyl Andreas v., Praktische Theologie und Kritische Theorie, Impulse für eine praktisch-theologische Theoriebildung, Stuttgart 1994.

– : Der gebrochene Spiegel. Zur Identitätsbildung in der modernen Gesellschaft, in: Stollberg/v.Heyl u.a. (Hg.) 1997, 23-33.

Hild Helmut (Hg.), Wie stabil ist die Kirche?, Gelnhausen/Berlin (2.Aufl.) 1975.

Hinweise und Kurzberichte zum Thema „Seelsorge an Seelsorgern", in: „Wege zum Menschen", 26. Jg. 1974, 418-428.

Hitzler Ronald, Sinnbasteln. Zur subjektiven Aneignung von Lebensstilen, in: Mörth/Fröhlich (Hg.) 1994, 75-92.

– : Sinnwelten. Ein Beitrag zum Verstehen von Kultur, Opladen 1988.

Holmes Thomas H. & Rahe, Richard H., The social readjustment rating scale, in: Journal of Psychosomatic Research 11 (1967), 213-218.

Höhn Reinhard, Die innere Kündigung im Unternehmen, Bad Harzburg (Wissenschaft, Wirtschaft und Technik) 1983.

– : Die innere Kündigung in der öffentlichen Verwaltung: Ursachen - Folgen - Gegenmaßnahmen, Stuttgart/München 1989.

Hörning Karl H. / Michailow Matthias, Lebensstil als Vergesellschaftungsform. Zum Wandel von Sozialstruktur und sozialer Integration, in: Berger Peter/Hradil Stefan (Hg.) 1990, 501-517.
Hollingsworth Charles, Ausgebrannt - Ein Pfarrer zwischen Scheitern und Neuanfang, Wuppertal/Zürich 1990.
Hüffel L., Über das Wesen und den Beruf des evangelisch-christlichen Geistlichen, 1830/31[2].
Hulme William E., Your Pastor's Problems. A Guide for Ministers nad Laymen, Minneapolis 1966.
— : Coming to terms with clergy burnout, in: Christian Ministry, 15 (1), 1984,5-7.
— : Managing Stress in Ministry, San Francisco 1985.
Humowiecki Stephen R., A Physician's Reflections on the Stresses of Ministry, in: Chicago Studies, 18 (1) 1977, 29-44.
Huth Werner, Pathologia pastoralis? Was ich den Pfarrern schon immer einmal sagen wollte, in: Nachrichten der Evangelisch-Lutherischen Kirche in Bayern, 49. Jg., 1994, Nr. 2, 21-23.
Jackson, R. (1983), Burnout among Catholic priests. Unpublished doctoral dissertation, California School of Professional Psychology, San Diego.
Jetter Werner, Symbol und Ritual - Anthropologische Elemente im Gottesdienst, Göttingen 1978.
Purce Jill, Die Spirale - Symbol der Lebensreise, München 1988.
Johnston Madeline S., Burnout in clergy families: ministers are particularly subject to burnout; and there are some indications tat wives of ministers may be even more susceptible..., in: Ministry 59 (1986), H. 6, 24-26.
Jones John W., Preliminary manual: The Staff Burnout Scale for Health Professionals, Park Ridge, IL: London House Press 1980 (a).
— : A measure of staff burnout among health professionals. Paper presented at the Annual Convention of the American Psychological Association, Montreal, Quebec, Canada 1980 (b).
— : Diagnosing and Treating Staff Burnout Among Health Professionals, in Jones (Hg.) 1982, 107-126.
Jones John W. (Hg.), The Burnout Syndrome. Current Research, Theory, Interventions, Park Ridge 1982.
Jordahl David, Die zehn Ängste der Kirche, Stuttgart 1993.
Josuttis Manfred, Der Pfarrer ist anders - Aspekte einer zeitgenössischen Pastoraltheologie, München 1982.
— : Der Kampf des Glaubens im Zeitalter der Lebensgefahr, München 1987 (a).
— : Das Heilige Leben, in: Grözinger/Luther (Hg.) 1987 (b), 199-209.
— : Der Traum des Theologen - Aspekte einer zeitgenössischen Pastoraltheologie 2, München 1988 (a).
— : Von der psychotherapeutischen zur energetischen Seelsorge, in: „Wege zum Menschen", 50. Jg. 1998, 71-84. (1998 b)
— : Der Weg in das Leben. Eine Einführung in den Gottedienst auf verhaltenswissenschaftlicher Grundlage, München 1991.
— : Petrus, die Kirche und die verdammte Macht, Stuttgart 1993.
— : Gottesliebe und Lebenslust. Beziehungsstörungen zwischen Religion und Sexualität, Gütersloh 1994.
— : Die Einführung in das Leben. Pastoraltheologie zwischen Phänomenologie und Spiritualität, Gütersloh 1996.

– : „Unsere Volkskirche" und die Gemeinde der Heiligen. Erinnerungen an die Zukunft der Kirche, Gütersloh 1997.
– : Segenskräfte. Potentiale einer energetischen Seelsorge, Gütersloh 2000 (a).
– : Seelsorge im energetischen Netzwerk der Ortsgemeinde, in: Festschrift Chr. Möller, Göttingen 2000 (b).
Josuttis Manfred/Schmidt Heinz/Scholpp Stefan (Hg.), Auf dem Weg zu einer seelsorgerlichen Kirche. Theologische Bausteine. Christian Möller zum 60. Geburtstag, Göttingen 2000.
Judd G.J./Mills E.W./Burch G.W., Ex-Pastors. Why Men Leave the Parish Ministry, Philadelphia/Boston 1970.
Jung Carl Gustav, Gesammelte Werke, 11. Bd., Zürich-Stuttgart 1963.
Junkermann Ilse, „Zur Diskussion: Berufsbild Pfarrerin und Pfarrer", in: „a und b" - Für Arbeit und Besinnung, Zeitschrift für die evangelische Landeskirche in Württemberg, 55. Jg. 2001, Nr. 13, 1. Juli 2001, 538-550.
Jüttemann G./ Thomae Hans (Hg.), Biographie und Psychologie, Berlin 1987.
Kachler Roland: Wege aus der Wüste. Mit Elia Krisen durchleben, Stuttgart 1993 (Quell).
Kahl Joachim, Das Elend des Christentums oder Plädoyer für eine Humanität ohne Gott, Reinbek 1968.
Kahn R. L., Wolfe D. M. et al., Organizational stress: Studies in role conflict and ambiguity, New York 1964.
Kaiser Otto, Einleitung in der Alte Testament. Eine Einführung in ihre Ergebnisse und Probleme, 5. grundlegend neubearbeitete Auflage, Gütersloh 1984.
Kanfer F.H., Selbstmanagement-Methoden, in: Kanfer&Goldstein (Hg.) 1977.
– : Selbregulation und Verhalten, in: Heckhausen, Gollwitzer & Weinert (Hg.) 1987.
Kanfer F.H. & Phillips J.S., Lerntheoretische Grundlagen der Verhaltenstherapie, München 1975.
Kanfer F.H. & Goldstein A.P. (Hg.), Möglichkeiten der Verhaltensänderung, München 1977.
Karle Isolde, Seelsorge in der Moderne, mit einem Geleitwort von Joachim Scharfenberg, Neukirchen-Vluyn 1996 (zugl. Univ. Diss, Kiel 1995).
– : Was heißt Professionalität im Pfarrberuf?, in: „Deutsches Pfarrerblatt" 1/1999, 5-9.
Karle Isolde, Pastorale Kompetenz, in: Pastoraltheologie, 89. Jahrgang 2000, Nr. 12 Dezember, 508-523.(a)
– : Das Verhältnis von Amt und Gemeinde aus professionstheoretischer Perspektive, in: Texte aus der VELKD 96/2000: Präsenzpflicht - Auf der Suche nach Leitmotiven für die Gestaltung des Pfarrerberufs. Dokumentation des 46. Pastoralkollegs der VELKD, 37-51.(b)
– : Der Pfarrberuf als Profession. Eine Berufstheorie im Kontext der modernen Gesellschaft, Gütersloh 2001.
Kast Verena, Trauern. Phasen und Chancen des psychischen Prozesses, Stuttgart 1982.
Keane A., Ducette J. & Adler D.C., Stress in ICU and non-ICU nurses, in: Nursing Research, 34, 1985, 231-236.
Kehnscherper Günther, Zur Lebensgestaltung des Seelsorgers, in: Handbuch der Seelsorge 1986, 535-548.
Kennedy Eugene, Stress in ministry - an overview, in: Chicago Studies, Vol. 18, 1978, Nr. 1, 5-16.
Keupp Heiner, Subjektsein heute. Zwischen postmoderner Diffusion und der Suche nach neuen Fundamenten, in: „Wege zum Menschen", 51. Jg. 1999, 136-152.
– : Einleitende Thesen, in: Keupp/Rerrich (Hg.), 1982,11-20.

— : Helfer am Ende? Subjektive und objektive Grenzen psychosozialer Praxis in der ökonomischen Krise, in: Kleiber/Rommelspacher (Hg.) 1986, 103-143.
— : Riskante Chancen, Heidelberg 1988.
Keupp Heiner / Kleiber Dieter / Scholten Bernhard (Hg.), im schatten der wende - Helferkrisen - Arbeitslosigkeit - Berufliche Rehabilitation, Tübingen 1985.
Keupp Heiner/Rerrich Dodó (Hg.), Psychosoziale Praxis - gemeindepsychologische Perspektiven. Ein Handbuch in Schlüsselbegriffen, München u.a. 1982.
Kirchenamt der EKD - Studien- und Planungsgruppe Hannover, Der Beruf des Pfarrers/der Pfarrerin heute - Ein Diskussionspapier zur V. Würzburger Konsultation über Personalplanung in der EKD, November 1989.
Kittel Gerhard (Hg.),Theologisches Wörterbuch zum Neuen Testament (THWNT), Stuttgart 1949, Artikel: „ἀναπαύω, ἀνάπαυσις, ἀναπαύειν, ἐπαναπαύω"; „ἀνάπαυσις"; „καταπαύω, κατάπαυσις"; „κρίσις"; „ὀκνηρός"; „μέριμναν, μεριμνάω"; „σάββατον, σαββατισμός, παρασκευή".
Klee Ernst, „Ich bin eine männliche Pfarrfrau", in: Die Zeit Nr. 37, 1975; wieder abgedruckt in: „Wege zum Menschen", 30. Jg. 1978, 362ff.
Kleiber Dieter / Enzmann Dirk, Burnout - Eine internationale Bibliographie, Göttingen 1990.
Kleiber Dieter/Rommelspacher Birgit (Hg.), Die Zukunft des Helfens. Neue Wege und Aufgaben psychosozialer Praxis, Weinheim 1986.
Klepper Jochen, Kyrie. Geistliche Lieder, Berlin 1938.
— : Unter dem Schatten deiner Flügel. Aus den Tagebüchern der Jahre 1932-1942, Stuttgart 1983².
Klessmann Michael, Ärger und Aggression in der Kirche, Göttingen 1992.
— : Identität und Glaube. Zum Verhältnis von psychischer Struktur und Glaube, Diss., Bielefeld 1978.
— : Stabile Identität - brüchiges Leben? Zum Bild des Pfarrers/der Pfarrerin zwischen Anspruch und Wirklichkeit - ein pastoraltheologischer Beitrag, in: WzM 46 (1994), 289-301.*
— : Theologiestudium und Perrsönlichkeitsentwicklung. Anmerkungen zur Beratungspflicht für Theologiestudierenden in der EKiR, in: Deutsches Pfarrerblatt Nr. 7, Juli 2000, 366-370.*
Klosinski Gunther (Hg.), Religion als Chance oder Risiko. Entwicklungsfördernde und entwicklungshemmende Aspekte religiöser Erziehung, Bern (Huber) 1994.
Kohut Heinz, Narzißmus. Eine Theorie der psychoanalytischen Behandlung narzißtischer Persönlichkeitsstörungen, Frankfurt 1976.
Artikel „Kommunitäten", in: EKL, Bd. II, 1348-1351 (Verf.: Hans Mayr).
Köppen Hans-Jörg, Burnout oder: Die „Müdigkeit des Elia". Eine totgeschwiegene Seite im Pfarrersleben, in: Nachrichten der Evangelisch-Lutherischen Kirche in Bayern, Nr. 11, November 2000, 55. Jahrgang, 325-334.
Kriegstein v. Matthias, Gesprächspsychotherapie in der Seelsorge - Grundkurs nicht-direktiver Gesprächsführung in Schule und Gemeinde, Stuttgart 1977.
Krusche Peter, Der Pfarrer in der Schlüsselrolle, in: Matthes (Hg.) 1975, 161-188.
Kübler-Ross Elisabeth, Interviews mit Sterbenden, Stuttgart/Berlin 1971.
— : Was können wir nun noch tun? Antworten auf Fragen nach Sterben und Tod, Stuttgart/Berlin 1976.
— : Über den Tod und das Leben danach, Neuwied 1991.
Küstenmacher Werner T. / Seiwert Lothar J., Simplify your life, 2002.

Lange Ernst, Predigen als Beruf. Aufsätze zu Homiletik, Liturgie und Pfarramt, hg. von Rüdiger Schloz, München 1976.
– : Die Schwierigkeit, Pfarrer zu sein, in: Lange 1976, 142-166.
– : Glaube und Anfechtung im Alltag eines Gemeindepfarrers, in: Lange 1976, 167-191.
Lasch Christopher, Das Zeitalter des Narzißmus, Hamburg 1995 (Orig,: The culture of narcissism: American life in an age of diminishing Expectations, New York: Norton 1979).
Lauderdale Michael, Burnout. Strategies for personal and organizational life. Speculations on evolving paradigms, Austin 1982.
Laux L., Psychologische Streßkonzeptionen, in: Thomae Hans (Hg.), Motivation und Emotion (Enzyklopädie der Psychologie, Serie IV, Bd. 1), Göttingen 1983, 453-535.
Lazarus Richard S., Psychological Stress and the Coping Prozess, New York 1966.
– : Psychological stress and coping in adaption and illness, in: International Journal of Psychiatry in Medicine, 1974, 321-332.
– : Selbsttäuschung kann gesund sein, in: Psychologie heute 17 (1980), 60-67.
– : Streß und Streßbewältigung – ein Paradigma, in: Filipp S.-H. (Hg.), Kritische Lebensereignisse, München 1981, 198-232.
– : Stress and Emotion: A new Synthesis, New York 1999.
Lazarus Richard & Launier R., Stress-related transactions between person and environment, in: Pervin L.A. & Lewis M. (Eds.) 1978, 287-327 (dt.: Streßbezogene Transaktionen zwischen Person und Umwelt, in: Nitsch 1981, 213-259).
Lazarus Richard S. / Folkman Susan, Stress, Appraisal, and Coping, New York 1984.
Lebenshilfe aus der Wüste. Die alten Mönchsväter als Therapeuten. Ausgewählt und eingeleitet von Gertrude und Thomas Sartory, Freiburg 1980.
Lechler Walther, So kann's mit mir nicht weitergehen! Neubeginn durch spirituelle Erfahrungen in der Therapie, hg. von Alfred Meier, Stuttgart 1994.
Lévi-Strauß C., Das wilde Denken, Frankfurt 1994[9]
Lief H. I. & Fox R. C., Training für „detached concern" in medical students, in: Lief H. I., Lief V. F. & Lief N. R. (Eds.), The psychological basis of medical practice, New York 1963, 12-35.
Lindemann E., Symptomatologie und Therapie bei akuter Trauer, o.O. 1944.
– : The meaning of crisis in individual and family living. Teacher College Record 57 (1956), 310-315.
Lindner Herbert, Wie groß ist die Last?, Referat bei der Frühjahrsversammlung des Pfarrer- und Pfarrerinnenvereins in Rummelsberg, in: „Korrespondenzblatt" des Pfarrer- und Pfarrerinnenvereins Nummer 7/Juli 1990 („Wie groß ist die Last?") und 8+9/ August/September 1990 („Zeitfallen und Zeitfresser").
– : Konsequenzen und Folgerungen aus einer Organisationsanalyse des evangelischen Pfarramts, im Auftrag des Pfarrer- und Pfarrerinnenvereins in der Evang.-Luth. Kirche in Bayern als Manuskript gedruckt, Feucht/Lichtenfels Mai 1993.
– : Kirche am Ort. Eine Gemeindetheorie, Stuttgart 1994.
– : Kirche am Ort. Ein Entwicklungsprogramm für Ortsgemeinden, (völlig überarbeitete Neuauflage), Stuttgart 2000.
Löhe Wilhelm, Der evangelische Geistliche, 1852.
Löhnert Winfried, Innere Kündigung – Eine Analyse aus wirtschaftspsychologischer Sicht, Frankfurt 1990.
Lukatis Ingrid, Pfarrer/in – Berufs- oder Lebensform?, in: Deutsches Pfarrerblatt, Nr. 10, Oktober 2000, 530-537.

Luther Deutsch, Die Werke Martin Luthers in neuer Auswahl für die Gegenwart, herausgegeben von Kurt Aland, 10 Bde. u. 1 Registerband, Stuttgart 1969 ff. (zitiert als „Aland").
Luther Henning, Alltagssorge und Seelsorge: Zur Kritik am Defizitmodell des Helfens, in: Wege zum Menschen, 38. Jg. 1986, 2-17.
Lyotard Jean-Francois, Das postmoderne Wissen - Ein Bericht, in: Pircher Wolfgang (Hg.): Theatro Machinarum, Jg. 1, 1982, Heft 3/4, Bremen 1982. (Original: Jean-Francois Lyotard: La condition Postmoderne. Rapport sur le savoir, Les Editions de Minuit 1979).
MacDonald, G., Dear Church, I quit, in: Christianity Today, June, 27, 1980, 17-21.
Maher Ellen L., Burnout. Metaphors of destruction and purgation, in: Soundings 72 (1989).
Maloney George A., Eastern Christian Hesychasm and Integration, Chicago Studies, a.a.O., 111-131.
Manshausen Udo, Wüstenväter für Manager. Weisheiten christlicher Eremiten für die heutige Führungspraxis, Wiesbaden 2000.
Marsh John Gary, Burnout in the pastoral ministry, the University of Tennessee 1986, Dissertation Abstracts International, 47 (3), 839-A (Order No.: DA8611615); Ann Arbor, Mi.: University Microfilms International 1986.
Marhold Wolfgang, Der Pfarrer in der Sicht der Kirchenmitglieder, in: Pastoraltheologie 64/1975, 168-181.
– : Die soziale Stellung des Pfarrers, in: Greiffenhagen (Hg.) 1984, 175-194.
– : Im Gefüge volkskirchlicher Erwartungen: Pfarrer und Pfarrerinnen, in: „Deutsches Pfarrerblatt" 5/99, 278-282. (1999 a)
– : Kirchenmitglieder und Pfarrerbild, in: „Deutsches Pfarrerblatt" 11/1999, 644-645. (1999 b).
Marhold Wolfgang. u.a. Religion als Beruf, 2 Bd.e (Bd. 1: Identität der Theologen; Bd. 2: Legitimation und Alternativen), Stuttgart 1976.
Maslach Christina: „Detached Concern" in health and social service professions. Paper presented at annual convention of American Psychological Association, Montreal, August 1973.
– : Burned-out, in: Human Behavior 1976, 5, 16-22.
– : Burn-out: A social psychological analysis. Paper presented at the annual meeting of the American Psychological Association San Francisco, San Francisco 1977 (August).
– : The client role in staff burn-out, in: Journal of Social Issues, 1978, 34 (4), 111-124. (1978a)
– : Job burn-out: How people cope, in: Public Welfare, 1978, 36, 56-58. (1978b)
– : The burn-out syndrome and patient care, in: C. Garfield (Ed.): Stress and survival: The emotional realities of life-threatening illness, St. Louis 1979.
– : Burnout - The Cost of Caring, New Jersey 1982. (1982a)
– : Burnout: A Social Psychological Analysis, in: Jones 1982, 30-53. (1982b)
– : Understanding burnout. Definitional issues in analyzing a complex phenomenon, in: Paine (Ed.) 1982, 29-40. (1982c)
– : New directions in burnout research. Invited adress at the annual convention of the Western Psychological Association, San Francisco, April 1983.
– : Das Problem des „Ausbrennens" bei professionellen Helfern, in: Wacker Elisabeth/Neumann Johannes (Hg.), Geistige Behinderung und soziales Leben, Frankfurt/New York 1985, 249-265.

— : Burnout: A multidimensional Perspective, in: Schaufeli, Maslach, Marek (Eds.) 1993, 19-32.
Maslach Christina & Jackson Susan E. (1978): A scale measure to assess experienced burnout: The Maslach Burnout Inventory (Paper presented at the Convention of the Western Psychological Ass., San Francisco, April 1978) (1978a).
— : Lawyer burn-out, in: Barrister 1978, 5 (2), 8, 52-54 (1978b).
— : Burned-out cops and their families, in: Psychology today, 1979, 12 (12), 59-62.
— : The measurement of experienced burnout, in: Journal of Occupational Behaviour, 1981 (2), 99-113 (1981a).
— : The Maslach Burnout Inventory. Research Edition, Palo Alto 1981 (1981b).
— : Burnout in health professions: A social psychological analysis, in: G. Sanders & J. Suls (Eds.), Social psychology of health and illness, Hillsdale, N.J. 1982, 227-251.
— : The role of sex and family variables in burnout, unpublished manuscript 1983.
— : Burnout in organizational settings, in: S. Oskamp (Ed.), Applied social psychology annual 5, 133-154, Beverly Hills 1984.
— : The Maslach Burnout Inventory. Manual (second edition), Palo Alto 1986.
Maslach Christina, Jackson Susan E., Barad C.B., Patterns of burnout among a national sample of public contact workers, unpublished manuscript 1982.
Maslach Christina & Pines Ayala, The burn-out syndrome in the day care setting, in: Child Care Quarterly, 1977 (6), 100-113.
Maslach Christina, Schaufeli Wilmar B., Historical and Conceptual Development of Burnout, in: Schaufeli, Maslach, Marek (Eds.) 1993, 1-18.
Maslach Christina & Solomon T., Pressures toward dehumanization from within and without. Unpublished paper, University of California at Berkeley, 1980.
Maslow Alexander, Religious, values and peak experiences, New York 1970.
— : Psychologie des Seins, Frankfurt 1978.
Matthes Joachim (Hg.), Erneuerung der Kirche. Stabilität als Chance? Konsequenzen aus einer Umfrage, Gelnhausen/Berlin 1975.
— : Volkskirchliche Amtshandlungen, Lebenszyklus und Lebensgeschichte, in: Matthes (Hg.) 1975, 83-112.
McDill T.M., An Annotated Bibliography on the Mental Health of Ministers and their Families, in: Pastoral Psychology, XX/1969, Nr. 194, 47-57.
McDonagh&Vincent D. Pisani, Alcoholism: A Response to Stress in Ministry, in: Chicago Studies, a.a.O., 69-86.
McGrath J. E. (Hg.), Social and psychological factors in stress, New York 1970.
— : A conceptual formulation for research on stress, in: McGrath J. E. (Hg.) 1970, 10-21.
Meesmann Hartmut (Hg.), Zwischen Lust und Last, Freiburg 1988.
Meichenbaum D. M., Kognitive Verhaltensmodifikation, München 1979. (engl. Cognitive-behavior modification, New York 1977).
Menges Robert J. & Dittes James E., Psychological Studies of Clergymen. Abstracts of Research, New York 1965.
Menges Robert J., Studies of Clergymen. Abstracts of Research, Supplement 1, in: Ministry Studies, I, 1967, Nr. 3.
Michailow Matthias, Lebensstil als Vergesellschaftungsform, Aachen 1986.
Miethner Christine und Reinhard, Konfliktfeld „Pfarrerehe", in: „Wege zum Menschen", 30. Jg. 1978, 316-324.
Miller Alice, Das Drama des begabten Kindes, Frankfurt 1979.
— : Am Anfang war Erziehung, Frankfurt 1981.

Mills E. W., Leaving the pastorate: a study in the social psychology of career change. Doctoral Dissertation, Harvard University, 1966.

Mindell Arnold: Schlüssel zum Erwachen. Sterbeerlebnisse und Beistand im Koma, Olten 1989.

– : Der Leib und die Träume. Prozeßorientierte Psychologie in der Praxis, Paderborn 1990^3.

Minirth Frank, Streßbewältigung: der Weg zum inneren Gleichgewicht in Familie und Beruf, Neuhausen/Stuttgart 1990. (Originaltitel: Before burnout).

Modest Jirí, Burnout in der psychiatrischen Krankenpflege: Resultate einer empirischen Untersuchung, Berlin u.a. 1994.

Montagu Ashley, Körperkontakt. Die Bedeutung der Haut für die Entwicklung des Menschen, Stuttgart 1995^8.

Mörth Ingo / Fröhlich Gerhard (Hg.), Das symbolische Kapital der Lebensstile. Zur Kultursoziologie der Moderne nach Pierre Bourdieu, Frankfurt/New York 1994.

Morris W. (Ed.), The American Heritage Dictionary, Boston 1982.

Müller Eckhart, Ausgebrannt - Wege aus der Burnout-Krise, Freiburg 1993.

Müller Burkhard, Ein Helfer ist zu nichts nütze. Ein Beitrag zur sozialpädagogischen Ethik, in: „Wege zum Menschen", 41. Jg. 1989, 180-192.

Münderlein Gerhard, Saboteure - Sabbateure. Zu den seelischen Belastungen von Pfarrerinnen und Pfarrern, in: Nachrichten der Evangelisch-Lutherischen Kirche in Bayern, 47. Jg., 1992, Nr. 19, 361-363.

Murphy Joseph, Die Gesetze des Denkens und Glaubens, Genf 1983^{10}.

– : Die unendliche Quelle Ihrer Kraft. Ein Schlüsselbuch positiven Denkens, München 1988^{12}.

– : Der Weg zu innerem und äußerem Reichtum, München 1990.

James Muriel/Jongeward Dorothy: Spontan leben - Übungen zur Selbstverwirklichung, Hamburg (9.-11.Tsd.) 1975.

Niebergall F., Pfarrerspiegel, 1930.

Niemöller Gerhard, Die 1. Bekenntnissynode der Deutschen Evangelischen Kirche in Barmen, Göttingen 1959.

Nouwen Henri J. M., The wounded healer. Ministry in contemporary society, New York 1972.

Nürnberger Christian, Kirche, wo bist du?, München 2000.

Oates Wayne E., The healthy minister, in: Pastoral Psychology, 1958, 9(84), 12-28.

– : The Minister's Own Mental Health, New York 1961.

– : Confessions of a Workaholic, Nashville 1971.

Olsen David C., Clergy burnout: a self psychology and systems perspective, in: Journal of Pastoral Care - 45 (1991), 297-304.

Oswald R. M., The case of the burned-out minister, in: Partners 1979, 4-7.

– : A survival kit for church professionals, clergy burnout, Washington D.C.: Minister Life Resources, Inc., 1982. (1982 a)

Oswald R. M., How well do clergy take care of themselves?, in: Action Information, 1982, 4, 1-3. (1982 b)

Palmer Christoph, Artikel „Pastoraltheologie", in: RE^1, Bd. 11.

– : Evangelische Pastoraltheologie, 1860.

Paine Whiton Stewart (Ed.), Job Stress and Burnout. Research, Theory, and Intervention Perspectives, Beverly Hills 1982.

– : Overview: Burnout stress syndromes and the 1980s, in: Paine (Ed.) 1982, 11-25.

– : Proceedings of the First National Conference on Burnout, Philadelphia Pa. November 1981.
– : The Burnout Syndrome in Context, in: Jones (Ed.) 1982, 1-29.
Pastoralkolleg Neuendettelsau. Eine Visitenkarte, o.O., o.J.
Peale Norman Vincent, The power of positive thinking, New York 1952.
– : Die Wirksamkeit positiven Denkens, München 1987.
– : Ja zum Leben, München 1988.
– : Aufforderung zum Glücklichsein, München 1989.
– : Du kannst, wenn du glaubst, du kannst, Genf 1990³.
Pennington Jerry Wayne, Stress and burnout among clergy couples serving in New work areas, Southwestern Baptist Theological Seminary, Ann Arbor, 1989, Dissertation Abstracts International, 49 (10), 2937-A (Order No. DA8819173).
Perlman B. & Hartman A.E., Burnout: Summary and future research, in: Human Relations, 35, 1982, 283-305.
Peschke Franz, Lernen an der Person. Der fundamentale Aspekt der PfarrerInnen-Ausbildung, in: Nachrichten der Evangelisch-Lutherischen Kirche in Bayern, 50. Jg. 1./2. Dezemberausgabe 1995, 450-453.
Pfarrerausschuss der EKHN, Pfarrberuf im Wandel. Ergebnisse der ersten Zufriedenheitsbefragung der PfarrerInnen in der EKHN, o.O. 2001.
Pines Ayala, Auf Dauer. Überlebens-Strategien der Liebe, Hamburg 1989.
– : Burnout: An existential perspective, in: Schaufeli et al. (Eds.) 1993, 33-52.
Pines Ayala & Maslach Christina, Characteristics of staff burn-out in mental health settings, in: Hospital and Community Psychiatry, 1978, 29, 233-237.
– : Combatting staff burn-out in a day care center: A case study, in: Child Care Quarterly, 1980, 9, 5-16.
– : On Burnout and the Buffering Effects of Social Support, in: Farber 1985², 155-174.
Pines Ayala & Kafry Ditsa, Tedium in the life and work of professional women as compared with men, in: Sex Roles, 1981, 7, 963-977.
– : Coping with Burnout, in: Jones 1982, 139-150.
– : Occupational tedium in the social services, in: Social Work 1986, 23, 499-507.
Pines Ayala & Aronson Eliott, with Kafry Ditsa., Burnout: From tedium to personal growth, New York 1981, dt.: Ausgebrannt. Vom Überdruß zur Selbstentfaltung, Stuttgart 1987³.
Pines Ayala & Aronson Eliott, Career burnout: Causes an cures, New York 1988.
Planck G.J., Das erste Amtsjahr des Pfarrers von S. in Auszügen aus seinem Tagebuche. Eine Pastoraltheologie in Form einer Geschichte, 1823.
Plathow Michael, Das mutuum colloquium und die consolatio fratrum. Zur Aszetik des Pfarrers, in: „Deutsches Pfarrerblatt" 8/1983, 598-602.
Quekelberghe R. van (Hg.), Modelle kognitiver Therapien, München/Wien/Baltimore 1979.
Rad Gerhard von, Es ist noch eine Ruhe vorhanden dem Volke Gottes. Eine biblische Begriffsuntersuchung, in: Zwischen den Zeiten, 11. Jg., München 1933, 104-111.
– : Theologie des Alten Testamentes, 2 Bd.e, Band I: München 1961, Band II: München 1960.
Rabior William, Ministerial burnout. This affliction of the „bionic minister" can be avoided by taking some common-sense precautions, in: Ministry 52 (1979), H. 3,25.
Ranke-Heinemann Uta, Eunuchen für das Himmelreich. Katholische Kirche und Sexualität, Hamburg 1988.

Rapaport L., The state of crisis: Some theoretical considerations, in: Social Service Review 36 (1962), 211-217.
Rassieur Charles L., Christian Renewal. Living Beyond Burnout, Philadelphia 1984.
Rauchfleisch Udo, Psychologische Probleme der „helfenden" Berufe, in: „Wege zum Menschen", 35. Jg. 1983, 77-82.
Rautenberg Werner / Rogoll Rüdiger, Werde, der du werden kannst, Freiburg 1980.
Rediger G.L.: Coping with clergy burnout. Valley Forge, Pennsylvania: Judson Press, 1982.
Reiter L., & Strotzka H., Der Begriff der Krise, in: Psychiatrica clin. 10 (1977), 7-26.
Richter Horst Eberhard, Flüchten oder Standhalten, Reinbek 1976.
– : Der Gotteskomplex. Die Geburt und die Krise des Glaubens an die Allmacht des Menschen, Hamburg 1979.
Riemann Fritz, Die Persönlichkeit des Predigers aus tiefenpsychologischer Sicht, in: Riess (Hg.) 1974.
– : Grundformen helfender Partnerschaft, München 1976.
– : Die Struktur des Therapeuten und ihre Auswirkung in der Praxis, in: Ders. 1976, 107ff.
– : Grundformen der Angst, München 1977.
Riess Richard: Zur pastoralpsychologischen Problematik des Predigers, in: Stollberg et al. 1970, 295ff.
– : Seelsorge - Orientierung Analysen Alternativen, Göttingen 1973.
– : Pfarrer werden? Zur Motivation von Theologiestudenten, Göttingen 1986.
– : Sehnsucht nach Leben. Spannungsfelder, Sinnbilder und Spiritualität der Seelsorge, Göttingen 1987.
– : Die Krisen des Lebens und die Kasualien der Kirche. Zur pastoralpsychologischen Konzeption der kirchlichen Amtshandlungen, in: Ders. 1987, 115-126.
– : Die Weisheit der Bilder, in: Wagner (Hg.) 1987, 123-140.
– : Der Untergang der Titanic. Pastoraltheologische Aspekte des apokalyptischen Lebensgefühls in der heutigen Welt, in: Sommer (Hg.) 1997, 149-174.
Riess Richard (Hg.), Perspektiven der Pastoralpsychologie, Göttingen 1974. (1974a)
– : „Seelsorge an Seelsorgern durch Pfarrerfortbildung", in: „Wege zum Menschen", 26. Jg. 1974, 418-420. (1974b)
– : Haus in der Zeit. Das evangelische Pfarrhaus heute, München 1979.
– : Wenn der Dornbusch brennt - Beiträge zum Pfarrerberuf, zur Praxis geistlichen Lebens und zum Weg der Kirche. Eine Festgabe für Dieter Voll, München 1989.
Röckle Gerhard (Hg.), Diakonische Kirche. Sendung - Dienst - Leistung. Versuche einer theologischen Orientierung, Neukirchen-Vluyn 1990.
Roessler Ingeborg: Die Pfarrerehe - Eindrücke aus der Beratungspraxis, in: Riess Richard (Hg.) 1979, 170-180.
Rössler Dietrich, Amt und Beruf des Pfarrers, in: Wintzer 1997, 12-21.
Rogers Carl R., Die klientenzentrierte Gesprächspsychotherapie, München 1972 (a).
– : Die nicht-direktive Beratung, München 1972 (b).
Rook Marion, Theorie und Empirie in der Burnoutforschung: eine wissenschaftstheoretische und inhaltliche Standortbestimmung, Hamburg 1998 (351 S.) zugl. Diss. Hannover 1997).
Rosenzweig S., An outline of frustration theory, in: Hunt J. McV (Ed.): Personality and the behavior disorders, vol I. New York: Ronald Press, 1944, 379-388.
Ruhbach Gerhard, Theologie und Spiritualität. Beiträge zur Gestaltwerdung des christlichen Glaubens, Göttingen 1987.

—: Evangelische Spiritualität, in: Ruhbach 1987, 122-130.
—: Das geistliche Leben des Pfarrers, in: Ruhbach 1987, 192-202.
—: Den Dienst geistlich leben. Zwischen Liebe und Leistung in: Röckle (Hg.) 1990, 77-85.
Ryerson Diane / Marks Nancy, Career Burnout in the Human Services: Strategies for Intervention, in: Jones 1982, 151-164.*
—: Career burnout - or, inhumanity in the human services, in: Behavior Today, October 1980, 4-7.
Sanford John A., Ministry burnout, New York/Ramsey, Paulist Press, 1982.
Savicki V., Cooley E.J., Theroetical and research considerations of burnout, in: Children and Youth Services Review, 1983, 5, 227-238.
Schaarschmidt Uwe / Fischer Andreas W., Bewältigungsmuster im Beruf. Persönlichkeitsunterschiede in der Auseinandersetzung mit der Arbeitsbelastung, Göttingen 2000.
Schall Traugott Ulrich, „Ich fühle mich ausgebrannt" - Die Elias-Müdigkeit - was dagegen hilft und wie man ihr vorbeugt, in: Diakonie 13 (1987), 203-207.
—: Wenn Mitarbeiter am Ende sind ... Hilfen zu neuen Anfängen, in: Diakonisches Werk (Hg.) Jahrbuch Diakonie 1988/89, 42-51.
—: Erschöpft - müde - ausgebrannt. Überforderung und Resignation: vermeiden - vermindern - heilen, Würzburg 1993.
Scharfenberg Joachim, Johann Christoph Blumhardt und die kirchliche Seelsorge heute, Göttingen 1959.
—: Einführung in die Pastoralpsychologie, Göttingen 1985.
Schaufeli Wilmar B.: Opgebrand. Achtergronden van werkstress bij contactuele beroepen. Het burnout syndroom, Rotterdam 1992.
Schaufeli Wilmar B., Maslach Christina & Marek Tadeusz (Eds.), Professional Burnout. Recent developments in theory and research, London 1993. (zit. als: Schaufeli et al. (Eds.)..
Schaufeli Wilmar B./Maslach Christina, Historical and Conceptual Development of Burnout, in: Schaufeli et al. (Eds.), 1993, 1-16.
Schaufeli Wilmar B., Enzmann Dirk, Girault Noelle, Measurement of Burnout: A Review, in: in Schaufeli, Maslach, Marek (Eds.) 1993, 199-212.
—: The burnout companion for research and practice: a critical analysis of theory, assesment, research, and interventions, London 1998.
Schellenbaum R., Das Nein in der Liebe, Stuttgart 1984.
Schibilsky Michael, Pfarrhaus und Lebensstil. Zwischen meditativem Streß und hastig gepredigtem Evangelium, in: WPKG 69, 1980, 210-216.
Schloz Rüdiger, Zukunftsperspektiven des Pfarramtes, in: Dt. Pfarrerblatt 97 (1997), 12-18.
Schmidbauer Wolfgang, Die hilflosen Helfer. Über die seelische Problematik der helfenden Berufe, Reinbek 24. - 31. Tsd. Juli 1978.
—: Die Ohnmacht des Helden. Unser alltäglicher Narzißmus, Reinbek 1981.
—: Ausgebrannt? Helfer-Syndrom und Burnout in den helfenden Berufen. In: Unsere Jugend, 34 (4), 165-169, 1982.
—: Helfen als Beruf. Die Ware Nächstenliebe, Reinbek 1983.
—: Alles oder nichts. Über die Destruktivität von Idealen, Reinbek 1987.
Schmidtchen Gerhard, Was den Deutschen heilig ist. Religiöse und politische Strömungen in der Bundesrepublik Deutschland, München 1979.

Schneider Michael, Aus den Quellen der Wüste. Die Bedeutung der frühen Mönchsväter für eine Spiritualität heute, Köln 1989².

Schniewind Julius, Die Geistliche Erneuerung des Pfarrerstandes, in: Der Anfang. Eine Schriftenfolge der Kirchlichen Hochschule Berlin, hg. von Dr. Fritz Dehn, Heft 4, Berlin 1947.

Schuchardt Erika: Warum gerade ich? Leben lernen in Krisen, Göttingen 1996⁹.

Schulberg H. & Sheldon A., The probability of crises and strategies for preventive intervention, in: Archives of General Psychiatry 18 (1968), 553-558.

Schule des Herzensgebets. Die Weisheit des Starez Theophan, Salzburg 1985.

Schulz von Thun Friedemann, Miteinander Reden, Drei Bd.e, Hamburg 1981, 1989 und 1998.

Schwarz Dieter, Zur Alltagswirklichkeit von Klinikseelsorgern. Persönliche und professionelle Bewältigungsformen im Umgang mit schwerer Krankheit, Sterben und Tod. Eine kultursoziologische Untersuchung, Frankfurt 1988.

Seligman M. E. P., Helplessness: On depression, development, and death, San Francisco 1975.

– : Erlernte Hilflosigkeit, München 1983.

Sein Licht leuchten lassen - Zur Erneuerung von Gemeinde und Pfarrerschaft, Ein Votum des Theologischen Ausschusses der Arnoldshainer Konferenz, Neukirchen-Vluyn 1989².

Selye Hans, Stress. Lebensregeln vom Entdecker des Stress-Syndroms, Reinbek 1977.

– : Stress - mein Leben. Erinnerungen eines Forschers, München 1981.

– : The Stress Concept: Past, Present, and Future, in: Stress Research, ed. Cary L. Cooper (New York: John Wiley&Sons, 1983).

– : Stress. Bewältigung und Lebensgewinn, München, Neuausgabe 1988, (Orig.: Stress without Distress, Philadelphia/New York 1974).

– : Stress beherrscht unser Leben (Orig.: The Stress of Life 1956), München 1991.

Shakespeare William, The passionate pilgrim, New York: Scribner's 1940.

Stegemann Wolfgang, Nächstenliebe oder Barmherzigkeit, in: Wagner (Hg.) 1987, 59-83.

Stellungnahme des Theologischen Arbeitskreises am Studienhaus zu Isolde Karles Texten zum Pfarrberuf: „Deutsches Pfarrerblatt" Nr. 9, September 2000, 485-486.

Sölle Dorothee, lieben und arbeiten - Eine Theologie der Schöpfung, Stuttgart 1985.

– : Ein Volk ohne Vision geht zugrunde (Sprüche Salomos 29,18). Anmerkungen zur deutschen Gegenwart und zur nationalen Identität, Wuppertal 1986.

Sommer Wolfgang (Hg.), Zeitenwende - Zeitenende. Beiträge zur Apokalyptik und Eschatologie, Suttgart 1997.

Spiegel Yorick, Der Prozeß des Trauerns. Analyse und Beratung, München/Mainz 1973.

Spiegel Yorick (Hg.), Erinnern - Wiederholen - Durcharbeiten. Zur Sozialpsychologie des Gottesdienstes, Stuttgart 1972.

Spitz René, Nein und Ja. Die Ursprünge der menschlichen Kommunikation, Stuttgart 1960.

Steck Wolfgang, Der Pfarrer zwischen Beruf und Wissenschaft. Plädoyer für eine Erneuerung der Pastoraltheologie (ThExh Nr 183), München 1974.

– : Im Glashaus: Die Pfarrfamilie als Sinnbild christlichen und bürgerlichen Lebens, in: Greiffenhagen (Hg.) 1984, 109-126.

– : Praktische Theologie. Horizonte der Religion - Konturen des neuzeitlichen Christentums - Strukturen der religiösen Lebenswelt, Band I, Stuttgart 2000.

Stenger Hermann (Hg.), Eignung für die Berufe der Kirche. Klärung. Beratung. Begleitung, Freiburg 1988.

Stoll Hartmut, Aus der Seelenfinsternis ans Licht. Rückblick auf sechs Jahre „Respiratio", in: Nachrichten der Evangelisch-Lutherischen Kirche in Bayern, 55. Jg., Nr. 7, Juli 2000, 211-214.

Stollberg Dietrich in Verbindung mit Bohren Rudolf und Seitz Manfred (Hg.): Praxis Ecclesiae. Praktische Theologie als Hermeneutik, Katechetik und Homiletik im Dienste der Kirche. FS Kurt Frör, München 1970.

– : Therapeutische Seelsorge. Die amerikanische Seelsorgebewegung - Darstellung und Kritik. Mit einer Dokumentation, München 1972^2.

– : Wahrnehmen und Annehmen. Seelsorge in Theorie und Praxis, Gütersloh 1978.

– : Unterricht im Predigen, in: Riess (Hg.) 1979, 38-53.

– : Das Pfarrhaus als psychotherapeutische Ambulanz und als Psychopatient, in: Greiffenhagen (Hg.) 1984, 395,-412.

– : Helfen heißt herrschen. Zum Verhältnis von Theologie und Psychologie, in: Pth, 77. Jg. 1988, 473-484.

– : Eigenliebe und Nächstenliebe. Selbständig, frei und verantwortlich, in: Meesmann (Hg.) 1988, 175-185.

– : Der Pfarrberuf zwischen Anspruch und Wirklichkeit, in: Pth, 89. Jg. 12/2000, 498-507.

– : Über den Pfarrberuf. Ein Briefwechsel zwischen Dietrich Stollberg und Isolde Karle, in: Pth, 89. Jg. 12/2000, 524-528.

Stollberg Dietrich / Heyl Andreas v. u.a., Identität im Wandel in Kirche und Gesellschaft, Göttingen 1997.

Stout J.K. & Williams J.M., Comparison of two measures of burnout, in: Psychological Reports, 1983, 53, 283-289.

Stutz Pierre, Alltagsrituale. Wege zur inneren Quelle. Mit einem Vorwort von P. Anselm Grün, München 1998.

Switzer David K., Krisenberatung in der Seelsorge - Situationen und Methoden, München 1975.

Sudbrack Josef, Das spirituelle Proprium des evangelischen Glaubens. Anfragen von einem Katholiken, in: Riess (Hg.) 1989, 123-136.

– : Gottes Geist ist konkret. Spiritualität im christlichen Kontext, Würzburg 1999.

Sunnus Sabine, Es geht um uns!. Vergewisserung und Perspektive beim Forum III „Pfarrerbild" am 25. September in Wilhelmshaven, in: „Deutsches Pfarrerblatt", 11/2001, 567-568.

Tausch Reinhard / Tausch Anne-Marie, Gesprächspsychotherapie - Einfühlsame hilfreiche Gruppen- und Einzelgespräche in Psychotherapie und alltäglichem Leben, Göttingen 7. v. neug. Aufl. 1979.

Tausch Reinhard, Lebensschritte. Umgang mit belastenden Gefühlen, Reinbek 1989.

Taylor Daniel A., Burnout Among Southern Baptist and United Methodist Ministers and Profesisonal Religious Education Workers in Dallas and Tarrant Counties, Texas, Ph. D. dissertation, East Texas State University, 1982.

Theologisches Handwörterbuch zum Alten Testament (THAT), 2 Bd.e, hg. von Ernst Jenni unter Mitarbeit von Claus Westermann, München/Zürich 1971/1976 - Artikel „שבת".

Theißen Gerd, Die Legitimitätskrise des Helfens und der barmherzige Samariter. Ein Versuch, die Bibel k diakonisch zu lesen, in: Röckle Hg. 1990, 47-76.

Thilo Hans-Joachim, Das evangelische Pfarrhaus und ein umstrittenes Problem: Depression und Glaube, in Riess 1979 (Hg.), 152-169.

– : Die therapeutische Funktion des Gottesdienstes, Kassel 1985.

– : Frömmigkeit. Aus dem Reichtum der Traditionen schöpfen, München 1992.
Thomae Hans, Persönlichkeit, Bonn 1955.
– : Das Individuum und seine Welt, Göttingen 1968.
Track Joachim, Versöhnte und versöhnende Frömmigkeit, in: Wagner (Hg.) 1987, 9-36.
Udris I., Organisationale und personale Ressourcen der Salutogenese - Gesund bleiben trotz oder wegen Belastung?, in: Zeitschrift für die gesamte Hygiene 36, 1990, 453-455.
Udris I. / Rimann M. / Thalmann K., Gesundheit erhalten, Gesundheit herstellen, in: Bergmann B., Richter P. (Hg), 1994, 198-215.
Ulich Dieter, Krise und Entwicklung. Zur Psychologie der seelischen Gesundheit, München/Weinheim, 1987.
Veninga R.L. and Spradley J.P.: The work stress connection, New York: Ballantine Books, 1981.
Vilmar A.F.C., Lehrbuch der Pastoraltheologie. Nach dessen akademischen Vorlesungen hg. v. K.W.Piderit, 1872.
Vinet, Théologie pastorale ou théorie du ministère évangélique, Paris 1850.
Voll Dieter (Hg.), Damit auch Pfarrer zu sich kommen. Das Pastoralkolleg Neuendettelsau und die „Fortbildung in den besten Amtsjahren". Geschichte und Gegenwart, Neuendettelsau 1982.
Voll Dieter, Ein Biotop in Franken. Bericht nach 20 Jahren am Pastoralkolleg Neuendettelsau 1968-1988, hektographiertes Typoskript, Neuendettelsau 1988.
Wagner Herwig (Hg.), Spiritualität. Theologische Beiträge, Stuttgart 1987.
Wagner Herwig, Zu Gott hin - Gebete, in: Wagner (Hg.), 93-105.
Ware Kallistos, Jungclaussen Emmanuel, Hinführung zum Herzensgebet, Freiburg 1982 (engl. Originaltitel des Teils von K. Ware: „The Power of the Name".)
Warner Janelle & Carter John D., Loneliness, marital adjustment, and burnout in pastoral and lay persons, in, Journal of Psychology and Theology, 12 1985, 125-131.
Watzlawick / Beavin / Jackson, Menschliche Kommunikation - Formen, Störungen, Paradoxien, Bern 1974 (a).
Watzlawick / Weakland / Fisch, Lösungen - Zur Theorie und Praxis menschlichen Wandels, Bern 1974 (b).
Watzlawick Paul, Die Möglichkeit des Andersseins. Zur Technik der therapeutischen Kommunikation, Bern/Stuttgart/Wien 1977.
Weber Klaus: Nach dem 11.9.01, Vorstandsbericht bei der Mitgliederversammlung am 25.9.01 in Wilhelmshaven, in: „Deutsches Pfarrerblatt", 11/2001, 563-566.
Weizsäcker Victor von, Gesammelte Schriften, Bd. 8, Frankfurt 1986.
Whitehead John T., Burnout in Probation and Corrections, New York 1989.
Willi Jürg, Die Zweierbeziehung. Spannungsursachen - Störungsmuster - Klärungsprozesse - Lösungsmodelle, Reinbek (63.-71. Tsd.) Januar 1978 (a).
– : Therapie der Zweierbeziehung. Analytisch orientierte Paartherapie-Anwendung des Kollusions-Konzeptes-Handhabung der therapeutischen Dreiecksbeziehung,Reinbek 1978 (b).
Willimon William H., Clergy and Laity Burnout, Nashville 1989.
Winkler Eberhard, Artikel Pfarrer II. Evanglisch, in: TRE 26 (1996), 360-374.
Winkler Klaus, Fixierung und Freigabe. Von Grundkonflikten in der Familie des Pfarrers, in „Wege zum Menschen", 30. Jg. 1978, 341-351.
– : Der Tag des Theologen. Vom Umgang mit der Zeit, in: Riess (Hg.) 1989, 91-98.
– : Über die Hilflosigkeit unter Christen. Helfen zwischen Frömmigkeit und Engagement, in: „Wege zum Menschen", 42. Jg. 1990, 274-284.

–: Seelsorge, Berlin/New York 1997.
–: Plädoyer für eine Seelsorge an Seelsorgern und Seelsorgerinnen, in: Winkler 1997, 502-507.
–: Seelsorge an Seelsorgern, in: Bloth et. al., Praktisch Theologisches Handbuch, Bd. III, 521-531.
–: Die Gefahr innerer und äußerer Emigration aus dem Dienst als praktisch-theologisches Problem, in: WuD 25/1999, 371-383.
Winnicott D. W., Reifungsprozesse und fördernde Umwelt, Frankfurt 1974.
Winter-von Lersner Chr., Geben und Nehmen? Zum Problem der Überforderung bei der Pflege Sterbender, in: Deutsche Krankenpflegezeitschrift 6 (1985), 385-387.
Wintzer Friedrich, unter Mitarbeit von Josuttis Manfred, Rössler Dietrich, Steck Wolfgang, Praktische Theologie, 5., überarbeitete und erweiterte Auflage, Neukirchen-Vluyn 1997.
Wright Norman H., Stress - Ausgebranntsein - Depression. Ursachen und Umgang, Bad Liebenzell 1990.
Wulf Friedrich, Kriterien der Eignung. Ein geschichtlicher Überblick, in: Stenger (Hg.) 1988.
York Daniel C., Relationship Between Burnout and Assertiveness, Aggressiveness, Styles of Relating, and Marital Adjustment with Pastors" Psy.D. dissertation, Rosemead Graduate School of Professional Psychology, 1982.
Zeitschrift: „Chicago Studies", Spring 1979, Volume 18, Number 1: Stresses in Ministry.
Zeitschrift „Pastoraltheologie", 89. Jg. 2000/12, Themenheft: Der pastorale Beruf.
Zeitschrift „Pastoral Psychology", 22. Jg. 1971, Nr. 212, Themenheft „Pastoral Care of Pastors".
Zeitschrift „Wege zum Menschen", 41. Jg. 1989, Heft 4, Themenheft: „Grenzen des Helfens".
Zerfaß Rolf, Pastorale Kompetenz. Konsequenzen für den Ausbildungssektor, in: Bertsch L./Schlösser F. (Hg.) 1978, 107-124.
–: Die menschliche Situation des Priesters heute, in: Diakonia 16 (1985), 25-40.
–: Menschliche Seelsorge. Für eine Spiritualität von Priestern und Laien im Gemeindedienst, Freiburg 1985.
Zerfaß Rolf / Kamphaus F. (Hg.), Die Kompetenz des Predigers im Spannungsfeld zwischen Rolle und Person, Münster 1979.
Zimbardo P.G., The human choice: Individuation, reason, and order versus deindividuation, impulse, and chaos, in: Arnold W.J. & Levine D. (Eds.), Nebraska symposium on motivation, 1969, 237-307, Lincoln: University of Nebraska Press 1970.
Zimmermann F. / Grupa U., Organisationsanalyse des Evangelischen Pfarramts, Düsseldorf 1993.
Zimmermann Margret, Spiritualität und positives Denken. Zwei Lebenskonzepte im Vergleich. Eine empirische Studie, Frankfurt 1995.
Zink Jörg, Die Mitte der Nacht ist der Anfang des Tages, Stuttgart 1972.